비교
전자감독
제도론

**MIKE NELLIS · KRISTEL BEYENS
AND DAN KAMINSKI** 공저

조윤오 역

*Electronically
Monitored Punishment*

박영사

Electronically Monitored Punishment   전자감독제도론 ──────

전자감독제도(EM)는 지역사회에서 범죄자를 감시, 감독하는 새로운 형사 사법 제재수단이다. 피의자가 보석으로 구치소 시설에 구금될 필요 없이 사회에서 재판을 준비하는 경우나 집행유예 등으로 형 확정 후 보호관찰 등의 사회내 처분을 받는 경우, 혹은 형기 완료나 가석방으로 구금형 이후 출소해서 사회 재적응을 해야 하는 경우 광범위한 수준에서 전자감독을 이용해 범죄자를 모니터링할 수 있다.

이런 이유로 전자감독제도 속 감독 및 추적 장치에는 다양한 신기술들이 많이 포함되어 있다. 예를 들면, 음성감독 시스템과 GPS 위성 기반 위치확인 시스템이 전자감독에 활용되고 있다. 1980년대 미국에서 처음 시작된 무선주파수 기반 가택구금 시스템(RF) 역시 전자감독제도에 동원되는 새로운 기술 중의 하나다. 오늘날 미국에서 시작된 가택구금 기술은 전 세계에 퍼져 나가 오늘날 무려 30개국 이상에서 전자감독제도를 사용하고 있다.

이 책은 전 세계 다양한 국가에서 사용 중인 전자감독제도를 소개하는 데 목적이 있다. EM 제도 발전의 전 과정을 탐색하여 독자들에게 전자감독이 가진 다양한 활용 사례와 형사사법 차원의 함축적 의미, 그리고 복잡한 전자감독의 정치적 담론을 보여줄 것이다. "기술만능주의 시각(techno-utopian)"에서 비롯된 전자감독제도는 오늘날 EM 초기의 성격이 많이 변화되었다. 전자감독제도의 진화 과정을 살펴보면서 독자들이 전 세계에서 벌어지고 있는 전자감독제도의 다양한 특징을 살펴보는 기회를 갖게 되기를 바란다.

기술만능주의 시각에서는 전자감독이 초기 제도 창시자들이 기대했던 엄청난 형벌 제도의 혁신을 만들어 내지 못한 것을 짐작했다. 그러나 기술만능주의 이상의 의미가 있었던 전자감독제도의 변천 과정을 교정학적 담론 속에서 검토하여 글로벌한 관점에서 전자감독의 발전발향을 다시 모색할 필요가 있다.

　　무엇보다도 이 책은 전자감독제도와 관련하여 전자감독 민영화, 제도의 효과성 평가 문제, 범죄자의 주관적 전자감독 만족도, 전자감독 적용상의 윤리적 문제 등을 중점적으로 다룰 것이다. 이 책의 방향은 원칙적으로 스웨덴 모델(Swedish model)에 가깝다고 볼 수 있는데, 전자감독제도가 나아가야 할 완벽한 미래상을 제시하지 않았다는 데 그 특징이 있다. 전자감독의 미래를 독자들의 손에 남겨둔 것은 현재의 제도가 갖고 있는 근본적 제약을 고려하지 않고(untrammelled) 철저하게 경제 논리로만 전자감독의 미래를 제시하게 되면 장차 형사사법 체계가 감당해야 할 고통이 매우 클 수 있기 때문이다.

　　전자감독제도 속에는 유토피아적 감독 중심의 행복한 세계도 존재하고, 통제와 감시만 있는 지옥 같은 디스토피아적 미래도 존재한다. 두 가지 기대를 모두 갖고 있는 전자감독에 대해 학자들은 일관적이지 않은 양가적, 단편적 결과만 보여주고 있는 상황이다. 전자감독제도의 효과성은 여전히 경험적, 윤리적 차원에서 뚜렷한 이론을 바탕으로 하지 못하고 있고, 다양한 논의만 계속되고 있다. 이 책은 이론가들과 일반인들, 정책 실무자들이 갖고 있는 전자감독과 관련된 의문점을 세심히 다루면서 이들에게 전자감독제도의 도전적 상황을 정확히 알려주기 위한 의도로 만들어졌다.

- 마이크 넬리스(Mike Nellis) 교수는 영국 스트래스클라이드 대학(University of Strathclyde) 법대 형사사법 전공 명예교수(Emeritus Professor)이다. 과거 캠브리지 대학에서 박사학위를 취득했고, 청소년 범죄자를 지도하는 사회복지사로 근무한 경험이 있다. 버밍엄 대학(University of Birmingham) 내 보호관찰관 교육, 훈련 프로그램 운영 업무에 깊이 관여해 왔다. 주요 연구 관심 분야는 보호관찰과 교도소 구금대체 방안이다. 최근 전자감독제도 관련 연구에 특히 주력하고 있다.
- 크리스텔 베인즈(Kristel Beyens)는 벨기에 브뤼셀 브리지 대학(Vrije Universiteit) 교정 및 범죄학부 교수로 재직 중이다. 전자감독과 지역사회 사법 이외에 교도소 과밀수용, 양형 부가, 지역사회 교정처분 분야와 관련된 수많은 논문을 출판한 학자이기도 하다. 그녀는 현재 유럽 보호관찰

학회(European Journal of Probation) 저널 편집위원으로 활동 중이고, 유럽
지역사회 제재 특별조사 위원회(European Working Group on Community
Sanctions) 위원으로도 일하고 있다.

- 단 카민스크(Dan Kaminski)는 벨기에 루비엔 라 누브 대학(University of
  Louvain−la−Neuve)의 교수로 재직 중이다. 비행과 행형 문제 전문 융합
  연구 CRID&P(Interdisciplinary Research Centre on Deviance and Penality) 소
  장을 맡고 있다. 범죄학 박사학위를 취득한 이후 주로 관리통제주의 문
  제, 약물사범 처우, 수형자 권리, 교도소 대체 방안, 전자감독 등의 분
  야에 대한 연구를 활발히 진행하고 있는 학자다.

번역의 글

6년 전 영국에서 환한 웃음으로 저를 맞이해 주셨던 마이크 넬리스(Mike Nellis) 교수님과 사모님의 따뜻한 미소가 지금도 떠오릅니다. 지난 25여 년 동안 저는 범죄학과 교정학, 경찰학 분야를 연구하며 마음 한구석에서 늘 '범죄자의 행동을 어떻게 효과적으로 수정할 것인가'를 고민해 왔습니다.

그런 저에게 영국 G4S 전자감독 총괄센터(맨체스터) 방문은 매우 큰 의미가 있었습니다. 영국 현지에서 전자감독 프로그램을 운영하던 담당자가 스코틀랜드에 계시는 전자감독 연구의 대가 마이크 넬리스 교수님과의 미팅을 직접 주선해 주었기 때문입니다. 한때, 보호관찰관(6년 동안 법무부 보호관찰소 근무)으로 일한 경험이 있던 저는 전자감독제도의 도입에 큰 기대를 갖고 있었기에, 유럽 전자감독 현황을 예리하게 비판하던 형벌 사회학의 대가 마이크 넬리스 교수님과의 미팅 약속은 흥분 그 자체였습니다.

처음 넬리스 교수님을 만났을 때, 장시간 영국과 주변 유럽 국가들의 전자감독 현황 및 문제점에 대해 이야기를 나누었고, 당시 제가 공부하고 있던 미국 뉴욕시립대학(CUNY 존제이 형사사법대학)의 토드 클리어(Todd Clear) 교수님이 주장하신 "지역사회 사법(Community Justice)"에 대해서도 격렬한 토론을 했습니다. 놀랍게도 가치관과 배경, 경험이 다른 저와 마이크 넬리스 교수님은 전자감독제도에 대해 서로 많은 부분을 공유하고 있다는 것을 알게 되었습니다. 이날의 만남은 이 책 『비교전자감독제도론』에 미국, 캐나다, 유럽 국가 외 아시아 지역에서 유일하게 "대한민국"이 포함되는 큰 계기가 되었습니다.

2008년 전격 도입된 우리나라의 전자감독은 당시 가택구금형을 바탕으로 한 전자감독도, RF 방식의 무선통신 방식을 사용한 전자감독도 아니었습니다. 우리나라의 전자감독은 유럽이나 다른 서구 국가들과는 매우 상이한 도입 역사를 갖고 있어, 다른 나라들이 초기에 경험하지 않았던 GPS 방식의 실시간 위치추적 전자감독제도의 효과성을 알릴 수 있는 하나의 실험의 장이기도 했습니다. 서구의 많은 나라들과 달리, 처음부터 특정 고위험 범죄자에게만 전자감독제도를 도입해서 지역사회에서 범죄자의 이동 생활을 완전히 허용하며 실시간으로 이동 경로만 감독하는 방식을 취했기에 대한민국의 전자감독제도는 국가 간 비교형사사법(Comparative Criminal Justice)의 중요한 연구 대상이 된 것입니다.

마이크 넬리스 교수님은 인터뷰 도중 저에게 우리나라가 도입한 전자감독 장치 방식에 대해 많은 질문을 하셨고, 살인, 아동유괴, 성범죄 등 흉악범죄자를 대상으로 한 우리나라의 전자감독 대상자 선별 기준에 강한 의문을 제기하셨습니다. 스코틀랜드에서 교수님을 만났을 때, 원래는 제가 영국과 유럽의 전자감독제도 문제점을 직접 교수님으로부터 들어 볼 계획이었는데, 오히려 교수님께서 저에게 한국의 전자감독제도에 대해 더 큰 관심을 보이시고 많은 질문을 하셨습니다.

넬리스 교수님과의 인터뷰는 유럽과 한국의 전자감독과 보호관찰 운영 상황에 대한 긴 토론으로 이어졌고, 그 과정에서 저는 나라별 차이점에도 불구하고 전자감독이 가지는 교정학적 의미는 너무나 비슷하다는 생각을 하게 되었습니다. 신기하게도 교수님과 저는 향후 전자감독제도의 발전방향에 대해서 나라마다 그 상황은 모두 다르지만, 결국 모든 나라에 적용되어야 할 공통분모가 있다는 점을 발견하게 되었습니다.

전자감독제도는 시민들의 공공 안전과 치안 문제에 정말 도움이 되는 것일까? 전자감독이 불필요한 범죄자들에게 일종의 '형사사법 망의 확대(net-widening effect)'로 사용되는 건 아닌가? 전자감독제도는 보호관찰 업무가 지향하는 큰 철학적 방향(범죄자의 사회복귀와 사회재통합)과 일치하는 제도인가? 전자감독 대상자 본인과 가족이 느끼는 창피함과 낙인은 "건강한 수준의 통합적 수치심(integrative shaming)"인가? 교도소 민영화처럼 전자감독 장비개발, 모니터링 업무 민영화(privatization)가 더 효율적인 것은 아닌가? 전자감독이 '형벌 인기영합주의 포퓰리즘(penal populism)'의 영향으로 확대 적용되는 것은 아닌가? 전자감독제도는 실제 현장에서도 만병통치약 같은 효과가 있는 것일까? 재범률 감소 외에 전자감독과 같은 감시와 통제(surveillance and control) 위주의 제재수단은 범죄자에게 어떤 행동변화를 만들어 낼 수 있는가? 국가교정경비 감소라고 하지만, 보호관찰 지도 및 원호에 투입될 비용이 전자감독 비용으로 대체되어 버린 것은 아닌가? 등등 수많은 질문들이 꼬리에 꼬리를 물며 계속 이어졌습니다.

이 책 『비교전자감독제도론』은 미국, 캐나다, 영국, 호주와 뉴질랜드, 프랑스, 네덜란드, 벨기에 최고의 전자감독 분야 석학들이 저와 마이크 넬리스 교수님이 논의했던 문제들을 다시 그들만의 시각으로 진솔하게 엮어낸 이야기입니다.

제1부(국가별 전자감독제도 살펴보기)에서는 핵심 국가별 전자감독제도를 상세하게 소개하고 있습니다. 그리고 제2부(전자감독제도 평가하기)에서는 전자감독제도를 가해자와 지역사회 일반인, 그리고 보호관찰관 및 전자장치 개발 민간 섹터 운영자 차원에서 검토하면서 비판범죄학과 형벌 사회학, 범죄학 분야를 아우르는 철학적 문제들을 깊이 있게 다루고 있습니다. 이 책은 전자감독제도가 단순히 기존 범죄자 재범 발생 비율을 몇 퍼센트 감소시켰냐는 전자감독 효과성 논쟁이 아니라, 전자장치를 동원해 사회에서 범죄자를 감독하는 업무 자체가 특정 시간과 특정 공간, 그리고 윤리적 기대 차원에서 어떤 의미를 갖는지를 심층적으로 다루고 있는 철학적 담론이라고 하겠습니다.

독자들은 이 책을 통해 우리나라의 전자감독제도가 전 세계 전자감독 속에서 어떤 의미가 있는지 비교해 보는 기회를 갖게 될 것입니다. 이를 통해 국가 간 비교형사사법의 필요성을 느끼고, '형사사법 최후의 보루'이자 '범죄자 교정의 꽃'으로 다루어지는 보호관찰관이 전자장치를 동원한 범죄자 감독 세상에서 향후 어떤 방향으로 지역사회 교정을 운영해 가야 하는지를 고민해 보는 작은 계기가 마련되기를 바랍니다.

국가별로 형사사법 시스템과 관련 법률이 상이해 번역 차원에서 우리나라 관련 제도로 특정 용어를 변경하는 데 많은 시간이 걸렸고, 예비 범죄학자들과의 논쟁도 길어졌습니다. 동국대 경찰사법대학 대학원 프로그램에서 범죄학을 공부하고 있는 부민서 박사님과 이혜진, 한수지, 이나현, 이현지, 고준영, 정소연, 김소영, 정주은, 손성민, 손은아 등 많은 학생 분들의 참여가 큰 도움이 되었습니다. 많은 분들의 인내와 도움, 지지로 『비교전자감독제도론』이 한국에 번역되어 세상에 나오게 되었습니다. 고맙습니다.

　　마지막으로 해외 출판사(Routledge)와 긴밀히 협조하여, 우리나라 범죄학
계에서 이 책이 빛을 볼 수 있도록 물심양면으로 도와주신 박영사 관계자 분
들께 진심으로 감사드립니다.

　　　　　　　　　　　　　　　　　　　　　　　서울 중구 동국대학교
　　　　　　　　　　　　　　　　　　　　　　　남산 아래 연구실에서

　　　　　　　　　　　　　　　　　　　　　경찰사법대 **조윤오**

Contents 차 례 ─────────────────────────────────

들어가기: 전자감독(EM) 이해하기   1

▸ 마이크 넬리스(Mike Nellis), 크리스탈 베인즈(Kristel Beyens) & 단 카민스키(Dan Kaminski)

┃ 서론   1
┃ 전자감독 관련 주요 토론 주제들   35
┃ 결론   38

─── **PART 01. 국가별 전자감독제도 살펴보기** ───

1. 미국의 전자감독제도: 기술만능주의(techno-utopianism)의 한계   51

▸ 로버트 릴리(J. Robert Lily) & 마이크 넬리스(Mike Nellis)

┃ 서론   51
┃ 범죄자 전자감독제도의 기원   54
┃ 보호관찰, 가택구금, 전자감독   59
┃ GPS 위치추적의 출현   71
┃ 전자감독과 9·11 이후 미국에서의 감시의 확대   75
┃ 결론   77

2. 캐나다의 전자감독제도: 범죄자 교정과 양형을 뛰어넘는 진화(evolution)   92

▸ 수잔 월리스 카프레타(Suzanne Wallace-Carpretta) & 줄리안 로버츠(Julian Roberts)

┃ 서론   92
┃ 캐나다 전자감독제도의 기원과 발전과정   93
┃ 전자감독제도 및 조기 석방 교정   95
┃ 캐나다의 전자감독 프로그램 평가   100
┃ 전자감독과 지역사회 구금   105

▮ 캐나다 내 최근의 전자감독 활용   108
▮ 현대 캐나다 전자감독제도의 전망   109
▮ 캐나다 전자감독의 미래   113
▮ 결론   114

3. 영국의 전자감독제도(잉글랜드 웨일스, 스코틀랜드):   120
민영화로 보호관찰과 평행선(parallel tracks)을 달리는 EM

▸ 조지 마이어(George Mair) & 마이크 넬리스(Mike Nellis)

▮ 서론   120
▮ 지역사회 기반 형벌과 EM 정책 이전   121
▮ 보수당 집권 당시의 전자감독제도, 1988–1997   127
▮ 신노동당 집권 당시의 전자감독제도 1997–2010   131
▮ 전자감독 사용 통합 및 범죄자 관리   143
▮ 스코틀랜드의 전자감독, 1998–2011   147
▮ 결론   152

4. 호주와 뉴질랜드의 전자감독제도: 전자 망(electronic net)의 확대   161

▸ 러셀 지 스미스(Russel G. Smith) & 아니타 깁스(Anita Gibbs)

▮ 서론   161
▮ 전자감독의 발전   162
▮ 호주의 전자감독 법률과 운영방식   164
▮ 뉴질랜드의 입법과 전자감독 시행   177
▮ 전자감독에 대한 논란 및 장단점   182
▮ 윤리적인 관점에서의 고려사항   186
▮ 전자감독의 미래   187

5. 한국의 전자감독제도: 197
음성감독(voice verification)에서부터 GPS형 위치추적(GPS tracking)까지

▸ 조윤오(Cho, Younoh) & 김병배(Kim, Byung Bae)

▮ 한국 형사사법체계와 보호관찰제도 개관   197
▮ 음성인식에서부터 GPS 추적까지   201
▮ GPS 시스템 운영하기   206
▮ GPS 전자감독에 대한 공개적 논쟁   210
▮ 한국의 전자감독 효과성 평가   215
▮ 결론   218

6. 스웨덴의 전자감독제도: 222
   효율성으로 무장한 높은 수준의 범죄자 지원과 통제 전략

   ▶ 잉카 베네버그(Inka Wennerberg)

   ▮ 역사   222
   ▮ 전자감독과 보호관찰의 통합   225
   ▮ 논쟁과 토론   229
   ▮ 전자감독에 대한 연구   231
   ▮ 집중전자감독과 전자감독 석방에 대한 참가자와 가족들의 경험   235
   ▮ 재범에 미치는 효과   236
   ▮ 집중전자감독과 전자감독 석방에 대한 피해자들의 의견   239
   ▮ 앞으로의 발전   241

7. 프랑스의 전자감독제도: 249
   범죄자 표식 장치(tagging)에서부터 추적 장치(tracking)까지

   ▶ 레인 레빈(René Lévy)

   ▮ 프랑스 위치추적의 기원과 발전   250
   ▮ 전자감독의 운영 및 실행   260
   ▮ 결론   274
   ▮ 감사의 말   275

8. 벨기에의 전자감독제도: 변신의 끝이 보이지 않는 EM   285
   ▶ 크리스텔 베이엔스(Kristel Beyens) & 단 카민스키(Dan Kaminski)

   ▮ 전자감독을 향한 정치적 열망   285
   ▮ 벨기에 전자감독의 짧은 역사   287
   ▮ '법률적' 규정과 규제체계   291
   ▮ 전자감독 집행과 운영   296
   ▮ 통계자료   301
   ▮ 논의   304
   ▮ 결론   311
   ▮ 감사의 말   313

9. 네덜란드의 전자감독제도 : 상상 속 철창 전자감독   320

  ▶ 리네 반 스와닝엔(René van Swaaningen) & 졸란두이 비제르(Jolande uit Beijerse)

   ▌서론   320
   ▌엇갈린 시작   322
   ▌최초의 시범 운영   325
   ▌형벌 시스템에서 전자감독의 입지 : 징역형의 마지막 단계에서의 후문정책   327
   ▌정문정책 조치 : 집행유예 혹은 피의자 구금 유예와 관련된 준수사항   330
   ▌'전자구금'에서 '전자 가택 구금'으로의 변화   332
   ▌최근의 전자감독 활용 사례   337
   ▌결론   341

─── **PART 02. 전자감독제도 평가하기** ───

10. 전자감독제도와 관련된 윤리적 문제 :   353
   범죄자 감시, 낙인, 공간이동의 자유 제한

  ▶ 마이크 넬리스(Mike Nellis)

   ▌서론   353
   ▌전자감독의 여러 가지 양상   355
   ▌범죄자들에 대한 윤리문제와 지역사회 감시   357
   ▌범죄자의 접근금지와 공간 이동   359
   ▌자택을 구금 장소로 활용하기   362
   ▌위성 추적을 이용한 이동 모니터링   367
   ▌오명, 수치심 그리고 담론의 의미   371
   ▌결론   374

11. 전자감독의 국가별 차이점 검토 :   384
   민간의 상업적 범죄통제 수단을 동원한 전자감독

  ▶ 크레이그 패터슨(Craig Paterson)

   ▌서론   384
   ▌전자감독에 대한 간략 역사   386
   ▌상업적 교정과 정부의 하청계약 방식 관리   391
   ▌범죄 통제 시장 구축하기   395

┃ 정치, 경제 민간 섹터 및 전자감독　398
┃ 결론　404

12. 전자감독제도 경험자들의 의견:　411
범죄자들의 만족도와 보호관찰관 실무자의 경험

▸ 엔씨아 허클스비(Anthea Hucklesby)

┃ 서론　411
┃ 잉글랜드 웨일스에서의 전자감독　412
┃ 연구 설계　417
┃ 단기적 순응　418
┃ 범죄 중단과 전자감독　422
┃ 일상생활에서의 변화와 전자감독　425
┃ 전자감독 관제 담당자들　429
┃ 결론　436

13. 전자감독의 효과성: 영향력 평가 연구 결과　446

▸ 마크 렌제마(Marc Renzema)

┃ 경험적 연구결과에 대한 주요 질문　448
┃ 정의하기 힘든 전자감독의 본질적 특성　453
┃ 다양한 전자장치 피부착 대상자들　455
┃ 형사사법 시스템 내 다양한 단계에서의 전자감독 사용　457
┃ 다양하게 변화하는 전자감독 기술　458
┃ 다양한 프로그램 요소와 프로토콜　463
┃ 전자감독 관련 연구결과 찾아보기　466
┃ 전자감독 연구 경향에 대한 개요　467
┃ 전자감독 실증의 문제에 있어서 우리는 어디쯤 와 있는가?　471
┃ 결론　485

조란데 위 베이저스(Jolande uit Beijerse)

네덜란드 에라스무스 대학 로테르담(Erasmus University Rotterdam) 법대 교수로 로테르담 소년법원 사건 전담 판사로 재직한 경력이 있다. 그녀의 출판 소논문 주제는 주로 피의자 구속 사건, 구금대안 처벌방안, 소년사법 등에 초점이 맞추어져 있다.

크리스탈 베인즈(Kristel Beyens)

벨기에 브리제 대학 브루셀(Vrijet University Brussel) 범죄학부 교수로 그녀의 논문 주제는 대부분 교도소 과밀수용 문제, 양형 기준, 교도소 운영, 지역사회 교정 등에 주안점을 두고 있다.

조윤오(Younoh Cho)

대한민국 동국대(Dongguk University) 경찰사법대 교수로, 그녀는 2008년 뉴욕 시립대학(City University of New York) 존제이 형사사법 대학에서 비행청소년에 대한 외출제한명령프로그램 효과성 평가로 박사학위를 취득했다. 과거 한국 법무부 소속 보호관찰관으로 활동한 실무 경력이 있고, 현재 성범죄자 신상정보제도, 전자감독제도, 교정프로그램 효과성 평가 등을 주요 연구 대상으로 삼고 있다.

아니타 깁스(Anita Gibbs)

과거 영국에서 보호관찰관으로 재직한 실무 경험을 갖고 있고, 박사학위를 브리스톨 대학(Bristol University)에서 취득했다. 그녀는 옥스퍼드 범죄학 연구소에서 연구원으로 재직했고, 가택구금과 지역사회 교정프로그램 등의 다양한 프로젝트 평가 활동에 참여한 경력을 갖고 있다.

엔티아 허클리스비(Anthea Hucklesby)

영국 리드 대학(University of Leeds) 형사사법대 교수로 그녀의 연구 주제는 주로 범죄자 교정치료, 피의자 석방 전 구금단계 문제, 전자감독 및 지역사회 제재수단 등과 관련되어 있다.

단 카민스키(Dan Kaminski)

벨기에 루베인 라 누베대학(University of Lourvain- la-Neuve) 교수로 범죄학으로 박사학위를 취득했다. 논문 출판 주제는 대부분 약물사범에 대한 교정치료, 수형자 권리, 교도소 시설 수용 대안 개발, 전자감독 등과 관련되어 있다.

김병배(Byung Bae Kim)

대한민국 경기대 교정보호 전공 교수로 재직 중이고, 과거 법무부 범죄예방정책국에서 보호관찰 실무자 및 전자감독 프로그램 운영 담당자로 근무한 경력을 갖고 있다.

르네 레비(René Lévy)

프랑스 국가 연구과학센터 센터장으로 근무하고 있고, 프랑스 구와코트 유럽 연구협의회 책임자를 맡고 있다. 그는 베르세이유 대학 및 법무부 연계 연구소(CESDIP) 사회학 연구원으로 현재 재직 중이고, 동시에 "범죄, 역사, 사회" 전문 학술지 편집위원장 일을 함께 담당하고 있다.

로버트 릴리(Robert Lilly)

미국 노던 켄터키 대학 사회학/범죄학 교수로 재직 중이고 법대에서 강의를 하고 있다. 그는 미국 내에서 리차드 볼(Richar Ball), 로날드 허프(Ronal Huff)와 함께 전자감독 분야 최고 권위자 중의 한 명이다. 그의 연구 결과로 인해 영국과 유럽에서 전자감독 효과성과 관련된 초기 논쟁이 일어났고, 그의 주장이 많은 사람들의 관심을 불러 모았다. 그는 "범죄학이론: 범죄발생 현황과 관련 문제점"라는 책의 공동저자이기도 하고, "형사정책 하워드 저널"의 공동 편집자이기도 하다. 형사정책 전반에 관한 폭넓은 연구 영역을 갖고 있고, 그는 영어, 불어, 이태리어로 번역된 "2차 대전 당시의 강간 및 군 사법"에 대한 책을 출판하기도 했다.

조지 마이어(George Mair)

영국 리버풀 존 무어 대학의 법대 연구소장이고 형사사법대 교수로서 학술 저널 "범죄학과 형사사법"의 공동 발기인이다. 해당 저널을 만들어 2001년부터 2006년까지 공동으로 편집자로 봉사한 경력을 갖고 있다. 그는 리버풀 법대 저널과 보호관찰학회 저널, 그리고 유럽 보호관찰 저널의 공동 편집 위원이기도 하다. 1980년대 이후부터 줄곧 형사사법 분야에서 연구자로 활약해 왔고, 내무성 연구소(Home Office Research)와 연구 기획팀(Planning Unit)에서 16년 동안 근무한 경험이 있다. 당시 연구소에서 근무하며 영국 최초로 전자감독 효과성 관련 연구 보고서를 작성했다.

마이크 넬리스(Mike Nellis)

영국 스트라클라이드 대학의 범죄학/지역사회 사법 전공 교수로 과거에는 청소년 범죄자를 보호하는 사회복지사로 활동했다. 그는 박사학위 취득 후 형벌체계 변화에 대한 연구를 진행했으며 특히, 지역사회 형벌의 강화, 보호관찰의 가치, 보호관찰관 직무 교육, 형사사법 내의 자원봉사자 활용 등을 중점적인 연구 주제로 다루었다. 추가로 그는 교도소 영화의 중요성과 재소자의 자서전 활용, 전자감독의 의미 등에 대해서도 연구한 형벌사회학 및 교정학 분야의 대가이다.

크레이그 패터슨(Craig Paterson)

영국에서 전자감독 프로그램 운영을 담당했던 민간경비 회사 G4S(Group 4 Securiocor)에서 3년 동안 일한 경험이 있다. 2001년 박사학위 논문으로 형사사법 내 범죄자 감시감독 기술의 역할에 대한 연구를 발표했다. 2007년 1월부터는 셰필드 대학에서 강의를 시작했고, 그 이전에는 버킹험쇼 뉴 대학의 경찰/지역사회 안전 전공학부에서 근무한 경력도 있다. 2009년 그는 "잉글랜드 웨일스에서의 전자감독 이해"라는 책을 출판하기도 했다.

마크 렌즈마(Marc Renzema)

1982년부터 펜실베이니아 쿠즈타운 대학의 형사사법 전공 교수로 재직해 왔다. 1987년에 그는 학술지 "범죄자 감독"을 만들었고, 전자감독과 석방 후 사

회적응 과정과 연관된 논문을 다수 출판했다. 본인의 논문 결과를 유럽 범죄
학회와 미국 유관 학회에 발표하여 이론가들과 실무자들로부터 많은 관심을
받았다. 학부는 존스홉킨스 대학에서 마쳤고, 석사는 심리학 전공으로 템플 대
학에서 수료했다. 박사학위는 미국 알바니에서 취득했고, 2001년 이후 캠벨
콜라보레이션(Campbell Collaboration) 연구소에서 전자감독 관련 문헌들을 메타
분석으로 검토하기도 했다.

줄리안 로버츠(Julian Roberts)

영국 옥스퍼드 대학 법대 범죄학 교수로 "유럽 범죄학회" 저널 편집위원장으
로 일한 경력이 있다. 동시에 "캐나다 범죄학/형사사법"연구 저널 공동 편집
위원으로 근무했고, 현재 잉글랜드 웨일스 양형위원회 위원으로 활동 중이다.
최근에는 "원칙 중심의 양형기준"이라는 책과 "양형단계에서의 과거 유죄확정
판결 역할: 응용과 이론 관점"이라는 책을 출판하기도 했다.

러셀 스미스(Russell Smith)

법학, 심리학, 범죄학 관련 학위를 멜버른 대학에서 마쳤고, 박사학위는 영국 런
던 킹즈 대학에서 취득했다. 1980년대 멜버른에서 변호사로 활동했고, 멜버른
대학에서 범죄학을 강의했다. 그 이전에는 호주 범죄학 연구소에서 연구원으
로 근무한 경험도 있고, 현재 해당 연구소의 수석 범죄학자이자 글로벌 경제/
전자감독 범죄예방프로그램 소장으로 근무하고 있다. 그는 컴퓨터 범죄, 사기
통제전략, 전문가집단 규제 분야에서 다양한 연구를 진행해 왔고, 현재 호주/
뉴질랜드 범죄학회 대표로 근무하고 있다.

르네 반 스와니젠(René van swaanigngen)

네덜란드 에라스무스 로테르담 대학의 국제/비교범죄학 전공 교수이자 동시에
안전/형사사법 연계전공 박사 프로그램 학과장으로 재직 중이다. 2007년 그의
기조 강의는 소위 "범세계적 범죄학"이라는 제목으로 학계에서 큰 관심을 끌
었다. 현재 그가 진행하고 있는 많은 연구들은 주로 유럽 도시와 세계 범죄학
내의 범죄와 치안불안 문제를 다루는데, 국제 치안상황 비교, 사회발전과 정책
간의 관계 등에 초점을 두고 있다. 그의 대표적인 저서로 "비판범죄학: 유럽의

관점"이 있는데, 이 책은 유럽 내 비판범죄학의 발전 과정을 사회 인식론적 관점에서 깊이 있게 다루고 있다.

수잔 왈라스 카프리타(Suzanne Wallace-Capretta)

오타와 칼리톤 대학에서 심리학 전공으로 석사학위를 취득했고, 과거 15년 넘게 캐나다 법무차관 연구원으로 활약하며 법무부에서 근무한 실무 경력도 있다. 그녀는 많은 연구를 진행하며 다양한 책을 공동으로 출판하기도 했는데, 주로 지역사회 교정과 관련된 분야가 많다. 재범 위험 예측, 교도소 시설구금 대안, 여성범죄자, 가정폭력, 사이버 범죄 등이 연구 주제이다. 이 분야에서 종종 캐나다 초청 특강 인사로 많이 활약했는데, 최근에는 캐나다 공공안전국에 합류해서 지역사회 교정/협력부서 내 수석정책전문가로 일한 바 있다.

잉카 웨너베르그(Inka Wennerberg)

심리학 전공으로 석사학위를 취득했고, 스웨덴 국가경찰위원회에서 근무한 경력이 있다. 연구 분야는 주로 피해자 관련 분야 내 정책 개발에 주안점을 두고 있다. 그녀는 특히, 전자감독제도 내에서 가해자의 접근금지명령을 활용한 정책을 어떻게 독자적인 프로젝트로 발전시켜야 하느냐에 큰 관심을 가지고 연구를 진행해 왔다. 그녀는 유럽 내 전자감독 관련 두 학회에 모두 적극적으로 관여해 왔고, 유럽 내 전자감독 설문조사 연구에도 참여한 경력이 있다. 과거 그녀는 범죄문제 분석 전문가로 활약하며 교도소 내에서의 전자감독 활용 평가와 보호관찰 서비스 단계에서의 전자감독 활용 평가 문제를 광범위하게 다루었다. 이후 해당 분석 결과를 다양한 형태의 논문으로 발표하기도 했다.

Acknowledgement 감사의 말 ————————————

　이 책을 끝내기까지 너무 많은 시간을 흘려보냈습니다. 이것은 모두 저의 책임이라고 생각합니다. 무엇보다도 이 책이 나올 수 있도록 물심양면으로 도와주신 브라이언 윌란(Brian Willan)과 각 챕터의 저술을 맡아 준 많은 저자들에게 큰 감사의 마음을 전합니다. 각 챕터를 작성해 준 저자들의 끝없는 인내심 덕분에 이 책이 세상에 나올 수 있었습니다. 처음 이 책의 아이디어를 제공해 준 랄프 바스(Ralf Bas)에게도 감사의 인사를 전합니다. 그리고 이 책의 오타 교정 업무를 도와준 브뤼셀 Vrije Universiteit 대학 범죄학부 조교인 소피와 스티븐에게도 감사 인사를 드립니다.

들어가기:
전자감독(EM) 이해하기

Introduction:
Making sense of electronic monitoring

**마이크 넬리스(Mike Nellis), 크리스탈 베인즈(Kristel Beyens) &
단 카민스키(Dan Kaminski)**

▎서론(Introduction)

1980년대 이후 미국을 시작으로 범죄자 전자감독(Electronic Monitoring: EM)이라는 새로운 범죄자 제재수단이 세상에 알려지게 되었다. 그 이후 전 세계 30여 개가 넘는 국가가 성공적으로 전자감독을 도입하기 시작했다. 오늘날 전자감독은 지역사회에서 범죄자에 대한 외출제한 및 가택구금의 도구로 활용되고 있다. 그리고 외출제한명령이나 가택구금보다는 통제 정도가 덜한 수준에서 범죄자의 행방을 추적, 감독하는 도구로 전자감독제도가 폭넓게 사용되고 있다.

초기의 실험적인 단계를 벗어나서 이제는 전자감독제도가 어느 정도 의미 있는 중요한 형벌 수단으로 개별 국가 내에서 독자적인 자리를 잡았다고 볼 수 있다. 전자감독의 실무적 활용 상황은 상당한 규모로 확장되었고, 기술적 차원 및 형벌 이론 측면에서 많은 변화가 일어났다고 볼 수 있다. 광범위한 수준에서 정책 결정권자들의 의도에 따라 다양한 형태로 전자감독제도가 변화, 발전되어 온 것이다. 예를 들면, 검사, 판사, 행정기관, 교도소장, 가석방위원회 또는 양형집행 법원(sentence implementation courts)에서 전자감독제도에 관여하는 새로운 절차들이 만들어졌고, 전자감독 자체가 다양한 목적으로 기존과는 다르게 다양한 대상자들에게 활용되고 있다고 하겠다.

한편, 많은 국가에서 민간 경비업 관련 상업 단체 및 전자장치 개발 기업들이 전자감독과 관련된 일을 하게 되었다. 이들은 주로 전자감독의 기술 공급자 역할을 담당하거나 또는 전자감독 업무 전반에 관한 감독자, 혹은 전자감독제도 운영 주체로 참여하게 되었다. 심지어 민간 경비업 관련 종사자들이 전자감독 준수사항 '위반' 결정까지 관여하는 경우도 늘고 있는 추세이다. 전자감독은 기존의 보호관찰이나 사회봉사명령과는 완전히 다른 독립된 사회 내 처우로 일부 범죄자들에게 확대 적용되었다고 볼 수 있다. 즉, 범죄자들에게 기존 형벌과는 차원이 다른 새로운 형벌 방식으로 전자감독이 운영되게 된 것이다. 전자감독이 처음 소개되었을 때, 이 제도를 지지했던 사람들의 기대치는 매우 높았다. 일종의 만병통치약처럼 전자감독이 모든 문제를 해결해 줄 것이라고 기대했던 것이다. 제도 도입 논의 당시, 전자감독제도를 반대했던 사람들의 우려 역시 매우 큰 편이었다. 반대했던 사람들은 전자감독이 생각만큼 형벌 차원에서 큰 변화나 혁신적인 결과를 내놓지 못할 것이라고 주장하며 계속해서 제도를 비난하는 부정적 자세를 취했다. 반대론자들의 입장이 옳다고 하더라도 이제는 무조건 전자감독이 일으킨 변화들을 미미한 수준으로 축소하거나 의미가 없는 것으로 단정지을 수 없는 상황이 되었다.

이런 복잡한 현 상황에서 이 책『비교전자감독제도론』은 정책입안자, 실무자, 학자들에게 전자감독에 대해서 이전에 제대로 고민하지 않았던 전자감독제도의 실체를 큰 그림에서 보여주고자 한다. 지금까지 전자감독을 이해하는데 가장 도움을 줄 수 있는 중요한 두 분야가 제대로 논의되지 못했는데, 그것은 '형벌의 사회학'과 '감시의 폐해와 관련된 연구'라고 볼 수 있다. 이 책에서는 이 두 분야를 부각해서 전자감독이 가진 의의와 문제점을 중점으로 논의해 보고자 한다. 이 책에서 두 분야가 가진 문제점을 전자감독이라는 획기적인 제도 속에서 진단해 보고, 혁신적인 형벌의 의미와 감시의 의미를 새롭게 효과적으로 평가, 분석하는 기회가 마련되기를 바란다.

Mayer 등(2003)이 전자감독에 관한 유럽 워크샵 운영과 유럽 보호관찰협회 CEP(Confederation of European Probation)에서 전자감독제도와 관련된 연구 결과를 발표하기 전에는, 사실 전자감독의 다양한 응용과 윤곽을 묘사하고 분석할 수 있는 적절한 국제적 비교 연구 자료가 거의 없었다. 당시 관련 워크숍에 참여했던 몇몇의 선구적인 학자들이 유럽 전자감독과 관련된 프로젝트 결과를 공식적으로 다른 학자들과 공유하게 되면서 이 책을 출판할 수 있다는 용기를 얻게 되었다. 예를 들면, 르네 레비(René Lévy), 마이크 넬리스와(Mike Nellis), 로버트 릴리(Robert Lilly)가 이런 활동에 큰 관심을 보였던 대표적인 학자라고 하겠다. 약 십 년 전 이 책을 처음 써야겠다고 생각했던 당시 관심은 '전자감독이 유럽에서 어떤 장래성이 있을까' 하는 정도였다.

오늘날 이 책의 시작점을 '전자감독의 장래성이 동유럽과 서유럽에 광범위하게 존재하며, 이러한 장래성이 계속해서 존재할 것인가?'라는 질문에서 찾고자 한다. 그리고 긍정적인 답을 제시하기 위해 전자감독제도와 관련된 많은 문제를 논의해 보고자 한다. 전자감독에 대한 경험적인 연구 결과와 선행 연구 및 문헌 내용을 살펴보고, 그 결과를 바탕으로 과거 이전보다 더 풍부해진 연구 결과들을 활용해 전자감독제도 관련 문제들을 파헤쳐 보고자 한다. 현재 전자감독과 관련된 이론적 자료 역시 더욱 과학적이고 객관적인 방식으로 발전해 가고 있는 상황이다. 전자감독 관련 연구방법이 계속 훌륭해지고 있지만, 다른 한편으로는 여전히 전자감독의 사용과 전자감독과 관련된 복잡한 문제에 대해서는 핵심적인 자료 중심으로 심층적인 재검토가 필요한 상황이다. 이 책 『비교전자감독제도론』은 이런 모든 것들을 깊이 있게 검토한다는 궁극적 의의를 가지고 있다.

이런 맥락에서 가장 먼저 생각해 봐야 할 것은 오늘날 '전 세계의 전자감독 운영 규모는 어느 정도인가?'이다. 전자감독이라는 새로운 제도가 나타났음에도 불구하고 그 규모에 대한 정확한 국제적 비교 연구가 이루어지지 않았고, 국가 간 비교 연구를 위한 체계적인 자료나 양적인 자료 수집도 체계적으로 이루어지지 않았다. 현재 수집 중인 전자감독 관련 자료는 데이터 분석 차원에서 아직 완성되지 않은 상황이고, 국가 간 비교 연구와 전자감독 규모에 대한 정확한 형사사법적 수치 비교도 매우 어려운 상황이다.

The SPACE II가 발표한 통계 결과에 따르면, 2009년 12월 31일 유럽 회의(Council of Europe)에 참가한 회원국들 내 전자감독 관련 인원이 몇 명인지에 대해서는 다음과 같은 통계가 존재할 뿐이다. 통계 보고서 발표 당시 잇따라 유럽 내 14개 국가에서 비슷한 시점에 전자감독이라는 새로운 제도가 도입되었기에 관련 종사자 수치 파악이 가능했다. 나라별 전자감독 활용 사례 수치를 보면, 벨기에(N=1,548); 덴마크(N=123); 에스토니아(N=41); 프랑스(N=4,489); 룩셈부르크(N=9); 네덜란드(N=468); 노르웨이(N=41); 폴란드(N=33); 포르투갈(N=524); 스페인(N=1,912); 카탈로니아(N=48); 스웨덴(N=493); 스위스(N=37)와 잉글랜드 웨일스(N=15,244)로 매우 다양한 것으로 나타났다(Aebi *et al.*, 2011: 11-12).

그러나 이러한 자료가 국가별 비교 연구 데이터로써 반드시 완벽한 것은 아니라고 하겠다. 2000년도에 독일 헤센 州에서 전자감독제도를 도입했지만, 해당 지역은 전자감독 관련 운영 국가로 공식적으로 기록에 포함되지 않았다. 즉, 어느 지역이 유럽 내에서 전자감독을 운영하고 있는지 정확히 알 수 없는 상황이라 전자감독 관련 통계 수치도 현재는 유럽 내에서 완전히 신뢰할 수 없는 상황이라고 볼 수 있다.

유럽의 대표적인 보호관찰 기구인 "유럽 보호관찰협회(유럽 보호관찰협회 CEP(Confederation of European Probation: Confederation of European Probation, European Organization for Probation)"에서는 정기적으로 전자감독에 관한 설문조사를 실시해 왔다. 그들이 발표한 2011년 조사 역시 데이터 수집 차원에서는 완벽하다고 볼 수 없지만, 그래도 가장 눈여겨볼 만한 유럽 내 자료라고 하겠다. 이 보고서에 따르면, 전자감독을 도입하려는 준비 과정에 있거나, 이미 제도를 완벽하게 도입한 국가의 수는 전 세계적으로 증가하는 추세에 있는 것으로 나타났다. 다시 말해 전자감독이 전 세계에서 전반적으로 계속 확대되는 추세라고 하겠다.

전자감독은 미국에서부터 캐나다, 서유럽으로 확산되고 있으며, 1989년도에 잉글랜드 웨일스가 최초로 유럽 관할권 내에서 공식적으로 전자감독을 도입한 국가가 되었다. 동유럽(폴란드, 불가리아, 에스토니아)과 남미(아르헨티나, 브라질, 콜롬비아)의 많은 국가들은 전자감독제도를 이미 도입한 상황이다. 전자감독이 도입되면 각국에서 전자감독을 활용한 처벌 양형 수치가 증가할 수밖에 없다. 잉글랜드 웨일스는 유럽에서 전자감독을 가장 적극적으로 활용하는 지역인데, 구체적으로 그 사용 수치를 보면 100,000명의 거주자당 약 40명 비율로 전자감독을 실시하고 있는 것으로 나타났다. 단, 다른 유럽 보호관찰협회 CEP(Confederation of European Probation) 조사에서는 관할권 지역 비율로 구분했을 때 100,000명의 거주자 당 약 3명에서 14명 정도가 전자감독제도를 받은 것으로 나타나기도 했다. 어쨌든 전반적으로 전 세계적으로 전자감독제도 활용 국가가 증가하는 추세에 있다고 하겠다.

보호관찰, 사회봉사명령 등의 과거 지역사회 교정 제도와 달리, 전자감독은 형사사법제도에서 재판 전 단계와 형 선고 단계를 거쳐 매우 탄력적으로 활용될 수 있다. 전자감독은 징역형이 실행되거나 조기 석방 조치(가석방의 일부이거나 별개일 수 있는)를 취하기 위한 수단으로써 시행될 수 있다. 심지어 더 작은 활용 범위 차원에서 보면, 전자감독은 교도소 내에서 수감자들의 움직임을 감시하는 수단으로 이용될 수 있다. 즉, 전자감독은 개방형 교도소 담벼락 주위의 전자 경계선으로 사용되기도 한다(Halberstadt and La Vigne, 2011).

유럽과 미국의 형사정책 입안자 사이에서 '앞문'과 '후문'정책이라는 용어는 전자감독 사용의 교도소 구금 전과 구금 이후의 적용을 의미하는 말이라고 볼 수 있다. 그러나 전자감독의 기능을 이해하는 데에 있어서 앞문정책과 후문정책이라는 표현은 다소 한정된 분석적 용어에 불과하다.

왜냐하면 전자감독제도를 놓고, 독립형의 형벌로써 전자감독의 독자적 사용을 주장하는 "독립형벌" 목소리와 범죄자 집중 감시와 치료 프로그램으로써의 전자감독 "부가 보안처분" 의견이 서로 대립하면서 치열한 논쟁을 벌이고 있기 때문이다(참고로 말하자면, 유럽의 다른 지역에서는 두 입장 차이가 크게 논쟁거리가 되지 않았지만, 잉글랜드 웨일스에서는 큰 다툼거리가 되었다).

후자의 경우를 고려했을 때, 전자감독이 보호관찰 서비스 패키지 안에서 단지 처벌적 요소만 보여줄지, 혹은 부가적인 사회복귀 차원의 범죄자 지원 역할을 할지에 대해서는 쉽게 단정지어 말할 수 없는 상황이다. 이는 해당 문제에 관한 논쟁이 여전히 계속되고 있는 이유이다. 전자감독은 다양한 범죄자들의 개별 욕구를 고려해야 하고, 범죄자들의 광범위한 가변적 위험성, 그리고 복잡한 문제행동 유발 요인을 모두 고려해야 하는 운영하기 어려운 범죄자 지도, 관리 전략의 하나이다. 범죄자의 행동은 교통사범에서부터 약물 관련 위반

행위, 차량 절도범까지 범죄행위별 스펙트럼이 매우 넓다. 심지어 집행유예 대상자부터 가석방된 살인자까지, 과실범에서부터 고위험 범죄자까지 다루어야 할 분야도 매우 다양해서 전자감독 운영 시 다른 기타 처벌적 요소와 결합되어야 할 필요가 있는 것은 아닌지 그 문제부터 심도 있게 다루어야 할 필요성이 크다.

또한, 모든 지역사회 교정 수단과 가택구금 운영에 있어서 성별을 반영한 범죄자 지도, 감독 처우 계획을 수립해야 할 필요성이 크다고 하겠다. 여성 범죄자는 전자감독에 있어서 남성보다 상대적으로 낮은 비율을 차지한다. 심지어 일부 국가(미국, 영국, 프랑스, 네덜란드)에서는 소년범죄자에게 전자감독을 부과하기도 해서 성별과 연령을 고려한 개별화된 전자감독 운영 문제도 심각하게 다룰 필요가 있다. 범죄 유형을 기준으로 해서 범죄자 중 일부 대상자들은 전자감독 프로그램 유형에서 제외되기도 한다. 전자감독제도가 다양한 기준을 통해 특정 일부 범죄자에게만 적용된다는 것은 해당 제도가 일부 범죄자에게만 정확한 행동 통제 효과성을 갖기 때문이 아니다. 그보다는 제도가 시행되었을 때 공개적으로 일반인들에게 전자감독이 필요하다고 수용되는 인식 정도가 사회적 제도 운영에 더 큰 영향을 미치기 때문에 적용 범위가 달라진다고 하겠다. 즉, 일반인들의 전자감독제도 인식 수용 정도가 어떠하냐에 따라 범죄자 선별 기준이 달라지고, 해당 범죄자에게 적용되는 것이 마땅하다고 판단되는지에 따라 그 적용 범위가 달라진다고 볼 수 있다. 이로 인해 일부 성범죄자들은 위치추적 프로그램을 통해 특정 범죄대상자로서 전자감독의 대상이 되지만, 때로는 가석방과 가택구금 프로그램에서는 제외되는 경우도 많다.

많은 나라들이 전자감독을 활용하고 있는 상황이다. 해당 국가들의 운영방식을 살펴보면 전자감독제도는 정부의 비용－편익 차원의 판단과 큰 관련이 있는 듯하다. 정부는 국가 교정경비를 줄여 비교적 저렴하게 지역사회에서 범죄자를 감독하는 동시에 공개적으로 신뢰할 만한 확실한 방식으로 교정시설에 수용되어 있는 재소자의 구금 인수를 감소시킬 수 있다. 이런 목적으로 전자감독제도를 운영하고 있기 때문에 비용－편익 차원의 제도 운영 목적은 매우 중요하다. 또한, 교도소 과밀(구금 단계 포함) 수용 문제가 나라별로 매우 심각하기에 전자감독은 많은 나라에서 큰 장점을 가진 제도로 인식되고 있는 상황이다.

전자감독은 분명 교정시설 운영에 소요되는 과중한 국가 교정비용 부담을 줄여준다는 의미가 있다. 교도소 시스템(입소 비율을 낮추는 것, 새로운 교도소 증설 필요성을 관련 정부 부처들이 상호 조율해 가는 것, 그리고 수형자 조기 석방을 적절한 시점에 결정하는 것 등과 관련된 부담) 차원에서 보면, 하나의 완벽한 만병통치약(near— panacea)처럼 보일지도 모른다. 요점이 약간 다를 수 있지만, 전반적으로 전자감독제도 시행 자체만으로도 하나의 그럴듯한 정책 개발이 되는 것으로 보일 수 있고, 동시에 지역사회 교정 방식을 범죄자 행동통제 중심으로 강화시키는 계기가 마련되는 듯 보일 수도 있다. 어쩌면 EM이 교도소와 보호관찰 사이에 존재하는 새로운 신속한 처벌 수단이 필요하다는 실무가들의 욕구를 충족시켜 줄 수도 있다. 전자감독이 가진 이런 수많은 장점들은 사실, 전자감독제도 자체가 교도소 구금 인원 감소에 영향을 미쳐야 한다는 주장과는 별개로 존재하는 장점이라고 하겠다.

미국에서 전자감독은 1990년대의 '중간 제재조치' 논쟁에 휘말리기도 했는데, 이것은 '교도소와 보호관찰 사이의 하나의 중간제재(형벌의 개인권 침해 차원에서)' 수단인 전자감독제도에 대한 큰 비판을 불러왔다. 전자감독제도가 결국은 교도소 수용경험과 별 차이가 없다는 비판을 받게 되면서 이 중간 제재조치 논쟁은 더욱 큰 관심을 불러일으켰다.

다시 말해, 일부에서는 전자감독이 교도소 구금 인원을 크게 감소시키지도 못하면서, 불필요하게 추가로 개인의 권리를 침해하는 범죄자 관리 수단으로 악용될 우려가 있다는 비판이 제기된 것이다(Morris and Tonry, 1990). 전자감독제도가 교도소 수용 인구를 감소시키는 하나의 "과밀수용 대안"이라는 입장과 지역사회 교정 내 범죄자 감독을 더 강화시키는 "엄격한 형벌전략"이라는 상반된 입장이 대두되면서, 전자감독은 과거에 갖고 있던 제도 자체의 의미보다 더 많은 추가 기능을 가져야 한다는 광범위한 수준의 복잡한 담론과 고민을 불러오게 되었다.

한편, 이에 대해 전자감독제도에 다양한 기능을 요구한다는 것 자체가 어쩌면 범죄자에 대한 "순수한 형벌(punishment)" 개념과 "단순 통제(control)" 사이에 존재하는 명확한 차이점을 구분하지 못하고, 둘의 상이한 특징을 애매모호하게 만드는 잘못된 처사일 수 있다는 비판이 제기되었다. 전자감독제도를 제대로 이해하기 위해서는 처벌과 통제의 차이점을 먼저 정확히 이해할 필요가 있다.

이 책 『비교전자감독제도론』이 왜 제목에서부터 전자감독 "형벌(punishment)"이라는 표현을 사용했는지 독자들은 책 제목을 다시 확인해 주길 바란다(원서 영어 책 제목은 "Electronically Monitored Punishment"). 사실상 전자감독은 범죄자에 대한 순수한 하나의 형벌과 처벌 수단으로 만들어진 용어이다. 제도가 도입된 후, 실무에서 다양한 전자감독 확대 적용 요청이 생기면서 범죄자 행동 통제 수단으로 묘사되기 시작했고, 다소 가치중립적인 표현으로 기계 장치의 정확성이 핵심 특징인 듯 주목을 받게 되었다.

그리고 이로 인해서 전자감독이 가진 범죄자 행동 통제 이미지가 대중의 관심을 더 받게 되었다. 그러나 근본적으로 전자감독제도를 하나의 범죄자 형벌 수단으로 이해해야 한다. 통제 수단으로 활용된 전자감독은 단순히 범죄자에 대한 규제 메커니즘의 하나에 불과할 뿐이다. 전자감독의 실체는 범죄자 형벌과 처벌에 속하는 것으로써 전자감독의 본모습을 바탕으로 운영되어야 한다. 형벌 및 처벌이라는 관점에 해당 제도가 어떻게 운영되어야 하는지 잘 고민해야 한다는 뜻이다. 바로 이것이 감시(surveillance) 연구가 전자감독을 바라보는 관점이기도 하다. 전자감독 연구에서 단순히 감시라는 관점만 부각된다면, 감시라는 의미가 가진 긍정적(benign) 느낌과 부정적(destructive) 감정이 모두 나타날 우려가 있다. 인간의 자유의지와 관련해서 감시와 통제가 가지는 궁극적 의미를 보다 깊이 있게 통찰해 볼 필요가 있다.

만약 전자감독이 형벌이나 처벌로써 다루어지는 것이 아니라, 범죄자 한 개인에 대한 완벽한 "규제와 통제" 전략으로만 묘사된다면, 전자감독제도는 가능성 차원에서 봤을 때 독립된 제재수단(전자감독 단독 부가 또는 가택구금 단독 부가)의 하나로 처벌적인 형벌 방식을 지지하는 수단이 될 수 있고, 동시에 위험한 생활방식을 지닌 범죄자의 행동을 조절해 주는 사회복귀 수단의 하나로 활용될 수 있을 것이다. 달리 표현하면, 규제와 통제를 선택함으로써 전자감독제도는 비록 완벽하지는 않지만, 어느 정도 교정활동이 달성하려고 하는 사회복귀 목적을 이루게 해 주는 하나의 수단으로 보일지 모른다. 전자감독을 운영하는 동안 범죄자들에게 치료프로그램 부가 등도 할 수 있다는 그럴듯한 명분이 생기게 되어 규제와 통제가 최선의 선택인 듯 보일 수도 있다.

그러나 전자감독제도를 순수한 형벌로 볼 것이냐, 혹은 통제 수단으로 볼 것이냐는 제도 운영 과정에서 가장 먼저 살펴봐야 할 중요한 문제이고, 어떤 것으로 결정하느냐에 따라 제도 시행 이후 큰 차이점이 발생하게 된다고 하겠다. 즉, 어떤 관점을 취하느냐에 따라 전자감독 대상자 선발 기준도 완전히 달라지고, 전자감독 프로그램 운영 효과성 결과도 달라진다고 볼 수 있다. 심지어 어떤 관점을 갖고 있느냐에 따라 전자감독제도를 분석하는 방법도 달라지고, 그로 인한 핵심적인 제도 운영 방식 및 절차도 달라진다고 하겠다.

전자감독제도는 수많은 범죄학 분야 분석 전문가 및 이론가들에 의해 대표적인 "경영주의 경향" 성격의 형벌 수단으로 인식되었다(Jones, 2000; Bottoms, 1995; Raine and Willson, 1997). 전자감독의 출현에 대해 필리와 사이몬(Feely and Simon, 1994)은 '보험계리적 통계적 정당성'이라는 표현을 전자감독에 붙여 전자감독을 통한 처벌 전략의 필요성을 강조했고, 전자감독 적용과 관련된 보호관찰 실무자들의 욕구가 어떻게 경영주의적 경향과 맞닿아 있는지를 잘 보여주었다. 전자감독제도가 가진 보험계리적 해결방식이 실무에서 매우 효과적으로 활용되었다. 이러한 통계적, 보험계리적 접근방식은 정치적 논리에 휘둘릴 필요가 없는 객관적인 논거로 비춰졌다.

동시에 효율적인 고위험 범죄자 관리 방식이라는 인식으로 대중들에게 매우 긍정적인 영향을 미치는 것으로 평가받게 되었다. 전통적인 응보나 처벌 관점이 아닌, 비용-효과적 차원의 새로운 범죄자 관리방식이 일반인들에게 큰 호응을 불러일으킨 것이다. 일반 대중들은 전자감독이라는 제도를 통해 효율적이고 과학적인 범죄자 관리방식이 도입되었다고 믿게 되었다. 전자감독제도가 보여준 국가 교정경비 차원의 원가 비용 절감 이점은 실제 제도에 대한 대중의 긍정적 관심을 끌기에 충분한 것이었다.

그러나 일부 국가에서는 코벳과 막스(Corbett and Marx, 1992: 92)가 말한 것처럼 전자감독제도가 마치 '고통 없는 치과진료'에 지나지 않는다는 부정적인 의견이 제기되기도 했다. 다시 말해 해당 제도가 가진 문제점이 교묘하게 숨어 있기에 통제적 성격의 전자감독은 여전히 부정적인 요소가 많다는 입장이 잘 드러나지 않는다는 것이다. 일부 나라에서는 전자감독이 가진 장점을 대중들에게 설명하는 데 어려움이 있고, 고통만 없을 뿐 명확히 일반 치과진료와 다를 바 없다는 인식이 강했다.

미국과 영국에서 전자감독은 정치인들의 시각에서 보면, 단순한 보험계리적 접근과는 거리가 먼 것이었다. 즉, 전자감독은 통계적인 과학적 도구나 기술을 활용한 제도가 아니었던 것이다. 정치인들이 보기에는 전자감독은 두서없이 범죄자들에게 '엄중한 형벌로 과거보다 더 많은 것을 요구하는' 고통스러운 추가 처벌일 뿐이었다. 설사 전자감독이 고통스러운 처벌이 아니라고 하더라도, 정치인들이 보기에는 여전히 전자감독은 교도소 구금을 대체할 수 있는 수단이 아니었다. 흉악범 등 일부 범죄자는 교도소 구금이 더 적절할 수밖에 없었다. 또한, 전자감독의 효과성을 정확히 확인할 수 없기에 적절한 형벌 수단으로 여겨지지 않았다. 사실, 영국과 미국 양 국가에서 초기에 가졌던 정치인들의 이러한 의구심들이 예기치 않은 많은 전자감독의 부작용으로 이어진 것도 사실이다. 즉, 제도 시행 후, 본래 전자감독이 의도치 않았던 역효과를 낳은 것도 어느 정도는 사실이라고 하겠다.

대중은 전자감독에 회의적인 반응을 표시했던 일부 정치인들의 영향을 받게 되었다. 그리고 부정적인 대중매체의 영향으로 인해 가택구금 형에 처해지는 전자감독을 비정상적으로 가혹한 형벌로 평가하게 되었다. 즉, 일부 국가에서 대중들은 전자감독에 큰 불편함을 느끼게 된 것이다. 강력한 처벌 수단으로 등장한 전자감독을 꺼려 하는 분위기가 만들어졌고, 이로 인해 서구 국가의 대중들은 전자감독이 전통적인 형벌보다 더 관대하고 더 쉬운 통제의 형태로 운영되어야 한다는 입장을 취하게 되었다(부착장치가 가위로 절단 가능함의 수준).

이런 일반인들의 태도로 인해 서구의 많은 전자감독은 보통 재범 가능성이 낮은 저위험 범죄자에게 적용되게 되었다. 범죄자 스스로 자신의 집에 머무르도록 강제하는 비교적 미약한 수준의 감독 형태로 받아들여지기 시작한 것이다. 대중들에게는 전자감독이 관대한 범죄자 지도, 감독 형태로 운영되는 편이 훨씬 낫다는 의견이 주류로 자리잡게 되었다. 전자감독은 심각한 범죄자들을 대상으로 하면 안 되고, 교도소 구금형을 대체하는 수준의 형벌이 되어서도 안 된다는 인식이 팽배해져 갔다.

형벌 사회학은 전자감독의 실제 처벌 방식이 '가변 문화적 인식'을 고려해야 한다는 입장을 취하고 있다. 다시 말해, 전자감독이 교도소와 같은 엄격한 범죄자 구금 수단으로 활용되어서는 안 된다는 문화적, 사회적 기대가 있다는 것을 인정해야 하는 입장이라고 하겠다. 전자감독은 개인의 집 또는 지역사회에서 벌어지는 '구금 공간'의 과중한 시뮬레이션이라고 묘사되기도 했다(Martinovic, 2010). 전자감독을 이해함에 있어 당시 기득권을 갖고 있던 정치적·상업적 담론을 액면 그대로 받아들여서는 안 될 것이다. 일반 시민들이 전자감독제도에 기대하는 것을 문화적 담론 차원에서 폭넓게 이해할 필요가 있다.

톰 딤스(Tom Daems, 2008)가 표현했듯, 이러한 인식의 문제는 '범죄자 주체 및 특정 대상이 가진 통합성'을 존중한다는 것과 맥을 같이하는 것이다. 특정인의 통합성, 총체성을 존중하며 해당 문제를 해결하는 것이 특정 실체를 정확히 이해하고, 특정인을 명확하게 받아들이는 방법이다. 이를 위해서는 해당 실체가 속한 주변 환경과 문맥, 사회적 상황 및 기대 등을 전체적으로 살펴야 한다. 절대 해당 객체를 따로 떼어내서 하나의 독립된 객체로 구분해서 보면 안 될 것이다.

시민들이 바라는 전자감독의 운영방식을 반드시 기억하며 해당 제도를 사회적 맥락 속에서 만들어 나가야 한다는 것이 형벌 사회학의 입장이다. 다시 말하면, 범죄자가 속한 전자감독 운영 상황을 제대로 이해하기 위해서는 정치인들이 예견한 특정 사고방식을 멀리하고, 전체적인 맥락에서 일반 대중들이 요구하는 형벌 인식 수준과 범죄자가 속한 지역 및 가정의 환경을 큰 그림에서 바라볼 필요가 있다.

어떤 면에서는 전자감독을 범죄자 '감시 통제(surveillant control)' 기술로 이해하고 그 제도 운영을 가치중립적으로 개념화하는 것이 더 나은 것처럼 보일 수 있다. 단순한 범죄자 감시 통제 기술로 이해하게 되면, 결국 전자감독은 다양한 결과를 가지게 되는 것이 매우 당연한 것처럼 보인다. 목적이나 응용방법이 다양하기에 전자감독이 처벌의 목적에 경험적으로나 상징적으로 항상 부합하는 것처럼 보일 수 있는 것이다. 그리고 때로는 전자감독제도가 서로 모순되는 방법으로 운영되어도 별 문제가 없는 것처럼 보일 수 있다.

다시 말해, 감시 통제 기술의 하나로 단순화시켜 전자감독제도를 바라보면, 전자감독이 가진 처벌적 역할이나 형벌로서의 특성, 경험적·상징적 맥락의 진정한 범죄자 사회복귀 및 사회 재통합 관련 접근은 크게 신경 쓸 필요가 없게 된다. 범죄자 사회 재통합 기능(reintegrative approach)이라는 것은 Bonta 등(2000a, 2000b)이 제시한 개념인데, 창시자들의 주장 이후 일부 학자들이 꾸준히 그 필요성을 주장(Gable and Gable 2007)하고 있는 중요한 교정 전략이다. 이런 접근방법은 감시 통제 기술이 강조되는 전자감독 상황에서는 큰 관심을 받지 못할 수 있다.

물론 본질적으로 형벌이나 처벌의 성격을 띠지는 않겠지만, '감시나 통제'는 정확히 말하면, 완전히 윤리적으로나 정치적으로 항상 가치중립적인 것이라고 볼 수 없다. 필요한 경우에는 전자감독에 특정 가치가 반영될 수 있기에 이러한 접근방법은 더욱 경계해야 할 것이다. 엄격하고 세심한 규제방식을 지향하는 경영적, 관리적 통제주의(그것이 실현되게끔 하는 기술) 중심의 형태는 사회질서를 유지하고 법을 집행한다는 명분 속에서 때로는 극단적인 국가 개입 조치와 연결될 가능성이 있다. 그리고 이런 극단적인 전자감독의 운영은 '과도한 수준의 형벌' 관행으로 이어질 우려도 있다. 결국, 특정 소수의 범죄자에게만 영향을 미치는 것이 아니라 모든 일반 국민들에게 억압적이며 과도한 국가의 개입 및 형 집행 가능성이라는 부정적 메시지를 전달하게 될 위험이 있는 것이다.

오래전 닐스 크리스티(Nils Christie, 1978)는 이런 상황을 빗대어 '교도소 구금 만능주의'를 포기하고, 구금 인원을 감소시키려고 하는 활동들이 반드시 우리 사회 전체를 수형자 세상으로 위험하게 만드는 것은 아니라고 주장했다. 닐스 크리스티는 교도소에 범죄자를 구금하지 않으면, 범죄자가 사회에 나와서 결국 온 세상이 위험해 질 우려가 있으므로 감시, 규제 중심의 경계 태도를 가져야 한다는 사고체계가 항상 옳은 것은 아니라는 주장을 펼쳤다. 지역사회로 범죄자를 내보내면서 세상이 위험해질 수도 있으니, 교도소에 구금하는 게 더 낫다는 시각은 결코 바람직하지 않다는 점을 지적한 것이다. 이러한 시각은 전자감독제도에도 동일하게 적용될 수 있다. 감시와 통제를 강조하는 시각도 결국은 정치적인 성향을 띠게 되고, 정치적 시각이 강화되면 전자감독제도를 위험한 세상을 막기 위한 제도로 남용할 가능성이 있는 것이다.

전자감독이란 무엇인가(What is electronic monitoring)

오랜 기간 범죄자 감시(surveillance) 연구를 진행해 왔던 넬리스와 로셀 (Nellis and Rossell, 2011)은 전자감독을 다음과 같이 정의한 바 있다. '전자감독 기술은 원격 감시 통제 형태이며, 범죄자들 삶의 시공간적 스케줄을 유연하게 단속하는 수단으로 봐야 한다. 하지만 전자감독은 그 이상으로도 그 이하로도 확대될 수 없다.'

이는 (적어도 전통적인 보호관찰의 관점으로 보았을 때) 독립적인 조치로써 전자감독제도가 가진 '공허함'을 보여주는 정의라고 하겠다. 초기 전통 보호관찰의 역할과 지역사회 교정 개념을 생각하면, 전자감독을 바라보는 이러한 정의는 더욱 공허하기만 하다. 그러나 다른 한편으로 이러한 전자감독의 공허함과 단순함은 제도가 가진 큰 장점이기도 하다. 즉, 정치인들과 형사사법 관리자들의 관점에서 보면, 이러한 '공허함'이 하나의 큰 강점이기도 한 것이다.

다시 말하면, 전자감독은 다양한 형사사법 단계에서 상이한 목적으로 활용, 발전될 가능성이 있다고 볼 수 있다. 다양한 목표를 충족시키는 것이 가능하기에 필요에 따라 각기 다른 상황에 전자감독을 쉽게 확대, 적용할 수 있다. 따라서 전자감독은 '카멜레온'과 같은 다중적, 복합적 성격을 가진 장치라고 하겠다. 예를 들어 교도소 과밀 수용과 지역 사회 처벌에 대한 엄격함이 필요하다는 주장이 제기되면, 전자감독이 이를 그럴듯하게 해결해 줄 수 있다. 강력한 처벌 필요성 문제 및 형벌 강화 이슈가 제기되면, 그때마다 전자감독제도가 하나의 해답으로 제시될 수 있을 것이다.

전자감독이 가진 감시의 효과는 실로 매우 다양하다. 전자감독은 범죄자로 하여금 그가 감시받고 있다는 것을 (지속적, 무계획적 혹은 정기적으로) 상기시켜줄 수 있다는 이점이 있다. 범죄자들의 법률 준수 순응 상황도 전자감독 장치를 통해 매우 용이하게 확인할 수 있다. 추가로 법정이나 교도소에서 범죄자들에게 선고할 수 있는 일부분 혹은 임시적인 규제 사항이 사법 및 형벌 당국의 재량을 통해 더 다양하게 부과될 수 있다. 이는 범죄자의 준수사항 '위반행위'가 발생하는 것으로 간주되고 범죄자가 법을 위반한 것으로 확인되면, 형량이 더 무거운 추가 처벌(혹은 재수감)로 이어질 수 있다는 후속 절차 변화와도 큰 관련을 갖게 된다.

　기술적인 면에서 본다면, 전자감독은 범죄자를 감시한다는 단독 기능 하나로 쉽게 설명될 수 있는 단순한 장치가 아니다. 여러 다양한 기술들이 복합적으로 작동해서 전자감독을 가능케 한다. 새로운 신기술과 많은 전자감독 장치들이 중복해서 기능하므로 혁신적인 기술이 계속 적용되고 있는 상황이다.

　최초로 사용되었으며 아직까지도 가장 우세한 감독 유형으로 평가받고 있는 전자감독 기술은 무선 주파수(RF) 방식이다. 범죄자의 발목이나(드물게는 팔목에) 신호 감지 장치를 부착하는 것인데, 범죄자가 자택에 있는 전자장치 감지기와 근접한 반경 내에 있다는 것을 담당자가 확인할 수 있도록 해 주는 전자감독 장치를 주로 활용한다. 전자장치는 범죄자의 존재(또는 부재)를 일반 전화 또는 휴대 전화 통신 방법을 통해서 수백 마일이 떨어진 곳에서 확인하고, 해당 확인 내용을 위치추적센터의 담당 보호관찰관에게 정확하게 전달하는 방식을 취한다. 이러한 수단과 장치들을 활용해서 결국 전자감독 전파 안티 탬퍼(anti-tamper) 기능을 활용한 외출제한명령이나 가택구금을 다양한 형태로 운영하게 되는 것이다.

　영국에서는 보통 이것을 구어로 'RF 부착장치(tagging)'라고 불렀다. 미국을 제외한 다른 국가에서는 이 용어가 가축들을 넓은 평야에 방목하면서 최소한의 이동 경로만을 추적한다는 함축적 의미로 통용되었다. 이는 원래 전자감독이 가진 추적의 의미를 완곡하게 간접적으로 표현한 것이라고 볼 수 있다. 그리고 초기에 도입된 이 장치는 기술력 자체보다 운영 비용이 다른 방식보다 더 저렴하게 들어서 매우 매력적인 전자감독 방식으로 평가받았다. 또한, 인권 침해가 덜하다는 차원에서 RF 부착장치를 활용한 외출제한명령이 전자감독 분야에서 활발히 적용되기도 했다.

　범죄자가 움직임 없이 지속적으로 상주하고 있는 고정 위치를 감시하는 수단으로 라디오 주파수 부착장치 방식(RF)이 활용되었고, 신체정보에 해당하는 범죄자 음성 패턴 인식 기술이 여기에 덧붙여졌다. 자택에 거주하고 있는 범죄자의 고정 위치를 확인하기 때문에 범죄자가 직접 특정 장치를 착용할 필요도 없고, 직접 눈으로 확인 가능한 시각적 장치도 추가로 활용될 필요가 없게 되었다. 범죄자들이 말하는 순간 그들 개개인의 독특한 생체 정보 음성이 녹음되고 전산화되어 위치추적센터 중앙 감독부로 해당 자료가 송신되었다. 범죄자가 매번 통화할 때마다 음성 일치 여부가 확인되고, 범죄자들의 본인 재택 여부를 자동으로 식별해 내는 방식으로 전자감독이 이루어졌다.

무선 태그와는 달리 음성인식은 보통 범죄자들이 속한 장소(예를 들면, 집, 취업상담소, 지역봉사 현장) 내에서 연속적으로 거주 여부와 특정 장소 상주 여부를 감독하기 위한 목적으로 활용된다. 장소 소재 파악이 매우 편리하다는 장점을 갖고 있지만, 아쉽게도 범죄자 음성감독 확인 전자감독 방식은 전 세계적으로 폭넓게 사용되지 못했다.

미국은 일부의 EM 대상 범죄자들에게 원격 알코올 감독(RAM: Remote Alcohol Monitoring)을 활용해 왔다. 이는 집에서 주류 알코올 섭취 금지 준수사항 위반을 감독하기 위해서 무선태그와 음주 측정기를 결합한 장치라고 하겠다. 대상자가 음주 측정기에 입김을 불어넣으면 개인의 혈중 알코올 농도 수치가 바로 전자감독 위치추적센터로 전해지게 된다. 대상의 신원(음주 사실을 들키지 않기 위해 술을 마시지 않은 대리인에게 부탁할 가능성이 있는)은 음성 인식기와 사진이 부착된 신분증 또는 (최신 장치에서는) 전산 처리된 안면 인식 기술을 통해서 본인 여부를 자동으로 확인하게 된다.

원격 알코올 감독은 해당 기술의 신뢰성에 대한 확신을 가지지 못했던 스웨덴과 네덜란드에서 하나의 실험 연구로 확인되는 과정을 거쳤다. 아쉽게도 두 국가에서는 해당 장치에 대한 객관적인 타당성과 신뢰성을 얻지 못했다. 그러나 미국에서는 범죄자들의 알코올 섭취를 막기 위한 바람직한 처벌로써 전자장치를 통해서 피부 표면으로 알코올 섭취량을 측정할 수 있는 장치를 만들기 시작했다. 다른 약물 남용 여부 역시 피부 칩을 통해 판독하는 기술로 확인할 계획을 갖고 있다. 하지만 아직까지 전자감독과 추가 약물 섭취 여부를 결합하는 장치 개발은 상업적으로 완전히 성공하지 못한 단계에 있다.

1970년대 후반에 군사적 목적과 무료 민간비행 목적으로 개발된 미국 국방부의 위성 위치 확인 시스템 GPS(Global Positioning System)는 지구로부터 약 11,000마일 위에 위치한 24개의 정지궤도 위성망을 통해 데이터를 방출하고 있는 시스템을 활용한다. 인공위성 네트워크와 11,000마일의 거리, 지구라는 세 가지 요소 내 모든 것(고도라는 조건이 필요하다면 네 가지)이 외부 위치를 확인하기 위한 전자감독 장치에 동원된다. 한 사람이 지구 표면 위 일정한 장소로부터 10미터 이내 반경에 위치한 곳을 정확히 실시간으로 찾아내는 데 이러한 기술이 모두 활용되는 것이다. 군사적 목적과 항공 목적으로 시작되었던 위성 위치 확인 시스템이 이제는 광범위한 수준에서 다양한 일반 대중의 개별 욕구 충족 서비스에 활용되기 시작했고, GPS 사용 범위도 급격하게 늘어나게 되었다.

범죄자 전자 추적(tracking) 장치는 이미 20년 전에 만들어진 것이다. 한편으로는 전자감독의 기존 목적에 부응하는 대표적인 면모를 지니게 되었다고 말할 수 있다. 전자 추적 장치는 1997년 미국에서 시작되었고, 2005년 이후로는 성범죄자에게 적용되는 특정 대상자 한정 추적 장치가 만들어졌다.

따라서 GPS를 활용한 추적 장치는 전자감독 분야에서 비교적 최근에 만들어진 어플리케이션이라고 볼 수 있다. 기본적인 GPS 시스템은 범죄자들을 감시하는 수단으로써 작동하기 위해서 시스템 증폭이 필요하고, 일반적으로 사람들의 실내와 야외 활동 반경 범위를 확인하기 위한 휴대 전화 시스템과의 결합이 필요하다. 이것은 출입 가능 구역(가택구금)과 출입 금지 구역(피해자 가정의 주변 또는 과거에 범죄를 저지른 구역)을 정하는 데 사용될 수 있다.

또한, 범죄자들이 취해야 하는 특정 이동 위치 경로를 구체화하고, 해당 이동 경로를 표시하기 위해 해당 장치와 기술이 사용될 수 있다. 이는 실시간(즉각적인 감독 형태)으로 추적 기술이 적용되기도 하고, 동시에 소급적으로 과거의 이동 경로를 검토할 때도 활용될 수 있다. 전자감독제도는 이러한 맥락에서 범죄자의 특정 문제 행동을 억제하는 수단으로 작동하게 된다.

추가로 외부로 밝혀진 특정 범죄 현장과 범죄자의 이동 경로 등을 범죄 현장 소프트웨어에 결합시켜 전자감독제도를 통해 잠재적 범죄자들의 과거 재범 행동 범죄 유무죄 여부를 증거자료로 확인할 수 있다. 그리고 일부는 범죄자의 복잡한 움직임 패턴이 범행 의도를 보여주는 단서가 되고, 시간이 흐르면서 범죄자의 잠재적 의도를 파악할 수 있는 신뢰성 높은 증거가 되기도 한다.

물론 GPS에서 오경보가 발생하여 보호관찰 담당자들에게 과중한 업무량을 야기한다는 점에서 GPS에 관한 기술적인 문제들이 큰 논쟁거리인 것도 사실이다. 그러나 공공 안전 차원에서(미국에서는 일부 전자감독하에 있는 범죄자들이 중죄를 범함에도 불구하고) 전자감독의 장점과 단점이 상호 트레이드오프(tradeoff), 즉 서로 상쇄되는 상황은 부인할 수 없는 것이다. 다시 말해, 전자감독의 오경보 문제와 그로 인한 업무 과부하 문제가 있기는 하지만, 여전히 GPS 장치를 통해 지역사회에서 범죄자의 재범을 억제할 수 있고, 신속하게 사후에 범죄 증거 등을 확보할 수 있다는 것은 해당 제도가 가진 큰 장점이라고 하겠다.

GPS 추적 장치가 최근 가격 비용 면에서 더욱 저렴해졌다는 점에서 'GPS 사용 권역 내에서 무선 주파수 RF의 미래가 존재하는가?'라는 불가피한 논쟁이 만들어지기도 했다. 이것은 추적 장치가 GPS 기술을 통해 다각적 면모를 보여줄 수 있고, 그 활용 범위도 과거 주파수 재택 여부 감독 차원보다 더 넓어졌다는 것을 의미한다. 이러한 질문에 대해 많은 국가들이 동일한 고민을 하고 있는 상황이다. 다른 많은 국가들이 자국의 기술(유럽의 갈릴레오, 러시아의 글로나스, 중국의 자이로스코프 등)을 통해 GPS 위치 확인 인공위성 시스템을 개발함에 따라 이 장치의 잠재력이 더욱 증가하고 있다.

오늘날에는 인공위성을 이용하지 않고도 다양한 지상파를 이용해 범죄자의 위치를 추적할 수 있는 새로운 전파 기술들도 만들어졌다. 안정된 수준의 위치 추적 시스템들이 미래의 장래성을 더욱 밝게 하고 있는 것이다. 더 나아가 최근에는 미래의 부정적인 암흑세계를 대변했던 문제의 범죄자 피부 위치 추적 칩 기술도 새롭게 큰 관심을 받고 있다. 하나의 전자장치 삽입 임플란트 기술이 전자감독제도에 결합될 수 있다는 의견이 제기되고 있다. 물론 이러한 피부 삽입 기술은 무선 인식 RFID 칩 기술이 가진 신체 건강 이상 반응에 대한 장기적 실험 연구 결과와 전반적인 신체 부착 기술 다양성 확대 가능성에 대한 연구 결과를 근거로 할 필요가 있다(Nellis, 2012).

비록 2004－2006년 시험 이후 2007년 잉글랜드 웨일스에서 GPS에 반대 결정을 내렸지만, 통상적인 패턴으로 보면 국가가 무선주파수 전자감독(RF EM)을 먼저 사용한 후 GPS를 발전시키는 일반적인 변화 수순을 밟는다고 볼 수 있다. 아일랜드와 대한민국과 같은 일부 국가에서는 단 한 번도 RF 무선 태그를 사용하지 않았지만, 초기부터 GPS를 과감하게 도입하며 다른 국가들과는 다른 전자감독의 도입, 발전 과정을 보여주었다. 또 다른 예로는 사우디아라비아가 있는데, 이 나라에서는 동시에 RF 방식과 GPS 방식 모두 파일럿 테스트를 기반으로 해서 EM 초기부터 함께 운영했다. 이는 기술적 차원에서 보면 분명 전자감독 발전의 새로운 운영 사례를 만든 의미 있는 시도라고 볼 수 있다.

전자감독의 다양한 유형은 기본적으로 '가상(virtual)'의 감독 방식을 기본으로 한다. 실제 범죄자가 자택에서 무엇을 하는지 눈으로 직접 보고 감독을 하는 것은 아니라고 하겠다. 처벌의 맥락상 '네트워크 사회'에서 통신 채널의 집합체를 통해 거의 실시간으로 범죄자의 위치만을 확인하며, 먼 거리에서도 대상자의 이동 경로를 확인하는 것이 전자감독제도이다. 따라서 전자감독은 철저하게 가상 감독 시스템이라고 말할 수 있다. 범죄자의 행동에 영향을 미친 지도, 감독 방법이 '원격(텔레마틱)' 관행으로 이루어진다는 점에서 광범위한 수준의 새로운 범죄자 – 보호관찰 의사소통 도구가 마련되었다고 볼 수 있다.

다시 말해 전자감독은 범죄자들을 직접적으로 시각화(CCTV 방식처럼)하지 않는다는 특징이 있다고 하겠다. 위치추적 센터 모니터링 화면에 보이는 범죄자의 이동 지표 데이터는 특히 그들의 위치, 존재(또는 부재) 여부만을 확인시켜 줄 뿐이다. 범죄자들과 약 몇 마일 정도 떨어져 있는 감독관들에게 그들의 '원격 실재감' 같은 모습을 보여주지 않는다는 점에서 직접적으로 시각화된 진짜 감독이라고 볼 수 없다.

이는 윌리엄 미첼(William Mitchell)이 상업적, 기능적 맥락에서 말한 '존재의 경제성(economies of presence)'이라고 칭했던 개념과 유사하다. 범죄자 감시에도 존재의 경제성이 필요하다는 말은 다시 말해, 특정한 목표(사업가가 정반대편에서 고객과의 거래를 중지할 때 내리는 결정과 유사한)를 이루기 위해 사적인 대면 접촉과 개인적인 직접적 접촉이 이루어지지 않는 방식(일방적일 수도 있는)이다. 대신에 하나의 대체 원격 의사소통(또는 별개의 감독)이 활용되게 되었음을 의미한다. 계약 대상자의 신뢰를 얻기 위해 직접적인 대면 접촉이 가진 장점을 우선시해야 되는 경우와 계약 체결을 위해 지구 반대편의 클라이언트와 원격 화상회의가 가진 장점을 부각시키는 경우를 비교해 보기 바란다. 두 방식이 어떻게 실무에서 균형감을 갖고 상호보완적으로 작동하는지 살피는 것이 전자감독의 성공 관건이다. 보호관찰관에게 제대로 순응하지 않는 위험 범죄자가 있다면, 가상 감독 방식의 전자감독은 물리적으로 위험할 수 있고, 직접적인 폐해를 불러올 수 있다. 따라서 이런 범죄자들에게는 가상 감독이 과도하게 강화되어서는 안 될 것이다.

전자감독은 미셸 푸코(Foucault, 1979)가 지적한 대표적인 '바이오파워(bio-power)'에 속하는 통제 기술이라고 볼 수 있다. 범죄자의 심리를 조절하며 범죄자가 속한 시간과 공간 위치를 새로운 기술(technology)이 완벽히 통제, 조절할 수 있는 힘을 가졌다고 볼 수 있다. 따라서 전통적인 형벌의 위협감이나 일반 억제로 사람들을 통제하는 접근방식을 이용하는 것이 아니라고 하겠다.

원초적인 시각에서 보면, 전자감독 기술은 범죄자들의 심리에 영향을 미치는 강력한 수단으로써 그들의 시공간적 위치를 단속하는 장치로 작동하게 되어 하나의 바이오파워 역할을 하게 됨이 분명하다. 이러한 새로운 기술의 발전이 형벌과 접목되는 것이 가치 판단 차원에서 옳은 일인지, 혹은 잘못된 일인지는 정확히 단정 지어 말할 수 없다. 그렇지만, 그 가치 판단과 상관없이 '형벌 사회학' 또는 '감시 연구' 분야에서 아직 많은 학자들이 관련 논의를 충분히 해 오지 않았다는 점은 분명한 사실이다. 그리고 유럽 내에서 전자감독과 관련된 이러한 철학적 고민을 최근에야 진지하게 시작하게 되었고, 이러한 논의를 하게 된 것이 다소 늦은 감이 있다는 것도 사실이다.

어떠한 경우에도 전자감독은 단순히 가상적인 감독 기술로 치부되어서는 안 된다. 그리고 추적 기술만을 적용한 새로운 형벌 장치로 단순화시켜 인식되어서도 안 될 것이다. 전자감독은 단순한 "기계 장치"가 아니다. 이것은 단순한 감독 장치가 아니므로 앞으로 '자동화된 사회적-기술적 체계(automated socio-technical system)' 전체로써 해석될 필요가 있다(Lianos and Douglas, 2000). 24시간 내내 연속 신호 방식과 자동화된 데이터 저장에 의존하는 전자감독은 범죄자와 보호관찰 간의 끊임없는 대면접촉과 감독을 필요로 하지 않기에 분명 자동화되었다고 할 수 있다. 그러나 범죄자가 직접 부착장치를 장착한 채 생활하고 있으며, 보호관찰관은 자택에 장비를 설치하며 규정을 준수하는지 확인하기 위해 화면을 감시하고, 위치 데이터를 사용하여 위반된 사례를 증거물로 법정에 가져가고, 전화상으로 위반 경보에 대응하며 태그가 장착된 범죄자들 및 그들 가족의 도움 요청에 응해야 한다는 점에서 전문 인력이 투입되어 범죄자와 보호관찰관 사이의 상호작용이 이루어지는 지도·감독이라고 볼 수 있다. 따라서 전자감독은 분명 '사회적－기술적' 측면을 갖고 있는 제도라고 볼 수 있다.

'사회적－기술적 체계'의 경계가 모호해지는 상황이 많고, 누구에게 얼마 동안 태그 장치가 부착되어야 하는지를 결정하는 문제 앞에서 법적 권한을 가진 유관기관과 교정 기관의 개입 문제, 그리고 국가 형사정책 자원 배분 등의 문제가 복잡하게 관여하게 된 것이 사실이지만, 분명 전자감독은 사회적－기술적 맥락에서 다루어져야 한다. 전자감독의 전략과 목표를 만들어 내는 형사사법 망의 확대정책(net－widening policy) 문제까지 고려한다면, 결국은 전자감독은 형벌 사회학(sociology of punishment) 차원에서 다뤄져야 할 문제이다.

왜 전자감독을 연구해야 하는가(Why study electronic monitoring)

"교도소 대체 수단: 불안한 사회를 위한 선택(Alternatives to Prison: Options for an Insecure Society)"이라는 책에서, 보톰스(Bottoms et al., 2004: 5－10)는 구금 형벌을 대신하는 새로운 형벌 수단 옵션에 대해 이야기한 바 있다. 여기에서 비구금 방식의 새로운 형벌 대안 수단을 만드는 것이 "연속적 시대"를 살아가는 데 어느 정도 당연히 받아들여야 할 것이라는 주장이 제기되었다.

보톰스는 책을 통해 1990년대를 지역사회 형벌의 변화가 이루어지는 새로운 시대를 강조했다. 그 시대를 통해 지역사회 형벌과 다양한 지역사회 교정 명령이 강조되기 시작했다고 보았다. 범죄자들이 자신들의 자유에 대해 지역사회 내에서 일정한 제한 조치가 부과되었음을 인식하기 시작했고, 이를 받아들이게 되었다.

저자는 특히 이 시대에 과학기술에 대한 의존도가 높아졌다고 주장했다. 이는 일부 민간위탁 서비스를 통해 국가 교정업무가 민영화로 변경되는 신 공공관리 원칙(Mew Public Management principal) 시행이 이루어졌던 보호관찰 담당 부처에서의 '경영자 혁명'과 같은 새로운 시도가 이루어졌던 시기와 연관되어 있다. 신 공공관리 원칙에 의거, 당시 교정 분야의 많은 업무들이 계약을 통해 민간영역으로 옮겨 가는 분위기에 놓이게 되었다. 경영자 혁명 시도와 결합한 지역사회 교정 단계의 집행 명령은 전자감독제도의 필요성을 그 어느 때보다 더 강하게 요구하게 되었다(교도소에서 시행된 민영화 움직임과 유사).

또 다른 당시의 형벌 분위기는 지역사회 내 형벌 수단들이 다양한 지역사회 교정 수단들과 상호 보완하는 결합 체계로 만들어지면서 하나의 '창의적인 혼합물'로 만들어지게 되었다는 것이다. 지역사회 내 형벌 방식은 보통 강화된 수준의 범죄자 감독, 규제와 개별화된 처우를 목적으로 새롭게 변화되게 되었다. 잉글랜드 웨일스는 전자감독을 초기에 독립형 형벌 수단으로 다양한 형사 사법절차에서 광범위하게(배타적으로서 사용한 것은 아니었다) 활용하기 시작했다. 다른 유럽 국가들도 이러한 입장을 택하기 시작했는데, 이러한 역사적 변화 과정 속에서 전자감독제도의 발전은 새로운 시대가 요구하는 지역사회 교정의 미래, 형벌 변천 절차 흐름 및 발달 그림을 대표하는 혁신적인 제도로 성장해 가기 시작했다.

그러나 이러한 설명이 장기적 차원에서는 어느 정도 정확할지 모르지만, 전자감독의 탁월함을 짚어내기에는 충분하지 않았다고 하겠다. 왜냐하면 전자 감독제도를 다른 기타 지역사회 교정 수단과 동일한 맥락에서 보는 것은 해당 제도를 그저 다른 지역사회 제재들과 별 차이가 없는 것으로 단순화시키는 것이기 때문이다. 이러한 시각은 EM을 단지 시기적으로 최근에 새롭게 생겨난 하나의 지역사회 제재 수단으로 과소평가하는 것에 불과하기 때문에 경계해야 한다. 따라서 지역사회 명령의 하나로 전자감독제도를 바라보는 분석은 거시 적으로나 미시적으로나 이 제도의 중요성을 경시하고 있는 입장이라고 볼 수 있다.

민간 섹터와의 계약을 통해 상업적 이해관계 속에서 전자감독제도를 운 영한다는 입장이 서구에서 오랫동안 유지되어 왔다. 아쉽게도 이러한 발전 방 향은 다른 구금 대안 정책을 자극, 발전시키는 데 크게 기여하지 못했다. 예외 적으로 전자감독이 구금 대안으로 다른 정책적 발전을 이끌어 낸 분야는 전자 감독을 통해 이루어 낸 보호관찰 민영화 움직임이다. 민영화된 지역사회 교정 서비스와 피의자 보석 대상자 호스텔 민영화 정도가 가능하게 되었다.

참고로 잉글랜드 웨일스에서 피의자 대상 호스텔 민영화는 전자감독 도입 전에 이미 과거부터 운영되고 있는 상황이었다. 핵심은 원거리에서 전자장치를 통해 범죄자를 감독하는 새로운 제도가 범죄자로 하여금 관련 준수사항을 모두 지키고, 추가된 지도, 감독에 잘 순응하도록 만들게 했다는 것이다. 이러한 지역사회 교정 방식은 과거에는 존재하지 않았던, 관례가 없는 매우 신선한 시도였다. 특히, 인공위성 위치 추적 장치를 통해 이동 경로를 실시간으로 추적한다는 아이디어는 새로운 범죄자 지도, 관리 방법으로 평가받았다.

전자감독제도가 현재 지역사회 교정 상황을 더 개선할지, 혹은 악화시킬지 정확히 알 수 없는 상황이다. 더 오래 해당 제도의 의미를 지켜봐야겠지만, 한 가지 확실한 것은 전자감독이 범죄자 감시 방법의 본질을 완전히 색다른 방식으로 탈바꿈시켜 버렸다는 것이다. 사실, 엄청난 잠재력을 가진 전자감독제도가 향후 재소자 구금 인원수를 줄여줄지는 단정지어 말할 수 없다. 아마도 그 이유는 교도소 수용 인원수가 생각보다 더 복잡하고 심오한 사회, 기술, 정치적 이유와 관련되어 있고, 끊임없이 다양한 과학기술이 형사사법 시스템에 도입되기 때문이라고 하겠다.

여러 국가에서 전자감독이 정책입안자의 이목을 끄는 것은 어쩌면 당연한 일이었는지도 모른다. 전자감독은 재소자 수와 재범률을 동시에 줄여 줄 잠재적 가능성이 큰 제도로 보였다. 이 제도가 처음 시행되었을 때 형벌 관련 교정학 분야에서는 전자감독제도가 정치적인 의도를 잘 대변해 주고, 보수와 진보 양쪽의 욕구 모두를 충족시켜 줄 것이라는 평가를 내놓았다.

먼저, 진보 차원에서 보면 전자감독 장치를 통해 불필요한 형사사법 기관 담당자와의 상호작용이나 범죄자 낙인 문제가 줄어들어 인권침해 상황을 미연에 방지할 수 있다는 이점이 강하게 부각되었다. 다음으로 보수 입장에서 보면, 전자감독제도가 엄정한 범죄자 응보와 재범 억제, 무능화 등의 장점을 줄 것으로 보였다. 다시 말하면, 진보 입장에서도 인권 문제를 강화하면서 교도소 구금이라는 상황을 피할 수 있을 듯했고, 보수 쪽에서도 처벌과 응보, 억제, 박탈, 중화라는 범죄 강경 대응 의도를 잘 어필할 수 있을 것으로 보였던 것이다.

전자감독 관련 기술의 출현은 나라마다 영향력이 매우 상이하고 실절적인 효과성 자체도 다르다고 볼 수 있다. 전자감독제도의 출현은 기존의 전통적인 범죄자 지도, 감독 방법을 크게 위협하는 새로운 도전적 환경임이 분명하다. 전자감독이 없었더라면 기존의 보호관찰 등 일반적인 범죄자 지도, 감독에 소비될 비용과 자원들이 이제는 전자감독 쪽으로 전환되면서 전자감독과 관련된 새로운 공간들이 만들어지게 되었다. 분명 이것은 오늘날 지역사회 교정이 맞이한 새로운 환경이라고 하겠다.

지금까지 이러한 위협적인 환경 변화에 대해 제대로 이해하지 못하고, 그 변화가 가져올 새로운 환경에 대해서도 진지하게 고민해 보지 못했던 것이 사실이다. 그러나 전자감독제도는 형벌의 사회학과 '비판범죄학' 학계 전문가들이 동의하기 어려운 불편한 이론적, 실무적 특성을 갖고 있는 제도이다. 쉬운 일은 아니겠지만, 부디 이 책의 저자들은 물론 많은 학계 관계자들이 전자감독과 관련된 이슈들에 대해 서로 중지를 모으는 데 함께 노력을 기울인다면 더 바랄 것이 없겠다.

1980년대 많은 유럽 형법 개혁가들과 보호관찰 실무자들은 전자감독을 반대했었고, '미국의 선례'를 밟지 않기를 희망했다. 전자감독을 향한 비판적인 초기의 의심과 적대감은 오늘날 점차 줄어들고 있는 상황이다. 전자감독과 관련된 많은 기관들의 논의와 분석 평가 결과가 제도를 옹호하는 쪽으로 바뀌었지만, 여전히 전자감독과 관련된 중요한 질문들은 아직도 제대로 그 답을 찾지 못하고 있는 상황이다. 전자감독제도에 대한 비판적 시각을 가진 문헌 연구들이 앞으로 더 많이 출판되어 중요한 문제의 답을 찾게 되기를 바란다. 그리고 관련 연구들이 계속 진행되어 이 책이 던지는 질문의 답을 더 빨리 찾게 되기를 희망한다.

전자감독과 관련된 학문적 차원의 예리한 질문의 첫 시작은 다름 아닌 스탠리 코헨(Stanley Cohen, 1985)이었다. 그의 대표 저서인 "사회적 통제 시각 (Visions of Social Control)"이라는 글에서 볼 수 있듯이, 시설 구금의 대안이 갖는 문제점은 우리가 반드시 기억해야 할 사안이라고 하겠다. 그리고 그 문제점은 전자감독에도 동일하게 적용되는 것으로 봐야 할 것이다.

첫째, 그의 저서에서 스탠리는 전자감독의 발전이 결국은 "형사사법 처벌망의 확대" 문제를 불러오게 될 것이라고 예측하였다. 사실, 스탠리가 지적했던 처벌 망의 확대는 반드시 기존에 존재하는 형벌 범위와 유형의 확장을 넘어서는 불필요한 처벌을 의미했던 것이 아니었다. 그보다는 교도소 구금 인원수에 별 영향을 미치지 않는 확장된 처벌 망의 확대가 가장 큰 문제라고 보았다.

　실제로 전자감독을 도입했던 많은 국가들에서 처벌 망의 확대 문제가 발생했다. 형벌 통제력이 확대되면서 일반 보호관찰이나 벌금과 같은 관대한 처벌 부가가 급격히 줄어들었고, 대신에 전자감독을 부과하는 케이스가 증가하게 된 것이다. 다시 말해, 전자감독제도의 도입으로 인해 지역사회에서 범죄자를 지도하고 감독하는 "질적인 방식의 의미"가 변화되었고, 형벌 "본연의 특성"이 바뀌었다고 말할 수 있다. 완전한 변화는 아니더라도 분명 전자감독으로 인해 처벌 본질에 대한 실무적 변화가 일어났다고 결론내릴 수 있다.

　둘째, 전자감독제도가 가진 또 하나의 문제점으로 구금 망을 얇게 만드는 상황을 지적할 수 있다. 이는 겉으로 보기에는 집중적이고 통제적인 지역사회 제재조치인 전자감독이 미처 예기치 못했던 단점이라고 하겠다. 즉, 교도소 구금 망을 얇게 하는 허점으로 위험한 범죄자 일부를 사회로 내보내게 되는 잘못된 판단을 하게 만들었다는 비판을 받게 되었다. 지역사회 처벌을 강화함으로써 교도소 구금 인원이 줄어들고, 교도소에 가야 할 범죄자들이 지역사회로 나오게 되면서, 실제로는 교도소 철조망이 더 헐거워지고 약해지는 결과를 초래했다. 전자감독이 전통적인 보호관찰 업무 차원에서 보면 분명 형사사법 망을 강화시킨 것으로 볼 수 있지만, 교도소 구금 차원에서 보면 오히려 기존 형사사법 망을 헐겁고 가볍게 만들어 버린 것이다.

　세 번째로 형벌 관리가 개인 자택의 사적인 공간으로 옮겨 감으로써 교정시설 속에서 이루어지는 처벌과 비시설 형태의 처벌 경계선이 모호해지는 문제가 발생했다(더 나아가 시설 속에서 이루어지는 교도소 내 처벌 문제가 GPS 전자감독 도입으로 지역사회 내 익명의 공공장소로 확대되었다는 문제가 발생했다)(Aungles, 1994; Kaluszynski and Froment, 2003).

　네 번째로는 정부와 민간영역 간의 계약으로 인해 민간 부문이 전자 감독 운영의 중대한 관리 책임을 이양받는 상황이 연출되었다는 점이다. 이로 인해 범죄자 형벌 관리가 국가에서 일반 민간인에게 이전되는 현상이 일어나게 되었다. 코헨은 이런 현상을 침투(penetration)로 지칭한 바 있다. 전자감독의 출현으로 처벌 관리 망의 확대 문제가 일어났다. 그리고 시민사회가 형벌 집행하의 개인인권 침해 책임을 갖게 되면서, 기술 탐지 방식에 의한 한 개인의 범죄 의사 및 행동 처벌 여부를 판단하는 새로운 기술 기반 결정론적 입장이 대두되었다. 상업적으로 이루어지는 형벌 집행이 과연 타당하다고 볼 수 있는가에 대한 비판이 일어났다. 이런 문제들은 전자감독과 관련해서 오늘날에도 끊임없이 고민해 봐야 할 이슈이다.

이 책 『비교전자감독제도론』에서는 지금까지 전자감독제도 정책 입안자들이 중요하게 다루었던 '교도소 구금 인구 감소'와 '범죄 발생률 감소' 문제를 가장 중요한 핵심 의제로 다루지 않을 것이다. 전자감독으로 인해 교도소 재소자 인원이 줄었다는 점이나 재범률이 감소했다는 단순한 논쟁을 뛰어넘어 전자감독이 갖는 근본적인 형벌 속 함축 의의를 논의의 초점에 놓을 것이다. 다시 말해 전자감독제도가 가지는 형벌 가치로서의 의미를 제도의 잠재적 파급효과를 감안하여 보다 큰 그림 속에서 다루고자 한다.

지난 삼십여 년 동안 '진보적' 입장의 형벌 정책 입안자, 형벌 개혁가, 그리고 보호관찰 관리자들이 전자감독과 관련해서 수많은 딜레마와 어려움에 직면하면서 새롭게 전자감독을 재해석해 왔다. 유럽도 미국과 마찬가지로 전자감독에 대한 진보적인 입장의 많은 지지층이 있는 것이 사실이다(Whitfield, 1997; 2001).

그러나 전자감독에 '보수적인' 지지층도 존재한다는 사실을 잊지 말아야 할 것이다. 이 상황에서 반드시 기억해야 할 것은 진보적인 색깔의 전자감독 지지자들이 말하는 진정한 발전적, 적극적 제도 운용 결과가 실제 현실에서도 존재하느냐 하는 것이다. 전자감독제도가 가진 사회적－기술적 발전 추진력과 상업적 성공 계기를 객관적인 시각으로 정확히 이해하지 못한다면, 기존의 지역사회 제재조치와 전자감독이 어떤 차이점이 있는지 제대로 파악하지 못하게 될 우려가 있다. 둘의 가치를 혼동하게 되면 전자감독의 진정한 진보적 의미도 그 부정적 파급 효과 차원에서 예리하게 파악하지 못할 가능성이 있다.

이 책 『비교전자감독제도론』을 집필한 저자들은 각 챕터 속에서 사회적 통제 시각(Visions of Social Control)이라는 책이 주장한 것 이상으로 보다 대담하게 전자감독이 끼친 영향력을 언급하고자 한다. 그리고 전자감독에 내재된 형벌의 변화 움직임에 대해 정확하게 제시할 것이다. 이러한 맥락에서 스탠리 코헨을 언급한 것은 매우 정확한 선택이었다고 본다. 왜냐하면 그는 비판범죄학 이론의 중요성을 과거 오래전부터 인지하고 있었고, 관련 분야 실무자들이 얼마나 어려운 선택을 하며 범죄자들을 지도, 감독해 왔는지 정확히 알고 있었기 때문이다.

보호관찰 업무를 담당하는 실무자들은 현장에서 완벽한 천사의 역할을 맡기보다는 '덜 악한(lesser evils)' 사람의 입장에서 범죄자들을 이끌고 가는 적절한 수준의 '중개인' 역할을 맡으려고 한다. 스탠리 코헨은 범죄자를 직접 지도, 감독하는 사람들이 겪는 현실에서의 딜레마를 이해한 훌륭한 학자로 봐야 할 것이다. 그는 또한 교도소 구금으로 인해 유발된 상징적이고 정치적인 범죄자들의 피해와 고통을 당당하게 지적한 현실감 있는 학자이기도 하다. 구금의 문제점을 해결하기 전략을 끊임없이 고민하면서 "완결되지 않는" 영원한 구금 폐해 척결 투쟁을 벌이고 있는 그의 주장을 곰곰이 생각해 보는 것은 이 책을 이해하는데 큰 도움이 될 것이다(Cohen, 1992).

어떻게 전자감독을 연구할 것인가(How to study EM)

『비교전자감독제도론』의 저자들은 각 장(챕터)별로 저자들이 자유롭게 국제적인 비교 연구가 가능하도록 이 책을 구성했고, 국가 간 비교를 통한 상대적인 전자감독 접근법이 가능하도록 하는 데 큰 주안점을 두었다. 전자감독은 전 세계적으로 활용되는 제도인 바, 오직 단 하나의 국가 형벌 역학으로는 EM을 올바르게 이해할 수 없다. 이에 처벌과 통제의 접근에 있어서 국가별 차이를 이해할 필요가 있으므로 형 집행과 관련된 사회적 분위기와 해당 국가의 문화, 형 집행 특징에 관한 깊고 풍부한 이해가 필요하다는 점을 먼저 언급하고자 한다.

국가 간 비교 연구를 하는 데에는 다양한 방법이 있는데, 여기에는 어떤 방법을 선택하느냐에 따라 수많은 단점과 한계점, 그리고 비교 연구의 위험이 존재한다(Nelken, 2010). 전자감독제도가 가진 역학성과 복잡성을 이해하기 위해서 전자감독의 위상이 높은 선구적인 몇몇 국가들 위주로 챕터를 구성하고, 해당 국가에서 선발된 학자들이 자국의 전자감독 현황과 특징, 성장 과정 등을 설명하는 방식을 취한다. 이 책에서는 각 국가의 석학들을 초청하여 이들이 각 국가의 전자감독 현안문제를 상세히 소개했다.

전자감독제도 활용에 대한 의견은 국가별로 특정한 처벌적, 조직적, 정치적, 사회적 맥락에 전문적인 지식이 있는 해당 분야의 학자들에 의해 다양한 방식으로 묘사될 수 있다. 저자들이 작성한 전자감독 관련 내용은 국가별로 다양한 관점에서 작성되었는데, 개별 국가들의 내재적, 상황적 묘사가 포함되었고, 각 국가가 속한 다양한 관할 국가별 전자감독 실행에 관한 비판적 분석이 광범위하게 다루어졌다.

물론, 이 책의 저자로 참가한 각 국가의 학자들이 스스로를 모두 '비판범죄학자'로 간주하지는 않을 것이다. 그러나 한 가지 공통된 것은 저자들 모두가 전자감독제도가 매우 중요한 새로운 형사사법 제도라는 점에 동의하고 있고, 각 국가 상황 속에서 전자감독이 중요한 형벌 제도로 간주되고 있다는 점을 명확히 인식하고 있다는 것이다. 전자감독을 활용하는 범위나 정도 역시 나라별로 상이한바, 개별 저자들이 보여준 글은 하나의 국가 모습을 대변하는 정답이라기보다는 전자감독이 구성되고 운영되는 국가별 담론을 큰 그림에서 이해하는 데 도움을 주는 유익한 자료가 될 것이다.

전자감독은 나라별로 다양한 방식으로 적용될 수 있고, 실무자들이 현장에서 전자감독을 이해하는 방식도 실제 매우 다양하다고 볼 수 있다. 따라서 전 세계적으로(또는 단지 미국 내에서만이라도) 존재하는 모든 전자감독 관련 상황 및 문제 현상을 이 책에서 전부 다룬다는 것은 어려운 일이다. 이에 전자감독 국가별 비교는 선정된 몇몇 국가에 제한될 수밖에 없었다.

어떤 국가를 이 책 『비교전자감독제도론』에 포함시킬 것인가는 매우 결정하기 어려운 문제였는데, 여기에서는 다양한 요인들을 검토한 후에 최종 선택을 했다. 국가 선택을 고민할 때는 많은 국가별 특징을 검토했음을 밝힌다. 하나의 대표적인 선발 기준으로 실용적인 특징을 활용했다. 이것은 어떤 면에서는 전자감독 사용 및 발전 패턴을 안정적으로 정착시킨 국가를 포함시키기 위함이었다.

또 다른 국가 선발 기준으로 과거에 전자감독 평가 조사에 착수한 경험이 있는 국가인지를 반영하고자 했다. 전자감독제도의 효과성을 평가한 적이 있는 국가라면, 이 책에서 비교전자감독제도의 논의 대상으로 포함될 수 있다고 본 것이다. 다시 말하면, 개별 국가들이 실시했던 효과성 분석 결과에 관해서 심층적인 국가별 비교 연구가 가능해지길 바란다는 마음에서 안정적으로 전자 감독제도를 정착시킨 역사가 있고, 제도를 과학적으로 분석한 경험이 있는 나라를 먼저 파악했다고 하겠다.

몇 가지 지리학적인 이유로 이 책에서 많은 장점이 있음에도 불구하고 제외시킨 나라가 있다. 해당 국가를 살펴보자면, 콜롬비아, 동유럽 국가들, (대한민국을 제외하고) 극동 지역의 국가들이 여기에 해당한다. 이들은 아쉽게도 전자감독에 관하여 비교적 짧은 운영 경험을 가지고 있었고, 최근에 제도를 도입했기에 국가별 비교 연구에서 제외시킬 수밖에 없었다. 그리고 지역적인 효과성 평가 연구 부족으로 인하여 몇몇 나라들은 국가별 비교 프로젝트에 적절하지 않은 것으로 판단되어 제외시켰다.

그러나 제외된 나라들이 오늘날에도 전자감독을 활용하고 있다는 것은 의미하는 바가 매우 크다고 볼 수 있다. 향후 『비교전자감독제도론』 개정판 및 추가 저서 집필을 할 때는 반드시 이들 국가들에 대한 비교전자감독 논의도 포함시켜야 할 것이다. 이 책은 주로 형사사법제도에서 범죄자들을 대상으로 한 전자감독의 활용에 초점을 두고 있다. 이 책의 저자들 모두 전자감독이 피해자 보호(접근금지명령의 형태)에 있어서 어떤 쓰임새가 있는지 알고 있기에 이것과 관련된 사안도 본문 속에서 간략히 다룰 것이다. 민사소송 단계의 한 수단으로써(자녀부양을 거부하는 부모들 대상) 전자감독이 동원되는 방법도 있고, 테러 용의자와 망명 신청자들과 관련된 다양한 규제 조치의 하나로써 전자감독이 활용될 수도 있다. 심지어 미국에서는 학생들의 학교 무단결석을 막는 수단으로써 전자감독이 활용되기도 한다.

이 책 『비교전자감독제도론』에서는 전자감독에 있어 가장 '선구적'인 국가라고 평가받을 수 있는 아홉 개 국가를 선발했다. 그리고 이 책에서 유럽 외에 미국, 캐나다, 호주, 뉴질랜드, 대한민국을 아홉 개 대표 국가에 포함시켰다. 유럽 내에서는 잉글랜드 웨일스, 프랑스가 전자감독 모범 국가로 선택되었고, 작은 영토 내에서 가장 혁신적으로 전자감독을 실시하는 선구적인 국가로 스웨덴과 벨기에, 네덜란드를 선발했다. 국가를 선택할 때 가장 중점을 둔 점은 해당 국가가 전자감독제도를 안정적으로 형사사법 시스템 속에서 운영하고 있는 지를 살피는 것이었다. 전자감독 관련 법률과 정책을 올바르게 만들었는 지를 확인하는 것도 중요한 선택 기준이었다고 말할 수 있다. 즉, 국가 내부에서 전자감독이 깊게 잘 자리잡혀 있는지를 검토하는 것이 국가를 결정하는 핵심 기준이었고 하겠다.

그러나 역설적으로 대한민국과 같이 최근에서야 전자감독 관련 기술이 빠른 시간에 급격하게 도입된 나라도 있다. 상대적으로 오랜 역사를 갖고 있지는 않지만, 대한민국은 무선 주파수 전자감독(RF EM)을 전혀 사용하지 않고 바로 GPS 방식을 시행한 독특한 발전 과정을 갖고 있기에 대표 전자감독 국가로 포함시킬 가치가 충분하다고 볼 수 있다. 다른 서구 국가들과 확연히 다른 전자감독 구축 전략을 가지고 있는 대한민국은 이 책의 비교전자감독 프로젝트의 한 파트를 차지할 가치가 있다.

이는 개별 국가들이 가진 차이점과 유사점을 비교하도록 하는 방식에 가장 적절한지를 고려한 선택의 결과이기도 하다. 어떤 나라들을 비교전자감독론 프로젝트 책의 연구 대상으로 삼을 것인지, 그리고 어떤 저자들을 섭외할 것인가를 놓고 많은 고민이 있었다. 국가 선택과 관련해서 이미 수년 전에 결정된 나라들이 많은데, 시간이 흐르면서 포르투갈과 스페인과 같은 흥미로운 경험을 가진 국가들도 나타나기 시작했다. 아쉽게도 이 책에 해당 국가들은 포함되지 않았으나, 선발된 국가들을 통해서 현대 전자감독에 관한 가장 중요한 국가들의 논거와 이해가 폭넓게 다루어질 것이라는 것을 기억해 주기 바란다.

이 책은 전자감독에 대한 국가 간 비교 논의를 1장(미국 편)에서부터 시작한다. 미국에서 선구자들이 예상했던 것만큼이나 광범위한 수준에서 전자감독을 적용한 것은 아니었다. 그리고 다양한 방식으로 변형된 전자감독이 현장에서 시행된 편도 아니었다. 하지만 전자감독이 맨 처음 유래한 곳이 미국이라는 점에 기인하여 이 책의 제1장을 미국으로 정했다.

또한, 미국은 상대적으로 다른 어떤 국가보다 전자감독을 폭넓게 사용하는 나라 중의 하나이다. 초기 선구자들이 기대했던 수준은 아니지만, 다른 나라들과 비교했을 때 분명 상대적으로 더 광범위한 수준에서 전자감독제도를 州 별로 다양하게 활용하고 있다. 미국은 특히, 플로리다 州의 경우 가장 먼저 전자감독 기술 혁신자로 자리매김함으로써 제도가 발전하는 데 매우 중요한 역할을 담당했다는 평가를 받아왔다(예를 들면, 위성 추적 기술과 활용된 전자감독 도입 부분). 이런 맥락에서 미국을 전자감독에 관한 주된 이슈와 논란의 출발지로 볼 수 있기에 맨 첫 장에서 미국을 제일 먼저 설명하고자 한다.

많은 유럽 국가들은 미국의 형벌 혁신 운동이 유럽에 전파되는 상황을 상당히 꺼려했고, 해당 상황에 매우 민감하게 반응했다. 유럽의 지역사회 교정 관계자들은 어쩔 수 없이 미국으로부터 특정 교정정책을 배울 수밖에 없는 상황에 직면하게 되었다. 그러나 시간이 흐름에 따라 전자감독 사용이 확대되면서 미국-유럽 간 상호 교류가 더 큰 의미를 갖기 시작했고, 미국을 통해 더 많은 것을 배워야 한다는 입장이 큰 힘을 얻기 시작했다.

캐나다, 호주, 뉴질랜드, 여러 서유럽 국가들은 이미 전자감독의 도입과 사용에 있어서 응보 차원의 시각과 사회적 차원, 그리고 진보적 차원의 혁신과 변화 분위기를 어느 정도 감지하고 있었다. 전자감독 기술을 수용한 일부 국가에서는 실제 다양한 수준의 문화적, 정치적 역학 변화가 이루어지게 되었다. 이 것은 전자감독제도와 관련된 법적, 실용적 형사사법제도 발전과 결과에도 큰 기여를 하게 되었다. 특정 정책이 한 국가에서 다른 국가로 이전될 때는 맨 처음 제도를 시작한 국가의 형태와 정확히 일치하는 방식으로 해당 제도가 다른 나라로 옮겨 가지 않는다. 따라서 국가별 비교 연구를 위해서는 국가별 형사사법 운영상의 기본적인 차이를 먼저 정확히 이해할 필요가 있다. 잉글랜드 웨일스의 경우를 제외하고, 전 세계적으로 광범위하게 일어났던 국제적인 전자감독제도의 성장 분위기는 처음 의도했던 미국으로부터의 '정책 이전(transfer)' 결과는 아니었다. 즉, 국가별로 정책이 전수되어 한 나라에서 다른 나라로 넘어가더라도, 그 정책 출현 양상이나 적용 방법이 나라별로 매우 상이했다고 하겠다.

그럼에도 불구하고 전자감독과 관련된 범죄자 추적 장치와 감독 장치 기반 소프트웨어는 전 세계적으로 매우 동일한 방식으로 개발, 도입되었다. 그 이유는 몇몇 소수의 한정된 민간경비 회사만이 전자감독 장치를 개발해서 개별 국가의 관련 부처에 납품했기 때문이다. 전자감독제도의 운영과 달성 목적 등이 모든 면에서 국가별로 서로 비슷했기 때문에 장치를 개발하는 입장에서 안정적인 범죄자 추적 기술을 강화하는 장치들을 계속 개선해 나가는 방식으로 추적 장치와 소프트웨어를 비슷하게 만들 수밖에 없었다.

범죄행동 원인에 대한 기술결정론(technology determinism) 입장은 형벌 집행 실무에서 구체적인 사례에 항상 완벽하게 들어맞는 것도 아니고, 지역적인 수준에서 정확하게 범죄자들의 범죄 행동을 예측하는 것도 아니다. 이는 기술 개발 차원에서 전자장치를 통해 범죄자의 행동을 예측하고, 통제하는 완벽한 전략은 특정 시간과 장소에서 100% 안정적으로 작동하지 않는다는 것을 의미한다.

그러나 전자감독 장치를 전 세계의 막대한 데이터와 통신 기술을 활용하는 새로운 형태의 범죄자 지도, 감독 방법이라고 본다면, 어느 정도 국가별 차이 없이 유사한 장치를 쓰는 실무의 현 상황이 타당한 것으로 보인다. 범죄자 관리, 감독의 문제가 아닌, 일반 일상생활 영역에서 전 세계적으로 통일된 전자 장비들이 통용되는 오늘날의 일상생활과 그 맥을 같이한다. 세계적인 전산화, 인터넷 사용, 글로벌 휴대전화 네트워크 활용, GPS 위성 등의 발전으로 모든 세계 국민들이 동일한 공공서비스를 서구화된 규준에 맞추어 통일된 방식으로 사용하고 있다. 이런 차원에서 보면, 전자감독제도에 전 세계적으로 통용되는 유사한 기술이 적용되는 것은 어느 정도 이해가 되는 자연스러운 현상이라고 볼 수 있다.

각 정부가 대중 서비스를 현대화시키면서 기술을 활용해 해당 서비스를 계속 발전시키고, 서구 국가들의 발전적인 접근법을 모방해 가는 것은 이미 많은 사람들이 알고 있는 주지의 사실이다. 이러한 기반과 사회적 영향에 대해 마누엘 카스텔(Manuel Castells, 1996)은 소위 '네트워크 사회'라는 말을 통해 그 특징을 강조했다. 이것은 형벌 실행에서 '국제적 의미의 형벌 수렴' 현상을 의미하는 것이기도 하다. 즉, 여러 국가는 비슷하게 정의된 문제들에 대해 비슷한 반응을 보이며, 결국 국가별로 모두 비슷한 기술적 관점을 통해서 해당 문제를 바라보게 된다. 국가별로 개별적으로 이루어져야 하는 다양한 '정책 전이(policy transfer)' 현상에 대한 충분한 담론 없이 결과적으로 유사한 방법으로 특정 기술을 동원해서 범죄문제를 해결하려는 시도가 나타나게 된다고 하겠다.

그럼에도 불구하고 분명한 것은 전자감독 발전과 관련해서 국경을 넘나드는 전이 현상이 "비교전자감독제도론" 차원에서 어느 정도 발생할 수밖에 없는 현상이라는 점이다. 유럽 보호관찰협회 CEP(Confederation of European Probation)는 전자감독의 발전에 있어서 오랫동안 중요한 역할을 맡아 왔고, 다른 조직보다 더 강하게 전자감독 문제에 관심을 갖고 전자감독과 관련된 문제들을 해결하기 위해 많은 시간과 노력을 투자해 왔다고 볼 수 있다.

유럽 보호관찰협회에서는 정확히 말해 전자감독 자체가 기존에 운영되던 보호관찰제도에 심각한 위협이 될 수 있다는 두려움 때문에 특히 더 오랫동안 많은 고민을 해 왔다고 볼 수 있다. 전자감독제도가 부정적인 문제들을 많이 야기하고, 범죄자들이 지역사회에서 누리던 기존의 자유를 억압하는 수단이 될 수 있다는 잠재적 위험 제재수단으로 다루어졌다. 이로 인해 유럽 보호관찰협회(Confederation of European Probation: CEP)에서는 더 적극적으로 전자감독제도를 세심히 살펴보게 된 것이다.

2011년 유럽 보호관찰협회는 제7회 전자감독 회의를 개최했다. 이 회의에서 언제나 그렇듯 유럽 상황에 초점에 맞춘 참신한 대안들이 제시되었다. 먼 타국에서 온 해외 실무자 및 학자들도 전자감독 운영과 관련된 유럽 중심의 대안에 큰 흥미를 느꼈다. 특히, 전자감독에 대하여 알고 싶어 하는 사람들과 전자감독과 관련된 정치적, 실용적, 금융적, 기술적인 차원의 이해관계자들에게 유럽식의 통합적 '네트워크 중심' 운영 현황을 보여주는 유익한 기회가 마련되었다.

영리 목적의 많은 민간 회사들(상업적, 기술적 제공자)은 회의 참석자들과 이해관계자들에게 많은 후원을 해 주었고, 그들의 최신 전자감독 장치를 소개하는 자리를 마련했다. 자신들이 개발한 전자감독 장치를 시장에 내놓을 계획을 공개적으로 쏟아낸 것이다. 기존 고객의 기대에 충분히 부응했고, 새로운 고객을 물색하기 위한 다양한 활동들 함께 펼쳐졌다. 민간 경비 영역의 전자장치 전시는 매우 흥미롭게 진행되었고, 사람들의 관심을 끌기에 충분했다. 전자감독 장치 개발자 및 판매자들은 정책 입안자들과 전자감독의 효율성을 테스트하려는 사람들, 그리고 형사사법제도 내에 있는 많은 이해관계자들에게 전자감독 감시 장치 사용의 중요성을 납득시키기 위해 최선을 다해 노력했고, 그 결과는 매우 성공적이었다.

정책 입안자들과 전자감독제도 평가자들은 전자감독과 관련된 제도를 수립하며 해당 제도를 테스트해 보는 경험을 함께했다. 그리고 영리 목적의 민간경비 회사들로 하여금 유럽 보호관찰협회 CEP(Confederation of European Probation) 대화에 참석해서 해당 제도의 효과성을 홍보하도록 만들었다. 이 이벤트는 정책 도입 이전 과정에서 세계적으로 제도를 뻗어 나가게끔 하는 데 매우 중요한 역할을 했다.

유럽 보호관찰협회에서의 유력한 담론은 전자감독이 확장될 것이라는 것을 사람들에게 알리고, 수많은 이해관계자들에게 그 메시지를 전달하는 것이었다. 당시 유럽 보호관찰협회 담당자들은 전자감독이 그 무엇에도 구애받지 않고 향후 지역사회 교정 분야에서 무조건 발전해야 한다는 사실을 알려야 한다는 명분이 있었고, 보호관찰 제도를 형성하고 민영화시키는 데 어느 정도 민간 기업과 함께 나아갈 필요가 있다는 논거를 사람들에게 강력하게 설득시켜야 했다.

안타깝게도 이러한 논의가 이루어질 때, 유럽 보호관찰협회 CEP(Confederation of European Probation) 내에서는 범죄자 감시에 관련된 학계 전문가들의 깊이 있는 의견이 제대로 반영하지 못했다. 정치가들과 영리 단체가 그들이 생각하는 대로 전자감독제도의 변화 방향을 마음대로 제시할 때, 실제 이들에게 무제한의 자유를 주는 위험한 결과가 초래되었다. 유럽 보호관찰협회는 전자감독과 관련해서 진보적인 노력을 해 왔으며 그것이 보호관찰에 있어 '유용한 도구(보호관찰이 해결하지 못하는 부분을 전자감독이 통제하는 방식으로써)'로 긍정적인 역할을 할 것이라는 낙천적인 입장에서 회의를 진행했다. 유럽 보호관찰협회의 입장은 전자감독제도를 향후 많은 나라에서 현명하게만 사용한다면, 교도소 수용 인구를 줄이고 교정경비도 감소시킬 수 있고, 대중의 지역사회 공공안전을 향상시킬 수 있다는 것이다.

이러한 유럽 보호관찰협회의 관점은 전자감독제도를 일상적이고 현실적인 관점에서 바라봤다는 데 그 의의가 있다. 이러한 설명은 극단적으로 전자감독을 긍정적인 이상적 제도로 해석했다는 것을 뜻하는 것도 아니고, 무조건 부정적인 제도로 봤다는 것을 의미하는 것도 아니다. 협회의 입장은 온건하고 진보적인 입장에서 전자감독을 유토피아 시각에서 긍정적인 결과를 주는 제도로 단정지어 본 것도 아니고, 동시에 전자감독이 기존 보호관찰을 완전히 대체하면서 인간적 가치를 완전히 망가뜨리는 부정적인 제도라고 비판한 입장도 아니었다. 유럽 보호관찰협회는 매우 현실적인 입장에서 전자감독제도 도입을 주장했다.

분명한 것은 유럽 보호관찰협회 CEP(Confederation of European Probation)의 행동이 전자감독이 가진 의미와 제도의 중요성을 함부로 과소평가한 것은 아니었다는 점이다. 유럽 보호관찰협회의 회의 결과를 통해 많은 영리 단체 소속 사람들과 이해관계자들이 전자감독이 가진 의미를 명확히 이해하는 계기가 마련되었다. 범죄학 전문가들이 해당 학회에서 배척당한 것은 아니지만, 아쉽게도 전자감독 운영과 관련하여 '비판범죄학'이 거론될만한 포럼 분위기는 충분히 마련되지 못했다. 진정한 비판범죄학은 유럽 보호관찰협회의 입장과 달리, 전자감독과 같은 중요한 형벌 혁신이 도입되면서 충분한 선행연구와 분석, 논의, 명확한 근거들이 마련되지 않았다는 비판적인 입장을 취했다.

미국 전자감독에 관한 챕터를 제외하고, 각 장은 개별 국가들의 전자감독 발달에 대해 이야기하고 있고, 국가별 핵심 주제에 관한 차이점과 유사점을 상세히 언급하고 있다. 이런 면에서 이 책에는 독자들의 흥미를 불러일으킬 수 있는 다양한 수치와 논거, 선행연구들이 포함되어 있다. 특히, 개별 국가들의 전자감독 운영 관련 역사, 구조, 범위와 전자감독의 관리 지역에 중점을 두었다. 다시 말해, 이 책 본문에서는 전자감독에 관한 철학적 질문과 전문가들이 보는 전자감독 형태 및 윤곽, 그리고 대중의 토론을 불러일으키는 핵심 이슈에 관한 내용에 대해 다룰 것이고, 전자감독의 기대되는 미래들에 대해서도 함께 언급해 볼 것이다.

각 챕터 내의 특정 필자가 주장하는 견해들이 어떻게 다른 나라 전자감독 발전 상황에서 다르게 해석될 수 있는지 생각해 보기 바란다. 이 책의 저자들은 전자감독이 각 나라의 형벌 발전 과정에 어떻게 기여했는지 살펴볼 것이고, 다른 형벌 수단과 해당 국가의 전자감독이 어떻게 어울리는지 등의 문제도 폭넓게 다룰 것이다. 이러한 모든 문제들은 여러 국가들 사이에 모두 균일하게 적용될 수 없는 문제다. 각 나라마다 저자가 필요로 하는 정보에 접근할 수는 있는 가능성과 사용할 수 있는 자료들도 모두 다르기 때문에 해당 문제를 동일한 맥락에서 비교할 수 없다. 하지만 전반적으로 아래에서 다룰 문제들은 개별 국가들의 비교형사사법 주제 속에서 더욱 중점적으로 다룰 공통 의제가 될 것이고, 아래의 질문들은 행형학 및 교정학의 기본 축을 이루는 중요한 연구 질문이 될 것이다.

▌전자감독 관련 주요 토론 주제들(Thematic debates in EM)

이 책은 전자감독에 대한 아홉 개 국가의 운영 현황, 개선 방안을 다루고 있다. 뿐만 아니라 논쟁의 여지가 있는 전자감독 관련 주제들을 여러 장에 걸쳐 국가별로 검토하고 있다. 책 속에서는 국제적인 사안을 다룬 복잡한 전자감독 관련 주제도 있다. 국제적 주제들은 특정 작가들의 관점이 반영되었고, 몇몇 국가에서는 조금 더 큰 비중을 갖고 확대 해석된 곳도 있다. 반대로 비교적 덜 중요하게 다뤄진 곳도 있다. 이러한 한계점을 인식하면서, 이 책을 통해 개별 국가들이 가진 전자감독 운영 현황을 이해하고, 다양한 윤리적 문제와 전자감독 효과성 평가 결과, 민영화 문제, 범죄자 개인 처우 관점 등을 고민해 보기 바란다. 전자감독에 대한 토론 주제를 더욱 다양화시키는 유익한 기회가 마련되기를 기대한다.

전자감독제도 자체에 대한 거친 찬반 논쟁은 흔히 있는 일이지만, 놀랍게도 전자감독과 범죄자 감시에 관한 "윤리적 논쟁"은 아직 충분히 이루어지지 못했다. 가택구금은 전자감독에 관련된 수많은 논쟁 중의 하나일 뿐이지만, 몇몇 미국 문헌들에서 가택구금 위주의 감시에 대한 사생활 문제를 핵심 요점으로 진지하게 다룬바 있다(민간 부문의 전자감독 운영 역할 문제는 보통 윤리적 논점으로 다루어져 왔지만, 이 책에서는 아래에서 독립된 제목으로 따로 다룰 것이다).

표면적으로 전자감독이 실시간으로 범죄자의 위치를 확인한다는 점에서 통제적 성격이 강한 듯 보일 수 있다. 그러나 순수한 교도소 구금과 같은 해로운 경험보다는 분명 덜 고통스러운 제재수단이라고 하겠다. 이런 이유 때문에 일부 진보주의자들에게 전자감독은 윤리적인 수단으로 받아들여졌고, 앞으로 당연히 확대 운영되어야 할 필수 제재 수단으로 여겨졌다. 이는 언뜻 보면 그럴듯한 논거처럼 보이지만, 윤리적인 차원에서 보면 전자감독 확대에 대한 충분한 설명이 되지 못한다.

교도소를 대체할 만한 방안들을 실행하고, 감시 강화 및 강경 대응을 주장하는 논쟁들을 하나의 제도로 만들기 위해서는 각각 윤리적으로 구분된 각자의 타당성 있는 이유가 필요하다. 다시 말해, 교도소 대안으로 제시된 전자감독이 갖는 고유한 윤리적 타당성이 따로 마련될 필요가 있고, 범죄자 강경 대응을 주장하는 차원에서는 나름의 고유한 독자적인 이유가 필요하다고 하겠다.

윤리적, 사회적 철학 지식을 참고로, 마이크 넬리스(Mike Nellis)는 원격 감시 형태로 이루어지는 전자감독의 윤리적 의미를 탐구한 바 있다. 그리고 전자감독과 같은 기술적 장치가 범죄자의 행동에 영향을 미칠 수 있는 기술적 신뢰 차원의 한계점이 있다는 점을 발견했다. 넬리스는 도덕적 딜레마를 밝히기 위해 범죄자들 스스로 자신들이 감시받은 과거 경험이 있다는 점을 지적했다. 그리고 인간의 기본권은 전자감독을 사용하는 최소한의 기준을 만들어야만 하고, 전자감독이 의도했던 원래의 윤리적 목적을 달성할 수 있도록 제도가 운영되어야 한다는 점을 부각시켰다.

전자감독 도입 최초부터 오랜 기간 전자감독제도론을 연구해 왔고, 미국에서 전자감독 학회지(Journal of the Electronic Monitoring)를 만들었던 미국인 교수 마크 렌지마(Marc Renzema)는 전자감독에 대한 지금까지의 평가 분석 연구 수가 극히 적다는 한계점을 지적했다. 전자감독 분석 및 평가 연구들의 대부분은 전문 연구원들이 아닌 정부 소속 연구원들에 의해 진행되었으며, 비용효율성과 범죄 감소에 관한 주된 관심사에 큰 초점을 두었기 때문에 일관되게 전자감독이 효과적이라는 식으로 결과를 맺는 데 그 문제가 있다고 비판했다.

실제, 2005년에 발표된 연구조사들을 요약하면서, 렌제마와 마요는 믿을 만한 전자감독 분석 연구 중 무선 주파수 방식의 전자감독 가택구금 형벌이 범죄 감소 효과가 없다는 연구(부정적 연구 결과)는 실제 학계 분야에서 거의 없다는 현실을 지적했다. 이러한 연구 경향들을 살펴보면, 미국 교정기관들이 GPS 위치추적에 대한 기존의 부정적 생각을 긍정적으로 바꾸는 데 EM이 효과가 있다고 주장하는 획일적인 분석 보고서가 큰 영향을 미쳤다고 볼 수 있다. 미국 교정기관들은 범죄자가 지정된 일부 장소에 실제 상주해 있느냐에 초점을 두어 전자감독을 운영한 것이 아니라, 범죄자들의 일상생활 내 행방

감시를 실시간으로 추적하는 GPS 위치추적이 무선 주파수 방식의 전자감독 가택구금보다 더 효과적인가를 분석하는 데 많은 에너지를 소비했다. 그리고 '감시, 감독 부족 및 장치 결점' 문제를 해결할 수 있다는 입장을 취하면서, 전자감독 도입에 다소 호의적인 입장을 취했다고 볼 수 있다.

전자감독제도에 대한 분석 및 평가는 유럽에서도 여러 차례 이루어졌다. 비록 일관되지는 않았지만, 유럽에서 진행되었던 전자감독 평가 연구에서 마크 렌제마는 전자감독제도의 효과성이 전 세계에 존재하고, 해당 지식을 요약해서 공유할 수 있을 정도로 많다고 보았다. 이 책에서 계속 논의되겠지만, 전자감독 분야에서 반드시 제도 효과성과 관련된 평가 분석 연구 결과만 중요하게 다루어질 필요는 없다고 하겠다. 그렇지만, 정책 입안자의 측면에서 그들의 정책 결과가 무엇인지 밝히고, 어떤 결과를 얻게 되었는지 살피는 것은 매우 중요한 문제라고 볼 수 있다. 더 나아가 제도의 결과로 인해 특정 상황이 만들어진 것은 아닌지 반드시 살필 필요가 있다. 특정 정책 분석 보고서 결과로 인해 해당 정책이 계속 유지되는 것은 아닌지, 혹은 다른 요인에 의해 해당 제도가 유지되는 것은 아닌지 면밀히 살필 필요가 있다고 하겠다.

민간 부문은 정부와 전자감독 관련 조항에 대해 두 가지 방식으로 실무에서 전자감독 운영에 깊숙이 관여해 왔다. 하나는 기술 생산 차원의 관여이고, 다른 하나는 감시 업무 제공 면에서의 관여이다(이미 시행 중인 보호관찰과는 다른 감시 업무 제공). 몇몇 기관은 두 가지 역할을 합쳐서 진행한다.

잉글랜드 웨일스 지역 그리고 스코틀랜드 지역에서는 민간 기관과의 5년 간의 계약을 근거로 민간 영역에서 파견된 전문 감독관들을 보유한 채 전자감독을 운영하고 있다. 미국 국가기관들은 장비를 구입하거나 대여해서 직접 감독 임무를 진행한다. 다른 유럽 본토 국가들은 영국 민간 기관을 모델로 하지만, 이런 방식이 더욱 효과적이고 저렴한지에 대한 확실한 증거는 없는 상황이다. 릴리와 네퍼의 '상업 교정시설'의 주장을 참고로, 크레이그 패터슨(Craig Paterson)은 저서에서 국제적 전자감독 기술의 개발과 교정활동의 역할, 처벌 방침의 변화 가능성이 지닌 문제점을 적나라하게 지적했다. 그리고 국제적인 차원에서 전자감독 개발 내 민간경비와 처벌규정의 맥락이 어떤 문제점이 있는지 지적하면서 전자감독의 발전 방향이 어떻게 변화되어야 하는지도 함께 언급했다.

전자감독의 도입과 함께 범죄통제 분야에 새로운 민간 에이전트 감시기관이 전면에 등장하게 되었다. 범죄자들의 일상생활 감시를 민간 기관에 맡겨도 되는지에 대한 질문은 여전히 정치적으로도 민감한 논란거리로 남아 있다. 범죄자와 그의 친인척이 함께 감시당해야 하는 전자감독제도 실무 상황에서 누가 감독의 책임과 의미를 결정해야 하는가는 향후 더 많은 연구가 필요한 분야이다. 전자감독제도가 가정생활과 일상 관계에 어떻게 관여하며 또한 이를 준수하는 과정에서 친인척들의 역할은 무엇이어야 하는가에 대한 논의도 필요하다.

앤티 허클스비(Anthea Hucklesby)는 2000년대 중반 영국 북부에서 진행된 EM 탐구적 연구 결과를 참고로, 전자감독 대상자와 그를 감시한 민간 회사 에이전트 감시기관 감독관들 각자의 관점 대한 연구를 진행한 바 있다. 특히, 전자감독 준수사항 준수, 순응행동과 범죄행동 단념, 중지(desistance) 차원의 탐색적 연구를 진행해 많은 흥미로운 시사점을 제시했다.

그러나 전자감독제도로 인한 범죄자의 중지(desistance) 행동은 긍정적 효과라고 단정짓기에는 그 결과가 매우 직접적이고 단순한 것이라고 하겠다. 범죄자가 일상생활을 유지하는 데 전자감독제도는 오히려 예기치 않은 역효과를 낳을 수 있다. 한편, 허클스비는 그럼에도 불구하고 외출제한금지령이 범죄자들의 잘못된 습관을 고치는 데 매우 긍정적 역할을 하고, 반사회적 환경 및 지인들 간의 연결을 끊는 데 중요한 역할을 한다고 주장했다. 또한, 허클스비의 연구는 범죄자의 중지 과정 중에서 보호관찰관과 전자감독 담당관이 맺게 되는 상호작용 특성이 전자감독의 긍정적 영향력을 낳는 데 매우 중요한 영향을 미치고, 전자감독 담당관의 인구사회학적 특성이 특히 큰 의미가 있다는 결과를 발표했다.

▌결론(Conclusion)

일부 사람들에게 전자감독제도는 위험한 암흑세계를 상징하는 반(反)이상향적인 형벌 수단일 수 있다. 전자감독에 대한 우려와 걱정을 도출해 내는 것은 그리 어려운 일이 아니다. 전자감독으로 인해 통제 중심의 위험한 감시 국가가 등장하게 되고, 인권침해가 우려될 것이라는 부정적 예측을 쏟아 내는 것은 매우 쉬운 일이기도 하다. 국가 공권력에 의한 가택구금과 위치추적은 강력한 전체주의를 초래할 것이라는 우려를 낳은 바 있다. 오웰(Orwell, 1949)이 발표한 소설 "1984(Nineteen Eighty-Four)"에서 이미 예상했던 것과 같은 수많은 문제점이 전자감독 운영 현장에 똑같이 반복될 것은 아니지만, 베버(Weber)가 말한 '쇠로 만든 새장(iron cage)'이라는 환경이 전자감독의 미래 곳곳에 숨어 있다.

　푸코(Foucault)의 '훈육 사회(disciplinary society, 1979)', 들뢰즈(Deleuze)의 '통제 사회(societies of control, 1992)', 그리고 보가드(Bogard)의 '전자 기술 사회(telematic society, 1996)'의 추상적인 정의를 다시 떠올려 보기 바란다. 모든 다양한 지배 형태로서의 원격 감시 기술이 어떻게 사람들을 통제하는지 살펴봐야 할 것이고, 어떻게 이것을 경계해야 하는지 고민해야 할 것이다.

　일찍이 들뢰즈는 '위치추적'을 그가 의도한 통제의 직접적인 한 사례라고 말하며, 해당 제도를 강력히 경계한 바 있다. 전자감독이 가진 내재적 문제들을 지적하는 많은 학자들은 때로는 직접적인 방식으로 혹은 함축적인 방식으로 정치적 범위에 있는 모든 인간행동에 대한 조종과 통제를 부인하고 경계해 왔다. 동시에, 이들은 전자감독을 다루기 어려운 '모서리의 얇은 끝자락' 위치로 밀어 넣을 필요가 있다고 주장했다. 이는 곧 전자감독제도가 장차 큰 문제를 초래할 수 있는 작은 문제의 발단이 될 수 있다는 경고이기도 하다.

　정치적인 계략과 부정적 의도가 숨어 있는 끔찍한 음모를 전자감독이 가지고 있는지도 모른다. 그리고 사람들에게 그 위험성을 제대로 전파하지 못하는 상황이 초래된 것인지도 모른다. 그리하여 현시점에서 전자감독이 실제로 무엇인지(혹은 무엇일지)에 대한 정확한 판단을 하지 못하고, 그에 대한 반대의 목소리도 정확히 낼 수 없게 된 지경이 되었는지도 모른다. 예상 가능한 모든 전자감독의 위험을 고려했을 때, 사람들의 두려움이 더 커져감에 따라 전자감독이 가진 감시와 통제가 미래에는 처음 의도와 다른 전혀 예상치 못한 엉뚱한 방식으로 변모될 우려가 있다. 따라서 단순화된 논의로 결국 '몇 년 후에 이런 문제점을 만들 수 있으니, 지금은 이렇게 하지 말아야 한다'와 같은 소심하고 단순한 사고체계를 만들어 낼 위험도 있다.

이제 그런 단순화된 사고 구조가 어떤 의미가 있는지 직시해야 할 때이다. 보호관찰관과 진보 형벌 개혁가들, 그리고 비판범죄학자들이 전자감독제도에 대한 적절한 신뢰와 합법성을 지금 당장 주지 않는다면 전자감독이 번창하지 않을 것이라는 매우 단순한 가정을 갖고 있더라도, 이제는 사람들이 갖고 있는 그 소심한 사고 체계를 잘 들여다봐야 할 시점이다.

물론 우리는 범죄자 통제 방식을 지향하는 전자 감독에 위험 요소들이 있다는 것과 이것이 '극단적인 감시 사회'에 존재하는 여러 요소 중의 하나인 전체주의 정치 형태의 전조가 될 수도 있다는 것을 익히 알고 있다. 그러나 분명한 것은 부정적인 통제 중심의 반(反)이상향의 위치와 기술 중심의 범죄결정론과 명확히 구분되는 또 다른 영역에서 기술이 제공하는 문화적, 정치적 의미를 찾을 필요가 있다는 점을 기억해야 할 것이다. 부정적인 의구심과 두려움을 뛰어넘는 또 다른 공간에서 사법 정의가 새로운 방식으로 정의될 수 있고, 민주주의와 품위 있는 인간행동의 의미가 완전히 새로운 방식으로 만들어질 수 있음을 명심해야 할 것이다.

이러한 이유에서 이 책 『비교전자감독제도론』을 통해 유럽 보호관찰협회 CEP(Confederation of European Probation)가 유럽에서의 전자 감독에서 보여주었던 노력과 핵심 역할을 새로운 시각에서 더욱 부각시키고자 한다. 또한, '대중영합적 처벌' 문제 앞에서 진보주의자들이 보여주었던 어려운 선택들도 알고 있는바, 이를 인식하면서 전자감독의 의미를 새롭게 검토해 보고자 한다. 증대된 공공의 안전성에 대한 일반인들의 요구 앞에서 정부 당국이 지금까지 전자감독을 이용해 얼마나 힘든 결정을 했는지도 이미 충분히 알고 있다. 궁핍한 재정적 상황에서 전자감독을 도입하는 문제를 놓고 진보적인 문제 해결 방법을 찾고자 노력했던 점도 인정한다.

전자감독은 새로운 형벌 체계와 강력한 처벌을 요구하는 형벌 근대화 지지자들에게 분명 매력적인 제도이다. 그러나 어떤 맥락에서는 전자감독제도야말로 교도소 구금의 문제와 폐해를 그대로 유지시키는 제도일 수 있다. 즉, 구금의 문제점을 그대로 견디게 만드는 겉으로만 그럴듯한 진보적인 제도일 수 있다. 교도소 문제는 그대로 유지한 채 전자감독을 통해 교도소 인구를 감소시키고, 지역사회에서 범죄자 통제를 강화하는 합법성만을 부여해 주는 문제 상황이 생길 수도 있는 것이다.

교도소 구금이라는 힘든 과거 경험에도 불구하고 범죄자와 범죄 주변 가족들이 전자감독 처분보다 장기간의 교도소 구금 처분을 더 선호한다는 흥미로운 연구 결과는 많은 것을 시사한다. 달리 보면 이러한 결과는 그다지 놀라운 일이 아니다. 왜냐하면 몇 달간의 전자감독 처분은 진보적인 접근법의 기대와 달리, 일에 짓눌린 행정 담당자들과 구금된 범죄자들에게 그다지 선호되는 선택 사항이 아니기 때문이다. 또한, 범죄자들에게 전자감독은 해당 부가처분으로 인해 장래 생활 여건이 더 어려워지는 것을 의미할 뿐이며, 윤리적으로 쉽게 전자감독 부가처분을 방어할 수 있는 입장도 아니었기 때문에 선호되지 않는 처분일 수 있다. 전자감독 이후 장래에 더 나빠질 것이 없다고 하더라도, 범죄자 입장에서는 결국 전자감독이 없을 때와 있을 때가 별 차이가 없는 유사함을 갖는다는 의견이 힘을 얻었기에 더더욱 전자감독은 선호되는 옵션이 아니었다.

비판범죄학에서 기억해야 할 것은 스탠리 코헨이 말한 것처럼 짧은 기간 내에 불필요한 형벌 강경 대응 움직임을 약화시키는 것과 장기간에 걸쳐 불평등과 억압을 예방하는 것과의 차이점을 전략적으로 명확히 구분해야 한다는 것이다. 이 두 활동을 완벽하게 구분 짓는 것은 어려운 일이겠지만, 그래도 두 전략을 서로 다르게 판단할 필요가 있다.

비판범죄학은 지적인 차원의 부수적인 학문이 되어서는 안 되고, 부가적인 비판이나 비난의 명분이 되어서도 안 된다. 복잡한 사회적 문제를 분석한다는 입장에서 민족지학적 접근법과 교정학적 접근법은 전자감독의 효과성과 제도의 특성을 밝히는 데 매우 중요한 역할을 해야 한다. 따라서 두 학문은 "전자감독은 효과가 있는가(what works?)"와 같은 단순화된 실무적 질문에서 멀어질 필요가 있다. 비록 효과성 논쟁이 좁은 의미에서는 기술적인 차원의 단순화된 작동 원리나 관리적인 차원만을 의미하는 주장을 펼치더라도 진정한 전자감독의 효과성 논쟁은 반드시 더 큰 차원에서 다뤄질 필요가 있는 것이다.

따라서 윤리적인 차원과 정치적인 입장에서 전자감독의 의미는 실무적 맥락을 포함해야 하고, 해당 주요 연구 결과들은 더 깊이 있게 검토될 필요가 있다. 실무 중심의 연구는 전자감독이 범죄자의 문제행동을 포기하게 만드는 "중지"와 관련되었다는 것을 말한다. 재범을 얼마나 감소시켰느냐가 여기에 해당할 수 있다. 그리고 지역사회 감독 준수사항에 얼마나 잘 "순응"하게 만들었냐가 단순한 보호관찰관 실무 중심의 관심사라고 하겠다. 이러한 긍정적 역할들은 이를테면, 앤티 허클스비(Anthea Hucklesby)가 말했듯, 다른 형사사법 단계에 종사하는 많은 실무자들이 현장에서 전자감독 기술을 활용하는 건설적인 용도를 찾는 데 도움을 줄 수 있다. 그러나 윤리적, 정치적 검토는 그러한 논의를 반드시 뛰어넘어야 한다.

전자감독의 착용에 있어서 정책 결정자들이 전자감독과 관련된 규범적 논거들을 명확히 이해하면서, 동시에 이론적 근거들을 정확히 알고 있다는 것은 전자감독을 발전시키는 데 매우 중요한 역할을 할 것이다. 특히, 실무자들은 전자감독을 원리원칙대로 적용했을 때의 문제점과 전자감독이 야기하는 부정적 결과 도출 사례와 관련된 모든 경험적 결과들을 정확히 알고 있어야 한다. 원리원칙대로 전자감독을 활용한다는 것은 다소 고지식하게 전자감독을 지역사회 교정 현장에 활용한다는 것을 뜻한다. 이것은 24시간 동안 이루어지는 지역사회 가택구금을 운영할 때 특히 많은 문제를 야기할 수 있다. 그리고 기술적 위반에 대한 융통성 없는 가혹한 전자감독 운영자의 대응 태도가 전자감독의 부정적, 파괴적 활용 사례에 해당한다고 볼 수 있다.

하지만 약간의 상술이 곁들여진 정치적 분야에서도 보호관찰 실무자들은 전자감독과 관련된 논쟁에 대한 충분한 논거를 가지고 있어야만 한다. 고결한 감각만을 가진 학계의 지적인 논거 대신에, 실제 생활의 정치적 논쟁을 펼치는 공간에서 전자감독과 관련된 명분을 충분히 드러내 보일 수 있어야 한다.

그렇다고 해서 반드시 비판범죄학자가 주장하듯, 전자감독으로 인해 위험하고 심각한 과거 처벌 시대로의 회귀나 억압적 감시 사회가 도래하는가에 대한 경고를 함부로 내보여서도 안 될 것이다. 비판범죄자의 지적은 매우 의미있는 것임이 분명하나, 중요한 것은 제드너(Zedner, 2002)가 갈란드(Garland)에 대한 평론에서 관찰했듯, 지나치게 추상적이고 비판적인 시각일 수 있고, 때로는 회의적인 반(反)이상향적 설명으로 인해 실무에 크게 도움이 되지 않을 수 있다. 하루하루 온 힘을 다해 일상에서 범죄를 예방하려고 애를 먹고 있는 보호관찰 실무가들에게 그러한 비판범죄학의 추상적인 주장은 별 도움을 주지 못할 우려가 큰 것이 사실이다.

　　최악의 경우, 비판범죄학은 실무에서 일하는 보호관찰관들에게 허무감을 주입시킴으로써 일상에서 범죄자들을 다루는 그들에게 대항하는 힘 대신, 부정적인 자기 고정화와 부정적 자기 현시적 문제점을 낳게 할 우려도 있다. 비판범죄학 입장에서는 형벌의 이상적 체제가 완벽해지지 않았다면, 적어도 21세기의 '네트워크 사회'에서는 형벌의 진행이 어떠해야 하는지를 잠정적으로 간추려서 실무자들에게 상세히 설명해 줄 의무가 있다. 현재 전자감독을 향한 불완전한 조치들이 어떠한 재량을 갖고 발전해 가야 하는지를 구체적으로 지적해 주는 것이 비판범죄학자의 임무라고 하겠다. 과거 형벌 개혁에 영향을 미쳐 온 평등주의적이고 인본주의적인 가치들이 사회 정의에 대한 책무와 인간의 위엄에 대한 존중, 약자에 대한 보살핌과 진정한 이해, 폭력에 대한 질책을 통한 인간 품성 변화에 긍정적 역할을 했다는 점을 상기하기 바란다. 뿌리 깊은 구조주의적 사회문화 속에서 복작한 사회 문제들은 순수한 기술 관료적 시각으로는 절대 해결하기 어렵다. 비판범죄학자들은 이 점을 반드시 기억해야 할 것이다.

　　자연스럽게 어느 순간부터 교도소 구금을 활용하는 형벌 방식이 꾸준히 줄어들 것이라는 희망이 생겼다. 이로 인해 교도소 구금을 대신하는 새로운 형벌 수단에 대한 연구가 끊임없이 이루어지고 있다. 이는 건망증 환자처럼 잊혀질 만하면 계속해서 다시 반복적으로 나타나는 알 수 없는 현상이기도 하다. 그러나 이러한 연구들은 헛된 희망만 줄 가능성이 크다. 긴 시간을 놓고 보면, 이러한 연구들은 별 효과가 없는 것으로 나타났다. 그리고 교도소 구금을 활용한 처벌은 전자감독 도입에도 불구하고 많은 나라에서 여전히 줄어들지 않고 있다. 그럼에도 불구하고 사회적, 정치적, 법적 담론 속에서 민주주의 사회가 갖고 있는 특징을 강조한다면, 앞으로도 계속 교도소 활용 빈도를 줄이려는 노력이 계속될 수밖에 없을 것이다. 아무리 나쁜 범죄자라 하더라도 언젠가는 지역사회에서 사회복귀를 위한 지원과 지지를 받아야 할 존재이기 때문이다.

　　21세기에서 '네트워크 사회'가 가진 장점을 범죄자 감독 속에서 철저히 배제하려고 한다면, 이러한 주장은 쉽게 이해가 되지 않는 불합리한 주장이 될 것이다. 특히, 형벌 체계의 발전이 한 시대가 가지고 있는 문화적 환경 특징을 반영하는 것이고 그 과정은 형벌 발전 과정과 맥을 같이 한다는 것을 상기한다면, 네트워크 사회의 특징을 배제한다는 것은 매우 불편한 사고방식이다. 물론, 현재 이 시대를 대표할 수 있는 혁신적인 가상의 형벌 방식이 전자감독을 포함하고 있지 않다면 상관없다. 만약 그렇다면, 사회학적으로 그것은 분명 놀라운 일이라고 해석될 수 있다. 따라서 전자감독이 가상의 형벌 방식임을 인정하고 이에 대해 슬기롭게 대처하는 방법을 취해야 할 것이다.

이 책에서 저자들이 말한 전자감독제도와 관련된 이슈들에 대해서 많은 사람들은 서로 다른 의견을 갖고 있을 수 있다. 즉, 사람마다 동일한 의견을 갖고 있지 않을 수도 있을 것이다. 저자들 모두 이 책에서 다룬 내용에 대해 동의하지는 않는다. 그러나 전자감독과 같은 주제에 대하여 '책임이 막중한 담론'으로써 그 범위와 한도를 넓히는 것은 큰 의미가 있다고 본다. 전자감독에 있어서만큼은 일찍이 데임즈(Daems, 2008)가 믿었던 것보다 그 논쟁거리가 훨씬 더 많다는 사실을 인정하기 바란다.

이 책의 저자로 참가해 준 많은 집필자들에게 감사의 인사를 전한다. 아직 전 세계적으로 전자감독제도에 대한 일관된 의미나 잠재적 효용성, 혹은 그 위험성에 대한 합의된 의견은 없는 상태다. 그러나 이 책을 통해 앞으로 전 세계 범죄학자들 그리고 보호관찰 실무자들 간의 심도 있는 전자감독 관련 토론, 이해, 그리고 논쟁이 계속 이루어지기를 희망한다.

참고문헌(References) ──────────────────────────── ○ ○ ○

Aebi, M., Delgrande, N. and Marguet, Y. (2011). *Council of Europe Annual Statistics SPACE II: Non−custodial sanctions and measures served in 2009 − Survey 2009*(PC−CP (2011) 4) (Strasbourg: Council of Europe).

Aungles, A. (1994) 'Three bedroomed prisons in the Asia Pacific region: home imprison ment and electronic surveillance in Australia, Hawaii, and Singapore', *Just Policy*, 2, pp. 32−37.

Bogard, W. (1996) *The Simulation of Surveillance: Hypercontrol in telematic societies*(Cambridge: Cambridge University Press).

Bonta, J., Wallace−Capretta, S. and Rooney, J. (2000a) 'Can electronic monitoring make a difference? An evaluation of three Canadian programs', *Crime & Delinquency*, 46, pp. 61−75.

Bonta, J., Wallace−Capretta, S. and Rooney, J. (2000b) 'A quasi−experimental evaluation of an intensive rehabilitation supervision program', *Criminal Justice and Behavior*, 27, pp. 312−329.

Bottoms, A. (1995). 'The philosophy and politics of punishment and sentencing', in C.M.V. Clarkson and R. Morgan (eds) *The Politics of Sentencing Reform* (Oxford: Clarendon Press), pp. 17−49.

Bottoms, A., Rex, S. and Robinson, G. (eds). (2004) *Alternatives to Prison: Options for an insecure society* (Collumpton: Willan).

Castells, M. (1996) *The Rise of the Network Society* (Oxford: Blackwell).

Christie, V. (1978) 'Prison in society, or society as a prison: a conceptual analysis', in J. Freeman (ed.) *Prisons Past and Future* (London: Heinemann), pp. 179−188.

Cohen, S. (1985) *Visions of Social Control: Crime, punishment and classification* (Cam bridge: Polity Press).

Cohen, S. (1992) 'It's all right for you to talk: political and sociological manifestos for social work action', in Cohen, S. (ed.) *Against Criminology* (London: Transaction Pub lishers), pp. 95−113.

Corbett, R.P. and Marx, G.T. (1992) 'Emerging technofallacies in the electronic monitor ing movement', in J.M. Byrne, A.J. Lurigio and J. Petersilia (eds) *Smart Sentencing: The emergence of intermediate sanctions* (London: Sage), pp. 85−100.

Daems, T. (2008) *Making Sense of Penal Change* (Oxford: Oxford University Press).

Deleuze, G. (1992) 'Postscript on the societies of control', *October*, 59, pp. 3−7.

Foucault, M. (1979) *Discipline and Punish: The birth of the prison* (New York: Vintage Books).

Feeley, M. and Simon, J. (1994) 'Actuarial justice: the emerging new criminal law', in D. Nelken (ed.) *The Futures of Criminology* (London: Sage), pp. 173−201.

Gable, R.K. and Gable, R.S. (2007) 'Increasing the effectiveness of electronic monitoring: perspectives', *Journal of the American Probation and Parole Association*, 31:1, pp. 24−29.

Halberstadt, R.L. and La Vigne, N.G. (2011) 'Evaluating the use of radio frequency identification device (RFID) technology to prevent and investigate sexual assaults in a cor rectional setting', *The Prison Journal*, 91:2, pp. 237−249.

Jones, R. (2000) 'Digital rule: punishment, control and technology', *Punishment and Society*, 2:1, pp. 5−22.

Jones, T. and Newburn, T. (2002) 'Policy convergence and crime control in the USA and the UK', *Criminology and Criminal Justice*, 2:2, pp. 173−203.

Jones, T. and Newburn, T. (2007) Policy Transfer and Criminal Justice: Exploring US influence over British crime control policy (Berkshire: Open University Press).

Kaluszynski, M. and Froment, J.−C. (2003) *Sécurité et Nouvelles Technologies. Évaluation comparée dans cinq pays européens (Belgique, Espagne, France, Grande Bretagne, Suisse) des processus de recours au placement sous surveillance électronique* (Grenoble: CERAT−IEP).

Lianos, M. and Douglas, M. (2000) 'Dangerisation and the end of deviance: the institutional environment', in D. Garland and R. Sparks (eds) *Criminology and Social Theory* (Oxford: Oxford University Press), pp. 98−117.

Martinovic, M. (2010) *The Complexity of Punitiveness of Electronically Monitored Sanc tions: The western world's analysis* (Saarbrucken: Lambert Academic Publishing).

Mayer, M., Haverkamp, R. and Lévy, R. (2003) *Will Electronic Monitoring Have a Future in Europe?* (Freiburg: Max−Planck−Institut).

Morris, N. and Tonry, M. (1990) *Between Prison and Probation: Intermediate punish ments in a rational sentencing system* (New York: Oxford University Press).

Nelken, D. (2010) *Comparative Criminal Justice: Making sense of difference* (Los Angeles, CA: Sage).

Nellis, M. (2000) 'Law and order: the electronic monitoring of offenders', in D. Dolow icz (ed.) *Policy Transfer and British Social Policy: Learning from the US?* (Bucking ham: Open University Press), pp. 103−126.

Nellis, M. (2012) 'Implant technology and the electronic monitoring of offenders: old and new questions about compliance, control and legitimacy', in A. Crawford and A. Huck lesby (eds) *Legitimacy and Compliance in Criminal Justice* (London: Routledge) (forthcoming).

Nellis, M. and Rossell, N.T. (2011) *Electronic Monitoring and Probation: Offender rehabilitation and the reduction of prison populations − Report on 7th European Electronic Monitoring Conference*, 5−7 May, Évora, Portugal (Utrecht: CEP).

Orwell, G. (1949). *Nineteen Eighty−Four: A novel* (London: Secker & Warburg).

Raine, J.W. and Willson, M.J. (1997) 'Beyond Managerialism in Criminal Justice', *The Howard Journal of Criminal Justice*, 36:1, pp. 80−95.

Renzema, M. and Mayo−Wilson, E. (2005) 'Can electronic monitoring reduce crime for moderate to high−risk offenders?', *Journal of Experimental Criminology*, 1:2, pp. 215−237.

Whitfield, D. (1997) *Tackling the Tag* (Winchester: Waterside Press).

Whitfield, D. (2001) *The Magic Bracelet* (Winchester: Waterside Press).

Zedner, L. (2002) 'Dangers of dystopias in penal theory', *Oxford Journal of Legal Studies*, 22:2, pp. 341−366.

01

국가별 전자감독제도 살펴보기

1. 미국의 전자감독제도: 기술만능주의(techno-utopianism)의 한계

2. 캐나다의 전자감독제도: 범죄자 교정과 양형을 뛰어넘는 진화(evolution)

3. 영국의 전자감독제도(잉글랜드 웨일스, 스코틀랜드): 민영화로 보호관찰과 평행선(parallel tracks)을 달리는 EM

4. 호주와 뉴질랜드의 전자감독제도: 전자 망(electronic net)의 확대

5. 한국의 전자감독제도: 음성감독(voice verification)에서부터 GPS형 위치추적(GPS tracking) 까지

6. 스웨덴의 전자감독제도: 효율성으로 무장한 높은 수준의 범죄자 지원과 통제 전략

7. 프랑스의 전자감독제도: 범죄자 표식 장치(tagging)에서부터 추적 장치(tracking)까지

8. 벨기에의 전자감독제도: 변신의 끝이 보이지 않는 EM

9. 네덜란드의 전자감독제도: 상상 속 철창 전자감독

1

미국의 전자감독제도:
기술만능주의(techno-utopianism)의 한계

The limits of techno-utopianism:
Electronic monitoring in the United States of America

로버트 릴리(J. Robert Lily) **& 마이크 넬리스**(Mike Nellis)

▎서론(Introduction)

전자감독이 미국으로부터 유래되었다는 것은 잘 알려져 있는 사실이다. 그러나 그 등장과 발전과정에 대한 명확한 설명은 존재하지 않으며, 이론적, 경험적 근거에 대해서도 아직 뚜렷이 합의된 바가 없다. 방대한 양의 미국 전자감독 문헌들은 정책 기반(사법부에 의해서 또는 직접 출판) 또는 실무 기반(주로 연방 보호관찰, 범죄자 감독 학술지에 게재) 의견을 통해 외부에 알려진 것이 전부이다. 전자감독과 관련된 미국의 평가 문헌들은 아직 방법론적으로 깊이 논의되어야 하고, 실질적으로 더 검토될 필요가 있다(Renzema 책 참조).

전자감독제도는 해당 제도의 진정한 효과성을 바탕으로 해서 만들어진 것이 아니다. 미국의 경우, 실무자들이 전자감독의 효과성 때문에 전자감독을 발전시킨 것이라고 믿는 학자는 거의 없다고 볼 수 있다. 뚜렷한 효과성 검증을 발판으로 해서 전자감독제도를 발전시켰다고 생각하는 학자가 없을 뿐만 아니라, 극소수의 몇몇 문헌만이 전자감독에 나타난 사회적, 정치적 맥락 및 의미에 대해 언급할 뿐이었다. 정리하면, 미국에서는 아직까지 명확하게 과학적인 증거를 바탕으로 전자감독제도의 효과성을 제대로 입증한 것은 아니라고 하겠다.

심지어 데이비드 가랜드(David Garland, 2000)와 같이 혁신적인 형벌 분위기와 뉘앙스에 익숙한 학자조차도 전자감독 효과성에 대해서는 별 관심을 기울이지 않았던 것이 사실이다. 볼 등(Ball et al., 1998)은 전자감독의 범죄학적 중요성의 토대를 세웠지만, 전자감독이 가능하게 된 기술적 변화를 매우 축소시켜 해석할 뿐이었다. 전자감독 기술에 대해 과거에 있었던 고대의 '가택구금형 처벌'을 다시 활용하는 수준에 불과하다고 해석한 것이다.

전자감독 관련 선행연구가 밝힌 효과성 관련 주요 결과들을 요약하고, 해당 결과를 종합하여 사회-기술적 발전의 제도적 의미를 명쾌하게 밝힌 연구는 미국에서 아직 나오지 않은 상태다. 자주 인용된 코베트와 막스(Corbett & Marx, 1992)의 '전자감독에서 드러난 기술만능주의의 오류'에 대한 글은 미국 사회에서 큰 이정표 역할을 했지만, 막스(Marx) 조차도 최근 2007년에 발표한 단독 논문 '사회통제의 공학기술(the engineering of social control)'에서 전자감독제도에 대해서는 별 말을 남기지 않았다.

코베트와 막스는 이미 막스(Max)가 1988년에 '새로운 감시'라고 칭했던 것(본질적, 기술적 차원에서 전자감독제도가 향상된 치안 활동 유형으로 변모되고, 약물 테스트와 자동화된 데이터베이스의 성장으로 전자감독 기능이 추가된 것)을 바탕으로 한 단계 업그레이드된 신형 전자감독을 1980년대에 제안했다. 그러나 이는 미국에서 최초의 전자감독이 등장했던 한참 후에나 이루어진 일들이다(Le Mond & Fry, 1975; Albanese, 1984 참조).

그들이 제시한 '전자감시의 열 가지 기술적 오류'는 매우 중요한 내용임이 분명하다. 하지만 전자감독의 장점을 설명함에 있어 각각의 항목에 똑같은 무게를 두는 경향이 있었으며, 전자감독이 한 부분을 차지하고 있는 문화적 관점에서의 큰 그림을 보지는 않았다는 문제가 있다. 전자감독에 대한 사회적, 문화적 이해를 발전시키기 위해, 전자감독을 옹호해 온 사람들의 담론이 '기술만능주의'에 물들었는지를 입증할 필요가 있다.

기술만능주의라는 표현은 역사학자 하워드 세갈(Howard Segal)이 2005년 사회 진보에 대한 미국의 특징적인 전망을 나타내기 위해 사용한 용어이다. 여기서 기술은 행복한 삶의 영위와 긴급한 사회정치적 문제의 해결에 필수불가결한 요소로 여겨졌다. 따라서 기술은 주기적으로 '기술정치(technocracy)'의 발전을 위한 특정 프로그램으로 여겨져 왔다. 그 정신은 미국 자체의 기원, 즉 황무지를 문명화된 국가로 만들기 위한 기술적 독창성과 기량이 필수적이라는 초기 개척자들의 신념에 뿌리를 두고 있는 것이기도 하다.

20세기에 기술정치에 대한 미국의 신념은 교육이나 훈련을 통해 자신을 바꾸는 것과 같이 인간 본성을 길들이고 변형하는 데 기술정치가 사용될 수 있다는 것을 포함하게 되었다. 그리고 기술에 대한 이러한 가치는 미국 사회 전면에 만연하게 되었다(Brooks, 2005). 미국의 지속적인 발전에 대한 기대감인 '미래지향성'은 미국의 공상 과학소설이나 미래학 안에서 가시적인 형태로 집약되기 시작했다. 뿐만 아니라 정도의 차이는 있겠지만, 그러한 신념이 사람들의 일상적인 의식 속에서도 지속적으로 쌓여 가게 되었고, '할 수 있다(can do)'는 미국의 자세를 만드는 또 다른 전통적인 실용주의에 의해(반대되기보다는) 지지받고 강화되는 결과가 초래되었다.

물론 다원주의 사회에서 '기술 유토피아적 만능주의' 계획이 종종 중요한 사회발전의 목표로 여겨지는 것이 타당한 것인가를 놓고, 설전을 벌이는 경우도 있다. 기술만능주의적 시각이 특정 문화적, 제도적 맥락에서는 다른 어떤 목표보다 더 나은 결과를 초래한다는 긍정적 평가를 받는 것에 대해 일부 학자들은 전자감독 반대자들과 함께 디스토피아로 쉽게(종종 당연하게) 변화될 우려가 있다는 비난을 보내기도 한다. 즉, 기술만능주의 반대자들에 의해 특정 기술 중심적 교정활동은 미국에서 거의 앞으로 나아가지 못했거나 무산되었던 적도 있었던 것이 사실이다.

그럼에도 불구하고 기술 혁신이 지니는 장점이 있다. 바로 미국에서 최초로 이루어졌던 많은 전자감독 시범실시 테스트들과 새로운 전자감독 운영 계획들에 긍정적 활기를 불어 넣었던 것이 바로 기술만능주의에서 비롯된 믿음 때문이다. 다른 국가에서는 이러한 일련의 계획이 기술 유토피아적 만능주의 시각에서 활발히 이루어지지 못했다. 외국에서는 일종의 단순한 '정책 이전(policy transfer)'이라는 일련의 과정을 통해 전자감독이 이루어졌기에 미국의 기술만능주의 시각과는 큰 차이가 있었다고 하겠다(Nellis, 2000; Jones & Newburn, 2007).

18세기와 19세기, 미국 형벌 및 교정 조직의 개혁적 기대감(Bentham(1787 [1995])의 '범죄자를 정직하게 만드는 기계'에 대한 언급 참조)에도 불구하고 '기술만능주의'에 대한 명시적인 언급은 형벌의 변천에서 찾아보기 어렵다. 최근 전기의자의 개발에 대한 설명 정도가 그와 관련된 초기 표현이라고 할 수 있다. 근대후기에 전자감독을 포함한 '기술을 기반으로 한 범죄자 교정(techno-corrections)'의 등장이 미국 기술만능주의 자극과 관련이 있다고 볼 수 있다. 전자감독 원형(原型)의 첫 흥망성쇠 시대가 오게 된 것은 초기 제도 도입 후 조금 더 긴 시간 차이를 두고 미국 사회를 변화시킨 과학과 기술의 잠재력(우주 관련 계획이 가장 대중적이다)에 대한 열띤 공개적 논쟁이 있은 후에나 가능한 일이었다 (Harrington, 1965; Toffler, 1970; Crowe, 1972; Corn & Horrigan, 1984). 근본적으로 전자감독이라 불리게 된 것의 전자장치 원형(原型)들 대부분이 기술만능주의에 대한 비유나 요구가 특히 강한 힘을 발휘하던 시기에 나타난 것들이다. 그 때문에 전자감독이 이른 시기부터 대중의 큰 관심과 신뢰를 얻게 된 배경에는 미국의 역사적 발전과 큰 관련이 있다고 볼 수 있다.

▮ 범죄자 전자감독제도의 기원(The origins of EM for offenders)

'전자감독'이라고 부르는 것의 기원은 오늘날 여러 문헌들에서 언급되고 있지만, 그것은 매우 불완전한 방식의 정의에 불과하다. 하버드 행동심리학자 랄프 스위츠게벨(Ralph K. Schwitzgebel)은 1964년에서 1970년 사이 캠브리지와 보스턴에서 (그의 형제 로버트(Robert)의 도움을 받아) 학생, 정신질환자, 범죄자들을 대상으로 휴대용으로써 다소 큰 사이즈(단거리용)의 양방향 통신 가능 추적 장치를 개발, 실험용으로 해당 장치를 테스트한 바 있다. 이 장치들은 장치 피부착자에게는 드러내지 않으면서 대상자의 위치를 기록하여 실험자가 범죄자가 '어디서 시간을 보내는지' 알아내기 위해 개발된 것이며, 이를 위해 유도탄 시스템을 개조한 장비를 전자장치에 탑재했다(Schwitzgebel, 1963: 13).

해당 기술은 특허를 받았고, 연구 결과는 권위 있는 법률 및 과학 학술지에 게재되었다(Schwitzgebel et al., 1964; Schwitzgebel, 1964, 1966, 1968, 1969, 1970,

1971; Schwitzgebel & Bird, 1970; Schwitzgebel & Schwitzgebel, 1973). 자주 언급되지 않는 것은 이와 유사한 연구에 몰두했던 다른 연구자들이 미국에 과거부터 상당수 존재했다는 사실이다. 이들의 아이디어는 대체로 비평가들과 옹호자들의 의견 양쪽 모두에서 다양한 방식으로 활용되었다.

스위츠게벨이 활동하던 1960년대 학계는 스키너(B. F. Skinner)의 행동심리학과 '조작적 조건화(operant conditioning)'의 정교함이 교육과 범죄 통제를 변화시킬 정도로 큰 영향을 미치던 시기였다. 학계의 많은 사회과학자들 사이에서 조작적 조건화가 가진 의미와 영향력이 이미 널리 퍼진 상태였다. 1948년 스키너가 심리학자로서 그의 경력을 쌓기 전부터 소설 속에서 그가 상상했던 유토피아와 관련 상황이 전자감독 속에서 비슷하게 현실로 일어나게 된 것이라고 하겠다.

스키너는 '조작적 조건화'를 보조하기 위한 도구를 고안한 위대한 발명가였으며, 스위츠게벨 형제는 스키너의 연구 분야를 '정신기법(psycho-technology)'이라고 묘사하며 해당 원리를 확장시킨 학자이다. 학문적 자리에는 뇌의 전기자극(electrical stimulation of the brain: ESB)에 대한 실험을 통해 인간의 폭력적인 충동을 줄이고자 했던 호세 델가도(Jose Delgado, 1969)를 포함한 신경과학의 초기 개척자들과 행동심리학자들도 가세하게 되었다. '정신기법'과 '정신문명 사회(psychocivilised society)'라는 델가도의 꿈은 모두가 놀랄 정도로 정교한 기술만능주의적인 프로젝트에 가까운 것이었다. 당시 미국이 여기에 얼마만큼의 많은 연구 지원과 후원금을 보냈는지를 알게 된다면, 이를 막연히 긍정적인 연구 성과로만 볼 수는 없을 것이다(Schrag, 1978; Moran, 1978).

수학자이자 컴퓨터 과학자인 조셉 메이어(Joseph Meyer, 1971)는 정신기법 학계에 공식적으로 관련되어 전자감독 연구를 진행한 것은 아니지만, 당시 분위기에 맞는 시대정신에 동조했고 인간 행동수정과 관련된 많은 연구를 진행했다. 미국 범죄 문제의 규모와 현존하는 모든 범죄 대응 방안의 명백한 실패로 메이어는 매우 낙담한 상태였다. 이에 전국의 컴퓨터와 연결된 (지상의 모든 지역의 빌딩 내부 또는 외벽에 위치한) 트랜스시버의 네트워크를 이용한 '트랜스폰더 감시 시스템(transponder surveillance system)'을 제안했다.

이 시스템은 약 2천 5백만 명에 달하는 미국의 유죄판결 확정 범죄자들의 손목에 부착된 탈착 불가능한 트랜스폰더로부터 실시간으로 고유한 무선 주파수(RF) 식별 신호를 수신할 수 있는 것이었다. 외출 금지와 출입금지 구역 설정 조치가 개별 범죄자들마다 다양하게 만들어졌고, 해당 시스템 내부에 고유 준수사항 내용을 프로그래밍될 수 있게 되었다. 그리고 몇몇 송수신기는 근처의 트랜스폰더에 경보를 울리게 하여 부착자에게 멀리 떨어질 것을 경고하고 (아마도) 관련 당국에 이를 알릴 수 있도록 설계되었다.

1972년 범죄학자 잉그램(Ingraham)과 스미스(Smith)는 정신기법과의 연관성을 토대로 해당 연구를 계속해서 이어나갔다. 그들은 범죄자의 위치와 생리(심장, 맥박 및 뇌파)에 대한 원격 모니터링을 제안했다. 이는 신호를 수신하는 모니터링 센터가 범죄자가 범죄를 생각하거나 범죄를 저지른다는 신호를 보낼 때, 뇌를 원격으로 제압할 수 있는 기능(아마도 자동적으로)을 가지고 있었다. 한편, 행동주의에 대한 반발이 커지는 분위기가 만들어지자, 메이어보다 좀 더 발전된 형태의 급진적인 아이디어를 제시했던 정신기법 통제전략은 미국에서 도를 넘은 위험한 시도라는 평가를 받게 되었다.

스위츠게벨은 한때 약물 범죄자들에게 '손목에 전극이 부착된 소형 휴대용 충격 장치'를 부착한다는 생각을 했다(Schwitzgebel, 미상; Mitford, 1974: 226 인용). 하지만 공식적으로는 범죄자 사회복귀 차원과 고위험자 교화 관점에서 연구가 진행된다고 발표했다. 범죄자들의 움직임을 감시하고 범죄자들이 정해진 지역에서 시간을 지키는 것에 대해 일종의 긍정적 보상과 포상을 줌으로써 '정적 강화(positive reinforcement)'를 제공하게 될 것이라는 식으로 외부 홍보를 한 것이다. 스키너 지지자들은 정적 강화가 개인의 행동 변화에 영향을 미치는 필수 요소이며, 처벌보다 훨씬 더 인간적이고 우수한 방법이라고 믿었다. 그들은 기술이 실제 형 집행 현장에서도 적극적으로 적용되기를 원했지만, ESB(electronic stimulation of the brain)라는 뇌 전기 자극장치를 실험실 공간 밖으로 가지고 나와 실제 세계에 살고 있는 범죄자들에게 적용할 수 있을지에 대해서는 확신이 서지 않는 상황이었다.

학자마다 약간씩 서로 다른 관점을 가졌음에도 불구하고, 스위츠게벨, 메이어와 잉그램, 스미스는 모두 범죄자를 한곳에 구금하는 것보다는 전자감독 및 위치추적 형태로 이동 대상을 감시하는 방법이 더 낫다는 생각을 공통적으로 갖고 있었다. 즉, 가택구금을 늘려야만 한다는 목적의식을 갖고 있는 것은 아니었다. 가택구금만을 최고의 제도로 염두에 둔 것도 물론 아니었다. 단지, 전자감독을 통해 혼잡한 도시나 작은 마을에서 개인을 특정할 수 있는 가능성을 갖게 된다는 것은 그 당시 과학기술의 극적이고 위엄 있는 발전이자, 범죄 통제의 혁신적인 중요한 진보라고 믿었다. 그러나 당시에는 이 기술들 중 어느 것도 형사사법기관에 의해 채택되지 못했다. 전자감독과 관련된 추가 연구 개발 지원도 이루어지지 않았고, 상업적인 후원자를 찾지도 못했다. 당시 미국에서 무슨 일이 일어난 것일까?

비록 1967년「대통령 법집행위원회(President's Commission on Law Enforcement)」와 「사법행정위원회(Administration of Justice)」가 '지역사회 교정' 업무에 상당한 힘을 실어 주었음에도 불구하고, 스위츠게벨 형제의 기술에 대해 스티븐 메인프라이즈(Stephen Mainprize, 1996)와 같은 반대 입장의 전자감독 비판 세력이 점점 더 많은 힘을 얻게 되었다. 반대를 주장하는 사람들은 전자감독을 활용한 새로운 기술들이 만약 범죄자 사회복귀 및 교화의 한 형태로 활용되게 되면 범죄자에 대한 강경 대응, 무조건적 처벌 및 통제를 원하는 형벌 감수성의 변화 분위기와 충돌할 우려가 있다는 비판을 제기했다.

그리고 행동주의의 영향이 한 개인의 자유를 제한하는 결과를 낳는다는 주장이 제기되면서(Skinner(1971)가 표현한 바에 따르면) 이에 대한 반발도 더욱 불거졌다. 또한, 반체제적이고 폭로적인 성격을 띤 자유주의 가치와 개인주의자들의 영향력 확대, 그리고 대학 연구에 대한 군 당국의 재정 지원에 대한 비판적인 의견이 번져가면서 초기 전자감독의 최초 형태와 '정신기법' 체계는 다소 갑작스러운 종말을 맞이하게 되었다.

스위츠게벨 형제의 연구는 어쩌면 당시 사회에서의 혼란과 실무의 상황에 비해 상대적으로 별 위험 요소가 없는 무해한 시도였는지 모른다. 아쉽게도 그들의 생각은 의심할 여지없이 일련의 사건들로 인해 재해석되고 의도치 않은 방법으로 얼룩져 삭제당하고 버려지는 불행한 길을 걷게 되었다. 이후 대부분의 교화 및 지역사회 교정 전문가들은 감시를 인본주의적 사회복지 관행과 조화시킬 수 없다고 보았다. 그리고 기술에 의존하지 않은 채 보호관찰 및 가석방 서비스를 개선하여 구금 인원을 줄일 수 있는 방법을 찾는 것이 최선의 길이라는 태도를 갖게 되었다(Morris, 1974).

스위츠게벨 형제나 메이어, 잉그램과 스미스의 연구에 대한 관심을 되살리려는 정부나 전문가의 시도는 없었지만, 전자감독에 대한 관심은 사람들이 인식하지 못하는 사이에 다시 미국 사회 전반에 퍼져 가게 되었고, 얼마 있지 않아 재개되었다. 1977년 앨버커키 지방 판사인 잭 러브(Jack Love)는 지역 교도소에서 온 청소년 범죄자들을 위한 가석방을 촉진할 방법에 대해 고민을 하고 있었다. 그는 곧 대중의 신뢰를 얻기 위해서는 범죄자들이 교도소를 나가 어디에 있는지를 알아야 한다는 것을 깨닫게 되었다. 이를 위해 잭 러브는 위치 모니터링에 관한 정보를 무작위로 수집해 나갔다. 슈퍼마켓에서 사용되는 전자카드(swipe card) 시스템이나 동물 및 화물 추적 기술 등을 눈여겨보게 되었다. 그가 지역 신문에 실린 만화 스파이더맨을 참조했다는 것은 유명한 일화이다. 만화 내용만 보면 악당이 스파이더맨의 손목에 (잠재적으로 폭발성을 지닌) 위치추적 장치를 부착하여 스파이더맨보다 싸움에서 유리한 위치를 차지함으로써 벌을 받지 않고 더욱 활개를 치고 시내를 돌아다니게 된다.

러브 판사는 석방된 수감자들의 위치를 모니터링하는 신선한 아이디어에 대해 주변 사람들에게 이야기했지만, 그의 생각은 처음에는 뉴멕시코 교정 당국자들의 관심을 그다지 끌지 못했다. 그러던 어느 날, 1980년에 발생한 폭동으로 인해 교도소 내의 열악한 환경이 그 모습을 드러냈고, 그는 독자적으로 아이디어를 직접 실행해 옮길 필요가 있음을 직감했다. 그는 컴퓨터 판매원 마이클 고스(Michael Goss)에게 그가 만든 위치추적 장치가 실현 가능한지 물었다. 고스는 스위츠게벨의 특허권을 확인하고, 기존에 사용되었던 전자 부품보다 소형화된 부품을 사용함으로써 비슷한 기능을 갖춘 세련된 전자감독 장치를 개발해 낼 수 있다는 사실을 깨달았다.

이 장비는 엄밀히 말하자면 아직 진정한 의미의 추적 장치라고 불릴 만한 것은 아니었다. 피부착자로부터 기지국과의 근접 거리를 측정할 수 있었으며 위반사항이 있을 시 전화로 중앙위치추적 관제센터에 알릴 수 있는 기능을 지니고 있는 것이 전부였다. 그러나 러브 판사는 '고스링크(Gosslink)'를 마음에 들어 했고, 1983년 3월 그의 상관들이 사용을 금지하기 전까지는 재량에 따라 지방 법원에서 보호관찰 위반자의 다섯 명 중 한 명꼴로 이를 적용하기 시작했다(Timko, 1986; Renzema, 1992; Love, 2005).

러브는 미국에서(따라서 세계에서도) 현대적인 형태의 전자감독을 만들어낸 공로를 인정받을 만하다. 그는 전자감독 개발을 가장 먼저 촉진한 사람이고, 그것을 처음 실용적으로 이용한 사람이다. 그러나 1980년대 초반에 이르러 미국의 다른 州들을 비롯한 소규모 영리단체들이 그가 개발했던 과학기술을 이용하여 새로운 변형 기종의 전자감독을 개발하기 시작했다. 마침내 미국 플로리다 州는 1983년 초에 州 전체의 '지역사회 통제 프로그램(초기에는 전자감독 없이 가택구금 방식을 사용함)'을 공식적으로 발표했다.

그 직후 웨스트 팜 비치 관할구역은 전자감독 도입 정책을 채택했고, 1983년 12월 앨리슨 디포어(Allison deFoor) 판사는 무면허 운전 재범자에게 전자감독 형을 직접 선고했다(Renzema, 1992). 켄터키 州 켄턴 카운티의 소규모 프로젝트는 1984년 미국 최초로 교정국의 자금 지원을 받아 시행된 보호관찰소의 전자감독제도였다(러브 판사의 경우는 달리). 이 두 가지 계획 모두 사전에 정밀한 예비 평가를 받았고(Lilly et al., 1987, 1993; Lilly & Ball, 1990, 1992) 분석 평가 결과가 전문적인 형사사법 문헌에 실려 외부에 널리 알려지게 되었다. 그렇기 때문에 이러한 제도는 전자감독 가택구금 확장의 출발점이 되었다고 볼 수 있다. 예로부터 미국에서 보수적이고 법질서 유지 활동이 강한 州로 평가받았던 플로리다가 전자감독의 주요 사용자이자 혁신자로 변모함으로써 그 자체로서 전자감독 연구의 문화적, 상업적, 정치적 논거로 자리잡게 되는 계기가 마련되었다.

▌보호관찰, 가택구금, 전자감독
(Probation, home confinement and EM)

조직적 관점에서 보면 전자감독은 주로 보호관찰 서비스 맥락에서 이루어지는 것이다. 하지만 때때로 미국에서는 보안관이나 경찰에 의해 관리되기도 했으며, 민간 판매업체로부터 구입하거나 대여한 장비를 사용해 이루어지기도 했다. 미국의 보호관찰은 주로 州 주도로 시행되었으며, 추가로 州와 카운티로 양분되어 시행되거나 카운티 자체로 시행된 경우도 있었다.

1970년대 이후부터, '지역사회 교정'이라는 풍조 아래, 범죄자 교화에 대한 강조는 교도소 사용의 감소, 더 많은 공공 보호의 제공과 결합되었다. 자택구금이라고도 불리는 가택구금은 초기 '지역사회 교정'의 혁신이었다. 첫 번째 전자감독제도는 1971년 세인트루이스에서 청소년들에게 징역의 고통과 오명을 없애기 위한 수단으로 시행되었다. 그러나 곧 성인 수용자의 증가, 교도소 과밀수용, 높은 수감 비용 탓에 곧 성인으로까지 가택구금은 확대되었다(Ball & Lilly, 1986; Renzema, 1992).

지역 자원 봉사자들은 처음에는 가정 방문이나 전화통화를 이용해 가택구금 중인 범죄자를 확인하는 데 많은 시간을 소비했다. 한편으로는 과도하게 늘어난 보호관찰관 및 가석방 담당자의 압력과 업무량을 덜기 위해 자원봉사자들의 참여가 강조되었다. 또 다른 이유로 전자감독은 상대적으로 비용이 많이 들지 않고, 결정적으로는 지역사회를 대표하여 시민이 직접 행동함으로써 범죄자의 사회화가 용이하게 이루어질 수 있다는 이유로 자원봉사자가 전자감독 현장에 적극적으로 개입하는 분위기가 만들어지게 되었다(Ball & Lilly, 1988).

그러나 실제로 전자감독 현장에서는 자원봉사자들은 그다지 광범위하게 사용되지 않았고, 초기 논의 시작 때부터 10년도 채 되지 않아 가택구금은 비실용적이고 시행 불가능한 처벌로 인식되었다. 미국에서 다소 우연한 기회에 등장하게 된 전자감독이지만, 한때 가택구금자를 파악하기 위한 참신한 대체 방안으로 떠올랐던 것이 사실이다. 본질적으로 이제는 '가택구금을 효과적으로 만들기 위한 하나의 필수 구성 요소'로서만 그 역할을 수행하게 되었다(Goss, 1989: 106).

하지만 전자감독은 가택구금 실현을 위한 기술적인 수단으로써만 발전했던 것은 아니었다. 급증하는 집중 보호관찰과 가석방 운동의 핵심 요소가 되었다(Morris & Tonry, 1990). 결과적으로 '지역사회 교정'에서 '중간처우제도(intermediate sanctions)'로 전환되는 큰 계기를 전자감독이 마련한 것으로 볼 수 있다. 전자감독은 유죄 판결 비율을 줄이고, 교도소 과밀 수용 감소와 교정 비용을 절감하는 것을 목표로 했다. 보호관찰 서비스는 감시와 처벌(응보, 억제, 무력화)을 공식적으로 지원하는 통제 시스템의 일부가 될 필요가 있었고, 그에 따라 변화할 수밖에 없었다. 장황하게 들리겠지만, 적어도 이에 대해 관심이 있었던 정치인들은 전자감독을 알릴 때 자택을 '교도소'로 만드는 장비라고 이야기했고, 전자감독이 범죄자에 대한 적절한 감시와 구속의 수단이라고 설명했다. 정치인들은 전자감독이 순수한 치료의 형태를 띤 보호관찰보다 훨씬 통제적인 수단이 될 수 있다고 주장했다.

전자감독은 교정 비용 절감의 수단으로 평가받으면서, 미국 공화당원 중 일부 재정 보수주의자들의 눈길을 끈 것은 사실이다. 그러나 전자감독제도는 분명 민주당원들의 흥미를 더 자극했을 것이다. 전자감독이라는 형벌이 가지고 있는 '포괄적(지역사회 안에 남아 있는)', 그리고 '배타적(자택에만 제한)'인 성격은 제도 자체가 가진 중의성을 여지없이 드러냈는데, 이는 범죄자에 대한 징역을 감형시켜 좀 더 확장된 수준의 자유를 누리게 하는 실용적인 방안인 반면, 전자감독제도가 여전히 범죄자들에 '강경'한 입장을 취하며 높은 수준의 통제권을 행사할 수 있다는 장점이 있었기 때문이다. 그 때문에 모든 정치인들은 전자감독의 처벌적 특성을 온갖 미사여구로 과장하는 경향이 있었다. 전자감독이 지닌 재정적 이점에도 불구하고 일부 보수주의자들이 이 제도를 받아들이기 힘들었던 이유는 범죄자들이 시설에 구금되어 있을 때만큼 완전히 사회로부터 배제될 수 없었기 때문이다. 보수주의자들보다 진보주의자들이 더 전자감독에 열광했던 이유가 여기에 있다.

'지역사회 교정'이나 '중간처우제도'에서는 전자감독 사용에 대한 표준 가이드라인이나 모델이 전혀 없었다. 전자감독 가택구금은 원칙적으로 24시간 구금 원칙을 따르지만, 초범 범죄자들은 대개 직장, 학교, 종교, 의료 또는 치료, 쇼핑과 관련된 이유로 외출할 수 있다는 허가를 받았고(Meyer, 2004: 103−104), 일부는 지역사회 봉사를 하거나 치료를 하는데 주당 50시간을 보낼 수 있었다(Renzema, 1992). 다른 프로그램들은 대상자가 자택에 있다는 것을 원격으로 확인하기 위해 생체나 음성인식과 같은 약간의 다른 기술들을 동원하기도 했다.

전자감독 대상자는 중앙 컴퓨터에 저장된 음성 샘플과 비교되기 위해 임의의 문장을 구두로 반복하거나, 카메라 앞에서 특정수의 손가락을 들고 있는 것과 같은 몇몇 행동을 범죄자 본인 검증작업을 위해 담당자에게 직접 보여줘야만 했다(Meyer, 2004: 105). 댈러스 카운티 성인보호국은 지정된 범죄자의 집에 영상 화면이 지원되는 비디오 폰 시스템(Luna Video Phone Systems)을 설치하고, 전화 통화 과정 속에서 보호관찰 대상자에게 Luna 시스템을 통해 자택에 있다는 사실을 확인하기 위한 사진을 보내 달라고 요청했다(Enos et al., 1992: 90). 일부 프로그램들은 범죄자의 집에 방문객을 아예 금지하기도 했고, 일부 방문을 제한하기도 했다(Rackmill, 1994). 일부 프로그램은 알코올 섭취를 금지하고, 이를 강제하기 위해 감시 장치(카메라가 달린 호흡 측정기)를 사용했다. 몇몇은 가해자의 집(또는 직장 또는 출입이 금지된 술집)을 가리키는 소형 장치를 사용하여 자동차 이용행동을 감시하기도 했다. 몇몇 지역에서는 감추기 어려운 더 큰 EM 장치를 사용하고 늦은 새벽 시간에 일부러 성가시게 범죄자에게 전화를 거는 등의 행동을 통해 의도적으로 전자감독이 가진 처벌적 요소를 강조하기도 했다.

당시 미국에서 일어났던 중간처우제도 운동은 주로 사법 당국이나 자발적 (비영리) 조직이 전통적으로 점유하던 지역사회 교정 분야에 처음으로 민간 상업적 조직이 진입할 수 있는 기회를 주고, 동기를 유발시키는 환경이 되었다.

> 전자감독 장비는 민간 기업가에 의해 개발되었고, 구치소와 교도소 과밀수용에 대한 해결책으로서 매우 적극적으로 일반 사람들에게 해당 장비가 홍보되었다. 장비의 장점을 찬양하는 상인들은 매우 매력적인 제안을 했다. '이 시스템은 완전무결하고, 안전하며, 처벌적이고, 저렴하며, 제도적 혼잡도를 줄일 수 있습니다.' 실행 가능한 대안이 절실한 잠재적 고객들에게 이런 제안을 하는 것은 결국 수익을 창출할 것이 거의 확실해 보였기 때문이다.
>
> (Maxfield & Baumer, 1990: 522)

민간경비 상업 조직의 역할(그리고 이익에 대한 동기)은 미국 전자감독의 발전에 중요한 역할을 했고, 그들의 상품 안내 책자, 광고, 판매 멘트에서 초기 기술만능주의가 자주 발견되기 시작했다. 민간 섹터의 상업 조직들은 다양한 종류의 시각적, 청각적 상상을 통해 전통적인 교정기관(correctional agency)에 스마트한 과학기술을 융합해야 한다는 '현대적'인 모습의 교정활동을 장려했다.

일례로, '미래로의 도약(Leap into the Future)'은 음성인식 감독 시스템의 장점들(advertisement, Journal of Offender Monitoring, 19: 1, 2006: 10)을 극찬하며 "추적 관찰법"이라고 불리는 새로운 섀도 트랙(Shadow track)의 세계를 만들어 내는 결정적 계기가 되었다. 초기에는 (교정공무원에게 어필하는 것처럼) 실제로 범죄자 감독을 도울 수 있는 방법보다는 장비의 인상적인 기술 사양에 더 중점을 두었다. 시간이 지나면서, 기업들은 전자장치 기술 및 상품 개발에 더 능숙해졌다. 처음에는 특정 지역의 소규모 기업들이 전자감독 시장에 뛰어들었다. 기술이 발전하면서 그들은 후에 릴리와 네퍼(Lilly and Knepper, 1992, 1993), 그리고 릴리와 디플렘(Lilly and Deflem, 1996)이 '상업 교정 복합체(the commercial corrections complex)'라고 부르는 것에 더욱 몰두하게 되었다. 이는 여러 수준의 州 행정부에 종합적인 교정 서비스를 제공하기로 계약한(초기에는 사립 민영교도소에) 교정 서비스 패키지 형태를 말한다. 계속해서 연장되고 재구성되는 민간 영역 참여 중심 교정 서비스 총체를 말한다고 하겠다.

초기 전자감독 평가자들은 EM 장치가 종종 과대평가되었고, 많은 전자감독 시범실시 계획이 진지하게 운영되지 않았으며, 모니터링 장치와 시스템의 일부 품질이 제대로 작동하지도 않았다는 것을 너무나 잘 알고 있었다. 어떤 이는 전자감독을 '프로그램을 찾는 장비(equipment in search of a programme)'라고 부르기도 했다(Schmidt 1991: 52). 이는 오늘날에도 여전히 일부 사람들이 전자감독을 낮추어 부를 때 사용하는 말이기도 하다. 1991년 패피(Papy)와 니머(Nimer)는 효율적인 범죄 통제 및 공공 보호에 대한 비현실적인 기대를 만들어 내는 것을 경계하면서, 전자감독 과다 홍보 및 판매에 대해 비판을 한 바 있다. 하지만 니머(Nimer)는 이후 전자감독 회사에서 근무하는 아이러니한 경력을 쌓기도 했다.

민간 영역의 상업적 자극에도 불구하고, 미국에서 전자감독은 지역사회 교정의 시행에 혁혁한 변화를 만들어 내지 못했다. 1986년 「미연방교도국(the Bureau of Prisons)」, 「미 법원 보호관찰국(the Probation Service of the US Courts)」, 「가석방위원회(the Parole Commission)」가 전자감독을 활용할 구금 대안 계획으로 조기 석방을 시작할 때, 연방 정부까지 참여해 해당 제도의 확대 및 활용을 명백히 지원했음에도 불구하고, 대부분의 전자감독은 특정 지역 기관의 재량에 따라 천천히 늦은 속도로 성장해 갔다. 같은 기간 미국 법무부 산하 「사법 연구원(National Institute of Justice)」은 이 새로운 기술에 대해 홍보하고, 가택구금 및 전자감독 프로젝트에 대한 자금 지원을 늘리는 활동을 전개하기로 했다(Lilly & Ball, 1990: 78). 그럼에도 불구하고 미국에서 많은 수의 범죄자들이 전자감독 부착명령을 받는 못하는 예기치 않은 결과가 초래되었다.

1980년부터 1990년까지 미국의 지역사회 감독하에 있던 범죄자의 수는 126% 증가하여 한 번에 250만 명이 전자감독하에 있었던 것으로 나타났다. 1985년 전국적으로 전자감독 가택구금에 대한 범죄자는 하루 평균 17명, 1986년 95명, 1987년 826명으로, 21개 州에서 900%가 증가했는데, 이는 연방정부의 조기 석방 정책의 결과였다. 일일 수치는 1988년 2,277명(33개 주), 1989년 6,400명으로 증가하였고, 1996년 7,480명으로, 1998년 10,827명으로 증가하였다(Meyer, 2004: 99).

그러나 2007년 해리스(Harris)와 번(Byrne)이 지적한 것처럼, 이는 당시 미국에서 보호관찰을 받은 전체 범죄자의 1%에도 못 미쳤고, 가석방된 범죄자의 1.4%에 불과했다. 그들은 전자감독 사용 범위에 대한 최근의 데이터가 없다고 비판했다. 제도 도입 초창기 이후 10년이 지날 무렵, (전자감독 평균 기간이 2개월이라는 임의적 가정하에) 미국에서는 여전히 연간 100,000명 미만의 전자감독 대상 범죄자가 있는 것으로 추정된다. 의심의 여지없이 피부착자 대다수는 남성이었다. 1988년 전자감독이 성행하던 시기 한 해 여성은 전체 전자감독 대상자의 약 13%일 뿐이었다.

전자감독의 확대는 전자감독 대상 인구의 변화와 함께 일어났다. 기존의 중간처우제도가 수용 인구 자체를 어마어마하게 감소시킬 것이라는 기대를 저버리면서 상대적으로 미국에서 전자감독제도가 큰 관심을 받게 되었다. 초기 전자감독 보호관찰은 가석방자와 재판 전 피고인에게 초점이 맞춰져 있었다. 정치적 분위기가 더욱 강경한 처벌을 옹호함에 따라, 처음부터 징역형에 반대하는 것보다, 이미 수감 된 사람들을 약간 이른 시기에 석방하는 것에 대해 EM을 주장하는 것이 더 수월해 보였다(게다가 기술적으로 무고한 사람들은 가능한 한 재판 전에 구속되어서는 안 될 필요가 컸다)(Renzema, 1989).

전자감독의 확대는 많은 사법권에서 구금 판결이 필요 없는 덜 심각한 범죄들(들치기, 경미한 폭행)에 초점을 두었던 초기의 적용 기준에서 벗어나 점차 심각한 수준의 범죄를 저지른 일부 고위험 범죄에게로 확대되었다. 이런 범죄자 유형 범위 변화로 EM 제도 자체의 공식적인 변화가 일어나게 되었다고 볼 수 있다. 그러나 미국에서 전자감독이 확대되게 된 계기는 무조건 흉악범에게까지 전자감독이 적용되었기 때문이 아니다. 바로 가석방이 어느 정도 보장될 수준에 있으면서 동시에 재범 위험성 수준이 극단적으로 높지 않아, 낮은 정도(혹은 중간 정도)의 재범 가능성에 머무는 성폭력 및 폭력 범죄(가정폭력을 포함한)로 평가받은 범죄자에게로 EM 적용 가능자 범위가 전환되었기 때문에 가능한 일이었다.

　　교도소 인원 증가 및 구금 활용 과대 위기에도 불구하고, 지역 보호관찰 서비스나 미국의 전문협회들 모두(처음부터 흥미를 느낀 사람들도 있었지만) 전자감독 사용을 무조건 강력하게 촉구하지 않았다. 해리스 등(Harris et al., 1989)은 보호관찰관과 가석방 담당자들 사이에서 보다 통제적인 방향으로의 입장 변화가 있었음을 인정했지만, 그 중 극히 일부만이 적극적으로 전자감독을 선택했다. 보호관찰의 미래에 대해 매카니 등(McAnany et al., 1984)의 고민에서는 나타나지 않았지만, 존 코나드(John Conrad, 1984)는 감시 기능(이를 비롯한 비슷한 종류의 기능)을 보호관찰에 포함시키는 것에 대해 강하게 반대했음을 알 수 있다. 월터 디키(Walter Dickey, 1990)는 밀워키 보호국이 운영하는 「구조화된 위스콘신 지역사회 감독 프로그램(Wisconsin Community Structured Supervision Programme: CSSP)」에서 전자감독의 부담과 역효과를 지적한 바 있다.

　　CSSP의 원래 개념은 전자감독에 크게 의존하고 있지만, 이는 불필요할 뿐만 아니라 시행 시 부작용이 많은 파괴적인 제도로 보인다. 대상자에게 요구되는 것이 너무 과했다고 볼 수 있다. CSSP의 시행은 많은 사소한 위반을 발견하지 않을 수 없게 만들었다. 더 중요한 문제에서 주의를 돌릴 필요가 있는데, 그것은 범죄자에게 반드시 달성해야 할 사회복귀 '성공'이 아닌, 예고된 사회통합의 '실패'를 가져왔다는 점이다. 보호관찰 직원이 이러한 부정적 효과를 깨닫고 나서부터는 특별한 경우가 아니고서는 이러한 구조화된 감독 방식과 전자장치를 활용하는 일은 거의 없게 되었다. (Dickey, 1990: 61-62)

하지만 지역 정치인들은 단순한 보호관찰보다는 더 가혹한 처벌 수단의 하나로 유권자들에게 쉽게 인기를 얻을 수 있는 전자감독을 더 매력적인 수단으로 보았다. 정치인들은 전자감독이 가진 '기술적 교정' 방식에 쉽게 이끌렸고, 장기적으로 보호관찰 서비스가 이를 수용할 수밖에 없다고 주장하였다. 디키마저도 이를 인정했는데, 보호관찰 담당 건수가 가파른 증가세를 보이고, 보호관찰 업무량 압박이 생기면서 억압적인 시스템의 필요성은 어느 정도 필요할 것이라고 주장했다. 보호관찰관의 인간관계에 있어서 범죄자에 대한 이해와 연민은 덜 가치 있는 것으로 인식되었고, 상대적으로 덜 중요한 분야로 평가받게 되었다(Dickey, 1990: 6).

1990년대부터 많은 보호관찰관과 가석방 담당자들이 만약 전자감독이 다른 형태의 관리 방식과 함께 사용된다면, 다른 어떤 제재수단보다 실무에서 잠재적으로 유용한 도구가 될 것이라는 점을 깨닫기 시작했다. 일각에서는 진심으로 이에 동조했지만, 한편에서는 부정적 입장도 내보였다. 단지 피상적인 입장에서 전자감독이 보호관찰의 신념과 별개로 개발될 경우, 미처 생각하지 못한 방식으로 위험하게 발전될 수 있다고 보았다. 상업적 전자감독 단체들이 보호관찰 제도를 대신해 지역사회 감독의 제공자 역할을 맡게 될 것이라는 우려도 생겨났다.

심지어 일부 학자들도 이와 비슷한 태도로 실무자들이 두려워하는 그 상황을 주장하기 시작했다. 어쩌면 전자감독으로 인해 형벌의 디스토피아적인 측면이 강화되어 통제 위주의 위험사회가 도래할 수 있다는 점이 과도하게 부각되었는지 모른다. 만약 사회복귀적 차원의 인본주의적 관점이 전자감독에 깊숙이 자리잡지 못한다면, 기술이 지배하는 암흑시대가 도래할 수밖에 없다는 인식이 팽배하게 되었다. 이러한 우려는 미국 영화 속 미래 교도소 모습 속에서도 쉽게 확인할 수 있다(Nellis, 2006).

에노스와 동료들(Enos et al., 1992: 151)은 전자감독 자체가 범죄자의 신체나 뇌에 다양한 전자 장치를 삽입하는 최후의 극단적 방법의 전조가 될 수 있다는 의견까지 내놓았다. 이는 전자파 이전 역사에서 실제로 나타난 적도 있지만, 지금까지 공식적으로 형사사법 분야에서 표면화된 적은 없다. 교도소의 수가 증가하는 상황에서 에노스와 동료들은 보호관찰이 통제력을 더 높여야

하고, 전자감독 장치 사용을 실무에서 더욱 적극적으로 활용해서 교도소 구금
인구가 증가하지 않도록 최선을 다할 의무가 있다고 주장했다.

> 교도소와 보호시설 수용이 가진 파괴적인 능력은 전자감독의 위험요소를 훨씬
> 능가한다... (더 많은 중범죄자들이 지역사회에서 치료를 받을 수 있게 함으로써)
> 전자감독은 교도소 시스템 내에서 만들어지는 위험하고 파괴적인 정신병리학적
> 사회화 패턴을 벗어나게 해 주는 가능성 높은 새로운 장치가 될 것이다. 요컨대,
> 조지 오웰의 세계가 전자감독으로 구현될 문제점도 보여주겠지만, 그러한 사태를
> 훨씬 능가할 수도 있는 구치소와 교도소 시스템의 어두운 면모가 존재한다는 점
> 을 반드시 기억해야 할 것이다.   (Enos *et al.*, 1992: 163; emphasis added)

에노스와 동료들은 전자감독을 보호관찰의 생경하고 이질적인 버전보다
는 '전통적인 형태의 엄격하게 통제된 방식'의 전자감독을 더 강하게 주장했
다. 이를 통해 전자감독이 기존 보호관찰과 동화될 수 있도록 노력해야 한다
는 점을 부각시킨 것이다. 가장 경계해야 할 위험 요소는 바로 "전자감독에
투자되는 시간과 장비 관련 비용이 다른 보호관찰 프로그램 운영 경비를 대체
하면서, 다른 보호관찰 프로그램을 포기하게 만들고 그 비용으로 전자감독을
실시하게 되는 상황"이라고 주장했다(Enos *et al.*, 1992: 55).

그럼에도 불구하고 에노스와 동료들은 범죄자 감독에 있어서 전자감독
모범 사례를 재평가할 수 있는 기회를 반겼고, 중간처우제도의 신념을 통해
전자감독이 진정으로 범죄자 지역사회 감독의 질(quality)을 향상시킬 수 있다
고 주장했다. 그들은 상담과 감시의 전통적인 양극화를 '잘못된 이분법'으로
보았고, 전자감독의 자동화된 측면은 현실에서 보호관찰관이 '상담 체계에서
자신의 노력을 더 집중할 수 있게 도와주는 수단'이라고 보았다(Enos *et al.*,
1992: 159).

몇몇 반대 의견을 지닌 보호관찰 관련 학자들에게 이것은 너무 지나친 긍
정적 타협이었다. 예를 들면, 토드 클리어(Todd Clear, 1994: 109)는 전자감독은
궁극적으로 처벌과 통제를 향한 극단적인 위험한 움직임이라는 반대의 의견을
내면서 해당 주장을 정면으로 비판했다. 토드 클리어의 견해에 따르면, 보호관

찰은 이를 절대 받아들여서는 안 되는 것이었다. 그는 다음과 같은 주장을 피력했다.

> 전자감독을 비롯한 기타 새로운 지역사회 프로그램은 지역사회 대안 프로그램보다 교도소에 있는 것이 더 낫다는 일부 죄수들의 의견을 홍보에 활용한다. 이것은 전자감독이 말도 안 되는 형편없는 논리에 얽매여 있다는 것을 보여준다.

1990년대 말 전자감독은 미국 전역에 여전히 널리 퍼지지 않은 상태였다. 당시 에노스 등(1999: 3)이 '전자감독이 보호관찰과 가석방 담당관의 감시 기술 유형 중 가장 표준적인 도구가 되었다'고 말한 것은 전자감독의 기능에 대한 과도한 과장인지도 모른다. 아이러니하게도, '가택구금에 대한 대중들의 엄청난 반대(Durham, 1994: 185)'는 클리어의 정치적 성향에 대한 정반대의 의견에서 시작되었다. 다시 말해, 보수파에게 전자감독은 단순히 매우 고통스런 형벌 부가 조치가 아니었다. 전국적으로 막강한 영향력을 행사했던 대표 압력 단체인 「음주운전을 반대하는 어머니회」(Mothers Against Drink Drivers: MADD)는 음주운전에 대한 벌로 전자감독 가택구금을 활용하는 것에 적극 반대했다. 이는 하나의 엄중한 형벌로서 보기에 부적절한 면이 있고, 사회로부터 완전히 격리시키는 시설 구금에 비해 별로 고통스럽지 않은 경험이며, 일반시민들이 재범 피해로 인한 불안에 떨 우려가 있는 것을 그 논거로 했다.

미국 내 다수의 정치인들도 전자감독이 너무 관대한 형벌이라는 것을 인정하는 분위기였다. 1992년 뉴저지에서 州 상원의원 루이스 코스코(Louis Kosko)는 두 건 이상의 강력 범죄 사건이 일어난 이후(인명 사건의 경우 1건) 감독 대상 범죄자들에게 전자감독 사용을 함부로 부가하면 안 되고, 이를 제한할 필요가 있다는 주장을 했다(Durham, 1994: 195).

그럼에도 불구하고 1990년대가 지나가면서 증가하는 막대한 교도소 수용 비용이 州 예산에 부정적 영향을 미치기 시작했다. 정치인들과 전문가들 모두 좋든 싫든 간에 전자감독에 대해 더 호의적일 수밖에 없다는 사실을 인정하게 되었다. 이러한 상황들은 많은 사람들에게 부담을 주었던 교정경비와 관련된 불편한 감정을 드러내게 만들었고, 동시에 미국에 대두되고 있던 기술만능주

의 가능성에 전자감독이 잘 어울릴 수 있다는 느낌을 갖게 만들었다. 실제, 에
노스의 저서 제2판의 서문에서 제임스 트래피컨트(James Traficant) 하원의원은
다음과 같은 의견을 피력했다.

> 전자감독은 대안적인 형벌 프로그램을 실현 가능하게 할 수 있는 방법이 될
> 수 있고 또 반드시 그래야만 한다. 전자감독이 미국의 범죄 문제에 대한 마법의
> 해결책은 아니지만, 범죄와 교도소 과밀 수용 문제를 다루기 위한 미국의 장기
> 전략의 필수적인 부분으로써 적극 활용되어야 하는 것이다.
>
> (Enos *et al.*, 1999: ii 인용)

트래피컨트의 논조는 전자감독에 대한 실험적 접근 방식이 필요함을 강
력히 암시하는 것이었다. 아이러니하게도 전자감독은 이미 과거 17년 동안 미
국 사회에 존재해 왔고, 그럴듯한 '대안 형벌 프로그램'으로 오랫동안 다루어
졌다. 이러한 프로그램을 지지하는 지역적 평가에도 불구하고, 전자감독의 재
범에 대한 영향력이나 수용 감소 영향력은 제대로 대규모 단위에서 종합적으
로 평가받지 못했다.

다채로운 일이 벌어지는 동안 (독립적으로 또는 다른 요소와 조합되어) 전자감
독 기반 교정프로그램의 다양성은 단일한 '전자감독 효과'를 분리하는 것을 불
가능하게 만들었다. 이는 정책 입안자들 사이에서 전자감독이 기술의 지속성
을 뒷받침하는 확실한 증거라기보다는(구금 예산이 전국적으로 줄어드는 것과 함께)
기술의 이미지와 특정 기술이 갖는 상징적 연관성을 증대시킨다는 것을 암시
했다. 2000년 랜디 게인니와 브라이언 패인(Randy Gainey and Brian Payne)은 범
죄자들의 전자감독 경험에 대한 상당한 양의 질적 연구를 수행했는데, 대상자
들 중 대부분은 전자감독을 부담스러워했지만, 교도소 수용에 비해서는 더 선
호하는 태도를 취한다는 것을 밝혀냈다. 일부 전자감독 경험자들은 다른 지역
사회 교정프로그램과의 비교 연구와 마찬가지로 교도소 수용을 더 선호하는
것으로 나타났다. 이는 교도소가 범죄자들에게 요구하는 바가 상대적으로 적
었기 때문이라고 하겠다.

전자감독 가택구금에 해당하는 범죄자의 비율이 높지 않았음에도 불구하

고, 미국의 많은 실무가들은 일단 관련 기술이 형사사법 시스템 내에 도입되면 어떻게든 EM 부가 비율은 확대될 것이라고 예상했다. 그리고 마치 지역사회 교정의 밝은 미래를 대변할 것처럼 자주 전자감독에 대한 긍정적인 기대를 되풀이하게 되었다. 전자감독과 관련된 기술은 항상 진화한다는 사고가 팽배해졌고, 이것은 너무나 "미국"다운 태도로 자리잡게 되었다.

1990년대 초, 글 속에서 설리반(Sullivan)은 이러한 상황을 다음과 같이 경고했다. '우리 미국사회는 현재 완전한 감시와 처벌을 위한 새로운 기술사용의 출발선에 서 있는 듯하다. 현재 지배적인 경향은 벌금, 보호관찰, 가석방 등 기존의 진보적 방식이 아니라, 구금 또는 기술적 감시를 매우 강조하는 보다 엄격한 처벌 통제 장치를 지향하고 있음이 분명하다(1990: 136).' 릴리와 볼(1990: 86)은 전자감독이 '인도주의와 사회의 진보라는 미명 아래 한 개인이 갖고 있는 독특한 개성의 억압과 완전한 사회 규율을 향한 매우 음흉한 합리화'의 전조를 만든다는 비판적인 입장을 내보였다.

비판형벌 개혁가들은 이러한 미국의 위험한 감시 위주의 범죄자 관리 경향에 대해 큰 우려를 표명했다. 이미 막스(Marx)가 주장했던 '새로운 감시'와 '미국의 교도소 과잉사용' 분위기에서 이와 관련된 문제점이 크게 부각되었다는 점을 재차 강조했다. 미국의 위험한 변화 움직임은 어떤 면에서는 정치적인 응보 감정을 표현하려는 사회 분위기와 맞닿아 있는 것일 수 있다. 실무에서는 물론 이런 감시 위주의 미국 사회를 타인과의 갈등을 미연에 방지하고 범죄자에 대한 균형과 통제를 유지하기 위한 어쩔 수 없는 선택이라고 주장할지도 모른다.

범죄자의 감시를 강조하는 형벌 체제는 긴 역사 속에서 단 한 번도 지배적인 처벌 방식으로 자리잡은 적이 없었다. 그리고 패권적인 주류 형벌 제재 수단으로 인정받은 적도 없던 것이 사실이다. 그러나 여전히 그렇게 될 수 있다는 가능성이 남아 있다는 것도 긴 역사 속에서 배웠다.

설리반과 릴리, 볼이 글을 발표한 지 10년이 지난 뒤, 블롬버그와 럭켄(Blomberg and Lucken, 2000: 224)은 계속해서 오늘날과 미래 행형학에서 쉽게 확인할 수 있는 주요한 문제점과 시대별 차이점에 대해 언급한 바 있다. 바로 범죄자에 대한 감시와 통제 업무에서 "기술"이 얼마나 큰 영향을 미치는가 하는 것이다. RF 전자감독과 관련하여 당시까지 이루어진 끊임없는 업그레이드와 GPS 위치추적 기술의 출현은 그들의 예측에 큰 신뢰를 주었지만, 전자감독이 왜 더 생각만큼 크게 확대 적용되지 않았는지에 대해서는 여전히 답을 찾을 수 없는 상황이다.

▎GPS 위치추적의 출현(The advent of GPS Tracking)

앞서 언급한 바와 같이, 전자감독은 가택구금 시행을 위한 하나의 감시 수단으로 만들어진 것이고, 가택구금 이전 일종의 범죄자 이동 상황에 대한 순수 모니터링 수단으로 만들어진 제도라고 볼 수 있다. 지역사회의 감독이라는 본질에 있어서 이러한 단계적 변화는 제도 초기 유토피아적 장점의 일부가 발현된 것이었는지 모른다.

1세대 기술이 '위치추적'보다 다소 평범하다는 사실(범죄자들의 움직임을 감시하기보다는 한 곳에 위치하게 함)은 당시 만연했던 기술적 무능함이라는 측면에서 제대로 다루어지지 않았고 해당 문제점은 대충 얼버무려졌다. 그럼에도 불구하고 저자들이 이 책에서 제시한 것과 같이, 감시와 행동 교정의 과잉에 대한 강한 윤리적 반발도 분명 존재했다. 이는 전자감독의 역사로부터 반드시 짚고 넘어가야 할 중요한 내용이다. 1980년대에 지상 추적을 가능케 할 수 있는 국가적 통신 기반이 없었던 것은 사실이지만, 이것이 유일한 이유인지는 추가적인 조사가 필요하다. 이 경우 범죄자 추적 시스템의 기반이 된 것은 미국의 군사 소유 GPS 위성이었는데, 이는 이후 주력으로 여겨졌던 지상(휴대전화) 시스템과 연계되는 상황으로 변모되게 되었다.

GPS 위성은 1970년대 후반부터 비군사적인 용도로 사용될 수 있었지만, 흥미롭게도 처음에는 아무도 이를 범죄자 교정 맥락에서 사용할 것이라고는 상상하지 못했다. 실제 추적의 등장에 한 몫 한 것은 '걸어 다니는 교도소'의 아이디어를 제안한 콜로라도 보호관찰관 맥스 윙클러(Max Winkler)였다. 보호관찰관으로서 그가 1991년 작성한 미래 예측 관련 글에서도 GPS 사용을 언급하지는 않았다. 1970년대 조셉 메이어처럼 윙클러는 지상파 위치추적 시스템을 사용할 생각을 했다. (당시 전국적인 휴대전화 시스템이 마침내 보편화되고 있었다.) 그러나 더욱 걱정스러운 것은 그가 위치추적 기술에 원격 재핑(zapping) 능력 (빨리 돌려 화면 보기)을 포함시킬 것을 진지하게 제안함으로써 잉그램과 스미스 (Ingraham and Smith)의 전자감독 관련 주장을 다시 되살려 냈다는 점이다.

몇몇 미국 전자 회사들은 사실 윙클러의 기사가 뜨면서 개별 위치추적의 기본 아이디어를 쫓기 시작했다. 윙클러가 루센트 테크놀로지의 요셉 호센 박사(Dr Joseph Hoshen)가 가담했을 때(Meyer, 25년 전에 사용했던 저널의 자매지에 게재) "재핑" 아이디어는 사라지게 되었다(Hoshen et al., 1995; Hoshen & Drake, 2001). 호센은 1995년 위치추적 기술에 대한 최초의 특허를 받았지만, 상업적 경쟁은 웨스팅하우스(1994년 「국립사법연구소」의 자금 지원)와 모토로라, 그리고 캐나다 기업 전략기술 주식회사 간에 이루어졌다(Blakeway, 1995). 게다가, 한때 잭 러브 판사의 계획에 매우 회의적이었던 「뉴멕시코 교정국(the New Mexico Corrections Department)」은 캘리포니아의 「샌디아 국립 연구소(Sandia National Laboratories)」에서 실시간 위치추적 기술 연구를 연구하기 시작했고, 샌디아와 스펙트럼 인더스트리는 장치를 시장에 출시하려고 했다. 그러나 플로리다의 민간 회사인 프로테크가 범죄자 위치추적 기술을 기존 장치가 아닌, GPS 기반 시스템 장치 쪽으로 선회하면서 이 분야의 선두 주자가 프로테크가 되는 결정 적인 계기가 마련되었다(Drake n.d.).

위성 위치추적이 범죄자들에게 도입되었을 때, GPS 기반의 지리적 위치 는 이미 자동차대여, 버스 및 택시 회사 관리, 여행 계획, 휴대전화 위치 및 야생동물 관리 등 민간에도 널리 사용되던 시기였다. 살아가면서 일상생활 속 에서 한 번쯤은 자신의 위치 정보를 타인에게 알려주고, 감독을 당하는 일을 겪을 수밖에 없는 세상이 온 것이다. 단, 소위 오웰이 경고했던 감독당하는 두 려움을 일상에서 크게 고통스럽게 여기지 않는 시기가 왔다고 볼 수 있다. 전 자감독 가택구금에 대한 위치추적의 명백한 장점은 일반적으로 범죄자의 움직 임을 감시하고, 지정된 접근금지 구역(이전 피해자의 집 주변 또는 대상자가 자주 범 죄를 저지르던 지역)으로의 이동을 감시할 수 있다는 것이다. 하지만 필요한 경 우, 범죄자를 단일 장소(포함 구역)에 장기간 거주하게 함으로써 이동 자체를 제한할 수 있다. 그리고 전통적인 형태의 보호관찰 활동과 전자감독을 서로 결합시킬 수도 있다.

능동적(실시간), 수동적(과거경로), 혼합적(두 가지 모두의 혼합) 형식 모두 보다 총체적인 통제 형태로 활용되었다. 미국에서 전자감독 도입 초기부터 석방된 고위험군 성범죄자들이 주요 전자감독 대상자로 간주되었다. 재정적 고려 사항(기존 전자감독의 네 배에 달하는 비용)이 GPS 위치추적의 사용을 줄어들게 했지만, 고위험군 범죄자들에게는 기존 전자감독 방식보다 GPS가 더 활발히 적용되었다. 2001년까지 위치추적은 많은 州에서 소수의 범죄자 집단(대게 서른명 미만)에게 적용되었고, 전문가들은 여전히 장비의 품질을 시험하고 있었다(Johnson, 2002). 플로리다는 이를 '범죄 추적' 소프트웨어(일명 'CrimeTrax')와 연계해 사용하기 시작했는데, 교정과 법 집행 컴퓨터 시스템이 매일 새로운 범죄현장에서 범죄자 움직임을 조사해 그들의 범죄 또는 무죄를 확인할 수 있게 되었다. 플로리다는 전자감독에 대한 대규모 평가 연구 중 일부를 만들어 내기도 했다(Sipes, 2009; Padgett *et al.*, 2006; Bales *et al.*, 2010).

'지역사회 통제'에 대한 패짓(Padget) 등의 연구는 미국에서 진행된 가장 큰 전자감독 코호트 집단 추적연구였다. 이 연구는 안타깝게도 전자감독 가택구금과 위치추적 사이의 차이점을 제대로 발견하지 못했다. 그리고 연구 대상인 전자감독 범죄자로부터 일반 보호관찰 활동이 미치는 개별 영향력을 제대로 구분해 내지 못했다. 단, 전자장치를 부착한 기간 내에서만큼은 분명한 전자감독 재범 억제 기능(crime suppression effect)이 있다는 것을 밝혀냈다. 이후 그들은 이것을 부적절하게 확대해석하고, 결과 절차를 추론하여 많은 다른 州들의 전자감독 법 제정 활동에 큰 영향을 미쳤고, 석방된 성범죄자들에 대해 평생 동안 GPS 추적 장치를 부착할 수 있다는 아이디어를 만들어 냈다.

범죄자들이 6개월에서 12개월 동안 전자 장치 피부착 경험을 견디어 냈다고 해서 당연히 범죄자들이 평생 전자감독을 견딜 수 있을 것(또는 윤리적으로 방어할 수 있는)이라고 판단하는 것은 대단히 위험한 생각이다. 고위험군 성범죄자의 위치를 아는 것은 언제나 장점이라는 상식적인 가정에도 불구하고, 2009년 버튼(Button) 등은 성범죄자들에게 장기간 전자장치를 부착하는 것에 강하게 반대했다. 실무자들이 상습 성범죄자의 재범 패턴을 알 수 없다는 이유만으로 평생 동안 특정 한 개인의 위치를 감독하고, 평생 동안 특정인을 감시하면서 대상자로 하여금 GPS 추적 장치를 부착토록 하는 것은 범죄자에 대한 개별화된 처우 전략이라고 볼 수 없는 것이다.

이와 관련하여 기술 유토피아적 정신을 확신했던 「위성 위치추적(Satellite Tracking of People: STOP)」의 선임매니저 데니스 디핑(Dennis Doffing)은 'GPS 세계에 RF의 미래가 있는가?'라는 질문을 던졌다. 기술적 측면에서 RF 시스템이 최근 몇 년 동안 정체되어 있다는 점과 해당 제도의 효율성이 한계에 도달했다는 점, 그리고 GPS의 잠정적 이점들에도 불구하고 그의 대답은 단순하지 않고, 형벌 혁신으로 인해 종종 간과되는 제도적 문제점이 있다는 사실을 지적했다.

보호관찰 당국자들은 그들이 구입한 RF 시스템에 여전히 많은 투자를 하고 있고, 직원들은 이에 익숙해져 가고 있다. 민간경비 서비스 회사에 의해 전자감독 운영도 계속해서 유지되고 있고, 보호관찰 당국과의 계약도 갱신되고 있는 상황이다. 전자장치는 민간 개발자들에 의해 정보로 판매되기보다는 교정기관에 임대되는 방식으로 거래된다. RF 방식과 달리 GPS 추적 시스템은 가격이 떨어지고는 있지만, 여전히 고가의 장비에 속한다고 볼 수 있다. 그 때문에 도입 당시 미국에서 비용은 전자감독 채택에 걸림돌이 되고 있었다. 낡은 RF 시스템이 쇠퇴하고 젊은 세대의 교도관들이 새롭게 등장하여 과거의 기술에 얽매여 있을 수 없을 때가 되어서야 GPS 시장점유율이 조금씩 높아지게 되었다.

GPS가 기존 전자감독 시장을 완전히 지배하게 될지는 아직 미지수다. 도핑은 그런 날이 조만간 올 것이라고 믿고 있다. 마크 렌제마(Marc Renzema, 2009: 11)는 시각적 모니터링, GPS 위치 및 통신 기록, 범죄자 및 비범죄자 대규모 추적 데이터베이스 통합 움직임이 "on camera 24/7" 사회로 변모되어 가고, 기존의 개별 전자감독 패키지를 쓸모없게 만드는 새로운 미래 시대가 올 것이라고 주장한다. GPS 피부착을 경험하고 있는 사람들(또한 전자감독에 대해서도)이 있음에도 불구하고, 전자감독의 미래에 대한 토론은 언제나 그렇듯 우리를 테크노-유토피아 혹은 디스토피아적 담론으로 이끌고 간다. 9·11 이후 시대에는 항상 감시라는 업무와 관련해서 미국 사회에서 전자감독에 대한 담론이 더욱더 의미가 있는 중요한 일로 다뤄지고 있는 상황이다.

▌ 전자감독과 9·11 이후 미국에서의 감시의 확대
(EM and the expansion of surveillance ein post-t/11 America)

2007년 개리 막스(Gary Marx)는 범죄자만큼은 아니더라도 일반 준법 시민에 대한 감시가 널리 퍼진 사회가 도래했다고 보고, 광범위한 기술이 교정의 맥락에서도 전자감독을 통해 널리 통용되어야 한다고 주장했다. 그리고 연구속의 유용한 주장들이 실제로 추진될 수도 있다는 가정을 하였는바, 이 장에서 소개한 기술만능주의적 비유와 해당 주장이 어느 정도 연결될 수 있을 것이다. 이러한 내용들은 최근 일어나고 있는 미국의 정치 성향 변화에 대한 수준 높은 이해를 전제로 하는 것이다.

미국 신보수주의자들의 우세는 의심할 여지없이 사회 정치적 질서를 확보하기 위한 일반적인 전략으로서 감시의 원칙과 관행을 강화시키는 계기가 되었다. 역사학자 리차드 드레이튼(Richard Drayton, 2005: 3)의 입장에서 '새로운 미국의 시대(New American Century)'라는 프로젝트는 1990년대의 기술 도취의 물결에 영향으로 만들어진 기술만능주의 시각의 괴물이었다. 무기와 감시기술의 새로운 발전은 미국이 전 세계의 군사적, 정치적 분쟁에서 완전한 우위를 점할 수 있다는 자신감을 불러왔다.

미국은 자국 위성을 통해서 상당 부분의 지배권을 우주에서 얻을 수 있다고 보았다. 그리고 위성을 통해 얻은 데이터로 '글로벌 정보 그리드(global information grid)'에 자료를 입력할 수 있고, 지구와 우주를 가로질러 바라보는 '신의 눈(God's Eye view)'이라 부르는 곳에 해당 데이터를 전송할 수 있다고 보았다. 최근에 이와 같은 시도들은 전 세계적인 군사적 영향력을 확대하는 활동에 사용되게 되었고, 더 나아가 미국 지역 치안활동에도 적극 활용되게 되었다. 즉, 작은 벌레 크기의 감시용 드론을 개발하는 일도 일어나게 되었다 (Bumiller & Shanker, 2011).

9·11 사태가 신보수주의자들의 새로운 미국의 시대('New American Century') 프로젝트 시행 빌미를 제공했지만, 그 토대는 사실 테러 공격 이전부터 존재했다고 하겠다. 미국의 대외 이해관계에 따라 국가 지도자들이 감지하고 있던 테러 위협과 관련해서 미 국방부「정보 인식 사무국(Information Awareness Office:

IAO)」은 '전면적인 정보 수집의 필요성(지금까지 유례없던 기술만능주의 표현)'을 주장했다. 그리고 30년 전 스키너의 행동주의에 대한 반응처럼 미국 스스로 이런 가능성을 강조하면서 또 다른 부작용을 우려하는 반발도 다시금 힘을 얻게 되었다.

그러나 IAO가 의회의 압력으로 기술을 활용한 감시 위주의 활동은 폐지되었음에도 불구하고, 그와 관련된 신념은 미국 정부 내 다른 기관들을 통해 계속 유지되었다. 업무 현장 감시는 증가했고, 공공 CCTV 장치는 몇 배나 더 많이 증설되었다. 2002년 당시 부시 대통령은 「국가 안보국(National Security Agency: NSA)」을 통해 일부 미국 시민(표면적 동맹국뿐만 아니라 잠재적 적국)들에 대한 법원 영장 없는 이메일 및 전화 감시 수행이 가능하다는 허가 명령을 내리기도 했다. 이런 활동이 한참 후에 밝혀진 일(2005년 가을)이기는 하지만, '테러와의 전쟁' 초기부터 실제 광범위한 수준의 영장 없는 국가 감시 활동이 광범위하게 미국 사회에서 이루어졌다고 볼 수 있다.

신보수주의 발전은 세 가지 측면에서 전자감독 사용에 큰 영향을 미쳤다고 볼 수 있다. 첫째, 그것은 사회 질서에 대한 위협에 대처하기 위한 수단으로서 일반적인 감시 개념이 지적, 정서적으로 큰 호소력을 갖는 '문화적 분위기'를 조성하는 데 크게 기여했다는 점이다. 심지어 형사사법 맥락에서도 감시 실행에 반대하는 사람은 누구나 '정상적이지 않다'고 몰아붙이며 전자감독 반대자들의 약한 입지를 비난할 수 있는 분위기가 만들어졌다.

둘째, 이와 관련된 신보수주의 담론은 사회 질서에 대한 위협으로서 '테러리스트'와 '일반 범죄자'의 구분을 (어느 정도) 모호하게 만들었고, 이미 위태로운 일반 범죄자에 대한 인본주의적(건설적, 지지적) 개입에 대한 주장(전자감독처럼 표면적으로 좀 더 통제적인 제재수단을 활용하기 위해서는 암묵적으로 범죄자를 지지하는 처우를 대체방식으로 활용해야 한다는 주장)을 약화시키는 위험한 상황을 초래했다.

셋째, 감시 능력 증대에 대한 정치-군사적 요구는 이 분야의 기술 혁신을 촉진시켰고, 이는 예상한 대로 (군, 형사사법기관, 그리고 두 기관에 기술을 판매하는 회사 간 기존 연계를 통해) 교정과 법집행기관을 위한 새로운 추가 감시 옵션을 만들어 냈다. 미국이 활용했던 '양방향 전자감독'은 가정폭력 가해자와 피해자를 격리시키기 위한 전략을 시범적으로 운영하기 위해 제작된 것이었다(Erez *et al.*, 2004).

범죄자에 대한 GPS 추적은 9·11 이전에도 어느 정도 가속도를 내고 있었는데, 9·11 이후에는 그 속도가 더욱 빨라졌다. 9·11의 즉각적인 여파로 범죄자 개인 식별을 위한 RFID 칩 이식 활용 가능성이 본격적으로 논의되기 시작했다. 단, 이는 건강에 대한 생체이식의 잠재적 위험성을 무시하는 처사로 평가받았다. 생명에 위험한 것이 없다고 하더라도 그 위험성은 겉으로 드러나지 않을 뿐이라는 인식이 팽배해졌다. 웨어러블 감독 기술을 향후 지속적으로 발전시킬 수 있고, 그 활용 형태도 매우 다양화할 수밖에 없는데 그러한 논의조차 전자감독 맥락 속에서 비판받기 시작했다. 또한, 피부 이식 등을 활용한 생명공학 차원의 혁신적 발전이 분명 미래에 많은 긍정적 기능이 있음에도 불구하고, 칩 피부이식과 관련된 전자감독 논의로 사람들의 불편한 감정과 강한 저항을 불러오게 되었다. 피부 이식을 통한 전자감독 논의가 만들어 낸 예기치 않은 부작용이라고 볼 수 있다(Nellis, 2012).

RF 기반 재소자 추적 시스템은 교도소 내에서 사용되기 시작했는데, 미국 내에서 아직 널리 퍼지지는 않았다. 하지만 교도소 구금 이외 다른 대안적 방안을 채택한 적이 없었던 많은 교정 기관들이 전자감독 활용 자체를 진지하게 고려하게 하는 분위기를 만들었다(Hal berstadt & La Vigne, 2011).

▌결론(Conclusions)

전자감독은 미국에서부터 시작되었지만, 미국에서 생각만큼 큰 획기적인 변화를 만들어 내지는 못했다. 전자감독제도의 성장과 발전은 국가 운영 및 일반 시민들의 생활 영역에서 지속적인 혁신을 불러왔던 독특한 미국만의 "기술만능주의 시각"을 바탕으로 한 것이었다. 그러나 특정한 형벌 맥락에서 본다면, 이러한 미국의 기술만능주의 시각은 일부 범죄자는 반드시 시설에 구금될 필요가 있다는 보수적인 처벌 신념에 의해 어느 정도 견제되어 왔던 것도 사실이다.

시간이 흐르고 어느 정도 전자감독에 대한 경험을 습득한 뒤, 초기 전자
감독 옹호론자들이 주장했던 혁신적인 기술과는 다소 다른 형태의 전자감독이
필요하다는 것을 인정하게 되었다. 현재 미국에서 전자감독은 다른 지역사회
교정보다 특별한 의미를 보이지 않는 상황이다(더 유용하지도 덜하지도 않은 제도
로 평가받는다). 일반 다른 지역사회 교정 수단과 비슷한 그저 그런 또 하나의
중간 제재로 인식되고 있는 것이다.

카바디노와 디그넌(Cavadino & Dignan, 2006)은 미국의 '과잉 구금 선호태
도(hyper-incarceration)'에 대한 종합적인 설명에서 전자감독을 아예 언급조차
하지 않았다(한때 가장 상징적인 것처럼 보였던 제도가 깨지기 쉬운 새로운 희망으로 보
이다가, 이제는 이 조차도 크게 다루어지지 않게 된 것이다). 다른 국가에서는 전자감
독제도에 대해 많은 관심을 가졌지만, 돌이켜 보면 미국에서 전자감독제도는
교도소 수용 과밀화의 가속도를 늦추거나 역전시킬 수 있는 잠재력은 별로 크
지 않았던 듯하다.

최근 발간된 미국 최신 교과서 '교정에 대한 재고(Rethinking Corrections)'
라는 책에서는 전자감독만을 언급하는 열두 줄의 항목이 있는데, 여기에서는
다음과 같은 전자감독 경시 의견이 담겨져 있다. 'ISP(Intensive Supervision, 집중
감독)에서 알 수 있듯이, 전자감독은 보호관찰자의 추후 범죄 활동을 줄이는
데 별로 효과가 없다(Mackenzie, 2011: 114).' 이러한 의견은 실제로 전자감독이
이루어진 방식과 맥락, 그리고 다른 정치적 역학관계를 가진 다른 형벌과 함
께 더 나은 대안들로 전자감독이 현실화될 수 있다는 사실에 많은 의문을 제
기한다(Roberts, 2004; Gable & Gable, 2005, 2007).

사실, 전자감독 자체가 범죄자의 장기적인(전자감독 이후) 행동변화에 영향
을 미칠 수 있다고 단정 지을 만한 긍정적 논거는 별로 없다. 하지만 전자감독
운영 기간 동안에는 어느 정도 범죄 억제 효과가 있을 것이라는 가냘픈 희망
과 집중보호관찰 프로그램이 점차 확대되면 범죄자 구금률이나 재범률(또는 둘
다)이 줄어들 것이라는 긍정적 기대가 아직도 남아 있는 상황이다.

미국의 형벌제도가 전체 교정의 큰 그림을 보여주는 '파노라마적(panoptic)'
인 특성이나 통신학적 차원의 '텔레마틱(telematic)'적인 특성만 보여준 것은 아
니다. 하지만 그렇다고 해서 지난 30년 동안 전자감독이 미국 형사사법제도에

아무런 의미가 없었다고 단정지어서는 안 될 것이다. 첨단 기술이 형벌 미래에 매우 큰 의미를 갖는다는 것을 배제할 수는 없다는 뜻이다(Bogard, 1996). 전자감독은 의심할 여지없이 기존 교도소 구금 및 기타 중간제재와는 다른 성격을 가진 새로운 정보통신기술을 활용하는 형벌 수단이다. 동시에 광범위하게 사용되는 네트워크 기술로부터 개별화된 새로운 형벌 양식을 응용하는 제도라고 하겠다.

　　RF와 GPS 형식 모두에서 기존 지역사회 감독 수단과는 다른 새로운 범죄자 감시 기반 교정활동이 이루어지고 교정 개입 전략이 만들어진다. 범죄자들이 보이지 않는 먼 곳에서도 담당자(법정 또는 교도소에서 명령한 내용 관련) 요구에 맞는 일상생활 유지 여부가 확인되고, 범죄자의 일정이 건전하게 계획된다. 보호관찰 업무량 증가를 기반으로 기존 지역사회 감독이 지닌 의미를 떨어뜨리려는 것은 아니지만, 본질적으로 전자감독제도는 일반적인 전통 보호관찰 업무와 별개로 구분해서 볼 필요가 있다. 전자감독은 물리적 제약이 없고, 일반적인 보호관찰 지도, 감독의 한계들을 뛰어넘는 특성이 있고, 동시에 범죄자 감시에 있어서 새로운 요소인 '가상성(Virtuality)'을 제공하는 형벌 수단이다.

　　수많은 연구 결과들은 전자감독이 사회봉사나 보호관찰과는 질적으로 다른 처벌 경험이라는 것을 보여주었다. 따라서 오늘날 전자감독제도를 경험한 수천 명의 경험은 무시되거나 축소되어서는 안 된다. 전자감독은 전통적인 목적인 응보와 억제에 이용될 수 있지만, 동시에 미국이 개발을 주도했던 새로운 전 세계 글로벌 통신 아키텍처의 제공을 기반으로 한 독특한 형태의 새로운 형벌 혁신이라고 봐야 한다.

　　그럼에도 불구하고, 전자감독제도는 옹호론자들이 예상했던 것보다 훨씬 더 느리게 발전해 가고 있다. 기술을 통한 사회문제 해결에 매우 민감했던 나라들에서도 이런 경향은 비슷하게 일어났다. 큰 규모로 성장하지 못한 이유에 대해 일반적인 설명을 할 수 있는데, 특히 일부 미국 州 및 카운티에서 다른 곳보다 더 많이 성장한 이유와 방법을 확인하는 방법으로 그 설명을 대신할 수 있다.

　　전자감독이 본질적으로 징벌적인 조치라는 인식의 오해를 불러일으키고 있었기 때문에 미국 일부 州에서는 제대로 성장하지 못했다. 전자감독은 범죄자 관리 방식 및 통제 형태로 가장 잘 특성화된 제재수단이며, 포퓰리즘적인 처벌주의보다 '보험계리적 통계 정의(actuarial justice)'에 더 가까운 형벌 방식이다. 전자감독의 흥망성쇠는 이러한 두 형벌주의(응보적 포퓰리즘 처벌 시각과 보험계리적 시각) 사이의 긴장을 반영한 결과라고 하겠다(Feeley & Simon, 1994).

볼과 릴리(1988: 162)는 일찍이 이러한 전자감독의 특성을 미리 감지했다고 볼 수 있다. 이 두 학자는 '전자 장치가 질서, 효율, 통제의 기본적인 함축을 통해 전자감독이 상당한 수준의 상징적 힘과 종교적 신념에 가까운 신앙적 이미지를 불러일으킨다고 생각한다'라고 말한 바 있다. 범죄자 관리를 통한 사회 질서유지와 교정조직의 효율성의 추구는 기술만능주의와 보험계리적 통계주의(actuarialism) 철학의 공통 요소이기도 하다. 대중적이고 정치적인 일부 주장(흔히 재정적인 근거에서)은 타당해 보이지만, 처벌과 격리라는 본능적인 명분과 안심할 수 있는 사회 조성이라는 호소에는 힘을 미치지 못하는 듯 보인다. 기술만능주의라는 주장과 통계지식을 활용한 보험계리적 주장은 화이트만(Whitman, 2003)이 미국의 형법 관행에서 지적했던 독특한 미국적 형사사법 운영 상황을 비하하는 상징적 작용도 충분히 감당해 내지 못하고 있다.

결국 미국에서는 전자감독의 실패 여파가 더욱 커지게 되면서, 과잉 구금 여론을 뒷받침하는 보수주의적 세력이 강해지고, 완강한 '포퓰리즘적 처벌주의'에 강하게 반대하는 보험계리적 통계 정의의 실패를 주장하는 분위기가 만들어졌다. 심지어 양측 모두에서 전자감독 활용에 보호관찰 서비스가 필요하다는 주장이 제기되었다. 전자감독은 일부 옹호자들에 의하면, 가혹한 형벌을 흉내 냈다는 비판을 받기도 하고 때로는 두서없이 범죄자를 무력화시키는 제재수단으로 비유되거나 불필요하게 큰 발찌로 의도적으로 범죄자를 낙인찍는 제도라는 비판을 받기도 했다. 하지만, 간단히 말해서 전자감독은 절대 여론과 대중문화(특히 영화, TV, 만화)에 가혹한 것으로 알려지지 않았고, 이 점에서 그런 주장은 조롱당하기 일쑤였다(Nellis, 2003).

기술적 변화가 형벌 관행에 어떻게 영향을 미치는지 더 잘 이해하기 위해서는 미국 내 전자감독 성장의 활용 사례들을 잘 검토할 필요가 있다. 중요한 것은 경찰, 보호관찰 및 구금의 기존 형사사법 기관 업무에 전자감독이 미치는 영향(또는 영향 없음)을 탐색하는 것이고, 전자감독의 효과성을 기술 교정 혁신 차원에서 질적 연구 방법을 바탕으로 역사적·민족지학적 사건들(ethnographies) 중심으로 살펴보는 것이다.

전자감독 도입 이후 무엇이 바뀌었고, 왜 바뀐 것일까? 감독 업무를 실현하기 위해 어떤 기술 기반 시설이 갖춰져야만 했는가? 누가 전자감독 도입에 찬성하고 반대했나? 누가 전자감독의 도입으로 인해 직접적인 이익을 얻고 손해를 봤는가? 의사결정의 모체는 무엇이었고, 얼마나 복잡했는가? 전자감독을 계속해서 유지하게 해 준 힘은 어디에서 비롯된 것인가? 등의 많은 질문을 통해 전자감독이 가진 의의를 새롭게 찾아야 할 것이다.

그러한 분석은 전자감독을 홍보하는 민간 부문 조직의 역할과 영향력, 그리고 기술만능주의의 정점에 대한 교정기관의 민감성 또는 기타 영향력에 대한 특별한 주의를 바탕으로 해야 한다. 특정 지역에서의 전자감독 채택이 객관적인 연구근거 기반 정책 결정이었다기보다는, 지역 수준에서 통용되던 민간 기업의 상업적 교정 패키지 서비스 제공 분위기에 의한 것이었다는 것을 기억해야 할 것이다. 결국 이해관계자들과 조직 내부 요소들 간의 역학 관계에 더 큰 영향을 받아 전자감독이 발전했다는 사실을 기억해야 할 것이다. 이 점에서 긴 역사 속에서 보면, 형벌의 발전이 반드시 합리적인 절차를 거치는 것은 아니라고 하겠다.

교도소 민영화에 대한 기존의 사례 연구는 전자감독 적용 관련 모델을 예측하는 데 크게 도움이 된다(Shichor & Gilbert, 2001). 단, 실제 문헌에 EM 관련 연구들이 아직 실리지 않았다는 것은 놀라운 사실인데, 미국 교도소 민영화에 대한 기존 사례 연구로 전자감독이 향후 어떤 변화를 거치게 될지 미리부터 겁을 먹을 필요는 없다고 본다. 미국에서 나타난 일반적인 전자감독 사용 형태와 패턴에 대해 더 많이 알고 난 후, 그 이후에 교도소 민영화와 별개로 전자감독 관련 모델을 만들어 내면 족할 것이다.

현대의 전자감독 형태가 앞으로 어떤 형태로 살아남든, 그것의 목적을 완수하기 위한 값싸고 접근하기 쉬운 수단이 나오지 않는다면 범죄자들의 지리적 위치 파악 장치는 미국에서 큰 '유행'이 될 것 같지 않다(전자감독이 인본주의적 가치를 좀먹는 정도까지, 범죄자에 대한 "새로운 잔혹성"의 전조가 될 수 있다). '테러와의 전쟁'이라는 미사여구가 줄어들었음에도 불구하고, 오바마 행정부의 출범과 함께 감시 문화와 관련된 실무자들의 업무는 미국 내에서 크게 변화되지 않았다. 범죄자들에 대한 GPS 추적은 아프가니스탄의 테러리스트 목표물을 수색하고, 파괴하기 위해 미국이 관리하는 암살용 프레데터 드론의 사용을 증가시켜 해당 장치를 군사적 유사체로 활용되는 것과 유사한 맥락에서 이루어지고 있다(Singer, 2009; Wall & Monahan, 2011).

마찬가지로 오사마 빈 라덴을 추적하기 위해 엄청난 정보수집 노력이 투입되었다. 2011년 5월 워싱턴에 있는 대통령과 그의 참모들이 파키스탄에 살아 있는 미국 최고의 수배자 암살 사건을 실시간으로 보기 위해 추적 전자장치를 활용했다(군인의 헬멧 카메라를 통해). 이는 전 세계적 '광전자공학(optoelectronics)'의 힘이 특히, 현대 보안 전략에서 얼마나 정확한지 보여주는 계기가 되었고, 대상 목표물을 스캔하는 기술을 합법화(거의 신성시)할 필요가 있는지 보여주는 좋은 사례가 되었다(Virilio, 2005). 군사 전략에 높은 인지도를 지닌 '추적 사건'이 전자감독에 간접적으로 활용되었다고 해서, 교도소가 사라지는 것은 아니다. 미국에서 우수한 컴퓨터 통신 기술에 바탕을 둔 사회통제 전략 및 전자감독이 시작되었다고 해서 결코 교정시설을 통한 범죄자 구금 전략이 완전히 없어지지는 않을 것이다.

1999년 미국의 공상과학소설 작가 윌리엄 깁슨(William Gibson)은 '미래는 이미 여기에 와 있다. 단지 널리 퍼져있지 않을 뿐이다'고 말했다. 물론 이 말과 달리 미래는 전혀 근처에 와 있지 않을 수도 있다. 그러나 그 말이 사실이라면, 전자감독과 관련하여 기술만능주의는 결코 지배적이고 초월적인 힘이 될 수 없을 것이다.

전자감독 옹호론자들과 경쟁적인 관계 속에서 완전히 다른 반대 입장을 가진 사람들은 전자감독제도는 문제가 많은 제재수단이라고 주장한다. 분명 언제든지 쉽게 문제점이 표출되고, 쉽게 반박되고 기존 관행의 관성에 의해 억제될 수 있는 제도인 것이다. 결과적으로 언젠가는 전자감독이 의도하는 제도적 의의가 훼손되거나 그 효과가 진부해 보일 수밖에 없을 것이다. 이것이 미국의 전자감독에 관한 이야기이다. 전자감독이 가진 일관되지 않은 영향력과 효과성을 뒷받침할 수 있는 분명한 구조적, 문화적 요소들이 여기저기 산재해 있고(빠른 시일 내에 균일해질 것 같지는 않다), 그 힘과 다양한 요소 사이의 긴장감은 더욱더 강해지고 있다.

　문화적으로 허용된 기술 혁신의 매력이나 이를 유지시키려는 막강한 상업적 힘에도 불구하고, 미국에서의 전통적인 교도소 구금 제재는 특정한 고유의 역할을 담당하고 있다. 그리고 교도소 구금이 가진 추진력(모멘텀)은 여전히 확고한 불변의 긍정적 힘을 계속해서 과시하고 있다. 이는 비구금형 처벌 방식이 갖는 영향력에 분명한 절대적 한계를 지우는 일이다. 즉, 구금 제재만이 형사사법 내에서 반드시 유지되어야 할 중요한 형벌 수단이라는 인식이 너무 강하게 미국 사회를 지배하고 있다. 이러한 미국의 교도소 구금 선호 의식은 구금 형벌 수단에 절대적인 한계를 짓는 비구금적 처벌 방식인 전자감독을 무조건으로 허용하지 않는다. 전자감독 역시 일정 부분 개인의 자유와 권리를 통제하는 많은 감시 수단 중의 하나일 뿐이다.

　미국의 경우, 문화적으로 기술 혁신을 바탕으로 한 새로운 제재수단에 대한 열광적인 분위기를 갖고 있고, 과학 기술을 바탕으로 한 상업적 참여 노력이 간절하다고 하더라도, 여전히 다른 나라들과 달리 교도소 구금에 대한 강력한 신뢰와 다른 모든 제재수단의 한계를 규정짓는 독특한 분위기가 있다는 점을 반드시 기억해야 할 것이다.

참고문헌(References) ─────────────────────────── ○ ○ ●

Albanese, J.S. (1984) *Justice, Privacy and Crime Control* (New York: University Press of America).

Bales, W., Mann, K., Blomberg, T., McManus, B. and Dhungana, K. (2010) 'Electronic monitoring in Florida', *Journal of Offender Monitoring*, 22:2, pp. 5–12.

Ball, R.A. and Lilly, J.R. (1986) 'A theoretical examination of home incarceration', *Federal Probation*, 70:1, pp. 17–24.

Ball, R.A. and Lilly, J.R. (1988) 'Home incarceration with electronic monitoring' in J.E. Scott and T. Hirschi (eds) *Controversial Issues in Crime and Justice* (London: Sage), pp. 147–165.

Ball, R.A., Huff, R. and Lilly, J.R. (1988) *House Arrest and Correctional Policy: Doing Time at Home* (Newbury Park, CA: Sage).

Bentham, J. (1787 [1995]) *The Panopticon Papers* (London: Verso).

Blakeway, D.H. (1995) 'Electronic supervision systems: innovations in technology'. in K. Schulz (ed.) *Electronic Monitoring and Corrections: the policy, the operation, the research* (Vancouver: Simon Fraser University), pp. 213–230.

Blomberg, T.G. and Lucken, K. (2000) *American Penology: A history of control* (Haw thorne, NY: Aldine de Gruyter).

Bogard, W. (1996) *The Simulation of Surveillance: Hypercontrol in telematic societies*(Cambridge: Cambridge University Press).

Brooks, D. (2005) *On Paradise Drive* (New York: Simon and Schuster).

Bumiller, E. and Shanker, T. (2011) 'War evolves with drones, some tiny as bugs', *New York Times*, 19 June.

Button, D.M., DeMichele, M. and Payne, B.K. (2009) 'Using electronic monitoring to supervise sex offenders: legislative patterns and implications for community correc tions officers', *Criminal Justice Policy Review*, 20:4, pp. 414−436.

Cavadino, M. and Dignan, J. (2006) *Penal Systems: A comparative approach* (London: Sage).

Clear, T. (1994) *Harm in American Penology: Offenders, victims and their communities*(Albany, NY: State University of New York).

Conrad, J.C. (1984) 'The redefinition of probation: drastic solutions to solve an urgent problem', in P.D. McAnany, D. Thomson and D. Fogel (1984) *Probation and Justice: Reconsideration of a mission* (Cambridge, MA: Oelgeschlagler, Gunn and Hain Pub lishers Inc.), pp. 251−273.

Corbett, R.P. and Marx, G.T. (1992) 'Emerging technofallacies in the electronic monitor ing movement', in J.M. Byrne, A.J. Lurigio and J. Petersilia (eds) *Smart Sentencing: The emergence of intermediate sanctions* (London: Sage), pp. 85−100.

Corn, J.J. and Horrigan, B. (1984) *Yesterday's Tomorrows: Past visions of the American future* (Baltimore, MD: John Hopkins University Press).

Crowe, M.J. (1972) 'A new age in science and technology?', in R. Weber (ed.) *America in Change: Reflections on the sixties and seventies* (Notre Dame, IN: University of Notre Dame), pp. 141−153.

Delgado, J.M.R. (1969) *Physical Control of the Mind: Towards a psychocivilised society*(New York: Harper and Row).

Dickey, W. (1990) *From the Bottom Up: Probation and parole supervision in Milwaukee*(Madison, WI: University of Wisconsin Law School).

Doffing, D. (2009) 'Is there a future for RF in a GPS world?', *Journal of Offender Moni toring*, 22:1, pp. 12−15.

Drake, G.B. (n.d.) 'Developing a successful gps offender tracking program'. Online. Available at www.correcttechllc.com (accessed 22 July 2011).

Drayton, R. (2005) 'Shock, awe and Hobbes have backfired on America's neocons', *Guardian*, 28 December.

Durham, A.M. (1994) *Crisis and Reform: Current issues in American punishment* (Boston: Little, Brown and Company).

Enos, R., Black, C.A., Quinn, J.F. and Holman, J.E. (1992) *Alternative Sentencing: Elec tronically monitored correctional supervision* (Bristol, IN: Wyndham

Hall Press).

Enos, R., Holman J.E. and Carroll, M.E. (1999) *Alternative Sentencing: Electronically monitored correctional supervision*, 2nd edn (Bristol, IN: Wyndham Hall Press).

Erez, E., Ibarra, P.R. and Lurie, N.A. (2004) 'Electronic monitoring of domestic violence cases: a study of two bilateral programmes', *Federal Probation*, 68:1, pp. 15−20.

Feeley, M. and Simon, J. (1994) 'Actuarial justice: the emerging new criminal law', in D. Nelken (ed.) *The Futures of Criminology* (London: Sage), pp. 173−201.

Gable, R.K. and Gable, R.S. (2005) 'Electronic monitoring: positive intervention stratÂ egies', *Federal Probation*, 69:1. Online. Available at: www.uscourts.gov/fedprob.

Gable, R.K. and Gable, R.S. (2007) 'Increasing the effectiveness of electronic monitor ing: perspectives', *Journal of the American Probation and Parole Association*, 31:1, pp. 24−29.

Gainey, R.R. and Payne, B.K. (2000) 'Understanding the experience of house arrest with electronic monitoring: an analysis of quantitative and qualitative data', *International Journal of Offender Therapy and Comparative Criminology*, 44:1, pp. 84−96.

Garland, D. (2000) *The Culture of Control: Crime and social order in contemporary society* (Oxford: Oxford University Press).

Gibson, W. (1999) 'The science in science fiction'. On *Talk of the Nation*, NPR, 30 November.

Goss, M. (1989) 'Electronic monitoring: the missing link for successful house arrest', *Corrections Today*, 51:4, pp. 106−108.

Halberstadt, R.L. and La Vigne, N.G. (2011) 'Evaluating the use of radio frequency (RFID) technology to prevent and investigate sexual assaults in a correctional setting', *The Prison Journal*, 91:2, pp. 227−249.

Harrington, M. (1965) *The Accidental Century* (Harmondsworth: Penguin).

Harris, P.M. and Byrne, J.M. (2007) 'Community corrections and hard technology', in J.M. Byrne and D.J. Rebovitch (eds) *The New Technology of Crime, Law and Social Control* (Monsey, NY: Criminal Justice Press), pp. 287−326.

Harris, P.M., Clear, T.R. and Baird, S.C. (1989) 'Have community service officers changed their attitudes towards their work?', *Justice Quarterly*, 6:2, pp. 233−246.

Hoshen, J. and Drake, G.B. (2001) *Offender Wide Area Continuous Electronic Monitor ing Systems: Final Report to the US Department of Justice*. National Criminal Justice Reference System No. 187101 (Washington, DC: Department of Justice).

Hoshen, J., Sennott, J. and Winkler, M. (1995) 'Keeping tabs on criminals', in Spectrum IEEE, 32:2, pp. 26−32. Republished in the *Journal of Offender Monitoring*, 8:3, 1995, pp. 1−7.

Ingraham, B.L. and Smith, G.S. (1972) 'The use of electronics in the observation and control of human behaviour and its possible use in rehabilitation and parole', *Issues in Criminology*, 7:2, pp. 35−53.

Johnson, K. (2002), 'State's use of offender tracking systems', *Journal of Offender Monitoring*, 15:2, pp. 15−23.

Jones, T. and Newburn, T. (2007) *Policy Transfer and Criminal Justice: Exploring the US influence over British crime control policy* (Maidenhead: Open University Press).

Le Mond, A. and Fry, R. (1975) *No Place to Hide: A guide to bugs, wire taps, surveil lance and privacy invasions* (New York: St. Martin's Press).

Lilly, J.R. and Ball, R.A. (1990) 'The development of home confinement and electronic monitoring in the United States', in D.F. Duffee and F. McGarrel (eds) *Community Corrections: A community field approach* (Cincinnati, OH: Anderson Publishing Ltd), pp. 73−92.

Lilly, J.R. and Ball, R.A. (1992) 'The Pride Inc Programme: an evaluation of 5 years of electronic monitoring', *Federal Probation*, 56:4, pp. 42−47.

Lilly, J.R. and Deflem, M. (1996) 'Profit and penality', *Crime and Delinquency*, 42, pp. 3−20.

Lilly, J.R. and Knepper, P. (1992) 'An international perspective on corrections', *Howard Journal of Criminal Justice*, 31, pp. 174−191.

Lilly, J.R. and Knepper, P. (1993) 'The commercial−corrections complex', *Crime and Delinquency*, 39:2, pp. 150−166.

Lilly, J.R., Ball, R.A and Wright, J. (1987) 'Home incarceration with electronic monitor ing in Kenton County, Kentucky', in B.R. McCarthy (ed.) *Intermediate Punishment: Intensive supervision, home confinement and electronic surveillance* (Monsey, NY: Willow Tree), pp. 189–203.

Lilly, J.R., Ball, R.A, Curran, G.D. and McMullen, J. (1993) 'Electronic monitoring of the drunk driver: a seven year study of the home confinement alternative', *Crime and Delinquency*, 39:4, pp. 462–484.

Love, J. (2005) 'Electronic monitoring'. Paper presented at the ElmoTech 10th Anniver sary in Europe Conference, Nerola, Italy, October 2004. Available on CD–Rom.

McAnany, P.D., Thomson, D. and Fogel, D. (1984) *Probation and Justice: Reconsidera tion of a mission* (Cambridge, MA: Oelgeschlagler, Gunn and Hain Publishers Inc.).

Mackenzie, D. (2011) 'Probation: an untappped resource in US corrections', in L. Gideon and H. Sung (eds) *Rethinking Corrections: Rehabilitation, re–entry and reintegration*(New York: Sage), pp. 97–127.

Mainprize, S. (1996) 'Elective affinities in the engineering of social control: the evolution of electronic monitoring', *Electronic Journal of Sociology*. Online. Available at: www.sociology.org/content/vol002.002/mainprize.html

Marx, G. (1988) *Undercover: Police surveillance in America* (Berkeley, CA: University of California Press).

Marx, G. (2007) 'The engineering of social control: intended and unintended con sequences', in D. Rebovitz and J.M. Byrne (eds) *The New Technology of Crime, Law and Social Control* (Monsey, NY: Criminal Justice Press), pp. 347–371.

Maxfield, M.G. and Baumer, T.L. (1990) 'Home detention with electronic monitoring: comparing pretrial with postconviction programmes', *Crime and Delinquency*, 36:4, pp. 521–536.

Meyer, J.A. (1971) 'Crime deterrent transponder system', *Transactions on Aerospace and Electronic Systems*, 7:1, pp. 1–22.

Meyer, J.F. (2004) 'Home confinement with electronic monitoring', in G.A. Caputo (ed.) *Intermediate Sanctions in Corrections*. (Denton, TX: University of North Texas Press), pp. 97–123.

Mitford, N. (1974) *The American Prison Business* (London: George Allen and Unwin).

Moran, R. (1978) 'Biomedical research and the politics of crime control: a historical per spective', *Contemporary Crises*, 2, pp. 335–357.

Moran, R. (2002) *Executioner's Current: Thomas Edison, George Westinghouse and the invention of the electric chair* (New York: Knopf).

Morris, N. (1974) *The Future of Imprisonment* (Chicago, IL: University of Chicago Press).

Morris, N. and Tonry, M. (1990) *Between Prison and Probation: intermediate punish ments in a rational sentencing system* (Oxford: Oxford University Press).

Nellis, M. (2000) 'Law and order: the electronic monitoring of offenders', in D. Dolow icz (ed.) *Policy Transfer and British Social Policy: Learning from the US?* (Bucking ham: Open University Press), pp. 103–126.

Nellis, M. (2003) 'News media, popular culture and the electronic monitoring of offend ers in England and Wales', *Howard Journal*, 42:1, pp. 1–31.

Nellis, M. (2006) 'Future punishment in American science fiction movies', in P. Mason (ed.) *Captured by the Media: Prison discourse and popular culture* (Cullompton: Willan), pp. 210–228.

Nellis, M. (2012) 'Implant technology and the electronic monitoring of offenders: old and new questions about compliance, control and legitimacy', in A. Crawford and A. Huck lesby (eds) *Legitimacy and Compliance in Criminal Justice* (Cullompton: Willan) (forthcoming).

Padgett, K., Bales, W. and Blomberg, T. (2006) 'Under surveillance: an empirical test of the effectiveness and implications of electronic monitoring', *Criminology and Public Policy*, 5:1, pp. 61–92.

Papy, J.E. and Nimer, R. (1991) 'Electronic monitoring in Florida', *Federal Probation*, 55, pp. 31–33.

President's Commission on Law Enforcement and the Administration of Justice (1967) *Crime in a Changing Society* (Washington: Department of Justice. U.S. Government Printing Office).

Rackmill, S.J. (1994) 'An analysis of home confinement as a sanction', *Federal*

Probation, 58:1, pp. 45−52.

Renzema, M. (1989) 'Annual monitoring census: progress report', *Journal of Offender Monitoring*, 2, pp. 20−21.

Renzema, M. (1992) 'Home confinement programmes: development, implementation and impact', in J.M. Byrne, A.L. Lurigio and J.R. Petersilia (eds) *Smart Sentencing: The emergence of intermediate sanctions* (New York: Sage), pp. 41−53.

Renzema, M. (2009) 'Rationalizing the use of electronic monitoring', *Journal of Offender Monitoring*, 22:1, pp. 1−11.

Roberts, J.V. (2004) *The Virtual Prison* (Cambridge: Cambridge University Press).

Schmidt, A.K. (1991) 'Electronic monitors: realistically, what can be expected?', *Federal Probation*, 55:2, pp. 47−53.

Schrag, P. (1978) *Mind Control* (New York: Dell Publishing).

Schwitzgebel, R.K. (1963) 'Delinquents with tape recorders', *New Society*, 31 January.

Schwitzgebel, R.K. (1964) *Streetcorner Research: An experimental approach to the juvenile delinquent* (Cambridge, MA: Harvard University Press).

Schwitzgebel, R.K. (1966) 'Electronic innovation in the behavioural sciences: A call to responsibility', *American Psychologist*, 22:5, pp. 364−370.

Schwitzgebel, R.K. (1968) 'Electronic alternatives to imprisonment' *Lex et Scientia*, 5, pp. 99−104.

Schwitzgebel, R.K. (1970) 'Behavioural electronics could empty the world's prisons', *The Futurist*, April, pp. 59−60.

Schwitzgebel, R.K. (1971) *Development and Legal Regulation of Coercive Behavior Modification Techniques with Offenders* (Rockville, MD: National Institute of Mental Health).

Schwitzgebel, R.K., Schwitzgebel, R.L., Panke, W.N. and Hurd, W.S. (1964) 'A programme of research in behavioural electronics', *Behavioral Science*, 9, pp. 233−238.

Schwitzgebel, R.L. (1969) 'A remote instrumentation system for behavior modification', in C. Franks and R.D. Rubin (eds) *Advances in Behaviour Therapy* (New York: Academic Books), pp. 181−203.

Schwitzgebel, R.L. and Bird, R.M. (1970) 'Sociotechnical design factors in remote instru mentation with humans in natural environments', *Behaviour Research Methods and Instrumentation*, 2, pp. 212−231.

Schwitzgebel, R.L. and Schwitzgebel R.K. (eds) (1973) *Psychotechnology: Electronic control of mind and behaviour* (New York: Holt, Rheinhart and Wilson).

Segal, H.P. (2005) *Technological Utopianism in American Culture* (Syracuse, NY: Syra cuse University Press).

Shichor, D. and Gilbert, M.J. (2001) *Privatisation in Criminal Justice: Past, present and future* (Cincinnati, OH: Anderson Publishing).

Singer, P. (2009) *Wired for War: The robotics revolution and conflict in the 21st Century* (New York: Penguin Books).

Sipes, L.A. (2009) 'Use of GPS in law enforcement and community corrections', *Journal of Offender Monitoring*, 21:2, pp. 5−7.

Skinner, B.F. (1948) *Walden Two* (New York: Macmillan).

Skinner, B.F. (1971) *Beyond Freedom and Dignity* (London: Jonathan Cape).

Sullivan, L.E. (1990) *The Prison Reform Movement: Forlorn hope* (Boston, MA: Twayne Publishers).

Timko, F.K. (1986) 'Electronic monitoring: how it all began − conversations with Love and Goss', *Journal of Probation and Parole*,17, pp. 15−16.

Virilio, P. (2005) *The Information Bomb* (London: Verso).

Wall, T. and Monahan, T. (2011) 'Surveillance and violence from afar: the politics of drones and liminal security−scapes', *Theoretical Criminology*, 15, pp. 239−254.

Whitman, J.Q. (2003) *Harsh Justice: Criminal punishment and the widening divide between America and Europe* (Oxford: Oxford University Press).

Winkler, M. (1991) 'Walking prisons: the developing technology of electronic controls', *The Futurist*, July−August, pp. 34−36.

2

캐나다의 전자감독제도:
범죄자 교정과 양형을 뛰어넘는 진화(evolution)

The evolution of electronic monitoring in Canada:
From corrections to sentencing and beyond

수잔 윌리스 카프레타(Suzanne Wallace-Carpretta) &
줄리안 로버츠(Julian Roberts)

▌서론(Introduction)

세계의 전자감독제도는 다양한 방식으로 발전해 왔다. 캐나다에서 범죄자를 대상으로 한 전자감독 시스템의 발전은 비교적 점진적으로 천천히 이루어졌다고 볼 수 있다. 교정 영역에서부터 형사사법 전문가나 일반 대중들에게 큰 관심을 끌지 않고 형벌의 영역에서 조용히 변화, 발전되어 온 것이다. 캐나다는 과거 전자장치를 활용한 범죄자 감독제도 활용 및 효용성(utility)에 대한 뜨거운 논쟁도 함께 경험했다. 또한, 캐나다에서는 연방제의 특성 때문에 현재 전자감독제도가 캐나다 국가 내부 안에서도 州별로 매우 다양하게 이루어지고 있다.

이번 장에서는 첫째, 캐나다 형사사법체계에서 전자감독제도의 역할이 어떻게 발전되었는지 살펴볼 것이다. 둘째, 캐나다에서 수행된 전자감독제도 및 전자감독 대상자에게 미치는 영향에 관한 연구결과를 살펴보고, 셋째, 현재 캐나다의 전자감독제도와 집행유예(conditional sentence of imprisonment)의 구체적인 제재 조치에 대해 논의해 볼 것이다.

이번 장은 현재까지 전자감독 프로그램의 성공률 그리고 전자감독을 받은 범죄자의 경험과 일상생활을 분석하는 데 초점을 둘 것이다. 또한, 전국에서 적용 중인 전자감독 전체를 다루기보다는 감시 기술을 최대한 활용하고 있는 몇몇 州들을 집중적으로 다룰 것이다. 잉글랜드 웨일스, 벨기에와 달리 캐나다는 「통계청(Statistics Canada)」과 같은 주요 통계기관에서 전자감독 대상 범죄자에 대한 통계를 매년 발표하지 않기 때문에 캐나다 전국의 전자감독제도 대상 범죄자에 대한 상세하고 포괄적인 통계자료를 제시하기가 매우 어렵다. 이에 우선적으로 캐나다 전자감독 발전의 간단한 역사적 개요부터 소개하기로 한다.

▌캐나다 전자감독제도의 기원과 발전과정
(Origins and evolution of EM in Canada)

캐나다의 전자감독은 교정 환경에서 새로운 기술적 요소로 여겨졌고, 최근에서야 형벌의 하나로 인식되기 시작했다. 캐나다는 미국과 지리적으로 근접해 있고 교정 당국 간 밀접한 관계를 맺고 있어, 미국의 여러 사법정책을 자연스럽게 흡수해 왔다고 볼 수 있다. 단, 캐나다가 전자감독제도를 도입하는 데, 특별한 계기가 있었던 것은 아니었다. 미국의 교정 정책이 캐나다에 전해지면서 해당 제도가 캐나다에서도 별 무리 없이 시행되게 되었다.

캐나다 전자감독의 발전은 다소 느리고 산발적이었기 때문에 캐나다 형사사법제도에서 큰 논란의 중심에 서지 않았다. 오히려 캐나다 국민들은 몇몇 州에서 교도소 석방 프로그램의 일환으로 석방자들이 전자감독 대상이 되고 있다는 사실을 편하게 받아들였으며, 미국 언론에서 자주 언급되는 전자감독 개념에 대해서도 일반인들이 꽤 익숙하게 잘 받아들이는 편이었다.

전자감독이 캐나다 형사사법 분야에 (1) 산발적·제한적으로 적용되었다는 점, (2) 미국 언론 보도에 의한 대중의 친숙함이 있었다는 점, 그리고 (3) 전자감독이 큰 문제를 야기한 특별 사례가 없었다는 점으로 EM은 한때는 형사사법 분야에서 조용히 잠자는 이슈(sleeper issue)로 여겨졌다.

캐나다 형사사법 제도 전반에 대한 국민들의 태도 연구는 지금까지 많이 진행된 편이었다. 하지만 놀랍게도 전자감독에 대한 대중의 인식이나 반응을 구체적으로 연구한 사례는 아직 없다. 이러한 사실은 형벌 개혁(전자감독)에 대해서 전반적으로 캐나다인들이 별 관심이 없었다는 것을 보여주는 극단적인 증거라고 하겠다.

캐나다의 언론 역시 전자감독에 대해 비교적 조용한 편이었다. (아래에서 살펴볼) 브리티시컬럼비아 州에서 전자감독제도가 처음 도입되었을 때, 전자감독 대상자 사건 수가 급격히 증가하여 절정에 달했으나, 반면에 전자감독과 관련해서는 추가적인 평가나 논평 등은 거의 나오지 않았다. 언론이 교정 관련 이슈를 보도할 때도 캐나다 내에서 헤드라인에는 전자감독보다는 고위험 범죄자, 교도소 환경, 재소자들의 투표권과 가석방 제도의 전망 등에 관한 내용뿐이었다.

캐나다의 전자감독 역사는 형사사법제도에 대한 책임을 공유하는 연방정부와 열 개의 지방정부, 세 개의 광역정부가 서로 연계되어 있다. 연방정부 수준에서는 「형법(criminal law)」 법률 제정 임무를 담당하고 있으며, 경찰과 법원 행정을 포함한 사법권은 「헌법(Constitution Act(1867)」 제91조 및 92조에 따라 지방정부와 광역정부가 관할한다.

분할된 사법권으로 인해 캐나다의 전자감독제도는 다른 나라처럼 전국 단위에서 전격적으로 '시행'되지 못했다. 몇몇 州에서 보호시설의 과밀수용으로 인한 대응책으로 전자감독 기술을 수용했지만, 일부 州에서는 가석방 및 임시 출소(temporary absence from prison)의 조건이 잘 지켜지는지 확인하기 위한 수단으로써 전자감독을 이용, 가석방 담당 인력이 전자감독을 보조적으로 활용하게 되었다.

전자감독제도의 도입은 전국 교도소 수감 인구 증가에 대한 유익한 대응방안이 될 것처럼 보였다. 지방정부와 광역정부에 의한 시설 구금은 1980년부터 1990년 사이 22%나 증가했다(Foran, 1992). 1996년 교정 인구 증가에 대한 연방정부 보고서에 따르면, 지방정부의 범죄자 구금 인원이 1989－1990년부터 1994－1995년까지 평균 12%나 증가한 것으로 나타났다(Canada, 1996).

교도소 구금 인원의 증가는 재소자 관리와 재정 문제까지 야기했고, 이에 대한 해결책이 필요한 상황이 되었다. 대응방안으로 가석방과 같은 조기 석방

제도를 통해 교도소 재소자 수를 줄이려는 시도가 이루어졌고, 이에 대한 대책으로 캐나다는 전자감독제도를 선택했다. 이렇게 캐나다의 전자감독제도는 조기 석방된 수감자를 면밀히 감독하는 교정 영역에서 그 필요성이 제기되었고, 지역사회에서 전체 형량을 복역한 범죄자에 대한 감시 수단으로서 이용되기 시작했다. 즉, 지역사회 내 형벌의 영역으로까지 전자감독이 확대되었다고 하겠다.

캐나다 교정 환경의 또 다른 특징은 전자감독 도입과 큰 관련이 있다고 볼 수 있다. 보통 캐나다에서 구금형은 지방 교도소나 연방 교도소에서 집행되는데, 「캐나다 범죄 규칙(Canadian Criminal Code)」 743.1항에 따라 최대 2년의 형기까지는 지방 교도소에서 집행하게 되고, 2년 초과 형량은 연방 교도소에서 집행하는 것이 일반적이다. 여기에서 전자감독은 주로 '지방'에서 형이 집행되는 범죄자, 즉 덜 심각한 수준의 범죄자에게 적용됨으로써 교정 집행 업무의 효율화를 달성할 수 있다는 의견이 만들어지기 시작했다.

전자감독제도 및 조기 석방 교정
(EM and early release correctional)

브리티시컬럼비아 州

캐나다 최초의(미국 이외의 지역) 전자감독 적용 사례는 1987년 8월 저위험 범죄자를 상대로 구금 대신 전자감독을 적용한 브리티시컬럼비아의 「교정국 (Corrections Branch of British Columbia)」이다. 교도소 보수공사 계획에 따라 지방 교정시설 중 한 교정 센터 운영을 중단할 경우, 증가하는 중간제재 수단인 주말 구금(intermittent custody) 인원으로 인해 과밀구금이 예상되었다. 주말 구금형은 특정 기간(주로 주말)에 선고되었고, 최대 형기는 90일까지였다. 전자감독이 단기 구금형이나 보호관찰 처분을 받는 범죄자를 감독하는 경제적이고 효율적인 대안으로 평가되던 시기였다. 이런 상황에서 전자감독은 교도소 과밀구금에 대한 해결책이자 새로운 교정시설 증설 비용을 절약하는 방법으로 간주되었다.

시범 운영의 일환으로 여러 비정부기관 회원으로 구성된 「시민 자문단 (Citizen Advisory Group)」이 정책 개발 및 시행 전략과 관련된 피드백을 제공했다. 전자감독제도의 시범 운영은 브리티시컬럼비아 州의 로어 메인랜드(Lower Mainland)에서 시작되었다. 1년 동안의 성공적인 시범 운영 평가(Neville, 1989) 후, 전자감독제도는 州 전역의 다른 저위험 범죄자들에게 확대 시행되었다. 브리티시컬럼비아 州의 전자감독 대상자는 계속 증가했으며, 1990년대 말까지 州에서 전자감독 대상이 된 범죄자는 일일 지방 법원에서 선고되는 피고인의 15%(250−350명)에 달했으며 이는 캐나다에서 가장 대규모의 전자감독이었다.

브리티시컬럼비아 州 전자감독제도의 목표는 공공 안전을 유지하는 것과 구금제도에 대한 인도적이고 경제적인 대안을 제시하는 것이었다. 전자감독 대상 기준은 범죄자가 공공의 안전을 해하여서는 안 되고, 범죄자의 EM 참여가 시민들의 반발을 일으키거나 본래 형벌의 의도나 사법권을 훼손해서도 안 되는 대상자여야만 했다. 전자감독 조건부 조기 석방 자격을 얻으려면 범죄자는 전화기가 있는 일정한 주거지가 있어야 했고, 피고용 및 교육의 의무를 이행해야 했다.

또한, 범죄자의 존재가 가족이나 다른 동거인들에게 과도한 어려움이 되어서는 안 되었다(Government of British Columbia, 1987). 즉, 전자감독 자격을 얻으려면 위험이 낮은 비폭력 범죄자들이 간헐적인 일시 징역형을 받거나 7일 이상 4개월 미만의 주말 구금(또는 그에 상응하는)형을 선고받아야 했다. 범죄자가 이 모든 기준을 충족하고 전자감독 조건을 준수하는 데 동의하면, 「구금시설 및 체포에 관한 연방 법령(Prison and Reformatories Act) 7조(1)」과 「브리티시컬럼비아 교정법(British Columbia's Corrections Act)」 15, 16조에 따라 구금상태에서 일시적인 석방이 허용되었다(British Columbia Corrections Branch, 1995).

온타리오 州

브리티시컬럼비아 州와 달리 1989, 1990년에 시범적으로 시행된 온타리오 州의 전자감독은 시범 운영에 그쳤다. 최초의 온타리오 州 전자감독 프로그램은 교도소 외부통근제도에 대한 자격은 없지만, 재범 위험이 낮은 범죄자들의 지역사회 석방 전략이었다. 이 프로그램은 많은 배제 기준을 가지고 매우 제한적으로 운용되었다. 예를 들어, 범죄자가 가정 폭력, 성폭력(또는 기타 성범죄) 또는 보복 운전 등 '극단적' 폭력으로 인한 전과가 있는 경우 전자감독 대상 자격이 없다고 보았다. 또한, 가족이나 고용주로부터 불리한 내용의 보호관찰 보고서나 불성실한 보고서 제출을 받게 되면, 전자감독 프로그램 대상에서 제외될 수 있다고 보았다(Government of Ontario, 1991).

18개월 동안의 전자감독 시범 운영에 대한 평가에 따르면, 전자감독이 (참가자들이 계속 고용을 유지하고 가족과 연락을 유지할 수 있게 하며) 범죄자의 사회복귀를 촉진했지만, 전자감독과 함께 지역사회에 석방된 범죄자들(552건 중 29%)이 전자감독 없는 기존 석방 프로그램 자격을 갖춘 비교적 안전한 사람들이었다는 결론이 나왔다(Government of Ontario, 1991). 이와 관련, 범죄자를 교도소에서 우회시키는 측면에서 전자감독의 이점은 상당히 미미하다는 부정적 결론이 내려졌다. 그러나 일부 결과는 긍정적인 면도 많았다. 전자감독을 적용한 범죄자들은 높은 EM 종료율을 달성했다. 88%는 준수사항 위반 없이 전자감독 형을 완료했으며, 5%는 '경미한 위반'만으로 형기를 완료했다. 1% 미만이 다른 범죄 혐의로 인해 재수감된 것으로 나타났다(Government of Ontario, 1991).

시범 운영의 비용-편익 분석 결과에 따르면, 전자감독의 일일 비용은 구금에 비해 상당히 낮았지만, 전자감독 시범 운영 총비용은 $275,000인 데 반해 전자감독 프로그램 참가자를 관리하는 데 드는 예상 비용은 $59,000에 불과한 것으로 나타났다. 단, 구금의 대안으로 설계된 전자감독 프로그램 전환 범죄자의 수가 교정시설의 일부 또는 교정시설 전체를 폐쇄할 수 있을 만큼 충분히 크지는 않았기에 비용 절감을 달성하지 못한 것으로 평가되었다(Government of Ontario, 1991). 온타리오 州는 초기 시범 운영 기간 이후 전자감독 사용을 중단했다. 1996년 온타리오 州의 모든 하프웨이 하우스(halfway house), 즉 중간처우의 집이 폐쇄된 후에서야 교도소에서 외부로 통근하는 저위험 수감자들을 대상으로 한 전자감독제도가 다시 도입되었다(Borgida, 2001). 하프웨이 하우스는 온타리오 州의 수형자 사회화 전략의 일부였으며, 시설 폐쇄로 인해 약 400명의 범죄자가 재구금될 수밖에 없었다(John Howard Society of Ontario, 1996).

1998년에 전자감독은 온타리오 州의 가석방 프로그램의 일환으로 정착되는 과정을 거쳤다. 365일 이하의 징역형(또는 잔여 형기가 365일 미만)을 선고받은 중-저 위험으로 평가된 비폭력적 범죄자들은 전자감독하에서 사회로 석방될 자격이 주어졌다. 이전처럼 배우자 폭행, 성범죄, 마약 밀매나 이전에 폭력 전과가 있는 사람 등 특정 범죄자들은 제외되었다. 기준을 엄격하게 적용한 결과, 1999년 일일 평균 52명의 범죄자만이 전자감독 프로그램 적용을 받게 되었는데, 프로그램 시작 이후 해당 수치는 약 2,000명에 그쳤다. 결과적으로 온타리오 州에서 전자감독은 활용도나 기대를 완전히 충족시키지는 못했다(Borgida, 2001).

온타리오 전자감독 프로그램의 목표는 두 가지 측면으로 요약될 수 있다. 범죄자의 사회화를 촉진시키는 것과 지역사회에서 형량의 일부를 복역하는 범죄자에 대해 더 엄격하면서 강력한 제재를 부과하는 州 정부 교정정책의 효과성을 입증하는 것이다. 이 두 가지 목표는 캐나다 전자감독제도의 특징을 많이 담고 있다. 교도소 수감 인원을 관리할 수 있기 때문에 교정 당국은 전자감독을 지지했고, 전자감독이 아니었다면 교도소에 구금될 범죄자들이 가정과 지역사회로 돌아갈 수 있기 때문에 수형자 인권 옹호세력(prisoner advocates) 역시 전자감독을 지지했다. 동시에 전자감독제도는 지역사회에서 범죄자들의 형벌에 대한 인식을 증가시켜 지역사회 내의 범죄자 감독을 더 쉽게 받아들이도록 하는 데 큰 도움을 줬다(Roberts, 2004의 토론 참조).

뉴펀들랜드와 래브라도 州

뉴펀들랜드와 래브라도 州에서는 전자감독제도와 함께 자발적인 조건부 가석방 프로그램(voluntary conditional release programme) 개발을 위한 지역 자문단을 구성했다. 1991년부터 1994년 사이에 뉴펀들랜드와 래브라도 州는 2년간 교도소 입소 비율이 30%나 증가하고, 평균 형량이 두 배로 늘어나는 만성적인 과밀구금 현상이 있었다. 이 문제를 해결하기 위해 전자감독 도입이 해당 지역에서 매우 절실한 상황이었다.

전자감독 프로그램은 구금된 형량의 1/6 이상을 복역한 수형자 중, 성범죄와 가정 폭력을 배제한 비폭력 범죄자들만을 EM 대상으로 했다. 그러나 브리티시컬럼비아 및 온타리오 州의 전자감독 프로그램과 달리, 뉴펀들랜드와 래브라도 州 EM 프로그램에는 중위험 범죄자들을 대상으로 한 알코올 및 약물 중독, 분노 관리와 인지적 생활 기술 등 범죄 유발 인자를 해결하여 상습적인 범죄행위를 줄이기 위한 강제 치료 조건이 포함되었다.

「러닝 리소스 프로그램(The learning Resource Program)」은 전과자들을 돕는 비정부 기관인 「존 하워드 소사이어티(John Howard Society)」의 지역 지부가 제공하는 집중적인 인지 및 행동 치료 프로그램을 의미하는 것이었다. 이 교정 치료 프로그램에서는 기존에 알려진 효과적인 범죄자 사회복귀 프로그램 원칙을 기준으로 해당 치료 프로그램이 얼마나 교정프로그램 개발 원칙에 잘 부합하는지 측정했다.

독립적인 전자감독 효과성 평가 결과에서 230개 프로그램 중 상위 10% 안의 변인들이 원칙을 잘 지키는 것으로 나타났다. 다른 지역의 전자감독 프로그램과 마찬가지로 뉴펀들랜드와 래브라도 州의 전자감독 프로그램도 전자감독 형기를 끝까지 마친 성공률이 비교적 높은 것으로 나타났다. 2000년 초까지 550명이 넘는 수감자가 전자감독 프로그램에 참여했고, 참가자의 약 95%가 전자감독 프로그램을 성공적으로 마친 것으로 나타났다.

교정에서 형벌까지: 서스캐처원 州의 전자감독

지금까지 논의된 모든 캐나다 전자감독 프로그램은 교정 당국 관할 내에서의 전자감독을 의미하는 것이었다. 1990년에 첫 번째 사법적 영역 전자감독 프로그램이 서스캐처원 州에서 처음 시범 운영되어 6개월 후 본격적으로 시행되었다. 따라서 이 프로그램은 교정 영역 내에서 조기 석방 프로그램이 아니라 구금에 대한 '근본적인' 대안이었다(Lang, 1996).

법원은 구금 기간 대신 전자감독 조건으로 보호관찰 형을 선고할 수 있었다. 전자감독의 집중 보호관찰 감독 대상은 (1) 구금형 기준을 충족했지만 지역사회에서 관리 가능한 위험을 가진 범죄자와 (2) 심각한 비폭력적 범죄로 유죄 판결을 받은 저위험 범죄자(예를 들면, 대규모 사기, Clements, 2001 참조) 두 가지 범주의 범죄자들을 포함했다. 또한, 수십 년 동안 캐나다 안에서 과도하게 형벌이 부과된 원주민 범죄자와(추세에 대해서 Roberts and Melchers, 2003 참조) 부양가족이 있는 여성 범죄자들을 전자감독 프로그램 내에서 특별히 고려했다.

▌캐나다의 전자감독 프로그램 평가
(Evaluating EM programmes in Canada)

전자감독 프로그램의 성공 여부를 평가하려면 프로그램의 목표를 먼저 따져봐야 한다. 캐나다의 전자감독 프로그램의 경우, 대부분 범죄자를 교도소에서 지역사회로 전환함으로써 (구금 전 또는 후) 교도소 인구 증가를 제한하기 위한 의도로 만들어졌다. 구금에 대한 대안으로 구금형 일부가 지역 사회에서 해소될 수 있는 방안을 고안하고자 EM을 활용한 것이다. 구금에 대한 지역사회의 대안으로 고안된 전자감독 프로그램은 여러 가지 다양한 목표를 가질 수 있다.

고므(Gomme)에 다르면 1) 교도소 구금 인구 감소, 2) 구금에 의해 발생하는 교정 비용을 줄이기 위해 3) 사회복귀 및 사회화를 촉진하는 인도적 처벌 부과, 4) 공공의 보안과 안전 유지가 여기에 해당한다.   (Gomme, 1995: 505)

이하 아래 내용에서 캐나다 사례에 비추어 이러한 목표들을 하나씩 개별적으로 검증해 보기로 한다.

교도소 인구 및 비용 감소(Reductions in prison populations and costs)

전자감독 프로그램이 거의 한 세대 동안 형벌 제도의 일부였음에도 불구하고, 캐나다에서 전자감독에 대한 평가 연구는 거의 수행되지 않았고, 일부 수행된 연구들은 이 챕터의 뒷부분에서 논의될 새로운 형태의 지역사회 구금에 관련된 것이 대부분이었다. 교도소 과밀구금 문제를 해결하겠다는 목표를 가지고 구금의 대안으로 전자감독을 평가하는 것은 필연적으로 비용-효율성과 '형사사법 망의 확대효과(net-widening)'에 대한 논의로 이어졌다. 전자감독이 구금에 대한 비용 효율적인 대안이 되려면, 전자감독의 대상은 (형사사법 망의 확대를 방지하기 위해) 수감될 필요가 있는 범죄자로 제한되어야 하고, 교정시설을 폐쇄할 만큼 충분히 범죄자를 교도소에서 우회시키는 실질적 기능이 EM에 있거나 관련 비용 지출 발생을 막을 가능성이 EM 제도에 있어야 한다(Hill, 2001).

비용 추산은 미래 추세에 대한 예측을 기반으로 하는 바, 구금 대체 비용을 정확히 측정하기는 매우 어렵다고 볼 수 있다. 예를 들어, 비용-편익 분석은 프로그램 확대 적용, 교도소 축소, 범죄자-직원 비율 및 범죄자가 지역 사회에 있어서 발생하는 사회적 대체 이익 등을 고려해야 하는데, 해당 정보를 구할 수가 없는 것이다. 실제로, 전자감독의 일일 비용이 구금보다 적음에도 불구하고, 프로그램 자체가 너무 많은 비용이 드는 것으로 예측된 온타리오 州의 초기 시범 운영은 결국 중단되는 위기를 맞기도 했다. 반면, 브리티시컬럼비아 州의 최초 추정 비용은 전자감독 프로그램 도입 비용을 과소평가하는 우려를 범했다. 주말구금(intermittent offenders) 인원을 70% 감소시켜 1992년까지 비용을 절감할 것으로 예측했으나, 결과적으로 전자감독제도는 해당 비용을 42%만 감소하는 데 그쳤다.

수감 인원 및 교정 비용을 줄이는 목표와 더불어 재범 예방이 전자감독의 목표로 자주 언급되었다. 1990년대 후반에 연방 정부가 수행한 연구에서는 전자감독제도를 적용한 범죄자의 재범 효과를 평가하기 위해 전자감독을 적용 중인 서로 다른 주(州)들 간 범죄자의 전자감독 준수사항 준수율을 통해 재범 위험성을 비교했다. 이 실증적 연구에는 1995년부터 1997년 사이에 수집된 브리티시컬럼비아, 서스캐처원 및 뉴펀들랜드와 래브라도 州의 전자감독 프로그램 데이터가 활용되었다.[1]

연구자들은 다양한 州의 전자감독 프로그램을 검토했고, 전자감독 대상자 선정, 프로그램 절차, 범죄자 및 교정 직원의 인식, 프로그램 후 재범률 등 여러 흥미로운 데이터를 수집, 분석했다. 여러 지역 간의 데이터 비교 결과를 실시하면서, 구금 및 보호관찰형을 선고받은 범죄자들의 표본을 통계적으로 균등하게 하려는 노력을 기울였다(Bonta *et al.*, 1999, 2000a).

가장 중요한 핵심 전자감독 결과들을 요약하면 다음과 같다.

1. 분석 결과, 전자감독 프로그램 대상자 선정 기준 사이에 상당한 차이가 있음에도 불구하고, 형 이수율 측면에서는 전자감독 집단과 통제집단이 서로 큰 차이가 나지 않는 것으로 나타났다. 성공적인 형기 완료율은 86%에서 89%로 대체로 높은 것으로 나타났다.

2. 전자감독은 재범률을 감소시키지 않는 것으로 나타났다. 연구자들은 재범에 관한 다른 연역적 요인을 통제하여 전자감독 대상 범죄자의 재범률을 다른 일반 범죄자 집단들과 비교했는데, 통계적으로 유의미한 집단 차이를 발견하지 못했다.

3. 전자감독이 적용된 범죄자의 대부분이 재범 위험도가 낮았으며, 기존의 전통적인 감시 기술을 통해 지역사회에서 동등하게 성공적으로 관리 가능한 사람들이 대다수였던 것으로 나타났다. 이는 '형사사법 망의 확대' 가능성이 존재한다는 것을 실증적으로 보여주는 분석 결과라고 하겠다.

4. 전자감독 프로그램 실패와 관련된 몇 가지 요인으로 최근의 연구에서는 법 위반 건수, 청소년 시기 체포 전과, 실업 여부, 현재 약물 사용 여부 등이 있는 것으로 나타났다.

5. 범죄자의 범죄위험 요인 점수에 대한 지식은 전자감독 프로그램 결과와 프로그램 후 재범률을 예측하는 데 가장 중요한 요소로 작동하는 것으로 나타났다.

연구자들은 고위험 전자감독 범죄자에게 범죄 위험 요인을 해결하기 위해 인지행동 방식의 집중적이고 재활적인 지역 사회 감독 치료 프로그램이 필요하다는 의견을 제시했다. 이러한 치료 프로그램에 참여했을 때 전자감독 대상자들의 재범률이 감소한다는 것을 발견했다(Bonta *et al.* 2000b). 단, 일부 연구에서는 동일한 집중 치료를 받은 저위험 범죄자는 치료를 받지 않은 범죄자에 비해 오히려 재범률이 증가한 것으로 나타났다. 결국 이러한 발견은 재범을 줄이기 위해 범죄자 위험 수준과 치료 강도를 일치시켜야 한다는 정책적 함의를 보여준다고 하겠다(Andrews and Bonta, 2003).

범죄자와 주변 가족 및 감독관의 반응
(Reactions of offenders, family members and supervisory personnel)

캐나다의 많은 연구가 전자감독을 받는 범죄자의 인식과 경험을 조사했다. 남성 전자감독 참가자와 인터뷰를 실시한 브리티시컬럼비아의 초기 연구 결과를 보면, 사회복귀의 수단으로 전자감독이 긍정적인 효과를 보이는 것으로 나타났다. 전자감독 대상자들은 EM 프로그램이 직장이나 학교에 갈 수 있게 하고 금주를 하게 했으며, 구금의 사회적 낙인을 감소시키는 것으로 보고했다(Main-prize, 1995).

가정적 영향력에 대한 후속 연구(다시 남성 참여자 대상)에서는 설문 조사에 참여한 전자감독 범죄자 5명 중 4명이 가족과 같이 지낼 수 있는 것이 전자감독이 주는 가장 중요한 이점인 것으로 말했다(Bonta et al., 1999). 의외로 절반이 조금 넘는 인원들이 직장을 구하거나 유지할 수 있는 확장된 자유를 용납해 주는 점이 매우 좋았다는 긍정적 응답을 보였다. 다른 측면으로는 치료를 받을 수 있는 기회 등이 제공된 것이 만족스러웠다는 답변도 있었다(Bonta et al., 1999).

가장 중요한 것은 조사가 이뤄진 3개 州에서 전자감독이 적용된 범죄자 10명 중 약 9명이 '전자감독은 공정한 프로그램'이라는 것에 동의했다는 점이다. 다른 관할권 내 조사와 마찬가지로 남성 범죄자들은 여성보다 전자감독 프로그램을 상대적으로 더 긍정적인 경험으로 인식했다. 이러한 사실을 보면, 전자감독에 대한 반응에 성별이 상당한 영향을 미치는 것으로 볼 수 있다.

지역 사회에서 전자감독형을 선고받은 여성 범죄자들과 관련된 연구에서도 흥미로운 연구 결과가 나타났다. 메이드먼트(Maidment, 2002)는 뉴펀들랜드와 래브라도 州의 전자감독 가택구금 대상 여성들의 반응을 조사했는데, 많은 여성들이 집에서 형을 집행하는 것이 감시 장치와 관련된 스트레스로 인해 교도소 수감보다 더 어렵다고 응답했다. 범죄자들은 가택 구금과 각종 제한으로 가사일과 자녀를 키우는 일상이 더 복잡하고 어려워졌기에, 걱정할 게 없었던 교도소가 차라리 더 낫다고 응답했다. 단, 가택구금의 영향과 전자감독의 영향을 하나의 제도 속에서 완전히 분리하는 것은 여전히 어려운 일이라고 하겠다.

전자감독 가택구금에 대한 일부 반응은 감독 여부에 관계없이 본인의 거주지에 갇혀 있다는 사실에 기인한다. 예컨대, 메이드먼트(2002)의 연구와 로버츠(Roberts, 2004) 연구가 서로 유사한 연구 결과를 보여주었는데, 전자감독 가택구금이 범죄자들의 가족 관계를 악화시켰고, 이로 인해 범죄자들은 어쩌면 교도소가 자신에게 더 바람직한 제재 수단일 수 있다는 부정적 응답을 한 것으로 나타났다. 다른 연구에서 가족 구성원(대부분 여성 배우자)은 그들의 남편이 교도소가 아닌, 전자감독으로 집에 거주하고 있다는 것에 매우 긍정적인 효과가 있다고 응답했다. 그러나 집 안과 밖에서 더 많은 가사 일거리가 생기는 것과 사회적 접촉이 줄어들고 가정 안팎에서 책임이 더 커지는 등의 추가적인 스트레스가 발생해 부정적 차원이 있다는 가족 응답도 있는 것으로 나타났다(Doherty, 1995 참조).

감독관에 대한 전자감독 대상자의 인식
(Offender perceptions of supervising officers)

전자감독 프로그램을 최근에 종료한 범죄자들을 대상으로 설문조사를 실시했다. 여기에서 전자감독 감독관에 대한 인식에 상당한 차이가 있음이 밝혀졌다. 예를 들어, 브리티시컬럼비아 州의 참가자 중 절반 미만이, 뉴펀들랜드와 서스캐처원 州의 10명 중 8명이 '개인적 문제를 전자감독 감독관에게 솔직하게 직접 이야기할 수 있다'는 질문에 적극 동의했다(Bonta *et al.*, 1999).

또한, 브리티시컬럼비아 응답자의 46%가, 뉴펀들랜드와 서스캐처원의 91%는 감독관이 '진정한 도움을 주었다'는 질문에 동의했다. 범죄자와 감독자 관

계가 전자감독 프로그램 성공에 중요한 영향을 미치는 것이 분명하며, 이러한
결과는 감독관의 대상자 지원 등 전자감독 프로그램의 적절한 실행에 보호관
찰관의 역할이 중요하다는 것을 보여준다. 일반적으로 보호관찰관이 직접 감
독을 수행할 경우, 전자감독 대상자와 담당관과의 관계가 끈끈해지고 전자감
독 결과가 매우 긍정적이라고 볼 수 있다.

▌전자감독과 지역사회 구금(가택구금)
(EM and community custody)(home confinement)

　캐나다에서 전자감독의 발전은 1996년 새로운 형태의 지역사회 구금제도
의 영향을 받아 왔다.[2] 조건부 구금형(이하 가택구금)은 범죄자가 자택에서 형을
복역하는 구금형을 말한다. 범죄자는 가택구금의 조건 위반 시 법원 명령에
따라 남은 기간 동안 교도소에 재구금될 수 있다. 가택구금 제도는 구금형을
줄이려는 법원 선고 개혁의 일환으로 도입되었다(Roberts and Cole, 1999; Roberts,
2004).
　다른 나라의 가택구금 제도와 달리, 캐나다는 광범위한 가택구금 활용 재
량 범위를 허용하고 있다. 법원 선고 절차에 따라 형량은 하루에서 최대 2년
까지 조건부로 가택구금 형을 선고할 수 있다. 캐나다에서 선고된 전체 구금
형의 96%가 2년 미만(2008년 3월 기준)이었기 때문에 하루에서 2년은 매우 광
범위한 수치였다. 법원은 법령이 허락하는 한[3] 거의 모든 범죄자에게 규정된
조건에 따라 가택구금형을 선고할 수 있다.
　새로운 형태의 지역사회 구금형이 가진 단점 중의 하나는 그것이 기존의
전통적인 보호관찰 처우와 너무 다르다는 점이다. 지역사회 구금형은 보호관
찰보다 더 까다로운 조건이 부과되고, 그러한 조건을 위반하면 사법 시스템이
신속하게 개입하게 된다.[4] 그러나 보호관찰을 선고받은 범죄자들에게 부과되
어야 하는 조건들과 조건부 구금의 조건은 법적으로 크게 다르지 않다. 법원
이 조건부 구금형을 선고한 범죄자들에게는 공식적인 치료 프로그램에 참석하
도록 강제하는 반면, 보호관찰형의 경우 범죄자의 동의가 수반되어야 한다는

차이점이 있을 뿐이다. 실제로 캐나다 법원에서는 부과된 형벌과 관계없이 범죄자들의 동의 없이는 치료를 강제하지 않는다. 또한, 조건 위반과 관련하여, 보호관찰 준수사항 위반 행위를 가장 심각한 문제 행위로 다룬다. 조건부 구금형에서 준수사항을 위반하면 법원 심의위원회에서 위반자에게 경고를 하거나, 아무런 추가 처분을 하지 않을 수도 있지만 보호관찰 준수사항을 위반하면 개별 형사사건 범죄행위로 간주한다.

이런 상황에서 대법원은 2000년에 새로운 구금 제도 사용 지침에 관한 의미 있는 판결[5]을 내렸다. 그 판결에서 중요한 내용은 조건부 구금형은 일종의 구금이기 때문에 교도소와 유사한 조건을 가져야 한다는 것이었다. 이를 달성하기 위한 사법적 시스템이 없는 경우(위 참조), 엄격한 통금이나 가택 구금을 예외가 아닌 하나의 표준 양형으로 간주하도록 했다. 전자감독제도는 통금 시간 준수를 보장하는 효과적인 방법이므로 대법원의 이러한 지시는 조건부 구금형의 일환으로 전자감독의 사용을 더욱 증가시켰다. 또한, 전자감독의 도입은 지역사회 내 형벌을 더 엄격하게 운영하는 형사사법 분위기를 만들었다고 평가할 수 있다(Martin, 2001; Roberts, 2004).

사법부와 교정 당국 간의 갈등
(Conflicts between judiciary and correctional authorities)

캐나다 사례에서 흥미로운 요소는 사법기관과 지역 사회에서 형을 집행하는 교정 기관 간에 발생하는 갈등 양상이다. 이상적이라면, 판사는 판결 가능한 교정 자원을 알고 있고 형 집행 기관은 판사가 선고한 형벌의 의도를 염두에 둘 것이기 때문에 두 기관이 통합되고 정돈된 방식으로 운영되는 것이 당연하다. 그러나 캐나다에서는 사법부와 교정 당국 사이의 갈등이 여러 가지 모습으로 나타났다.

첫째, 앞서 언급한 바와 같이, 대법원은 엄격한 통금 또는 엄격한 가택구금형을 부과함으로써 가택구금 제재를 강화시키는 판결을 했다. 그러나 판사들은 실질적인 측면에서 법원에서 부과한 준수사항을 범죄자들이 잘 따르는지 알 수 없고, 감독할 수 있는 충분한 보호관찰관 인력 자원이 없다는 사실을 알게 되었다. 예를 들어, 온타리오 州에서 보호관찰관 1명 당 평균 100건에 달하는 사건을 담당하고 있었다(Roberts *et al.*, 2005). 또한, 지방의 보호관찰관은 저녁, 주말 또는 법정 공휴일에 일하지 않기 때문에 이 시간에 법원이 부과한 준수사항을 감독하는 것은 어려운 일이었다. 이를 위한 해결책으로 법원은 전자감독형을 부과하되 최근까지 범죄자에게 전자감독을 적용할지, 말지의 종국적 결정 권한은 온타리오 州의 사법부가 아닌 교정 당국에게 있는 것으로 보았다.

앞부분에서 이미 언급한 바 있는 캐나다의 연방정부−지방정부 간 지역 관할권 분리로 인해 이러한 갈등 상황은 더욱 심해졌고, 이러한 갈등이 전자감독 운영에도 부정적 영향을 미치게 되었다. 조건부 구금형(가택구금형)은 연방정부에 의해 도입되었으며, 모든 지방정부와 광역정부에서 제재 조치로 전자감독을 사용할 수 있었다. 그러나 전자감독 프로그램의 도입은 지방정부 교정 당국의 책임에 속하므로 전자감독은 일부 州에서 사용할 수 있지만, 모든 州에서 사용할 수 있는 것은 아니었다. 따라서 캐나다 일부 지역의 판사는 전자감독을 통한 가택 구금과 같은 특정 준수사항을 부과할 수 있었지만, 다른 곳에서는 그런 선택지가 없었다. 돌이켜 보면, 연방정부는 전자감독을 포함하는 법률적 기반 제재(또는 석방 프로그램)를 도입하는 동시에 그러한 제도를 운영하는 데 필요한 자금을 각 지방州와 광역州에 지원하는 방식을 취해야만 했다. 그런 결정을 내리지 못했던 캐나다 연방정부는 결국 연방−지방−광역 간 복잡한 이해관계 속에서 포괄적인 전자감독 운영 정책을 제대로 도입하지 못하게 된 것이다.

일부 법원은 선고 권한이 교정 당국에 의해 훼손당하고 있다는 불만 가득한 견해를 가지고 있었다. 1996년 5월 뉴펀들랜드와 래브라도 州 법원에서 조건부 구금형이 내려지기 직전 올리버(R. v. Oliver) 판사[6]는 양형의 의도가 교정 당국의 결정에 의해 훼손되고 있다는 의견을 냈다. 법원에서 징역형을 선고했음에도 불구하고 교정 행정 차원에서 사후에 범죄자들을 전자감독을 통해 지역 사회에 내보낼 수 있게 하는 것은 법원이 가진 특정 범죄자에게 양형 결정 권한을 정면으로 부정하는 것이라고 보았다. 법원의 권한이 교정 현장에서 제대로 유지되지 않으면 결국 구금형으로 판결하더라도 보호관찰 처분을 통해 사후 교정 현장에서 범죄자가 집행 유예로 사회에 조기 석방되는 위험한 상황이 만들어질 수 있게 되었다.

항소심에서는 교정 당국의 결정은 형벌 결정에 영향을 미쳐서는 안 되며 본래의 사법 형벌 내용을 바꿔서도 안 된다는 내용의 판결을 내렸다. 그래서 1심과 항소심 사이(1996년 5월부터 1997년 9월까지)에만 조건부 구금형이 가능하게 되었다. 시간이 경과하고 범죄자가 이미 일부 형을 복역했기 때문에 州 항소 법원은 형을 7개월 조건부 구금형으로 변경했는데, 이는 조건부 구금형이 도입되지 않았을 때보다 덜 엄격한 수준이었다.

▎캐나다 내 최근의 전자감독 활용(Current use of EM in Canada)

2000년 대법원의 R. V. Proulx 사건에 대한 판결 이후 통금과 가택구금형의 활용이 증가하면서 캐나다 내 몇몇 지역에서 전자감독의 활용 또한 증가하게 됐다. 사실, 현재 캐나다에서 전자감독의 주요 활용 방법은 법원이 부과한 통금이나 가택 구금 같은 준수사항들을 범죄자들이 잘 준수하게 만들기 위한 선택적 형벌 관리 도구 수단으로 활용하고 있다고 볼 수 있다.

최근의 통계 자료에 따르면(2004년부터 2005년) 캐나다의 전자감독 활용 건수 중 약 4/5가 범죄자의 지역사회 구금형(a sentence of imprisonment in the community) 사례인 것으로 나타났다. 나머지 1/5 사례는 가석방이나 기타 석방 프로그램을 통해 석방된 고위험 범죄자들(released on parole)이었다. 정문정책에 속하는 순수한 전자감독 부가 범죄자 수 및 피고인 수는 상대적으로 매우 적은 것으로 나타났다. 예를 들면, 수년 전 전자감독을 도입한 여러 지역 중의 하나인 서스캐처원 州에서는 2008년에 오직 173명에게만 전자감독을 적용했다. 같은 해 매일 평균 선고 인원은(형벌 선고를 받은 범죄자 혹은 수형자) 88명에 불과했다(Government of Saskatchewan, 2010).

범죄자들의 전자감독 여부를 결정하는 기관은 바뀌었지만, 전자감독 대상 인원수에 대한 의미는 州마다 달랐다. 예를 들어, 브리티시컬럼비아 州에서는 2004년과 2005년에 3,333건의 조건부 형(conditional sentence) 선고가 있었다. 이 중 거의 80%인 2,634건이 통금이나 가택구금 관련 준수사항이 부과되었다.

이렇게 많은 통금 제재의 활용에도 불구하고 오직 5%만이 전자감독 대상자였다. 다른 州에서 상황은 또 달랐다. 같은 해 서스캐처원 州의 가택구금 대상자 중 거의 1/3(30%)이 전자감독 대상자였다. 온타리오 州의 새로운 전자감독 프로그램(Electronic Supervision Program) 도입은 집에서 구금형을 치르는 조건부 구금형 선고를 받은 범죄자를 더 철저히 감시하기 위한 '사법부'의 의도가 반영된 것이라고 볼 수 있다(Government of Ontario, 2005: 3).

▎현대 캐나다 전자감독제도의 전망
(Contemporary prospects of EM in Canada)

오늘날의 캐나다 전자감독제도를 짧게 설명하면, 캐나다 전국에서 현재 전자감독제도는 (1) 피의자를 대상으로 한 사법적 임시 석방(보석)의 조건으로 활용되고, (2) 중간 제재형(intermittent sentence)을 선고받은 범죄자를 감시하기 위해 사용되고, (3) 가택구금의 조건부형을 선고받은 범죄자를 감시하기 위해 활용되며, (4) 고위험 사건의 보호관찰 준수사항 수단으로 이용되고 있다. 그리고 (5) 교도소 통근제도(Temporary Absence Program) 등 일시 시설 외부 외출에 따른 성인 수감자 감독을 위한 수단으로 쓰이고, (6) 가석방된 범죄자의 감독을 위한 수단으로 사용되고 있다. 상대적인 빈도 측면에서 전자감독이 적용되는 사건의 대부분은 지역 사회 조건부 구금형을 선고받는 범죄자들과 관련된 경우가 많다고 하겠다.

현재 6개 州(브리티시컬럼비아, 서스캐처원, 온타리오, 뉴펀들랜드와 래브라도, 노바스코샤(Nova Scotia Department of Justice, 2005) 및 앨버타(Government of Alberta, 2005, 2008/2009)에서 전자감독 프로그램을 채택하고 있다. 다른 4개 州와 달리 노바스코샤는 GPS 기술을 사용하여 성인 범죄자를 감독하고 있으며, 청소년 대상 시범 운영을 실시하고 있다. 또 다른 매니토바 州(Manitoba, 2008)는 고위험 청소년 차량 절도범을 대상으로 GPS 감시 시범 운영을 시작했고, 정식으로 해당 EM 제도 방식을 채택할 가능성이 높다.

퀘벡 州의 교정 당국은 (1) 전자감독이 전통적인 범죄자 통제 수단보다 재범 방지 및 공공의 안전 유지를 위한 효과적인 수단임을 입증하는 설득력 있는 증거가 없고 (2) 형사사법 망의 확대 가능성이 분명하며, (3) 전자감독 프로그램 설치비용이 타당하지 않다는(Gouvernement du Quebec, 2000) 이유로 전자감독을 채택하지 않기로 결정했다. 이로써 캐나다에서 인구가 두 번째로 많은 퀘벡 지방(캐나다 전체인구의 약 25%)에서는 전자감독을 활용할 수 없게 되었다. 따라서 지난 20년 동안 전자감독 활용에 대한 관심이 증가했음에도 불구하고, 모든 州에서 전자감독을 채택하고 있지는 않다고 하겠다. 비록 퀘벡은 새로운 기술 도입을 거부했지만, 전자감독은 캐나다 전역에서 많은 대상자를 포함하는 추세로 확대되고 있다. 〈표 2.1〉은 2009년 12월 1일 현재 캐나다 전역의 전자감독 활용 현황 통계를 간단히 요약한 것이다.

표 2.1 캐나다 전자감독 활용 현황

지방(州)	조건부 구금 (가택구금)형 (Conditional sentence of imprionment)	교도소 통근제도 (Temporary absence)	가석방 / 사회감독명령	보석	기타[a]
브리티시 컬럼비아	A				
앨버타	A				A
서스캐처원	A			A	
매니토바		Y	Y	Y	Y
온타리오	A	A	A		A
노바스코샤	A			A/Y	A/Y
뉴펀들랜드 래브라도	A	A			

※ 참고: A=성인; Y=청소년, a 기타는 주말구금형(intermittent sentence of imprisonment), 선행 보증 (peace bond) 등을 포함함.

연방 수감자에 대한 전자감독제도 적용(Application of EM to federal prisoners)

앞서 언급했듯, 캐나다에서 2년 미만의 형을 선고받은 범죄자는 지방 교정 당국 관할에 속하게 되고, 2년 이상 형의 구금으로 교정시설에 수감된 자는 연방 교정 당국 관할 교도소에서 형 집행을 이수해야 한다. 최근까지 전자감독은 '지방정부 수감자(2년 미만의 구금 기간)에게만 적용되었다. 그러나 2008년에 연방 정부는 온타리오 州 지역에서 최대 30명의 연방 가석방자를 감독하는 1년짜리 전자감독 시범 운영 프로그램을 발표한 바 있다(Public Safety Canada 2008).

연방 정부는 노바스코샤 州 및 매니토바 州와 마찬가지로 기존 감독 시스템을 보완하기 위한 추가 도구로 GPS 기술을 시험했다. GPS 기술을 이용하면 언제 어디서나 범죄자의 위치를 파악할 수 있기 때문에 교정 당국의 범죄자 감독 능력이 향상될 것으로 예상했다. 일반적으로 가석방 준수사항 위반 시 가석방 취소 또는 집행유예 취소로 다시 위반자는 구금에 처해졌지만, 현재는 소수의 연방 가석방자를 대상으로 공공의 안전이 확보될 경우, 가석방 취소나 유예 대신 통금이나 위치제한과 같은 준수사항 이행 여부를 확인하기 위한 GPS 기술의 혜택을 활용한다.[7] 캐나다에서 전자감독 대상자 선정 기준은 범죄 행위 유형을 기반으로 하지 않고, 개별 사건 특성별(case-by-case)로 결정되는 경향이 강하다.

국가 안보 관련 전자감독(Security-related applications)

형벌 및 교정 분야 외에도 현재 연방 정부에서 사용하고 있는 GPS 기술을 이용한 전자감독제도는 「캐나다 국경 감시대(Canada Border Services Agency)」에서 「이민 및 난민 보호법(Immigration and Refugee Protection Act)」 77조에 따라 매우 광범위하게 적용되고 있다. 캐나다에 입국이 승인되지 않은 외국인 또는 영주권 박탈을 위해 보안 인증서를 사용해야 할 경우, 대상자 체포, 구금, 공판 소환 업무를 하는 데 GPS 기술을 이용하고 있다. 이는 국가 안보, 인권 또는 국제적 권리 침해, 심각한 범죄 또는 조직범죄와 관련된 행위와 관련이 있다. 이러한 경우, 연방 법원에서 명령한 석방 조건 준수사항 이행 여부를 확인하는 데 전자감독이 활용될 수 있다. 단, 2008년 7월 현재 캐나다 국가 안보 목적 보안 인증서 대상은 네 명뿐이다.

청소년 범죄자 대상 전자감독(Young offenders)

최근까지 캐나다의 전자감독은 성인 범죄자만을 대상으로 해당 프로그램을 운영해 왔다. 청소년 범죄자 대상 전자감독은 청소년들의 사회적, 인지적 및 도덕성 발달에 대한 우려가 제기되었기 때문이다(예를 들면, Finlay, 2001). 2004년 캐나다 교정 서비스에 관한 연구에서, 서스캐처원 州는 당시 청소년을 전자적으로 감독하는 유일한 지역이었다(Calverley and Beattie, 2005). 그러나 매니토바 州에서 2007년 4월 고위험 청소년 차량 절도범을 대상으로 GPS 전자감독의 효과성을 평가했고, 이를 위해 소규모 청소년 대상 전자감독 시범 운영 프로그램 제도를 발표했다.

1회 최대 20명의 청소년 범죄자가 전자적으로 EM 감독 프로그램을 부여받았는데, 전자감독은 형 선고 이후 지역사회에 석방되는 시점에서 시작되었다(Government of Manitoba, 2007). 청소년 전자감독 프로그램 첫 6개월간의 시행 평가결과에 따르면, 감독 결과가 긍정과 부정이 다소 혼재된 것으로 나타났다(Government of Manitoba, 2008). 전자감독은 교정 당국이 감독 대상이 되는 모든 개인의 위치를 실시간으로 항상 확인할 수 있다는 장점이 있었지만, 여러 청소년이 다시 차량 절도를 저질렀다는 점에서 실패의 결과를 보여주기도 했다. 과거 캐나다에서는 전자감독을 통해 해당 재범 청소년을 다시 체포하고, 기소할 수밖에 없는 상황이 있었다(Government of Manitoba, 2008).

▎캐나다 전자감독의 미래(The future of EM in Canada)

일부 유럽 국가에서 논의된 것처럼 캐나다 정부는 전자감독을 별도의 독립된 형벌 수단으로 간주하지 않았다. 캐나다의 전자감독은 지역사회 기반 제재 또는 유죄 판결 전·후의 구금 해제의 조건으로 하나의 보안처분이나 범죄자 처우 정도로 활용되는 것이 적절할 것이다. 앞으로 몇 년이 지나지 않아 캐나다에서 전자감독 대상이 되는 개인은 다음과 같은 두 가지 이유로 크게 확대될 가능성이 있다.

전자감독에 대한 정치적 압력(Political pressure and its likely impact on EM)

전자감독 확대의 원인 중 하나는 정치적인 것이다. 2008년 보수적인 연방정부가 재당선되면서 형사사법 환경을 상당히 변화시켰다. 새 정부는 형사사법제도를 정책 우선순위로 정하고 다소 징벌적인 '법과 질서' 접근 방식으로 형벌제도를 개혁했다. 정부는 전자감독을 연방 범죄자(2년 이상 구금형 대상자)로 확대한다고 발표했고, 당시 「공공 안전부(Minister of Public Safety)」는 '우리는 수년간 이를 요청해 온 경찰 및 피해자들의 의견을 경청했다'고 발표했다(Public Safety Canada, 2008).

캐나다 연방 사법 공무원은 지방정부 관할에 있는 범죄자 처우에 직접적인 영향을 미치지 않지만, 역사적으로 형사사법 문제와 관련하여 연방정부와 지방정부 간에 상당한 갈등이 있었던 것도 사실이다. 지방정부는 범죄자에 대한 가혹한 처벌 접근법 때문에 연방정부의 정책을 직접 '반영하는 것'을 피해 왔다. 하지만 결국 많은 지방정부가 폭력 범죄에 대해 지역 사회 감독 기반의 형을 선고하고 전자감독 양형 수단을 활용하는 것에 대해 연방정부의 의견을 확대 수렴하는 쪽으로 입장을 바꾸게 되었다.

피의자 구속 감소를 위한 전자감독 확대
(Expansion of EM to reduce the number of remand prisoners)

캐나다에서 현재까지 사법적 차원에서 피의자 임시 석방 조건으로 전자감독을 부과한 경우는 거의 없었다. 그러나 미래에 전자감독은 보석을 부여받은 고위험 범죄자를 재판이 열리기 전까지 석방 조건으로 전자감독을 통해 석방할 것으로 보인다. 구금제도에 대한 논의는 일반적으로 선고된 구금형에 초점을 맞추고 있지만, 현재 피의자 구금 인원이 전체 구금 인원의 상당한 비율을 차지하고 있는 추세이기 때문에 반드시 피의자 구속 인원 문제를 해결해야 할 심각한 상황에 있다.

캐나다의 평균 재구금률은 1997-1998년 이후 26%나 증가했다. 이는 전체 州 및 전 영토의 범죄자 수 대비 10년 동안 약 1/3에서 1/2로 증가한 것이다. 2006-2007년(데이터를 사용할 수 있는 가장 최근 연도)의 재구금 인원은 州 및 영토 구금 인원의 약 2/3(64%)를 차지하는 것으로 나타났다(Babooram, 2008). 교도소 과밀 구금을 줄이기 위한 해결책은 고위험 범죄자를 전자감독을 활용해 석방하는 방법뿐이다. 일부 지역에서 구금 인원을 관리하기 어려운 위험한 상태에 이르자, 이제는 심각한 범죄로 기소된 고위험 피의자와 보석 거부 범죄자도 전자감독의 혜택을 받을 필요가 있다는 주장이 강한 힘을 받고 있다.

▌ 결론(Conclusion)

위에서 살펴본 바와 같이 캐나다 전자감독제도의 발전은 면밀한 발전 계획을 기반으로 한 것이 아니었다. 범죄자들이 전자장치 기반 감시를 받는 것이 제도의 실효성과 적절성에 차원에서 어떤 문제가 있는지, 그리고 국가적 차원에서 크게 논란을 불러일으킨 적이 있는지 제대로 논의조차 되지 않았다. 실제로 문제를 탐구하는 실증적 또는 학문적 연구의 양도 다소 제한적이었다.

2001년에 발간된 캐나다 형법 논평(Canadian Criminal Law Review) 특별호에는 흥미로운 전자감독 관련 논문이 있다. 캐나다에서 이 연구 논문 외에는 아직까지 전자감독과 관련된 깊이 있는 연구 보고서가 거의 없는 상황이다. 캐나다에서 전자감독이 현재 운영되고 있는 방식을 보다 면밀히 검토하면서 저자 앨런 맨슨(Allan Manson, 2001)이 특별호에서 기고한 대로 전자감독제도의 합법성에 대한 연구를 수행해야 할 시점에 놓였다고 하겠다.

또한, 캐나다 정부는 전국적으로 적용될 수 있는 일관된 '전자감독 정책'을 개발해야 한다(Doob, 2001 논의 참조). 이번 장에서 살펴본 내용들은 10년 전의 데이터를 활용한 오래된 연구(예를 들면, Bonta et al., 1999)를 기반으로 했기에 일정한 한계점이 있다. 캐나다 내에서 정부마다, 지역에 따라 매우 다양한 형태로 전자감독제도를 활용하고 있기에, 일관적인 결론을 내리는 것도 어려운 상황이다. 향후 캐나다 전역에 통용될 수 있는 전국 차원의 통일된 수준의 전자감독 프로그램이 개발되기를 바란다. 그리고 전자감독제도를 활용하는 관련 정부들의 교정 기관 내 지출 비용 – 편익 결과에 대한 체계적인 연구도 함께 수행되기를 바란다.

Notes

1 온타리오의 전자감독 프로그램은 1996년 시행 당시 데이터 수집이 이미 진행 중이었기 때문에 평가에 포함되지 않았다.

2 Bill C–41 법안은 1995년 7월 13일에 국왕의 재가를 받았으며 1996년 9월 3일에 시행되었다.

3 기타 전제 조건은 다음과 같다. 필수 구금형(mandatory sentence of imprisonment)을 선고받지 않을 것. 법원은 범죄자가 존재함으로 지역사회에 위험을 초래하지 않는다는 사실을 확인할 것. 조건부 구금형의 부과는 선고문의 성문화된 목적 및 원칙과 일치할 것.

4 대응이 신속하고 징벌적이지 않은 경우, 제재는 항상 그에 따른 이미지, 소위 '다모클레스의 검'이라는 이미지를 제대로 반영하지 못한다.

5 R. v. Proulx, [2000] 1 SCR 61, [2000] SSC 5, 140 CCC.

6 R. v. Oliver [1997] NJ, [1996] NJ.

7 이 장이 작성되었을 때 시범 운영은 종료되었지만 평가 보고서는 아직 공개되지 않았다.

참고문헌(References) ────────────────────────── ○ ○ **○**

Andrews, D. and Bonta, J. (2003) *The Psychology of Criminal Conduct*, 3rd edn (Cincin nati, OH: Anderson Publishing Co.).

Baboorram, A. (2008) 'The changing profile of adults in custody, 2006/2007', *Juristat*, 28:10. Online. Available at: www5.statcan.gc.ca.

Bonta, J., Wallace—Capretta, S. and Rooney, J. (1999) *Electronic Monitoring in Canada: User report* (Ottawa: Solicitor General Canada). Online. Available at: ww2.ps—sp. gc.ca/publications/corrections/em_e.asp.

Bonta, J., Wallace—Capretta, S. and Rooney, J. (2000a) 'Can electronic monitoring make a difference? An evaluation of three Canadian programs', *Crime & Delinquency*, 46, pp. 61—75.

Bonta, J., Wallace—Capretta, S. and Rooney, J. (2000b) 'A quasi—experimental evaluation of an intensive rehabilitation supervision program', *Criminal Justice and Behavior*, 27, pp. 312—329.

Borgida, A. (2001) 'Electronic monitoring in Ontario', *Canadian Criminal Law Review*, 6, pp. 311—314.

British Columbia Corrections Branch. (1995) 'B.C. Corrections Branch manual of opera tions adult institutional services: electronic monitoring program', in K. Schulz (ed.) *Electronic Monitoring and Corrections: The policy, the operation, the research* (Burnaby, BC: Simon Fraser University), pp. 59—68.

Calverley, D. and Beattie, K. (2005) *Community Corrections in Canada 2004* (Ottawa: Statistics Canada).

Canada (1996) *Corrections Population Growth: Report for Federal/Provincial/ TerritorÂ ial Ministers responsible for justice* (Ottawa: Solicitor General Canada).

Clements, L. (2001) 'Electronic monitoring in Saskatchewan', *Canadian Criminal Law Review*, 6, pp. 309—311.

Doherty, D. (1995) 'Impressions of the impact of the electronic monitoring program on the family', in K. Schulz (ed.) *Electronic Monitoring and Corrections: The policy, the operation, the research* (Burnaby, BC: Simon Fraser University), pp. 129−140.

Doob, A.N. (2001) 'If electronic monitoring is the answer, what is the question?', *Cana dian Criminal Law Review*, 6, pp. 363−366.

Finlay, J. (2001) 'Should young offenders be electronically monitored?', *Canadian Criminal Law Review*, 6, pp. 344−346.

Foran, T. (1992) 'Trends in custodial counts and admissions: provinces and territories', *Juristat*, 12:9. Online. Available at: www5.statcan.gc.ca.

Gomme, I. (1995) 'From Big House to Big Brother: confinement in the future', in N. Larsen (ed.) *The Canadian Criminal Justice System* (Toronto: Scholars' Press), pp. 489−516.

Gouvernement du Québec (2000) *Surveillance électronique: solution ou panacée?* Québec: Ministére de la Sécurité publique. Direction de l'administration et des programmes.

Government of Alberta (2005) 'Pilot project to electronically monitor low−risk offenders', news release, 28 September. Online. Available at: http://alberta. ca/home/NewsFrame.cfm?ReleaseID=/acn/200509/18821C810738A−E58E−4 AD5−A30BE839E172D6B0.html.

Government of Alberta (2008/2009) 'Annual Report'. Online, available at: www.sol gps.alberta.ca/Publications1/Annual%20Reports/2009/2008%20−%202009%20 Solici tor%20General%20Annual%20Report.pdf.

Government of British Columbia (1987) *Electronic Monitoring Systems for Offender Supervision: Discussion* Paper, 2nd edn (Victoria, BC: Ministry of Attorney General, Corrections Branch).

Government of Manitoba (2007) 'GPS monitoring next step to auto theft crackdown: electronic monitoring devices to track highest−risk thieves during one−year pilot−Chomiak', news release, 18 April. Online. Available at: http://news. gov.mb.ca/news/ index.print.html?archive=2007−4−01&item=1474.

Government of Manitoba (2008) 'Electronic monitoring mid−project results released by Manitoba justice', media bulletin. Online. Available at: www.gov.mb.ca/ chc/press/top/2008/10/2008−10−30−092300−4675.html.

Government of Ontario (1991) *An Evaluation of the Electronic Monitoring Pilot Project: Mimico Correctional Centre — April, 1989—October, 1990* (North Bay: Ministry of Correctional Services of Ontario).

Government of Ontario (2005) *Electronic Supervision Program: Information Package — Adult Community Services* (North Bay: Ontario Ministry of Community Safety and Correctional Services).

Government of Saskatchewan (2010) 'Intensive supervision/electronic monitoring'. Online. Available at: http://cpsp.gov.sk.ca/Intensive—Supervision—Electronic—Monitoring.

Hill, B. (2001) 'What are the real costs of electronic monitoring?', *Canadian Criminal Law Review*, 6, pp. 353—359.

John Howard Society of Ontario (1996) 'Fact sheet 7: electronic monitoring 1—4', April.

Lang, T. (1996) 'Electronic monitoring's place in corrections: A Canadian perspective', in American Correctional Association, *Correctional Issues: Community Corrections* (Lanham, MD: American Correctional Association), pp. 123—126.

Maidment, M.R. (2002) 'Toward a 'woman—centered' approach to community—based corrections: A gendered analysis of electronic monitoring (EM) in Eastern Canada', *Women & Criminal Justice*, 13, pp. 47—67.

Mainprize, S. (1995) 'Social, psychological, and familial impacts of home confinement and electronic monitoring: Exploratory research findings from British Columbia's pilot project', in K. Schulz (ed.) *Electronic Monitoring and Corrections: The policy, the operation, the research* (Burnaby, BC: Simon Fraser University) pp. 141—187.

Manson, A. (2001) 'Who's in the net? Electronic monitoring: who's minding the net?', *Canadian Criminal Law Review*, 6, pp. 335—344.

Marth, M. (2008) 'Adult criminal court statistics, 2006/07', Juristat, 28:15. Online. Available at: www5.statcan.gc.ca.

Martin, D. (2001) 'Gender implications of electronic monitoring', Canadian Criminal Law Review, 6, pp. 346—353.

Neville, L. (1989). *Electronic Monitoring System for Offender Supervision: Pilot Project Evaluation* (Victoria, BC: Ministry of Solicitor General, Corrections Branch).

Nova Scotia Department of Justice (2005) 'New corrections act for safer, stronger Nova Scotia', news release, 19 October. Online. Available at: www.gov.ns.ca/news/details. asp?id=20051019006.

Public Safety Canada (2008) 'Governments of Canada and Nova Scotia sign an agree ment for electronic monitoring technology', press release, 11 August. Online. AvailÂ able: Available at: www.publicsafety.gc.ca/media/nr/2008/nr 20080811−eng.aspx.

Roberts, J.V. (2004) *The Virtual Prison: Community custody and the evolution of imprisonment* (Cambridge: Cambridge University Press).

Roberts, J.V. and Cole, D.P. (1999) *Making Sense of Sentencing* (Toronto: Toronto University Press).

Roberts, J.V. and Melchers, R. (2003) 'The incarceration of aboriginal offenders: An analysis of trends, 1978−2001', *Canadian Journal of Criminology and Criminal Justice*, 45, pp. 211−242.

Roberts, J.V., Hutchison, C. and Jesseman, R. (2005) 'Supervising conditional sentence orders: The perceptions and experiences of probation officers in Ontario', *Criminal Reports*, 29, pp. 107−119.

Scoville, J. (2001) 'Electronic monitoring: the Newfoundland experience', *Canadian Criminal Law Review*, 6, pp. 314−317.

3

영국의 전자감독제도(잉글랜드 웨일스, 스코틀랜드):
민영화로 보호관찰과 평행선(parallel tracks)을 달리는 EM

'Parallel tracks':
Probation and electronic monitoring in England, Wales, and Scotland

조지 마이어(George Mair) & 마이크 넬리스(Mike Nellis)

▌ 서론(Introduction)

영국은 자국 스스로를 형사정책 제시와 형사정책 실무 운영에서 다른 국 가들보다 가장 앞선 선두 국가임을 확신해 왔다. 미국, 네덜란드 등 많은 유럽 국가들의 강력한 주장에도 불구하고, 보호관찰제도의 창시자로서 영국은 자국 EM의 중요성을 스스로 강조하며 큰 자부심을 드러내 왔다. 소련의 붕괴에 잇 따른 베를린 장벽 해체 선언과 함께 동구권 국가들이 유럽 서구 사회로 편입 되면서, 많은 동구권 국가들 역시 보호관찰 제도를 현대화하는 데 있어 잉글 랜드 웨일스 학자들의 의견을 따르는 경향이 강했다. 실제 많은 동유럽 국가 들은 영국 보호관찰관 실무자들의 의견을 경청했다고 볼 수 있다(다만, 1991년 이후 영국 보호관찰 당국은 종종 시대에 역행하는 보호관찰 조직 관리제도 및 문화적 변화 로 잇따른 시련을 겪은 적도 있다).

잉글랜드 웨일스는 전자감독제도를 새로운 형사정책의 일환으로 사용했 는데, 이는 형사정책 전반의 또 다른 발전을 추구하는 계기가 되었다. 이를 통 해 영국은 다른 주변의 유럽 국가들에게 의미 있는 형사정책 방향을 제시했다 고 볼 수 있다. 하지만 전자감독 장치를 실무에서 실제 보호관찰관이 활용하고 장치를 대상자에게 부착하는 활동은 부분적으로 제도가 운영되던 당시 영국 정부의 의식을 반영할 수밖에 없게 되었다. 다시 말해 당시 잉글랜드 웨일스 정치 운영자가 선호했던 방식을 전자감독제도가 따르게 되었고, 이것이 때로는 여타 주변 유럽 국가들이 공유하고 싶지 않은 방식을 담고 있어 주변 국가 당국자들이 꺼려하는 기색을 드러냈던 것도 사실이다.

이번 장에서는 잉글랜드 웨일스에서 전자감독이 어떻게 도입되었는지 검토해 볼 것이다. 무엇보다도 영국에서 발표된 전자감독에 관한 연구와 관련 정책들에 대해 살펴보고, 잉글랜드 웨일스의 제도와는 약간 다른 전자감독 운영 방식을 택했던 스코틀랜드 지역의 전자감독에 관해서 함께 논의해 볼 것이다.

▌지역사회 기반 형벌과 EM 정책 이전
('Punishment in the community' and policy transfer)

잉글랜드 웨일스에서 전자감독을 도입하는 데 있어 가장 큰 영향을 미친 나라는 미국이었다. 미국의 전자감독제도는 잉글랜드 웨일스 지역의 전자감독을 발전시키는 데 매우 중요한 요인으로 작동했다. 그러나 미국의 전자감독이 영국의 제도를 발전시키기 위한 필요충분조건은 아니었다. 즉, 영국의 전자감독제도 내에는 미국의 제도를 본뜬 것 이외의 추가적인 요소들이 많이 존재한다고 볼 수 있다.

물론, 특정 국가에서 새로운 혁신적인 형사정책 계획이 도입되었다고 해서 무조건 주변 국가들도 이를 도입하게 되는 것은 아니다. 그러나 미국과 캐나다 네 개 州에서 전자감독 장치를 활용한 보호관찰이 시작되면서 영국에서도 전자감독이 긍정적 효과가 있다는 의견이 대두되었고, 이로 인해 유럽에서도 해당 전자감독제도의 필요성 및 도입에 대한 논의가 활발히 일어나게 되었다(Mair & Nee, 1990).

당시 잉글랜드 웨일스의 정책 안건에는 전자감독제도가 크게 두 가지 차원에서 다루어졌다. 첫 번째로는 톰 스테이시(Tom Stacy)라는 저널리스트가 제시한 방법으로써 하나의 과밀구금 대안으로 전자감독을 활용하는 것이었다.

즉, 교도소나 구치소 시설 내 수용 구금을 대신할 방안으로 형사정책 시스템이 독자적으로 활용할 수 있는 새로운 원격 감시 시스템을 고안해 보자는 것이었다(당시 제안된 원격 감시는 가택구금 보다는 범죄자 추적용 전자감독이었다). 이러한 분위기로 인해 1981년 영국의 범죄자 전자감독 협회(Offenders Tag Association)가 설립되기도 했다. 이 협회 설립을 통해 영국의 전자감독제도는 공식적으로 하나의 형사정책 도구로 자리잡게 되었고, 협회가 전자감독제도 도입의 직접적인 촉매제 역할을 하였다.

영국 보수당 인사들과 친분이 있었던 톰 스테이시 기자는 내무장관 윌리엄 화이틀로(William Whitelaw, 1979–1983)와 후임자인 레온 브리튼(Leon Britton, 1983–1985)에게 전자감독제도를 적극적으로 홍보했고, 정책 결정자들이 전자감독제도에 관심을 가질 수 있는 사회 분위기를 조성했다. 즉, 당시 미국에서 전자감독의 발전이 생각만큼 빠르게 이루어지지는 못했지만, 영국에서는 기자 스테이시의 노력 덕분에 생각보다 전자감독이 더 빨리 영국 정부에 강하게 어필하게 되었고, 이로 인해 영국 정책 결정자들이 새로운 전자감독제도에 큰 관심을 갖게 되었다.

두 번째 논의는 당시 미국에서 전자감독 관련 장치를 제작, 판매했던 민간 경비 업체들이 새로운 판로 시장으로 영국을 꼽았다는 점이다. 전자감독 장치 개발 기업들의 출현으로 영국에서 전자감독제도 도입 논의가 급물살을 타기 시작했다. 미국에서 개최된 범죄학 관련 컨퍼런스에 참석한 영국 전자감독 시범 실시 담당 「내무성 연구 및 계획부(The Home Office Research and Planning Unit: RPU)」 공무원들은 공개 석상에서 미국 업체 제품에 관해 많은 이야기를 했고, 미국 전자감독 업체 고위 간부들은 자신들이 개발한 전자감독 장비를 영국에 수출하기 위해 영국 내무성 관계자들을 만나 생산 제품을 적극적으로 홍보했다.

영국 내무성의 지대한 관심 덕분에 「내무성 연구 및 계획부(The Home Office Research and Planning Unit: RPU)」는 북미 국가들과 함께 전자감독 사업을 공동으로 추진하기 위해 긴밀히 접촉하게 되었다. 또한, 이와 관련하여 영국 정책 입안자들을 위한 전자감독 관련 논문 및 보고서들이 다수 발표되었다.

당시 영국 내무성 각료들은 1987년 캐나다 온타리오 州 남동부에 있는 도시 런던(London)에서 열린 전자감독제도 회의에 참석했다. 캐나다 전자감독 컨퍼런스 이후, 영국 하원 내무성 위원회 보고서에서는 영국 내무성이 미국에 도입된 전자감독제도를 이용해 범죄자를 새롭게 관리, 감독할 필요가 있다는 의견이 제시되었다. 그리고 해당 보고서에서 영국 내 잉글랜드 웨일스에서 전자감독제도 활용 가능성 여부를 실증적으로 검증할 필요가 있음을 권고하였다(영국 하원 House of Commons, 1987). 이로 인해 영국 정부는 내무성 장관이 미국을 직접 방문하여 실제 미국에서 전자감독 장치가 어떻게 운영되고 있는지 참관하기도 했다(단, 당시 영국이 관찰했던 미국의 발찌 장치(tagging)는 오늘날 활용되는 장치와 다르다고 하겠다). 영국에서 일어난 이러한 일련의 조치들로 인해 전자감독에 대한 온 국민의 관심은 극으로 고조되었다.

당시 영국 보수당은 교도소 과밀수용 문제로 인해 국민들로부터 엄청난 압박을 받고 있는 상황이었다. 과거 영국 정부는 무려 10–15년 동안 교도소 시설 수용을 대체할 방안을 마련하기 위해 엄청난 노력을 기울였지만, 항상 역부족 상태에 놓여 있었다. 이는 결국 보호관찰을 기반으로 한 다양한 전통적 보안처분(사회봉사명령, 일반 보호관찰 지도 감독, 보호관찰 준수사항 부가)이 범죄자들을 구금에서 벗어나게 하는 데에 있어 충분히 효과적이지 못했다는 비관적인 증거로 작동했다.

이런 분위기 속에서 당시 영국 정부는 보호관찰 담당 부서에서 초기에 강조했던 사회복지 차원의 가치가 범죄자들에게는 제대로 작동하지 않으며, 오히려 보호관찰대상자들에게 너무 가벼운 형량으로 보호관찰이 인식될 우려가 있다는 비난이 거세지고 있음을 감지했다. 영국 정부 당국자들이 범죄자들에게 사회복지 위주의 관점이 아닌, 강력한 형벌 중심적 지도, 감독 전략을 제시해야 한다는 입장으로 돌아서게 된 것이다. 더 나아가 교도소에 구금된 재소자들의 인원수를 줄이면서 동시에 범죄자에 대한 형량을 강화하는 강력한 '지역사회 중심의 처벌' 전략이 필요하다는 의견이 조성되었다. 이로 인해 전자감독제도가 필요하다는 영국 정부의 주장이 큰 힘을 얻게 되었다.

영국 정부의 절대적인 미래지향적 가치 및 정치 이념은 공공 서비스 부문에서의 비용 절감이었다. 이를 위한 최선의 방안은 공공 부문의 일자리나 절차를 민영화하는 것이었다. 물론 많은 공공분야 종사자들은 사법제도의 민영화를 우려했지만, 영국 정부는 과감하게 경찰 업무 일부분의 민영화와 일부 교도소 업무의 민영화를 전격적으로 진행하였다.

영국의 전자감독은 '지역사회 기반 형벌'이라고 알려진 체제에 민영화를 더하는 방안으로 이루어졌다고 볼 수 있다(단, 일각에서는 민영화보다는 보호관찰대상자에 대한 엄격한 지도, 관리가 영국의 전자감독제도 도입 필요성이라는 상이한 의견을 제시하기도 했다). 앞서 언급한 영국 내무성 위원회의 보고서에서는 경찰 업무 일부분과 교도소 운영 일부에 대한 민영화를 장려할 필요가 있다는 의견이 포함되었다. 이러한 변화로 인해 실제 영국 국내외 보안, 건설, 전기통신 민간 회사들에게 새로운 시장이 열리게 되었고, 해당 관련 사업이 하나의 큰 비지스로 영역으로 영국 내에서 각광을 받게 되었다(Nathan, 2003).

많은 사람들이 정확히 기억은 못하겠지만, 잉글랜드 웨일스에서는 위에서 언급한 공식적인 전자감독제도가 도입되기 훨씬 이전부터 비-전자감독 방식의 외출제한명령(형사정책법 Criminal Justice Act 1982)이 운영되고 있었다. 심지어 비-전자감독 방식의 범죄자 '추적' 지도, 감독 방법도 전자감독 도입 훨씬 이전부터 이미 사용되고 있었다(물론 영국에서 범죄자 '추적'에 대해 반대의견을 내는 사람들도 있고, 이로 인해 많은 논란이 일기도 했다). 이러한 방법들은 몇몇 소수 보호관찰 업무에서만 활용되던 것이었는데, 주로 집중보호관찰 지도, 감독 전략의 한 방법으로 전자감독 장치가 활용되던 것으로 볼 수 있다.

영국에서는 보호관찰관 대다수가 성인을 대상으로 한 집중보호관찰에 반대 입장을 표했다. 그러나 실무자들은 청소년 보호관찰대상자에게 소년사법 서비스의 하나로 해당 제도를 적용하는 것에는 적극 찬성하는 입장을 취했다. 많은 사람들이 예상하듯, 실무 소년 보호관찰 접근법의 한계점은 보호관찰관이 청소년 대상자 개개인을 직접 야간에 관리, 감독하는 것이 현실적으로 어렵다는 것이다. 보호관찰관이 퇴근 후에 청소년의 외출금지명령 준수 여부를 효율적으로 감시하는 것 자체가 불가능한 일이라고 하겠다. 따라서 청소년에 대한 보호관찰 업무에 전자감독이 활용되는 것에 적극 찬성하는 분위기가 만들어졌다.

따라서 보호관찰관을 대신해서 원격으로 범죄자를 감시하는 장치가 필요했고, 담당 보호관찰관이 신뢰할 수 있는 기계적 장치가 필요하다는 의견이 대두되었다. 결국 지금까지 살펴본 이런 이유들이 잉글랜드 웨일스의 전자감독 개발의 주요 배경으로 작동했다. 1988년 영국 정부의 공시적인 견해를 알려주는 영국 정부의 의회심의용 정책 제안서를 지칭하는 독자적인 녹서(Green Paper)가 발표되었는데, 이 녹서에서는 범죄자 추적제도 및 외출금지명령이 처벌적인 범죄자 지역사회 지도, 감독 방법으로 묘사되었다(영국 내무성 Home Office, 1988). 더 나아가 전자감독제도 역시 중요한 핵심 보호관찰 지도, 감독 전략으로 제시되었다.

결정적으로 전자감독제도는 영국에서 다음과 같은 업무를 도와주는 유용한 수단으로 자리잡게 되었다. 먼저, 범죄자로 하여금 자신의 주거지 자택에 머물도록 하는 가택구금 처벌을 시행하는데 큰 도움을 주는 제도로 인식되었다. 실제 북미에서도 이러한 목적으로 전자감독이 널리 활용되게 되었다. 다음으로, 영국에서 전자감독제도는 가택구금보다 다소 제한이 덜한 수단으로써 활용되면서 범죄자들의 소재나 행방을 추적하는 데 큰 도움을 주는 제도로 인식되었다. 물론 이런 이유로 무조건 전자감독제도가 범죄자의 재범률을 완벽히 차단했다고 볼 수 없다. 하지만 범죄자의 재범 가능성을 어느 정도 전자감독이 억제했다고 말할 수 있다. 이로 인해 영국 법원이 시설 구금명령을 전자감독제도로 전환하는 편이 더 낫다는 의견을 내놓기도 했다(영국 내무성, 1988: 12). 결국 영국 내무성은 1988년 상반기에 전격적으로 전자감독 부착장치 시범 실시 사업을 시작하게 되었다.

이 계획은 당시 내무성 차관이었던 존 패튼(John Patten)의 아이디어로 시행된 것이었다. 패튼 차관은 전자감독 부착장치를 세간의 이목을 끄는 정책으로 만들기 위한 야심찬 계획을 현실화시켰다(물론, 이 계획은 패튼 차관 본인의 정치가로서의 경력에 큰 도움이 되었던 것이 사실이다). 영국 내무성 주요 관계자들의 냉담함에도 불구하고, 1998년 8월 전자감독제도에 대한 세 번의 시범 실시 프로젝트가 시작되었다. 그리고 이 시험에서 민간 기업인 처브 앤 마르코니(Chubb and Marconi)를 전자감독 장치 개발 기술자로 고용하였다. 당시 가장 큰 민간경비 업체였던 영국 시큐리코(Securicor) 소속 직원들이 운영 인원으로 투입되었다.

영국의 이러한 전자감독 시범 실시는 주로 보석(미결구금의 대체 방안) 대상자들에게 초점을 맞추고 있었다. 이는 영국에서 형사처분에 중점을 둔 경우와 달리 별도의 입법 행위가 필요치 않았기 때문이다. 또한, 보석금 지불 대상자에게 전자감독제도를 시행하는 것이 불필요한 논쟁거리를 만들지 않는다는 큰 장점이 있었기 때문에 더욱 선호되었다.

미국에서 전자감독이 조기 가석방에 대한 준수사항이나 조건으로 적용되면서 제도의 효과성과 관련하여 지루한 의회 토론에 많은 시간을 소모하게 되었던 것과 달리, 영국에서는 더 효율적으로 해당 제도의 효과성을 평가할 수 있는 긍정적인 환경이 만들어지게 되었다. 즉, 보석 대상자인 미결수용자를 대상으로 하는 것이 논쟁 소모를 줄이는 첩경이라고 보았고, 영국에서는 전자감독에 대한 긍정적인 평가 분석 결과를 얻을 수 있는 전제조건이 상대적으로 더 많이 갖추어져 있었다. 더 나아가 이러한 전자감독 시범실시 프로젝트를 통해 영국 정부는 외출제한명령과 함께 활용될 수 있는 전자감독제도의 효과성을 직접 측정할 수 있게 되었다.

전자감독 예비 시험 사업에 대한 최종 평가가 나오기 전에 이미 영국 정부는 전자감독제도를 기반으로 한 새로운 형태의 외출제한명령 제도를 도입할 것이라는 야심찬 계획을 발표했다(내무성, 1990). 따라서 잉글랜드 웨일스에서 전자감독제도는 범죄율 감소와 교도소 과밀화 문제를 해소하기 위한 계획이었다기보다는 어쩌면 정치인들이 국민들로부터 표를 얻기 위한 하나의 정치적 투표 전략으로 이용되었고, 선거에서 이기기 위한 계획된 사전 조치로 활용되었다.

초기 영국의 전자감독제도는 형사정책이 제시하는 신기술로써 많은 각광을 받았고, 국민들에게 큰 기대감을 준 것도 사실이다(당시 영국 대중들에게 전자감독 장치는 충분히 어필했던 것으로 추정된다). 이는 곧 영국에서 보호관찰 제도가 민영화를 시도하는 밑거름으로 작동했다. 동시에 매우 자연스럽게 전자감독제도 옹호자들은 해당 제도를 통해 범죄자들을 지역사회에서 더 엄격하게 다룰 수 있게 될 것으로 기대하였다.

안타깝게도 전자감독제도는 영국에서 범죄학 이론 차원에서 아직까지 제대로 논의되지 못했다. 실질적인 효과성 근거가 부족하다는 점과 신뢰할 수 없는 장치라는 비판적 의견이 있었으나, 이것이 도입 당시 철저히 무시되었던 것이다. 보호관찰관이 전자감독제도를 활용함에 있어 세심한 주의가 필요하다는 주장 역시 큰 주목을 받지 못했다.

영국에서 실제로 범죄학적 측면에서 진행되었던 연구 결과들은 매우 제한적이었고, 연구 방법 및 해석 역시 비현실적이라는 문제점을 안고 있었다. 동시에 전자감독 부착장치에 대한 경제적 효과도 완전히 무시되었다. 또한, 전자감독제도와 관련된 도덕적, 윤리적 주장들 역시 제대로 논의되지 못했고, 해당 논거들은 거의 무시될 수밖에 없는 상황에 놓여 있었다(Mair, 2005: 264).

▎보수당 집권 당시의 전자감독제도, 1988-1997
(EM under the Conservatives)

첫 번째 시험(노팅엄 법원, 북 타인사이드 법원, 그리고 타워 브리지 법원에서 시행되었던 시범 실시를 말한다)은 피의자 보석 및 보석취소(bail/remand decision) 과정에 전자감독을 활용한 것이었다. 여기에서 해당 제도 적용이 매우 어렵다는 것을 확인할 수 있었고, 다양한 형사사법 기관의 참여와 조언이 필요하다는 점이 밝혀졌다. 이로 인해 전자감독 운영 체계화가 얼마나 어려운지도 영국에서 직접 확인하는 계기가 마련되었다.

당시 영국의 전자감독제도는 예비 시범 실시 단계에서부터 현지 지역 보호관찰소의 참여가 매우 미미한 수준에 머물렀다. 최고 보호관찰소장 책임자협회(Association of Chief Officers of Probation: ACOP)나 국가 보호관찰협회(National Association of Probation Officers: NAPO)의 반응 역시 전자감독 시범 실시에 매우 부정적이었다. 전자감독은 범죄자를 통제, 관리하는 방식으로만 운영되고, 억압적이면서 시민권을 침해하는 행위로 간주되었다. 따라서 보호관찰소가 전자감독제도 운영에 관여해서는 안 된다는 의견이 개진되기도 했다(Mair, 2001: 170).

국가 보호관찰협회(National Association of Probation Officers)는 전자감독이 유럽 인권 보호조약을 위반했는지 면밀히 검토했다. 다행히 당시 영국에서 보호조약 위반사항은 보고되지 않았다(Nellis, 1991). 개별적인 시범 실시 실험은 6개월 동안 지속되었고, 전자감독제도는 영국에서 범죄자 개인에게 하루 최대 24시간 동안 실시될 수 있었다.

총 150명의 범죄자들이 전자 부착장치를 부착할 것이라는 내무성의 예상에도 불구하고 실제로는 50명 정도만 전자감독 부착장치를 체험했다. 이 중

29명이 외출금지명령 준수사항 위반 혹은 다른 추가 재범 발생으로 문제를 일으켰다. 다행히 초기의 장비가 지닌 문제점은 실험이 진행되는 동안 어느 정도 해결된 것으로 나타났다.

전반적인 효과성 결과는 단정 지어 말하기 어려웠고, 긍정적 결과도 분명하지 않은 것으로 나타났다. 결과적으로 말할 수 있는 것은 기껏해야 전자감독제도가 현실적으로 제대로 '작동'하는 기계인 것 같다는 의견이 다수를 차지했다. 형벌 절차에 사용될 전자감독 부착장치가 얼마나 성공적인 것인지에 대해서는 그 누구도 답을 줄 수 없는 상황이었다.

전자감독 운영비용을 어떻게 처리할 것인지도 당시 해결되지 않은 어려운 문제로 남았다. 재범률에 영향을 끼치는 추가 변인이 무엇인지에 대해서도 구체적인 논의가 이루어지지 못했다. 영국이 기존에 운영해 왔던 보호관찰 제도가 어떻게 전자감독 운영에 관여했고, 두 제도가 얼마나 깊이 연관되어 긍정적인 시너지 효과를 냈는가에 대해서도 제대로 답하지 못했다(Mair & Nee, 1990년, 1심 재판 이후 상세한 보고서 中).

보호관찰협회(National Association of Probation Officers)는 영국에서 진행된 전자감독 시범 실시 결과를 바탕으로 전자감독 부착장치를 공식적인 보호관찰제도 내에서 제외시키기를 내심 바랐다. 그러나 외출금지명령에 대한 조항은 이미 의회에서 진행 중인 법안에 기재되었고, 이는 곧 「형사정책법 1991(Criminal Justice Act 1991)」에 의해 공식적인 법 제정으로 연결된 상황이었다. 해당 법에서 범죄자 외출금지 시간은 하루 2시간에서 12시간으로, 그 기간은 최대 6개월로 규정되었다.

전자감독 부착장치가 곧 시행될 것이라는 확신이 만들어진 가운데 범죄학자 켄 러셀(Ken Russell)은 초청자 4명만을 대상으로 특별 연례행사를 열었다. 연례행사는 영국 레이스터 폴리텍 대학(Leicester Polytechnic, 후에는 학교명이 드몬포트 대학교(de Monfort University)으로 바뀌었다)에서 열렸다. 이곳에서 톰 스테이시와 다수의 미국 전자감독 전문가들이 영국 정부가 추천한 형사정책 전문가들과 만나게 되었다.

미국과 영국의 전문가들이 서로 안면을 트게 되면서 전자감독제도 도입의 가능성과 고려사항, 위험성에 관해서 열띤 이야기를 나누게 되었다(Russell and Lilly, 1989; Lilly and Himan, 1993). 하지만 실무적 혹은 정책적 차원에서 미국과 영국 전문가들의 만남은 몇 년 동안 아무런 진척을 만들어 내지 못했다. 그러는 사이 1991년 법안에서 잘못 작성되었던 초안이 수정되는 일이 벌어졌는데, 여기에서 영국은 국가적 차원의 전국적인 전자감독 시행을 포기하고, 대신 또 다른 추가 전자감독 시범 실시 작업을 제안하게 되었다.

영국에서 1990년대 중반까지 정치적 상황에 별 변동이 없었다면, 분명 전자감독은 특별한 진전 없이 시들해졌을 것이다. 1993년 2월 리버풀에서 발생한 끔찍한 아동 살인사건으로 인해 범죄에 대한 대중의 우려와 관심이 촉발되기 시작했다. 그해 내무성 장관으로 마이클 하워드(Michael Howard)가 임명되었는데, 하워드 장관은 대중의 요구에 따라 과거보다 더 강력하고 엄격한 처벌 제도 도입 의지를 단호한 어조로 피력했다. 토니 블레어(Tony Blaire)가 이끌던 노동당 야당은 여기에 불을 지피며, 강력한 처벌 필요성을 더 큰 목소리(outbidding)로 주장했다. 각료들의 저항과 재판관들의 반대 의견, 그리고 하워드 장관의 정치적 권력이 끝났다고 본 보호관찰 담당 조직의 반대에도 불구하고 하워드 장관은 전자감독제도 확립에 매진했다. 이로써 범죄자들을 다스리는 강력한 전자감독제도가 영국에서 다시 힘을 얻게 되었고, 이러한 움직임은 기존 보호관찰 조직에 커다란 위협이 되었다(Jones and New burn, 2007).

1994년 「형사정책 및 공공질서법(Criminal Justice and Public Order Act)」은 영국에서 외출제한명령의 단계적인 도입을 허가하는 근거 법령이 되었다. 새로운 시범 실시 장소가 선정되었고, 각각의 지리적 특성을 고려해 맨체스터 市, 레딩 자치구 그리고 노퍽 카운티가 전자감독 시범 실시 세 지역으로 선정되었다. 각각의 시범 실시 활동은 1995년 7월부터 시작해 9개월 동안 운영될 예정이었다. 그러나 법원에 의한 전자감독 시범 활용은 더딘 모습을 보이기 시작했다. 6개월의 전자감독 시범 기간 동안 고작 18명만 법원으로부터 외출제한명령을 부가 받았다. 재판을 책임지는 판사 입장에서는 외출제한명령을 부가하는 것 자체를 꺼려했으며, 보호관찰관 쪽에서도 판결전조사 때 외출제한명령을 제시하는 것이 부담으로 느껴졌다.

이에 따라 전자감독 시범 지역은 그레이터맨체스터와 레딩 법원의 버크셔 州로 확대되기 시작했다. 그럼에도 불구하고 전자감독 외출제한명령을 실시하라는 내무성의 권고는 제대로 작동하지 않았다. 영국에서 전자감독 시범 실시 처음 12달 동안 83명만이 전자감독 외출제한명령을 선고받았다. 전자감독의 사용을 늘리기 위한 방안으로, 전자감독 시범 실시 사업은 1997년 3월 말까지로 연장되었고 맨체스터와 버크셔 법원 역시 외출금지명령을 활용할 수 있다는 공식 허가가 이루어졌다.

전자감독에 대한 낮은 활용도는 영국에서 중대한 문제로 남아 있었다. 하지만 전자감독 종료 비율은 전체 참가자의 82%라는 높은 결과를 보였다. 단, 명령이 내려진 법원마다 그 비율이 상이하여 일부 형사 법원(왕실 크라운 법원)에서는 97%라는 결과가 나타났고, 치안 판사 법원에서는 82%, 그리고 소년 법원에서는 69%의 종료율이라는 상이한 결과를 나타냈다. 전자감독 기반 외출제한명령은 영국에서 주로 지역사회 기반 교정 처분과 병합해서 내려지는 경우가 많았다. 병합 부가처분 내용에 따라 전자감독제도 종료율도 상이했다. 복수 명령(joint orders) 처분의 비율은 77%, 지역사회 형사처분(community penalty)으로 내려진 전자감독명령은 80%, 독립적인 개별 명령(stand along orders)의 전자감독 종료 비율은 86%에 이르는 것으로 나타났다.

약간의 문제는 남아 있었지만, 전자감독 시범 실시가 진행되는 동안 전자감독에 대한 보호관찰관의 태도는 과거보다 훨씬 더 유연한 것처럼 보였다. 이는 전자감독에 대한 보호관찰 담당 부서의 열정 때문이 아니라, 당시 영국이 가진 전자감독에 대한 정치적인 묵인 때문이었다(Nellis, 2003). 물론 일부 보호관찰관에게는 약간의 열정적인 전자감독 시행 의지도 있었을 테지만, 전반적으로 시범 실시 기간 동안 보호관찰관들은 전자감독에 관대한 입장을 보이는 데 그쳤다.

정확히 어떤 범죄자들을 대상으로 부착장치를 시행할 것이냐에 대한 불확실성이 영국 내에 계속 남아 있었다. 짧은 구금형을 전자감독으로 대체하려는 것인가? 아니면 지역사회에서 이루어지는 낮은 수준의 형사처분 방식을 바꾸려는 것인가? 다양한 질문이 제대로 된 답을 찾지 못한 상태였다(Mair & Mortimer, 1996; Mortimer & May, 1997; Mortimer et al., 1999 재판 관련 연구 참조). 영국에서 이뤄진 전자감독 시범 실시 활동은 명확히 성공적인 결과를 내놓지 못했다. 그러나 전자감독을 활성화시키려 했던 정부의 노력은 분명히 외부에 전달되었다. 전자감독 외출제한명령은 1997년부터 영국의 네 개 州(캠브리지셔, 미들섹스, 서픽, 웨스트요크셔)로 확대되었다.

게다가 1997년 제정된 범죄법(양형) 규정에서는 전자감독 외출제한명령이 벌금 체납자, 상습범 그리고 소년범에게 적용될 수 있다는 개정 조항이 추가되었다. 1998년 노리치와 맨체스터에서 이루어졌던 전자감독 시범 실시 활동은 전자감독 외출제한명령을 보석 석방 조건부 명령에 활용할 수 있는 하나의 수단이 되는 계기가 되었다.

전자감독의 사용이 영국 전역으로 확장되고 있는 가운데, 노동당이 1997년 총선에서 승리하면서 당시 보수당이 견지했던 법 집행 방식에 강력한 의문이 생기기 시작했다. 그러나 전자감독을 반대하며 해당 제도를 비난했던 노동당이 정권교체에 성공하자 과거 정부만큼이나 전자감독에 더 큰 관심을 표명하기 시작했다.

이러한 분위기를 감지한 보호관찰소 소장 딕 위트필드(Dick Whitfield)는 최고보호관찰 운영 책임자협회(Association of Chief Officers of Probation: ACOP)에서 전자감독제도 관련 대변인이 되어 부착장치에 관한 보호관찰의 태도를 보다 건설적인 방식으로 변화시킬 필요가 있다는 주장을 했다. 이는 도덕적, 윤리적 이유로 전자감독제도에 거부감을 보이던 보호관찰 실무자들의 태도를 완화시키고 긍정적 분위기를 형성하는 데 크게 기여했다고 볼 수 있다(Whitfield, 1997, 2001).

전국 보호관찰협회(National Association of Probation Officers: NAPO) 역시 현실적으로 전자감독에 대한 반대 의견을 조금씩 철회하기 시작했다. 하지만 당시 영국에서 영리단체인 민간업자에게 전자감독을 맡긴다는 사실에 보호관찰협회가 만장일치로 합의하기란 상당히 힘든 일이었다.

▌ 신노동당 집권 당시의 전자감독제도 1997-2010
(EM under New Labour)

노동당 역시 보수당과 마찬가지로 전자감독제도를 소년범과 보석 대상자를 대상으로 시범 실시하고자 했다. 비행청소년에 대한 전자감독 예비실험을 계속함으로써 전자감독 도입에 가속도가 붙을 것이라고 예상했다(10세부터 18세 해당 청소년 대상). 예전과 마찬가지로 그레이터맨체스터와 노리치에서 전자감독 시범 실시가 이루어졌다. 이는 재판관들이 전자감독 시범 실시를 원하지 않더라도, 어느 정도 시범 실시가 잘 이루어질 것이라는 가정하에서 이루어진 조치였다.

두 지역은 전자감독이라는 제도에 익숙한 지역이었기에 전자감독제도를 시행할 경우, 더 신뢰성 있는 결과를 가져올 것이라는 기대가 있었다. 즉, 그레이터맨체스터와 노퍽을 전자감독 시범 운영 지역으로 선정한 이유는 전자감독을 접목시킨 외출제한명령을 선고함에 있어 다른 지역에서보다 해당 제도에 대한 친숙함과 이해도로 인해 사람들이 상대적으로 더 빠르게 전자감독제도를 운영해 갈 것이라는 기대감 때문이었다(Elliot *et al.*, 2000: 2).

다양한 시험을 기반으로 축적된 전자감독 효과성 결과들, 그리고 진화된 형태의 전자감독 시행 평가 결과들은 신노동당으로 하여금 전자감독 외출제한명령이 큰 위험부담 없이 1999년 1월부터 전국적으로 시행될 수 있을 것이라는 확신을 갖게 만들었다. 물론, 전자감독의 전국적인 시행에 실질적인 자극제가 된 것은 급격히 증가하는 수형자 수 때문이었다. 이와 동시에 전자감독을 기반으로 한 가석방 제도, 즉 가택구금 및 외출제한명령(Home Detention Curfew: HDC)이 시범운영 없이 제도가 확립된 지 6개월 만에 시행되었다는 문제가 있었던 것도 사실이다. 이러한 한계점에도 불구하고, 다양한 전자감독 효과성 연구 결과를 기반으로 영국 정부는 전자감독 전국 시행을 확신하게 되었다.

당시 영국의 일일 평균 재소자 수는 1993년 44,566명에서 1998년 65,298명으로 50%나 증가했다. 그리고 과밀수용 구금 문제를 해결할 방법으로 가택구금 및 외출제한명령(HDC)이 언급되기 시작했다. 영국의 가택구금 및 외출제한명령제도는 대상 적격성이 있는 재소자(3개월 이상 4년 이하의 징역을 선고받은 재소자 중 재범 위험성 평가를 통과한 범죄자 중 전자부착장치를 착용할 것을 동의한 자)가 형이 종료되기 전 약 60일 전에 가석방되어 전자감독 장치를 부착할 수 있도록 규정하고 있다.

예상했던 바와 같이, 가석방에 활용된 이러한 조치들은 전자감독제도 자체의 비약적인 발전을 가져왔다(Dogon *et al*., 2001). 결과적으로 전자감독 시범 운영 때는 백여 명 정도만 전자감독 부착장치 명령을 받았지만, 가택구금 및 외출제한명령제도(Home Detention Curfew: HDC)가 시행된 첫 번째 해에는 무려 약 14,800명 정도가 전자감독을 받게 되었다. 이 통계치는 많은 범죄자들이 전자감독하의 원격 감시를 받았다는 것을 보여준다. 그러나 실제 상황을 들여 다보면, 더 많은 수의 재소자가 전자감독 적격대상자였음을 알 수 있다. 가택 구금 및 외출제한명령제도(HDC)에 적합한 재소자는 총 49,500명에 이르렀다. 당시 영국에서 수형자 중 약 30% 정도만이 실제 교정 현장에서 전자감독을 받는 조건으로 석방되었다. 이 같은 통계 수치는 조기 석방의 권한을 가진 교 도소장들이 매우 보수적으로 전자감독을 활용했고, 과도한 주의를 기울이면서 최소한의 위험도 회피하려고 했음을 짐작케 한다. 안전한 범죄자만을 전자감 독 대상자로 선발하고, 최소한의 위험만 감수하기 위해 단지 재범 가능성이 극도로 낮은 소수의 재소자만 전자감독 대상자로 뽑았다고 볼 수 있다.

가택구금 및 외출제한명령(HDC)을 통해 교도소에서 석방된 재소자들 중 단 5%만이 외출제한명령 준수사항 위반으로 재구금된 것으로 나타났다. 그리 고 이 수치를 통해 전자감독제도가 어느 정도 실질적인 효과성이 있다는 사실 이 입증되었다. 이 5% 중 약 2/3는 생활환경의 변화 때문에 외출제한명령 내 준수사항 조건을 위반하였고, 이들 중 8명은 사회에 심각한 악영향을 끼칠 가 능성이 매우 커 다시 구속된 것으로 나타났다.

외출제한명령을 받아 석방된 재소자, 그들의 가족, 그리고 그들을 감시하 는 보호관찰관 모두 가택구금 및 외출제한명령(HDC)을 긍정적인 제도로 인식 하는 것으로 나타났다. 또한, 가택구금 및 외출제한명령(HDC)으로 약 2,000여 개의 교정시설 건설에 필요한 국가 비용 약 3천 6백만 파운드를 절감할 수 있 게 된 것으로 나타났다. 가택구금 및 외출제한 명령을 받는 재소자들의 수는 어느 정도 안정된 수치를 유지했다. 2000년에는 총 15,500여 명이 외출제한명 령을 받아 교정시설에서 석방되었고, 2001년에는 13,600명으로 줄어들었으나, 영국에서 매년 어느 정도 대상자 수가 높은 수치를 유지했다고 볼 수 있다.

가택구금 및 외출제한명령(HDC)은 성공적이었으나, 교도소 공간 확보 및 과밀수용 해소 문제는 여전히 해결되지 않는 시급한 국가 현안으로 남게 되었다. 이에 2002년 가택구금 및 외출제한명령(HDC) 사용을 획기적으로 늘리기 위한 세 가지 추가 변화 정책이 만들어지게 되었다. 첫 번째로, 가택구금 및 외출제한명령제도(HDC)가 과거 3년간의 성폭력, 폭행 또는 마약 범죄 혐의로 유죄판결을 받지 않고 동시에 3개월에서 12개월 사이의 형을 받은 재소자들에게도 확대 적용되게 되었다. '출소를 하면 안 되는 예외적 상황 혹은 상당한 이유가 있는 경우를 제외하고' 모든 수형자 중 가정환경평가(Home Circumstances Assessment)의 조건을 만족하는 재소자가 있다면 이들에게 전자감독제도를 바탕으로 가석방을 허용할 수 있게 된 것이다(Home Office, 2003: 223).

둘째, 첫 번째 정책 변화 이후 다시 새로운 전자감독 확대 적용이 이루어졌는데, 마약 소지로 유죄판결을 받은 재소자에게도 가택구금 및 외출제한명령(HDC)을 적용할 수 있도록 하는 조치가 만들어졌다.

세 번째로는 최대 외출제한명령 기간이 60일에서 90일로 증가했다는 점을 들 수 있다. 결과적으로 2002년 가택구금 및 외출제한명령(HDC) 이후, 전자감독 조건으로 석방된 수형자의 수는 전체 수형자의 37%인 20,500명으로 대폭 증가했다.

흥미로운 점은 이후 가택구금 및 외출제한명령(HDC)을 받고 석방된 수형자 수는 점차 줄어 2010년에는 12,250명으로 감소했다는 점이다. 그 이유는 범죄자 관리 및 담당 건수 통계자료에 잘 나와 있듯이 교도소 당국 쪽에서 가석방 이후의 재범 위험성을 최대한 회피하려고 하는 보수적 태도를 견지했기 때문이다(Ministry of Justice, 2010).

2000년에서 2006년 사이 단기출소자들을 대상으로 한 종합 통계연구를 보면, 가택구금 및 외출제한명령(HDC)을 받고 풀려난 재소자들은 평균적으로 12개월에서 24개월 사이에 재범을 저지를 확률이 만기 출소자들보다 유의미하게 낮은 것으로 나타났다. 이는 정치적으로도 상당히 고무적인 연구 결과였고, 추가로 가택구금 및 외출제한명령(HDC)이 비용-편익 차원에서 매우 효율적이라는 긍정적 연구 결과도 나타났다(Marie et al., 2010).

2010년 가택구금 및 외출제한명령을 받았던 1,154명의 수형자들이 다시 교도소로 구금되었는데, 이 중 18%는 새로운 범죄 발생으로 인해 재복역한 사람들이었다(NOMS, 2010). 또한, 가택구금 및 외출제한명령(HDC)에 초기 수형자들의 요청이 거부되는 경우가 많아지자, 이는 곧 「교도소와 보호관찰 옴부즈맨(Prisons and Probation Ombudsman 2009)」에 대한 불만으로 이어졌다.

당시 영국에서 소년범과 보석 대상자에게도 전자감독제도 시행을 확장해야 한다는 적극적인 EM 확대 주장은 일어나지 않았다. 그리고 그 필요성에 대한 큰 격정적 논란도 일어나지 않았다. 따라서 소년범과 보석 대상자에 대한 적용은 다시 낮은 전자감독 활용도로 연결되었다. 10세에서 15세 사이 소년범을 대상으로 하는 전자감독 외출제한명령제도(이 연령대에서 적용된 부착 최대기간은 6개월에서 3개월로 축소되기도 했다)에 관한 연구에서 24개월 안에 단 155명만이 전자 부착장치를 받은 것으로 나타났다. 즉, 소년범을 대상으로 한 전자부착장치 활용 비율은 상대적으로 영국에서 매우 낮았다고 볼 수 있다(Elliott et al., 2000).

보석 대상자들에게 17개월 동안 173명에게 198건의 외출제한명령이 부가되었는데, 전자감독을 부가 받은 범죄자의 수는 처음 계획했던 수보다 훨씬 적었다(Airs et al., 2000) 벌금 체납자가 전자감독을 받을 확률은 약 15% 정도에 불과했다(벌금 체납자들 중 73%가 사회봉사명령에 더 적합하다는 판정을 받았고, 12%는 정도는 면허증 취소 처분을 받았다). 그리고 상습범을 대상으로 전자감독제도를 실시할 경우, 네 명 중 한 명에게만 사용이 가능한 것으로 나타났다. 나머지 75%에게는 사회봉사명령이 더 많이 활용되는 것으로 나타났다. 그뿐만 아니라 세 번의 준비 조사에서 연구원들은 전자감독제도와 관련하여 긍정적이고 확실한 결과를 찾을 수 없어 상당한 어려움을 겪었다.

벌금 체납자나 상습범의 경우, 판사들은 전자감독이 능동적인 조치라기보다는 수동적인 범죄자 제재수단이라고 생각하는 경향이 컸다. 범죄자들이 사회봉사명령에 참여하게 되면, 적어도 지역사회에는 긍정적인 영향을 줄 수 있을 것이라고 믿었다. 그러나 전자감독은 그러한 능동적인 행동변화가 일어나기 어려운 제재수단이라는 느낌이 강했다. 전자감독 부착장치를 사용함에 있어 많은 비용이 든다는 점도 전자감독 기피 이유로 다루어졌고, 언제 전자감독제도를 사용해야 가장 좋은 결과를 얻을 수 있는가에 대한 시기 적절성에 대한 오해도 존재했다.

영국에서 전자감독 부착장치는 보호관찰 운영에 별 영향을 미치지 못했다.

매우 미미한 수준에서 보호관찰 제도에 영향을 미치는 것으로 평가되었다. 전자감독제도를 도입했음에도 불구하고 범죄자의 벌금 납부 비율은 별로 증가하지 않았다. 결국 형사사법 망의 확대(net-widening)라는 문제만 양산시키게 되었다. 양형 체제의 확대(up-tariffing)라는 비판도 이어졌다. 범죄자들을 대상으로 한 영국의 전자감독 대상 적격성 평가는 많은 우려를 불러일으켰던 것이다.

특히, 가정폭력과 같이 범죄자의 가족이 전자감독제도로 인해 위험에 빠질 수 있다는 우려가 생겨났다. 적격성 평가에 가족이 의견을 개진함으로써 범죄자가 원치 않던 전자감독 부가 처분을 받게 됨으로써 가족 갈등의 원인이 될 수 있다는 비판이 생겨났다. 추가로 전자감독제도가 보호관찰관들에게 악영향을 미칠 수 있고, 위험 상황을 야기할 수 있다는 점도 제기되었는바, 적격성 평가로 인해 보호관찰관이 두려움과 책임 소재의 문제를 안게 되고, 이로 인해 보호관찰 운영에 문제가 발생할 수 있다는 우려가 만들어졌다(Elliott & Airs, 2000).

판사들이 전자감독 적합 사례를 구체적으로 확인하는 것은 매우 힘든 일이다. 전자감독 부착장치 명령을 받은 소년범들이 가족에게 폭력을 행사하는 불상사가 발생했다는 사실은 다행히 아직 보고된 바가 없다. 교도소 구금에 대한 대안으로 전자감독이 사용되었다는 구체적인 증거는 없으나, 영국에서 지금까지 전자감독 외출제한명령이 추가적인 보안처분으로 유용하게 사용되었다고 하겠다(Elliott et al., 2000).

보석 대상자를 대상으로 한 시범 실시 사업에서 보석 대상자 외출제한명령이 구류를 대체할 방안으로 시행되었다는 일관된 증거도 확인되지 않았다(Airs et al., 2000: vi). 하지만 재판 과정에서 전체 피의자 중 절반이 넘는 사람들이 실제, 당시 영국에서 보석 조건부 외출제한명령을 받았기에 사실은 피의자들에게 시설 구금을 대체할 수단으로 EM이 적용되었다고 볼 수 있다.

2002년 4월에는 전자감독을 조건으로 한 보석제도가 12세에서 16세 사이의 소년범으로 확대되었다. 그해 7월에는 영국에서 17세까지 보석 조건부 전자감독제도가 확대, 적용되었다. 그러나 정부 기관 간의 소통 부재가 큰 문제로 제기되었다. 원래부터 형사사법 제도에 참여하지 않았던 민간 기업이 전자감독제도에 개입하게 되면서 10-15살 소년범들을 처리하는 형사사법의 문제가 더욱더 악화일로로 치닫게 되었다.

2000년 공개된 세 개의 연구 결과에 의하면, 전자감독의 기술적 오류 문제는 거의 없는 것으로 나타났다. 또한, 이로 인해 일각에서는 전자감독을 부정적인 시각으로 봐야 한다는 의견도 거의 없는 것으로 나타났다. 전자감독에 대해 익숙해짐으로써 해당 제도를 어느 정도 허용하는 태도를 가질 필요가 있다는 사람들이 늘기 시작했다. 물론, 전자감독제도에 환호하는 열정적인 태도는 아니었지만, 적어도 제도 자체를 인정하는 수치가 늘기 시작했다는 점은 괄목할 만한 제도의 성장이었다.

이로 인해 EM에 확신을 주는 연구결과는 발표되지 않았음에도 불구하고, 영국의 전자감독제도는 마침내 전국으로 확대되게 되었다. 이는 보수당만큼이나 노동당 역시 전자감독과 관련된 정치적 이념을 중요시 여긴다는 의미로 해석될 수 있다. 전자감독의 전국적 시행이 이루어지고, 정확히 일 년만인 2000년에 「형사정책법과 법원 서비스법(Criminal Justice and Courts Services Act 2000)」을 통해 다양한 전자감독의 적용 방안이 도입되었다.

법이 새로 제정되면서 전자감독제도는 추가 부가처분의 준수사항 위반 여부 확인 장치로 활용되기 시작했다. 범죄자들의 「지역사회 사회복귀명령(Community Rehabilitation Order: CRO)」 혹은 외출제한명령을 포함한 「지역사회 형벌 및 사회복귀명령(Community Punishment and Rehabilitation Order: CPRO)」을 준수하고 있는지를 확인하는 척도로 사용되기 시작한 것이다. 전자감독은 구금과 교육훈련(구류와 사회 감시 감독의 혼합 형태로 소년범들을 대상으로 사용)에도 도입되었다. 이러한 외출제한명령은 죄질이 심각한 소년범들을 대상으로 한 청소년사법위원회의 집중보호관찰 및 감시 프로그램(ISSP)과 17세에서 20세 사이 청소년들을 대상으로 하는 보호관찰 제도인 집중통제 및 사회교화프로그램(ICCP)에 적극 활용되게 되었다.

집중보호관찰 및 감시 프로그램(Intensive Supervision and Surveillance Programme: ISSP)은 옥스퍼드 대학에서 실시한 광범위한 평가의 대상이 되었다. 추가로 이를 통해 전자감독의 집중 감시가 범죄율을 줄이는 데 효과적인지, 실제로 '지원' 및 '감시'가 프로그램의 명성에 적합한 효과성을 보이는지, 그리고 전자감독을 병합 처분으로 통합하여 사용하는 것이 타당한지에 대한 의문이 생기기 시작했다(Moore, 2005).

당시 영국에서 집중보호관찰 및 감시 프로그램(ISSP)을 받고 있던 청년이 극악무도한 살인을 저지르는 사건이 발생했다. 이 프로그램을 운영하고 있던 소년 사범의 사회복지사 그리고 민간 감시 감독관들은 서로 상대방들이 동일한 클라이언트 범죄자를 놓고 서로 어떤 일을 하고 있는지 잘 모르고 있다는 사실을 알게 되었다. 이 사건은 지역 내 로컬 단계의 '시스템 실패' 문제를 전체 국가 수준으로 확대 해석하게 만들었고, 이로 인해 결과적으로 전자감독에 대한 상당한 부정적 여론을 만들어 냈다. 당시 전자감독을 받아야 하는 표적 집단이 늘고 있었을 뿐만 아니라 신기술에 대한 기대 역시 늘고 있는 상황이었다. 2000년에 제정된 「형사정책법과 법원 서비스법(Criminal Justice and Court Service Act)」은 미국이 1997년에 GPS를 도입한 후, 영국에서 GPS 추적 상용화를 예상하고 제정된 법이었다.

영국 세간의 이목을 집중시킨, 면식범 성범죄자에 의해 발생한 8세 여아 살인 사건에 대해서 전격적으로 GPS 위치추적 관련 규정이 만들어지게 계기가 마련되었다. 당시 미디어의 관심은 범죄자 개인에게 집중되어 있었고, 내무성은 전자감독을 활용해서 독창적인 방식으로 이 문제에 대응할 준비가 되어 있었다. 추적 기술은(내무성은 2000년 당시 기술이 만족스럽진 않았지만 발전할 것이라고 믿음) 예전처럼 범죄자의 하룻밤 위치를 확인하는 데 그치는 것이 아니라, 영국에서 범죄자의 움직임을 지속적으로 추적할 수 있는 기술력으로 확대되었다. 후에는 특정 출입금지 구역(전 피해자들의 자택 근처, 자주 범죄가 발생하는 지역 등)까지 지정할 수 있게 되었고, 이를 통해 범죄자들의 행동반경을 원격 감시할 수 있게 되었다.

1999년 12월 전국적으로 시행된 전자감독 외출제한명령을 바탕으로 초기 13달 동안의 평가가 이루어졌다. 이에 의하면 실제 전자감독 집행 비율은 예상보다 낮게 나타났다. 그 이유는 전자감독에 대한 인식 및 형벌에 대한 확신이 부족했기 때문이었다. 또한, 가택구금이 형벌 일부에 포함되지 않기 때문에 역시 실제 전자감독 비율이 낮은 수치를 보이는 것으로 나타났다(Walter, 2002: 4). 지난 5년 동안 전자감독을 사용하는 계획들의 수치를 고려하면, 전자감독 자체에 대한 확신 및 인식 부족은 다소 의외의 결과라고 하겠다.

연구 평가 자료에 의하면, 전자감독이 어떻게 형사사법 시스템 내에서 활용될 수 있는지에 대해 매우 다양한 시각이 있는 것으로 나타났다. 앞서 언급한 바와 같이, 형사사법기관과 전자감독 이행 민간 계약자들 간의 소통 문제에 대해 여러 견해들이 제기되기 시작했다. 흥미롭게도 다수의 판사들은 독자적인 외출제한명령 자체로는 재범 방지에 별 실효성이 없을 것이라고 여겼다. 외출제한명령이 다른 지역사회 형벌 방식과 병합해서 함께 활용될 수 있다면 재범방지에 더 효과적일 것이라는 의견이 나타났다(물론, 그렇다고 완전히 모든 형사 처분을 일관되게 통합하자는 의미는 아니다). 생각보다 빨리 이 가설을 테스트하려는 움직임이 만들어졌고, 실질적인 실험 계기가 생겼다.

「형사정책법과 법원 서비스법」이 제정되면서, 영국에서는 전자감독이 CRO와 CPRO와 함께 사용되게 되었다. 그리고 가석방으로 출소한 범죄자들에게도 전자감독부 외출제한명령을 내릴 수 있게 되었다. 보호관찰 일부 지역에서 시범 실시 시험을 한 결과, 매우 성공적이었다. 단, 시범 실시는 체계적이지 못했고 내부 기관의 소통 문제는 여전히 문제점으로 남았다. 기관 간의 기록 및 소통의 실패로 전자감독에 사용되었던 초기 방법 혹은 새로운 신식 방법을 정확하게 구별하는 것이 불가능한 것으로 나타났다. 이러한 시범 실시의 실패는 전자감독의 실질적 평가 자체도 불가능하게 만들었다.

더욱 문제가 되었던 것은 이러한 실패가 전자감독 위반 절차를 처리하는 절차에서도 심각한 기관 간 갈등 문제를 초래했다는 점이다. 전자감독 준수사항 위반에는 보호관찰이 아닌 경찰, 검찰, 법원 등 다른 형사사법 기관이 관여하게 되었고, 이것은 잠재적으로 큰 기관 간 갈등 문제로 연결될 우려가 있었다. 이런 이유로 당시 약 2년 동안 외출제한명령을 받은 사례는 단 65-75건 정도에 불과한 것으로 나타났다. 이 적은 사례에서만 전자감독을 활용했고 범죄자 지도, 감독 준수사항 내용이 범죄자에게 추가 양형 수단으로 부가되었다. 이러한 수치는 영국 실무에서 전자감독의 활용 사례가 매우 적었다는 것을 보여주는 단적인 예라고 하겠다.

그럼에도 불구하고, 전자감독은 영국에서 정책적으로 보다 깊숙이 자리잡았으며, 이는 광범위한 '기술 통제주의'를 부분적으로 반영한 제재수단이 되는 계기가 되었다. 또한, 신노동당이 집권하면서 보호관찰의 전통과 구조를 완전

히 타파하고자 했던 현대화 정신을 전자감독이 명쾌하게 반영하게 되었다
(McLaughlin *et al.*, 2001). 보수당 시절부터 전자감독 시범실시를 책임졌던 세 개
의 회사 Securicor, Reliance and Premier 그리고 나중에 두 개의 회사 G4S
(Securicor가 다른 보안 회사인 Group4와 합병)와 Serco(예전 제휴사인 Wackenhut 없이
도 최고의 회사로서, 미국의 민영 교도소 공급사이다)와 계약을 함으로써 영국 정부
는 많은 민간 기업이 전자감독 서비스를 제공하는 업무에 참여할 수 있게 했
다(5년마다 재입찰을 하는 조건으로). 2003년에 발표된 미래의 교정 서비스라는 카
터 보고서(the Carter Report)를 보면, 영국 정부가 전자감독 운영에 있어 민간
부분 참여에 지대한 관심을 표했으며, 민간업체에 위탁하는 전자감독 방식을
사전에 세심하게 계획하고 있었던 것으로 볼 수 있다.

보고서에는 국가범죄자관리체제(the National Offender Management Service:
NOMS)의 창립을 권고하고 있고, 증가 추세를 보이고 있는 일일 평균 80,000명
정도의 재소자 수를 규제해야 한다는 내용이 있다. 즉, 교정인구 증가로 인한
교도소 과밀화 문제를 해결하기 위해 영국 정부가 전자감독 사용을 이미 어느
정도 예상하고 있었고, 전자감독제도를 받아들일 것을 적극적으로 권고했음을
알 수 있다(Home Office, 2004).

동시에 영국 형사사법 시스템을 간소화하고 효율화하면서 지역사회의 처
벌 강도를 높이는 전략의 일환으로, 2003년 형사정책법(Criminal Justice Act)이
제정되었는바, 포괄적인 치료명령과 새로운 집행유예 명령이 영국에 도입되었
다. 이를 위해 각각 12개의 관련 조항이 만들어졌는데, 두 개의 처분 내용이
전자감독이 사용될 것이라는 기대로 이어졌다. 치료명령과 관련해서 범죄자의
동의가 필요하긴 했지만, 보호관찰관의 판결전보고서에서는 피부착자의 동의
가 필수적인 요소로 기재되지 않았다. 그리고 2006년 국립회계감시국(NAO로
비용을 계산하는 기관)을 통해 전자감독제도가 형사사법제도의 중요한 한 부분이
될 것이라는 함축적 의미를 지닌 EM 제도 인증 확인 표시가 공개적으로 발표
되었다.

외출제한명령은 1999년도에서 2000년 사이 9,000건에서 2004년에서 2005
년 사이 53,000건으로 폭발적으로 증가해 충분히 주목할 만한 경과를 보였다.
전자감독이 시설 수용보다는 훨씬 가격적인 면에서 효율적이라는 평가를 받았

다(국립회계감시국, 2006: 4). 더 나아가 구금시설에서 전자감독 없이 출소하는 재소자들에 비해 전자감독을 부가받고 출소하는 범죄자가 재범으로 다시 유죄 판결을 받을 확률이 현저히 낮은 것으로 나타났다. 또한, 지역사회에서 벌금을 선고받은 재소자들보다 전자감독 부착 명령을 받은 범죄자들이 재범으로 유죄 판결을 받을 확률이 더 낮은 것으로 나타났다(국립회계감시국, 2006: 3).

그럼에도 불구하고 영국 내무성은 국립회계국(NAO)이 유죄판결을 다시 받을 확률에 대한 정확한 수치나 근거 자료를 갖지 못한 것으로 봤다. 그리고 영국 내무성은 향후 전자감독에 대한 연구가 더 필요하다는 의견을 갖고 있었 다. 그러나 전자감독이 명확한 형벌 강화의 목적이나 범죄율 감소의 목적이 없었음에도 불구하고(단, 공간 확보 및 비용은 절감할 수 있었다) 제도 평가 분석 관련 연구결과가 전자감독의 사용을 정당화하는 데 어느 정도 활용될 수 있다 는 느낌을 갖게 된 것도 사실이다. 결과적으로 영국 내무성에서는 국립회계국 (NAO)에서 지적한 전자감독 관련 문제들을 사후에 정책적으로 쉽게 해결할 수 있는 사소한 것들로 간주하였다.

내무성 장관으로서 강한 개인적 역량을 가지고 있었던 데이비드 블런켓 (재임: 2001-2004)은 2004년 맨체스터와 웨스트미들랜즈, 햄프셔에서 GPS 위 치 추적 시험을(몇 달 앞서서 바바리아에서 실행한 금방 종료된 시험을 제외하고는 유럽 최초였다) 전격 시작하였다(모두 대상은 상습범이었고, 맨체스터와 햄프셔에서는 성범 죄자와 집중보호관찰 및 일반 보호관찰대상자 소년범들을 대상으로 하였다). 2년 이상 GPS 제도를 연구한 결과, 336명의 범죄자들을 전자장치로 지역사회에서 추적 할 수 있었고, 이들 중 대다수는 법원 명령보다 구금시설에서 더 빨리 출소했 던 것으로 나타났다. 이들 중 58%는 법을 어겼지만, 46% 정도는 전자감독하 에서 아무런 위법 행위를 하지 않은 것으로 나타났다.

지역사회 수준에서는 아직 더 연구해야 할 것이 많이 남았지만, 당시 영 국 내 형 집행자들과 경찰들은 전자감독의 가능성에 매우 고무되어 있었다. 그럼에도 불구하고 일부 전자감독 평가 보고서들은 현실 도입 차원에서 아직 은 GPS 기기와 관련하여 많은 기술적 어려움뿐만 아니라 당시로썬 고가의 비 용 문제로 그다지 매력적인 수단이 아니라는 결론을 내렸다(Shute, 2007).

전자감독 예비 시험을 하는 동안 내무성에도 많은 변화가 있었고 수형자 수를 80,000명으로 제한하면서, 필요할 경우에는 일일 수형자 수를 100,000명으로 늘리려고 하던 이전의 노력에 큰 변화가 있었다. 수형자 인원 감축 분위기가 계속되면서, 관련 기관에서는 GPS 추적 기술이 상습범과 성범죄자들을 다루는 데 잠재적 의미가 있다고 믿게 되었다. 그러나 아쉽게도 당시 영국에서는 GPS 추적 기술을 발전시킬만한 추가 요인은 별로 없는 상황이었다.

위치추적 시범 실험을 할 당시, 전자 외출제한명령, 음성인증, 그리고 GPS 추적 장치 사용을 망명 신청을 거부당한 사람들에게도 적용할 것인가에 관한 소규모 논쟁이 일어나기도 했다(영국 망명이 거부당한 신청자들이 전자감독 등과 관련해서 보고 센터에 자발적으로 들린다면, 해당 위치 추적 관련 기술 적용을 예외로 했다). 결과는 공개되지 않았지만, 일부 실험이 영국에서 중단되었다. 2005년 제정된 테러방지법(Prevention of Terrorism Act)에 의거, 유럽 인권위에 의해 영국 법원이 체포하지 못하는 테러 용의자에게 통제 명령을 도입했는데, 이것에 대한 논란이 커졌기 때문이다. 망명 신청을 거부당한 일부 사람들에 대한 위치 추적은 개인의 자유를 억압할 수 있는 구속적인 제약을 포함하고 있었다. 인신을 구속하는 방법의 하나로 24시간 전자감독 가택구금제도를 부가하는 것이었기에 위치 추적 장치를 이들에게 사용하는 것은 중단될 수밖에 없었다.

2007년에는 국가범죄자관리체제(National Offender Management Service: NOMS)의 보석 대상자 숙박시설 지원서비스가 시작되었다. 이 서비스 중 하나는 구치소 출소 후 돌아갈 집이 없거나 전세를 얻을 능력이 없는 사람들을 대상으로 가택구금이나 외출제한명령(HDC)을 시행하는 것이었다. 2008년 제정된 형사정책 및 이민법(Criminal Justice and Immigration Act)에 의거, 차후 보석 대상자에게 전자감독 처분 이전에 구류 등의 시설 수용이 내려지는 경우, 해당 시간만큼의 전자감독 피부착 시간 및 구금 기간을 감해주는 방식이 만들어졌고, 이로 인해 보석 대상자들에게 부과되었던 전자감독제도 내에 큰 변화가 일어났다. 이 때 영국에서 하루 최소 보석 대상자들의 외출금지시간은 9시간 정도로 정해졌다.

전자감독 사용 통합 및 범죄자 관리
(Towards the integration of EM and offender management?)

1999년과 2011년 사이 잉글랜드 웨일스에서는 760,000여 명 이상이 전자감독을 받았다. 전자감독 건수는 2005년과 2006년 각각 60,000여 명에서 2010년과 2011년 116,900명으로 증가했다. 2011년 중 무작위로 어떤 날을 택해도 잉글랜드 웨일스에서 약 23,000여 명이 전자감독을 받고 있었을 것이다. 이 중 34%는 보석 중이었고, 52%는 사회봉사 명령을 받았고, 나머지 14%는 가석방을 받았다(법무부 도표 – 전자감독: 주요 사항 2011).

2005년과 2010년 사이 52%에 이르는 지역사회 교정 관련 판결이 있었고, 이것이 전자감독의 사용의 증가를 잘 반영하고 있다(지역사회 명령 수치는 2005년에는 3,209명에서 2010 17,476명으로 늘었고, 이는 전자감독 필요 대상자가 3%에서 8%로 증가했음을 뜻한다. 그리고 전자감독 대상자로 집행자 유예 판결을 받은 자가 2005년 526명에서 2010년 8,491명으로 증가하였고, 이는 5%에서 9%로 전자감독 대상자가 증가한 것을 의미했다(2010년 법무부: 〈표 4.9〉)).

이를 토대로 보면, 전자감독이 독립적 형벌로 쓰이는지 혹은 다른 조건이 필요했는지는 알 수 없지만, Mair와 Mills(2009)가 주장한 바와 같이 지역사회 내 교정활동 관련 판결이 갈수록 가혹해지고 있으며, 국가범죄자관리체제(NOMS)가 전자감독을 더 광범위하게 사용할 것을 요구하고 있는 상황이다. 전자감독에 대한 공식적인 정부의 입장에도 불구하고, Bonta 등(1999)이 제시하는 대로 아직도 전자감독이 정말로 누구에게 어떠한 이유로 적용되어야 더 효과적으로 작동하는지에 대해서는 정확히 알려진 것이 없다(당연히 독립적인 방식과 통합적인 방법으로 실무에서는 전자감독이 매우 다양하게 적용될 수 있다).

전자감독이 범죄자의 순응과 단념에 얼마나 영향을 주는가를 검토했던 앤티 허클스비(2008, 2009년 판도 참조)의 연구를 보면, 전자감독을 활용한 외출제한명령제도에 긍정적인 측면이 많다고 볼 수 있다. 연구 결과, 범죄자들은 누군가에게 감시받고 있다는 것이 재범 충동 억제에 도움이 되고, 자신을 도와주려고 하는 가족들이 있다는 사실이 나쁜 행동을 멈추게 해 주었다고 말했다. 일부 전자장치 피부착자들은 계속해서 악영향을 미칠만한 주변 사람이나,

친구 또는 술집으로부터 멀어지게 됨으로써 자신들의 나쁜 버릇을 점차 없앨 수도 있다고 털어놨다. 이러한 관점에서 해당 평가 연구는 전자감독의 대한 이해도를 높이는 유익한 기회가 된다.

허클스비는 전자감독의 새로운 잠재성에 관해 언급하기도 했지만, 외출제한명령이 특히 범죄자가 특정 직업을 갖는데, 의도치 않은 방해물이 될 수 있다는 경고를 했다. 단, 허클스비는 전자감독의 가능성이 처음에는 충분히 큰 반향을 일으키지 못했고, 영국에서 제도가 도입되는 것이 지연되는 경향이 있었다고 말했다. 하지만 복잡한 사건을 담당하는 형사사법합동수사부(CJJI)의 전자감독 외출제한명령 정책 입안자들은 전자감독 외출제한명령이 특히 범죄자들의 범죄 유형에 알맞게 창의적으로 쓰일 가능성이 많다고 보았다. 여기에서 전자감독이 범죄자들을 관리 감독하는 데 활용되거나, 지역사회 질서를 위반하는 중간제대 수단으로 활용될 경우, 새로운 형벌 수단으로써 매우 유용하게 쓰일 가능성이 있다고 보았다(CJJI, 2008: 32; emphasis added).

전자감독은 범죄율을 줄일 알맞은 방법이 없을 때 사용할 수 있는 최후의 수단 정도로 여겨졌으며, 이는 은연 중 전자감독의 시행이 문제가 생길 수 있다는 것을 의미하게 되었다. 사실, 전자감독 서비스의 전달에 대해서 문제를 제기(전자감독 서비스를 제공하는 것은 민간 기업이 하는 것)해야 하는 것은 형사사법합동수사부(CJJI)의 소관이 아니었다.

그럼에도 불구하고, 국립회계감시국(NAO) 보고서보다 더 예리하고 정확하게 형사사법합동수사본부는 공공 사법기관과 민간 기관이 서로 분리된 상태에서 전자감독 업무 이행을 유지하려면, 향후 필요한 경우 함께 소통하고 긴밀한 유대관계를 가져야 함을 지적했다. 그것이 얼마나 힘든 일인지 보고서 속에서 단적으로 잘 설명해 주었다. 이러한 사실 때문에 복잡할 필요가 전혀 없는 전자감독 인프라 기반 설계 작업에 외부 민간 기업들이 참여하게 되면서 처음부터 전자감독 운영 현황이 매우 복잡해졌다는 조직 내부의 뼈아픈 고백을 듣게 되었다(Nellis, 2011).

형사사법합동수사부(CJJI)는 외출제한명령을 범죄자를 관리하는 기존 방식에 잘 융합시킬 수 있는 초기의 기회를 잃은 것에 대해 노골적으로 비판했다(CJJI, 2008: 11). 전자감독이 확실히 널리 사용되고 있음에도 불구하고 전자감독 활용은 보호관찰 당국과 분리되어서 따로 노는 조직 외부의 제도가 되었고, 영국에서 보호관찰제도와 나란히 달리는 방식으로 EM은 독자적인 길을 걷는 독특한 전자감독제도가 된 것이다.

법무부는 처음에는 이런 예상치 못한 비난에 계속 시달려야 했는데, 전자감독의 행정운영방향에 대해서 쏟아져 나온 최초의 내부 비판이 매우 심각했다는 것을 기억할 필요가 있다. 하지만 범죄자 관리 기준 매뉴얼에 의하면, 전자감독을 다른 범죄자 관리 방안과 함께 통합하는 절차를 권장하는 과정을 이미 어느 정도는 밟고 있었다. 그러나 실제로 이는 보호관찰관들에게 전자감독을 더 많이 사용하라고 압박 하는 정도에 지나지 않았고, 지역사회의 형벌의 일환으로써 전자감독을 더 사용하거나 또는 전자감독 사용에 따른 두드러지는 지역 간의 차이를 해결하려는 정도로 밖에 들리지 않았다.

노동당이 계속 정권을 장악하고 있었다면 아마도 이러한 현상이 계속되었을 것이다. 전자감독 예산을 국가범죄자관리체제(NOMS) 내에서 지방 자치단체에 맡겨 전자감독의 사용을 더 늘리려는 시도가 있었지만, 2010년의 정권교체는 NOMS의 광역기반을(대체로 비용 관리 면에서) 빠르게 해체시켰고, 범죄자를 관리하는 방법으로 전자감독을 기존 보호관찰에 통합시키려는 움직임이 활력을 잃어가게 되었다(Nellis, 2011).

새로운 연립정부(보수당 다수, 자유민주당이 지지)가 노동당의 국가범죄자관리체제(NOMS)를 둘러싼 조직적인 미사여구들에 대해서 거부 의사를 밝히면서 그 힘이 전혀 다른 방향으로 나아가게 되었다. 연립정부는 복무규정이나 민간기간 (이미 전자감독을 하는 데 참여한 기업인 Serco와 G4S 포함)의 자발적 참여를 유도하여 지역 보호 신탁 위탁기구를 발전시키는 데 전념했다. 비록 연합정부의 형벌 정책이 '범죄자의 사회복귀 혁명'이라고 포장됐지만, 실은 교도소 구금을 줄인다는 것을 암시하고 있었다.

동시에 일일 외출금지 시간을 12시간에서 16시간으로 늘려 형벌을 더 강화시키려는 정책을 취했다(외출금지 시간을 늘리면 범죄자들이 법을 준수하게 하도록 하는 것이 더 어려울 수도 있다는 허클스비의 연구결과가 있었음에도 불구하고 이런 조치를 취했다). 또한, 최대 외출금지 기간을 기존 6개월에서 12개월로 증가시키려 하였다. 이런 면에서 전자감독 처벌을 더욱더 강화했다고 볼 수 있다(이런 점에서 스코틀랜드와 비슷하다)(Clarke, 2010; Ministry of Justice, 2011).

전자감독에 관한 계약은 다섯 번이나 갱신되어서, 처음에는 모든 정부 부서의 합병에 의해 예산이 급격히 삭감되는 바람에 영국 국내에서는 법무부가 전자감독의 미래에 관한 의견을 내놓을 수밖에 없는 상황이었다. 전자감독을 자체적으로 사용하기 위해서는 막대한 비용이 드는데, 제도 운영 당시 구금 필요성이 없고 위험이 없는 범죄자나 벌금형을 받은 자에게 전자감독을 부과하게 되면서 결국 비용 비효율성만큼이나 EM 제도가 미심쩍은 문제점이 많다는 비판을 받게 되었다.

유럽 보호관찰협회 CEP(Confederation of European Probation)에서 영국은 비교범죄학의 맥락에서 유럽 내 이웃 국가들의 전자감독 경험에 많은 영향을 받았다. 그리고 '복잡한 비즈니스'라는 이미지를 가진 전자감독 운영 체계 형식을 공유하면서도, "공공의 안전"이라는 명분과 거리를 둔 채 영국 법무부에 의해 전자감독을 운영해 가려고 갔다. 여기에서 전자감독과 관련된 연구 결과들은 법무부 실무자들에 의해 철저히 무시되었고, 다기관 공공안전기구라는 "MAPPA(Multi-Agency Public Protection Arrangement)" 기구 속에서 다른 유럽연합 국가들과 달리, 영국은 기존 형사사법 시스템과 통합되거나 동화되는 형태의 전자감독제도를 만들어 내지 못했다.

새로운 사고에 활기를 불어넣어 준 것은 두 번의 GPS 추적 전략 개발 시도였는데, 이것은 법무부 외부에서 비롯된 것이었다. 첫 번째는 런던 남부에 있는 정신이상 수형자를 관리하는 국민건강보험 공단 건물(휴원이나 잠시 집으로 떠난 환자를 모니터링하는 곳)에서 실시한 추적 장치 시도였고, 또 하나는 합동 경찰-보호관찰소 협력 Hertfordsire의 '상습 범죄자' 프로젝트에서였다(이 프로젝트에서 범죄자들은 범죄에 단념했다는 것을 보여주고, 범죄 발생 핫스팟 지역에서 평상시에도 떨어져 지낸다는 것을 시각적으로 보여주기 위해 자발적으로 위치추적 프로그램을 받게 되었다). 후자의 경우에는 특히 경찰의 추적이 특정인을 쫓는 행동과 연관되어 있고 해당 행동이 공공의 안전을 만드는 데 지대한 공헌을 한다는 점에서 법무부의 지원과 협력을 더 많이 받았던 것으로 평가할 수 있다(이것은 본래 GPS 추적 예비 실험 작업에서는 크게 고려되지 않았던 전자감독의 장점이다).

전자감독 활용과 관련해서 잉글랜드 웨일스의 평가 보고서는 전자감독 관련 이해관계자들이 전자감독 사용 빈도는 다소 줄이면서(독자적인 명령 감소) 더 효율적으로(통합적으로 사용함으로써) 통합해서 전자감독을 사용할 수 있는 방안에 대해 고민하고 있다고 보았다. 그러나 결국 아쉽게도 담당자들이 아무런 결론을 내놓지는 못했다고 평가했다. 전자감독제도가 등장하기 전에도 그랬듯이, 이념적 사고가 실증적인 전자감독 분석 조사나 결과를 대신하게 될 우려가 존재했다. GPS 추적과 음성인식 기술을 더 혁신적으로 사용하여야 한다는 점이 강조되면서, 민간 기업이 형사사법제도 및 공공부문에 참여하는 일이 늘어났다. 이로 인해 전자감독과 관련된 계약 조건의 액수가 총 10조 파운드에 이르면서 그 크기가 줄어들기보다는 더 커지고 있는 상황이라고 하겠다(Guardian, 29 September 20110).

영국에서 전자감독 분야 내 G4S와 Serco, 두 개의 업체가 전자감독 공급시장을 완전히 독점하고 있다는 점은 의문의 여지가 없는 일이다(이 두 업체 이외에도 30여 개의 기업들이 전자감독 서비스를 공급하는 데 관심이 있는 상황이다). 하지만 전반적인 정부 긴축정책을 실행하고 있는 현 시점에서 정부가 두 업체에게 상당한 규모의 민간 부문 감시 기술 투자액을 주는 것은 다른 공공기관의 범죄자 지도, 관리 기술 투자에 악영향을 끼칠 우려가 있다.

▌ 스코틀랜드의 전자감독, 1998-2011(EM in Scotland)

스코틀랜드는 잉글랜드 웨일스와 분리된 독자적인 형사사법제도를 가지고 있다. 그러나 스코틀랜드에서는 전자감독의 개발이 다른 지역보다는 조금 늦긴 했지만, 여전히 일반 보호관찰 업무와 전자감독이 서로 만나지 않는 각자의 길을 걷는 전자감독제도를 운영하고 있다.

어떤 면에서는 스코틀랜드 형 전자감독 모델은 잉글랜드 웨일스 형과는 사뭇 다른 방식으로 발전해 왔다고 볼 수 있다. 처음에는 노동당이 집권하면서 전자감독이 스코틀랜드에 전격 도입되었지만, 이후에는 스코틀랜드 독립 정부가 전자감독 운영 "단독 계약대상자"로 스코틀랜드 국내 전자감독 공급기업 Reliance와 계약 체결하는 방식으로 전자감독을 독자적으로 운영했다. 이후 단독 계약대상자로 Serco를 선택했다.

스코틀랜드는 전자감독을 16세 이상 성인 범죄자에게만 사용하려는 운영 계획을 가지고 있었다. 그와 관련된 재판은 1998년에서 2000년 사이 처음 해밀턴, 애버딘, 피터헤드에서 진행되었고, 그 다음에는 Lobely와 Smith(2000; Smith, 2001 참조)에 의해 해당 결과가 객관적으로 평가받았다. Lobely와 Smith는 전자감독의 도입에 대해서 강력한 논거를 만드는 대신, 더 나은 사회 형벌의 일종으로써 전자감독을 옹호했고, 추가로 구금시설 사용을 줄이는 수단으로써 전자감독의 사용을 권장했다.

스코틀랜드 입법부는 이해당사자인 재판관, 지방 당국, 그리고 자발적인 조직들과 함께 많은 노력을 기울인 끝에 전자감독 사용에 관한 공공 협의를 이끌어냈고, 결과적으로 그 노력은 성공으로 마무리되었다. 2002년 전자감독을 자유제한명령(Restriction Liberty Order, 전자감독 외출제한명령과 동등한 것)의 일환으로 간주하는 법률이 제정되었다. 뿐만 아니라 전자감독을 보호관찰, 약물치료 그리고 실험 명령의 대상으로 사용하였다. 잉글랜드 웨일스와 달리 스코틀랜드 법원은 '지엽적 제한(외출제한명령과 똑같은 것)'과 '특정지역 출입제한(출입금지 구역 출입 금지와 비슷한 맥락)' 모두를 허용하였다. '특정지역 출입제한' 명령은 흔히 사용되지는 않았지만, 스코틀랜드 법원은 추적 장치에 반응하는 기기를 주변 곳곳에 달아서 이를 가능토록 했다.

2003년 통과된 제정법에서는 자유제한명령(Restriction Liberty Order)이 구금의 직접적인 대안으로 활용될 여지가 있다고 보았다. 이에 가석방 조건으로 전자감독이 전격 도입되었다. 8세에서 16세 사이 소년범들을 대상으로 했던 전자감독은 잉글랜드에서는 전혀 다른 정치적 견해를 갖고 운영되었던 것이다. 스코틀랜드에서는 전자감독이 소년범들을 상대로 매우 독립적인 형벌의 하나이자, 단독 형벌로 존재하는 자유제한명령으로 간주되었다. 2004년 집중감시 감독(Intensive Supervision Monitoring: ISM) 프로그램의 일부로써 두 방식(독자적인 자유제한명령과 집중감시 감독) 모두 다양하게 도입될 수 있다는 입장이 힘을 얻었다. 집중감시 감독(ISM) 프로그램은 결과적으로 '반사회적 행동 계획'의 일부로 스코틀랜드 여당인 스코틀랜드 노동당이 타블로이드 미디어, 경찰 그리고 시민들에게 인기를 얻길 희망하면서 제안한 아이디어였다. 원래 이 생각은 잉글랜드로부터 도입된 것이었는데, 이 계획을 스코틀랜드 정부가 전격 활용한 것이었다.

잉글랜드에서는 소년범을 대상으로 한 독립된 전자감독 외출제한명령과 집중보호관찰 및 감시 프로그램(ISSP)의 도입이 두서없이 진행된 편이었다. 둘 다 '반사회성 교정 의제(antisocial behaviour agenda)' 목적과 실질적으로 별 연관이 없었다. 또한, 진보진영의 반발에도 해당 목적을 실현하는 데 별 영향을 받지 않았다. 소년범들을 대상으로 하는 전자감독은 어쨌든 잉글랜드보다 스코틀랜드에서 1960년대부터 더 큰 각광을 받아 왔고, 현저하게 그 활용 필요성이 유지되어 왔다.

그러나 비행청소년에 대한 복지 지향적인 접근 방식을 추구하는 지지자들은 소년범들에게 전자감독을 도입하는 것에 반대하는 입장을 갖고 있다. 스코틀랜드가 1960년대 이후 소년범 발생 비율을 비교적 안정적으로 유지했다는 점에서 소년범 전자감독 도입을 적극 활용했다는 것은 놀라운 일이기도 하다. 잉글랜드에서 좋은 평가를 받지 못했던 '반사회적 행동 아젠다(antisocial behaviour agenda)'는 통제적이고 처벌적인 측면이 많아 비난을 받았는데, 스코틀랜드에서는 전자감독이 중요한 소년범 통제, 처우 전략으로 활용된 것이다 (McAra, 2006).

스코틀랜드 정부는 '이동 제한 조건(전자감독 서비스 제공이 이렇게 불렸다)'을 집중감시 감독(ISM)의 일부로 포함시킬 생각이었다. 그러나 전자감독 사전 예비실험에서 소년 패널(법원보다는 청소년 복지 위원회)은 집중 지원 프로그램의 다른 요소들은 모두 다 수용할 수 있지만, 소년범에게 '이동 제한 조건'을 부과하는 것은 절대 양보할 수 없다는 입장을 보였다. 스코틀랜드 정부는 위원회가 정부 의견에 순순히 따르지 않으면 만약의 사태에 집중감시 감독(ISM)에 대한 재정적 지원을 완전히 철회하겠다는 협박도 불사했다. 그러나 실제로 그런 협박까지는 하지 않았던 것으로 보인다. 집중감시 감독(ISM) 연구조사 결과, 전자감독에 의해 이동이 제한된 젊은 범죄자들이 그렇지 않은 범죄자들보다 더 재범률이 낮았다는 긍정적 결과를 찾지 못했기 때문이다. 뿐만 아니라 소년범에 대한 이러한 강경한 접근법은 국가적으로 실행되었던 전자감독 외출제한명령의 일부가 되었을 때 별 긍정적 결과를 보여주지 못했다(khan and Hill, 2008).

Deuchars(2012)가 이후 발표한 글래스고 소년범 전자감독 평가 연구를 보면, 인류학적 차원과 민족지적인 질적 연구 결과를 토대로 전자감독의 대상이 된 청소년 범죄자와 이들의 가족이 Khan과 Hill이 기술한 대로 전자감독을 경험하면서 상당한 억울함과 분노를 느꼈던 것으로 나타났다.

스코틀랜드는 2006년 7월 증가하는 성인 수형자의 수를 줄이고, 조기 가석방 과정을 안정적으로 유지하기 위해 범죄자의 집에서 가택구금을 집행하고 및 외출금지명령을 실행하는 제도(HDC)를 도입하였다. 어쩌면 스코틀랜드 정부가 도입한 제도는 잉글랜드 웨일스의 사례와 비교했을 때 가택구금 및 외출제한명령 도입이라는 차원에서는 그 실행 근거가 비슷하다고 볼 수 있다.

그러나 잉글랜드 웨일스와 마찬가지로 나날이 전자감독(EM)을 받는 범죄자들의 수는 증가하였으나, 잉글랜드 웨일스와 달리 가택구금 및 외출제한명령(Home Detention Curfew: HDC)을 받는 범죄자의 수가 줄어들지 않았다. 법원에서 전자감독명령을 받은 자의 수보다 가택구금 및 외출제한명령을 받은 수치가 더 높게 나타났다. 가택구금 및 외출제한명령 수치가 법원이 명령한 전자감독 수치보다 계속해서 더 높게 나타난 경향은 잉글랜드 웨일스와 스코틀랜드가 가진 큰 전자감독의 차이점과 연관되어 있다. 두 지역의 눈에 띄는 차이는 전자감독 취소율이다. 전자감독 취소율의 차이를 구체적으로 보면, 잉글랜드 웨일스에서는 최소비율이 2010년 약 11% 정도였지만, 스코틀랜드에서는 무려 25%나 되었다. 이러한 배경에는 아마도 스코틀랜드 각각의 구금시설들이 단독으로 범죄자들을 다시 소환할 수 있는 권한을 가지고 있었지만, 잉글랜드 웨일스는 전자감독 취소 권한이 중앙 관리소와 연계되어 있었기 때문이라고 하겠다.

구금 중인 수형자의 수가 늘자, 스코틀랜드는 보석을 강화하는 방안으로 전자감독을 적극 활용하기 시작했다. 하지만 2005년과 2006년 글래스고, 스터링, 그리고 킬마녹스 州 법원과 글래스고 고등법원 네 지역에서 전자감독 시범 시험을 한 후 전자감독이 비용 측면에서 그다지 효과적이지 않다는 결론을 내리게 되었다. 스코틀랜드가 국가적으로 전자감독을 사용하지 않기로 결정한 것이었다. 전자감독을 적용한 사건 수는 16개월 동안 6,914개의 사례 중 약 4.4% 정도밖에 되지 않는 것으로 나타났다. 그리고 이 중 306개의 보석 대상 전자감독 지원 신청서 중 약 38%만이 승인 허락을 받았으며 대부분 특정 장소 제한이나 미성년자 통행금지 구역 접근금지 등을 전자감독 이행 준수조건으로 부가받았다.

　보석 피의자에게 실형이 선고되더라도 전자감독 부과 기간을 감형해 주는 처분이 마련되지 않았기에 보석 조건부 전자감독에 대한 교정비용은 결코 저렴한 것이 아니었다(Barry et al., 2007). 스코틀랜드 정부는 전자감독을 전국적으로 실시하는 데 반대 결정을 하였지만, 비용−편익 차원에서 잉글랜드 웨일스는 2008년 전자감독 보석 구금형에서 실형을 감해 주는 방식으로 비용 과다 문제를 해결했다.

　스코틀랜드가 전자감독 사용에 있어서 잉글랜드 웨일스로부터 의미심장한 결별을 하며 스코틀랜드만의 독특한 방식을 선언한 것은 비교적 최근의 일이다. 스코틀랜드가 포괄적인 사회질서 제재수단이나 지역사회보상명령(Community Payback Order: CPO)을 수형자들의 수를 줄일 전략으로 2011년 2월 도입했을 때(3개월 미만의 구금형을 내리는 것을 끝냄으로써) 전자감독은 잉글랜드 웨일스와 달리 필수 조건이 아니었다. 독립적인 자유제한명령(RLO)이 여전히 스코틀랜드에 남아 있었는데, 이 경우 지역사회보상명령(CPO)을 결정하는 지방정부 기관으로부터 해당 제도가 분리되면서 사회복지 업무와 전자감독은 결코 상호 보완적이지 않다는 일반적인 견해가 큰 힘을 얻게 되었다.

　그러나 더 흥미로운 것은 전자감독 통행금지(이동제한)가 지역사회 보상명령(CPO)의 필수요건을 위반한 것에 대한 중간제재로 쓰이거나 구금형을 내리는 것을 미연에 방지하는 조치로 사용되게 되었다는 점이다. 스코틀랜드에서 전자감독 장치는 수많은 지역사회 교정명령 중의 한 요소가 아니었으나, 잉글랜드 웨일스 지역에서는 전자감독이 지역사회 명령의 한 요소로 간주되었다. 이러한 차이점을 비교하면, 스코틀랜드는 사회복지 업무와 전자감독이 같이할 수 없다는 것을 더욱 명백히 보여주는 사례를 만들어 냈다고 하겠다.

　또한, 스코틀랜드에서는 전자감독과 관련된 제도를 활용하는 데 뚜렷한 지역적 차이가 두드러졌다. 자유제한 명령(RLO)의 사용을 고려해 볼 때, 재판관들이 해당 명령의 위반 조치에 형평성 있는 양형 조치를 쓰고 있는지가 특히 중요하게 다루어져야 했다. 만약 지역마다 판사들의 성향이 다르다면, 분명 스코틀랜드에서 전자감독과 관련된 양형의 공정성 문제가 큰 이슈로 제기되었을 것이다. 이러한 우려들을 현재 스코틀랜드에서 어떻게 해결해 가고 있는지 더 지켜봐야 할 상황이다.

▌ 결론(Conclusion)

비록 영국 정부가 구금의 대안으로써 전자감독을 사용하기 쉽지 않을 것이라는 주장을 했지만(하지만 이 역시도 쉽게 의구심을 불러일으키기는 한다), 잉글랜드 웨일스의 전자감독제도는 독립된 형태의 전자감독 외출금지명령을 가장 혁신적인 형태로 만들었고, 대규모로 EM을 진행해 가며 비교적 별 문제 없이 제도를 발전시켜 왔다. 순식간에 영국은 유럽에서 가장 규모가 큰 전자감독제도를 운영하는 나라가 되었다.

전자감독이 도입된 절차를 자세히 살펴보면, 과거 영국의 전자감독은 기존의 전통적인 보호관찰과 제대로 통합하거나 기존 지역사회 명령과 잘 융합하지 못했다고 평가할 수 있다. 전자감독이 갖고 있는 독자적인 성격으로 인해 민간 경비 영역과 함께 하면서 보호관찰 업무와는 따로 노는 별개의 업무가 되었다. 이러한 분석은 전자감독이 처벌적이고 통제적인 분위기를 연출하지 않았다면 기존 보호관찰 당국 업무를 대체하는 업무로 여겨져 보호관찰 실무자들을 매우 위협하는 수단으로 평가될 뻔했다는 영국의 실제 상황을 고려한 것이다. 다시 말해, 전자감독이 사회복지 성격이 강한 기존 보호관찰과 전혀 다른 길을 가게 되면서, 보호관찰 실무자에게 별로 위협적이지 않은 민간기업 관여 업무로 치부되게 되었고 그로 인해 보호관찰과 평행선을 달리는 따로 달리는 교정 노선이 되었다고 하겠다.

만약 집중보호관찰 및 감시 프로그램(ISSP)과 다기관 공공보호협정(MAPPA) 차원에서 통합적인 전자감독의 사용이 가능하다고 보고, 영국이 완화된 형태의 양형을 활용하기 위해 전자감독을 도입하면서 고위험 범죄자에게 통제적인 요소를 동원해 기존 범죄자 사회복귀와 사회통합에 잘 맞을 것이라는 주장을 한다면, 그것은 말로 형용할 수 없는 최악의 모순된 표현을 하는 것이라고 볼 수 있다.

전자감독에 대한 연구의 양이나 질을 떠나서, 영국에서는 정부가 범죄자에 대한 강제적 구속 및 구금을 줄이려는 노력을 하고 있다. 어쩌면 그렇기 때문에 전자감독을 원래 의도대로 올바르게 사용하지 못했던 측면이 있는지도 모른다. 그리고 한때 정부가 전자감독을 제대로 사용하려고 마음을 먹은 시기가 잠깐 있었는데, 이때에도 역시 구금 인원을 줄이려는 기존의 습성으로 인해 전자감독제도 이행이 올바른 방향으로 나아가지 못했다.

비교범죄학에 대한 폭넓은 지식과 함께 꼼꼼하게 다양한 연구 결과를 진행했던 영국의 보호관찰소 소장 리차드 위드필드는 전자감독의 일반적이면서도 건설적인 사용을 주장하며 진지한 토론의 장을 만들었다. 그러나 스웨덴과 달리, 잉글랜드 웨일스에서의 전자감독 공급 기반 시설에서의 문제점이 드러나면서 영국에서는 계속되는 보호관찰소 위상 약화 문제가 제기되었다. 이에 실무자 입장에서 전자감독 사용을 원래 제도 도입 의도 그대로 제 능력을 살려 현장에서 보호관찰 지도, 감독과 함께 활용하지 못하게 되었다.

위드필드 소장은 유럽 보호관찰협회 CEP(Confederation of European Probation)로 하여금 계속해서 전자감독 학회에 많은 지원을 줄 것을 요청하기도 했다. 다른 유럽 국가에서는 전자감독 사용이 영국보다 더 순조롭게 이루어졌는바, 이것은 분명 역설적인 일이다, 그래서 유럽 보호관찰협회를 통해서 이루어진 역설적 상황이 영국에게는 전자감독과 관련된 불확실한 결과에 대하여 조금이라도 더 진지한 고찰을 할 수 있는 좋은 기회가 되었다고 봐야 할 것이다.

새로운 연립정부는 기술만능주의 및 기술 관리 정책 신봉자들의 전자감독 집착 성향으로부터 거리를 두고자 했다. 기술 관리 정책은 주로 신 노동당 정부가 주장했던 사조로 새 연립정부는 과거 신 노동당과 차별을 둘 필요가 있었다. 그러나 연립정부 역시 공공사업을 현대화시키고, 범죄자 관리 사업을 자발적인 이윤추구 기관에게 도급하는 데 큰 주안점을 두었다. 연립정부의 자랑할 만한 '범죄자 사회복귀 혁명'의 기여는 결과적으로 그렇게 성공적으로 보이지는 않았다. 또한, 연립정부가 전자감독에 대해 앞으로 더 많은 투자를 하는 것은, 독립된 형벌로 전자감독을 사용하는 것이 범죄에 대한 징벌로써 정부도 만족할 만한 일이라는 입장을 보여주는 것이다. 하지만 전자감독이 어쩌면 공공사업 부문에서는 하나의 '트로이 목마'가 될 수도 있다.

잉글랜드 웨일스의 형벌 개혁가들과 보호관찰 당국에서는 최근 EM에 우호적이었던 스코틀랜드의 사례를 참고하려는 경향이 생겨나고 있다. 스코틀랜드의 형사사법부는 잉글랜드 웨일스에 비해 시설 구금률이 높은 반면에 덜 처벌적인 방식을 취하고 있고, 실제로도 사회복귀 조치에서 특히 소년범에게 큰 성과를 올리고 있으며, 어느 정도로는 성인범에게도 전자감독을 통한 긍정적인 성과를 올리고 있는바, 잉글랜드 웨일스 일각에서는 이러한 경향을 예의주시하고 있다.

이런 맥락에서 전자감독 자체에 대한 회의적인 시각이 커지고 있는 상황이다. 전자감독이 올바른 양형 수단으로 기존 형사사법 시스템에 잘 정착되지 않은 느낌을 지울 수가 없다. 잉글랜드 웨일스에서는 전자감독을 활용하는 것이 전통적인 범죄자 지도·감독 방식에 대한 약간의 제도 개선이라고 보는 시각이 팽배해 있다. 그리고 전자감독을 사용하는 데 그렇게 큰 관심을 가질 필요가 없다고 보았다(잉글랜드 웨일스 역시 전자감독 역시 관련 재계약 건수가 증가하지 않았다).

그렇다고 해서 잉글랜드 웨일스, 스코틀랜드에서 무조건 전자감독의 미래가 어둡다고 생각할 이유는 없다. 가장 큰 전기통신 지원사 중의 하나인 telehealth와 telecare는 영국에서 그 존재감이 나날이 커지고 있다. 범죄자들을 대상으로 하는 원격 위치(아마도 움직임 포함) 감시는 자명하게도 적절한 현대화 기술의 새로운 교정활동 개입이 될 것이다. 전 세계적으로 전자감독 시장은 계속 커지고 있고, 새로운 형사사법제도 도입을 좋아하는 얼리어답터들은 전자감독에 대해 쉽사리 손을 떼려 하고 있지 않다.

지금까지 영국에서의 전자감독은 보통 디스토피아적인 인상을 주는 경향이 강했다. 하지만 실제로 영국의 전자감독 사례에서 보면 기술 혁신은 크게 위험한 세상을 만들지 않았고, 형벌 운영 업무에 미세한 영향을 줄 뿐이었다. 만약에 도덕적인 문제나 정치적인 문제로 구금시설의 수를 줄이자는 의견이 나오지 않았다면, 이 전자감독이라는 신기술은 (적어도 이러한 상황에서는) 그 자체로써는 아무런 사용 가치도 없었을 것이다.

영국 사법제도 속에서 전자감독 사용은 아주 안성맞춤으로 변화·발전되어 왔다. 사법기관이 전자감독을 사용하면서 민간 부문의 감시 감독관이라는 새로운 직업이 창출되었고(Hucklesby, 2011), 많은 수의 범죄자들이 EM 형벌로써 감시를 받게 되었다. 이러한 제도를 도입했음에도 불구하고, 영국은 유럽 내에서 가장 많은 수의 구금시설을 사용하고 있는 국가라는 오명에서 벗어나지 못하였다. 영국의 징벌적인 법 제도를 바꾸는 데도 EM이 큰 역할을 하진 못했다.

전자감독은 초기에는 이런 전통적인 방식에 집중하는 데 여념이 없었다. 전자감독의 현대화 추구라는 끊임없는 정책적·구조적 미사여구가 시행되었음에도 불구하고, 속이 뻔히 들여다보이는 끊임없는 상업주의와 정치적 그리고 전문적 무관심과 무지는 형벌의 중요도를 무색하게 하고 있다.

잉글랜드 웨일스에서는 1990년대 형사정책 목적의 하나인 교도소 구금 비율을 줄이는 일환이나 보호관찰소의 능력을 향상시키는 최상의 정책으로 전자감독을 활용하지 않았다. 21세기에 와서는 잉글랜드 웨일스 정부가 의도적으로 보호관찰소의 일을 제3의 민간 범죄자 관리소에게 떠넘기면서 전자감독이 자체적인 독립 범죄자 감시 방안으로써 확대되게 된 것뿐이다. Stuat Hall (1988)은 이를 '현대화의 역행(regressive modernization)'이라고 지적하기도 했는데, 이것은 전자감독의 미래에 의미하는 바가 크다고 하겠다.

참고문헌(References) ──────────────────── ○ ○ ○

Airs, J., Elliott, R. and Conrad, E. (2000) *Electronically Monitored Curfew as a Condition of Bail: Report of the pilot* (London: Home Office).

Armstong, S., Malloch, M., Nellis, M. and Norris, P. (2011) E*valuating the Effectiveness of Home Detention Curfew and Open Prison in Scotland: Research Findings 32/2011* (Edinburgh: Scottish Government).

Barry, M., Malloch, M., Moodie, K, Nellis, M., Knapp, M., Romeo, R. and Dhansiri, S. (2007) *An Evaluation of the Use of Electronic Monitoring as a Condition of Bail in Scotland* (Edinburgh: Scottish Executive).

Bonta, J., Capretta, S.W. and Rooney, J. (1999) *Electronic Monitoring in Canada* (Toronto: Solicitor General's Office).

Bottomley, K., Hucklesby, A., Mair, G. and Nellis M. (2004) 'The new uses of electronic monitoring: findings from the implementation phase in three pilot areas', in *Issues in Community and Criminal Justice Monograph 5* (London: NAPO).

Carter, P. (2003) *Managing Offenders, Reducing Crime: A new approach* (London: Strat egy Unit). CJJI (Criminal Justice Joint Inspection) (2008) A Complicated Business: A joint inspec tion of electronically monitored curfew requirements orders and licences (London: CCJI.).

Clarke, K. (2010) 'The government's vision for criminal justice reform', Speech pre sented at the Centre for Crime and Justice Studies, London, 30 June.

Deuchars, R. (2012) 'The impact of curfews and electronic monitoring on the social strains, support and capital experienced by youth gang members and offenders in the west of Scotland' *Criminology and Criminal Justice* (forthcoming).

Dodgson, K., Goodwin, P., Howard, P., Llewellyn−Thomas, S., Mortimer, E., Russell, N. and Weiner, M. (2001) *Electronic Monitoring of Released Prisoners:*

An evaluation of the Home Detention Curfew Scheme. (London: Home Office).

Elliott, R. and Airs, J. (2000) *New Measures for Fine Defaulters, Persistent Petty Offend ers and Others: The report of the Crime (Sentence) Act 1997 pilots* (London: Home Office).

Elliott, R., Airs, J., Easton, C. and Lewis, R. (2000) *Electronically Monitored Curfew for 10 – to 15 – Year – Olds: Report of the pilot.* (London: Home Office).

Hall, S. (1988) *The Hard Road to Renewal: Thatcherism and the crisis of the Left* (London: Verso).

Home Office (1988) *Punishment, Custody and the Community* (London: HMSO).

Home Office (1990) *Crime, Justice and Protecting the Public* (London: HMSO).

Home Office (2000) *Prison Statistics* (London: Home Office).

Home Office (2003) *Prison Statistics England and Wales 2002* (London: The Stationery Office).

Home Office (2004) *Reducing Crime, Changing Lives: The government's plans for transforming the management of offenders* (London: Home Office).

House of Commons (1987) *Third Report from the Home Affairs Committee: State and use of prisons*, Vol. 1. (London: HMSO).

Hucklesby, A. (2008) 'Vehicles of desistance? The impact of electronically monitored curfew orders', *Criminology and Criminal Justice*, 8, pp. 51 – 71.

Hucklesby, A. (2009) 'Understanding offender's compliance: A case study of electroni cally monitored curfew orders', *Journal of Law and Society*, 36:2, pp. 248 – 271.

Hucklesby, A. (2011) 'The working life of electronic monitoring officers', *Criminology and Criminal Justice*, 11:1, pp. 59 – 76.

Jones, T. and Newburn, T. (2007) *Policy Transfer and Criminal Justice: Exploring US influence over British crime control policy* (Maidenhead: Open University Press).

Khan, F. and Hill, M. (2008) *Evaluation of Includem's Intensive Support Services* (Glasgow: Includem).

Lilly, J.R. and Himan, J. (eds) (1993) *The Electronic Monitoring of Offenders* (Leicester: De Montfort University Law School Monograph).

Lobley, D. and Smith, D. (2000) *Evaluation of Electronically Monitored Restriction of Liberty Orders* (Edinburgh: Scottish Executive Central Research Unit).

McAra, L. (2006) 'Welfare in crisis: key developments in Scottish youth justice', in J. Muncie and B. Goldson (eds) *Comparative Youth Justice* (London: Sage), pp. 127−145.

McLaughlin, E., Muncie, J. and Hughes, G. (2001) 'The permanent revolution: New Labour, new public management and the modernisation of criminal justice', *Criminal Justice*, 1:3, pp. 301−318.

Mair, G. (2001) 'Technology and the future of community penalties', in A. Bottoms, L. Gelsthorpe and S. Rex (eds) *Community Penalties: Change and challenges* (Cullomp ton: Willan), pp. 168−182.

Mair, G. (2005) 'Electronic monitoring in England and Wales: evidence−based or not?', *Criminal Justice*, 5:3, pp. 257−277.

Mair, G. and Mills, H. (2009) *The Community Order and the Suspended Sentence Order Three Years On: The views and experiences of probation officers and offenders* (London: Centre for Crime and Justice Studies).

Mair, G. and Mortimer, E. (1996) *Curfew Orders with Electronic Monitoring* (London: Home Office).

Mair, G. and Nee, C. (1990) *Electric Monitoring: The trials and their results* (London: HMSO).

Marie, O., Moreton, K. and Goncalves, M. (2011) *The Effect of Early Release of Prison ers on Home Detention Curfew (HDC) on Recidivism* (London: Ministry of Justice).

Ministry of Justice (2010) *Offender Management Statistics: Quarterly bulletin* (London: Ministry of Justice).

Ministry of Justice (2011) *Green Paper: Breaking the cycle − effective punishment, rehabilitation and sentencing of offenders* (London: Ministry of Justice).

Moore, R. (2005) 'The use of electronic and human surveillance in a multi−modal pro gramme', *Youth Justice*, 5:5, pp. 17−32.

Mortimer, E. and May, C. (1997) *Electronic Monitoring in Practice: The second year of the trials of curfew orders* (London: Home Office).

Mortimer, E., Pereira, E. and Walter, I. (1999) *Making the Tag Fit: Further analysis from the first two years of the trials of curfew orders* (London: Home Office).

NAO (National Audit Office) (2006) *The Electronic Monitoring of Adult Offenders* (London: The Stationery Office).

Nathan, S. (2003) 'Prison privatisation in the United Kingdom', in A. Coyle, B. Campbell and R. Neufeld (eds) *Capitalist Punishment: prison privatisation and human rights* (London: Zed books), pp. 162−178.

Nellis, M. (1991) 'The electronic monitoring of offenders in England and Wales: recent developments and future prospects', *British Journal of Criminology*, 31:2, pp. 165−185.

Nellis, M. (2000) 'Law and order: the electronic monitoring of offenders', in D. Dolowitz (ed.) *Policy Transfer and British Social Policy* (Buckingham: Open University Press), pp. 98−117.

Nellis, M. (2003) 'Electronic monitoring and the future of probation', in W.H. Chui and M. Nellis (eds) *Moving Probation Forward: Evidence, arguments and practice* (Harlow: Pearson Longman), pp. 245−260.

Nellis, M. (2004) 'The electronic monitoring of offenders in Britain: a critical overview', in *Issues in Community and Criminal Justice Monograph 5* (London: NAPO), pp. 53−91.

Nellis, M. (2005) ' "Out of this World": the advent of the satellite tracking of offenders in England and Wales', *Howard Journal*, 44:2, pp. 125−150.

Nellis, M. (2006) 'The limitations of electronic monitoring: the tagging of Peter Wil liams', *Prison Service Journal*, 164, pp. 3−12.

Nellis, M. (2011) 'The 'complicated business' of electronic monitoring', in R. Taylor, M. Hill and F. McNeill (eds) *Early Professional Development for Social Workers* (Bir mingham: Venture Press/BASW), pp. 293−302.

NOMS (2010) 'Prison population and accommodation briefing, 19th November 2010', National Offender Management Service.

Prisons and Probation Ombudsman (2009) *Annual Report 2008−2009* (London: Central Office of Information).

Russell, K. and Lilly, J.R. (eds) (1989) *The Electronic Monitoring of Offenders* (Leicester: Leicester Polytechnic Law School Monograph).

Scottish Executive (2000) *Tagging Offenders: The role of electronic monitoring in the Scottish criminal justice system* (Edinburgh: Scottish Executive).

Shute, S. (2007) *Satellite Tracking of Offenders: A study of the pilots in England and Wales* (London: Ministry of Justice).

Smith, D. (2001) 'Electronic monitoring of offenders: the Scottish experience', *Criminal Justice*, 1:2, pp. 201–214.

Walter, I. (2002) *Evaluation of the National Roll-Out of Curfew Orders*. Online. AvailÂ able at: www.homeoffice.gov.uk/rds/pdfs2/rdsolr1502.pdf.

Whitfield, D. (1997) *Tackling the Tag* (Winchester: Waterside Press).

Whitfield, D. (2001) *The Magic Bracelet* (Winchester: Waterside Press).

호주와 뉴질랜드의 전자감독제도:
전자 망(electronic net)의 확대

Extending the electronic net in Australia and New Zealand:
Developments in electronic monitoring down-under

러셀 지 스미스(Russel G. Smith) & 아니타 깁스(Anita Gibbs)

▌ 서론(Introduction)

　　호주와 뉴질랜드는 미국과 유럽으로부터 멀리 떨어져 있음에도 불구하고, 범죄 통제 전략에 있어 미국과 유럽의 신기술, 특히 첨단 신기술을 도입하는 데 매우 적극적이었다. 일례로, 1830년대에 멜버른에 위치한 최초의 펜톤빌 형태의 교도소는 러닝머신을(당국이 많은 노력을 기울였음에도 불구하고 자주 고장이 나긴 했다) 설치하여 수형자들의 큰 호응을 얻기도 했다(National Trust of Australia (Victoria) 1991).

　　그 후 호주는 범죄 통제 현장에 다양한 신기술을 도입, 활용해 왔다(Grabosky, 1998). 따라서 전자감독이 개발되자마자 호주와 뉴질랜드가 전자감독 시범실시 실험에 착수했다는 것은 그리 놀라운 일이 아니었다. 전자감독 프로그램은 뉴사우스웨일스 州, 퀸즐랜드 州, 사우스오스트레일리아 州, 노던 테리토리 그리고 웨스턴오스트레일리아 州에서 1990년대 초부터 실시되었다(Aungles, 1995). 뉴질랜드는 1999년부터 교도소 시설 구금 대신 가택구금을 실시했고, 현재까지도 전자감독 프로그램을 운영하고 있다(Gibbs and King, 2003).

　　이번 장에서는 호주와 뉴질랜드의 교정활동을 목적으로 한 범죄자 기소와 유죄 선고 이후의 전자감독제도를 살펴볼 것이다. 추가로 잔인한 폭력 범죄자나 테러 행위의 위험성이 있는 고위험 범죄자를 감시하기 위한 전자감독 프로그램도 살펴볼 것이다. 우선 호주와 뉴질랜드에서서 전자감독 프로그램이 도입된 계기를 검토하고, 이 프로그램을 뒷받침해 주는 법적 체제를 검토하도록 한다. 전자감독 프로그램의 구조와 범위, 그리고 실행과 연구에서 제기되는 쟁점에 대해 논의하고, 마지막으로 윤리적인 문제와 전자감독 프로그램의 발전 방향을 언급하면서 이번 장의 결론을 맺고자 한다.

▮ 전자감독의 발전(The development of EM)

호주와 뉴질랜드에서 전자감독은 한 순간 생겨났다가 금세 사라져 버리는 기술 트렌드가 아닌, 확고부동한 지위를 갖고 있는 중요한 범죄자 제재수단이었다. 여기에는 여러 가지 이유가 있다고 볼 수 있다. 메인프라이즈(Mainprize, 1996)는 전자감독이 전 세계적으로 재정적 제한과 긴축 측면에서 큰 장점이 있을 뿐만 아니라, 범죄자 사회복귀가 제 역할을 하지 못한다는 비판하에서 해당 비난을 피하게 하는 장점이 있다고 보았다. 새로운 감시 기술을 활용한 강경한 형벌 수단을 써야 한다는 주장을 했고, 이것이 정치가들과 형사정책 입안자들에게 설득력 있는 논리가 되었다.

또 하나의 중요한 이유는 원격 통신과 통제 기술이 전반적인 형사사법 제도에 적용되면서 범죄자 통제 전략이 호주에서 급격히 발달했다는 점이다. 그 외에도 전자감독이 발전하게 된 다른 계기가 있었는데, 예를 들자면 호주와 뉴질랜드의 경우, 교도소가 포화 상태라는 이유로 가택구금이나 가석방으로 조기 석방된 수형자들에게 전자감독 프로그램을 신속하게 적용하게 되었다는 점이다(Richardson, 1999; Bagaric, 2002; Gibbs, 2004). 범죄자들을 교정시설에 구금하는 대신, 교정비용 절감 측면에서 전자감독을 통한 범죄자 제재 조치를 강조하기 시작했다. 민간 경비업 관련 기업들의 공격적인 마케팅 또한 전자감독의 성장에 큰 기여를 했다(Maxfield and Baumer, 1990; Liverani, 1998).

알브레히트(Albrecht, 2003: 250)에 의하면, 전자감독은 단순한 가택구금(house

arrest)이 아니라, 기술을 이용하여 정확하게 범죄자가 정해진 일정에 따라 올바른 생활을 하는지 확인하는 세련된 형태의 범죄자 지도, 관리 전략에 속한다. 전자 장치를 통해 범죄자 일상의 시간 구성을 통제함으로써 범죄자가 가진 자유를 어느 정도 제한(restriction of freedom)하는 것이 전자감독의 본질이라고 하겠다. 호주와 뉴질랜드에서는 전자감독을 통해 범죄자의 일상 계획과 시간 구성에 국가가 관여할 수 있게 되었다. 그리고 호주와 뉴질랜드 당국은 범죄자들을 교정시설에 구금시키지 않고 지역사회에서 범죄자의 위치를 통제하고 감시할 수 있기를 기대하였다. 이에 보호관찰 실무자들은 범죄자 통제, 감시에 전자감독제도가 가장 적합하다는 강한 믿음과 신뢰를 갖게 되었다.

예를 들면, 전자감독은 형사 재판이 열리기 전에 활용될 수 있고, 피의자가 보석으로 풀려나 있는 동안에도 이용될 수 있다. 유죄 판결을 받은 후 구금형이라는 제재조치 없이 범죄자의 자유를 구속하고자 할 경우에도 집행유예 조건부 전자감독 활용이 가능하다. 또한, 출소 이후에도 가석방 위원회가 범죄자에게 제약을 가하고자 할 경우, 전자감독은 범죄자를 자택 내에서 생활하게 하면서 외부 출입이나 이동 경로 움직임을 감독할 수 있다. 마지막으로 호주의 전자감독에서 가장 논쟁이 된 것은 바로 실형을 마친 "형기 종료자"에 대한 전자감독 적용이었다. 호주 당국은 범죄 예방을 목적으로 강력범죄자에게 형기가 종료된 경우에도 재범 방지를 위해 필요한 경우 전자감독을 사용할 수 있다고 보았다.

1987년에 호주의 저명한 양형 학자(Sentencing scholar) 리차드 폭스(Richard Fox)는 호주에서의 전자감독 시 반드시 고려해야 할 정책적 사항에 대해 언급하며 의미 있는 의견을 피력했다(Fox, 1987). 폭스는 여기에서 호주의 경우 전자감독 효과성과 관련된 평가 분석 연구 결과를 토대로 실무에서 전자감독을 적용하는 것에 매우 신중할 필요가 있다는 입장을 취했다. 그러나 당시 빅토리아 州에서는 이미 전자감독 사용 가능성에 대해 양형법 개정 심의가 본격적으로 논의되던 상황이었다(Victorian Sentencing Committee, 197).

1980년대 중반 조건부 선고유예 등을 채택하려는 움직임이 강하게 대두되면서, 보호관찰 담당자들은 전자감독이 호주와 뉴질랜드에서 신속한 형벌 수단이면서, 동시에 비용－편익적 장점이 있는 경제적 처벌이 될 수 있다는 긍정적 입장을 갖게 되었다. 즉, 전자감독이 법 집행의 효과성을 높여줄 수 있는 긍정적 제도라는 생각을 갖게 된 것이다. 그러나 2001년에 폭스(Fox, 2001)는 이 주제를 다시 논의하면서, 호주에서 전자감독이 범죄자를 감시하는 용도를 넘어 너무 광범위하게 적용되고 있다는 문제점을 제기하며 향후 전자감독의 확대 적용을 경계해야 한다고 주장했다.

뉴질랜드에서는 1995년부터 1997년까지 가석방된 수형자를 파악하기 위해 전화와 음성 인증을 사용하는 소극적 형태의 전자감독제도를 운영했다. 그 결과, 18개월 동안 약 37명의 범죄자가 전자감독을 조건으로 교정시설에서 석방되었고, 이 중 30% 정도가 2년 내에 다시 재범을 저지른 것으로 나타났다(Church and Dunstan, 1997). 결국, 뉴질랜드의 전자감독 시범 실시는 성공적인 결과를 보여주지 않았다. 그러나 뉴질랜드 중앙 정부는 1999년에 전자감독을 활용한 전면적인 가택구금제도를 도입하는 과감한 결정을 내렸다(Gibbs and King, 2003).

▍호주의 전자감독 법률과 운영방식
(Legislation and EM practice in Australia)

일반적으로 호주와 뉴질랜드의 범죄자 양형법(sentencing legislation)은 보석, 보호관찰 그리고 가석방 등 여러 상황에서 포괄적으로 전자감독 활용이 가능하다는 입장이다. 호주의 교정 표준 지침(Western Australia Department of Justice et al., 2004)에 의하면, 전자감독을 통한 범죄자 감시 수준은 범죄자가 저지른 범죄 위험 수준에 비례하는 것으로 해석할 수 있다. 그리고 범죄자 감시로 인한 동반 거주자에 대한 침해를 최소화하는 방향으로 전자감독이 운영되어야 한다고 본다. 전자감독 감시 장치는 범죄자의 동거 가족 구성원들에게 방해가 되지 않으면서도, 실용적인 방식으로 운용되어야 한다. 무엇보다도 오작동을 일으키지 않는 내구성 있는 장치를 통해 범죄자 위치 추적이 이루어져야 한다(Western Australia Department of Justice et al., 2004: 2.3-2.5).

오늘날 호주의 법률은 전자감독제도가 어떻게 시행되어야 하는지 구체적인 절차적 내용을 담고 있다. 무선 주파수 장치, GPS, 그리고 소극적(또는 적극적) 위치 확인 방식 등 다양한 기술이 전자감독제도에 활용될 수 있다. 이것은 다음의 세 가지 근거를 바탕으로 한 것인데, 형사사법 체계 내의 단계별 적용 사례를 통해 활용 실태를 더 깊이 이해할 수 있다.

먼저, 전자감독은 범죄자 개인이 지정된 장소, 즉 주로 자택 내에 거주하고 있다는 것을 확인하고 정해진 외출 제한 시간 동안 자택에 범죄자가 머물러 있는지를 확인하는 용도로 사용될 수 있다(Mukherjee, 1999; Crowe, 2002). 또한, 출입이 금지된 장소에 범죄자가 가까이 가는 것은 아닌지 확인하기 위해 전자감독 장치를 사용할 수 있고, 고소인이나 잠재적 피해자 또는 공범과 같은 특정 위험인물에게 접근하는 것은 아닌지 확인하기 위해 전자 장치를 사용할 수 있다(Marien, 2002; Economist, 2002). 마지막으로 전자감독은 당국이 실제로 그들의 자유로운 이동을 허용하면서 지속적으로 이동 경로를 추적할 용도로 활용될 수 있다.

호주에서는 다양한 범죄자 관제, 위치 추적 시스템을 사용하고 있다. 예를 들면, 지난 5년간 사우스오스트레일리아 州에서는 소극적 관제 시스템을 사용하던 과거의 보호관찰 방식을 포기하고, 대신 적극적 범죄자 위치 확인 관제 시스템을 사용하고 있다. 적극적 모니터링 방식은 담당 보호관찰관이 범죄자 자택이나 직장을 직접 방문해서 발생하는 잠재적 인권 침해 문제나 부가적인 지도, 감독상의 문제를 미연에 방지하기 위한 것으로써, 범죄자가 위치하고 있는 장소를 담당자가 스치고 지나가듯 빠르고 신속하게 재택 여부를 확인할 수 있는 "이동 감시기능 장치(drive-by facility)"을 기본으로 한다(South Australia Department for Correctional Services, 2009).

오스트레일리아 수도 특별구역(Australian Capital Territory: ACT)에서도 이전에 설치되었던 범죄자 자택 내 전자 감독 장치를 적극적 관제 시스템으로 변경하는 조치를 취했다. 노던 테리토리에서는 약간 다르게 변형된 적극적 전자감독을 사용하는데, 범죄자에게 출소 이후에도 전자 장치를 직접 착용할 것을 명하는 방식으로 전자감독제도를 운용하고 있다. 하지만 이러한 변형된 방식의 전자감독은 범죄자의 위치를 파악하고자 하는 데 목적이 있는 것이 아니라, 보호관찰관과 범죄자와의 대면 교류를 기록하는 데 궁극적 목적이 있다

(Henderson, 2006). 현재 뉴사우스웨일스 州에서는 보호관찰 담당관이 직접 범죄자의 집을 방문하거나 전화를 직접 거는 방식으로 범죄자 개인의 소재를 파악하는 "소극적 모니터링 관제 방식"을 채택하고 있다.

오스트레일리아의 교정 기관은 전자감독이 적용(또는 미적용)된 가택구금을 사용할 수 있는데, 해당 가택구금은 '이동 제한 명령(restricted movement order)'을 기반으로 한다. 교정 당국은 이동 제한 명령의 실태 조사를 실시한 바 있다. 빅토리아 州와 같이 이동 제한 명령이 무조건 전자감독을 전제로 해서 이루어지는 특정 관할구역이 있는가 하면 그렇지 않은 지역도 있는 것이 사실이다. 따라서 이동 제한 명령 실태 조사 통계에는 전자감독을 수반한 명령 외에 전자감독이 없는 이동 제한 명령도 데이터에 포함되어 있다.

타스마니아, 퀸즐랜드 그리고 오스트레일리아 수도 특별구역을 제외한 전 관할 지역에서 범죄자 이동 제한 명령을 실시하고 있는 것으로 나타났다. 또한, 보호관찰은 사회로 석방된 수형자들이 지속적으로 교정 서비스와 지도, 감독을 받도록 했는데, 범죄자 출소 후 프로그램(예를 들면, 가석방, 석방허가, 사전 석방 명령 그리고 다양한 형태의 가택구금)이 대표적인 보호관찰 사례라고 볼 수 있다(생산성 위원회 보고서, 2005: ch. 7.18). 〈표 4.1〉은 1999년부터 2009년까지의 범죄자 이동 제한 명령 데이터를 보여주고 있다.

전반적으로 이동 제한 명령(가택구금)을 받은 대상자들의 수는 1999 – 2000 회계 연도부터 2006 – 2007 회계 연도 사이에서 꾸준히 증가하는 추이를 보이고 있다. 2007 – 2008 회계 연도에는 감소했다가, 2008 – 2009 회계 연도에는 다시 증가하는 추이를 보인다. 또한, 이동 제한 명령을 받은 범죄자들의 인구사회학적 통계 특성을 살펴보기 위해 관련 데이터를 계속해서 수집, 분석할 필요가 있는 것으로 나타났다. 예를 들면, 뉴사우스웨일스는 2008 – 2009 회계 연도에서는 평균적으로 175명이 이동 제한 명령을 받은 것으로 나타났는데, 그 중 148명(84%)이 남자였고, 28명(16%)이 여자인 것으로 나타났다. 16명(9.1%)이 원주민이었으며, 154명(88%)은 원주민이 아닌 것으로 나타났다(생산성 위원회, 2010).

호주 보호관찰의 주요 효과성 평가 항목인 성공적인 전자감독 이수율 및 종료율을 살펴보기로 한다. 자료를 보면, 관할구역 간의 이동 제한 명령의 성공적 이행률은 지역 별로 약간 차이를 보이는 것으로 나타났다(생산성 위원회,

표 4.1 1999년부터 2009년까지 호주 관할구역 내에서의 이동 제한 명령(가택구금); 일일 평균 대상자 수와 평균 이행 종료 비율(괄호 안)

관할권	1999 -2000	2000 -2001	2001 -2002	2002 -2003	2003 -2004	2004 -2005	2005 -2006	2006 -2007	2007 -2008	2008 -2009
뉴사우스웨일스	188	184	175	229	200	192	211	213	152	175
	75.5%	74.7%	76.4%	81.9%	75.9%	78.7%	83.5%	82.8%	87.5%	79.7%
빅토리아	N/A	N/A	N/A	N/A	2[1]	20	22	24	34	32
					100%	91.2%	98.4%	94.9%	98.9%	97.7%
퀸즐랜드	112	103	78	75	63	69	77	4	N/A	N/A
	88.7%	89.8%	80.3%	83.2%	66.8%	84.0%	89.2%	84.5%		
웨스턴 오스트레일리아	89	85	83	81	80	15	16	5	7	4
	83.4%	82.2%	79.5%	79.1%	74.8%	57.3%	73.0%	75.1%	50%	70.6%
사우스 오스트레일리아	132	171	185	219	278	307	376	380	359	423
	66.3%	69.9%	65.4%	70.7%	61.1%	65.4%	67.8%	69.3%	70.5%	75.2%
태즈메이니아	N/A	N/A	N/A	N/A	N/A	N/A	N/A	N/A	N/A	N/A
오스트레일리아 수도	N/A	N/A	2	2	3	6	1	N/A	N/A	N/A
			100%	66.7%	50.0%	83.3%	100%			
노스웨스트 테리토리	18	33	34	51	58	56	42	38	34	31
	95.5%	93.5%	85.7%	38.2%	86.4%	92.2%	88.7%	86.1%	88%	92.3%
오스트레일리아 (합계)	539	576	558	657	684	792	866	772	586	665
	78.6%	78.4%	75.3%	78.2%	72.3%	72.1%	77.2%	76.4%	78.6%	78.2%

※ 참고:

1. 생산성 위원회(2005)에 의하면 빅토리아 州에서는 이동 제한 명령 (가택구금)이 2004년 1월 1일부터 시행되었다. 회계 연도가 끝나기 6개월 전이었으며, 25명의 범죄자가 이 명령을 선고받았다.
2. 사우스오스트레일리아의 2004-2005년 교정 서비스 연례 보고서에 의하면, '거의 95%의 집중 보호 관찰 명령에 전자감독이 포함되어 있었다(n=652개의 새로운 명령).'
3. 2008-2009 회계 연도에는 타스마니아, 퀸즐랜드 그리고 오스트레일리아 수도 특별구역을 제외한 전 관할구역에서 이동 제한 명령을 실시했다. 퀸즐랜드에서는 2006년 교정 서비스법이 제정되면서 당시 명령을 수행하고 있는 대상자들은 마치는 날까지 계속 명령을 수행하도록 했으나, 이동 제한 명령은 전면 폐지되었다. 오스트레일리아 수도 특별구역 법은 2005년 6월 30일 가택구금을 폐지시켰다.
4. 이동 제한 명령의 정의는 2008년에 전자감독을 시행하는 조건부 보석 명령만을 포함하는 것으로 수정되었다. 따라서 관할구역간의 수치를 비교할 경우 웨스턴오스트레일리아의 수치는 이런 점이 충분히 고려되어야 한다.

2006). 2008-2009 회계 연도에는 이동 제한 명령의 이행 종료 비율이 빅토리아 州는 98%, 사우스오스트레일리아 州는 75% 사이에 분포하는 것으로 나타났다. 참고로 호주 전체 평균은 78%로 나타났다(웨스턴오스트레일리아가 71%로 가장 낮았으나, 이는 다른 관할구역에 비해 표본 크기가 너무 작았기 때문인 것으로 보인

다). 1999년 이후로는 각 지역의 이동 제한 명령 종료율이 전년 대비 비슷한 수치를 보이는 것으로 나타났다. 그리고 범죄자 이동 제한 명령이 처음으로 도입된 2004년 이후에는 빅토리아 州가 관할구역 중 가장 높은 이동 제한 명령 종료율을 기록하고 있는 것으로 나타났다.

재판 전 단계(Pre-trial)

웨스턴오스트레일리아 州와 사우스오스트레일리아 州 모두 법률을 근거로 재판 전 단계에 있는 피의자에게 전자감독을 부과할 수 있다. 1982년 보석법(웨스턴오스트레일리아)을 근거로, 17세 이상의 피의자에게 가택구금을 적용할 수 있고, 반드시 판사의 선고에 의해서만 해당 가택구금 집행이 가능하다고 하겠다. 우선, 전자감독 부착 대상자 적합성 조사 결과서를 교정공무원으로부터 받아야 가택구금 선고가 가능하다. 피의자가 전자 장치를 직접 착용하는 방법도 알고 있어야 하고, 동시에 피의자가 거주하는 장소에 전자 장치를 설치하여 가택구금을 실시하는 조치 등을 미리 이해하고 있어야 전자감독 부가가 가능하다.

사우스오스트레일리아 州 법 또한 가택구금 전자감독을 보석의 조건으로 활용하고 있다. 법원이 선고를 통해 보석 단계에서 전자감독을 채택할 수 있는데, 최근에 들어서는 법원이 이 조건을 채택하는 빈도수가 현저히 증가하고 있는 상황이다(Productivity Commission, 2007: 7.35). 그 결과, 사우스오스트레일리아 州는 가택구금 전자감독 프로그램을 전국에서 가장 많이 사용하는 지역으로 꼽혔다(Productivity Commission, 2007: 7.35). 그러나 사우스오스트레일리아 州에서 발표된 구금 관련 연구 결과를 보면, 보석을 허용할 수 있는 적절한 수의 전자 장치가 턱없이 부족해 가택구금 전자감독 프로그램이 생각만큼 활발하게 활용되지 못하는 상황인 것으로 나타났다. 보호관찰 담당자들은 전자 장치 수량이 충분히 공급된다면 가택구금이 보석의 대체 수단으로 더욱 활성화될 수 있을 것으로 기대하고 있다(King et al., 2005: 101).

우선적 양형 조건(Primary sentencing)

웨스턴오스트레일리아와 사우스오스트레일리아 州는 "전자감독 가택구금"을 형사사법 시스템 내 우선적 양형 수단으로 간주한다. 노던 테리토리 양형법은 '법원이 범죄자에게 금고형을 선고할 경우, 가택구금 명령으로 선고에서 집행 정지 명령'을 내릴 수 있다는 규정을 만들었다. 즉, 가택구금 명령을 받은 범죄자는 '감시 장치를 착용하거나 부착하고' 있어야 하는 것이다. 호주에서 이러한 전자감독 프로그램은 금고형을 대신하는 직접적인 시설 수용 대안으로 활용되고 있다(Department of Justice, 2002).

호주 법원에서는 범죄자에게 우선 금고형을 선고하는 것이 일반적인 양형 옵션이다. 그리고 그 이후에 범죄자의 동의가 있을 때 법원은 초기의 금고형 기간을 전자감독 가택구금형으로 대체할 수 있다. 다시 말해, 범죄자는 가택구금 보호관찰을 통해 원래의 구금형 형기를 지역사회에서 마무리할 수 있다. 웨스턴오스트레일리아 州의 1995년 양형법에 의거, 법원은 범죄자 외출제한명령을 부가할 때 집중 보호관찰도 함께 병과할 수 있다. 이 경우 범죄자는 '감시 및 보호관찰 명령에 복종해야 하며', 특정 전자 장치를 착용하거나 자택에 장치를 설치해야 할 의무사항을 이행해야만 한다. 그리고 호주에서 전자감독 명령은 '6개월 또는 그 이하의 기간 동안' 부과할 수 있다.

2005년 청소년범죄자 수정법안(Young Offenders Amendment Act 2005)은 법원이 소년범에게 전자감독을 적용할 경우 외출제한을 연장할 수 있다고 보았다. 현재 이 규정은 웨스턴오스트레일리아 州의 대도시와 다른 기타 지방에서도 광범위하게 적용되고 있다(Western Australian Department of Justice, 2009). 뉴사우스웨일스 州 법은 특별히 전자감독을 단독 처분으로 허가하지 않았다. 그러나 1999년 형법(선고 절차)(NSW)을 통해 특정 범죄자에게 '적절하다고 판단되는 경우에 한해서' 가택구금을 하나의 단독 처분으로 선고할 수 있다고 보았다. 명문 규정을 두어 어느 정도 법원에게 가택구금 부과 관련 재량이 있다고 본 것이다.

호주에서 전자감독은 가택구금 명령을 집행하는 대표적인 수단으로 활용되고 있다(Keay, 2000; Studerus, 1999; Jarred, 2000). 빅토리아 州에서는 법원과

성인 가석방 위원회가 범죄자에게 가택구금을 부과할 수 있다. 선고를 통한 법원의 의견 개진에 앞서 일정 기간 동안 범죄자 본인 또는 법정대리인은 해당 범죄에 한해 가택구금 명령을 법원에 신청할 수 있다. 마찬가지로 범죄자는 가석방 기간 중에도 가택구금을 요청할 수 있다. 오스트레일리아 수도 특별구역에서는 범죄자 이동 제한 명령(가택구금)이 2001년 10월에 처음으로 도입되었는데, 2002년 10월부터 공식적인 형벌의 하나로 이동 제한명령이 시행되었다. 그러나 이 제도는 호주에서 2005년 6월 30일자로 폐지된 바 있다.

구금형 감시(Custodial monitoring)

오스트레일리아 수도 특별구역에서는 2009년 교정 관리 법안(Corrections Management Act 2009)(ACT)을 통해 오스트레일리아 수도 특별구역의 새로운 교정 시설인 알렉산더 마코노키 센터(Alexander Maconochie Centre) 내 수형자, 직원 그리고 방문자 추적 시스템으로 무선 주파수 식별자(RFID) 전자감독제도를 활용했다. 교정 관리(무선 주파수 식별자) 당국자들은 특정 불상사에 대해 수형자의 책임을 명확히 할 수 있는 증거가 필요했고, 재소자 간의 분쟁 해결을 용이하게 할 수 있는 새로운 방법을 모색하고 있던 중이었다. 수형자들을 소집하고, 교정시설에 장기간 구금시킬 때, RFID 시스템을 통해 교도관들은 시설 내에서 수형자들의 위치를 파악하는 데 소요되는 시간을 대폭 줄일 수 있게 되었다. 그리고 이를 통해 교도소 보안 절차의 효율성을 향상시키는 기회를 갖게 되었다. 보호관찰 담당 직원들의 업무 효율성이 증가되면서 담당 직원들을 다양한 기타 업무에 배치시킬 수 있는 조직 관리 차원의 이점도 늘어나게 되었다. 향후 무선 주파수 식별자 방식의 전자감독이 어느 정도로 의미 있는 효과성을 달성했는지 확인하려면 지속적으로 전자감독과 관련된 긍정적 기능에 대한 평가, 분석 연구를 수행해야 할 것이다.

출소 이후 단계(Post-prison)

호주와 뉴질랜드 두 관할 구역의 법률은 범죄자 출소 이후의 형 집행에 전자감독제도를 허가하고 있다. 그러나 한편으로는 전자감독 부가를 매우 신중하게 활용할 것을 권하는 입장에 있다. 웨스턴오스트레일리아 州에서 1995년에 제정된 형벌집행법(Sentence Administration Act 1995)을 살펴보면, 특정 범죄자들에 한해서 가택구금을 허용할 수 있다는 규정을 갖고 있다. 범죄자 본인에게 직접 전자감독 장치를 부착토록 하거나, 지정된 거주지 장소에만 한정하여 장치를 설치할 수 있다는 명문도 있다. 즉, 2000년에 제정된 퀸즐랜드 교정 서비스법(Corrective Service Act 2000)에 의거, 지역사회 기반 석방 명령(community-based release orders)(가석방 및 가택구금 포함)으로 석방된 일부 범죄자들에게 위치 추적 전자장치 프로그램을 활용하고 있는 것이다.

2006년 11월, 뉴사우스웨일스 州 정부는 2003년 고위험 성범죄 수형자(성범죄자)법(Dangerous Prisoners(Sexual Offenders) Act 2003) 개정안을 통과시켰다. 이는 법원에서 범죄자에게 형기 만료의 일환으로, 확대된 감시명령(extended supervision)에 속하는 전자감독을 공식적으로 부가할 수 있는 법적 근거가 되었다. 지역사회에서 형벌 집행을 받는 범죄자들을 감시하기 위해 2006년 퀸즐랜드에서는 보호관찰 및 가석방 서비스를 새롭게 개편하였다(Queensland Corrective Services, 2007).

호주 정부는 효과적인 전자감독 시스템을 만들기 위해 2007년부터 2011년까지 400만 달러를 전자감독 예산에 할당했다. 2007년 8월을 기점으로 전자감독제도는 법원에서 제정된 모든 명령의 기본이 되는 중요한 양형 수단이 되었다. 이는 퀸즐랜드의 교도관들이 요구한 바에 따라 외출제한명령 및 전자감독 프로그램이 공식적으로 범죄자에게 부가될 수 있는 양형 수단임을 뜻하는 것이었다(Queensland Corrective Services, 2007).

2005년 2월, 빅토리아 州 정부는 고위험 성범죄자 감시법(Serious Sex Offenders Monitoring Act 2005(Vic))을 통과시켰다. 석방, 가택구금, 아동과의 접촉금지 및 기타 준수사항 부가 이후, 성범죄자들에 대한 전자감독 부착이 가능해졌다. 보호관찰 명령은 주로 교정치료에 반응을 보이지 않고, 사회복귀에 전혀 관심이 없는 사람들에게 부가되었다. 즉, 자신이 저지른 범죄에 대한 죄책감이 부족한 중범죄자들에게 부가되는 양형 수단으로 볼 수 있다. 전자감독 부착 명령은 지역사회 공공의 안전을 강화시킨다는 목적과 함께, 석방된 수형자들의 사회복귀 및 사회적응을 증가시킨다는 목적을 가지고 있다.

전자감독 관련 법령은 반복적으로 성범죄를 저지르는 사람들이 지역사회에서 보호관찰관의 허가 없이 주거지를 벗어나 등록된 장소를 이탈하거나 무단으로 이사를 가는 경우, 해당 행동을 전부 전자감독 준수사항 위반으로 간주했다. 범죄자의 장소 이동 상황을 확인하고, 위험한 비행교우와 접촉하는 등의 행동을 감시하기 위한 목적으로 전자감독을 활용한 것이다. 그리고 범죄자가 살고 있는 집과 일하는 직장에서 법원이 정한 접근금지 구역에 들어간 것은 아니지 확인하기 의도로 전자감독을 실시했다.

호주에서는 법원 선고를 통해 전자장치 탈부착 여부가 결정되었고, 세부 전자감독 준수사항이 상황에 따라 변경되기도 하였다. 필요한 경우 범죄자에 대한 전자장치 부착 기간 연장 등의 결정이 내려지기도 했다. 호주의 경우 형기 만료 범죄자에 대한 전자장치 부착은 최장 15년까지 가능했다. 2005년 7월, 호주에서 유죄 선고를 받은 아동성범죄자의 이동 경로를 감시하기 위해 처음으로 이러한 전자감독 관련 법안이 제정되었다(아래의 토론 참조. Shiel, 2005). 빅토리아 州에서는 2004년 1월에 2003년 교정 및 양형법(Corrections and Sentencing Acts 2003)에 의한 가택구금 프로그램이 시행되었다.

호주의 전자감독 관련 법률은 최소 형기의 2/3을 마치고 잔형기를 가택구금의 형식으로 마칠 것을 요구하였다. 특히, 비폭력적이고 위험수준이 낮은 범죄자들이 가택구금 프로그램에 적합한 것으로 보였다. 범죄자들은 최대 6개월간 가택구금을 통해 복역할 수 있는데, 가택구금은 저위험군으로 분류되는 범죄자들이 계속해서 직장을 다닐 수 있게 해 주는 데 그 의의가 있었다.

추가로 가택구금은 범죄자들의 사회통합과 사회복귀를 위해 범죄자가 반드시 지역사회와 가족 구성원들과 긴밀한 유대관계를 이어갈 것을 요구했다. 프로그램 시행 동안 만일 범죄자가 전자감독 가택구금 명령을 위반하면, 위원회는 법원이 부가한 가택구금 명령 자체를 취소시킬 수 있다. 빅토리아 州에서는 가택구금명령을 부가할 때 다양한 준수사항을 함께 부가할 수 있는데, 여기에는 전자감독(음성녹음도 포함) 이행 세부사항 및 가택구금 관련 의무 사항이 광범위하게 포함되었다(§ 18ZZB(i) Sentencing Act 1991 (Vic); § 60J(i) Corrections Act 1986 (Vic)).

2004년에서 2005년까지 2년 동안 총 293명의 범죄자들이 프로그램에 참여하기 위해 공식적으로 빅토리아 州 가석방 심의 위원회(Victorian Parole Board)에 전자감독 참여 지원서를 제출한 것으로 나타났다. 그 결과, 전자감독 프로그램 시행 6개월 만에 233명의 범죄자들이 자발적으로 전자감독 참여 의사를 밝힌 것으로 나타났다. 전자감독 심의 위원회는 지원자들이 프로그램에 적격한 범죄자인지를 신중히 평가하여 참여자를 선발하는 심사 절차를 진행했다. 전자감독 프로그램을 적용하는 데 있어서 위원회는 범죄자의 전과기록, 과거 및 현재의 형벌 내용(sentence structure), 심리적 상황, 정신적 병력, 현재 및 과거에 받은 법원명령, 주거지 지원 서비스, 교정시설 내 행형성적, 그리고 과거 교정프로그램 참여도 등을 면밀히 검토하였다(Adult Parole Board of Victoria, 2005: 22).

전자감독 위원회 소속 가택구금 담당직원은 지원자들이 전자감독 프로그램에 적합한지 판단한 후에 가택구금 관리부서(Home Detention Unit)에 위원회를 위한 대상자 적격성 평가 보고서를 요청했다. 가택구금 판정을 내리기 전에 심의 위원회에서는 범죄자들과 직접 인터뷰를 진행했고, 때로는 비디오 화상 인터뷰 회의를 통해 전자감독 프로그램에의 참여 적격성 여부를 심사했다. 그리고 전자감독 이행 과정에 대해 범죄자들에게 상세히 설명해 주는 과정을 거쳤다. 위원회는 가택구금 관리 부서를 통해 293명의 지원자들 중 162명은 전자감독 부적격자라는 기각 판정 통보를, 나머지 131명에 대해서는 적격 통보를 받았다(Adult Parole Board of Victoria 州, 2005: 22).

2004년에서 2005년까지 2년에 걸쳐 57명의 범죄자들이 위원회로부터 가택구금명령을 받았고, 추후 법원에서 8명이 가택구금명령을 추가로 선고받아 총 65명이 전자감독을 이행한 것으로 나타났다. 2006년도에 시행된 가택구금 프로그램을 평가한 결과, 프로그램 준수사항에 대한 경미한 위반한 사건이 15건, 심각한 준수사항 위반으로 전자감독명령 자체가 취소된 경우가 총 5건인 것으로 나타났다. 전자감독 가택구금 프로그램의 준수사항 위반율과 전자감독 취소율이 상대적으로 모두 매우 낮게 나타났다. 교도소 출소 이후 단계의 전자감독 취소율은 집행유예 등 최초 판결 단계에서의 전자감독 취소율보다 훨씬 낮은 것으로 나타났다.

비용적인 측면에서 보면, 빅토리아 州의 가택구금 프로그램은 전자감독을 부과할 때마다 1달러 소비 비용에 대해 약 1.80달러의 수익을 창출해 내는 것으로 나타났다. 즉, 범죄자들의 시설 구금을 대체하는 대안으로 비용 경비 효과가 매우 큰 것으로 나타났다(Corrections Victoria, 2006). 단, 범죄자들을 감시하는 용도의 가택구금은 범죄자와 동거하고 있는 주변 가족들에게 부정적인 영향을 미칠 수 있다는 의견이 대두되었다. 그럼에도 불구하고 호주의 일부 전자감독 평가 보고서에서는 전자감독 프로그램이 범죄자 가족들의 압도적인 지지를 받고 있고, 범죄자 가족들이 프로그램에 대해 높은 만족도를 갖는 것으로 나타났다(Martin *et al.*, 2009; Martinovic, 2007).

사우스오스트레일리아 州에서는 징역형 실형을 선고받은 범죄자의 경우, 교도소 구금 후 마지막 6개월은 전자감독 시스템을 통해 남은 형기를 채울 수 있도록 했다(Jarred, 2000). 이때 범죄자들은 전자감독의 감시하에서 교도소를 벗어나서 자유로운 생활을 허용받게 되는데, 기존의 전통적인 가석방 단계에서의 지도, 감독을 받는 경우와 남은 잔형기를 가석방 지도, 감독 없이 마치게 되는 경우로 구분해 볼 수 있다.

무선 주파수 장치 시스템(RF system)은 11초마다 자동적으로 구금자들의 위치를 파악하게 해 주는 장치를 말한다. 이는 전자감독을 통해 감시를 받는 범죄자들에게 보호관찰관이 직접 범죄자 본인이나 가족들에게 무작위로 전화를 걸어서 범죄자들의 위치를 확인하는 방식보다 훨씬 더 대상자들의 사생활을 잘 보호해 준다는 이점이 있다. 기본적으로 전자감독 감시 장치는 구금자의 모든 움직임을 저장하고 기록하는 기능을 갖고 있다. 혹 대상자가 지정 구역 범위 밖으로 이탈하거나 장비를 훼손할 경우, 담당 보호관찰관에게 바로 경보가 전달된다. 전자감독은 시간과 장소에 구애받지 않고, 최대 175명의 대상자들을 동시에 컴퓨터로 감시할 수 있으며, 대상자들이 특정 시간대에 직장에 있는지, 혹은 학교에 머무르는지를 전자감독 장치로 직접 확인할 수 있다는 장점이 있다(South Australia Department of Correctional Services, 2004: 3).

2001년 퀸즐랜드 州의 남동 지역에서 74명의 범죄자들을 대상으로 전자감독과 가택구금에 대한 시범실시를 실시했다. 그러나 전자장치 착용은 명령을 성공적으로 이수하는 데 생각만큼 의미 있는 영향을 미치지 않은 것으로 나타났고, 통계적으로도 유의미한 차이가 없는 것으로 나타났다. 퀸즐랜드 州 교정국(Queensland Department of Corrective Services)은 전자감독이 아무런 이득도 없는데다가 운영 비용이 많이 드는 기술이라는 것을 알게 되었다. 이에 교정 당국은 전자감독이 범죄자들의 순응 정도와 사회복귀를 향상시키는 데 크게 기여하는 바가 없다는 결론을 내리게 되었다.

2005년 12월 퀸즐랜드 정부는 빅토리아 州에서 실시된 것과 유사한 법안을 통과시켰다. 즉, 재범의 위험이 있는 경우 유죄 판결을 받은 소아성애 범죄자들에게 전자감독을 적용하게 된 것이다. 해당 법안을 바탕으로 2006년 말에는 전자감독을 전격적으로 도입, 시행할 의사가 있음을 분명히 했다. 이 제안은 퀸즐랜드 州에서 유죄 판결을 받은 소아성애자가 두 명의 소녀를 성폭행한 사건으로 인해 촉발된 것이었다. 제안된 법안은 경찰이 아동 성범죄자 금지 명령을 법원에 신청할 수 있게 했고, 소아성애자의 거주 장소와 접촉 허가인을 제한할 수 있도록 했다. 소아성애자는 공원이나 극장과 같이 어린이가 자주 모이는 장소에 출입을 할 수 없었고, 해당 장소에 200미터 이내 반경으로 접근하는 것 자체가 불가능했다. 어린 학생들이 자주 찾는 쇼핑센터에도 출입이 제한되었고, 16세 이하의 미성년 및 어린이와는 아예 어울릴 수도 없도록 했다(Odgers, 2005).

여러 州에서 GPS 기술 신뢰성 확인을 위한 시범실시가 있었고, 이에 대한 한계점과 문제점이 큰 논쟁거리로 떠올랐다. 뉴사우스웨일스 州는 성범죄자가 형기를 마치고 출소한 후 그들의 위치를 정확히 파악함으로써 지역사회의 안전을 도모하고자 GPS를 '흉악 성범죄자 관제 프로그램'의 일부분으로 발전시켰다 (New South Wales minister for corrective services and public sector reform, 2009).

2006년 웨스턴오스트레일리아 州 교정국 장관은 그해 1월부터 6월까지 세 종류의 GPS 장치 시범사업을 실시했다. 테스트 평가 결과, GPS 전자장치 기술이 전자감독 장치 피부착자의 실시간 이동 경로를 제대로 반영하지 못한다는 사실이 밝혀졌다. 전자감독이 범죄자의 이동 경로 과거 사실을 소급해서 거꾸로 재확인하는 수준에 불과하다는 입장이 대두되었다. 이에 교정국 당국은 해당 기술력에 큰 실망감을 보였다(Western Australia minister for corrective services, 2006).

　단, 퀸즐랜드 경찰청장은 성범죄자에게 GPS 기반의 감독 시스템을 배제시킬 필요가 없다는 인식을 가지고 있었다. 그러나 아직까지는 해당 위치 추적 시스템이 '완벽한 수준'은 아니라고 말했다(Australian Broadcasting Corporation, 2009). 빅토리아 州(그리고 뉴질랜드)에서 실시한 실험에서도 GPS 신호가 건물에 의해 막힐 수도 있으며, 범죄자의 위치가 잘못 나타나는 경우가 많은 것으로 나타났다(Multimedia Victoria, 2009).

테러 예방활동(Terrorism prevention)

　오스트레일리아는 전자감독을 포함한 다양한 범죄자 통제 명령을 집행할 수 있는 법률을 가지고 있다. 이에 범죄자 통제 명령이 테러 행위를 방지하는 데 어느 정도 기여할 수 있다는 의견이 제시되었다. 통제 명령은 명단에 오른 위험한 테러 위험자들을 감독할 수 있는 법적 근거가 되었는데, 주로 테러 위험자들은 테러 단체에게 훈련을 제공하거나 또는 훈련을 받았다고 의심되는 자를 지칭했다(Criminal Code Act 1995 (Cth), Division 104). 호주 보안정보기구 법(The Australian Security Intelligence Organization Act 1979) 역시 '보안 유해 행위'에 연관이 있다고 의심되는 자에게 전자 추적 장치 사용이 허용되는 것으로 보았다.　　　　　　　　　　　　　　　　　　　　　　(ASIO Act 1979)

　이런 맥락에서 보면 전자감독의 사용이 교정 차원과 테러 예방 활동 양쪽 모두에서 그 의의가 있다고 볼 수 있다. 전자감독이 가진 장점에도 불구하고 호주에서 테러와 관련된 법률 제정은 한때 여러 가지 법률적, 인권적 우려를 불러일으켰다(Byrnes et al., 2005의 예 참조). 이러한 문제들은 질서 유지, 합헌성, 국제 인권 보호 규정 준수 그리고 법적 타당성과 유효성에 영향을 미치는 복잡한 법적 문제와 관련된 것이었다. 인권문제를 고려하여 전자감독 통제 명령이 사용될 수 있는 상황인지 심도 있게 고민해야 하고, 전자감독을 테러 위험자들에게 어느 정도까지 허용할 것인지 지속적으로 인권 보호 차원에서 논의해야 할 상황이다.

기타 적용 분야(Other applications)

그 외에도 전자감독과 관련해서 재판 전 단계와 유사한 또 다른 형태에 대한 논의를 생각해 볼 수 있다. 첫 번째는 망명 신청이 진행되는 기간 동안의 난민 대상 전자감독 적용 문제이다. 호주에서는 재판 전 단계와 마찬가지로 이들에게 전자감독 위치추적 장치를 사용할 것인가에 대한 논쟁이 있었다. 현재 대부분의 망명 신청인들은 일정 시설에 구금되어 신청 결과를 기다리고 있다(Brennan, 2002). 호주 인권 위원회(The Human Rights Council of Australia)(Sidoti, 2002)는 구금 대신 전자감독을 사용할 것을 제안한 바 있다.

두 번째 관련 논의는 피의자가 고소인에게 접근하는 것을 방지하기 위한 접근제한 명령부 전자감독 활용 문제이다(Legal Aid NSW 2003). 현대 사회에서 국가가 특정 개인의 이동을 제한하고, 일상생활을 감시하는 범위와 수준을 고려해서 이 문제를 바라볼 필요가 있는바, 고소인과 피해자에게 접근하려는 피의자를 막기 위한 의도로 전자감독제도를 사용하는 것은 타당하다고 볼 수 있다. 그러나 호주에서는 이에 대한 논의만 있을 뿐 아직 어느 분야에서도 전자감독을 피의자 접근금지 명령 용도로 실제 활용한 적은 없다.

▌뉴질랜드의 입법과 전자감독 시행
(Legislation and EM practice in New Zealand)

뉴질랜드 법령 체계는 2002년도에 제정한 양형법과 가석방법 두 가지를 근거로 전자감독을 허용하고 있다. 다양한 상황하에서 범죄자에게 전자감독을 적용할 수 있다는 입장인데, 이에 대한 결정을 두 가지 법령을 근거로 허용하고 있는 것이다. 기본적으로 이 법령들은 가택구금을 금고형 대신으로 지역사회에서 활용할 수 있다고 본다(교도소 대신 자택에 구금).

2007년 10월 1일 이후 뉴질랜드에서 전자감독이 하나의 독자적인 형벌 수단으로 인정되었다. 2007년 10월 이전에는 2년 이하의 징역을 선고받은 범죄자에게 가택구금을 신청하는 권한을 주었는데, 판사가 가택구금을 명령할 수 있었다. 대상자는 '신청 권한'을 가지고 있었기에 조건부로 가택구금을 징역 대신 받을 수 있었다. 약 10%의 범죄자가 자신의 주거지에서 형기를 채울 수 있었고, 이 경우 가택구금 명령을 통해 해당 법 집행이 가능했다. 구금형 선고 시 가택구금 명령이 내려질 수 있고, 명령을 위반할 경우 교도소로 다시 보내지는 취소 절차가 있다(이 제도를 프론트엔드 전방 가택구금 정책이라고 부른다).

또한, 2년 이상 교정시설에 구금된 수형자가 가석방 자격을 부여받게 되는 경우, 가석방이 되기 5개월 전부터 가택구금을 신청할 수 있다. 이 경우 심사와 평가를 통해 가택구금이 결정되는데, 가석방으로 교도소에서 풀려나는 것보다 3개월 일찍 교도소에서 나올 때 전자감독을 부가받을 수 있다. 전자감독 적격성이 인정된 장기 복역수 중 10% 정도만이 이 제도를 통해 조기 가석방되어 가택구금을 받고 있는 것으로 나타났다(이 제도를 백엔드 후방 가택구금 정책이라고 부른다).

2007년 10월, 뉴질랜드 노동당 정부는 가택구금(전자감독을 수반한)을 구금형 선택조건부 처분이 아닌 독립된 선고의 한 형태로 도입했다(Department of Corrections, 2007b). 또한, 사회 내 구금(전자감독을 통한 외출제한) 처분도 함께 시행하기 시작했다. 가택구금과 외출제한을 통한 전자감독제도 운영으로 뉴질랜드에서 전자 감시를 받는 범죄자의 수가 기하급수적으로 늘어나게 되었다(Department of Corrections, 2009).

또한, 뉴질랜드 법률은 지역사회 내에서 흉악 성범죄자들에 대한 전자감독을 허용하였다. 다양한 법원 명령을 시행하고 있는데, 그 중에서도 가장 주목할 만한 명령은 2004년 가석방(확대된 감독) 수정법안에 의해 도입된 확대 감독 명령이라고 하겠다. 여기에서 흉악 성범죄를 예방하기 위한 목적으로 성범죄자가 석방된 이후 최대 10년까지 전자감독을 부가할 수 있다.

2005-2006 회계 연도에 뉴질랜드에서는 가택구금 명령을 받은 범죄자에게 GPS를 적용하는 실험을 실시했다. 그 결과, 일관되지 않은 효과성 평가 결과가 도출되었다. 빅토리아 州에서의 실험과 마찬가지로 전자장치 기술 자체가 신뢰할 만한 수준은 아닌 것으로 나타났다. 소수의 범죄자에게 가택구금을 적용하려는 계획이 수립되었으나, 이는 범죄자 구금 대체 수단이 아닌 적극적인 전자감독에 대한 보완책으로만 활용되게 되었다(Department of Corrections,

2006, 2007a).

뉴질랜드의 경우, 위성 추적도구를 활용한 전자감독 시범실시가 이루어지기도 했다. 그러나 전자감독은 주로 가택구금 명령을 받은 범죄자를 관리, 통제하는 도구로만 사용되었다. 한 연구 자료에 따르면, 가택구금 명령에 대한 제한적인 정보를 활용해서 해당 부가 실태를 살펴본 결과, 2003년과 2004년의 데이터 내에서 약 1,950건의 가택구금 명령이 집행된 것으로 나타났다(Department of Corrections, 2005), 일일 평균 가택구금자(라는 명칭으로 불리고 있다) 수는 595명인 것으로 나타났다(〈표 4.2〉 참조).

가택구금자에 대한 인구사회학적 통계 정보를 살펴보면, 가택구금자들 중 10%가 16세 이상 19세 이하였으며, 20세에서 29세 사이가 29%, 30세에서 49세 사이가 47%, 그리고 50세 이상이 13%인 것으로 나타났다(Department of Corrections, 2004). 가택구금자의 19.8%가 여성이었으며, 80.2%는 남성인 것으로 나타났다. 수형자의 여성 비율이 5-6%선이며, 사회 내 형벌이 18%인 점을 감안하면, 이 수치는 상대적으로 여성 비율이 매우 높은 것이라고 할 수 있다(Department of Corrections, 2004). 인종별 데이터를 보면, 가택구금자의 46%가 유럽계이며, 유럽계 마오리족이 4%, 마오리족이 35%, 태평양 민족이 8%, 마오리족 태평양 민족이 1%, 그리고 나머지 기타 인종이 6%인 것으로 나타났다(Department of Corrections, 2004). 뉴질랜드 가택구금자의 평균 가택구금 기간은 약 13주 정도인 것으로 나타났다(Gibbs, 2004).

성공적 가택구금 이행 종료율을 보면, 전체 가택구금 이행 비율이 82%에서 90%로 매우 높은 것으로 나타났다(Department of Corrections, 2009). 교정국(2008)의 데이터에 따르면, 가택구금 명령을 받은 범죄자의 2년 내 재범 비율은 26%에서 37% 사이인 것으로 나타났다. 이 수치는 가석방된 범죄자(44%의 재범 비율)와 사회내 형벌을 받은 범죄자(43%)에 비해 훨씬 양호한 수치라고 볼 수 있다(Department of Corrections, 2008). 전자감독을 통해 추가적인 감시를 받는 가택구금자가 명령을 이행하는 동안에 범행을 저지를 확률은 훨씬 더 적다고 하겠다(Gibbs, 2004).

가택구금 제도는 현재 교정국(Department of Corrections) 공무원들과 전자감독 관제 장치 및 준수사항 이행 여부 확인 담당자(일반 민간 기업)들이 협력해

표 4.2 2003년 뉴질랜드의 가택구금: 일일 평균 대상자 수

지역	N	%
오클랜드	53	8.9
크라이스트처치	113	19
더니든/인버카길	39	6.6
해밀턴	34	5.7
호크스베이/기즈번	46	7.7
기즈번	54	9.1
넬슨/말보로/웨스트코어스	21	3.5
노스랜드	37	6.2
타라나키/왕거누이/타라루아	37	6.2
베이오브플렌티	84	14.1
웨이테마타	36	6.1
웰링턴	41	6.9
뉴질랜드(합계)	595	100

출처: Department of Corrections (2004)

서 함께 집행하는 공동 운영방식을 따르고 있다. 가택구금 명령을 받은 범죄자의 집중 보호관찰은 지역사회 보호관찰 서비스국의 소관 업무로 볼 수 있다. 일반 민간 기업이 아닌, 보호관찰 서비스국이 업무를 진행한다는 것은 상당히 높은 강도의 감독, 범죄자 일상활동 교정 개입을 실시한다는 것을 의미한다. 개개의 가택구금 명령은 여러 단계에 걸쳐 진행된다.

예를 들면, 1단계에서는 보호관찰관이 선고 기간의 절반이 되는 기간까지 이루어지는 활동을 말한다. 많게는 수개월이 될 수도 있는데, 이 기간 동안에 범죄자를 일주일에 세 번까지 만날 수 있다. 또한, 약물 오용, 분노 통제, 상담, 공격적 성향 개선, 그리고 직업 훈련 등의 프로그램에 참석해야 한다는 조건도 부가할 수 있다. 1단계에서는 범죄자가 할 수 있는 활동이 매우 제한적이다. 시장에 가서 쇼핑을 한다거나, 병원에 치료를 받으러 간다거나, 장례식에 참석한다거나, 종교 활동을 한다거나, 직장에 다닌다거나, 공부를 하는 것 등의 일부 활동만 허용된다. 물론, 보호관찰관의 재량으로 범죄자가 자택을 벗

어나 다른 기타 활동도 할 수 있다. 그러나 보호관찰관이 허가하는 행동 외에는 항상 자택에 머물러 있어야 한다. 어린 자녀가 있는 여성에게 1단계는 극심한 스트레스 유발 상황일 수 있다.

2단계에서는 가택구금자가 한 달에 한 번 일반 사적 모임 행사에 참석하는 것을 허용한다. 그리고 얼마간의 여가 시간도 허용된다. 3단계와 4단계에서는 점차적으로 더 많은 개인적 모임 참석 및 사교적 나들이가 허용된다. 가택구금의 전반적인 목표는 조기 석방을 제외한다면 철저히 범죄자의 사회복귀와 재통합에 있다고 하겠다. 따라서 집중 보호관찰과 교정프로그램은 이런 목표를 달성하기 위한 하나의 전략적인 수단이라고 말할 수 있다.

가택구금 적용을 받는 모든 범죄자는 전자감독 및 보안 직원의 24시간 모니터링하에 있어야 한다. 전자 관제 장비는 무선 주파수 관제를 사용하여 전용 전화선과 무선 네트워크를 활용한 방식이다. 범죄자는 전자감독 장치를 착용해야 하며, 재택 전자감독 장치는 자택에 설치된 장비에 지속적으로 신호를 보내는 기능을 갖추어야 한다. 범죄자가 가택구금 담당 보호관찰관의 사전 허락 없이 자택을 벗어날 경우, 즉시 경보음이 울리게 된다. 보안 직원은 위반 사실을 확인하고, 후속 조치를 할 수 있도록 그 사실을 보호관찰관에게 보고해야 한다.

추가적으로 감시담당 민간경비 기업이 무작위적 관제를 통해 범죄자가 있어야 할 장소에 있는지 확인할 필요가 있다. 만약 위반이 전자감독 장치의 단순한 오류나 기술적인 문제로 일어난 경우 별도의 조치는 취하지 않는다. 뉴질랜드의 일부 지역에서는 아직까지도 무선 관제를 통한 전자감독이 기술적으로 충분히 완벽하게 범죄자 관리, 통제 업무를 진행할 수 없는 상황이고, 많은 기술적 문제를 야기하는 것으로 알려져 있다. 이러한 이유 때문에 전자감독 장비를 100% 신뢰하지 않는다고 하겠다.

가택구금 범죄자는 스스로 가택구금의 조건에 동의하고, 그 조건을 사전에 숙지하고 있어야 하며 그 후 관련된 준수사항에 모두 따라야만 하는 책임이 있다. 가택구금 명령은 가택구금을 실시함에 있어 가석방 위원회와 법원에 의해 부과된 법정 조건 및 특별준수사항 등을 광범위하게 포함하고 있다. 이런 조건들을 위반할 경우, 가택구금 담당 보호관찰관은 대상자에 대한 처벌, 관련법 위반 재판 또는 교소도의 재수감 등을 위한 후속 집행절차를 실시할 수 있다.

▋ 전자감독에 대한 논란 및 장단점
(Controversies, advantages and disadvantages of EM)

과거 오스트레일리아와 뉴질랜드 양국에서 세간의 이목을 끄는 유명한 전자감독 관련 일화가 있었다. 주로 유명 인사들에 대한 감시 문제와 관련된 것이었는데, 이런 사건들로 인해 전자감독 활용 논쟁이 많은 사람들의 관심을 끌었다. 뉴질랜드 헤럴드(The New Zealand Herald)에서는 2003년 전국적으로 방송하는 TV3의 뉴스앵커가 약물 관련 범죄를 저지른 적이 있었다. 체포된 후 앵커에게 가택구금이 부과되었고, 관련 기사는 사람들의 큰 흥미를 모았다 (New Zealand Herald, 2003). 이 사건이 아니었더라면 언론에서 전자감독에 대해 큰 흥미를 가지고 해당 제도를 진지하게 다루지 않았을 것이다. 기사 보도 이전에는 범죄자들을 감시하려는 목적의 전자감독에 대한 대중들의 관심이 대체로 높지 않은 편이었다(Gibbs and King, 2003).

2005년 7월 빅토리아 州(오스트레일리아)에서는 전자감독이 사용된 특정 사건에 대해 언론이 상당히 큰 관심을 보였다. 6명의 아동을 대상으로 성폭행을 일삼았던 성범죄자가 12년간의 복역을 마치고 가석방으로 풀려나면서 전자감독 장치를 부착받게 된 것이었다. 73세가 될 때까지 15년간 전자감독 감시를 받았던 그는 외출 시 항상 당국의 허락을 받아야 했고, 혼자 살아야만 했다. 그리고 미성년자와의 접촉 및 학교와 유치원, 보육원 근처에서 거주하는 것이 일체 금지되었다. 또한, 일주일에 여러 차례에 걸쳐 의료적 치료를 받아야 했으며 당국에 정기적으로 치료 상황을 보고해야 했다. 이는 전자감독 감시 조건에 대한 국민적 이해가 높아지는 계기가 되었다. 감시 대상자에게 주로 저녁 시간대에는 외출제한명령이 내려졌고, 아이들과 마주칠 수 있는 시간대에는 외출금지명령이 내려졌었다. 여행도 보호관찰관의 감시하에서만 가능했다. 성범죄자는 어린 남자아이들을 유괴한 후 아이들의 머리를 밀고 강간하는 범행수법으로 인해 '미스터 대머리(Mr. Baldy)'라는 별명으로 불렸다(Shiel, 2005). 6명의 아동을 대상으로 성폭행을 한 이 남성은 1980년대에 8년의 징역형을 받고 교도소에 수용되었으나, 출소 직후 2명의 남아를 추가적으로 성폭행해 징역 14년을 선고 받고 재수감된 고위험 범죄자였다.

그가 가석방으로 풀려나자 그의 과거 피해자들은 큰 우려를 표했고, 범죄 피해자 지원 단체들은 석방 소식에 재범의 위험성에 대한 두려움과 우려를 표명했다. 그러나 실은 대부분 그가 가석방으로 풀려난다는 사실에 대한 비난을 퍼부은 것일 뿐, 전자감독의 사용 자체에 대해 완전히 공개적으로 비난한 것은 아니었다(Milovanovic, 2005). 기자들은 범죄자의 자택 위치를 찾아내는 데 성공했고, 그는 곧 괴롭힘의 대상이 되었다. 교도관들은 범죄자의 자택을 결국 교도소 주변으로 이전시킬 수밖에 없었다. 그는 빅토리아 州 아라라트 교도소 (Ararat prison) 근처의 외딴 마을이자 '저주받은 도시(the village of the damned)'라고 알려진 작은 동네에서 생활할 수밖에 없게 되었다. 그가 머물렀던 마을은 대다수의 거주자가 연장된 보호관찰 명령을 받았거나 지속적인 전자감독 감시하에 있던, 중범죄자들이 모여 살던 동네였다.

2005년 크리스마스 직전에 해당 범죄자에 대한 가석방 논란이 다시 불거졌다. 그 당시 크리스마스를 기념해 교도소에서는 아이들이 재소자들을 위한 크리스마스 공연을 할 예정이었다. 문제는 그가 교도소 근처에 산다는 점이었다. 논란을 잠재우기 위해 그를 파티가 진행될 동안 교도소에서 멀리 떨어진 곳에 잠시 머무르도록 하는 조치가 진행되었다(Dowsley and Hodgson, 2005). 그 후, 2008년 11월 30일부터 12월 15일까지 16일간 그가 전자감시에 벗어나 '감시 중단(Off the air)' 상태였다는 점이 밝혀지면서 많은 사람들이 흥분했다. 그가 장치의 메인 전원을 끄고 집에 설치된 전자감독 장비 일부(monitoring station)를 망가뜨렸던 것이다(Wilkinson, 2010a). 그가 마을을 돌아다니는 동안 다른 자택에 설치된 자택 감독 장치가 그의 발목에 찬 발찌를 감지했다. 전자발찌와 40미터 범위 안에 위치해 있었기 때문에 아무런 경보음도 울리지 않았고 뒤늦게 해당 사고가 있었던 것을 보호관찰관이 감지한 것이다.

또 다른 예는 2010년 1월, 아라라트 교도소 근처의 마을에서 도주한 강간범에 대한 보도이다(Wilkinson, 2010b). 이때 당국은 그가 거주 허용 구역 범위를 벗어났다는 사실을 알게 되었다. 그러나 그가 차고 있던 전자감독 장치는 그의 위치를 추적하는 데 실패했다. 이러한 일련의 추가 범죄 사건들이 발생함에 따라 범죄자가 지정범위를 벗어날 경우를 대비해 GPS 모니터링이 최신 전자 감시 기술과 결합될 필요성이 있다는 사실을 인지하게 되었다.

전자감독의 장단점은 매우 다양하다. 그 중 가장 주목할 것은 바로 전자감독이 교도소 수용인원을 감소시킬 수 있는 대안이라는 점이다. 즉, 현존하는 비구금형 제재수단을 계속 늘리는 차원의 전자감시보다는 교도소의 효과적인 대안으로 다뤄질 필요가 있다. 그러나 현재 전자감독으로 풀려난 인원이 꽤 많음에도 불구하고 수용인원이 감소하는 현상은 분명하게 나타나지 않고 있다(Gibbs, 2004). 따라서 전자감독이 보여준 교도소 수용인원 감소 효과는 생각만큼 크지 않을 수 있다. 이에 대한 의견은 아직도 팽팽하고 학자마다 의견이 분분한 상태이다. 전자감시의 사용이 기존의 사회 내 형벌 기능을 향상시킬 것인지, 혹은 구금시설의 효과적인 대안이 될 것인지 정확히 알 수 없는 상황이라고 하겠다.

그러나 전자감독은 비용을 절감하는 데에는 분명 큰 효과가 있다(Richardson, 1999). 뉴질랜드, 뉴사우스웨일스, 미국, 그리고 영국을 포함한 많은 국가의 사례가 이를 증명해 준다(Maxfield and Baumer, 1990; Richardson, 1999; Jared, 2000). 범죄자 본인이 전자감독 시스템을 부담하는 경우라면 비용절감 측면에서 봤을 때 더 확실하게 이점이 있다. 그러나 ACT를 살펴보면, 2001년 10월에 새로이 도입된 가택구금 시스템이 보호관찰에 쓰이는 비용을 2000−2001년 3,126달러에서 2002−2003년 5,861달러로 눈에 띄게 증가시켰음을 알 수 있다(Productivity Commission, 2004). 단, 전자감독의 긍정적인 효과, 즉 대상자들의 직장 생활 유지와 가족 간의 유대 연결 등은 결국 범죄자 사회복귀로 이어질 가능성이 크기에 이에 대한 긍정적 효과 측정 연구가 현재에도 계속 진행되고 있는 상황이다(Liverani, 1998; Bonta et al., 1999; Gibbs and King, 2001; Mortimer, 2001; Payne and Gainey, 2004 참조).

전자감독이 지니는 단점은 범죄자들을 수감시킬 수밖에 없다는 점이다. 전자감독은 추적대상에게 물리적 제지를 가할 수 없고, 당국이 개입하기 전에 위험한 범죄자들이 범죄를 일으킬 가능성이 높을 때 사용하는 방법이다. 게다가 전자감독과 결합된 가택구금이라는 다소 '덜 귀찮은 상황'을 이용해서 범죄자를 집에 가두어 놓는 것이다. 형 집행에 대해 대중들과 몇몇 피해자들은 범죄자들에게 너무 관대한 처사를 내린다고 불평할지도 모른다. 그럼에도 불구하고 전자감독에 대한 범죄자들의 생각은 교도소 구금만큼 가혹하다는 연구 결과가 있다(Payne and Gainey, 1998; Gibbs and King, 2001). 전자감독 대상자들의 가족들 또한 이와 같은 이유로 인해 매우 심각한 전자감독 관련 스트레스와 부담을 느끼는 것으로 나타났다(Doherty, 1995; Jarred, 2000).

뉴질랜드와 오스트레일리아 양국에서 전자감독 관련 안건은 바로 대상자 가족들이 감내해야 하는 범죄자에 대한 '지원' 문제이다. 대상자들과 함께 거주하는 가족들이 범죄자를 신뢰하고 지원하고 있다는 것을 보여주어야 재택감독이 제대로 운영되는데, 가족들은 사전에 그렇게 하는 것에 동의해야 할 책임이 있다. 이들은 거주지에 전자감독 장치를 설치하고 가택구금 시 지켜야 할 사항과 조건을 범죄자와 함께 준수하며, 대상자들과 함께 살겠다는 데 동의해야 하고, 동의서에 공식 서명을 해야 한다. 이는 먼저 대상자들의 동의를 구하고 난 후 시작되는 절차이다.

전자감독 대상자 가족들은 자신들의 배우자 혹은 자녀에게, 그들이 준수해야 할 준수사항을 잘 지키겠다는 약속을 담당 보호관찰관 혹은 감독관에게 보여주어야 한다. 가족들의 역할은 실제 상당한 부담이 될 수 있다. 예를 들어, 대상자들의 식비에 드는 추가적인 비용, 약속시간과 장소에 맞춰 데려다주고 데리러 오는 데 드는 시간, 그리고 대상자들을 감독하기 때문에 평소보다 더 심각해진 스트레스 등이 가족들이(대부분 여성들) 느끼는 추가적인 부담이라고 하겠다(Gibbs, 2004).

전자감독이 우선적 양형 조건으로 인정되면서 형벌 방식이 과거보다 더 무겁게 운영될 가능성이 있다는 우려가 제기되었다(Jarred, 2000). 이를테면 이전에는 단지 보호관찰이나 집행유예로 형을 선고 받았을 범죄자들이 이제는 전자감독을 부가 받게 되는 상황이 만들어진 것이다. 양형 결정인들(sentencers)은 서슴없이 전자 가택구금(electronically enforced home detention)을 선고하여 범죄자들로 하여금 당장 수감 될 가능성에서 벗어나게 될 것에 감사하라는 식의 태도를 보일 수도 있다(Fox, 1987: 141-142). 하지만 감시의 조건을 위반하게 되면, 범죄자에게 다시 교도소에 구금되는 결과가 초래되어 형사사법 처벌망이 넓어지는 역효과를 가져온다고 하겠다. 전자감독 대상자가 준수사항을 위반하게 되면, 이는 실제 교정시설 구금으로 이어질 가능성이 매우 큰 것이 사실이다.

▌윤리적인 관점에서의 고려사항(Ethical concerns)

형사사법제도의 관점에서 봤을 때 전자감독의 사용은, 여러 윤리적, 법적, 실무적 문제를 일으킨다. 범죄자의 교정을 목적으로 하는 경우, 특정 기술을 보호관찰관 대신 활용하는 것이 타당한지에 대한 의문이 제기된다. 범죄자에 대한 감시와 이동 제한이라는 목적을 이루기 위해 현대 감시 기술의 힘을 빌렸을 때, 형벌이 정말 제대로 작동한 것인지에 대한 의문점이 생기는 것이다. 비록 그 자체는 처벌에 속하지 않지만, 전자감독은 가택구금과 같이 사법상 부과된 처벌(judicially imposed punishment)과 결합하여 인간의 자유에 대해 제한을 초래한다.

오스트레일리아에서 진행된 체계적인 전자감독 평가 연구(systematic research)는 아직까지 범죄자들의 전자감독 경험에 대한 일관된 효과성 결과를 입증해 내지 못하고 있다(Richardson, 1999; Studerus, 1999). 그러나 입증되지 않은 증거들로 미루어 보아 교도소에서와 같은 '폭력과 위협, 그리고 굴욕적인 처벌'은 아니더라도 전자감독이 분명 그다지 유쾌한 경험은 아니었을 것이라고 쉽게 추측해 볼 수 있다(Keayimposed, 2000).

반면, 뉴질랜드의 경우, 깁스와 킹의 연구(2001, 2003)에서 나온 사례를 살펴보면 전자감독 및 가택구금 형은 대상자와 가족들 모두에게 심리적 고통 및 추가적 부담을 가하는 것으로 볼 수 있다. 전자감독은 신체적, 정신적 건강을 해칠 가능성이 매우 크다. 전자감독 프로그램의 전원이 꺼지지 않는 이상, 대상자가 어디를 가든지 범죄자의 일거수일투족이 계속 확인될 수밖에 없다. 특히 몸에 부착된 장치, 혹은 피부 표면 아래 이식된 전자 장치를 통해 지속적인 감시행위가 이루어지는데, 이는 시민의 자유 침해에 관한 문제를 불러일으킬 수 있다(The Economist, 2002; Bright, 2002; 미니어처 비디오카메라에서 Fabelo, 2001도 참조).

이 시점에서 전자감독의 부가 범위와 적용, 그리고 가해제에 관한 복잡한 문제에 대한 의문이 제기된다. 장치를 부착할 때 무력을 행사하는 것이 과연 사회적으로 용납될 수 있는 것일까? 만일 범죄자가 특정 시간 외출제한 명령 대상자라면, 과연 당국은 특정 시간 이외의 정상적인 외출 시 범죄자의 위치

를 추적할 수 있는 권한이 당연히 있다고 가정할 수 있는가? 범죄자의 위치정
보는 어떤 목적을 가지고 사용해야 하는 것일까? 미국에서 현재 시행하고 있
는 시스템은 대상자의 움직임과 범죄 기록을 비교하여 그가 범죄현장에 방문
한 기록이 있을 시 당국에 알리는 것을 원칙으로 하고 있는데 여기에는 아무
런 문제가 없는 것인가(Scheeres, 2002)?

　오스트레일리아를 비롯한 많은 국가에서는 민간 기업이 법정기관을 대신
하여 전자감독 시스템을 운용하고 있는 상황에 있다(Maxfield and Baumer, 1990;
Richardson, 1999). 또한, 민영교도소의 사례에서 볼 수 있듯이 상업적 이윤 추
구 목적과 책임문제 등 다양한 논쟁이 전자감독 운영 수면 위로 올라오게 되
었다(Harding, 1998). 전자감시 프로그램을 통해 감시체제하에 놓인 범죄자들
중 일부는 감시와 장치 비용을 내도록 강요받는다(Maxfield and Baumer, 1990;
Scheeres, 2002). 그러나 전자감독 운영에 있어 뉴질랜드와 오스트레일리아에서
는 이런 일들은 유례가 없는 일이었다.

　지역사회 내에 머무르는 범죄자들이 계속해서 고용상태를 유지할 수 있
다는 주장은 부분적으로만 증명된 전자감독제도의 장점이다(물론 이는 어울리는
일을 찾았을 때의 일이지만). 그러나 이러한 주장을 잇는 타당한 연결고리는 지역
사회 프로그램에 참여하는 모든 범죄자들이 자신들이 직접 교정에 드는 비용
을 지불해야 한다는 점이다. 이는 저소득층에 속한 범죄자들과 생활비가 많이
드는 대상자들에게는 분명 상당히 어려운 일이다. 그렇다면 진정 범죄자의 고
용 유지 및 직장 생활 유지가 큰 의미가 있다고 볼 수 있을까?

▮ 전자감독의 미래(The future of EM)

　전자감독의 활용은 교정프로그램의 비용 효율성을 높이는 데 많은 이점
이 있다. 또한, 범죄자의 사회복귀와 법정에서 선고하는 형의 범위를 확장시키
는데 유용한 기회가 됨이 분명하다. 그러나 과거 20여 년 동안 계속해서 전자
감독을 범죄자들에 적용했음에도 불구하고, 아직 해결해야 할 법적, 윤리적,
그리고 실무적 문제가 많이 남아 있다.

전자감독에 대한 평가 분석 연구 결과는 아직 제대로 나오지 않은 상태이다. 그럼에도 불구하고 오스트레일리아와 뉴질랜드 양국의 보호관찰기관에서는 전자감독 관련 기술을 받아들이기로 결정했다. 이는 새로운 기술을 받아들이는 데에 있어서 상당히 이례적인 행동이다. 전자감독을 만병통치약인 아스피린에 비유한 렌제마와 메이요 윌슨(Renzema and Mayo-Wilson, 2005)은 다음과 같이 주장한 바 있다. 전자감독이 재범률을 줄이는 데 효과적인지 아닌지에 대해서는 아직 입증된 바가 없으며, 그렇기 때문에 전자감독이 사용되어야 하는지에 대해서도 정확히 알 수 없고 의문만 남은 상태다.

이미 오스트레일리아와 뉴질랜드에서는 전자감독을 대체할 적절한 대안이 보호관찰형 속에 이미 충분히 갖추어져 있다. 양질의 범죄자 개입 교정프로그램을 통해 정상적인 사회복귀 활동을 이행토록 하고, 범죄자 감시 업무는 고위험군에게 한정해서 실시되어야 할 것이다. 다시 말하면, 향후 전자감독 운영 방향을 해당 제도가 가진 장점을 극대화시키는 방식으로 변화시킬 필요가 있다. 저위험군 범죄자에게는 전자감독 대신 일반 보호관찰과 같은 기본적인 교정 활동 방안이 적용되면 족하다(Bonta et al., 1999). 새롭게 도입된 전자감독 프로그램은 성별 특수성에 대한 사항을 고려할 필요도 있다. 여성범죄자들의 욕구를 보장하고, 남성범죄자 가족들의 편의를 봐주어야 할 것이다. 이는 육아와 직장 유지, 고용에 대한 범죄자 본인과 동거 가족들의 책임 문제를 고려한 것이다(Maidment, 2002; King and Gibbs, 2003).

현재 시행되는 최신 전자감독 기술은 개인의 사생활을 침해하는 문제를 줄이는 쪽으로 운영되고 있다. 효율적인 시스템도 과거의 초기 장치보다 많이 좋아진 것이 분명하다. 그러나 여전히 감시 장치가 갖고 있는 본질적인 기능이 범죄자 인권 침해와 과잉규제이기에 이에 대한 우려를 불러올 수 있다.

이러한 전자장치 기술이 앞으로 계속해서 채택될 경우 가장 생산적이고 윤리적인 방식으로 사용될 수 있도록 만전을 기해야 할 것이다. 특히, 전자감독 기술이 효율성과 전문성이라는 면에서 최대한 이점을 발휘할 수 있도록 해야 할 것이다. 전자감독의 시행을 늘리는 데 있어서 철저한 사전 효과성 평가 분석 연구가 선행될 필요가 있다. 만약 평가 연구가 완료되지 않았다면 시행 자체를 연기하는 것이 바람직할 것이다. 카셀라(Casella, 2003: 92)가 낸 경고성

짙은 의견은 현재 상황에서 의미하는 바가 크고, 법 집행 맥락에서 되짚어 볼
가치가 충분한 것이다.

> "기술이 사용된 역사가 길면 길수록, 해당 기술이 우리 사회에 더욱 깊이 자리
> 잡을 가능성이 큰 법이다. 새로운 기술이 도입되거나 기존의 기술이 새로운 방식
> 으로 대체될 경우, 그 사용법을 변경하는 것과 그 폐해 결과를 통제하는 일은 훨
> 씬 더 쉬울 수도 있다. 분명한 것은 이러한 기술 발전이 불러일으킨 의도치 않은
> 부작용과 해당 결과에 대해 끝없이 의문을 제기하는 태도를 갖는 것이다. 그리고
> 중요한 것은 바로 그 시점이 지금이라는 것이다."

Notes

1　이 장에 나타난 관점들은 오스트레일리아나 뉴질랜드 정부의 정책을 대표하여 기술한 것이 아
　닌 특정 저자의 시각에 기하여 작성된 것임을 밝힌다. 이번 장을 준비하는 데 있어 많은 도움을
　준, 현재 모나쉬 대학교의 박사과정을 밟고 있는 레이첼 헤일(Rachel Hale) 학생에게 감사를 표
　명한다.

참고문헌(References) ──────────────────────────── ○ ○ **O**

Adult Parole Board of Victoria (2005) *Annual Report 2004-05* (Melbourne: Adult Parole Board of Victoria). Online. Available at: www.justice.vic.gov.au/ CA256902000FE154/Lookup/DOJ_CORRECTIONS_PART3/$file/APB_Annual_Re port_0405.pdf.

Albrecht, H.J. (2003) 'The place of EM in the development of criminal punishment and systems of sanctions', in M. Mayer, R. Haverkamp and R. Lévy, (eds) *Will Electronic Monitoring Have a Future in Europe?* (Freiburg: Max Plank Institute), pp. 249-264.

Aungles, A. (1995) 'Three bedroomed prisons in the Asia Pacific region: home imprisonment and electronic surveillance in Australia, Hawaii, and Singapore', *Just Policy*, 2, pp. 32-37.

Australian Broadcasting Corporation (ABC) News (2009). 'Government considering GPS tracking of sex offenders', 16 June. Online. Available at: www.abc.net. au/news/ stories/2009/06/16/2599424.htm.

Bagaric, M. (2002) 'Home truths about home detention', *The Journal of Criminal Law*, 66:5, pp. 425-443.

Bonta, J., Wallace-Capretta, S. and Rooney, J. (1999) *EM in Canada* (Canada: Solicitor General Canada).

Brennan, F. (2002) 'Australia's refugee policy: facts, needs and limits'. Online. Available at: www.ceo.parra.catholic.edu.au/pdf/sjustice/fb_paper.pdf.

Bright, M. (2002) 'Surgical tags plan for sex offenders', *The Observer*. Online. Available at: http://society.guardian.co.uk/children/story/0,1074,842393,00.html.

Byrnes, A., Charlesworth, H. and McKinnon, G. (2005) 'Human rights implications of the Anti-Terrorism Bill 2005', Letter of advice to Mr John Stanhope, 18 October. Online. Available at: www.chiefminister.act.gov.au/docs/_20051018. pdf.

Casella, R. (2003) 'The false allure of security technologies', *Social Justice*, 30:3, pp. 82–93.

Church, A. and Dunstan, S. (1997) *Home Detention: The Evaluation of the Home Detention Pilot Programme 1995–1997* (Wellington: Ministry of Justice).

Crowe, A.H. (2002) 'Electronic supervision: from decision–making to implementation', *Corrections Today*, 64:5, pp. 130–133.

Department of Corrections (2004) *Census of Prison Inmates and Home Detainees 2003* (Wellington: Department of Corrections).

Department of Corrections (2005) *Corrections News March 2006* (Wellington: Depart ment of Corrections).

Department of Corrections (2006) *Department of Corrections Annual Report 2005/6*, (Wellington: Department of Corrections).

Department of Corrections (2007a) *Corrections News September 2007* (Wellington: Department of Corrections).

Department of Corrections (2007b) *Corrections News November 2007* (Wellington: Department of Corrections).

Department of Corrections (2008) *Department of Corrections Annual Report 2007/8* (Wellington: Department of Corrections).

Department of Corrections (2009) *Department of Corrections Annual Report 2007/8* (Wellington: Department of Corrections).

Department of Justice (2002) *Annual report 2001–2002* (Perth: Department of Justice). Online. Available at: www.department.dotag.wa.gov.au/_files/DOJ_AnnualReport_ Full.pdf.

Doherty, D. (1995) 'Impressions of the impact of the EM program on the family', in K. Schulz (ed.) *EM and Corrections: The policy, the operation, the research* (Canada: Simon Fraser University), pp. 129–141.

Dowsley, A. and Hodgson, S. (2005) 'Mr Baldy spoils party: evil cloud over kids' Christ mas', *Herald–Sun* (Melbourne), 1 December, p. 4.

The Economist (2002) 'Something to watch over you: surveillance', 17 August.

Fabelo, T. (2001) ' "Technocorrections": promises and uncertain threats', *Crime & Justice International*, March, pp. 11–12/30–32.

Fox, R.G. (1987) 'Dr Schwitzgebel's machine revisited: EM of offenders', *Australian* and *New Zealand Journal of Criminology*, 20:3, pp. 131−147.

Fox, R.G. (2001) 'Someone to watch over us: back to the panopticon?', *Criminal Justice*, 1:3, pp. 251−276.

Gibbs, A. (2004) 'A letter from New Zealand: home detention − emerging issues after the first three years', *Crime Prevention and Community Safety*, 6:3, pp. 57−64.

Gibbs, A. and King, D. (2001) *The Electronic Ball and Chain? The Development, Opera tion and Impact of Home Detention in New Zealand* (Dunedin: Community and Family Studies, University of Otago).

Gibbs, A. and King, D. (2003) 'The electronic ball and chain? The operation and impact of home detention with EM in New Zealand', *Australian and New Zealand Journal of Criminology*, 36:1, pp. 1−17.

Grabosky, P.N. (1998) 'Technology and crime control', T*rends and Issues in Crime and Criminal Justice*, No. 78 (Canberra: Australian Institute of Criminology).

Harding, R. (1998) 'Private prisons in Australia: the second phase', *Trends & Issues in Crime and Criminal Justice*, No. 84, Australian Institute of Criminology.

Henderson, M. (2006) 'Benchmarking study of home detention programs in Australia and New Zealand', Report to National Corrections Advisory Group. Online. Available at: www.justice.vic.gov.au/wps/wcm/connect/DOJ+Internet/ Home/Sentencing/Home+Detention/JUSTICE+−+Benchmarking+Study+ of+Home+Detention+Programs +in+Australia+and+New+Zealand.

Jarred, W. (2000) 'EM: Corrective Services Bill 2000', Legislation Brief 11/00, Queens land Parliamentary Library.

Keay, N. (2000) 'Home detention: an alternative to prison?', *Current Issues in Criminal Justice*, 12:1, pp. 98−105.

King, D. and Gibbs, A. (2003) 'Is home detention in New Zealand disadvantaging women and children?', *Probation Journal*, 50:2, pp. 115−126.

King, S., Bamford, D. and Sarre, R. (2005) 'Factors that influence remand in custody: final report to the Criminology Research Council', Social Policy Research Group.

Legal Aid NSW (2003) 'Apprehended violence orders'. Online. Available at: www. lawlink.nsw.gov.au/lac/lac.nsf/pages/avoapply.

Liverani, M.R. (1998) 'Slow take－up for home detention: magistrates cool, many lawyers unaware of the option', *Law Society Journal*, February, pp. 42－48.

Maidment, M.R. (2002) 'Toward a women－centred approach to community－based correc tions: a gendered analysis of EM in Eastern Canada', *Women and Criminal Justice*, 13:4, pp. 47－68.

Mainprize, S. (1996) 'Elective affinities in the engineering of social control: the evolution of EM', *Electronic Journal of Sociology*. Online. Available at: www.sociology.org/content/vol. 002.002/mainprize.html.

Marien, M. (2002) 'Recent developments in criminal law legislation in New South Wales'. Online. Available at: www.lawlink.nsw.gov.au/clrd1.nsf/pages/Recent%20Developments%20Speech.

Martin, J.S., Hanrahan, K. and Bowers, J.H. (2009) 'Offenders perceptions of home arrest and EM', *Journal of Offenders Rehabilitation*, 48, pp. 547－570.

Martinovic, M. (2007) 'Home detention: issues, dilemmas and impacts for co－residing family members', *Current Issues in Criminology*, 19, pp. 90－105.

Maxfield, M.G. and Baumer, T.L. (1990) 'Home detention with EM: comparing pretrial and postconviction programs', *Crime & Delinquency*, 36:4, pp. 521－536.

Milovanovic, S. (2005) 'Mr Baldy released: but under strict watch', The Age (Melbourne), 14 July.

Mortimer, E. (2001) 'EM of released prisoners: an evaluation of the Home Detention Curfew Scheme'. *Research Findings* No. 139, Home Office.

Mukherjee, S. (1999) 'Intermediate sanctions: EM and house arrest', in G. Newman (ed.), *Global Report on Crime and Justice* (New York: Oxford University Press), pp 89－102.

Multimedia Victoria (2009) 'Smart SME's Market validation program technology requirement specifications: EM of high risk offenders'. Online. Available at: www.mmv.vic.gov.au/Assets/2289/1/MVPTRS_DoJ_MonitoringHighRiskOffenders.pdf.

National Trust of Australia (Victoria) (1991) *The Old Melbourne Gaol* (Melbourne: National Trust of Australia － Victoria).

New South Wales minister for corrective services and public sector reform (2009) 'Sex offender monitoring program doubled', media release, 30 August. Online. Available at: www.dcs.nsw.gov.au/information/media_releases/30% 20Aug%202009%20–%20Sex%20offender%20monitoring%20program%20doubl ed.pdf. New South Wales Parliament, Legislative Council, Standing Committee on Law and

Justice (2005) 'Back–end home detention', Report No. 28, Legislative Council, Stand ing Committee on Law and Justice.

New Zealand Herald (2003) 'Home is where the prison is', 16 September.

Odgers, R. (2005) 'New laws to restrict pedophile movement', *Courier Mail*, (Brisbane) 13 December. Online. Available at: http://couriermail.news. com. au/printpage/0,5942,17545290,00.html.

Payne, B.K. and Gainey, R.R. (1998) 'A qualitative assessment of the pains experienced on EM', *International Journal of Offender Therapy and Comparative Criminology*, 42:1, pp. 149–163.

Payne, B.K. and Gainey, R.R. (2004) 'The EM of offenders released from jail or prison: safety, control, and comparisons to the incarceration experience', *The Prison Journal*, 84:4, pp. 413–435.

Productivity Commission (2004) *Report on Government Services 2004* (Canberra: Steering Committee for the Review of Government Service Provision).

Productivity Commission (2005) *Report on Government Services 2005* (Canberra: Steering Committee for the Review of Government Service Provision).

Productivity Commission (2006) *Report on Government Services 2006* (Canberra: Steering Committee for the Review of Government Service Provision).

Productivity Commission (2007) *Report on Government Services 2007* (Canberra: Steering Committee for the Review of Government Service Provision).

Productivity Commission (2008) *Report on Government Services 2008* (Canberra: Steering Committee for the Review of Government Service Provision).

Productivity Commission (2009) *Report on Government Services 2008–2009* (Canberra: Steering Committee for the Review of Government Service Provision).

Productivity Commission (2010) *Report on Government Services 2009–2010* (Canberra: Steering Committee for the Review of Government Service Provision).

Queensland Corrective Services (2007) 'Fact sheet 1: EM'. Online. Available at: www.correctiveservices.qld.gov.au/About_Us/The_Department/Probation_and _Parole/Elec tronic_Monitoring/documents/factsheet_1_Electronic_Monitoring.pdf

Renzema, M. and Mayo−Wilson, E. (2005) 'Can EM reduce crime for moderate to high risk offenders?', *Journal of Experimental Criminology*, 1:2, pp. 215−237.

Richardson, R. (1999) 'Electronic tagging of offenders: trials in England', *The Howard Journal*, 38:2, pp. 158−172.

Scheeres, J. (2002) 'GPS: keeping cons out of jail', *Wired News. Online*. Available at: www.wired.com/news/privacy/0,1848,55740,00.html.

Shiel, F. (2005) 'Ankle bracelet to monitor pedophile', The Age (Melbourne), 14 July.

Sidoti, C. (2002) *Refugee Policy: Is There a Way Out of This Mess?* (Canberra: Racial Respect Seminar).

South Australia Department for Correctional Services (2004) *Community Corrections* (Adelaide: Government of South Australia).

South Australia Department for Correctional Services (2009) *Community Corrections* (Adelaide: Government of South Australia).

Studerus, K. (1999) 'Home detention: two years on', *Corrective Services Bulletin*, No. 454, p. 4.

Victorian Sentencing Committee (1987) *Discussion Paper* (Melbourne: Government Printer).

Western Australia Department of Justice (2009) 'Reducing juvenile offending in Western Australia'. Online. Available at: www.correctiveservices.wa.gov. au/_files/Reducing_juvenile_offending.pdf. Western Australia Department of Justice, New South Wales Corrective Services, South Australia Correctional Services, Australian Capital Territory Corrective Services, Tas mania Department of Justice, Queensland Department of Corrective Services, Victoria

Department of Justice and Northern Territory Department of Justice (2004) 'Standard guidelines for corrections in Australia'. Online. Available at: www.justice.vic.gov.au/wps/wcm/connect/DOJ+Internet/resources/file/eb511 243e812e33/National_Standard_Guidelines_For_Corrections_In_Australia_2004. pdf

Western Australia Minister for Corrective Services (2006) 'Minister "disappointed" after offender tracking devices fail trial conditions', media release, 21 July. Online. Available at: http://www.mediastatements.wa.gov.au/Lists/Statements/DispForm.aspx?ID=126500.

Wilkinson, G. (2010a) 'Losing track of Mr Baldy', *Herald Sun*, 1 February. Online. Available at: www.heraldsun.com.au.

Wilkinson, G. (2010b) 'Two thirds of Victorian sex offenders released from prison are protected by suppression orders', *Herald Sun*, 30 January. Online. Available at: www.heraldsun.com.au.

5

한국의 전자감독제도:
음성감독(voice verification)에서부터
GPS형 위치추적(GPS tracking)까지

From voice verification to GPS tracking:
The development of electronic monitoring in South Korea

조윤오(Cho, Younoh) & 김병배(Kim, Byung Bae)

▌한국 형사사법체계와 보호관찰제도 개관
(Criminal justice and probation in Korea)

오늘날 우리나라의 형사사법 체계는 서구 해외 국가의 제도적 특징을 많이 닮아 있다. 성인에 대한 보호관찰 제도는 비교적 최신의 선진 형사사법 시스템을 더 적극적으로 활용한다는 특징을 갖고 있다. 20세기 넘어서 오랜 기간 동안 산발적으로 해외의 우수 제도가 우리나라에 소개되었는데, 여기에 대표적으로 보호관찰, 수강명령, 사회봉사명령, 그리고 GPS 위치추적 방식의 전자감독 등이 있다. 다양한 지역사회 교정 제도가 최근 25년 이내에 해외에서 우리나라에 소개되었고, 이것이 새로운 범죄자 지도, 감독 교정 수단으로 자리잡았다.

이와 같이 우리나라는 국제 무대에서 펼쳐지는 다양한 형사사법제도를 세심하고 꼼꼼하게 살피는 조심스런 관찰자의 나라(a keen observer)였다. 그렇다고 해서 우리나라가 전자감독이라는 새로운 제도를 도입함에 있어, 항상 관찰만 하고 망설이기만 했던 것은 아니다. 해당 전자감독제도가 정착하기 어려운 상황에서 보호관찰 제도를 운영한 관례와 경험은 큰 힘이 되었다.

우리나라 법무부는 정부 조직체계 개편의 일환으로 1948년에 구성되었다. 당시의 정부 구조 개편을 놓고, '기존의 조직 체계 기능을 최대한 유지시키면서 최신 법무 관련 사무 업무를 가장 효과적으로 진행할 수 있는 방향으로 개편'하려고 노력했다(국제법무과, 2009: 5). 법무부 조직 신설 당시, 조직은 총 여섯 개의 부서로 구성되었는데, 여기에는 기획조정실, 법무실, 검찰국, 교정본부, 출입국외국인정책본부, 그리고 범죄예방정책국이 포함되어 있었다. 초기 부서들의 해당 업무 내용은 당시 대한민국 정보가 모델로 삼을 수 있는 서구 유럽 국가의 조직 형태와 미국 정부의 관련 업무 담당 부서 형태를 벤치마킹한 것이었다.

우리나라의 전자감독과 형벌 방향 등을 알기 위해서는 먼저 우리나라의 형벌 체계 특징을 간략히 살펴볼 필요가 있다. 먼저, 형벌 유형 속에는 사형을 하나의 공식적인 처벌 수단으로 규정해 놓고 있다. 10여 년 넘게 우리나라에서 사형이 집행된 적은 없지만, 상징적인 의미로 여전히 우리나라의 법률 내에 사형을 최고의 형벌로 규정해 놓았다.

다음으로 비행청소년 지도, 관리와 관련하여 우리나라는 1960년대 이후 소년법원과 비행청소년에 대한 지도, 감독에 관심이 높아지면서 12세와 20세 사이의 아동, 청소년에 대한 복지 및 인권적 처우를 강조하기 시작했다. 단, 형법 내에서 14세에서 20세 사이의 청소년이 중대한 폭력 범죄를 저지른 경우, 일반 성인과 같은 형사법원에서 재판을 받을 수도 있다. 비행청소년의 건전한 육성을 책임지는 정부는 "범죄예방" 관련 조직 부서를 통해 성인 보호관찰 업무까지 담당하려고 하였다.

1981년도에 우리나라에서 직접적으로 「법무보호국(Social Protection & Rehabilitation Bureau)」 업무를 담당하는 조직이 만들어졌다. 당시 정부는 공공의 안전을 최우선 과제로 삼아 업무를 처리했다. 그러나 그 기저에는 범죄자 복지와 욕구 개선을 통한 사회적응이 범죄자 처벌, 통제보다 더 중요하게 다루어져야한다는 가치가 내재해 있었다.

성인 범죄자에 대한 보호관찰 서비스 배경을 이해하기 위해서는 한국의 정치적 변천 과정을 살펴볼 필요가 있다. 우리나라에서 군부 독재가 종료되는 시점과 보호관찰의 도입, 발전도 그 맥을 같이한다고 볼 수 있다. 처음 보호관찰이 실시되면서 순차적으로 더 많은 민주적 요구 및 인권 보호 가치들이 보호관찰 조직 체계에 전달되었고, 서구화된 관련 정부 조직 개편 움직임이 속도를 내기 시작했다.

우리나라의 민주화는 빠른 국가 경제성장을 동반하게 되었고, 그로 인해 지방에서 거주하던 시민들의 도시로의 대이동이 이루어졌다. 그로 인해 걷잡을 수 없는 도시 지역 내 범죄 및 비행 문제도 증가하게 되었다. 또한, 1990년대에 일어난 국가 경제위기로 인해 한동안 성장세를 걸어 왔던 우리나라의 국가 경제가 큰 위기를 맞게 되고, 이로 인해 도시 빈곤 계층들의 경제난이 심화되는 시기도 맞게 되었다. 이런 급격한 사회 변화와 경제적, 사회적 혼란으로 인해 범죄 문제는 계속 중요한 대중의 관심사가 되었고, 치안상황에 대한 시민 불안감이 증가했다. 언론은 불안한 사회 상황에 대해 과장된 형태의 큰 불안을 표출하기도 했다(Neary, 2003).

정우식(2002)은 우리나라에서 성인에 대한 보호관찰은 1990년대에 본격적으로 발전하기 시작했고, 이것은 서구의 철학적 가치가 우리나라의 형사사법제도에 깊은 영향을 미친 결과라고 봤다. 이러한 가치는 형사정책 전반에 대한 학계의 의견과 법률적 논거를 고려한 보호관찰 도입 이전의 오랜 고민들을 바탕으로 한 것이다.

> 현재 우리나라가 시도하고자 하는 것은 기존 형사사법 체계 이면의 환상을 모두 깨 버려야 하는 것이다. 특히, 현재의 형벌 수단이 매우 한정적이라는 데 문제가 있다. 주로 징역이나 구금에 국한된 운영 방식을 개선해야 한다. 구체적으로 말하면, 우리나라에서 1980년대 후반까지 구금을 기반으로 한 형벌은 재범을 억제하고 범죄자를 사회복귀 시키는 데 별 효과가 없다는 의견이 만연해 있다. 교정시설에서 범죄자를 구금해 놓고 형벌 기간을 보내게 한다는 것이 치료 목적에 맞지 않는다는 입장을 취할 수밖에 없는 것이다. 오히려 범죄자를 시설에 구금하는 것이 더 심각한 문제를 만들어 낼 우려가 있다. 외부 일반인들이나 가족과의 관계 단절을 심화시키고, 교도소 과밀수용 문제를 가중시켜 국가 교정경비 비용이 증가된다는 문제점이 제기되기도 했다.   (정우식, 2002: 214)

보호관찰이 태동하게 된 것은 온전히 서구 선진국의 영향력 때문만은 아니다. 무엇보다도 당시 발생했던 여성, 아동에 대한 성범죄가 국민들의 범죄피해 두려움을 증폭시키는 가장 중요한 요인이었다고 하겠다. 언론을 통해 성범죄자에 대해 강력한 감시, 감독 서비스가 필요하다는 의견이 힘을 얻게 되었다. 그리고 이런 맥락에서 보호관찰 서비스가 정부의 결단으로 새롭게 도입, 운영되어야 한다는 목소리가 커지기 시작했다. 성범죄자 신상정보제도와 같은 강력한 제도도 검토해야 한다는 의견도 나왔다(Palermo, 2005). 단, 당시에도 여전히 우리나라 보호관찰 분야에는 사회복지 차원의 운영 목소리가 계속 남아 있는 상황이었다.

2002년에 우리나라에서 형이 확정된 범죄자가 총 204,000명이었는데, 이 중 약 2/3 정도가 보호관찰 처분을 받았다. 그리고 1/3은 사회봉사명령을 부가 받았다(서구의 경우, 사회봉사명령은 보호관찰 처분 자체와 별개로 내려지는 경우가 많고, 하나의 형벌로써 사회봉사명령이 때로는 교도소 구금을 대체하는 제도로 사용되기도 한다). 우리나라에서 구금형과 비구금형 처분을 받는 비율이 거의 비슷했던 것으로 볼 수 있는데, 2009년에는 비구금형 처분에 해당하는 보호관찰 대상 인원이 약 185,000명에 이르렀다.

중요한 것은 범죄자를 감시, 감독하는 방법이 과거와 비교했을 때 크게 변화되었다는 점이다. 보호관찰 대상자 수치는 증가했으나, 보호관찰 업무를 담당하는 보호관찰관의 수치는 크게 증가하지 못했기 때문이다. 부족한 보호관찰 직원 인력으로 증가하는 보호관찰 대상자들을 실무자들이 직접 관리, 감독해야 하는 힘든 상황에서 직원들의 업무량이 증가해 갔다. 우리나라에서 2009년 당시, 단 1,100명의 보호관찰관이 현장에서 근무를 하는 상황이었다. 이로 인해 장시간 실무자들이 보호관찰 업무를 할 수밖에 없었고, 업무량 증가로 지역사회에서 범죄예방위원과 같은 시민 자원봉사자들의 도움이 절실한 상황이었다.

정우식(2002) 연구에서 이미 언급했듯이, 보호관찰관들은 서구의 보호관찰관들과 비교하여 해당 업무에 대한 교육, 훈련의 부족으로 반드시 갖추어야 할 보호관찰 업무 이행 역량이 다소 부족했다. 보통 보호관찰 업무를 이행하기 위해 사회과학, 형법, 교정학 등의 배경지식이 필요하다고 볼 수 있다. 하지만 우리나라의 보호관찰관들은 효과적인 범죄행동 치료 원리 모델에 대한 이해가 부족한 상황에서 범죄자 지도, 관리, 처우 업무를 시작했다. 그럼에도 불구하고 우리나라에서 보호관찰 서비스가 본격적으로 태동, 발전하면서 전자 감독과 같은 새로운 기술 장치가 보호관찰 업무에 더해지게 된 배경에는 분명 범죄자에 대한 순수한 사회복지 차원의 가치와 별개인 강력한 고위험 범죄자 통제, 관리라는 철학이 있었기 때문이라고 하겠다.

▌ 음성인식에머부터 GPS 추적까지
(From voice verification to GPS tracking)

우리나라 법무부는 해외에서 이루어지는 전자감독(Electronic Monitoring: EM) 의 발전 상황을 오랜 기간 눈여겨 보면서 해당 제도 도입에 신중을 기했다. 21세기에 접어들 때까지 전자감독 장치 도입을 행동으로 옮기지 않은 체, 많 은 해외의 관련 제도를 신중하게 검토하는 데 많은 시간을 보냈다. 그리고 서 구에서 소개되었던 기존의 장치와는 다른 가장 발전된 형태의 GPS 전자감독 장비를 도입한다는 결정을 내렸다. 즉, 서구의 많은 나라들이 택했던 전통적인 라디오 주파수(radio frequency) 방식의 전자감독이 아니라, 비행청소년을 대상 으로 한 음성인식감독 외출제한명령 시스템 운영 경험을 바탕으로 한 GPS 실 시간 범죄자 추적 전자감독 방식을 도입한 것이다.

기존의 서구 전자감독제도는 라디오 주파수를 이용해 대상자를 "가택구 금"할 목적으로 전자감독을 활용하는 것이 일반적이었다. 우리나라는 전자감 독 도입 이전에 소년을 대상으로 해서 음식인식 시스템 방식의 외출제한 시범 실시를 이미 실시했고, 그 이후에 바로 인공위성 추적시스템을 성인에게 적용 하는 전자감독제도를 도입하는 절차를 거쳤다(조윤오, 2008, 2010).

거주지에 상주토록 하는 외출제한명령은 주로 특정 시간대에 대상자가 주거지에 머무를 것을 요구하고, 해당 준수사항을 확인하는 방식으로 이루어 진다. 대상자가 가진 고유한 음성패턴을 확인하여 음식인식 시스템이 재택 여 부를 확인하는 하나의 패키지로 서비스가 이루어진다. 그리고 이러한 방식은 위성추적 장치의 한 부분으로 활용될 수도 있다. 결과적으로 우리나라 정부는 다른 서구 국가들과 달리, 일반적인 가택구금 방식의 전자감독은 활용한 경험이 없다고 하겠다. 이런 맥락에서 우리나라의 전자감독제도는 새로운 전자감독의 진화 과정을 보여주는 하나의 신선한 시도였다고 볼 수 있다.

소위 「자동음성인식 감독시스템(Automated Voice Recognition Supervision: AVRS)」으로 알려진 우리나라의 이 초기 방식은 고위험 청소년 보호관찰 대상자를 위한 장치였다. 하나의 시범 실시로 해당 프로그램이 고위험 청소년에게 활용되었는데, 2003년에서 2005년까지 주로 서울 지역 보호관찰소에서 하나의 집중보호관찰 전략의 일환으로 이용되었다. 자동음성인식 감독시스템은 기존 소년보호처우 방법보다 상대적으로 교정비용이 더 저렴하고, 소년대상자 비-구금 방식으로 운영된다는 점에서 많은 장점을 가지고 있는 제도로 평가받았다.

2002년도에 우리나라 소년 사건은 전체 범죄 사건의 약 5.5% 정도를 차지하는 것으로 나타났다. 소년 인구의 감소 등으로 전체 범죄에서 소년 사건이 차지하는 비율이 다소 감소하는 경향이 있는 것으로 나타나기도 했다. 특이하게도 우리나라에서 18-19세 성인기 단계에 진입한 청소년 비율은 감소하는 반면, 14-15세 중반기 청소년 비중은 계속 증가하는 것으로 나타났다. 우리나라의 음성감독 시스템은 "발찌 추적" 장치를 가지고 있지 않았다. 즉, 음성인식 시스템은 단순히 범죄자가 가진 고유한 목소리 패턴 인식만을 활용한다고 볼 수 있다. 형이 확정되면, 보호관찰관이 범죄자의 목소리를 컴퓨터에 등록하여 무작위 방식으로 특정 시간대의 재택 여부를 목소리 진위로 확인하는 것이다. 외출제한 음성감독 시스템은 결국 청소년 범죄자가 야간에 비행행동을 하게 될 가능성을 줄여 재범을 방지토록 한다는 목적을 갖고 있다. 저녁 특정 시간대에 무작위로 전화가 가기 때문에 범죄자는 야간에 외출 자체를 자제하게 되고, 이로 인해 범죄에 가담할 기회 환경 자체가 원천 차단된다고 볼 수 있다.

만약 음성인식에 실패하거나, 재택 여부가 확인되지 않으면 소년원 등의 시설에 구금되는 조치를 받을 수 있다. 우리나라의 음성인식 감독시스템은 보호관찰관이 직접 운영한다. 그리고 해당 제도는 철저하게 상황적 범죄예방이론을 근거로 한다. 다시 말해 저녁 시간대에 이루어지는 비행청소년의 외출이 위험한 비행행동과 연관될 가능성이 크므로 해당 기회와 상황 자체를 차단한 다는 논리 체계를 갖고 있다.

범죄가 일어난 상황 자체로부터 잠재적 범죄자를 멀리 있게 한다는 목적을 갖고 있고, 동시에 주거지에서 부모나 보호자가 청소년과 가능한 더 많은 시간을 보내게 한다는 의미도 있다. 음성인식 감독시스템은 보호관찰관의 인력을 직접적으로 증가시키지 않으면서 범죄자에 대한 보호관찰관의 지도, 감독 영향력을 증가시키는 긍정적 효과를 불러왔다. 김일수(2005)가 주장했듯이, 음성인식 감독시스템은 비행청소년의 재범을 감소시키고, 아동-부모 관계를 개선시키는데 긍정적 의미가 있는 것으로 나타났다. 이로 인해 우리나라에서 2003년부터 2006년까지 음성인식 감독시스템을 경험한 비행청소년은 각각 251명에서 무려 2,857명으로 늘어났다. 단, 조윤오(2008)의 연구에서는 해당 프로그램에 대한 효과성이 다소 회의적인 것으로 나타났다. 이 연구 결과 내용은 아래 내용에서 추가적으로 상세히 다루기로 한다.

우리나라에서 위성장치를 이용한 범죄자 추적제도가 도입된 것은 대중의 범죄피해 두려움과 언론의 관심, 그리고 정부의 성범죄 증가 대책 방침에 의한 것이었다고 말할 수 있다. 지속적으로 발생하는 성범죄 사건에 대해 정부는 전자장치 및 인터넷 관련 신기술을 활용한 범죄자 감독 방법이 새로운 문제해결의 열쇠가 될 것이라는 기대를 품었다. 이로 인해 우리나라에서는 2007년 4월 전격적으로 「특정 성폭력 범죄자에 대한 위치추적 전자장치 부착에 관한 법률(일명 "전자감독법")」이 도입되었다. 그리고 여기에서 인공위성 장치 GPS (Global Positioning System)를 활용한 감시 전략이 처음으로 활용되게 되었다. 해당 법률을 근거로 해서 범죄자 위치추적 전자감독제도가 2008년 9월부터 운영되게 되었다(법무부, 2009b).

우리나라에서 지난 10여 년 동안 성범죄는 지속적으로 증가해 왔다. 1997년에 성범죄 수치는 83.5% 증가했는데, 이 수치는 1997년에 15.1%와 비교했을 때 무려 2006년에 27.7% 급증한 것이다(법무연수원, 2007). 우리나라에 전자감독법이 도입된 것은 2006년 서울 용산에서 있었던 11살 어린 소녀에 대한 잔인한 강간, 살인사건 때문이었다. 초등학생이었던 어린아이를 대상으로 한 흉악한 범죄에 온 나라가 분노를 느꼈고, 성범죄자에 대해서 24시간 실시간으로 전자장치를 이용해 지역사회에서 이동 경로를 확인해서 보호관찰이나 가석 방 상황에 있는 범죄자들을 더 강력하게 관리, 감독해야 한다는 요구가 커졌다(법무부, 2009a).

다시 말해, 전통적인 보호관찰 지도, 감독 방법만으로는 고위험 성범죄자를 지역사회에서 제대로 관리할 수 없다는 대중의 불안감이 팽배해졌기에 신속하게 법률 제정을 통해 보호관찰 실무에 전자감독이 바로 적용되었다. 아동, 여성에 대한 일련의 흉악범죄로 인해 기존의 전통적인 보호관찰 업무에 대한 신뢰가 훼손될 상황에 놓이게 되었고, 전자감독이 하나의 대안으로 떠올랐다. 사형 제도가 명문으로 허용되어 있었지만, 우리나라는 공식적으로 흉악범에 대한 사형 집행 자체가 이루어지지 않는 나라였기에 모든 흉악범죄자는 지역사회로 언젠가는 출소되어야 할 상황이었고, 고위험 범죄자에게 시민들은 더 강력한 처벌을 요구할 수밖에 없는 상황이었다.

이런 맥락에서 전자 기술을 활용한 감독 전략은 매우 유용한 도구로 인식되었다. 전자감독 프로그램을 활용할 분야 및 범죄자 대상도 점차 확대될 수 있다는 의견이 생기기 시작했다. 이로 인해 보호관찰과 함께 전자감독명령을 이행하는 범죄자 수가 급증하기 시작했다. 2009년 9월에 전자감독 도입이 이루어진지 얼마 되지 않았을 때는 해당 제도를 활용하는 빈도가 53명(성범죄자)에 불과한 것으로 나타났으나, 그 활용 빈도가 급증하면서 2008년 9월 1일과 2009년 12월 31일 사이에 무려 518명(성범죄자)에 이르는 것으로 나타났다.

GPS 전자감독제도는 성범죄자들에게 부가된 독립된 형벌 성격은 크지 않다고 하겠다(김혜정, 2009). 즉, 보호관찰이나 가석방부 지도, 감독 전략의 하나로 전자감독이 보호관찰과 함께 부가되는 것이 일반적이었다. 그러나 전자감독제도가 다른 보호관찰 활동보다 더 중요한 핵심 대표 지역사회 교정 수단으로 인식되고 있는 상황이다.

우리나라에서는 성범죄자에 대한 전자감독이 가택구금을 전제로 한 것이 아니었다는 점을 기억해야 할 것이다. 또한, 전자감독이 반드시 외출제한명령을 전제로 한 것도 아니었기에 24시간 상시 대상자의 위치를 추적할 수 있다는 점에 초점이 맞춰져 있었다. 단, 법원이 필요하다고 판단되면 특정 준수사항을 범죄자에게 전자감독과 함께 부과할 수 있었다. 징역형 종료 후 대상자에게 판사는 선택적으로 특정 지역 출입금지 명령을 내릴 수 있고, 특정 시간 동안의 가택구금, 외출제한, 특정인에 대한 접근금지명령, 치료명령, 수강명령 등을 내릴 수 있었다. 이러한 법원의 추가 준수사항 부가는 전자감독을 운영함에 있어 해당 범죄자가 강력한 감독을 요구하는 고위험 범죄자인 경우에 판사가 활용하는 선택적 준수사항이고, 이 내용은 「특정 성폭력 범죄자에 대한 위치추적 전자장치 부착에 관한 법률(일명 "전자감독법")」 제9조를 근거로 한 것이다.

　우리나라의 초기 전자감독제도는 모든 성범죄자가 아닌 "특정 성범죄자"를 대상으로 했다. 여기에서 말하는 특정 성범죄자란 13세 미만의 아동을 대상으로 성범죄를 하고 반복적으로 성범죄를 저지른 범죄 경력이 있는 자를 의미한다. 결국 이러한 관점은 상습 성범죄 패턴을 갖고 있는 고위험 범죄자의 추가 범죄를 사전에 전자감독으로 억제하겠다는 의도를 갖고 있는 것이다.

　검사의 전자장치 부착 청구를 판사가 허가하는 경우, 세 가지 형태의 양형 형태로 전자감독을 활용할 수 있다. 첫째, 우리나라에서 전자감독은 특정 성범죄자 중 집행유예를 조건으로 보호관찰을 받게 된 대상자들에게 부가될 수 있다(동법 제28조). 추가 보호관찰 준수사항 조건 내용처럼 실무에서 전자감독이 활용될 수 있는 것이다. 둘째, 특정 성범죄자에 대한 가석방 조건부 지도, 감독 전략으로 활용될 수 있다(동법 제23조). 집행유예와 함께 활용되는 전자감독은 하나의 선택적인 수단이지만, 형기 일부 종료 후 이루어지는 가석방부 전자감독은 보호관찰심사위원회의 결정으로 이루어진다고 하겠다. 셋째, GPS 전자감독은 재범을 저지를 가능성이 높은 고위험 특정 성범죄자에게 부가한다는 특징을 갖고 있다(동법 제5조). 결국, 우리나라의 경우 형기 집행을 시설에서 종료한 범죄자인 경우에도 재범 가능성이 높은 것으로 판단되면 지역사회에서 전자감독을 받을 수 있다. 형기 만료 출소자인 경우에도 재범을 저지를 가능성이 높다는 평가를 받게 되면, 전자장치를 부착할 수 있고 심지어 그 기간도 최장 10년까지로 매우 길다고 하겠다.

▍GPS 시스템 운영하기(Delivering the programme)

전자감도 제도가 우리나라에 처음 도입되었을 때, 법무부는 삼성 데이터 시스템인 삼성 SDS(Samsung DATA System)와 함께 컨소시엄 협력단을 만들었다. 당시 삼성이라는 기업은 회사 자체가 가지고 있는 브랜드 가치를 발판으로 다국적 우주항공 기술 및 전자, 통신 사업에 진출할 수 있다는 기대와 관심을 갖고 있었다. G4S와 같은 세계적 민간경비 업체들도 관심을 보이는 듯했으나, 초기 전자 장치 개발 경쟁자로 실제 정부와의 협력 사업에 뛰어들지는 않았다. 실제, 우리나라에서 삼성이라는 기업이 보여주는 이미지는 상업적, 정치적으로 그 영향력이 커 전자감독제도 도입 민간업자로 가장 적합해 보일만 했다.

실시간으로 범죄자의 이동 위치를 확인하는 GPS 방식의 최신식 전자감독 제도는 크게 네 가지의 복합 위치 확인 기술을 활용한다. 그리고 하나의 포터블 추적 장치에 모든 기술이 집약되어 있다. 복합적인 위치 확인 방식은 인공위성 장치를 확인해 외부 장소에서의 위치를 확인하는 것(GPS) 외에도 도시 내 건물 안에서의 위치이동을 확인하는 것(P-Cell), 시골 외딴 지역에서의 건물 내부 위치를 확인하는 것(Cell-ID), 그리고 지하철과 같은 낮은 지면 상황에서의 이동 위치를 확인하는 것(Beacon)을 모두 광범위하게 포함한다.

따라서 우리나라의 전자감독 운영 기술을 단순히 일반적인 "GPS형 전자감독"으로 부르는 것은 적절치 않다고 하겠다. 우리나라가 갖고 있는 위치추적 확인 기술은 훨씬 더 종합적이고 체계적인 방식으로 이루어지고 있기 때문이다. 이러한 위치추적 기술은 우리나라 사회가 실제로 일상생활 속에서 하나의 인터넷 시스템에 연결되어 있는 인프라를 갖추고 있다는 것을 뜻하기도 한다. 위치 확인 방식과 모바일 이동통신 기지국 활용 기술이 세계 그 어느 나라보다 앞서 있다고 볼 수 있다. 바로 이러한 이유로 범죄자 위치추적 방식도 높은 정확도를 자랑하고, 오류 발생 비율도 상대적으로 낮은 수준을 유지한다고 하겠다.

보호관찰소가 직접 운영하는 우리나라의 위치추적 모니터링 센터는 전자감독 장치를 부착한 성범죄자들과 상시 연결되어 있고, 원활한 의사소통 체계를 유지하고 있다. 만약, 전자장치를 부착한 성범죄자가 접근금지 구역에 들어

가게 되면, 해당 범죄자에 부착된 발찌에서 자동으로 진동이 울리게 되고 위치추적센터에서 해당 사실에 대한 알람을 받게 된다. 인구밀도가 높은 우리나라의 경우, 자신도 모르게 접근금지 구역에 범죄자가 들어가게 되는 범죄자가 있을 수 있어, 이에 대한 경고 및 주의를 주기 위해 고안된 장치이다. 결국 우리나라에 도입된 전자감독제도는 범죄자가 주거지에 머무는 경우와 외부에서 이동하는 모든 경우에 GPS 등의 복합적인 위치추적 통신 기술이 활용되고, 이를 통해 24시간 실시간으로 상시 범죄자의 위치를 보호관찰관이 직접 확인하는 방식을 취하고 있다고 하겠다.

　미국 및 유럽의 일부 나라들이 전자감독 민간 서비스를 활용했던 것과 달리, 우리나라의 전자감독 운영 방식은 민간 경비업체들을 통한 민영화를 기반으로 하지 않았다. 우리나라 법무부는 전자감독 민영화를 초기 장치 개발, 도입에서만 고려했을 뿐 이후의 제도 운영, 프로그램 실행에서는 민간 개인 직원들의 전자감독 관여를 허용하지 않았다. 물론, 앞서 언급한 바와 같이 초기 전자감독 장치 개발 시에는 삼성 SDS의 기술력과 자문이 중요한 역할을 했으나, 이후 프로그램 개발이 종료된 이후에는 보호관찰 조직 내부의 유가드(U-Guard) 소프트웨어를 통해 정부 주도로 전자감독이 실시되었다.

　유가드 프로그램은 보호관찰관이 범죄자 이동 경로 데이터 등을 확인하는데 필요한 보호관찰 조직 내부 업무 운영 프로그램을 지칭한다. 2009년에는 본격적으로 서울에 위치추적 전담 중앙컨트롤 타워인 "위치추적관제센터"가 만들어졌다. 이로 인해 보호관찰관들이 직접 전자감독과 관련해서 유가드 프로그램을 활용하게 되었고, 위치추적관제센터에서 실시간으로 범죄자들의 이동경로를 확인하는 업무를 도맡게 되었다. 초기 전자장치 개발에 참여했던 민간 개발자들은 보호관찰 업무에서 직접 대상자와 접촉하는 일을 할 필요가 없었다. 보호관찰 조직 내에서 특수한 영역으로 다루어지던 "전자감독 위치추적" 부서가 서서히 작동하게 되면서 보호관찰 지도, 감독 업무와 위치추적 업무가 균형을 이루게 되었고, 동시에 보호관찰 조직 내에서 국가 공무원인 보호관찰관들이 해당 위치추적 업무를 전적으로 책임지게 되었다(법무부, 2009b). 서구 국가들 일부가 전자감독에서 민간 기업 민영화를 실시한 것과 매우 상반되는 분위기가 만들어졌다고 볼 수 있다.

보호관찰관들은 전자감독 업무를 진행함에 있어 커다란 TV 모니터 화면을 통해 실시간으로 이동 경로를 직접 확인하는 일을 도맡게 되었다. 벽에 걸린 커다란 화면을 보며 실제 범죄자가 주거지에 상주하는지 확인하는 일을 하게 된 것이다. 한 가지 장점은 보호관찰관이 매우 신속하게 대상자의 준수사항 위반 여부를 확인할 수 있게 되었다는 것이다. 전자장치 부착과 관련된 준수사항 위반 역시 담당 보호관찰관이 신속하게 확인하고 후속 조치를 취할 수 있게 되었다.

분명한 것은 과거보다 더 많은 범죄자 정보를 보호관찰이 알 수 있게 되었고, 이것이 보호관찰 지도, 감독에 활용될 수 있게 되었다는 점이다. 보호관찰관이 직접 위치추적 이동 경로 모니터링 업무를 하게 되면서, 범죄자들이 일상생활 속에서 어떤 삶을 영위하고 있는지 보다 구체적으로 이해하게 되는 계기가 만들어졌다(Elzinga & Nijboer, 2006 네덜란드 보호관찰 사례 참고).

또한, 보호관찰 중에 있던 대상자가 재범을 저질렀을 때 전자감독하의 위치추적 이동 경로 데이터가 법정에서 신뢰성 높은 정황 증거로 활용되게 되었다. 실제, 우리나라에서는 전자감독 이행 후 발찌를 부착한 채 성범죄 재범을 저질러 해당 이동 경로 유가드 시스템 데이터가 주요 유죄 확정 증거로 인정되어 보호관찰대상자가 체포된 경우가 있다. 법원은 오늘날 전자감독 장치가 보여주는 이동 경로 자료를 크게 신뢰하기에 해당 정보를 유죄 확정 핵심 정황증거로 활용하게 되었다.

우리나라에서 보호관찰관은 전자감독 부착 적격성 여부를 사정, 평가하는 일을 담당한다. 전자장치 부착이 확정되기 전에, 보호관찰관은 필요한 경우 판사와 검사에게 적격성 관련 조사서를 제출한다. 해당 조사서 내에서 보호관찰관은 잠재적인 재범 가능성이 어느 정도인지 평가하고, 전자감독제도가 필요한 경우인지를 조사하게 된다. 추가로 조사서 내에서 피해자와 가해자의 관계 등도 조사하여 전자장치 부착 필요성 여부를 밝히고, 범죄자 개인의 심리학적 특성과 정신, 건강 상태 등을 면밀히 조사하여 발찌 부착 필요성도 살펴본다.

전자장치 부착 적격성을 건의하기 위한 일종의 보호관찰관의 판결전조사라고 할 수 있는데, 이는 검사의 청구와 판사의 전자감독 부착 선고를 돕기 위한 근거 자료가 된다. 보호관찰관이 작성하는 이러한 적격성 평가 조사서는 실제 전자감독 부착 결정에 매우 중요한 역할을 한다고 볼 수 있는바, 여기에 고위험 재범 가능성 범죄자를 예측하기 위한 다양한 심리검사 결과가 포함될 수 있다. 예를 들면, 사이코패스 체크리스트(PCL-R)과 같은 구조화된 도구 검사 결과가 들어가는 것이다. 법무부는 전자감독 적격성 검사를 위해 「한국 성범죄자 재범 위험 평가도구(Korean Sex Offender Risk Assessment Scale: KSORAS)」를 개발해 고위험 판단 척도로 활용해 왔다. 이 평가 도구는 총 15문항으로 구성되어 있고, 우리나라에서 2007년과 2008년 사이에 개발이 완료되었다. 이 검사 도구에서 13점 이상을 얻게 되면, 보통 고위험 범죄자에 속하는 것으로 볼 수 있다.

전자감독제도를 운영함에 있어 앞으로 보호관찰 실무자들이 해결해야 할 어려운 난제들이 여전히 많이 남아 있다. 실무를 담당하는 보호관찰관들은 우리나라에서 범죄자들의 실시간 이동 경로 데이터를 직접 확인해야 한다. 사전에 미리 범죄자 이동 위치 관련 자료를 검토하고, 그 자료가 신뢰할 수 있고, 타당하다고 볼 수 있는 것인지 담당 보호관찰관이 직접 검토한 후 대면접촉을 해야 한다는 것이다. 전자감독 대상자를 지도, 감독하는 경우 보통 한 달에 네 번 정도는 직접 대면면담을 해야 하는 것으로 볼 수 있다. 추가로 때로는 예기치 않게 전자감독 대상자 거주지 방문 면담 혹은 직장, 학교 방문명담이 필요하기도 하다. 문제행동 패턴을 변화시키기 위해 필요한 경우, 보호관찰관은 대상자가 직접 치료, 상담 프로그램을 받도록 관련 자원을 발굴하고, 해당 자원으로 범죄자를 연계해야 한다.

그러나 우리나라의 전자감독은 아직도 심각한 보호관찰관 인력 부족 문제를 안고 있다. 전자장치 부착 범죄자를 감시할 보호관찰 인력이 턱없이 부족한 것이다. 전자감독 장치 부착자를 감독해야 할 실무자들은 심각한 업무 과부하 상태에 놓여 있다. 전자감독을 담당하는 직원들이 일반 보호관찰 업무를 담당하는 직원과 동일한 수의 범죄자를 다루게 된다면, 전자감독 담당자의 업무량은 심각한 수준에 놓이게 될 것이다. 실시간으로 이동 경로를 확인해야 하는 전자감독 대상 성범죄자 수가 300명인데 보호관찰관 직원 수는 20명에도 미치지 못하고 있는 상황이다.

또 다른 문제는 보호관찰관과 경찰의 파트너십 부족이다. 만약 전자감독 대상자가 발찌부착장치를 훼손하고 달아나게 된다면, 신속하게 지역사회 내에서 보호관찰관과 경찰이 협력해야 범죄자를 다시 체포할 수 있다. 아쉽게도 우리나라에는 영국 내 잉글랜드 웨일스 같은 고위험 성범죄자 관리를 위한 다면적 기관 통합기구(MAPPA)가 없다. 다양한 형사사법 기관들이 서로 공동체를 이뤄 전체의 책임으로 지역사회에서 고위험 범죄자를 함께 관리하는 시스템이 우리나라 형사사법 시스템에는 존재하지 않는 것이다.

한때 전자감독제도가 시행된 후, 2009년 11월에 발찌를 부착한 성범죄자가 장치를 자르고 몰래 도주한 사건이 발생하자 기관 간 다면 협정 기구가 필요하다는 아이디어가 제기된 적이 있다. 실제 그런 기구가 만들어지지는 않았지만, 이제 중요한 것은 지역사회 내에서 보호관찰소와 같은 대표 교정기관과 경찰이 서로 유기적으로 협력하고 범죄자 관련 자료를 서로 공유하여 효과적인 재범 방지 전략을 함께 만들고, 효과적인 기관 간 협력이 가능한 새로운 업무 시스템을 만들 필요가 있다는 것이다(Cho, 2009b).

▌GPS 전자감독에 대한 공개적 논쟁
(Public debate about the GPS programme)

제도 도입 전에 우리나라에서는 전자감독 도입 자체에 대한 찬반 논쟁이 뜨겁게 이루어진 바 있다. 전자감독제도를 옹호하는 입장에서는 수많은 기술적 이점이 있다는 점을 부각시켰다. 정보통신 기술의 힘을 이용해 기존 보호관찰 지도, 감독 방식이 다양화될 수 있다는 점을 특히 강조했다. 우리나라의 경우 GPS를 기반으로 한 실시간 범죄자 이동 경로 추적이 이동통신 기술과 기지국의 수, 지리적 인프라 구축 안정화 등의 특징으로 인해 매우 잘 운영될 수 있다는 의견이 대세로 자리잡았다.

전 국토의 2/3 정도가 산으로 이루어져 있어 위치추적이 제대로 이루어지지 않을 것 같다는 우려도 있었지만, 복합적인 위치 확인 기술을 이용해 오경보율을 낮추는 기법을 활용하게 되었다. 즉, 범죄자가 어느 위치에 있든 정확하게 발찌 부착 대상자의 위치를 확인할 수 있다는 기술력을 갖추게 된 것이다.

추가적으로 보호관찰관이 전자감독제도를 통해 맞춤형 범죄자 이동 지도를 대상자 지도, 관리에 활용할 수 있게 되었다. 시각화된 지도 자료를 통해 판사가 부가한 특정 접근금지 구역을 상시 확인할 수 있게 되었고, 개별화된 처우 지도 전략이 실무에서 보다 용이하게 이루어지게 되었다. 다시 말해, 전자감독제도를 통해 지역사회에서 범죄 피해를 당할 가능성이 큰 아동, 여성 등 많은 취약계층들이 더 안전하게 생활할 수 있게 되었고, 잠재적 범죄자의 재범 가능성이 줄어들게 되었다.

가해자 입장에서 보면, 전자감독을 통해 기존에 자신이 가지고 있던 직장 생활을 유지하게 되었고 가족, 사회관계도 유지할 수 있다는 이점이 있다. 교도소에 구금되지 않고, 사회에서 정상적인 생활을 하며 실시간 이동 경로만 알려주는 생활을 하게 되므로 범죄자에게도 혜택이 많은 제도라고 할 수 있다. 전자감독제도에 대한 연구가 진행 중이기는 하나, 해당 제도의 효과성에 대해서는 완벽하게 일관된 결과를 내지 못하고 있다(Cho, 2010).

법무부는 2008년에 강력한 지역사회 교정 서비스를 요구하는 대중의 요구에 부응하기 위해 GPS 방식의 위치추적 전자감독제도를 전격 도입하였다. 당시 강력한 처벌을 요구하는 시민들의 반응과 이해관계자들의 요구에 법무부는 전자감독 효과성과 관련된 충분한 근거를 마련하지 못하고, 급하게 전자감독제도 시행을 결정했다. 그리고 제도 효과성에 대한 완벽한 평가 결과가 없었기에 제도 적용 범위 확대도 구체적인 기준이나 제한 없이 정치적인 필요가 있을 때마다 빠르게 이루어졌다. 특정 흉악사건이 대중을 불안하게 할 때마다 정치인들은 전자감독의 확대를 주문했고, 이로 인해 아동 유괴 외 강도 사건에까지 전자감독제도가 적용되게 되었다(법무부, 2009b).

하지만 전자감독제도가 어느 정도 성범죄자의 행동을 억제시키고, 지역사회 공공 안전에 기여하는지에 대해서는 객관적 근거를 바탕으로 충분히 논의되지 못한 실정이다. 성범죄자의 범죄 동기를 전자감독제도가 제대로 억제하고 있는 것인가? 서구에는 GPS를 사용하지 않는 전자감독제도에서는 범죄자의 재범 감소에 별다른 긍정적 결과가 없다는 부정적인 일부 연구가 있다(Renzenma & Mayo-Wilson, 2005; Gainey et al., 2000).

우리나라에서는 실시간으로 범죄자의 이동 경로를 확인하는 GPS 방식의 전자감독제도가 어떤 방식으로 재범 방지에 영향을 미치는지에 대해 치열한 논쟁이 이어져 왔다. 위치추적 전자감독이 범죄자의 합리적 판단과 상황적 사고 체계에 영향을 미쳐, 범죄 동기를 스스로 포기하게 만든다는 논쟁이 핵심이다. 제한된 연구 결과들이 모여 어느 정도 장밋빛 기대를 보여주고 있는 상황이다. 매우 적은 수의 범죄자들만이 전자감독 상황에서 재범을 저질렀는데, 2008년 9월 1일부터 2009년 12월 31일까지 최초로 전자감독제도를 경험한 특성 성범죄자들에게서 바람직한 결과인 낮은 재범률이 도출되었다고 하겠다 (법무부, 2009b).

구체적으로 보면, 전자감독하에 있었던 총 518명의 범죄자 중 단 세 명이 추가 범죄로 다시 체포된 것으로 나타났다. 이러한 재범 상황은 전자감독 하의 재범률이 전체 인원 대비 약 0.6%에 불과하다는 설명을 가능케 한다. 세 명의 재범자 중 단 한 명이 동종범죄인 성범죄를 저질러 교도소에 재구금되었고, 나머지 두 명은 이종범죄인 비-성범죄를 저지른 것으로 나타났다. 따라서 동종 재범 비율은 훨씬 더 낮다고 볼 수 있다. 우리나라에서 과거 전자감독을 받지 않는 일반적인 성범죄자의 재범률은 약 3.2%에 이르는 것으로 알려졌는 바, GPS 전자감독하의 성범죄자 재범률은 이보다 훨씬 더 낮은 것으로 해석할 수 있다(법무연수원, 2008).

그러나 전자감독제도의 효과성과 관련하여 우리나라의 재범 산정 방식을 새롭게 바꾸어서 다시 재검토할 필요가 있다. 보호관찰대상자가 저지르는 재범이란 보호관찰이나 전자감독 기간 내의 재범만을 의미하는 것이 아니라, 특정 교정프로그램이 종료 된 이후의 재범을 포함해야 하기 때문이다. 재범 발생은 "범죄 부화 기간(crime-breeding time)"을 고려해야 한다(조윤오, 2010). 즉, 전자감독 기간 부착 동안의 재범률이 아닌, 전자감독 종료 후의 충분한 범죄자 추적기간을 기반으로 한 새로운 재범률 산정방식이 필요한 것이다. 그렇게 새로운 재범률을 산정한다면, 보다 더 정확한 전자감독제도 효과성 평가 결과가 도출될 것이다. 전자감독제도 종료 후 추적 연구 기간을 짧게 정한다면, 일시적인 전자감독제도 억제 효과만 측정할 뿐이다. 최대한 장기간의 추적 조사 기간을 만들어 종합적인 제도 평가 분석 연구를 실시해야 할 것이다. 중요한 것은 전자감독 종료 후에도 오랜 기간 동안 긍정적 효과가 재범 억제 형태로 남아 있어야 한다는 것이다. 가능한 오랫동안 범죄자의 재범이 억제되어야 진정한 전자감독의 긍정적 효과성이 확인되었다고 말할 수 있다. 이런 맥락에서 최소 전자감독 종료 후 일 년 동안의 재범률 산정 기간이 필요하다고 본다.

한편, 전자감독 프로그램 하의 범죄자가 짧은 기간 동안 재범이 억제되었더라도 그것은 전자감독 본연의 효과가 아닌, 다른 중복 부가된 교정 프로그램으로 인한 것일 수 있다는 의심을 할 필요가 있다. 물론 전자감독제도가 아닌 단기 교정프로그램 중복 효과 측정도 의미가 있다. 그러나 다른 교정프로그램의 영향력을 통제한 채, 전자감독의 단기 효과를 측정하여 진정한 긍정적 효과를 극대화시킬 수 있다.

Padgett 등(2006)은 미국 플로리다에서 재범률 연구를 진행했는데, 여기에서 매우 흥미로운 연구 결과를 발표했다. 이들은 라디오 주파수 방식의 RF 전자감독과 인공위성 GPS 기반 전자감독 모두 해당 프로그램이 운영되는 동안에는 범죄자의 문제 행동을 억제시키는 긍정적 기능이 있다는 것을 밝혀냈다. 그러나 동시에 프로그램이 종료된 후에는 기대했던 것과 같은 재범 억제의 긍정적 기능이 계속 유지되는 것이 아니라, 전자감독 종료 후 재범률 감소가 일어나지 않는다는 것을 확인했다.

현재 우리나라의 경우, 전자감독제도 평가하에서 충분한 재범률 산정 기간을 추출하기 어려운 상황에 있다. 공식적으로 2008년 9월에 처음 제도가 실시되었기에 오늘날의 시점을 기준으로 해서 1년 이상의 기간을 뽑을 수가 없는 것이다. 더 많은 시간이 지난 후에 충분한 프로그램 운영 시간을 기다린 후, 추적 기간 내의 재범률을 조사해야 할 것이다. 장래에 우리나라 전자감독제도의 효과성이 재범률 감소라는 차원에서 충분한 기간을 고려한 유익한 종단연구 방법으로 이루어지길 기대해 본다.

또한, 전자감독 도입과 관련된 논쟁으로 일주일 내내 24시간 계속해서 범죄자의 이동 경로를 확인하는 것이 범죄자 인권을 침해하는 과도한 정보수집 행위일 수 있다는 비판이 제기되었다. 우리나라는 2006년에 법무부 내에서 인권 침해 사안 업무를 심도 있게 다루는 자체 기구(Human Right Bureau)가 만들었다. 군부 시대 이후의 민주주의 가치를 제대로 유지하기 위해 인권 보호 기구가 법무부 내에 만들어졌다고 볼 수 있다. 많은 업무 중에서도 법 집행과 범죄자 교정 업무 수행 내에서 인권 침해 남용 사례가 없어야 한다는 점에 주안점을 두었다.

전자감독제도 도입을 반대하는 입장에서는 범죄자에 대한 위치추적 전자장치 부착이 인권 침해 소지가 크다는 점을 가장 큰 반대 이유로 부각시켰다. 범죄자 개인의 인권을 과도하게 침해했고, 동시에 범죄자의 사생활도 침해했다고 보았다. 이로 인해 법무부와 국회는 전자감독제도 도입 초기에 최대한 범죄자 인권 침해 논거가 전면에 나오지 않게 하려고 비교적 엄격한 전자감독 부착 적격성 검사 등을 실시했다. 전자감독제도 운영 자체도 가장 위험한 특정 성범죄자를 대상으로 하고, 그 적격성을 최대한 객관적이고 과학적으로 심사하여 절차적인 면을 보완함으로써 인권 침해 가능성을 최소화하려고 노력했다. 이로 인해 처음 만들어진 전자감독법은 생각보다 복잡한 형태의 절차를 띠게 되었고, 특정 성범죄자에게 내려지는 조치들도 여러 가지 복잡한 제한 조건을 갖게 되었다. 전자감독제도 자체를 활용하기 위해서 많은 제한 사항이 덧붙여지게 된 것이다.

전자감독제도를 경험하면서 잠재적으로 가해자가 경험하게 될 불필요한 "낙인" 문제는 기술적인 힘으로 정면승부를 통해 해결하게 되었다. 발찌 부착으로 인해 주변 사람들로부터 오해를 사게 되고, 낙인이 찍힌 힘든 생활을 하게 될 우려가 있다는 비판에 대해 기계 장치 자체를 작고 가볍게 만들면 그 문제를 해결할 수 있다는 기술적 답변을 정부가 내놓게 된 것이다. 전 세계에서 가장 가볍고 견고하고, 크기가 가장 작은 전자감독 부착장치가 우리나라에서 개발되었고, 이것이 범죄자 인권 침해 소지를 감소시키는 하나의 전략으로 표현되었다(법무부, 2009c). 여전히 전자감독제도를 운영하는 과정에서 나타나는 다양한 인권 침해 문제들을 어떻게 해결해 갈 것인지에 대해서는 뚜렷한 합의점을 찾지 못한 상황이다.

▌한국의 전자감독 효과성 평가(Evaluating EM in Korea)

우리나라의 경우 현재 전자감독이 시행된 지 얼마 되지 않아, 아직 전자 감독제도에 대한 효과성 연구 결과는 많지 않은 상황이다. 음성감독 외출제한 명령 프로그램에 대한 효과성 연구를 통해 미약하게나마 전자감독의 효과성을 어느 정도 유추해 볼 수 있다. 김일수(2005)의 연구를 보면, 음성감독 시스템을 경험한 비행청소년을 약 일 년 동안 추적 조사한 결과를 통해 재범 현황을 살펴볼 수 있다. 이것을 바탕으로 구체적으로 전자감독 효과성을 추측해 볼 수 있다. 비록 비행청소년을 대상으로 한 음성감독 시스템은 완벽히 전자감독과 동일한 방식으로 작동하는 제도는 아니지만, 적어도 범죄자의 합리성을 전제로 대면 접촉을 기본으로 하는 보호관찰관의 지도, 감독 방법을 EM이 보조해 주고 도와준다는 점에서 두 제도가 공통점이 많다고 하겠다. 결과적으로 두 제도 모두 범죄자의 재범을 억제시킨다는 목적을 갖고 있다.

김일수(2005)의 연구 결과, 일 년 후의 추적 조사 데이터를 기반으로 했을 때 음성감독을 경험한 범죄자와 일반적인 보호관찰 지도, 감독만 경험한 범죄자가 재범률 차원에서 어느 정도 차이를 보이는 것으로 나타났다. 음성감독 시스템에 참여했던 범죄자가 그렇지 않은 쪽보다 더 유의미하게 낮은 재범률을 보이는 것으로 나타났다. 그리고 추가적으로 외출 제한 음성감독 시스템을 경험했던 집단이 그렇지 않은 대상자들보다 더 보호관찰관과 친밀한 관계를 수립한 것으로 나타났다.

심지어 비행청소년들의 가족들과의 관계에서도 외출제한 음성감독을 경험한 집단이 더 긍정적인 결과를 보여주었다. 이러한 음성감독 시스템 연구 결과를 바탕으로 전자감독 시스템도 고위험 범죄자에게 확대 적용될 필요가 있고, 범죄자의 책임감을 강조하기 위한 교도소 구금 대체 방안으로 적극 확대되어야 한다는 의견이 개진되었다(김일수, 2005).

그러나 아쉽게도 이 연구에서는 통제집단에 대한 대표성 부족 문제가 노출되었다. 음성감독 참여 집단과 일반 보호관찰 집단 자체가 근본적으로 재범 위험성이 서로 다르다는 집단 할당 기준의 문제가 고려되지 않은 채 단순히 두 집단의 재범률만 비교하는 오류를 범하였다. 이러한 이유로 재범률의 차이가 다르다는 연구 결과는 그 원인을 설명하는 데 있어 큰 한계점을 갖는다. 소위 유사실험 연구 설계 방법에서는 서로 상이한 실험집단과 통제집단의 근본적 차이점을 서로 "균등"하게 매칭시키는 전략을 활용해야만 한다(Lullen et al., 2005; Imbens, 2000).

이러한 매칭 균등화 전략을 활용한 또 다른 추가 분석이 진행되었는데, 이것은 2009년에 이루어진 조윤오(2009c)의 연구이다. 여기에서 비행청소년에게 적용되었던 음성감독 외출제한명령 시스템은 대상자들의 재범을 감소시키는 유의미한 변인이 아닌 것으로 나타났다. 경향성 점수 계산을 통해, 음성감독 시스템에 할당될 확률 자체를 통제했음에도 불구하고, 일관되게 음성감독제도는 재범을 감소키는 긍정적 효과를 보이지 않는 것으로 나타났다. 프로그램 종료 후 일 년 동안의 재범 산정 기간을 거친 후, 자료를 수집해 로지스틱 회귀분석을 통해 재범률을 실험집단과 비교집단 속에서 비교했다. 분석 결과, 해당 외출제한 음성감독 시스템은 재범을 감소시키는 변인이 아닌 것으로 나타났다. 오히려 음성감독 시스템 경험은 일부 비행청소년들로 하여금 보호관찰 준수사항을 더 위반하게 만드는 변인인 것으로 나타났다. 일반 보호관찰대상자보다 음성감독 시스템에 있는 범죄자가 더 유의미하게 준수사항을 많이 위반했고, 보호관찰으로부터 경고장도 더 많이 받는다고 하겠다.

강화된 수준의 보호관찰 감독 기법이 준수사항 위반 가능성을 증가시키고, 담당 보호관찰관에게 위반사실을 적발당하는 경우를 더 증가시키는 것으로 해석할 수 있다. 그러나 어쩌면 이것은 당연한 결과일지도 모른다. 확대된 수준의 꼼꼼한 감독으로 인해 위반 발각 가능성이 증가할 수밖에 없는 것이기 때문이다.

전자감독의 잠재적 이점은 다른 곳에 있는지 모른다. 단정지어 말할 수는 없지만, 전자감독제도가 범죄자의 문제행동 유발 의지를 지연시키고, 조금씩 변화시켜 범죄패턴을 변화시키는 이점이 있을 수 있다. 장기적으로 보면, 범죄자가 갖고 있는 문제행동을 스스로 변화시키도록 하는 것이 궁극적인 교정 활동의 목적이다. 프로그램이나 전자감독이 진행되는 동안 범죄의지를 단순히 억누르고 지연시키는 것이 아니라, 완전히 스스로 범죄 동기를 차단하여 포기하도록 하여 범죄습관을 교정시키는 것이 제도의 성공이라고 볼 수 있다.

전자감독제도의 목적은 단순하다. 범죄를 저지를 수 있는 기회를 차단시키고, 범죄 이후의 발각 가능성을 증가시켜 잠재적 범죄자로 하여금 스스로 범죄 동기를 일상에서 포기하게 만드는 것이다. 바로 범죄학에서 말하는 일상활동이론과 상황적 범죄예방이론을 기반으로 해서 범죄자 스스로 범죄 욕구로부터 멀어지게 만든다는 목적을 갖고 있다(Clarke & Homel, 1997).

더 나아가서 전자감독제도는 가해자로 하여금 피해자로부터 멀어지게 만드는 기능이 있다. 추가 준수사항 등을 통해 성범죄자의 구조적 삶 방식 자체를 변화시킨다는 의의도 갖고 있다. 한 사람의 일상을 모니터링 한다는 것이 실제 개인이 갖고 있는 문제 태도를 얼마나 긍정적으로 변화시킬지는 정확히 알 수 없다. 그럼에도 불구하고 범죄자에 대한 치료와 상담 프로그램이 추가로 부가된다면 전자장치 기술 하나만으로는 달성할 수 없는 일들을 이룰 수 있을 것이라는 기대가 힘을 얻고 있다.

최근에 발표된 우리나라의 전자감독 효과성 연구 결과를 보면, 다행히도 GPS 방식의 전자감독제도는 성범죄자의 일상생활을 건전하게 변화시키는 데 긍정적 역할을 하는 것으로 보인다(Cho, 2010). 전자감독 장치 부착자 2/3 이상이 전자감독 위치추적 시스템으로 인해 의도적으로 집에 더 일찍 귀가하는 일상을 갖게 되었고, 불량 교우들과 접촉하지 않으려고 노력하게 되었다는 의견을 내놓았다. 전체 186명의 전자감독 참가자(성범죄자) 중 약 67%에 해당하는 범죄자들이 긍정적 의견을 보여준 것이다.

불량 교우들과의 접촉 대신 전자감독으로 인해 가족 구성원들과 더 좋은 관계를 유지하게 되었다는 답변도 나타났다. 응답자 전체의 65%에 해당하는 많은 사람들이 전자감독 프로그램이 자신들에게 어느 정도 긍정적 기능을 해 주었다는 주관적 답변을 내놓았는데, 그 이유로 범죄를 저지르고 싶다는 욕구를 위치추적 장치가 억눌러 주고 있다는 답변이 가장 많았다.

충격적인 점은 응답자 전체의 31%가 전자감독 부착 경험을 과도한 수준의 형벌로 인식했다는 것이다. 이들은 교도소에서 잔형기를 마치는 것과 지역사회에서 전자감독을 부착하며 지내는 것 중 어느 것을 더 선호하느냐는 질문에 대해 모두 교도소 생활을 선택했다. 전체 참가자의 31% 정도는 전자감독 부착이 부정적 경험으로 남아 있고, 사회복귀에 별 도움이 되지 않는 힘든 처

벌로 인식된다고 답변했다. 비록 전자감독이 범죄자의 일상활동을 긍정적으로
변화시키고, 주거지 내에서 가족 구성원들과의 관계를 원만하게 유지시켜 주
는 긍정적 특징이 있지만, 범죄자가 느끼는 처벌적 인식은 매우 부정적인 영
향을 주는 것으로 나타났다(조윤오, 2010).

▎결론(Conclusion)

　　아시아에서는 싱가포르가 대표적으로 전자감독 기반 가택구금 제도를 일
찍 도입한 나라에 속한다. 그러나 아쉽게도 싱가포르에서 활용된 전자감독에
대한 효과성 연구는 충분히 외부에 알려지지 않았다. 이로 인해 아시아 국가
보다는 서구 나라에서 논의된 전자감독 효과성 연구가 주를 이룬다고 하겠다.
이런 맥락에서 대한민국의 전자감독제도 활용 소개는 외국에 아시아의 상황을
보여준다는 의미가 있고, 아시아를 주도하는 특정 국가의 전자감독 활용 사례
를 개관해 보는 흥미로운 기회를 제공한다.
　　우리나라의 전자감독은 전통적인 라디오 주파수 방식의 가택구금이 아니
라는 점에서 그 특색이 크다. 2008년 전자감독 도입 당시, 처음부터 GPS 범죄
자 위치추적 방식의 전자감독이 사용된 것이다. 기본적으로 보호관찰 청소년
을 대상으로 한 음성감독 시스템이 처음 전자감독 분야에 도입되었다. 우리나
라가 처음으로 활용한 이 방식은 범죄자 고유의 목소리 음성패턴을 활용하여
특정 시간대의 재택 여부를 확인하는 감독 전략이다. 빠른 속도로 음성감독
시스템에 대한 관심은 GPS 위치추적 방식으로 변모되었다. 음성감독으로 이
루어지던 외출제한명령이 이제 성인을 대상으로 위치추적을 통해 외출제한명
령을 하게 되었다고 볼 수 있다.
　　이런 맥락에서 우리나라의 전자감독 변천 과정은 해외의 그것과 매우 다
르다고 말할 수 있다. 제1세대 전자감독을 사용하지 않은 상황에서 우리나라
는 2세대 전자감독을 바로 도입하게 되면서 그 전자감독 운영 방식이 다른 국
가들보다 더 다채롭게 발전하게 되었다. 우리나라에서 2000년 이후 발생한 일
련의 흉악 범죄들로 인해 일반 시민들은 보다 강력한 지역사회 교정활동, 그

리고 효과적인 보호관찰 감독 전략을 요청하게 되었는바, 현재 정부는 정보통신 기술을 활용한 첨단 장비가 하나의 대안이 되어 줄 것이라 믿고 있다. 우리나라의 경우, 다른 선진국들과 달리 지속적으로 아동, 여성에 대한 성범죄가 증가하고 있는 상황이기에 당분간 이러한 전자감독 만능주의식 대책이 계속 유지될 것으로 보인다.

우리나라에서 전자감독을 활용한 보호관찰 변화는 너무나 빠른 속도로 급하게 이루어졌다. 전자감독으로 인해 범죄자 인권 침해 우려가 제기되기도 했으나, 강력한 처벌 요구에 정부는 정신없이 전자감독제도를 확대, 발전시켜 나가고 있는 상황이다. 이로 인해 기존의 보호관찰 조직 문화도 크게 변모되고 있다.

빠른 속도로 보호관찰 전담 조직의 문화도 전자감독 업무 운영과 함께 바뀌어 감에 따라 견고한 수준의 사회복귀적 보호관찰 서비스 체계는 제대로 마련되지 못하고 있다. 무조건 전자감독제도를 확대시켜야 한다는 지휘부 조직 차원의 상명하복 방식의 분위기만 가득해지는 것을 경계해야 할 것이다. 향후 다른 주변 국가들이 우리나라의 전자감독 활용 사례를 하나의 모범 프로그램으로 배우게 될지 계속 주지해 볼 일이다.

참고문헌(References) ─────────────────────────── ○ ○ ○

Cho, Younoh (2008) 'Analysis of automated voiceprint recognition supervision pro gramme in Korea', PhD, City University of New York.

Cho, Younoh (2009a) 'Empirical consequences of electronic monitoring with GPS and practical recommendation for application of EM in South Korea', *International Seminar Commemorating the 20th Anniversary of Korean Probation and Parole*(Seoul: Ministry of Justice), pp. 181−220.

Cho, Younoh (2009b) 'A study on the crime deterrent effect of GPS electronic monitoring programme', *Korean Journal of Public Safety and Criminal Justice*, 18:4, pp. 481−511.

Cho, Younoh (2009c) 'Analysis of the Automated Voiceprint Recognition Curfew for juvenile probationer in Korea', *Korean Association of Criminology*, 21:1, pp. 9−36.

Cho, Younoh (2010) *An Analysis of Electronic Monitoring with GPS for Specific Sex Offenders* (Seoul: Korea Probation Journal Press).

Chung, Woo−Sik (2002) 'The community service order in Korea', *The 121st International Training Papers Conference* (Seoul: Ministry of Justice).

Clarke, R.V. and Homel, R. (1997). 'A revised classification of situational crime preven tion techniques', in S.P. Lab (ed.) *Crime Prevention at a Crossroads* (Cincinnati, OH: Anderson), pp. 134−161.

Elzinga, H.K. and Nijboer, J.A. (2006) 'Probation supervision through GPS', European Journal of Crime, *Criminal Law and Criminal Justice*, 14:4, pp. 366−381.

Gainey, R.R., Payne, B.K. and O'Toole, M. (2000) 'The relationship between time in jail, time on electronic monitoring, and recidivism: an event history analysis of a jail−based programme', *Justice Quarterly*, 17:4, pp. 733−752.

Imbens, G.W. (2000) 'The role of propensity score in estimating dose−response func tions', *Biometrika*, 87:3, pp. 706−710.

International Legal Affairs Division (2009) *Criminal Justice in Korea* (Seoul: Ministry of Justice).

Kim, I.S. (2005) *Research on Electronic Monitoring in Korea: Validity of the Introduc tion of the Programme and Guideline for the Legalization* (Seoul: Korea Probation Journal Press).

Legal Research and Training Institute. (2007) *White Paper on Crime* (Seoul: The Minis try of Justice).

Legal Research and Training Institute. (2008) *White Paper on Crime* (Seoul: The Minis try of Justice).

Lullen, J., Shadish, W.R. and Clark, M.H. (2005) 'Propensity scores: an introduction and experimental test', Evaluation Review, 29:6, pp. 530−558.

Ministry of Justice. (2009a) *The Guideline of Electronic Monitoring through GPS in Korea* (Seoul: Korean Crime Prevention Policy Division).

Ministry of Justice. (2009b) *Promotion Material for Understanding of Electronic Monitoring Programme with GPS* (Seoul: Korean Crime Prevention Policy Division).

Ministry of Justice. (2009c) *High Risk Offenders: GPS Tracking Programme in Korea*(Seoul: Ministry of Justice).

Neary, M. (2003) *Korean Transformations: Power workers, probation and the politics of human rights* (Seoul: Sungkonghoe University).

Newman, G., Clarke, R.V. and Shoham, S.G. (1997) *Rational Choice and Situational Crime Prevention* (Gower House: Arena−Ashgate Publishing).

Padgett, K., Bales, W. and Blomberg, T. (2006) 'Under surveillance: an empirical test of the effectiveness and implications of electronic monitoring', *Criminology and Public Policy*, 5:1, pp. 61−92.

Palermo, G. (2005) 'Reflections on sexual offender notification laws', *International Journal of Offender Therapy and Comparative Criminology*, 49:4, pp. 359−361.

Renzema, M. and Mayo−Wilson, E. (2005) 'Can electronic monitoring reduce crime for moderate to high−risk offenders?', *Journal of Experimental Criminology*, 1:2, pp. 215−237.

6

스웨덴의 전자감독제도:
효율성으로 무장한 높은 수준의 범죄자 지원과 통제 전략

High level of support and high level of control:
An efficient Swedish model of electronic monitoring?

잉카 베네버그(Inka Wennerberg)

▌ 역사(History)

스웨덴은 유럽에서 후문정책이 아닌 "정문정책"을 기반으로 한 전자감독 제도를 유럽에서 가장 먼저 소개한 나라이다. 이는 실형 선고를 줄이는 타당한 대응책을 찾기 위한 전략의 일부였으며, '정문(front door)정책'의 일환으로 시작되었다는 데 그 의의가 있다. 집중전자감독(Intensive Supervision with Electronic Monitoring: ISEM)은 1994년 여섯 개의 보호관찰 구역에서 시범 운영되었고, 이로부터 2년 후에 스웨덴 전역으로 확대되었다. 1999년에는 스웨덴 형법에 전자감독제도가 공식적인 하나의 법률 명문 규정으로 포함되었다.

스웨덴에서 전자감독제도의 첫 번째 핵심 목적은 징역과 관련한 부정적인 결과를 초래하지 않고, 형사사법 제도에서 요구하는 조건을 충족시킬 수 있는 교도소의 확실한 대안을 만드는 것이었다. 두 번째 동기는 징역으로 인한 범죄자 구금 교정 비용을 감소시키는 것이었다. 전자감독제도의 대상은 최대 3개월의 징역형을 선고받은 범죄자들로 이들은 구금 대신 집중전자감독 아래에서 형의 집행을 보다 저렴한 교정 비용으로 마무리할 수 있다고 보았다 (Brottsforebyggande radet, 1999a).

미국과 잉글랜드 웨일스에서 그랬던 것처럼 스웨덴에서도 전자감독을 단순한 가택 구금의 형태로만 사용한 것은 아니었다. 시작부터 치료 프로그램에 전자감독을 연결하는 시도가 이루어졌다. 이는 특정한 치료 조건이 전자감독에 내포되게 되었음을 의미한다. 술과 마약 금지, 보호관찰 당국이 마련한 동기 부여 프로그램, 개별적 처우 그리고 전자 장치를 활용한 집중적인 보호관찰 통제 전략이 전자감독 내에 광범위하게 포함되기 시작했다. 추가적인 기본 요구사항으로는 전자감독 대상자가 승인된 서식을 가지고 공식적으로 입증할 수 있는 직장 유지 고용 형태를 보호관찰관에게 보여주는 것이었다. 이는 전자감독과 치료 프로그램의 긴밀한 연결이 이루어졌다는 것을 의미하며, 위 제도를 '집중감독'의 한 형태로 만든 보호관찰 당국자의 노력이 매우 컸다는 것을 보여주는 것이기도 하다(Whitfield, 1997).

2001년에 시작된 스웨덴의 '후문(back door)정책'은 석방 프로그램의 일부로 전자감독을 적극 권장하는 것이었다. 집중전자감독의 긍정적 경험과 더불어 증가하는 교도소 수용 인구에 대한 대응정책으로 전자감독은 중요한 후문정책 시범 사업으로 인정받았다. 이는 재소자들에게 출소 후 일반적인 가석방 처우보다 더 많은 지원과 통제를 제공했고, 동시에 지역사회 생활 기간 동안 자유를 제한함으로써 장기수들의 재범 가능성을 낮추어야 한다는 의도에서 비롯된 것이었다. 전자감독 조건부 석방 대상자는 최소 2년 이상의 징역을 마친 재소자들로, 이들은 전자감독 조건부 석방 전, 형기의 마지막 달에 복역을 신청할 수 있었다. 스웨덴이 도입한 새로운 후문정책의 특징은 정문정책 프로그램과 상당히 유사했다고 볼 수 있다(Brottsforebyggande radet, 2003, 2005a).

2005년에는 전자감독부가 해당 범죄자 인원수를 넓히기 위한 방안으로, 집중전자감독과 전자감독 석방 사용의 확장을 위한 새로운 시범 사업을 실시했다. 이는 꾸준히 증가하는 교도소 수용 인구를 조절하려는 의도와 더불어, 이전의 평가로부터 나온 긍정적인 결과를 바탕으로 한 것이었다. 집중전자감독 대상 집단에는 최대 6개월의 징역 대상자가 포함되었으며, 전자감독 석방의 대상 집단은 동시에 18개월 이상의 징역을 선고 받은 범죄자로 확대되었다. 전자감독 석방의 최대 기간은 최대 6개월로 연장되었다.

전자감독 석방 제도는 2007년 1월 중간처우의 집(halfway house)과 연장된 가석방(extended parole)이라는 두 개의 제도가 새롭게 도입되면서 스웨덴에서 지속적으로 확대되기 시작했다(Bill, 2005/2006: 123). 연장된 가석방은 후문정책으로써 과거의 EM 조건부 가석방을 대체할 수 있는 제도였고, 6개월 이상의 징역을 선고받은 범죄자들까지 포함하게 되었다. 이는 장기수들이 최대 일 년 정도 더 긴 시간을 전자감독을 통해 복역할 수 있도록 선처를 해 준 제도라고 하겠다.

여기에서 이전의 제도와 마찬가지로 범죄자들의 취업은 스웨덴에서 매우 중요한 필수 요소로 다루어졌다. 새로운 제도는 출소한 재소자들에 대한 통제 수준을 서서히 줄이는 데 주안점을 두었다. 전자감독 프로그램 규정을 위반한 사실이 없다면, 전자감독과 통행금지는 완전히 중단될 수 있었다. 다시 말해 전자감독 프로그램 위반 사실이 없다면, 범죄자는 오직 전자장치에 의한 감시만 받게 된다고 볼 수 있다. 수용자의 처우에 관한 법률은 중간처우의 집과 전자감독의 연계를 가능케 하였다(Brottsforebyggande radet, 2007a).

2005년부터 전자감독은 스웨덴 교도소 내에서 감시의 수단으로 사용되기 시작했다. 처음으로 전자감독이 도입된 교도소는 콜마든(Kolmarden)이었으며, 최대 185명을 수용할 수 있고 경비가 삼엄하지 않은(개방형) 교도소였다. 전자감독을 채택한 목적은 개방적인 환경을 유지하되 교도소 안에 수용되어 있는 수형자들의 행방을 저렴한 비용으로 보다 효과적으로 관찰하기 위한 것이었다. 교도소 내 보안을 강화하기 위한 목적이 컸다고 하겠다. 수형자 감시 시스템은 무선 주파수(RF)를 기반으로 하며 정문정책과 후문정책에서도 사용된 방식의 기술과 동일한 것이었다.

모든 수형자들은 위치추적 전자장치를 착용해야 하며 교도소는 접근 가능 구역과 금지 구역을 구분해 수형자의 위치를 파악했다. 이러한 기술은 특정 수형자가 일정한 장소에서 지정된 시간에 머물고 있는지를 실제 교도관이 직접 확인하게 해 주었다. 콜마든 교도소에서의 전자감독 사용은 성공적인 것으로 평가받았다. 그리고 2008년 이후 경비가 삼엄하지 않은 스웨덴의 다른 세 곳의 교도소에서도 전자감독이 도입되었다(Carlsson, 2009).

▌전자감독과 보호관찰의 통합(Integrating EM and probation)

스웨덴의 전자감독은 기본적으로 "정문정책"에 기반을 두고 있다. 2008년에는 786명에게 전자감독 석방 프로그램이 적용된 것에 비해 집중전자감독은 3,087명에게 사용되었다. 집중전자감독을 통해 복역한 범죄자들의 수는 1988년 최고치를 기록하였지만, 그 이후에는 감소 추세를 보였다.

위 제도는 1999년 시행되면서 사회봉사명령과 집행유예를 결부시킨 새로운 처벌로까지 확대되었다. 이는 곧 형 집행부에서 널리 사용되기 시작하였고, 대부분 집중전자감독의 대상과 유사한 정도의 재범 위험성을 가진 범죄자 집단이 대상 적격성을 가진 것으로 평가받았다. 따라서 후자인 집행유예부 전자감독제도 범죄자 수치는 상당히 줄어들게 되었다. 〈그림 6.1〉은 1997년 이래 집중전자감독과 전자감독 석방 제도를 경험한 범죄자들의 수를 보여준다.

전략적이고 실용적인 차원에서 보면, 전자감독 사용에 관한 스웨덴의 접근 방식은 보호관찰과 밀접한 연관이 있다는 것을 알 수 있다. 민간 부문의 참여는 장비 제공과 기술 지원에만 제한되어 있었다. 한 예로, 잉글랜드 웨일스

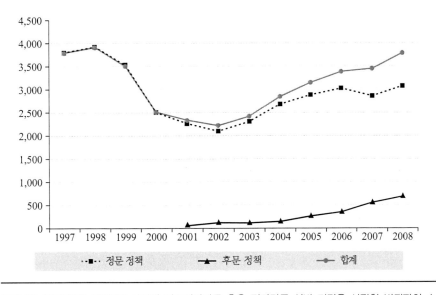

그림 6.1 1999년과 2007년 사이에 집중전자감독 혹은 전자감독 석방 기간을 시작한 범죄자의 수

에서 민간 부문을 전자감독 서비스 전달 전체 업무에 전면 등장시킨 것과 달리, 스웨덴 교도소와 보호관찰 담당기관은 공무원인 보호관찰 당국이 전적인 EM 운영 이행 책임을 졌다고 하겠다. 여기에는 몇 가지 이유가 있다. 이는 전자감독이 그동안 사용되어 온 방법에 따라 철저한 감시를 유지함으로써 안정적이고 믿을 수 있는 EM 프로그램을 구성하기 위한 것이었다.

게다가 범죄자들의 재활을 돕는 데 깊은 헌신을 해 온 교정행정 담당자들은 전자감독과 보호관찰을 따로 여기는 것보다 둘 사이 높은 수준의 상호작용을 기대하는 편이 더 낫다고 판단했다(Carlsson, 2003). 보호관찰국으로 하여금 전자감독의 모든 단계를 관장토록 한 결정은 매우 성공적이었던 것으로 평가할 수 있다. 이것이 스웨덴의 전자감독 운영 방식이 어느 정도 신뢰할 만한 제도로 평가받는 이유이기도 하다. 민간기업 부문의 낮은 참여도는 지역사회 교정활동이 범죄자들을 위한 사회복귀 접근에 초점을 두었다는 점과 맥을 같이 한다. 즉, 스웨덴은 전자감독이 사회 재통합과 범죄자 재활 전략의 한 부분임을 명확히 했다고 볼 수 있다.

실용적인 측면에서, 정문정책과 후문정책을 모두 경험했던 많은 수의 범죄자들은 보호관찰 당국에 직접 방문해야만 했다. 위 기관은 범죄자들이 요구 조건을 충족시키는지, 그리고 이 프로그램에 적합한지 여부를 확인하고 승인 여부를 판단하기 위해 전자감독 적격성 여부 평가를 실시했다. 집중전자감독과 전자감독 조건부 석방의 기본 요건은 다음과 같다. 거주할 만한 적절한 주거지, 전화 보유 여부 그리고 범죄자들의 직업을 확인할 수 있는 공식적인 증명 서류이다. 범죄자가 제출한 전자감독 지원서를 승인하기 위해서는 범죄자와 동료 직원이 모두 동의한 서류가 필요하다. 승인 결과를 받게 되면, 보호관찰 당국은 전자감독과 관련된 모든 제도 이행을 관할하여 집행을 책임지게 된다.

보호관찰관이 하는 전자감독 업무는 한시적 직장 근로 및 사회활동을 범죄자에게 주선하고 전자감독 장비를 설치하며 관제 시스템을 통해 재택 여부를 감독하는 일체의 행동을 광범위하게 포함한다. 그리고 전자감독 준수사항 위반 행위에 대한 사후 대응 활동도 포함하고, 프로그램이 끝날 때 범죄자들에게서 전자발찌를 탈착하는 것도 모두 아우른다. 집중전자감독의 이면에는 적합한 범죄자들을 가능한 많이 선발하여 프로그램에 잘 순응시키도록 한다는 목표도 있다. 하지만 전자감독 석방 결정은 위험성 평가를 포함한 매우 신중한 선별 절차를 수반하고 있다.

범죄자가 무단이탈, 재범, 혹은 음주 및 약물 남용 위험성이 있으면, 전자감독 신청 지원서 자체는 기각되게 된다. 집중전자감독하에 있는 범죄자들은 그들 스스로 자립할 만한 소득이 있다는 것을 구체적으로 증명해야 하고, 반드시 피해자들을 위한 비상 위기 대비 기금에 매일 50SKr씩을 지불해야 한다(Brottsforebyggande radet, 1999a, 2003, 3005a). 위 지불금은 집중전자감독을 받고 있는 범죄자들이 교도소에서 형을 살고 있는 상황과 비교했을 때 상당한 경제적 이점이 있는 부분이다. 교도소에 구금된 경우 국가가 전액 교정경비를 충당해야 하지만, 전자감독 부착이 내려지면 오히려 범죄자가 국가 기금에 돈을 지불하기 때문이다. 전자감독 석방 제도에서도 지불금 관련 내용이 고려되었지만, 집중전자감독 대상 집단과는 달리 장기수들을 대상으로 한 전자감독에서는 기금 지불이 중요하게 다루어지지 않고 있다. 장기 출소자들이 실형 구금 경험으로 열악한 경제적 상황을 가지고 있다는 점과 다른 석방 프로그램들에서 특정한 벌금을 요구하지 않는다는 형평성 이유 때문에 기금 지불이 부가되지 않는 것이다(Bill, 2000/2001: 76).

스웨덴의 전자감독 모델은 높은 수준의 통제와 높은 수준의 지원이 결합되었다는 특징을 갖고 있다. 전자감독을 통한 집중감시는 범죄자들이 학업이나 직장 생활 혹은 교정치료 프로그램에 참석하는 것과 같이 보호관찰관이 허가해 준 활동을 할 때에만 외출로 연결되고, 그 외에는 항시 집에 머물러 있을 것을 요구한다. 전자감독제도는 범죄자들이 집에 있어야만 하는 시간과 외출할 시간 등을 철저히 구분하여 자택 내 그들의 부재 상황을 즉시 확인하는 시스템으로 운영된다. 위치추적 감시를 통한 통제에 더하여 보호관찰관이 일주일에 여러 번 예고 없이 자택을 방문할 수도 있다.

범죄자들이 전자감독제도 하에서 형 집행을 받고 있기에 프로그램 운영 중에 범죄자들의 음주와 약물 사용이 엄격히 금지된다. 자택 방문과 더불어 음주 측정을 실시할 수 있다. 약물 검사는 전자감독이 시작될 때 최초로 시행되고, 이후 보호관찰관의 판단에 따라 필요하다고 여겨지는 경우 언제든 확인이 가능하다. 범죄자가 직장에서 준수사항을 위반한 사실이 있는지 확인해야 할 때는 외부감독관이나 보호관찰관이 직장으로 연락을 취해 직, 간접적인 감시 작업을 할 수 있다. 단, 직장에서의 감시 수위는 과거 범죄자 행적의 평가를 토대로 이루어지는데, 이는 분명 전자감독 프로그램이 가진 하나의 취약점이라 여겨진다(Brottsforebyggande radet, 1999a). 그러나 보호관찰관이 예고 없이 방문하거나 직장으로 전화를 거는 것도 가능한 일이다.

범죄자와의 직접적인 대면 감시는 보호관찰관이나 외부 감독관에 의해 행해지는데, 이는 전자감독 프로그램의 전반적인 운영에서 매우 중요한 부분을 차지한다.[1] 범죄자는 프로그램이 진행되는 동안 한 달에 수차례 감독관을 만나야 한다. 위 제도에서 위법 행위는 절대 용납되지 않는다. 음주나 약물 복용과 같은 중대한 위법 행위는 전자감독 프로그램을 중단시킬 수 있는 이유가 된다. 프로그램이 취소되면, 범죄자는 남은 형기를 교도소에서 보내야 한다. 때로는 전자감독 석방에 대한 감시 수준이 너무 가혹하다는 비판을 받기도 한다. 전자감독제도가 처음 시행되고 범죄자들이 가질 수 있는 '자유 시간'의 양이 다른 대체 석방 프로그램들과 비교해서 매우 적다는 비난이 일었다. 실제, 경비가 삼엄하지 않은 교도소에서 제공하는 자유의 양보다 전자감독하의 범죄자 자유 허용 시간이 훨씬 더 적은 것으로 나타났다.[2]

이러한 불충분한 자유 시간과 엄격한 일정 통제로 인해 지역사회 대안 정책인 전자감독제도는 일부 범죄자들에게 별 각광을 받지 못했다. 이후 전자감독 석방이 더 많은 범죄자들의 이목을 끌고 다른 대안 정책들의 기준에도 맞게 자유 시간의 양이 더 확보되면서 조금씩 관심을 받기 시작했다. 개인적으로 이러한 발전은 장기수들이 지역사회에서 삶의 자유에 다시 적응할 수 있는 유익한 기회를 주는 방식으로 변화된 것이라고 생각한다.

전자감독 프로그램은 범죄자들이 제도의 이점을 충분히 누릴 수 있도록 도움을 주는 방향으로 운영되어야 한다. 만약 범죄자가 직업이 없거나 스스로 구직할 수 없을 경우, 교정국과 보호관찰 당국에서는 이를 주선하는 데 도움을 주어야만 한다. 여기서 말하는 일시 직업이란 보통 지역사회 봉사와 같은 포괄적 의미의 직업을 지칭하는 것이다.

전자감독 조건부 석방 아래에 있는 범죄자들은 출소 후 다른 방법으로 안정적인 수입이 보장되지 않는 경우가 많다. 따라서 보호관찰국으로부터 경제적 혜택 및 보상을 받을 수 있어야 한다. 또한, 집중전자감독에서는 대다수의 범죄자들이 범죄 감소 교정프로그램과 중독 관련 프로그램에 참여하게 된다. 이러한 변화를 위한 동기 부여 프로그램은 정문정책 프로그램의 범죄자들을 대상으로 반드시 전자감독과 함께 이루어져야 할 교정활동이다. 후문정책 프로그램에서는 해당 교정프로그램의 의미가 다소 감소하는데, 그 이유는 출소 이후의 범죄자들은 교도소에 있는 동안 위와 같은 프로그램을 이미 수강한 것으로 간주되기 때문이다.

그럼에도 불구하고 전자감독 석방 프로그램을 따르고 있는 범죄자들은 치료나 정신과 의사와의 접촉 혹은 중독 재활 서비스와 같은 다른 사회복귀 활동에 자주 참여할 필요가 있다(Brottsforebyggande radet, 1999a, 2004, 2007a; Whitfield, 1997). 전자감독제도가 단순히 비용을 삭감하기 위한 목적으로 운영되는 것이 아니라, 진정한 재활, 사회복귀 요소를 지닌다면 전자감독의 치료 프로그램으로의 연계는 필수적이라고 하겠다. 높은 수준의 통제 그리고 높은 수준의 범죄자 지원이 결합되는 것은 이 EM 제도가 교도소를 대체할 수 있는 믿음직한 대안 정책으로 믿게 만드는 밑거름이 된다. 뿐만 아니라 전자감독 조건부 석방과 관련된 범죄자들의 사회복귀를 돕는 데 매우 효과적인 교정 활동을 펼치는 첩경이라고 하겠다.

▌논쟁과 토론(Controversies and debates)

1990년대 초반 처음으로 전자감독이 도입되었을 때 언론과 대중들 사이에서 상당한 논쟁이 있었다. 스웨덴에서 전자감독의 도입 논란이 다른 유럽 국가들에 비해 더 시끄럽게 크게 일어났던 것은 아니지만, 분명 어느 정도의 논란이 있었던 것은 사실이다. 대체적으로 전자감독은 교도소에 수감되는 것에 비해 너무 관대한 처분이라는 시각이 있었다. 안정적인 사회적 배경을 지닌 범죄자들에게만 적용되는 것으로 여겨졌기에 형평성 논란도 불거졌다.

일부 언론 논평가들은 위트필드(Whitfield, 1997)가 예견했던 것처럼, 이 기술이 인간의 접촉과 사회복귀 재활의 접근법을 기계적인 과정으로 대체할 것이라고 우려했다. 초기에는 보호관찰국 내에 전자감독에 대한 반대가 매우 컸다. 그것은 너무 억압적이며, 보호관찰국이 관리하지 않아야 할 일까지 도맡아서 해야 한다는 불만에서 비롯된 것이었다. 이러한 저항을 극복하기 위해 집중전자감독 부서에서 일하던 보호관찰관들이 일부 따로 선발, 이관되는 과정이 생겼다. 이들은 전자감독이 지역사회 교정 내의 주류가 될 때까지 충분한 시간을 가지고, 그 가치를 증명할 수 있도록 자체적으로 노력해야 할 상황에 처해졌다.

언론에서 전자감독의 이미지는 얼마 지나지 않아 긍정적인 것으로 비춰졌다. 그리고 스웨덴에서는 지금까지도 그러하다. 전자감독이 스웨덴에서 상대적으로 특별히 심각한 논쟁을 불러일으키지 않은 데에는 몇 가지 이유가 있다. 도입 당시 정부가 확실한 언론 대응 전략을 가지고 있었고, 직원들에게 언론에 대응하기 위한 특별한 사전 교육도 시켰다. 더욱이 위험성이 낮은 집단을 대상으로 전자감독을 실시하는 홍보를 하였고, 언론에서 전자감독과 관련해 보도할 만한 중대한 사건이 다행히 도입 당시 발생하지 않아 쉽게 넘어갈 수 있었다. 정문정책과 후문정책 프로그램들은 점진적으로 도입되었고, 지역적 시범 운영으로 시작하여 전 국가적인 시범 운영이 뒤따르게 되었다. 또한, 전자감독 대상 집단의 규모도 점차적으로 늘려 나갔으며 각 단계마다 철저한 평가를 거쳤다.

전자감독 사용에 관련된 정치적 논쟁 역시 상대적으로 분란의 소지가 적었다. 대부분의 정당들은 교도소의 대안 정책으로 전자감독에 대해 매우 긍정적이었다. 1994년에 정문정책이 도입되었을 때 우익 정부의 지원을 받았고, 2001년 전자감독 석방이 도입될 무렵에는 스웨덴은 좌익 정부에 의해 운영되었는바, 좌파에 도움도 받았다. 이러한 정치적 차이는 형벌 비용을 낮추려는 우파와 사회복귀 범죄자 재활의 지원에 방점을 두는 좌파의 입장 차이로 좁혀졌고, 여기에서 전자감독은 모든 정치세력으로부터 부분적인 혜택을 받을 수 있었다.

▮ 전자감독에 대한 연구(Research on EM)

스웨덴에서는 전자감독의 사용에 대한 집중적인 연구가 안정적으로 실시되어 왔다. 연구는 주로 정부에게서 위탁을 받은 국가범죄예방협의회에서 실시되었다. 집중전자감독과 전자감독 석방의 시행은 신중하게 이루어졌고, 정문정책과 후문정책의 확장된 전자감독 사용 역시 체계적으로 잘 이루어졌다.

집중전자감독의 시행(Implementing ISEM)

집중전자감독이 도입되었을 때 처음에는 시범 운영 정도로만 이루어졌고, 평가 역시 시범 실시에 한정되었다(Brottsforebyggande radet, 1999a). 집중전자감독 평가의 이면에는 그것이 교도소를 대체할 실행 가능한 정책이라는 강한 기대가 있었다. 평가 결과, 3개월까지의 징역을 선고받은 범죄자의 경우, 전자감독 경험자 절반이 실제 집중전자감독 아래 있었던 것으로 나타났다. 그리고 집중전자감독의 대상이 된 범죄자들은 대부분 음주 운전으로 형을 선고받은 범죄자들이었던 것으로 나타났다. 이들은 비교적 안정적인 사회적 배경을 가지고 있으며, 교도소에서 징역살이를 한 범죄자들보다 현재 사회적응 상황이 더 나은 편이었다.

한편, 집중전자감독에 대한 조사와 평가에서 보호관찰국의 역할은 상당히 긍정적인 것으로 평가되었다. 개개인에 대한 감시의 수위는 높았으며, 정기적으로 예정된 대면 접촉과 매주 예고 없는 가택 방문이 이루어졌다. 범죄자들은 주당 평균 30시간 일을 하는 것으로 나타났다. 그러나 지명된 연락 담당자들과의 인터뷰에서 그들은 준수사항 위반에 대해 보호관찰국에 보고하는 대신, 자신이 현장에서 직접 비공식적인 대처를 하는 경향이 있는 것으로 나타났다. 오직 전체 응답 범죄자들의 6%만이 준수사항 위반 결과로 전자감독 프로그램을 중단했던 것으로 나타났다. 대부분 음주로 인해 전자감독 취소가 일어난 것으로 확인되었다. 일부 제기되는 우려는 바로 집중전자감독이 단순히 사회복귀 가능성이 없는 가택 구금의 한 형태로 전락했다는 점이었다. 완벽한 평가 분석이 이루어진 것은 아니지만, 기대했던 사회복귀적 효과는 생각만큼 크지 않은 것으로 보였다.

최종 평가는 집중전자감독이 형 집행의 한 방법이며 범죄자의 이동의 자유를 제한한다는 것에 모여졌다. 하지만 전자감독이 분명 교도소 수용 경험과 같은 부정적인 결과를 초래하지 않는다는 점에서 교도소에 비해 덜 인권 침해적이라는 결론을 내렸다. 또한, 교도소에 비해 비용이 적게 들고 범죄자들이 집중전자감독 아래에 있는 동안에도 계속 일을 할 수 있기 때문에 사회에 상당한 경제적 이득을 가져다준다는 긍정적 평가를 했다.

전자감독 석방의 시행(Implementing EM release)

전자감독이 후문정책의 일환으로 석방된 수형자들을 대상으로 할 때는 정문정책과는 다른 평가가 필요하다. 석방자들에 대한 평가는 새로운 석방조건부 전자감독 프로그램이 대상자들이 수형자라는 지위로부터 완전히 벗어나기 전에 재소자들에게 직접 다가가 재소자들이 사회에 재적응하는 것을 돕기 위한 유용한 수단이 될 수 있는가에 초점을 두어야 한다(Brottsforebyggande radet, 2003, 2004, 2005a). 전자감독 조건부 석방에 선발된 범죄자들의 전자감독 프로그램 종료 6개월 후의 사회적 환경과 재범 패턴 변화를 검토함으로써 효과성을 측정할 수 있었다. 분석 결과, 2년 이상 징역살이를 한 수감자 중 거의 40%가 전자감독 석방을 지원했던 것으로 나타났다. 신청자 중 거의 절반이 전자감독 석방 허가 명령을 받았는데, 이러한 결과는 전체 장기수 중 대략 20%에 해당하는 수형자가 전자감독 기회를 받았다는 것을 뜻한다.

정문정책에서와 마찬가지로, 전자감독 석방 허가를 받은 일부 범죄자들은 다른 장기수보다 더 유리한 배경을 가지고 있다. 그들은 더 높은 교육 수준을 가지고 있고, 더 좋은 사회적 배경을 지니고 있다. 적격성 평가에서는 대상 범죄자 집단이 적절했는지 살피는 데 주안점을 둔다. 다소 재범 위험도가 높은 배경을 지닌 수감자들을 포함하는 경우도 있다. 분석 결과, 전자감독 석방의 기준을 충족했지만, 전자감독 프로그램을 신청하지 않은 소수의 범죄자들이 있는 것으로 나타났다.

이는 전자감독 석방이 너무 많은 규제와 통제를 수반하기 때문인 것으로 추측할 수 있다. 몇몇 경우에 범죄자들은 외부통근이 전자감독보다 더 나은 대안이라고 생각했다. 전자감독 석방의 위반 수치는 다행히도 낮은 것으로 나타났다. 범죄자들 중 6%만이 조건을 위반하고 교도소로 되돌아왔다. 대부분의 경우 EM 위반은 알코올이나 다른 약물을 사용한 결과인 것으로 나타났다. 선발된 일부 범죄자들이 더 유리한 사회적 배경을 가지고 있었지만, 분석 결과 그들 중 절반이 대부분 직업이나 수입과 관련한 전자감독 석방의 요건을 충족시키기 위해 보호관찰국으로부터 도움을 받았던 것으로 나타났다. 일부는 사회봉사와 같은 직업을 제공받았고, 교정과 보호관찰국으로부터 일부 작은 지원금을 얻었다. 나머지는 근로 시장을 소개받아 일자리를 얻는 도움을 받았다.

전자감독을 분석하는 주된 목적 중의 하나는 전자감독 석방이 사회적 환경에 어떠한 영향을 주는지 밝히기 위함이다. 전자감독 석방의 첫 단계에서 범죄자의 사회적 환경(직업, 가정, 소득)은 조건부 석방 후 6개월 후 그들의 사회적 환경과 비교되는 방식으로 전자감독의 효과성을 측정한 바 있다. 분석 결과, 전자감독 이후 해당 변인들의 뚜렷한 향상을 확인할 수 있었다. 정규직을 가진 범죄자의 비율은 처음 31%에서 56%로 늘어났다. 즉, 전자감독 이후 직장을 가지게 된 범죄자의 비율이 증가했다고 볼 수 있다. 범죄자들이 자신의 집으로 안정적인 거주 공간을 갖게 된 비율은 52%에서 72%로 증가했다. 그러나 이 연구의 경우, 사전-사후 비교 연구를 진행한 것일 뿐, 비교 대조군 집단이 없어 개선 사항이 전자감독 석방 프로그램 참여에 의한 것인지 명확히 확인할 수 없다는 문제가 있었다. 단, 이러한 범죄자 일상 생활환경의 향상이 전자감독 석방 비율을 일정 수준 이상으로 유지하려는 요구와 관련된 것은 아닌지 의심해 볼 필요가 있다. 즉, 선별 효과를 노린 것이 아닌지 연구 설계부터 자세히 들어다 볼 필요가 있는 것이다.

또한, 전자감독 석방을 허가받은 범죄자들은 동기 부여 수준이 높은 범죄자들로 구성되어 있고, 전자감독 석방 프로그램에 참여하지 않았더라도 스스로 환경을 향상시키려 했을 가능성도 충분히 있기에 해당 분석 연구가 가진 한계점을 명확히 이해할 필요가 있다. 그럼에도 불구하고, 이 연구는 장기수들의 사회복귀에 관한 다른 연구들에 비해 상당히 긍정적인 결과를 보여준다. 전자감독 석방에 참여한 범죄자가 아무리 고도로 동기부여가 된 출소자라도 석방 이후 사회에 재적응하기 위해 외부로부터 특정 도움을 필요로 하기에 전자감독제도는 그 자체만으로도 큰 의미가 있다고 볼 수 있다. 범죄자 통제와 범죄자 지원이라는 양 구조의 균형이 전자감독에 잘 반영되어 있다고 결론내릴 수 있다(Brottsforebyggande radet, 2004).

2007년 1월에 도입된 교도소 석방 메커니즘의 개혁에서 전자감독에 대한 평가는 매우 짧게 나타났다(Brottsforebyggande radet, 2008, 2009). 개혁 내용은 첫째, 전자감독 석방 프로그램이 가석방을 동원하여 교도행정이 조금 더 개입할 수 있는 범위가 늘어났다는 긍정적 효과를 보여주었다. 조정 가능한 방식으로 형기 완료 석방이 가석방 형태로 교체되는 데 전자감독이 일조를 한 것이다. 전자감독을 통해 교도소에서 석방되는 인원수를 증가시키기 위한 목적이 있었다. 이러한 분석 연구는 새로운 전자감독 석방 프로그램에 선발된 집단이 여전히 더 나은 배경을 가지고 있다는 점을 부각시켰다. 전자감독에 선발된 대다수의 범죄자들은 재범 가능성이 낮은 사람들이었고, 동시에 약물 사용의 위험성도 낮은 이들인 것으로 나타났다. 전자감독 취소율은 낮은 수준을 유지하다가 2006년 5%에서 2007년 2%로 더 낮아졌다. 범죄자들의 1/3은 모범적인 태도를 유지했고, 전자감시 프로그램이 끝나기도 전에 전자감독에서 완전히 가해제되어 미리 형 집행에서 완전히 해방되기도 하였다.

낮은 전자감독 취소율이 전자감독이 아닌 다른 외부 통제명령 부과와 관련된 것인지는 정확히 알 수 없다. 어쩌면 전자감독에 선정된 범죄자들이 단순히 잘 처신하려는 마음이 유난히 강했는지도 모른다. 전자감독 효과성 평가 연구는 취소율이 낮은 이유로 선발 과정이 너무 엄격하고 위험성이 적은 이들만을 선호했기 때문이라는 점을 지적했다. 약간이라도 위험적인 배경을 가진 범죄자들이라면 전자감독을 통한 확장된 석방 EM 대상이 될 수 없었다.

전자감독의 조기 석방 제도에 대한 후속 연구(참가자들은 취직 중이었으며, 문제 행동 프로그램과 정기적인 음주 단속의 대상이 되었다)는 '중간 수준의 전과 경력과 중간 정도의 재범 위험성'을 지닌 범죄자들을 전자감독 적격자로 선발해서 이들의 재범률을 산정했는데, 해당 연구에서는 대조군 집단보다 전자감독 집단의 재범률이 현저히 낮은 것으로 나타났다(Marklund and Holmberg, 2009: 41).

▌ 집중전자감독과 전자감독 석방에 대한 참가자와 가족들의 경험 (The experiences of the ISEM and EM release from participants and their families)

스웨덴에서 전자감독 정문정책이 전격 도입되었을 때, 전자감독 프로그램을 이행한 1,600명의 범죄자들의 주관적 만족도에 대한 연구를 설문조사로 실시한 바 있다(Brottsforebyggande radet, 1999a, 2005a). 또한, 인터뷰를 통해 범죄자와 함께 거주한 104명의 성인 동거 가족들에게도 데이터를 수집했다. 이 두 집단이 서술한 경험은 보호관찰국이 전자감독 업무를 진행하는 방식에 큰 영향을 미쳤다. 보호관찰관이 일을 다루는 방식에 대해 양 집단 모두 대체로 긍정적인 반응을 보였다.

전자감독 프로그램이 수반하는 특별준수사항(예를 들면, 술과 마약 사용 금지, 구직의 요구에 상응, 예고 없는 가택 방문 그리고 전자발찌의 착용)은 대부분 범죄자 본인과 가족들에게 그다지 지키기 어려운 것으로 여겨지지 않았다. 그보다는 범죄자들의 경우, 사적으로 친구들과 연락을 하거나 여가 활동을 유지하는 것과 같은 일상활동에 참여하지 못하는 것에 굉장한 어려움을 호소했다. 그럼에도 불구하고, 범죄자들과 함께 사는 대부분의 동거 가족들은 전자감독 프로그램이 교도소에서 형량을 사는 것보다 더 관대한 제재라고 인식하는 긍정적인 자세를 취했다. 거의 대다수가 다시 양형을 선택할 수 있는 기회가 주어지면, 교정시설 대신 전자감독 프로그램에 다시 지원하겠다는 의사를 밝혔다.

범죄자들의 경험은 이 프로그램에 참여한 55명의 범죄자들과의 인터뷰 속에서도 잘 드러났다(Brottsforebyggande radet, 2003, 2004). 대부분의 범죄자들은 전자감독 석방을 통해 보낸 사회 속에서의 자유 시간에 매우 만족했다. 그들은 전자감독 석방 프로그램 아래 있으면서 가족들과 함께 시간을 보낼 수 있음에 감사한다는 자세를 취했다. 범죄자들은 자신의 사회적 환경에 대해, 출소 시 어떤 형태의 직업을 갖는지가 가장 중요한 일이었고, 전자감독 조건부 석방이 제공했던 '통제와 지원의 결합'이 매우 좋았다고 응답했다.

다소 덜 긍정적인 반응을 보였던 것은 전자감독의 엄격한 일정과 자유 시간의 부족이었다. 그러나 만약 그들이 같은 상황에 다시 처해지더라도 범죄자들 대부분은 일관되게 전자감독 석방을 신청할 것이라는 입장을 보였다. 전자감독 조건부 석방으로 얻은 경험을 알아보기 위해 28명의 범죄자 가족 구성원과의 추가 인터뷰도 함께 진행되었다. 인터뷰에 응한 사람들은 대체적으로 긍정적이었으며, 특히 아이를 가진 사람들이 더 만족스러운 태도를 보였다. 몇몇 가족 구성원들은 범죄자가 집으로 돌아왔을 때 삶이 더 편안해졌다고 느꼈다. 하지만 다른 몇몇 사람들은 자신의 자유 또한 제한당하는 어려움이 있었다고 토로했다.

2005년에 정문정책과 후문정책 방식의 전자감독 프로그램에 대한 연장 결정이 나온 후, 범죄자들은 더 오랜 기간 EM 감시를 받을 수밖에 없었다. 스웨덴에서는 이런 상황에 대해 범죄자를 대상으로 한 개별 인식조사 연구를 진행하기로 했다(Brottsforebyggande radet, 2007a). 전자감시의 기간이 연장되었을 때 범죄자들은 여전히 프로그램에 대해 대체로 긍정적인 모습을 보였다. 범죄자들은 더 긴 시간 동안 자신이 엄격한 일상생활에 있어야 했지만, 여전히 사회에 적응할 수 있는 기회를 갖게 된 것이 다행이라고 생각했다. 부족한 자료로 인해 범죄자들의 인식에 대해 일관되게 확실한 결론을 내릴 수는 없지만, 대체적으로 범죄자들은 긍정적인 반응을 보였던 것으로 볼 수 있고, 이러한 스웨덴의 연구 결과는 다른 국가들에서의 기존 연구 결과와 일치한다고 하겠다(Brottsforebyggande radet, 2003, 2004; Bonta et al., 1999; Dodgson et al., 2001; Spaans and Verwers, 1997).

▌재범에 미치는 효과(Effect on re-offending)

메타분석에 따르면, 전자감독이 재범에 효과가 있다는 증거는 거의 없다고 볼 수 있다. 아쉽게도 몇몇 연구는 전자감독제도가 가진 여러 단점에 대해서만 더 부각시켜 설명할 뿐이다. 그러나 전자감독에 대한 스웨덴의 연구는 일부 긍정적인 효과를 충분히 보여주었다.

집중전자감독(Intensive Supervision with Electronic Monitoring)

집중전자감독 도입 당시 제도가 추구했던 목표 중의 하나는 범죄자의 재범 가능성을 줄이는 것이었다. 재범에 대해 집중전자감독이 갖는 효과를 연구한 첫 번째 평가 보고서는 1994년과 1995년에 이루어졌다. 이 연구에서는 집중전자감독을 허가받은 600명의 범죄자들을 조사했다(Brottsforebyggande radet, 1999a). 그 당시 집중전자감독은 스웨덴의 특정 지역에만 국한되어 시행되었다.

집중전자감독 집단에 대해 조건부 석방 후 3년까지의 재범률 데이터를 수집했고, 이후 일반집단과의 차이를 연구하기 위해 다른 지역의 대조군과의 비교분석하는 연구가 진행되었다. 통제 집단은 집중전자감독 집단과 같은 성별, 나이, 국적을 가지며 유사한 환경의 지역사회에서 살고 동일한 범죄 경력 수를 지닌 유사한 범죄자들로 구성되었다. 결과는 기존 형량에서 3년 이상까지 금고형을 받은 통제집단 범죄자들의 재범률을 기준으로 했을 때 집중전자감독 집단과 대조군 집단 사이에 유의미한 집단 간 차이가 없는 것으로 나타났다.

비록 전체 집단 간 통계적 차이는 숫자 자체에서는 존재하지 않았지만, 음주 운전으로 형을 선고받은 범죄자들의 경우 집중전자감독 집단이 향후 동종 범죄를 조금 덜 저질렀던 것으로 나타났다. 그러나 대조군 집단을 구성할 때 발생하는 몇 가지 불확실한 요인과 상당히 낮은 통계적 유의성 때문에 전자감독 효과성에 대해서는 어떠한 긍정적 결론도 쉽게 내릴 수는 없는 상황이 되었다. 위 연구의 결론은 범죄자가 집중전자감독을 받든, 혹은 교도소에서 복역하게 되든 재범률은 같다는 것을 의미하는 것이기도 했다. 동시에 분석 결과는 집중전자감독이 음주 운전으로 형을 살게 된 범죄자들에게 어느 정도는 긍정적 효과를 지님을 보여주는 정도였다.

전자감독 석방(EM release)

스웨덴에서의 전자감독 석방 EM에 대한 효과성 분석 결과, 재범을 기준으로 했을 때 일부 긍정적인 효과가 있는 것으로 나타났다(Brottsforebyggande radet, 2005a, 2007b; Marklund and Holmberg, 2009). 분석 연구는 재범에 관련된 차이를 연구하기 위한 것이었는데, 주로 전자감독 집단과 상응하는 대조군 집단과의 비교를 통해 이루어졌다. 전자감독 석방으로 형량을 끝마친 260명의 수감자 집단을 통제 집단과 비교한 결과, 두 집단 모두 최소 2년의 징역형을 선고받은 범죄자들인 것으로 나타났다. 전자감독 석방 집단은 3년의 후속 조치 이후 재범의 차이를 연구하기 위해 대조군과 통계적으로 비교되는 절차를 거쳤다.

분석 결과, 후속 조치 1년 후 두 집단 간 차이는 유의미하지 않은 것으로 나타났다. 단, 조건부 석방 3년 후 전자감독 석방 집단과 대조군 집단 간에 유의미한 차이는 확인할 수 있었는데, 3년 후 대조군 집단이 38%의 재범률을 보인 반면, 전자감독 석방 집단은 단 26%의 재범률을 보였다(〈표 6.1〉). 또한, 재범과 이후 실형 판결과 관련하여 집단 간 차이가 발견되었고, 이는 중대한 범죄로 이어지는 것을 차단하는 데 있어 전자감독이 어느 정도 효과가 있음을 의미하는 결과였다.

표 6.1 3년간의 후속 조치 기간 재범률; 새로운 형량과 평균적인 유죄 및 위반의 수

	전자감독 석방 집단	통제 집단
후속 조치 기간 중 재범률	26**	38**
후속조치 기간 중 실형 선고받은 비율	13**	21**

※ 출처: Brottsförebyggande rådet 2007a: 19.
　참고: * p<.05, ** p<.01

재범까지 걸리는 시간은 조건부 석방 후 집단의 경우, 평균 1년 4개월이 걸리는 것으로 나타났다. 분석 결과, 후속 조치 2년 차에 재범의 차이가 집단 간에 매우 두드러지는 것으로 나타났다. 구금 시설 내 장기수들로 구성된 전자감독 석방 집단이 조건부 석방 후 1년의 감시 기간 동안 전자감독 부착에

큰 영향을 받는 것으로 볼 수 있다.

추가적인 분석에 따르면, 전자감독 석방은 한두 번의 전과가 있는 범죄자들과 나이가 있는 자들(37세 이상)의 재범에 가장 큰 긍정적 영향을 미치는 것으로 나타났다. 결과를 자세히 들여다보면, 나이가 있거나 한두 번의 전과가 있는 범죄자들의 경우 전자감독 석방이 제공하는 지원에 더 열린 마음으로 임한다는 것을 알 수 있다. 전과가 없는 집단은 이미 위험이 낮아서 재범률 차원에서 긍정적인 방향으로 크게 바뀔 것이 없다고 볼 수 있다. 반면, 이미 다수의 전과를 지닌 집단의 경우 상습성이 고착되어 있어 전자감독 석방이 재범에 긍정적인 영향을 미칠 가능성이 적다고 하겠다.

요약하면, 이 연구는 스웨덴 전자감독 석방 프로그램의 효과성을 밝히기 위한 것으로 해당 프로그램에 참여하고 있는 범죄자들과 3년 후속 조치에서 유사한 대조군 집단과 비교했을 때 전자감독 프로그램이 재범에 긍정적인 영향을 미친다는 것을 보여준 실증적 연구라고 볼 수 있다. 그러나 연구 설계가 무작위 표본추출 과정을 거치지 않았고, 결과에 영향을 미칠 수 있는 관련 요인들이 통제되지 않은 채 분석되었다는 점에서 해석에 있어 신중을 요하기도 한다. 분석 결과는 높은 수준의 통제와 지원을 제공하는 전자감독 프로그램이 적어도 스웨덴식 전자감독 모델 속에서는 어느 정도 낙관적인 해석을 갖게 한다고 볼 수 있다.

▌집중전자감독과 전자감독 석방에 대한 피해자들의 의견
(Crime victims' views on ISEM and EM release)

전자감독과 관련된 대부분의 평가 연구는 범죄자나 전문가의 시각에 초점을 맞추고 있다. 피해자의 시각에서 전자감독을 바라본 연구는 거의 없다고 하겠다. 그동안 진행된 피해자 중심의 국제 연구들은 변론 준비 절차에 있는 소송 사건과 관련해서 전자감독의 효과성을 알아보기 위해 가정 내 폭력 피해자들과의 인터뷰를 진행해 가는 방식을 택했다(Erez et al., 2004; Erez and Ibarra, 2007). 오늘날 범죄 피해자의 시각은 지난 수십 년간 형사사법 논쟁의 초점이 되고 있는 중요한 분야로 떠오르고 있다. 전자감독으로 복역하는 범죄자들에 대해 피해자들이 어떻게 생각하는지 살펴볼 필요가 크다. 이러한 문제는 국가범죄예방협의회에서 실시한 평가에서도 그 중요성이 크게 다루어졌다(Brottsforebyggande radet, 2007a).

피해자 중심의 전자감독 연구를 진행하기 위해 강력범죄, 성범죄, 강도 피해자 41명을 분석 대상에 포함시켰다.[3] 집중전자감독과 전자감독 석방에 대한 범죄 피해자들의 견해를 모은다는 것은 결코 쉬운 일이 아니었다. 위의 분석 연구에 참여한 피해자들 사이에서 전자발찌에 대해 부정적인 시각을 가지고 있는 많은 사람들이 무응답으로 일관했다. 인터뷰에 응한 대다수의 피해자는 전자감독에 긍정적인 입장을 취했다.

연구에서 도출할 수 있는 최종 결론은 피해자들이 전자감독 석방보다 집중전자감독을 더 선호했다는 점이다. 분석 결과는 재판 후 시간이 얼마나 지났는지 상관없이 중범죄 피해자들이 경범죄 피해자들보다 전자감독에 대해 더 부정적이었던 것으로 나타났다. 전반적으로 피해자들의 시각은 매우 다양했고, 전자감독에 대해 긍정적이면서도 부정적인 양가감정이 강한 것으로 나타났다. 양가감정이 가장 강했던 피해자들은 가정폭력의 피해자들이었던 것으로 나타났다.

범죄자가 전자감독 조건부 석방을 받은 경우, 인터뷰의 대상이 되었던 범죄 피해자 일부는 부정적인 시각(50%)과 또 다른 일부는 정확한 비율로 긍정적인 시각(50%)을 보였다. 부정적이었던 피해자들은 범행 당시 겪었던 일과 관련하여 형량이 너무 짧다고 느꼈다. 긍정적이었던 피해자들은 전자감독 프로그램을 범죄자의 입장에서 교도소에 비해 더 나은 대안이라 간주하고, 범죄자가 사회에 다시 돌아올 수 있는 기회를 주었기 때문에 어느 정도 좋은 제도로 생각한다는 긍정적 입장을 취했다.

덜 심각한 범죄 피해자들을 따로 살펴본 결과, 많은 피해자들은 집중전자감독에 대해 긍정적인 시각을 가지고 있는 것으로 나타났다. 거꾸로 말하면, 부정적인 입장을 가진 피해자들은 전자감독이 너무 관대해서 범죄자에게 충분한 고통을 부가하는 데 적절치 않다고 본다. 피해자 대다수는 긍정적이었고 형량이 죄질에 어느 정도 비례한다고 느끼는 듯 보였다. 그들 중 몇몇은 범죄자가 지역사회에 감시를 당하는 것이 교도소에 있는 것만큼 나쁠 수 있다고 생각했다.

　일부 다른 피해자들은 가장 중요한 것은 전자감독 선고를 내리는 행위 자체가 아니라, 재판과 더불어 형량이 얼마나 오랜 기간인지의 문제이며, 이에 따라 자신의 만족도가 달라진다는 입장을 취하기도 했다. 가정폭력의 피해자들은 앞서 지적한 바와 같이, 전자감독에 대해 강한 양가감정을 가진 사람들이었는데, 어떤 경우에는 부정적이지만, 어떤 경우에는 과도하게 긍정적인 면도 있었다. 이는 범죄자가 사회적 지위를 유지할 수 있고, 직업을 유지할 수 있기 때문에 피해자들에게 더 큰 긍정적 제도로 인식되었다. 전자감독으로 인해 범죄자가 자신의 신고에 보복을 하거나 앙심을 품는 등 위험한 행동을 할 확률이 적을 것이라는 생각을 한 가정폭력 피해자도 일부 있었다.

▮ 앞으로의 발전(Future developments)

감시 표식 장치에서 추적 장치로(From tagging to tracking)

　정문정책과 후문정책 프로그램에 사용된 스웨덴 전자감독 기술은 범죄자가 규칙적인 생활을 유지하는지 확인하고, 지정된 시간에 자택에 있는지를 확인하기 위한 목적으로 만들어진 제도이다. 스웨덴은 해당 목적을 이루기 위해 전자감독 장치로 무선 주파수 기술에 토대를 두고 전자감독제도를 운영하고 있다.

　2010년 교정국과 보호관찰 당국은 전자감독 조건부 석방 집단에 새로운 "위치추적" 기술을 적용하여 해당 문제를 최소화하려는 노력을 진행해 왔다. 무선 주파수를 대체하기 위함이 아니라, 스웨덴에서 후문정책의 대상이 되는 범죄자 집단보다 더 높은 위험을 지닌 위험범죄자 집단에 새로운 기술이 사용될 수 있는지를 파악하기 위한 의도로 추적 기술을 도입한 것이다.

　유럽 대부분의 국가는 여전히 무선 주파수 기술을 사용하고 있지만, 위치

추적 기술의 발달은 서서히 진행되고 있는 상황이다(Wennerberg and Pinto, 2009). 스웨덴의 정문정책 그리고 후문정책 프로그램은 기존의 제도를 그대로 유지하면서 동시에 추적 기능을 도입하는 방향으로 발전해가고 있는바, 이것은 매우 자연스러운 발전 과정이라고 하겠다. 범죄자 위치 추적 기술이 바로 실현되지 않더라도 분명 스웨덴 교정 현장에서 언젠가 반드시 일어날 일이라고 볼 수 있다. 여전히 무선 주파수 기술은 위치추적 장치나 교도소 구금 전략보다 훨씬 더 저렴한 대안이기에 여기에 큰 이점이 있는 것도 확실하다.

전자감독과 접근금지 명령(EM and restraining orders)

스웨덴에서 "위치추적" 기술 개발은 전자감독 확대를 위한 새로운 가능성과 영역을 제공해 주었다. 가까운 미래에 스웨덴에서 전자감독을 사용하게 될 새로운 영역은 피해자 접근금지 명령과 연계될 가능성이 크다.[4] 금지 명령과 관련된 전자감독 사용은 범죄자가 피해자와 접촉하는 것을 방지하고, 범죄자의 준수사항 위반 여부를 보다 용이하게 한다는 데 그 목적이 있다.

이미 1990년대에 스웨덴 정부는 가정폭력의 피해자들에게 자택 내 안전한 환경을 만들기 위한 목적으로 전자감독을 활용한 금지 명령 도입 가능성을 공식적으로 밝혔다. 동시에 전자감독이 이미 수차례 명령을 위반한 범죄자를 지역사회에서 통제할 수 있는 대안이 될 수 있다는 의견도 제시하였다.

기존 연구에 따르면, 1990년대에 미국의 몇몇 장소에서 이미 금지 명령을 통해 전자감독이 활용된 바 있다(Brottsforebyggande radet, 1999b). 쌍방향 전자감독 시스템은 무선 주파수 기반(일반적으로 역 감시라고 한다)이고, 수신기는 피해자의 집에 배치되어 범죄자가 전자 장치를 휴대하는 방식으로 작동된다. 범죄자가 피해자의 집으로부터 150m 가까이 접근하면, 관제 센터에 경보가 울려 경찰의 개입이 이루어진다. 제도 효과성 평가 결과, 이러한 기술이 접근금지 명령 위반의 증거를 제공하며, 범죄자를 억제하는 긍정적 기능이 충분한 것으로 나타났다. 하지만 이러한 추적 기술 장비는 위협과 폭력에 노출된 피해자들에게 믿을 만한 보안을 제공하기에는 다소 부족한 것으로 나타났다.

GPS를 통한 범죄자 위치추적의 발달은 피해자 보호를 위해 전자감독이 사용될 수 있다는 새로운 피해자 보호 가능성의 문을 여는 계기가 되었다. 위치추적은 범죄자들의 명령 위반 사실을 보다 용이하게 탐지할 수 있게 해 줄 것이다. 그리고 피해자의 집, 직장 또는 그 밖에 다른 장소에서 범죄자들이 피해자에게 접근할 수 없도록 출입금지 구역을 정하는 일도 가능해질 것이다. 그러나 국가범죄예방협의회 보고서에서는 범죄 예방 조치로 전자감독의 사용이 일부 제한되고 있는데, 이것은 기술의 효율성과 수단의 신뢰도 사이에 균형이 떨어진다는 문제 때문이다(Brottsforebyggande radet, 2005b).

추적 장치의 기술적 한계를 제외하고, 스웨덴 내 접근금지 명령과 관련한 전자감독의 사용은 법적 해결 방안을 모색하는 데에 다소 어려움이 있다. 스웨덴 법률 제도에서 금지 명령은 예방적 조치이기 때문에, 범죄자 개인의 존엄성을 침해하지 않는 범위 내에서 최소한으로만 운영되어야 하는바, 현재까지도 전자감독과 관련된 법적 해결책을 찾지 못한 실정이다.

2007년 스웨덴 정부는 경찰에 접근금지 명령과 관련한 전자감독의 시범 운영을 전격적으로 지시하였다. 전자감독 예비 연구는 자원봉사자의 참여를 통한 전자장치 기술 장비 실험을 기반으로 하였다(Rikspolisstyrelsen, 2007). 쌍방향의 전자감독은 역감시, 범죄자 추적(단일 추적), 범죄자-피해자 추적(이중 추적)의 세 가지 유형으로 구분되었다. 분석 결과, 이중 추적이 가장 비용이 많이 드는 방법인 것으로 나타났다. 그러나 여전히 이러한 기술들은 스웨덴에서 아직 초기 단계에 머무는 것으로 보인다.

결론은 위 추적 장치 기술이 충분히 범죄자 억제의 역할을 할 수 있다는 것이다. 준수사항 위반에 대한 기술적 증거를 제공하며, 피해자들의 주의를 환기시키며, 지속된 위협을 중단하는 것을 가능케 하는 의미 있는 제도가 바로 전자감독이라고 하겠다.

한편, 전자감독은 피해자를 100% 보호할 수 없기 때문에 폭력의 위험이 높은 일부 범죄자에게는 부적합하다는 지적도 제기되었다. 출입금지 구역의 규모도 중요한 것으로 간주되었다. 금지 구역이 충분히 크다면, 경찰들은 지속적인 위협을 막기 위해 예방적 조치를 할 수도 있을 것이다. 반면, 작은 구역이 출입금지 구역으로 설정된다면, 피해자의 주의를 환기시키는 수준에서 예방 정책이 마무리되고, 특정 침범에 대해 기술적 증거를 수집하는 데 전자감독이 활용될 뿐이라고 볼 수 있다.

2008년 10월에 스웨덴에서 실시했던 "스토킹 조사 연구"는 접근금지 명령과 전자감독 사용을 위한 중요한 법률 제정의 근거가 되었다(Swedish Government, 2008). 이 연구에서 전자감독이 접근금지 명령을 이미 위반한 사실이 있는 사람들을 대상으로 삼을 필요가 있다는 의견이 개진되었다. 그리고 전자감독은 범죄자의 위험성 평가를 토대로 해야 한다는 의견이 나왔다. 준수사항 명령 위반 가능성이 높은 범죄자는 선별하지 않아야 한다. 또한, 피해자의 집 근처와 같은 출입금지 구역과 결합시킨 새로운 형태의 범죄자 혼합 추적 시스템이 필요하다는 의견이 나왔다. 이는 범죄자가 출입금지 구역에 들어가지 않는 한 감시 요원은 범죄자의 위치를 알 수 없다는 문제를 해결하기 위한 것이었다.

제안서에 따르면, 피해자는 집 밖에서 휴대할 수 있는 추가적인 기술 장비를 제공받게 된다. 접근금지 명령은 스웨덴에서 처벌이 아니기 때문에 경찰이 대신 권한을 갖고 모든 위법 행위를 추적하고 전자감독을 담당하게 된다. 접근금지 명령과 함께 전자감독을 한층 강화시키려는 결정은 법원에 의해 제시될 것이다. 따라서 이러한 추적 기술에 대한 높은 기대는 작은 사고 하나만 발생한 경우에도 자칫 제도 자체에 대한 신뢰 부족으로 연결될 위험이 있다.

이런 맥락에서 예방 조치로서의 전자감독 시행은 점진적으로 도입될 필요가 크다. 그 뒤에 해당 정책에 대한 세심한 평가 분석이 뒤따라야 한다. 전자감독은 효과적인 범죄 예방 수단이 될 수 있다. 이를 위해 어떠한 위반 행위에도 세심하게 잘 대처할 수 있는 다양한 방법을 사전에 강구해 둘 필요가 있다. 범죄자와 피해자 모두 전자감독과 관련된 준수사항과 조건에 따른 관련 정보를 순서대로 잘 숙지하고 있어야 할 것이다.

이처럼 일반 시민들이 전자감독에 대해 올바른 기대치를 세우고, 잘 정비된 운영 방법 내용을 이해해 간다면, 분명 전자감독의 시행은 피해자에게 단순한 접근금지 명령만 사용하는 것보다 더 나은 보호 환경을 제공하게 될 것이다.

Notes

1   외부 감독관은 보호관찰국에서 지정한 비전문가이다. 범죄자와 정기적으로 만나지만, 명령을 변경하거나 위반 사항을 처리할 자격은 없다.

2   외부통근은 대체 가석방 프로그램을 말한다. 수형자가 근무 시간 동안 교도소 밖에서 일, 연구 또는 기타 형태의 직업을 수행하는 것을 포함한다. 외부통근은 전자감독 석방이 처음에 포함하지 않았던 교도소 일시외부 휴가 및 귀휴제도를 포함한다.

3   원래 73명의 피해자가 연구 대상으로 선정되었다. 그들 중 60%가 범죄자가 전자감독 아래 복역기간을 대체하는 것에 대해 어떻게 인식하였는지에 대한 질문에 답하기로 동의하였다.

4   접근금지 명령은 스웨덴 검찰에 의해 결정되는 예방 조치이다. 대상 집단은 주로 가정폭력 범죄자 혹은 스토커이다. 이는 가해자가 피해자와 신체적 또는 기타 어떠한 접촉도 할 수 없음을 의미한다. 명령을 위반하게 되면 처벌을 받게 된다.

참고문헌(References) ──────────────────────── ○ ○ ○

Bill 2000/01:76 *Från anstalt till frihet* (From prison to liberty).

Bill 2005/06:123 *En modernare kriminalvårdslag* (A Modernized Correctional Treatment Act).

Bonta, J., Rooney, J. and Wallace–Capretta, S. (1999) *Electronic Monitoring in Canada*(Ottawa: Public Works and Government Services Canada).

Brottsförebyggande rådet (1999a) 'Intensivövervakning med elektronisk kontroll. En utvärdering av 1997 och 1998 års riksomfattande försöksverksamhet' (Intensive super vision by means of electronic control: an evaluation of the 1997 and 1998 national trial project), Brå–report 1999:4, Brå. Fritzes.

Brottsförebyggande rådet (1999b) 'Elektronisk övervakning vid besöksförbud. Teknikens möjligheter och begränsningar' (Electronic monitoring with restraining order: the pos sibilities and limitations with the technique), Memorandum, Brå.

Brottsförebyggande rådet (2003) 'Fängelse i frihet. En utvärdering av intensivövervakn ing med elektronisk kontroll' (Prison at liberty: an evaluation of intensive supervision by means of electronic control), Brå–report 2003:4, Brå. Fritzes.

Brottsförebyggande rådet (2004) 'Ett steg på väg mot frihet. En beskrivning av intagnas sociala situation efter intensivövervakning med elektronisk kontroll – IÖV–utsluss' (A step on the road to freedom: a description of the social situation of inmates subsequent to intensive supervision by means of electronic control – EM–release), Brå–report, EditaNorstedt.

Brottsförebyggande rådet (2005a) 'Electronic tagging in Sweden', Brå–report 2005:8, Brå. Fritzes.

Brottsförebyggande rådet (2005b) 'Reinforcing restraining orders using electronic moni toring' Brå.

Brottsförebyggande rådet (2007a) 'Extended use of electronic tagging in Sweden: The offenders and victim's view', Brå—report 2007:3, Brå. Fritzes.

Brottsförebyggande rådet (2007b) 'Utökad användning av elektronisk fotboja inom krim inalvården' (Extended use of electronic tagging within the Prison and Probation Service), Brå—report 2007:19, Brå. Fritzes.

Brottsförebyggande rådet (2008) '2007 års reform för bättre utslussning inom Krimi nalvården. Vilka blev effekterna under det första året?' (2007's legal reform for better release within the Prison and Probation Service: What were the effect during the first year?), Brå—report 2008:19, Brå. Fritzes.

Brottsförebyggande rådet (2009) '2007 års reform av utslussning i kriminalvården'. (2007's legal reform for release within the Prison and Probation Service), Brå—report 2009:18, Brå. Fritzes.

Carlsson, K. (2003) 'Intensive supervision with electronic monitoring in Sweden', in M. Mayer, R. Haverkamp and R. Lévy (eds) *Will Electronic Monitoring Have a Future in Europe?* (Freiburg: Max Planck Institut für ausländisches und internationales Stra frecht), pp. 69—76.

Carlsson, K. (2009) 'EM in Swedish low security prisons.' Presentation at CEP Elec tronic Monitoring Conference 2009. Online. Available at: www.cepprobation.org.

Dodgson, K., Goodwin, P. Howard, P., Llewellyn—Thomas, S., Mortimer, E., Russell, N. and Weiner, M. (2001) 'Electronic monitoring of released prisoners: an evaluation of the Home Detention Curfew scheme', Home Office Research Study 222, Home Office Research, Development and Statistics Directorate.

Erez, E. and Ibarra, P.R. (2007) 'Making your home a shelter: electronic monitoring and victim re—entry in domestic violence cases', *British Journal of Criminology*, 47, pp. 100—120.

Erez, E., Ibarra, P.R. and Lurie, N.A. (2004) 'Electronic monitoring of domestic violence cases: a study of two bilateral programs', *Federal Probation*, 68:1, pp. 15—20.

Marklund, F. and Holmberg, S. (2009) 'Effects of early release from prison using elec tronic tagging in Sweden', *Journal of Experimental Criminology*, 5:1, pp. 41—61.

Rikspolisstyrelsen (2007) *Förstärkt besöksförbud genom elektronisk övervakning*

(Rein forced restraining order by electronic monitoring) (Stockholm: RPS).

Spaans, E. and Verwers, C. (1997) *Electronic Monitoring in the Netherlands: Results and experiment, English summary* (The Hague: Netherlands Ministry of Justice).

Swedish Government (2008) *'Stalkning: ett allvarligt brott'* (Stalking: a serious crime), Official Report, SOU 2008:81, Fritzes.

Wennerberg, I. and Pinto. S. (2009) 'Summary of questionnaires'. Paper presented at the CEP Electronic Monitoring Conference 2009. Online. Available at: www.cepproba tion.org.

Whitfield, D. (1997) *Tackling the Tag: The electronic monitoring of offenders* (Winchester: Waterside).

7

프랑스의 전자감독제도:

범죄자 표식 장치(tagging)에서부터 추적 장치(tracking)까지

|

From tagging to tracking:
Beginnings and development of electronic monitoring in France

레인 레빈(René Lévy)

프랑스에서의 전자감독(EM)은 1997년 12월에 처음 도입되었다. 그러나 2000년 10월이 되어서야 온전한 시행을 맞이하게 되었다. '부착장치(tagging)'의 형태든 '추적 장치(tracking)'의 형태로든 전자감독 활용 범주를 넓히기 위해 프랑스 정부는 2000년, 2003년, 2004년, 2005년, 2008년, 2009년에 최소 6번에 걸치는 큰 법률 개정 작업을 거치기도 했다.[1]

전자감독 운영과 관련된 준비단계가 길었던 만큼 개선된 법률 규정을 통해 프랑스 정부는 처벌 과정의 단계별 준비사항에 만전을 기하려고 했다. 오늘날 프랑스 전자감독 부착장치는 재판 전, 그리고 재판 후의 단계에서 시행될 수 있으며, 법원의 명령하에 미성년자에서부터 성인까지 광범위하게 적용되고 있다. 또한, 2005년부터 범죄자들을 위한 사후 안전조치로 추적 장치가 사용되기 시작하였는데, 이는 형을 거의 끝마쳤거나 심지어는 형기를 완전히 종료한 형기 만료 출소 범죄자들에게도 전자감독제도을 적용하는 계기가 되었다.

프랑스 정부의 전자감독 운영 방안을 검토하고, 관련 조치들을 심도 있게 다루는 것이 이번 장의 궁극적 목표이다. 첫 부분에서는 2010년까지 있었던 전자감독의 합법적 운영 요소 및 구성 내용들을 검토하고, 두 번째 부분에서는 프랑스 전자감독의 기원과 발전의 주요 단계별 상황을 살펴볼 것이다. 그

리고 프랑스 전자감독제도의 적용 기준, 범위와 전자감독 적용 대상 범죄자 인구의 특성을 살펴볼 것이다.

▎프랑스 위치추적의 기원과 발전(Genesis and evolution of tagging)

고난의 태동 순간(A laborious start)

프랑스의 경우 이미 1989년에 프랑스 국가 공식 문서 속에서 전자감독이라는 용어를 사용한 바 있다. 이 문서는 사회주의 의원인 길버트 보네매종(Gilbert Bonnemaison)이 작성한 '일반 시민 교정 서비스의 현대화 방안'을 말한다. 이 문서는 범죄자 구금 관련 조항과 연관되어 있으며 이는 교도소 과밀수용을 해결하기 위해서 작성된 문서다. 이미 형이 확정된 재소자(집행 유예의 조치로써)나 혹은 피의자로 재판 전 단계에 있는 범죄자들을 대상으로 해서 프랑스는 전자감독의 대상 적격자를 선발하려고 했다. 결국 교도소 내에 새로 입소한 범죄자들의 공간을 마련하기 위한 목적으로 전자감독이라는 표현을 썼다고 하겠다. 이 보고서는 단기 금고형을 대체할 수 있는 전자감독의 가능성을 강조하였다.

위 보고서는 플로리다의 연구(이후 영국에서 진행되고 있는 프로젝트 등)에 착안하여, 전자감독이 효과적인 제재인 반면, 사람들은 오직 교도소만이 진정한 형벌이라고 여긴다는 점을 집중적으로 검토했다(Bonnemaison, 1989: 28). 동시에 이 보고서에서는 프랑스에서 전자감독제도가 도입될 경우, 범죄자들이 가족관계와 직장을 유지하거나 교육을 받는 경우가 증가하고, 이에 따른 비용은 '구금 비용보다 상당히 낮을 것'이라는 긍정적 예측을 보여주기도 했다.

보네매종의 보고서에서는 프랑스에서의 초기 전자감독제도가 어떤 방식으로 운영되어야 하는지를 간략하게 언급한 바 있다. 그러나 이 보고서 이후에 프랑스 정부가 제도 도입과 관련하여 즉각적인 후속 조치를 바로 결정한 것은 아니었다. 이후 전자감독 문제는 프랑스에서 1995-1996년 우파 상원의 원인 가이-피에르 카바넬(Guy-Pierre Cabanel)이 준비한 또 다른 의회 보고서에서 새롭게 다루어지기 시작했다. 당시 이 문제는 '상습범죄자의 범죄 습관 개선과 범죄예방을 위하여(Cabanel, 1996)'라는 명분 속에서 다루어지기 시작했다. 카바넬의 보고서는 다른 국가들(영국, 네덜란드, 스웨덴)에서 진행 중인 전자감독 관련 시범 실시 연구 결과들을 상세히 고찰했다고 볼 수 있다.

이 프랑스 보고서는 전자감독이 상습적 범행을 예방하는 데 경제적인 차원에서 매우 효율적인 수단이고, 교도소 과밀수용을 방지할 수 있는 수단이라는 결론을 내렸다. 보고서는 전자감독이 재소자들의 단기 복역을 대체하기 위한 방안으로 그 의미가 매우 크다는 결론을 내렸다. 그리고 장기 징역형이 끝난 후 혹은 집행 유예의 목적으로 전자감독을 활용하는 것이 근본적인 재범방지 전략이 된다고 보았다. 하지만 프랑스 내에서 재판 이전, 즉 피의자 보석 단계에서 전자감독을 사용하는 것에 관해서는 매우 회의적인 반응을 보였다.

보고서를 발표했던 상원의원은 보고서에 준하여 전자감독을 적극적으로 일반인들에게 소개하려고 노력했다. 위 의안을 표결에 부친 결과, 마침내 1997년 12월 19일 법안을 성공적으로 통과시킬 수 있게 되었다. 이 전자감독 규정은 재소자들의 수형 기간이 일 년 미만이거나 혹은 수형 잔역기간이 일 년 미만일 경우, 전자감독 부착을 명할 수 있다는 방식으로 법안에 반영되었다(Kuhn & Madignier, 1998: Pradel, 1998; Couvrat, 1998).

재소자 증가 문제와 정치 경쟁이 낳은 전자감독제도
(An evolution spurred by prison population pressure and political competition)

아쉽게도 프랑스에서 전자감독과 관련된 법안이 1997년에 발효된 후, 2000년 10월 실제 전자감독이 이행될 때까지 약 3년이라는 시간이 소요되었다. 왜 이런 오랜 기간의 공백이 발생한 것일까? 이러한 지체의 원인은 프랑스 교정국에 있었다(법무부 내 행형업무 관리국을 프랑스에서 DAP(Direction de l'Administration Penitentiaire)로 부를 수 있다). 법무부 내의 분과인 교정국의 미흡한 전자감독제도 운영 준비 때문에 지체가 발생했고, 전자감독 적용에 대해 주저하는 태도를 보였던 좌익(정권을 담당한) 정치인 때문에 지체 문제가 발생했다.

　　교정국(DAP) 관계자들이 전자감독제도를 거부하는 태도는 프랑스 교도소 여건 변화 속에서 쉽게 확인할 수 있다. 〈그림 7.1〉에 제시되었듯이, 전자감독 관련 법안이 통과된 후 얼마 지나지 않아 교도소 내 재소자 인구 통계는 큰 변화를 보이게 된다. 1980년대 초부터 1996년까지 일정한 속도는 아니었으나 전반적으로 프랑스 교도소 인구는 꾸준히 증가해 왔다. 그러나 1996년부터 이러한 증가 추세가 전환되었으며, 하향세로 급반전하게 된다. 2001년 하반기까지 교도소 교정시설 내 구금 인구 감소는 지속되었다. 프랑스 내에서 범죄자들에 대한 비구금형은 크게 증가하였다. 1994년에 약 100,000명이 비구금형을 받았다면, 2002년에 약 141,000명으로 급증했다. 추가로 이러한 변화의 원인과 상관없이 법무부 교정 당국 실무자들은 전자감독을 달갑지 않게 여겼다. DAP는 교도소 인구과잉의 인플레이션 압력이 거의 없는 상황에서 자신들의 존재 이유를 외부에 알리기 위해 구금 인구를 증가시키기를 내심 바라고 있었다. 이런 상황에서 추가적인 지역사회 중심의 교정활동과 전자감독제도 운영은 오히려 자신들이 원하는 상황과 정반대되는 것이었고, 해당 조치를 시행하는 데 급할 이유가 전혀 없었다고 하겠다.[6]

　　역으로, 전자감독에 관한 새로운 관심의 등장은 교도소 환경이 갑자기 변화되면서 나타나게 된 현상이었다. DAP가 교정 당국이 전자감독을 원하는 야심찬 목표를 외부에 표출하게 된 것은 바로 프랑스 내 교도소 인구 증가 환경이 만들어지면서부터이다. 교도소 재소자 인구 과밀화가 일어나면서 마침내 2001년 수형자 인구 상승 시기에 도달하게 된다. 그러나 이 같은 전환은 정치적 변화와도 부합하는 것이었다. 좌파 정치 성향이 대통령 선거에서 패하게 되면서, 교도소 과밀화 경향이 뚜렷해지기 시작했다. 프랑스에서 2002년 4-5월 의원선거 직후의 시기가 바로 수형자 수용 인구 증가가 나타난 시점이라고 하겠다.

　　한편으로는, 2002년 이후부터 범죄자에게 강력한 처벌을 주장하는 우파 형사정책이 전면에 등장하면서 전자감독이 더 큰 관심을 받게 되었는지도 모른다. 교도소 과밀 수용이라는 상황은 실제 심각한 사회 위기를 낳았으며 이는 실제 단기 구금을 운영, 관리하는 많은 교정시설에 부정적인 영향을 미치게 되었다.[7] 이는 다른 한편으로 교도소 인구를 제한해야 한다는 프랑스 정부의 노력을 이끌어 내는 전조가 되었다.

기존에 있던 교도소 구금 대체방안을 더욱 증가시켜야 한다는 의견이 힘을 얻기 시작했다. 그리고 범죄자가 형기를 교정시설에서 마치기 전에 조기 석방됨으로써 수용인원을 적절히 조절해야 한다는 목소리가 커지기 시작했다. 전자감독의 특성은 이러한 목표를 달성하는 데 있어 매우 적합하다고 여겨졌다. 프랑스에서 일어나 전자감독제도에 대한 태도 변화는 바로 이러한 교정시설의 환경 변화에 그 원인이 있다고 하겠다. 아래 내용을 통해 전자감독의 발전을 심층적으로 분석하고, 형사사건 처리 절차 내에서 전자감독이 활용되는 다양한 사용 사례를 살펴보도록 한다.

재판 전 단계(The pre-trial phase)

프랑스 사법제도 내(Robert, 1992) 가장 큰 골칫거리로 시지프스의 바위 같은 존재는 바로 미결구금과 전자감독제도이었다. 이 문제는 프랑스에서 두 세기 동안 많은 형사사법 실무자들에게 큰 걱정거리로 남았다. 전자감독의 도입, 운영을 훼방 놓으려는 많은 시도가 있었는데, EM이 판결 전 단계에서 도입되면서 훼방 시도는 모두 실패로 끝났다. 판결 전 구금을 없애고 불구속수사 원칙하에서 피의자를 조사하기 위해 프랑스 정부는 판결 전 구금을 최소화할 필요가 있었다. 그리고 판결 전 구금 활용 빈도를 줄어야 교도소 인구가 감소되는 상황이었다.

프랑스 교도소 인구가 지난 30년 동안 전례 없이 치솟게 되었을 때, 판결 전 구금으로 인한 피의자 구금의 수는 전체 구금자 1/4에서 1/3 사이(전체의 약 60%)에 이르는 비율로 올라갔다. 따라서 프랑스에서 전자감독이 과밀구금 문제 및 미결수용자 구금 문제를 해결해 줄 수 있는 모범답안이라는 기대가 생기게 되었는바, 이것은 어쩌면 프랑스 당국으로서는 당연한 것이었다.

전자감독 부착장치는 2000년 6월 15일 프랑스 법에 의해서 판결 전 단계까지 확장되게 되었다. '무죄 추정의 원칙과 피해자의 인권을 강화한다'라는 관점에서 볼 때, 부착장치는 적어도 3년의 구금형을 선고받은 중범죄자들에게

만 제한적으로 적용되어야 했다. 그러나 프랑스에서 이러한 규정은 제대로 실
무에 적용되지 못했다. 2002년 우파가 정치권력을 되찾은 후, 2002년 9월 9일
에 해당 규정이 전면 폐지되었기 때문이다. 대신 부착장치가 판결 전 단계에
서 기존 신병 확보 방법의 대체수단이라는 규정이 만들어지게 되었다. 이는
피의자가 사후 어떠한 형벌 제재 조치를 받게 되더라도 별 관계없이 프랑스에
서는 광범위하게 전자감독이 피의자 구금의 대안으로 적극적으로 활용될 수
있다는 것을 의미했다(Pitoun & Ederlin-Morieult, 2003).[8]

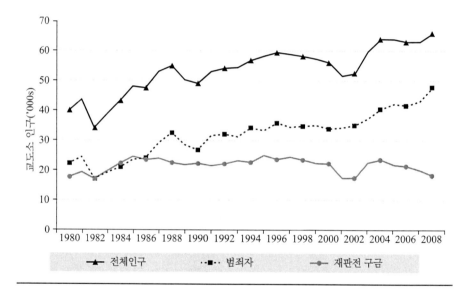

그림 7.1 1980년 이후 수감자 수 변화

아쉽게도 2009년에 매월 약 100여 개의 사건만 전자감독을 받게 됨으로써
결국 재판 전 단계에서의 제도 시행은 실패한 것으로 나타났다. 새로운 시도는
2009년 9월 24일의 법 개정을 통해 나타났다. 새로운 법에 의하면, 재판을 기다
리고 있는 범죄자들과 2년 또는 그 이상의 기간 동안 구금형에 처해질 범죄자
들이 부착장치 착용을 부가받을 가능성이 있는 것으로 나타났다. 더불어 가택구
금의 대상이 되거나, 혹은 그들이 '사회-사법적 감독명령'과 더불어 7년간의
구금형에 처해졌을 때 전자감독 추적 대상이 될 수 있는 것으로 정해졌다.[9] 이

경우, 전자감독은 6개월마다 재개되고, 2년 이상 지속될 수 없는 것으로 규정
되었다.

재판 단계(The trial phase)

프랑스에서 이루어진 전자감독 관련 법령의 잇따른 개편은 지지부진한
정책 초기 단계에 있던 정부의 우려를 불러왔다. 정부는 기존의 기본 철학을
포기하고, 경고를 쏟아내는 이론가들의 의견을 무시하는 처사도 보일 필요가
있다고 생각했다. 무슨 일이 있더라도 위 정책을 지속하기 위해 다양한 방법
을 시도해야 한다는 결정을 내린 것이다. 이에 따라 2004년 전자감독 조사위
원회는 부착장치를 요구할 수 있는 권한을 부여받았고, 검찰은 유죄 협상 교
섭을 바탕으로 한 사례들을 전자감독에 적용하기 시작했다.

일종의 양형거래에 해당하는 플리 바게닝은 신속한 형사사법 절차를 가
능케 한다. 이런 유죄인정 협상 사건 비율이 많아지면 형사사건 처리 문제가
빠르게 마무리되고 동시에 전자감독 양형 수단이 더 효과적인 제재수단으로
자리잡게 되었다. 프랑스에서 전자감독 운영은 후문정책에서 정문정책에 이르
기까지 다양한 형사사법 과정에 관여해 왔다. 후문정책은 가석방 및 형기 완
료 석방 대상자에게 전자감독을 적용하는 것이고, 정문정책은 집행유예, 보석
등으로 교도소나 구치소 구금 대안으로 전자감독을 경험하게 되는 경우를 말
한다. 프랑스에서 이전에는 특히 정문정책에 대해 반감을 표시하는 기류가 많
았으나, 조금씩 그 태도가 변화되었다. 정문정책은 형사사법 망을 넓히려는 문
제가 있기에 최대한 억제해야 한다는 비판이 있었으나, 이제 더 이상의 비판
이 관심을 끌지 못하게 된 것이다.[10]

재판 후 단계(The post-trial phase)

재판 후 단계에서의 전자감독은 프랑스에서 중요한 EM 적용 분야로 인정
받아 왔다. 오히려 재판 후 단계는 형 집행 재판관(Penalty Enforcement Judges:

PEJ)이 보호관찰이 갖고 있는 주관적 의견을 더 자주 적극적으로 표출하게 하는 방향으로 개정되었다. 재판 후 단계에서는 전자감독 부착과 관련된 보호관찰관의 의견이 매우 중요하게 다루어졌고, 해당 제도 활용 빈도도 활발히 이루어지게 되었다. 2000년 6월 15일 조항은 보호관찰관의 적극적 의견 개진을 포함하고 있다.[11]

그러나 이 법은 피고인의 권리보호라는 이름하에서 형 집행의 수정 명령을 강조하고, 형 집행 절차의 사법부 권한을 강조하는 것이라고 볼 수 있다. 반면, 2004년 3월 9일 법안은 형사사법절차 내에서 순수하게 전자감독이 교정 당국과 보호관찰 담당 부서의 의견과 역할로 인해 결정되고, 해당 제도가 운영되어야 한다는 점을 강조했다고 하겠다.[12]

프랑스에서는 전통적으로 판사의 자율적 권력을 강화하려는 성향의 '좌파'와 권위적이며 행정부를 지지하여 사법부의 동등한 권한을 줄이려고 하는 '우파'의 전형적인 대립이 있었다. 그러나 전자감독제도와 관련된 다양한 의견 대립과 동요는 이 두 정치적 성향의 충돌 때문이라고 간주되기에는 지나치게 단순화된 면이 있다. 프랑스에서 우파는 2000년 초에 전자감독 개정 움직임에 반대하지 않았다. 단지 이 법이 개개인의 사생활 침해와 인권 침해 우려가 있을 수 있으므로 이를 보호하는 방안이 필요하다고 하면서 표결 상황에서 기권하는 태도를 보였다. 2004년의 법 개정 움직임은 형집행 재판관이 법정 내에서 독립성을 유지하고 있는바, 이로 인해 교정 서비스를 운영하는 정부 당국에 비해 재판관이 형사정책에 관한 정부의 개입에 덜 영향을 덜 받는 다는 사실을 인정하면서 전격 단행된 것들이었다. 이 개정은 프랑스에서 형벌 조정에 관하여 더 체계적인 접근이 이루어져야 한다는 합의를 기초로 한 것이었다.

특히, 범죄자에 대한 추가적인 사후 지도, 관리계획이 없는 상태에서 형기 완료 이후 무조건적인 석방을 결정하는 것은 어느 정도 제한할 필요가 있다는 의견이 만들어졌다. 형집행 최종 단계에서 최소한의 교정 개입 및 양형 조정 활동이 필요하다는 공감대가 만들어진 것이다. 교정 서비스는 향후 이러한 관점을 받아들이면서 모든 수형자들의 개별 상황을 검토하기 시작했다. 따라서 프랑스에서 논의된 전자감독 도입, 운영 문제는 범죄자 사회복귀라는 교정 철학과 사실상 크게 구별되는 것은 없다고 하겠다. 오히려 전자감독을 실행하는 데 있어 실시간 범죄자 위치추적, 관리 전략이 더 사회복귀를 효과적으로 만들어 줄 것이라는 기대가 증가하게 되었다.[13]

이러한 추세는 2009년 11월 24일 법에 의해서 더욱 강화되었다. 프랑스에서 이 법은 부착장치 대상 그룹의 기준을 1년이 아닌(상습범들을 제외하고) 2년으로 상향시키는 결과를 불러왔다. 2년 이하의 구금형을 받은 범죄자들 또는 남은 잔여 구금형이 2년 이하인(이 경우, 그들이 5년 이상의 형을 받지 않았다면) 범죄자들은 부착장치 혜택을 받게 된다는 방향으로 관련 법률이 개정되었다.

영국의 사례와 같이, 프랑스에서도 징역형의 사후 형량 조절 단계에서 은전 조치를 부여받지 못한 수형자들은 형집행의 마지막 4개월(또는 만약 총 형 기간을 6개월 미만이라고 봤을 때 2/3 정도) 동안 가석방을 통해 전자감독을 받을 수 있다. 전자감독 적격성 평가 절차를 통과한 재소자 수치를 고려했을 때, 부착장치를 실제 누구에게 사용해야 하느냐 하는 것은 매우 중요한 일이다. 이 새로운 조치는 누구든 교도소를 출소할 때 사회에서 단순히 전자감독만 경험하게 하는 것이 아니라, 교도소를 떠나면서 다양한 사회복귀 서비스를 받게 해주는 유익한 교정 서비스를 제공하는 것이라고 볼 수 있다. 그러나 일정 수준의 사회적 지원을 출소자에게 제공하는 문제에 있어 전자감독 본연의 의미와 힘은 너무나 간단하고 미약해 보인다. 전자감독이 가진 원래의 의의보다 더 많은 추가적인 관심과 자원, 에너지가 필요하다는 뜻이다. 사회복귀 활동의 어려움을 고려한다면, 오히려 교도소 과밀 수용을 완화하는 일에 직접적인 목적을 가지고 전자감독제도를 운영하는 영국식 운영 방식이 교도소의 회전문 문제를 해결하는 보다 효율적인 현실적인 대안이 될지도 모른다.

사회 안전에 대한 강조와 위치추적(Safety measures and tracking)

프랑스 전자감독제도에서 기억해야 할 것은 목적─수단이 항상 이 순서대로만 발생하지 않는다는 점이다. 때로는 목적이 나오기 전에 수단이 먼저 나오기도 한다. 수단을 바탕으로 해서 목적이 거꾸로 제시되기도 하는 것이다. 일부 공식적인 정당들이 지속적으로 범죄자들의 사회복귀가 중요한 목적이고 이것에 관한 담론을 이끌어 내야 한다고 주장해도, 때로는 후자, 즉 수단이 더 강조되어 전자감독제도가 먼저 시행되고 이것이 우선시되면서 목적이 사후에 합리화되는 불안한 상황이 만들어지기도 한다. 후자가 먼저 빛을 발휘하면서 목적의 더 나은 발전을 위해 정치가들에 의해 2005년도에 범죄자 추적 장치 개발을 요구하는 행위들이 실제 프랑스에서 일어나기도 했다.

범죄피해에 대한 국민들의 불안감은 장 마리 르펜(Jean-Marie Le Pen) 이후로 중요한 정치적 이슈가 되었다. 극우 정당에 속하는 국민전선의 총재 장 마리 르펜은 사회당 당수인 리오넬 조스팽(Lionel Jospin)을 추월하기도 했다. 사실상 대중에게 인기가 있었던 리오넬 조스팽은 2002년 대통령 선거전에서 자크 시라크(Jacques Chirac)에게 패했다. 그 다음 해 니콜라 사르코지(Nicolas Sarkozy)가 2007년 출마를 확보하기 위해 거대 여당 위치에 있던 자크 시라크와 맞섰을 때, 두 당파 모두 범죄 해결 문제에 있어 서로 강경 대응하는 점을 어필하며 서로 결렬하게 경쟁하는 모습을 보였다.

2004년 말 니콜라 사르코지가 마침내 정당의 지배권을 갖는 데 성공하자, 그는 다음 선거에서 장 마리 르펜 지지자들의 마음을 빼앗기 위한 새로운 전략을 고안해 냈다. 바로 이민자 문제와 범죄 대응 방법을 중요 안건으로 제시한 것이었다. 이 두 문제를 강조함으로써 국민들에게 강하게 자신의 존재감을 알릴 수 있게 되었고, 이를 바탕으로 해서 2007년 그가 선거에서 당선될 수 있었다. 이후 지금까지 그가 지속적으로 추구하는 사회 문제가 바로 이민자 관리와 범죄 대응이라고 하겠다.

이러한 맥락에서, 프랑스에서 잇따른 일어난 중범죄자와 연쇄살인 사건으로 인해 정부는 빠른 속도로 현장에 도입할 수 있는 새로운 범죄 대응 정책을 고심하게 되었다. 바로 극악무도한 범죄 사건들을 해결하기 위한 일련의 국가 정책을 담은 긴급 현안 보고서가 나오게 된 것이다(Clement & Leonard, 2004; Fenech, 2005; Garraud, 2006; Lamanda, 2008).[14] 이로 인해 중범죄자들을 대상으로 한 지속적인 사법개혁이 고안되게 되었다. 물론 아직까지 일부는 통과되지 않은 상태로 남아 있다. 상습범죄자에 대한 프랑스 정부의 선택은 19세기부터 시작된 '창조, 새로운 것에 대한 집착(creative obsession)'의 재현이라 할 수 있는데, 이런 맥락에서 전자감독제도가 중요한 국가 대안으로 떠올랐다고 볼 수 있다.

그 결과, 전자감독 추적 장치는 범죄자들 중 형을 마친 후 출소 후에도 계속해서 사회에 위협이 되는 상습범을 대상으로 해서 이들의 문제행동을 통제한다는 차원에서 강조되기 시작했다. 프랑스에서 전자감독 운영 기준 및 절차는 다음과 같은 네 가지 차원에서 발전, 변화되어 왔다.

첫째, 가석방 체계 내에서의 보호관찰 조치(이미 부착장치에 적용되었던 기존의 조치를 말한다),

둘째, 기존의 감시에 더한 일시적인 조치이자 최소 7년 이상의 구금형이 선고된 심각한 성범죄자를 위한 '사회-사법적 감독명령'이라 불리는 지원조치 속에서 전자감독을 생각해 볼 수 있다. 위치 추적 장치는 2년간만 사용할 수 있으며 매번 의료 전문가의 질문을 통해 개인의 위험 정도를 확인하고 장치 부착 동의 여부에 따라 경범죄의 경우 한 번, 중범죄의 경우 두 번의 연장이 가능하다(비록 심각한 재구금의 위험이 있더라도 전자감독을 사용할 수 있다고 본다).

셋째, 또 다른 안전조치로써 가석방 없이 10년 이상의 형을 선고받은 이들을 대상으로 한 '요주 인물에 대한 사법감시(judicial surveillance of dangerous persons)'가 가능하다. 이 기간은 범죄자가 감형 받은 기간에 한정해서 전자감독을 부착할 수 있고, 대상자가 의무 사항을 지키지 않을 경우, 형집행 재판관(PEJ)이 감형을 부분적으로 줄이거나 무효화시켜 해당 기간만큼 범법자를 다시 구금시킬 수 있다. 하지만 프랑스에서는 독립된 형벌이 아닌 보안조치로 활용되는 전자감독 특성상 범죄자는 교도작업 복무 의무가 없는 관계로 사회봉사명령 혹은 다른 교정 작업의 대상이 될 수 없다고 본다.

넷째, 또 다른 보안 조치로 부가될 수 있는 범죄자 '사회안전 감시(safety surveillance)' 속의 전자감독이 있다. 이는 15년 이상의 형을 선고받고 사회-사법적 감독명령(social-judicial supervision) 혹은 사법 감시(judicial surveillance)를 받아 '특히 더 위험'하며 '높은 확률의 재범, 상습 가능성'을 지닌 사람들로 간주된다. 이들을 대상으로 한 전자감독 부착이 가능한데, 사회안전 감시(safety surveillance)는 1년간 시행되며 무기한으로 갱신 가능하고 특수법원과 의료진 평가에 의한 부착 유지 여부가 결정된다. 2009년 10월 1일을 시점으로 안전감시(safety surveillance) 명령을 받고 있는 이는 프랑스에서 단 한 명이며 일 년 안에 33명을 추가로 신청할 계획에 있는 것으로 나타났다(Ministere de la Justice, 2009a).[19]

프랑스의 전자감독 추적 장치는 2006년 6월과 2008년 5월 사이 시범적으로, 그 후 전국적으로 시행되었다. 교정 업무 담당자들(penitentiary staff)은 부착장치를 장착시키고 탈착하는 책임이 있을 뿐만 아니라 전자장치 알람 작동 여부도 체크해야 할 책임을 갖고 있다. 개인 민간경비 서비스 회사는 시스템의 유지와 원격 감시의 기술적 측면에서 활동하고 있다. 법무부에 따르면, 2009년 10월 1일 일자로 38명이 추적 대상이 되었으며, 34명은 사법 감시 제도 (Ministere de la Justice, 2009a)하에 있는 것으로 나타났다.

전자감독 추적 장치 활용의 확대는 2009년 11월에 공식적으로 외부에 의해 발표되었다. 스페인의 예에서 영감을 얻은 프랑스 정부는 피해자를 보호하기 위해 폭력적인 배우자에게 전자감독 추적 장치를 사용할 수 있다는 의견을 발표했다. 가정폭력 범죄자에 대한 전자감독 시범 실시는 프랑스에서 2010년부터 시작될 예정에 있다.

▎전자감독의 운영 및 실행(The implementation of EM)

제한된 민간경비 업체 – 공공교정 담당자 간의 협력관계
(A limited private – public partnership)

프랑스에서 부착장치와 추적 장치는 현재 공공기관과 장치 공급처 사이의 업무 분담을 기초로 조직화되었다. 공공기관의 전자감독 운영과 민간 부분의 장치 공급이라는 이 두 제도의 사이에는 차이점이 존재한다. 부착장치의 경우, 공급자의 역할은 장치 유지와 임대로 한정되어 있다. 원격 감시를 포함한 모든 장치 관련 작동문제는 교정업무를 담당하는 직원들의 책임이라고 할 수 있다. 즉, 프랑스에서 이루어지는 전자감시제도는 현재 공식기관(교정 당국)과 전자감독 장비를 제공하는 민간업체 사이의 업무 분담 방식으로 이루어지고 있으며, 단순히 전자장치를 부착하는 것과 위치를 추적하는 두 제도 사이에도 차이점이 있다고 하겠다.

먼저 전자감시 장치의 부착(tagging)의 경우, 장비 제공자의 역할은 전자감시 기기의 임대 및 유지와 보수로 한정되어 있다. 원격 감시(remote monitoring)를 포함한 기타 모든 운영 문제는 교정 기관의 책임이라고 할 수 있다. 전자감독 운영 모니터링은 프랑스 본토의 12개 지역에 존재하는 감시센터(surveillance centres)에서 수행되며, 카리브 해안 동부에 위치한 프랑스 해외 영토인 마르티니크(Martinique)에도 하나의 센터가 존재한다(Cour des Comptes(Revenue Court), 2006: 111). 이러한 구조는 세 가지 핵심 센터 구조로 이루어진 영국과 비교했을 때 차이가 있고, 센터가 하나에 불과하며 상임 직원 또한 두 명밖에 없는 미국의 플로리다 구조와 비교했을 때도 운영 구조가 상이한 바, 일반적으로 프랑스의 규모 자체가 매우 크다고 볼 수 있다.

다른 나라들의 상황과 비교 후 2004년과 2005년에 프랑스의 전자감시 센터 수를 세 개로 줄이자는 의견이 제시되었다. 하지만 이러한 개혁이 진행되기 위해서는 전자감시를 담당하는 공식기관과 민간 업체들의 역할 재정비가 필수적이라는 의견이 강한 지지를 받았다. 공식기관(교정본부 및 교도소)은 전자감시 기기의 부착 및 제거, 파일 보관, 추적조사, 경보 알람 처리 행정 등의 기능을 포함하는 '통치권(sovereignty)'만을 행사하고, 실제로 감시·감독하는 작업은 민영화되는 방향으로 재정비할 수 있는 새로운 프로젝트 계획이 만들어졌지만, 전자감시제도의 어떤 기능(얼마만큼 역할 분담을 해야 하는지)이 합법적으로 민간 업체에 위임될 수 있을지에 대해 프랑스 정부는 확신이 서지 않았다. 이로 인해 해당 프로젝트는 제대로 실행되지 못했다.

반면, 위치추적(tracking)은 전자감시 장치의 부착을 위한 조직 운영 구조와는 조금 다르다. 위치추적은 이는 민간업체가 운영하는 하나의 국가감시센터에서 담당하고, 비상사태에 해당 지역 센터로 전자감독 관련 데이터와 경보를 전송해 주는 역할을 한다.

전자감독의 비용(The cost of EM)

프랑스에서 전자감독제도를 옹호하는 사람들은 교도소 구금과 비교했을 때 부착장치가 더 낮은 비용이 든다는 점을 가장 중요한 이점으로 강조한다. 이런 논점은 보기보다 복잡한데, 이를 다루기 위해 다양한 관련 정보와 EM 시행에 관한 공식 보고서들을 상세히 살펴봐야 한다. 〈표 7.1〉은 이와 관련된 정보를 요약한 것이다.

표 7.1 다양한 제재 조치 또는 형벌 조치의 일일 추정 단가(유로)

	와스맨 (Warsmann) 보고서 (2003)	프랑스 보고서 (2005)	회계법원 보고서 (2006)	교정서비스 (2006)	상원 보고서 (2009)
	22	11	10	−	13.75
추적장치	−	약 60	−	30	30
준(準)자유	20−30	−	27.63	−	−
외부거주지	12−18	−	−	−	−
교도소	55.80	60	39	60	80

출처: Warsmann, 2003: 444; Fenech, 2005: 23−34; Luart, 2009

그러나 이러한 수치는 보고서마다 현저한 차이를 보이며, 때때로 지나칠 정도의 정확도로 인해 운영비용 비교에 대한 의구심이 생기기도 한다. 추정치 사이의 차이는 계산 기준이 분명하게 명시되어 있지 않거나 이질적이라는 점 때문에 신뢰하기 어려운 점이 있다. 〈표 7.1〉에서 나타나듯이 구금과 전자감시에 사용되는 비용은 현저한 차이를 보이고 있다. 실제 보고서에 따라 큰 차이가 나기 때문에 정확성에 대한 의구심이 생기는 것이 사실이다.

하루 비용 추정치는 그 계산의 기준이 분명하게 명시되어 있지 않거나 서로 상이한 기준을 제시한다는 점 때문에 단순 비용 비교를 하는 것은 어려워 보인다. 따라서 와스만(Warsmann)은 전자감시에 사용되는 하루 비용은 전자감시를 시작할 때 필요한 장치 부착(대여 요금 등을 포함) 비용 및 전자감시에 필요한 하루 비용을 더해서 계산하였으며, 구금은 한 교정시설에 하루에 드는 비용을 평균적인 수감자 수(교도관의 노동비용은 고려하지 않음)로 나누어 하루 비용을 계산하여 서로를 비교한 수치를 제시하였다.[29]

2009년에 보고된 상원의원 보고서는 와스만의 추정가에는 교도관의 비용을 고려하지 않았다는 점을 지적하였다. 또 다른 보고서에서는 전자감독 장비의 대여 비용을 절반으로 절감하자는 방안도 제시되었는데, 현재 사용되고 있는 장비가 효과적으로 사용되고 있다고 하더라도 그 장비를 대여하는 비용을 꾸준히 지불해야 하기 때문에 정확한 비용을 계산하거나 절감하기는 어렵다고 하겠다. 더욱이 '감사원(Cour des Comptes)'에서 제시한 비용은 2003년 와스만의 자료에 근거한 것이기 때문에 기존의 데이터와 중복되거나 너무 오래된 데이터를 사용했다는 지적을 받기도 한다. 마지막으로 이 모든 데이터의 출처가 바로 법무부의 '교정본부'이기에 그 정확성을 다시 생각하고, 해당 자료의 신뢰성 및 타당성을 재고려해야 할 필요성이 크다.

전자감독 도입 이후 추적장치의 변화와 발전
(The growth of tagging since its inception)

앞서 언급했듯이 프랑스의 전자감시제도는 적어도 문서상에서는 모든 형사사법 절차 과정에서 적용되는 매우 보편적인 제재수단으로 보인다. 그렇다면 '현실에서도 적용 가능한가?' 가능하다면, '실제로 어떻게 사용되어야 하는가?'라는 의문이 생긴다.

프랑스에서 '위치추적(tracking)'이 매우 인색하게 사용되고 있다는 사실은 앞서 이미 언급하였다. 이는 일부 새 조항들이 위치추적 적용에 대한 소급효 금지 원칙을 따르고 있기 때문이다. 따라서 징역형을 복역한 후 사회 안전을 이유로 위치추적제도가 적용되는 사례가 몇 백 건 이상으로 갑자기 증가할 가능성은 당분간 매우 희박해 보인다. 단, 가정폭력과 관련된 위치추적 사용은 충분히 많아질 것으로 예상할 수 있다.

반면, 전자감독 장치의 부착(tagging)은 위치추적과 비교했을 때 전혀 상황이 다르다. 최근 몇 년 동안 그 사용이 눈에 띄게 증가하였으며, 앞으로도 계속해서 증가할 가능성이 크다. 따라서 현재 상황을 평가하는 것이 앞으로의 발전에 매우 중요한 영향을 미칠 것이다. 현재 상황을 평가하기 위해서 우리는 공식적인 자료 및 연구 데이터(research data)에 의존할 수밖에 없는데, 실제로 공식적인 자료는 거의 찾아볼 수 없다. 법무부 또한 전자감독자 수에 대한 월별 통계만 제시해 줄 뿐 어떤 특성을 가진 사람들이 전자감시를 받고 있는지에 대한 정보는 제공하지 않고 있다. 전자감독 부착 대상이 어떤 사람인지를 구체적으로 연구한 것은 법무부의 특정 연구부서와 CESDIP가 협력하여 수행한 연구가 유일하다. 이 연구 자료가 많은 정보를 포함하고 있긴 하지만, 보고서 속에서 전자감독과 관련한 많은 질문의 답을 얻을 수 없어 아쉬움이 크다(프랑스 정부는 정보에 대한 질문에 전혀 반응하지 않고 있다.).[31]

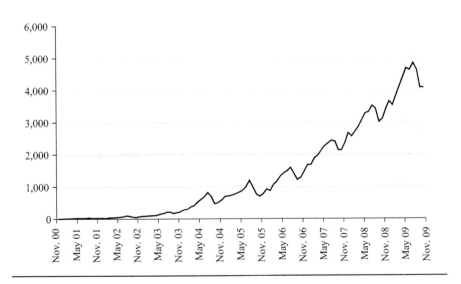

그림 7.2 2000년 11월부터 2009년 10월까지의 전자감시 대상 수

〈그림 7.2〉는 법무부가 제시한 통계자료를 기반으로 작성된 그래프이다. 2004년부터 현재까지 전자감시제도를 받는 사람들의 수가 급격하게 증가하는 모습을 볼 수 있다. 현 시점에는 약 4,000여 명이 전자감시를 받고 있으며, 2009년 7월에 4,838명으로 최고치를 찍었다. 2000년에서 2006년 사이에는 짧

은 징역형을 대신해서 범죄자들에게 전자장치를 부착하도록 명령했는데, 부착 명령을 받은 90.9%가 이러한 대체 감시 대상자들(substitute tags)이었으며 나머지 9.1%만이 형집행을 조금 일찍 끝내는 조건(이하: 석방 후 감시, released tags)으로 전자감시를 받는 사람들이었다. 다시 말하면, 열에 아홉은 교도소를 피하기 위한 수단으로 전자감독을 받게 되었다. 그리고 나머지 한 번이 조기 석방되는 수단으로 전자감독을 경험하게 되었다. 따라서 프랑스는 구금형을 대신하여 전자감시제도를 사용하는 것이 훨씬 빈번하다고 하겠다.

이러한 수치는 다른 유형의 처벌 통계 결과와 비교, 검토될 필요가 있다. 예컨대 2004년 초에는 구금형을 선고받은 59,000여 명의 범죄자와 비구금조치(보호관찰 등)를 받은 123,500여 명의 범죄자가 있었다. 현재는 약 62,000명의 재소자와 159,000명의 비구금 조치를 받은 범죄자가 있다. 〈그림 7.1〉에서 볼 수 있듯이, 이러한 상승 폭은 전적으로 유죄판결의 양적인 증가로 인한 것이며, 미결구금(pre-trial detention) 상승 폭에 의한 것은 아니라고 하겠다. 이러한 수치로 미루어 볼 때, 전자감독제도가 재소자의 인구 변화에 막대한 영향을 미쳤다고 볼 수 있을지 큰 의문이 남는다.

전자감독 대상자들의 인구사회학적 특징 그리고 대상자 프로파일[34]
(Socio-demographic and penal profile of the persons under EM)

〈표 7.2〉에서 나타난 것과 같이, 전자 감독을 구금에 대한 대안('대체용 부착장치')으로 해택을 받는 이들과 전자감독을 통해 가석방('석방용 부착장치')의 혜택을 받는 이들 사이의 모든 집단 차이는 인구사회학적 면에서 대부분 통계적 유의미성을 갖지 않는 것으로 나타났다. 즉, 두 경우의 범죄자 특성이 많은 변수 속에서 유의미한 차이를 보이지 않는 것이다. 단, 통계적 유의도 기준 변수를 나이, 동거 여부, 취업 사실을 바탕으로 했을 때 유의미한 집단 차이를 보이는 것으로 나타났다.

'구금 대체용 부착장치'의 대상자는 '석방용' 혹은 '가석방용' 부착장치 대상과 비교했을 때 보통 나이가 더 어리고 거의 싱글이며 취업이 된 사람들인

표 7.2 합법적 상황에 따른 부착장치 대상자의 사회-인구학적 특성

	구금대체 ≤ 1년	형기 구금 경험 ≤ 1년	총 합계
성별(여성)	5.2%	4.6%	5.2%
외국인	7.7%	5.4%	7.5%
기혼/동거*	42.1%	48.4%	42.6%
1명 또는 그 이상의 자녀	46.5%	45.4%	46.4%
전자감독 시작 평균 나이(년)	34.4	33.2	34.3
20살 미만	(표준편차 11.6)	(표준편차 11.9)	(표준편차 11.7)
	2.3%	4.2%	2.5%
고용*	63.6%	53.7%	62.7%
문맹자/초졸	17.5%	20.6%	17.8%
N	2,404	240	2,644

※ 참고: * 추리통계에서 t분포에 의한 가설검증, 중요도 기준 p<0.10

것으로 나타났다. 또한, 이들은 보통 음주 운전, 운전과 관련된 다른 위법행위 또는 약물 위반에 관련된 이유로 형에 처해지는 것으로 나타났다. 반면, 재소자의 경우 보통 성폭행 또는 약물 위반이라는 이유로 전자감독 중 다시 교도소에 재구금될 가능성이 더 큰 것으로 나타났다.

켄시(Kensey)와 나시(Narcy)(2008)는 부착장치 대상자 샘플(오직 '대체용 부착장치')을 같은 시기의 재소자 샘플과 비교하려고 했다. 이에 관한 결과는 〈표 7.3〉에 나타나있다. 이는 통계학적으로 중요한 두 그룹 사이의 주요 차이점을 보여준다. 부착장치 대상자는 흔히 형 기간에 고용되고 자립률이 더 높으며, 대부분은 외국 시민권이 아니고 기혼자 또는 동거를 하고 있거나 자녀가 있을 가능성이 큰 것으로 나타났다. 전자감독 대상자들은 상대적으로 여성일 경우가 더 많고, 범행 종류 또한 다른 것으로 볼 수 있다.

부착장치 대상자들 사이에서 다양한 형태의 범행이 발생할 수 있지만, 절도(다양한 형태로써)는 재소자 중에서 두 배 정도 더 흔한 것으로 나타났다. 프로빗(Probit)모델 분석에 따르면, 인구사회학적 요소들과 범죄유형이 일정한 값으로 유지되었을 때(통제되었을 때), 직장이 있는 사람, 여성 그리고 음주운전

혹은 성폭력, 마약법 위반 혐의를 받은 경우, 구금보다 전자감시의 혜택을 받을 가능성이 약간 높은 것으로 나타났다. 즉, 특정 인구사회학적 속성과 위법 행위 종류가 확인되면 직장이 있는 고용자들과 여성범죄자, 약물 범죄 혹은 음주 운전이나 성폭행을 저지른 사람들이 교도소 감금보다는 부착장치를 받을 확률이 더 큰 것으로 나타났다.

전자감독 부착기간(Duration of sentence)

프랑스에서 전자감시를 받는 범죄자 집단의 평균 처벌 기간은 2.5개월이었으며, '대체감시' 대상자들의 평균 처벌기간은 2.4개월로 전체 평균과 비슷한 것으로 나타났다. 반면 '석방 후 감시' 대상자들의 경우 처벌기간이 평균 3.4개월으로 나타났다. 이러한 차이는 '석방 후 감시' 대상자들의 경우 6개월 이상 전자감시를 받아야 하는 비율이 15%나 되지만, '대체 감시' 대상자들의 경우 4.1%만이 6개월 이상 전자감시를 받아야 하는 것이므로 그 차이가 큰 것으로 볼 수 있다.

가택구금의 장소와 기간(Place and timetable of house arrest)

켄시와 나시(2008)는 가택 구금의 장소와 기간을 따로 조사하지 않았다. 그러나 이전의 연구(Hazard et al., 2005)에 따르면, 거의 모든 경우(99%) 가택 구금과 함께 유죄 평결을 받은 사람 대부분이 본인의 거주지에서 생활하는 것으로 나타났다. 따라서 법적으로 다른 거주지들이 있음에도 불구하고 – 예를 들어, 호스텔, 또는 심지어 직장과 같은 곳 – 영구적인 거주지가 있는 경우에 전자감독이 더 용이하게 활용되고, 당연하게도 추적 장치의 부착에 있어 범죄자 본인 주거지 문항이 성문화되지 않은 조건으로 널리 인정되고 있다.

전자감독 사례에서 전체의 3/4에서 강제적 거주 명령은 단지 공식 근무일(월요일에서 금요일까지)에만 적용되는 것으로 본다. 이 경우 1/6은 주말에 해당이 된다. 거의 10%만 외부 출입이 허용된다고 판결하는 경우 전자감독 기간 계산 문제는 생각보다 더 복잡해진다. 이는 대부분의 재소자들이 주말 동안 바깥에 나가지 못한다는 것을 의미한다. 전자감독 장비가 가정생활 유지에 미치는 제약을 덜어주기는 하지만, 석방된 범죄자들은 상대적으로 억류되지 않는 사람들보다 주말 동안 더욱 통제된 생활을 할 수밖에 없어 어려움이 가중될 수 있다.

표 7.3 부착장치 대상자와 6개월 이하의 재소자 사이의 비교

특성	전자감시(대체 감시)	구금
성별(여성)	5.3%	3.3%
국적(프랑스)	92.4%	76.6%
기혼/동거	42.1%	23.4%
평균 연령	34세(표준편차 12.0)	29.4세(표준편차 9.9)
자녀 수	1.1(표준편차 1.4)	0.6(표준편차 1.2)
문해력	18%	50.1%
취업 여부	71.7%	34.5%
범죄유형(%)		
마약	13.2	7.1
폭력	19.1	15.4
절도	6.4	14.8
절도(강력)	10.6	19.2
성범죄	4.4	1.5
사기	6.2	3.3
음주운전	22.4	10.4
교통법위반	6.6	5.3
강도	2.3	4.6
기타	8.7	1.8
N	1,921	21,111

※ 참고: 통계적 유의미성을 기준으로 차이를 확인함.

전자감독 관련 준수사항(The conditions imposed)

이론적으로, 전자감독 대상 범죄자들에게 부여되는 준수사항 관련 조건들은 매우 다양하다(〈표 7.4〉). 법률 조항에 내포된 조건들 외에, 프랑스 치안 판사는 형사소송법 제132-144조항과 132-146조항에 규정된 조건들을 모두 부여할 수 있다. 다시 말해서 이는 모든 보호관찰 조항(CCP)을 다양하게 활용할 수 있다는 뜻이기도 하다.

위 조건들은 유죄 판결을 받은 EM 대상 범죄자들이 의무적으로 준수해야 하는 내용들이기에 감시 방법의 일환으로서 적용될 수 있으며, 그 어떤 작은 변화라도 감지되면, EM 대상자는 당국에 해당 사항을 보고해야만 한다(형사소송법 제132-144조). 이는 또한 범죄자들에게 부과되는 의무 또는 금지사항들을 포함하고 있으며, 특히 범죄자들의 거주지, 직업 및 직장, 그리고 그들에게 부과된 재정적 의무 이행 내용을 광범위하게 포함하고 있다(형사소송법 제132-452조). 마지막으로 준수사항 내에는 유죄 판결을 받은 범죄자들에게 권고하는 사회적 혹은 물질적 상태의 '지원 원호 수단', 그리고 법률(형사소송법 제132-146조)에 명시되지 않은 처우 개별화 사항에 순응할 의무도 있다.

전자감독과 관련하여 프랑스에서는 범죄자들에게 부여하는 법적인 의무사항이 굉장히 다양하기 때문에 이는 다중 결합(multi combinations) 형태의 준수사항으로 설명될 수 있다. 선행 연구에서 55개의 표본을 채취하여 준수사항 내용을 살펴봤는데, 그 결과 다양한 준수사항 조치들이 개인마다 극심한 차이를 지니고 있다는 사실을 확인할 수 있었다. 그렇기 때문에 실제로는 유죄판결을 받은 범죄자들의 1/4에 해당하는 인원만이 실질적으로 전자감독 준수사항에 지대한 영향을 받는다고 하겠다. 즉, 전체의 3/4에 해당하는 전자감독 대상자들은 가장 간단한 형식의 준수사항만을 부여받고 있는 상황이다.

켄시와 나시(2008)의 연구는 '고용(employment)' 여부가 전자감시를 받고 있는 '대체 감시' 대상자들에게 최우선적으로 부과된 조건이지만, '석방 후 감시' 대상자들에게는 그렇지 않다는 사실을 지적하였다. '석방 후 감시' 대상자들의 경우, 취업보다도 교육이나 훈련을 받는 것이 가장 기본적인 조건이며, 임시직 혹은 인턴십 과정을 이수해야 할 의무가 더 많았다.

표 7.4 전자감시 및 위치추적의 부과 조건에 관한 표

진행 단계	상황	범죄	발동 조건	기타 조건	유형	결정권자	기간	관련 법/규정	참조 조항
기소 전 단계	미결구금, 가택연금	최소 징역2년형을 받을 가능성이 있는 경범죄/중범죄에 대한 전자감시; 최소 징역 2년형을 받은 경우, 수감 여부에 따라 위치추적을 할 수 있으며, 사회 사법 감독이 디해짐	기간은 판사에 의해 명시됨; 피고와 동거인의 동의 필수; 변호사 필수; 전자감시기간은 구금형 기간에서 공제	직업 하업 훈련 치료 가정	전자감시, 위치추적	법원 또는 판사	6개월 (2년까지 연장 가능)	L.2002-1138 2002년 9월 9일; D.2004-243 2004년 3월 17일; L.2009-1436 2009년 11월 24일	Art. 137 and 142-5 ff.CCP Art. R 57-33 CCP
진행 중	처음부터 (ab initio)	모든 범죄	총 형량 또는 남은 형량이 징역 2년 이하(재범의 경우 1년); 피고와 동거인의 동의 필수; 변호사 선임은 선택(청소년의 경우 필수)	직업 하업 훈련 치료 가정	전자장치 부착	법원	형 만료 기간까지	L. 2004-204, 2004년 3월 9일; L.2009-1436, 2009년 11월 24일	Art. 132-26-1 PC and ff, Art. 723-7 ff. CCP
	유죄	경범죄(최대 징역 5년까지 포함)	총 형량 또는 남은 형량이 징역 1년 미만; 피고와 동거인의 동의 필수; 변호사 선임 필수	직업 하업 훈련 치료 가정	전자장치 부착	형집행판사 PEJ	최대 1년	L. 2004-204, 2004년 3월 9일	Art. 495-8. CCP
기소 후 단계	구금의 대안으로 전자감시 시행	모든 범죄	총 형량 또는 남은 형량이 징역 2년 이하(재범의 경우 1년) 피고와 동거인의 동의 필수; 변호사 선임은 선택	직업 하업 훈련 치료 가정	전자장치 부착	형집행판사 PEJ	형 만료 기간까지	L. 97-1159, 1997년 12월 19일; D. 2002-479, 2003년 4월 3일; L. 2009-1436, 2009년 11월 24일	Art. 723-7 and 723-15 ff. CCP

진행 단계	상황	범죄	발동 조건	기타 조건	유형	결정권자	기간	관련법/규정	참조 조항
	구금 후 형 완료를 위한 전자감시	모든 범죄	총 형량이 징역 5년 이하인 경우, 남은 형량이 징역 2년 이하일 때 (재범의 경우 1년): －피고와 동거인의 동의 필수; －변호사 선임 필수 총 형량이 징역 5년 이하인 경우: 마지막 4개월은 전자감시 총 형량이 징역 6개월 이하인 경우: 마지막 2/3개월은 전자감시 2번과 3번 케이스는 설정으로 전자감시가 불가능하거나 신상정보제공을 거부할 경우, 그리고 재범의 위험이 있는 범죄자: 정신과 조사 필요 SJS범죄에 의한 경우 제외: 정신과 조사 필요	직업, 하업, 훈련, 치료, 가정	전자장치 부착	케이스1: PEJ의 통제 아래에서 교정시설 케이스 2와 3: 감사의 통제 아래에서 교정시설	형 만료 기간까지	L. 2004-204(2004년 3월 9일; L. 2009-1436, 2009년 11월 24일.	케이스1: Art. 723-19 ff. CCP 케이스 2와3: Art. 723-28 ff. CCP
형 완료 후 안전조치	가석방	모든 범죄	형 진행 중; 피고와 동거인의 동의 필수; 변호사 선임 선택	직업, 하업, 훈련, 치료, 가정	전자장치 부착	교정시설 형집행판사 (PEJ)	최대 1년	L. 97-1159, 1997년 12월 19일	Art. 723-7 ff. and 720-5 CCP; Art. 723-7 CCP
	가석방	성범죄 (사회-사법감독)	형 진행 중; 피고의 동의 필수; 변호사 선임 선택		부착 후 위치추적	형집행 판사 (PEJ)	최대 1년	L. 2005-1549, 2005년 12월 12일	Art. 131-36→9 à; 131-36-13 PC; Art. 763-10a, 763-14 CCP; Art. 763-3 CCP

진행 단계	상황	범죄	법률 조건	기타 조건	유형	결정권자	기간	관련법/규정	참조 조항
	사회-사법 감독	성범죄	18세 이상; 총 형량이 징역 7년 또는 그 이상인 경우; 피고의 동의 필수; 변호사 선임 선택; 전문의소견(위험성)		부과 후 위치추적	법원, 형집행판사(PEJ)	경범죄: 2년(2번 연장 가능) 중범죄: 2년(3번 연장 가능)	L. 2005-1549, 2005년 12월 12일	
	사법 감독	성범죄 또는 폭력범죄	총 형량이 징역 10년 또는 그 이상인 경우; 피고의 동의 필수; 변호사 선임 필수; 전문의소견(위험성)		부과 후 위치추적	형집행판사(PEJ)	형기가 감당된 기간과 동일한 기간	L. 2005-1549, 2005년 12월 12일	Art. 723-29a 723-37 CCP
	안전 감독	성범죄 또는 폭력범죄	총 형량이 징역 15년 또는 그 이상인 경우; 피고의 동의서 필수; 변호사 선임 필수; 전문의소견(위험성)		부과 후 위치추적	특별법원	1년 (무기한 연장 가능)	L. 2008-174, 2008년 2월 15일	Art. 763-8 CCP

그러나 한 연구에서는 위치추적을 하고 있음에도 불구하고, 사고를 저지르지 않는 감시 대상자들의 경우 사회적 지원이나 사회복지사들과의 접촉이 사실상 이루어지지 않았다고 볼 수 있기 때문에 전자감독이 사회복귀 차원이 아닌, 단순한 기계적 범죄자 감시 수준으로 전략하는 경향을 보인다는 의견도 제기되었다. 이러한 주장은 프랑스 국가인권위원회(National Consultative Commission for Human Rights)에 보고되어, 전자감독제도와 항상 범죄자 사회복귀 및 지원 차원에서 운영되어야 한다는 권고로 연결되었다(Donnet, 2006; CNCDH, 2007).

재범사건 및 전자감독 취소(Incidents and revocation of the measures)

대부분의 전자감독 사건들은 일정기간 동안의 부착이 종료되고 정상적으로 완료되어 장치가 해제된다. 실제로 법무부가 전작감독제도 실행 초기단계에 작성한 통계에 따르면, 전자감시가 시작된 이후의 모든 전자감독 대상자 중에서 단 5.5%만이 실패하고, 나머지는 정상적으로 완료된 것으로 나타났다(2006년 3월 1일까지 완료된 8,217개의 사례 중 453개의 사례가 실패). 이 중에서 0.4%에 해당하는 33건이 도주 혹은 탈출로 인한 전자감시 기기 파손 사례인 것으로 나타났다.

수치를 통해서도 확인할 수 있듯이, 극단적인 조치를 필요로 하는 사건은 매우 드물었다. 켄시와 나시(2008)의 연구에 따르면, 대부분의 사건에서 사고가 발생하지 않았고(56.4%), 전체의 30%에 해당하는 인원은 1-2건 정도의 사고가 발생한 것으로 나타났다. 또한, 두 건 이상의 사고가 발생한 경우는 전체의 13.6%에 그쳤다. 이러한 문제 사건들은 대체 감시자들보다 '석방 후 감시' 대상자들에 의해서 발생하는 경우가 많았는데, 이는 아마도 석방 후 전자감독 대상자들의 형기가 상대적으로 더 길기 때문에 이러한 수치가 나왔을 가능성이 크다고 하겠다.

▌ 결론(Conclusion)

지금까지 전반적인 프랑스 전자감시제도에 대해 간단하게 살펴보았다. 결론에서는 어떤 말을 덧붙일 수 있을까? 첫째로, 프랑스에서 그 시작이 순탄하지만은 않았던 전자감독제도는 정상적으로 실행 단계를 마친 후, 형량을 조정(양형거래)하기 위한 중간제재 조치로 잘 정착했다고 말할 수 있을 것이다.

그러나 전자감독제도 본래의 의도였던 교도소 과밀수용 문제를 해결하기 위한 수단으로써의 역할은 제대로 구현되지 못했다. 프랑스에서 기존의 수형자 수 자체를 줄이는 것이 아니라, 전자감독이 형량 조정으로 구금형을 피하는 수단으로써 더 많이 활용되었다고 볼 수 있다. 다른 양형 조정조치가 제대로 작동되지 않는 경우, 구금형을 완료하는 단계에서 전자감시를 동원하는 방법이 최근 새롭게 도입됨에 따라 가까운 시일 내에 형량 조정만을 목적으로 한 전자감독 운영 방향은 점차적으로 시설 구금 이후로까지 확대될 분위기에 있다.

이러한 새로운 규정은 전자감시를 받고 있는 대상자들의 인구 구성에 존재하는 차별을 완화시키는 긍정적 기능이 있을 수 있다. 즉, '구금 대체 전자감독 대상자들'은 사회적 양형 수단을 강조하게 만들 수 있고, '석방 후 대상자들'은 양적인 차원에서 현재 구금된 인구보다 훨씬 많아진다는 긍정적 기능을 보이게 될 것이다. 한편으로는, 전자감독제도가 구금 대체로써 사용되는 것보다 형을 완료하는 쪽으로 변화됨에 따라 이미 과부하된 보호관찰 서비스에 대한 압박이 가중될지도 모른다. 따라서 이러한 변화는 전자감시제도에 어떠한 영향을 가지고 올 것인지(부정적인지 긍정적인지) 조금 더 시간을 갖고 지켜봐야 할 것이다.

어떤 경우이든 간에, 최근의 변화(특히 재범 고위험 범죄자를 겨냥한 위치추적)는 전자감시와 구금에 대한 사회적 인식을 변화시키는 계기가 되었다. 전자감독제도가 처음 언급되기 시작한 첫 10년 동안의 전자감독제도는 더 강력하고 집중적인 사회 내 처우로서 존재하는 경향이 있었지만, 요즘에는 전자감시제도를 응보적 처벌이라고 보면서 구금을 대체하여 위험 범죄자들을 보다 안전하고 효과적인 방법으로 통제하는 지역사회 감시 수단이라는 인식이 더 강해

졌다. 이렇게 됨으로써 프랑스에서는 범죄자를 구금하여 따로 관리하는 것만
이 궁극적이고 절대적인 처벌이 아니라는 분위기가 조성되었다.

몇 년 전 출판된 에세이를 통해서 재소자의 보호를 전담하는 국제 교정
감시기구(International Observatory of Prisons)의 회장이었던 티에리 레비(Thierry
Lévy) 변호사의 의견을 감동적으로 듣게 되었다. 그는 모든 구금시설의 대안으
로 전자감독제도 활용을 주장하였다. 그는 "전자감독제도는 구금시설과 동일
한 서비스를 제공할 수 있는 능력을 가지고 있으며, 교정시설에 구금시키지
않더라도 진정한 형벌로 범죄자들에게 고통을 주어 효과적인 응보적 처벌이
될 수 있다"고 주장하였다(Lévy, 2006: 77).

범죄자 전자감시 협회(Offender Tag Association)의 창립자이자 구금시설 방
문 기자인 톰 스테이시(Tom Stacey)는 범죄자 구금 시설인 교도소를 반대하는
사람 중의 하나였다. 하지만 예기치 않게 1980년대 초 영국의 전자감독제도를
프랑스에 소개하는 역할을 맡게 되었다(Nellis, 2000, 2001). 프랑스에서 증가되는
처벌 필요성이 결국 교도소 활용의 종말을 불러오게 되었고, 교도소 대신 전자
감독제도를 불러오게 했다는 것은 역사적인 차원에서 매우 역설적인 일이다.

▌감사의 말

전자감독과 관련된 통계적 자료를 제공해 주신 애니 켄시(Annie Kensey)
씨와 수정본을 제공해 주신 베시 레콘트(Bessie Leconte) 씨에게 감사의 말을 전
한다. 번역에 관한 부분은 프라이아 센(Pryia Sen)의 도움을 받았다.

Notes

1 전자감독은 강제적인 법 제정의 유일한 사례가 아니다. 대닛(Danet)에 따르면, 2002년에서
2007년 사이, 형사소송법에서 40개, 형사법에서는 30개의 법 수정안이 제출되었다. 여러 주요
선거법 개정 법안이 현재 논의되고 있는 가운데, '광적인 입법 현상'은 오늘날까지 수그러들지
않고 있다(Robert와 Zauberman, 2010 참조).
2 레포트 작성에 Froment의 연구를 참조하였다(1998: 281–286).

3 이 비판은 미국에서 반복적으로 제기되어 왔다. 구금시설 밖에서의 이러한 조치는 범죄자들에게 가벼운 경고에 지나지 않는다고 말이다(Tonry, 1990: 184).

4 본메종의 레포트는 전자감독의 단점을 숨기지 않았다. 주로 형사사법 망을 넓힘으로써 발생하는 더욱 강력한 사회적 통제에 대한 위험성과 사회적 차별의 위험성, 그리고 개인의 존엄성 침해의 위험성이 그것이다. 하지만 이 레포트에서는 이러한 단점들을 상대화하거나 반박하고 있다(29–30쪽).

5 1997년 12월 19일자 97–1159번 법률에서는 전자감독을 형집행 구금법으로 인식하고 있다.

6 더 자세한 분석을 위해서는 Lévy와 Pitoun의 연구(2004)와 Lévy의 연구(2005)를 참조. Kaluszyski와 Froment(2003)은 이에 동의하지 않으며, DAP는 때때로 전자감독을 선호하였지만, 정치적 결단 부족에 직면하게 되었으며, 상원의원 카바넬의 개입이 문제를 해결할 수 있게 도와주었다고 주장한다. 그러나 이 주장은 뻔뻔스러울 정도로 준비가 안 된 집행부의 상황을 설명해 주지는 못하는 것 같다.

7 이 트렌드는 사르코지 대통령이 관습적으로 사용했던 광범위한 사면을 폐지하겠다는 결정 때문에 더욱 가속화되었다. Lévy(2007) 참조.

8 사법감독은 미결구금의 대안이다. 미결구금은 피의자가 보석, 이동의 자유를 통제 혹은 억제할 수 있게끔 한다.

9 사회–사법적 감독명령은 범죄자를 감시하는 것이며, 심각한 성범죄자 또는 폭력적인 범죄자에 대한 비구금형의 조치를 지원한다.

10 이 점에 관해서는 Lévy의 연구(2003), 특히 18페이지와 그 다음을 보면 된다.

11 PEJ는 처벌과 그것의 개정을 피고의 주변 환경과 개인의 상황에 따라 판사가 집행하도록 하는 것이다. 이 일을 완수하기 위해서 각각의 재판에서 교도소 재구금 제도(Penitentiary Services of Reinsertion)와 보호관찰의 도움을 받는다.

12 페르방 제2법 조항(Perben 2 Law)이라고도 알려져 있는 2004년 3월에 제정된 범죄의 진화에 대한 공평성 응용에 관한 법 제2004–204조항 UMP 법 장관(우익) 참조.

13 이 절차는 도미니크 페르방 법무부장관과는 가까운 사이였지만, 이데올로기의 재활(Warsmann, 2003)의 많은 영향을 받았던 대리인 장 루크 워스만(Jean–Luc Warsmann)의 보고서를 바탕으로 한다. 카뎃 참조(2005a).

14 정신질환을 앓고 있는 위험한 범죄자들에 관한 또 다른 공식적인 보고서가 출판되었다. 이 보고서는 석방과 관련하여 전자감독의 사용을 권장하고 있다. 그러나 추적에 관해서는 아직까지 조심스러운 입장을 표명하고 있다(Burgelin, 2005). 이와 같은 문제에 관해 비슷한 견해가 후에 의회 보고서에 언급되었다(Goujon and Gautier, 2006). 이 보고서들에 관한 논의는 Herzog–Evans(2005)의 연구와 Lazerges(2006)를 참고.

15 이 표현은 슈나페(Schnapper)(1991)가 19세기 후반 형사정책에 관해 그의 세미나 논문에서 처음 쓴 표현이다. 현재 형사정책에 있어서 재범과 위험성의 중요성에 관해서는 Danet(2008a), Mucchielli(2008), Robert(2009), 그리고 Robert와 Zauberman(2009)의 연구를 참고.

16 2005년 12월 12일에 제정된 법 제2005–1549조항.

17 사회–사법적 감독(Socio–Judicial Supervision: SJS, 불어로는 suivisocio–judiciaire)은 1998년에 제정되었고 처음에는 성범죄자들에게 제한되어 사용되었던 형이었다. 추적 시스템은 잠재적

범죄를 폭력적 범죄의 범주로 확장시킨, 2005년 12월 12일에 제정된 법 제2005-1549조항에 의해 추가되었다. SJS는 주된 처벌 또는 투옥이라고 할 수 있을 뿐만 아니라 안전장치라고도 할 수 있다. 경범죄를 저지르고 난 후 표준 투옥 기간은 10년으로서 흉악범죄의 경우에 한해서만 징역 20년을 선고받으나 그 기간은 길어질 수도 있다. 카르라스코(Carrasco)의 연구에 따르면(2007: 4-5), 이 유형의 조치는 극히 드물다. 1998년에 5건이 발생한 이후로 2005년에 1,000건으로 증가했다. 즉, 이는 그 시기의 잠재적 성범죄자들에게 내린 유죄선고의 10%에 불과하다. 법무부에 따르면, 2008년에는 1,404건의 조치가 선고되었다(Ministére de la Justice, 2009a). 이러한 조치를 적용하는 데 있어 많은 어려움이 따랐다. 이에 대한 의학계의 강력한 교리적 반대뿐만 아니라 공공기관에 소속된 정신과 의사들의 부족이 그 원인이었다. 따라서 이러한 조치는 대다수의 법원에서 실행될 수 없었다.

18 SJPD(surveillance judiciaire des personnes dangereuses)는 2005년 12월 12일, 법 제2005-1549에 의해 제정되었다. 2009년 10월 일자로 233명이 사법 감시를 받았다. 그러나 그 중 34명에 해당하는 인원만이 추적을 당했다(Ministére de la Justice, 2009a). 이러한 새로운 제도하에 감시를 받은 첫 번째 대상자는 많은 성범죄와 미성년자 강간을 저지른 죄로 징역 18년 형을 선고받은 범죄자였다. 그는 낯선 파리에서, NGO가 제공한 거주지에서 주거하라는 명령을 받았다. 그는 오전 9시에서 오후 6시까지 외출할 수 있는 권한이 주어졌었다. 그러나 그의 집에서 한 블록을 떨어진 거리로 나가는 것은 허용되지 않았다. 또한 미성년자들이 으레 나타나는 공공장소(공원, 학교, 수영장 등)에는 가지 못하도록 금지명령이 내려졌다(Herzog-Evans, 2009 참고).

19 불어로 surveillance de sûreté. 의무를 지키지 못한 대상자들은 안전구금이라는 조치 아래 다시 투옥될 수 있다(불어로는 rétention de sûreté). 또한 이는 일 년간 갱신할 수 있다. 안전 구금은 안전 감시 대신 직접적으로 배치할 수 있다. 이 조치는 2008년 2월 25일에 제정된 법 제2008-174에 의해 만들어졌다. 2008년 11월에 정부에 의해 소개된 이 새로운 법안은 현재 의회에서 검토하는 중이다. 이는 기존 법규에 존재하는 수많은 결함을 바로잡고, 헌법 재판소가 요구하는 조항을 도입할 수 있다는 가능성을 제시한다. 이에 의해 만약 투옥 기간 동안 충분한 지원이 이루어지지 않을 시 그 누구도 안전 구금의 대상이 될 수 없다. 또한 오심이라고 의심되는 사건을 다시 검토할 때 풀려난 사람들을 추적하는 것에 권한을 부여할 수 있다(매우 드문 상황).

20 지원자가 부족했기에, 첫 번째 추적 임무는 2006년 9월 1일에 시행되었다. 대상자는 구금시설에서 14년간 복역하다가 가석방된 범죄자였다. 정부는 대상자의 신원이 밝혀지는 것을 꺼려했으므로, 더 이상의 자세한 정보는 제공되지 않았다. 사회적 판결에 의한 감시하에 세워진 첫 번째 추적은 2007년 8월에 실행되었다(그는 11살 된 어린 소녀를 강간했으며 그로 인해 징역 14년이라는 형벌을 판결받았다). 그는 2008년 6월에 다시 구금되었는데 법적 의무를 져버렸기 때문이었다. (http://tempsreel.nouvelobs.com/actualites/20071011.OBS9294/?xtmc=psem&xter=s5)

21 이 4가지 케이스는 사회적 판결에 의한 감시였는지 가석방이었는지는 확인되지 않는다.

22 (http://abonnes.lemonde.fr/societe/article/2009/11/25/la-france-va-experimenter-le-bracelet-electronique-pour-les-conjoints-violents_1271747_3224.html)

23 각 지역의 감시본부 감시인들에게 몇 차례의 전화가 왔었다. 대다수의 계약은 엘모텍과 맺은 계약이다.

24 합법적 관점에서 아웃소싱에 의한 감독은 카뎃(Cardet)을 참조(2005b).

25 법인원천에 따르면, 엘모텍이 장비를 공급하고 유지하는 동안 관제센터는 ADT에 의해 운영되었다(www.dmatek.com/default.asp?PageID=39&YearID=54&ItemID=69).

26 2000년 8월에 실험이 착수되는 동안 법무부를 대신하여 준비된 공식 보도 자료를 참조.

27 원가추정에 관한 사항은, 레비(Lévy)를 참조(2003: 23-25).

28 페네치(Fenech)가 추산함. 그러나 개재된 바에 의하면, 추적장치는 공급자의 면접에 따라 가격
    이 €8에서 €150까지 차이가 난다. 반면 영국의 경우, 추적 장치에 드는 비용은 €98.70, 미국
    에서는 $10-13 정도로 추정된다(Cour des Comptes, 2006: 108)(2003 자료). 이 마지막 보고
    서는 특히 공동경영에 의해 운영되는 교도소 설립기관에 조정된 DAP에 의해 산출된 비용 산정
    방식에 대해 굉장히 비판적이다(몇몇 업무는 사기업에 맡기게 되는데 그 예로는 음식 제공, 정
    비, 청소 그리고 형무소 내의 작업 등이 있다). 172페이지와 다음을 참조. 보호서비스에 대해서
    는 사내 잡지인 에타페(Etapes, 2006년 9월, 131, p.1)에 추적과 교도소에 관해 추정한 사항이
    실린다. 상원의 수치 자료들은 루어트에 있다(2009).

29 게다가 이 기관의 과잉설립 인정은 미결구금과 단기 징역형으로 행해졌다.

30 DAP는 9개 지역구에서 각각 얼마나 많은 장치가 작동되는지 나타내는 극히 기초적인 통계적
    기기를 지급하였다. 즉, DAP는 어떠한 특성의 사람들을 대상으로 하였는지, 혹은 그들의 법적
    상태, 혹은 측정의 결과를 구체적으로 명시하지 않았다. 이렇듯, 자료의 불충분함은 단지 부착
    장치에 국한되지 않았다. 클레멘트-레오나르드(Clement-Leonard)는 사회 판결에 의한 감독에
    대한 그의 보고서에서 보건 복지부나 DAP가 이와 유사한 몇몇 사건들에 의료 명령 수반 여부
    를 지시하는 입장이 아니었다는 것을 밝혔다(원칙적으로 보호서비스에서 감독한다). 후자의 경
    우, 이러한 원칙적인 의료 절차에 관해 위탁된 '조직화된 의사들'의 숫자도 언급할 수 없었다.
    더욱이 그들의 일에 관한 세부적인 통계사항을 공급하는 것 또한 할 수 없었다(Clement and
    Leonard, 2004: 57). 법무부의 내부보고에 따르면, 여러 부문에서 호환되지 않는 컴퓨팅 시스
    템과 소프트웨어의 가능성에 대한 지식을 제대로 갖추지 못한 책임자 때문에 집행 단계에서 몇
    건의 사건들이 진행되었는지, 그 기간과 종료 시점에 대해 정확히 평가할 수 없었다(Crepin-
    Mauries, 2006: 31).

31 이 연구는 전자감독이 처음 시도되던 해인 2000년에 시작되었다(Kensey et al., 2003; Lévy
    and Pitoun, 2004; Lévy, 2005). 그 후 몇몇의 후속 연구들이 뒤따랐다(Hazard et al., 2005;
    Lévy and Kensey, 2006; Kensey and Narcy, 2008). 이전의 부착장치를 착용한 범죄자들에
    대한 상습적 범행에 대한 연구는 계속해서 진행 중이다(Benaouda et al., 2010).

32 2000년에서 2003년 사이에 집행된 보다 제한된 사건들에 근거한 연구에서는 상응하는 수치로
    88%에 해당하는 범죄자들이 단기간 형의 조건으로 대체되었다. 10.5%가 출감, 그리고 7%가
    가석방을 동반한 집행유예 처분을 받았다(Lévy and Kensey, 2006). 이 자료들은 재판 전 단계
    에서의 부착장치 사용에 적용할 수 없다.

33 2008년에는 7,494명이 전자감독하에 감시를 받았고, 5,928명이 준 구금, 2,608명이 외부 배치
    를 받았다. 이 모든 수치는 계속해서 증가하는 추세를 보이고 있었으며 2007년과 2008년 모두
    42.5%까지 그 수치가 올라갔다(Ministere de la Justice, 2009b: 29).

34 이 부분과 〈표 7.2〉와 〈표 7.3〉은 2000년도 10월, 그리고 2006년 11월 사이의 2,680건의 부
    착장치 사건들, 즉 그 시기 동안 21%의 부착장치 사건들을 분석한 켄시와 나시(2008)에 준하
    고 있다. 저자는 이 연구의, 발표되지 않은 기초보고서를 살펴볼 수 있게 도와준 켄시와 나시에
    게 감사를 표하고 싶다. 초기에 발생한 580건의 부착장치에 관한 사건을 기준으로 집행된 연구
    는 매우 비슷한 결과를 도출해냈다(Hazard et al., 2005; Lévy and Kensy, 2006 참조). 저자는

최근에 발표된 연구결과가 아닌 후반부에 발표된 연구결과에 의존할 것이다.

35 21 포함 '가석방된 범죄자들의 부착장치 사례'

36 이 샘플들은 2002년에 수감되었다가 풀려난 범죄자들로 구성되어 있다. 참고된 두 자료의 기간이 상이하기 때문에, 2001년과 2006년 사이의 재소자들의 특징에 변동이 없었던 것으로 추정된다.

37 가택 구금 장소가 범죄자의 거주지가 아닐 경우, 범죄자들이 거주하는 곳의 공동 소유인, 즉 그 곳의 권한이 있는 이의 동의가 필요하다(예를 들면, 고용인).

38 이 항목은 상당한 기소 판결을 포함한다. 이는 주로 다음과 같은 사항을 다룬다.
   (1) 다양한 폭행 방식, 강간으로 인한 가중 처벌
   (2) 성폭행(강간 혹은 그 외) 또는 미수
   (3) 미성년 혹은 약자를 매춘부로 알선
   (4) 미성년자들이 포르노에 나오는 경우
   (5) 만 15세 이하의 미성년성폭행(특히 근친상간). 이 범죄에 관한 더 자세한 사항은 Lavielle와 Lameyre의 연구를 참조(2005: 437-438, 표 43.21A).

참고문헌(References) ──────────────────── ○ ○ ●

Benaouda, A., Kensey, A. and Lévy, R. (2010) 'La récidive des premiers placés sous surveillance électronique', *Cahiers d'études pénitentiaires et criminologiques*, 33, pp. 1−6.

Bonnemaison, G. (1989) *La modernisation du service public pénitentiaire. Rapport au Premier ministre et au Garde des Sceaux, ministre de la Justice* (Paris: Ministère de la Justice).

Burgelin, J.−F. (2005) *Santé, Justice et Dangerosité: pour une meilleure prévention de la récidive. Rapport de la Commission Santé−Justice* (Paris: Ministère de la Justice, Min istère de la Santé et des Solidarités).

Cabanel, G.−P. (1996) *Pour une meilleure prévention de la récidive. Rapport au Premier ministre* (Paris: La Documentation française).

Cardet, C. (2005a) 'L'extension du domaine du placement sous surveillance électronique par les "lois Perben I et II" ', *Revue pénitentiaire et de droit pénal*, 1, pp. 195−209.

Cardet, C. (2005b) 'L'externalisation de la mise en œuvre du placement sous surveillance électronique', *Revue pénitentiaire et de droit pénal*, 2, pp. 313−324.

Carrasco, V. (2007) *Les condamnations à une mesure de suivi socio−judiciaire. Analyse statistique à partir des données extraites du Casier judiciaire* (Paris: Ministère de la Justice (DAGE/SDSED)).

Clément, P. and Léonard, G. (2004) *Rapport d'information (...) sur le traitement de la récidive des infractions pénales* (Paris: Assemblée nationale).

CNCDH (Commission nationale Consultative des Droits de l'Homme) (2007) *Sanction ner dans le respect des droits de l'Homme II, les alternatives à la détention* (Paris: La Documentation française).

Cour des comptes (2006) *Garde et réinsertion. La gestion des prisons. Rapport théma tique* (Paris: Cour des comptes).

Couvrat, P. (1998) 'Une première approche de la loi du 19 décembre 1997 relative au placement sous surveillance électronique', *Revue de science criminelle*, 2, pp. 374−378.

Crépin−Mauriès, R. (2006) *Rapport sur l'exécution et l'application des peines* (Paris: Ministère de la Justice).

Danet, J. (2008a) 'La dangerosité, une notion criminologique, séculaire et mutante', *Champ Pénal*, 5, pp. 2−27.

Danet, J. (2008b) 'Cinq ans de frénésie pénale', in L. Mucchielli (ed.) *La frénésie sécurit aire. Retour à l'ordre et nouveau contrôle social* (Paris: La Découverte), pp. 19−29.

Donnet, E. (2006) *Sous surveillance électronique: le vécu des placés d'Eure−et− Loir. Cer tificat d'aptitude aux fonctions de conseiller d'insertion et de probation* (Agen: ENAP).

Fenech, G. (2005) *Le placement sous surveillance électronique. Rapport de la mission confiée par le Premier ministre à Monsieur Georges Fenech, député du Rhône* (Paris: Ministère de la Justice).

Froment, J.−C. (1998) *La république des surveillants de prison* (1958−1998) (Paris: LGDJ).

Garraud, J.−P. (2006) *Réponses à la dangerosité. Rapport sur la mission parlementaire confiée par le Premier ministre à Monsieur Jean−Paul Garraud, député de la Gironde, sur la dangerosité et la prise en charge des individus dangereux* (Paris: Premier ministre). Online. Available at: http://lesrapports.ladocumen tationfrancaise.fr/BRP/064000800/0000.pdf (accessed 31 May 2012).

Goujon, P. and Gautier, C. (2006) 'Rapport d'information (...) sur les mesures de sûreté concernant les personnes dangereuses', Sénat, Report no. 420. Available at: www.senat.fr/rap/r05−420/r05−4201.pdf (accessed 31 May 2012).

Hazard, A., Kensey, A. and Lévy, R. (2005) 'Le placement sous surveillance électron ique: une mesure désormais prise en compte', *Cahiers de démographie pénitentiaire*, 16, pp. 1−6.

Herzog−Evans, M. (2005) 'Récidive: surveiller et punir plus que prévenir et guérir', *Actu alité Juridique Pénal*, 9, pp. 305−314.

Herzog—Evans, M. (2009) 'Le premier placé sous PSEM à Paris restreint à un pâté de maisons', *Actualité Juridique Pénal*, 12, pp. 509−510.

Kaluszynski, M. and Froment, J.—C. (2003) *Sécurité et nouvelles technologies. Évaluation comparée dans cinq pays européens (Belgique, Espagne, France, Grande—Bretagne, Suisse) des processus de recours au placement sous surveillance électronique* (Greno ble: CERAT—IEP).

Kensey, A. and Narcy, M. (2008) 'Les caractéristiques sociodémographiques des person nes sous PSE (2000−2006)', *Cahiers d'études pénitentiaires et criminologiques*, 21, pp. 1−6.

Kensey, A., Pitoun, A., Lévy, R. and Tournier, P.V. (2003) *Sous surveillance électron ique. La mise en place du 'bracelet électronique' en France* (octobre 2000−mai 2002) (Paris: Ministère de la Justice, Direction de l'administration pénitentiaire).

Kuhn, A. and Madignier, B. (1998) 'Surveillance électronique: la France dans une per spective internationale', *Revue de science criminelle*, 4, pp. 671−686.

Lamanda, V. (2008) 'Amoindrir les risques de récidive criminelle des condamnés dan gereux. Rapport à M. le Président de la République'. Online. Available at: http://lesrap ports.ladocumentationfrancaise.fr/BRP/084000332/0000.pdf (accessed 31 May 2012).

Lavielle, B. and Lameyre, X. (2005) *Le guide des peines* (Paris: Dalloz).

Lazerges, C. (2006) 'L'électronique au service de la politique criminelle: du placement sous surveillance électronique statique (PSE) au placement sous surveillance électron ique mobile (PSEM)', *Revue de science criminelle*, 1, pp. 183−196.

Lévy, R. (2003) 'Electronic monitoring: hopes and fears', in M. Mayer, R. Haverkamp and R. Lévy (eds) *Will Electronic Monitoring Have a Future in Europe?* (Freiburg im Breisgau: edition iuscrim), pp. 13−35.

Lévy, R. (2005) 'Electronic monitoring in France: the present situation and perspectives', in C. Emsley (ed.) The Persistent Prison: Problems, *Images and Alternatives* (Milton Keynes: Open University Press), pp. 173−195.

Lévy, R. (2007) 'Pardons and amnesties as policy instruments in contemporary France', in M. Tonry (ed.) *Crime, Punishment, and Politics in Comparative Perspective*(Chicago, IL: Chicago University Press), pp. 551−590.

Lévy, R. and Kensey, A. (2006) 'Le placement sous surveillance électronique en France: comment? Qui? Pour quoi?', in R. Lévy and X. Lameyre (eds) *Poursuivre et punir sans emprisonner. Les alternatives à l'incarcération* (Bruxelles: La Charte), pp. 71–89.

Lévy, R. and Pitoun, A. (2004) 'L'expérimentation du placement sous surveillance élec tronique en France et ses enseignements (2001–2004)', *Déviance et Société*, 28:4, pp. 411–437.

Lévy, T. (2006) *Nos têtes sont plus dures que les murs des prisons* (Paris: Grasset).

Luart, R. du (2009) *Rapport spécial, fait au nom de la commission des finances, sur le projet de loi de finances pour 2010* (n° 100 (2009–2010) – Justice (n° 101 tome 3 annexe 16 (2009–2010)). Online. Available at: www.senat.fr/rap/l09–101–3–16/l09–101–3–1619.html#toc153 (accessed 19 November 2009).

Ministère de la Justice (2009a) 'Prise en charge des délinquants et criminels sexuels', *L'ActuJUSTICE. La Lettre du porte–parole du ministère de la Justice et des Libertés, n°3*. Online Available at: www.presse.justice.gouv.fr/index.php?rubrique=11598&article=18245 (accessed 31 May 2012).

Ministère de la Justice (2009b) *Les chiffres–clés de la justice* (Paris: Ministère de la Justice).

Mucchielli, L. (2008) *La frénésie sécuritaire. Retour à l'ordre et nouveau contrôle social*(Paris: La Découverte).

Nellis, M. (2000) 'Law and order: the electronic monitoring of offenders', in D.P. Dolow itz (ed.) *Policy Transfer and British Social Policy: Learning from the USA?* (Bucking ham: Open University Press), pp. 98–118.

Nellis, M. (2001) 'Interview with Tom Stacey, founder of the Offender's Tag Associa tion', *Prison Service Journal*, 135, pp. 76–80.

Pitoun, A. and Enderlin–Morieult, C.–S. (2003) 'Placement sous surveillance électron ique', in *Encyclopédie juridique Dalloz, Répertoire de droit pénal et de procédure pénale* (Paris: Dalloz).

Pradel, J. (1998) 'La "prison à domicile" sous surveillance électronique, nouvelle modal ité d'exécution de la peine privative de liberté. Premier aperçu de la loi du 19 décembre 1997', *Revue pénitentiaire et de droit pénal*, 1:2, pp. 15–26.

Robert, P. (ed.) (1992) *Entre l'ordre et la liberté, la détention provisoire. Deux siècles de débats* (Paris: L'Harmattan).

Robert, P. and Zauberman, R. (2010) 'Crise sécuritaire et alarme à la récidive. Entre étude savante et fébrilité législative', in J.−P. Allinne, and M. Soula (eds) *Les Récidivistes: Représentations et traitements de la récidive XIXe−XXIe siècles* (Rennes: Presses universitaires de Rennes), pp. 211−225.

Schnapper, B. (1991) 'La récidive, une obsession créatrice au XIXe siècle', in B. Schnap per (ed.) *Voies nouvelles en histoire du droit. La justice, la famille, la répression pénale* (XVIe−XXe siècles) (Paris: PUF), pp. 313−351.

Tonry, M. (1990) 'Stated and latent functions of ISP', *Crime & Delinquency*, 36:1, pp. 174−191.

Warsmann, J.−L. (2003) 'Rapport de la mission parlementaire auprès de Dominique Perben, Garde des sceaux'.

8

벨기에의 전자감독제도:
변신의 끝이 보이지 않는 EM

Is the sky the limit?:
Eagerness for electronic monitoring in Belgium

크리스텔 베이엔스(Kristel Beyens) & 단 카민스키(Dan Kaminski)

▌전자감독을 향한 정치적 열망
(A remarkable political eagerness for EM)

벨기에의 전자감독은 1988년 브뤼셀 교도소에서 시행된 지역적 시범 운영의 형태로 등장하게 되었다. 이 예비 테스트는 최대 18개월의 형을 복역 중인 수감자들을 위한 조기 석방 대비책을 마련하기 위해 시행된 것이었다. 법무부 장관은 2000년도에 들어 전자감독제도가 지닌 잠재적인 효과나 혜택에 대한 어떠한 근거도 없이, 이 제도의 시행에 관한 매우 제한적인 경험만을 토대로 전자감독을 전국적으로 시행하기로 결정했다. 이 같은 결정은 전자감독 규제에 관한 어떠한 법률적 규정이나 새로운 제도 관련 의회 논의도 없이 이루어진 것이다.

따라서 전자감독은 벨기에 교정 제도에 소리 소문 없이 몰래 스며들게 된 제도라고 볼 수 있다. 그 이후 형사사법 제도의 다른 단계에까지 전자감독 사용을 확장시키려는 몇몇 제안이나 시도가 있었지만, 지금까지 벨기에에서 전자감독은 오로지 징역형을 대체 복역하기 위한 방안으로만 사용되어 왔다. 이 같은 상황과 전자감독 도입의 뒤늦은 시작에도 불구하고 2006년 이후부터 전자감독의 사용은 급속히 증가하는 모습을 보였으며, 2010년 초반 벨기에에서는 약 1,000명의 수감자들이 전자감독의 대상이 되었다.

전자감독이 시행된 직후, 정치권에서는 벨기에의 이러한 혁신적인 형벌 제도에 대해 매우 개방적인 태도를 보였으며 심지어 욕심을 내비치기도 하였다. 전국적인 시행은 신속하게 결정되었고 양적 목표가 제시되었고, 이러한 형사 조치를 평가하는 연구 지원이 계속되었다. 지역적 시범 운영이 시행되기 전 1996년 형사 사법 정책 서비스(Criminal Justice Policy Service)의 연구원이었던 드벅(De Buck)과 다엔넨스(D'Haenens)는 벨기에의 전자 감독을 소개하는 국제적인 문헌에 대한 연구를 맡았다. 2000년 스테세르트 등(Stassaert et al.)은 시행 초기 단계에서 전자감독의 대상이 되었던 사람들의 경험을 조사했다.

2005년 구센스 등(Goossens et al.)은 판사가 부과한 자발적 형벌(autonomous penalty) 형태로 전자감독을 도입할 수 있는 가능성을 연구해 달라는 요청을 받았다. 2009년 데브레쎄 등(Devresse et al.)은 전자감독 기관에 대한 평가를 실시했으며, 같은 해 2009년 드 만 등(De Man et al.)은 구금을 대신할 방안으로서 전자감독을 도입할 수 있는 가능성과 그 부가 가치를 조사해 달라는 요청을 받았다(Maes et al., 2012 참조).[1] 위와 같은 모든 연구는 법무부 장관의 요청에 따라 이루어진 것이며, 이는 벨기에에서 정부의 지원을 받은 교정학 연구 관행이 많지 않았다는 점에서 상당히 이례적인 일이었다.

1996년 메인프라이즈(Mainprize)는 미국 교정실무에 전자감독 도입에 대한 보다 나은 이해를 위해 막스 베버식 개념의 '선택적 친화성(elective affinity)'을 제시했다. 하지만 벨기에의 맥락에서는 1986년 도브리(Dobry)가 발표한 비유적 표현인 '기회의 창(window of opportunity)'이 더욱더 적합한 것으로 보였다. 벨기에의 전자감독은 모든 합리성과 기회를 통해 친화력을 발전시켜 온 것으로 보이지, '선택적'이라고 보이지는 않기 때문이다. 전자감독의 도입은 그저 좋은 시기에 우연히 창문이 열리기를 기다리고 있던 것이다.

벨기에에서는 이러한 서막이 특정한 정치적, 기술적, 경제적 그리고 이념적 세력들과 형벌 조건, 그리고 특정한 시기에 특정한 제도의 도입을 장려했던 이해관계자들의 의견이 맞물려 발생한 것이라고 봤다. 민간경비 시장에서는 이미 전자감독 도입에 대한 준비가 완료되어 있었고, 기술 분야에서는 가능한 적용 방법을 물색 중이었다. 형벌 집행이나 교정학적 의견들은 여러 가능성을 제공하며 형벌 체계의 다양성을 보여주었던 기술적 혁신에 대해 매우 개방적인 입장을 취했다. 마지막으로 벨기에의 정책입안자들은 자신들이 감당할 수 없었던 교도소 수형자 인원의 증가 문제를 해결하기 위해 경제적인 방법을 찾아야만 했고, 기존에 제시되었던 준비된 방안을 절실하게 재검토하고 있는 중이었다.

따라서 전자감독에 관한 계획은 제도의 시행이 보장되어 있는 비옥한 땅에 안전하게 착지하는 것과 비슷했다고 볼 수 있다. 뿐만 아니라 벨기에서의 전자감독 도입은 해외의 통제와 처벌 중심의 '정책 이전(policy transfer)'과 지역사회 처벌 문제의 해결안을 찾고자 해외로 눈을 돌렸던 벨기에 정책입안자들의 관습적 맥락과 떼어 놓을 수 없는 것이었다.

교도소의 위기나 예산위기, 그리고 보다 통제적인 구금 대체 방안 요구에 대한 조사처럼 해외에서 관찰된 전자감독이 얼마나 인상적으로 보였는지는 크게 중요하지 않았다. 형벌 집행의 발전을 이해하기 위해서는 '생경'하거나 '새로운' 의견 그리고 제도가 시행된 특정한 정치적, 지역적 맥락을 살펴볼 필요가 더 크기 때문이다.

▌벨기에 전자감독의 짧은 역사(A short history of EM in Belgium)

전자감독은 1995년 극우정당인 플람스 블록(Vlaams Blok) 소속 국회의원에 의해 처음으로 거론되었다. 이는 법무부 장관에게 전자감독에 대한 실험을 진행하는 데 있어 벨기에가 네덜란드의 방향을 따를 의향이 있는지 물어보는 의회의 질문이었다. 이에 따른 대답은 상반적이었다. 비록 법무부 장관이 그 제의를 마음에 들어 하지 않았음에도 불구하고, 실험을 위한 가능성은 여전히 남아 있었다(Beyens, 1996). 벨기에 형사사법 정책 서비스(Criminal Justice Policy Service)는 이에 대한 조언을 부탁받았고, 전자감독의 도입 가능성에 대해 부정적인 조언을 내놓았다(De Buck and D'Haenens, 1996).

그러나 전자감독에 대한 관심이 높아지면서 1996년 법무부 장관인 드 클레크(De Clerck)가 발표한 '형벌정책과 교도소 정책'이라는 이름의 백서에서 (Minister of Justice 1997, 원본은 1996) 전자감독은 교도소 수감 인원을 감소시키는 데 도움이 될 수 있는 징역형 대체 대안으로 등장하였다. 하지만 벨기에의 형벌적인 맥락을 고려하여 전자감독 운영방법이나 처벌적 목적, 그리고 여타 윤리적 핵심 쟁점들에 대한 공개 토론은 현재까지 논의된 바가 없다. 단, 1998년 4월 1일 전자감독에 대한 실험이 브뤼셀 교도소에서 시작되었으며(Bas, 1999), 전자감독의 대상이 되었던 수감자들의 경험을 조사하고 이 실험을 평가하는 연구가 즉각적으로 이루어졌다. 시행 초기 단계의 매우 엄격한 적법성 기준으로 인해 양적인 관점에서 봤을 때 전자감독은 반밖에 성공하지 못했다. 당국은 실험 기간을 일 년으로 연장하기로 결정하였다. 전자감독의 감시를 받는 재소자들을 더 많이 모집하기 위해 적법성 기준이 완화되었고, 실험에 참여한 교도소의 숫자도 증가했다.

차기 법무부 장관이 발표한 백서에서 전자감독이 재차 언급되었으며, 곧이어 2000년 10월부터 점진적으로 전자감독을 전국적으로 도입할 것을 결정하였다. 2000년에는 전자감독의 일상적 시행을 준비하기 위해 별도의 국립전자감독원(National Centre for Electronic Monitoring: NCEM)이 설립되었다. 일일 전자감독 대상자 수를 300명까지 증가시키고자 했던 초기의 계획은 2000년 11월에 달성되었다. 하지만 2002년 9월 각료 이사회에서는 전자감독 대상자 수를 600명으로 증가시켜야 한다는 결정을 내렸다. 2004년 3월 30일, 31일 양일 간 열렸던 정부 정상회담에서는 6개월에서 3년 사이의 징역형에 적합한 범죄자들을 대상으로 전자감독을 독립적인 형벌의 형태로 적용해야 한다는 의견이 최초로 거론되었다.

국립 과학수사 범죄 연구소 형사국(Criminology Department of the National Institute for Criminology and Criminalistics)은 전자감독 형을 선고하기에 적합한 범죄자들의 목록을 구성하여 전자감독을 독립적인 형벌로 도입하는 것에 대해 연구하고 이를 준비하라는 지시를 받았다(Goossens et al., 2005; Goossens, 2006; Goossens and Maes, 2009). 그러나 이 연구는 사법부가 이와 같은 제도 시행을 달가워하지 않았다는 것을 보여주는 사례이다. 특히, 법무부 장관에게 제시된 권고사항을 살펴보면 독립적인 형벌의 옵션으로서 전자감독을 도입하는 것에 대해 탐탁지 않은 의견이 많은 것을 알 수 있다.

2006년 10월이 되어서야 일일 전자감독 대상자 수가 600명에 이르렀다. 이러한 증가는 강력한 정치적 압력 속에서 이루어진 것이며, 이는 곧 직접적으로 플레미시(Flemish) 가톨릭계 반대 세력들과 불어를 사용하는 사회주의자 법무부 장관 온케링스(Onkelinx)의 정치적 싸움으로 이어졌다. 조 반 홀스비끄(Joe Van Holsbeek) 살인사건, 앤트워프에서 발생한 인종차별주의적 암살사건, 테르몽드 교도소의 집단탈옥, 기존의 기록을 깨뜨린 교도소 과밀수용과 같은 다양한 사건들은 사회주의자 온케링스로 하여금 전자감독에 대한 그녀의 정책을 정당화할 수 있게끔 했다(때때로 이러한 일련의 사건들은 전자감독 자체와는 아무런 관련이 없었음에도 불구하고 말이다). 양적인 목표가 여전히 실현되지 못한 관계로, 1000명의 재소자들을 전자감독하에 두자는 2003년 7월 연합정부 합의서는 철회되었으며, 법무부 장관의 정치적 위상 또한 큰 위협을 받았다. 이때부터 전자감독 대상자 수를 약 350명에서 600명까지 늘리는 것이 주된 목표가 되었다.

2006년 5월부터 NCEM의 관계자들은 단기간 내에 이 숫자를 실현해야 한다는 엄청난 압박에 시달렸다. 전자감독의 감시를 받는 범죄자 수를 증가시키기 위해 전자감독 시행 기관에서는 급진적인 변화를 겪었다. 이로 인해 제도의 시행을 실현하는 데 있어 불안정한 시기로 접어들게 되었다(Devress et al., 2006; Beyens and Devress, 2009).

전자감독 망의 확장은 레테름(Leterme) 총리가 발표한 2008년 연합정부 합의서와 그의 후임 법무부 장관들인 반데르젠(Vandeurzen, 2007-2008)과 드 클레크(De Clerck, 2010)의 백서에서 재등장했다. 당시 장관들의 지시로 진행된 연구들, 즉 독자적인 제재조치(Goossens et al., 2005; goossens and Maes, 2009) 혹은 구금의 대체방안(De man et al., 2009; Maes et al., 2012)으로서 전자감독이 지니는 가치를 평가한 연구 결과는 호의적인 입장을 명백히 하지 않았으며, 심지어 선고 또는 선고 전 단계에서 적용될 전자감독의 가치에 대해 확신하지 못하는 모습을 보였다.

그럼에도 불구하고 2008년 연합정부 합의서는 전자감독 사용의 기회를 증진시키고, 그 대상자의 수를 1,500명까지 늘리기 위해 전자감독을 형사사법 정책의 다양한 분야로 확대시킬 것임을 표명했다. 드 클레크 법무부 장관이

2010년도에 발표한 최근 백서에서는 1,500명을 감시 대상자로 설정하고자 하는 목표가 다시 언급되었으며, 선고단계에까지 전자감독을 확대시키기로 한 결정이 포함되었다.

드 만 등(De Man *et al.*)이 2009년 발표한 평가연구에서 EM과 관련된 경제적, 법적 그리고 실용적 문제들이 제기되었으며, 미결구금 단계에서의 전자감독 사용이 피의자 구금 수를 줄이는 데 미미한 영향만을 끼칠 것이라는 사실이 밝혀졌다. 그러나 백서에서는 관련 분야 관계자들과의 협의 이후, 선고 전 단계에서 구금의 대체방안으로서 전자감독 도입 가능성에 대한 추가적인 연구를 진행해야 한다고 봤다. 교도소 구금 생활을 마친 후 형집행법원(Sentence Implementation Court)으로부터 처분 판결을 받은 수형자와 정신이상 범죄자 집단은 전자감독 가능 후보 명단에 추가적으로 오르게 되었다. 그러나 징역 집행단계에서 전자감독 대상자 수를 확대시키는 것이 여전히 최우선적 EM 목표로 남게 되었다.

전자감독의 사용을 형사사법 체계의 다양한 단계로 확대시키고자 했던 수많은 시도와 노력이 있었다. 그러나 현재까지 벨기에에서의 전자감독은 단지 징역형을 대체 집행하기 위한 수단으로 사용되고 있다. 위성 위치 확인 시스템(GPS) 기술의 사용과 음성인식은 이미 처음 계약을 맺을 때부터 가능한 사안이었지만, 현재까지 적용되지는 않고 있다. 3M 전자감독(예전 Elmo-Tech사)과 맺은 새로운 계약은 더욱 현대화된 장비의 사용을 촉진시킬 것이며 GPS와 음성인식 또한 가능케 할 것이다.[2]

벨기에의 전자감독 도입에 대한 열망은 교도소 과밀수용 및 이와 관련된 교도관 노조의 노동쟁의에 의해 촉발된 지속적인 교도소 위기와 불가분의 관계에 있다. 정치적 단계에서는 전자감독이 '임시변통'의 해결책이나 교도소 문제의 만병통치약으로 제시되어 왔으며 정부의 정책 성명에서 단골 주제가 되었다. 이와 같은 상황은 벨기에 기준에서 타의 추종을 불허할 만큼 신속한 EM 진행을 가능케 했으며, 이 계획은 전자감독 대상에 근접한 집단의 수를 늘리는 것을 목표로 한 단기 계획이었다.

벨기에 정부가 전자감독을 추진하는 데 있어 보여준 교도소 인구 증가에 대항한 노력은 인정되지만, 전자감독이 도입된 이후 전반적인 교도소 인구 감소는 보이지 않았다. 1999년 벨기에의 교도소 인구는 7,889명의 교도소 재소자와 10명의 전자감독 대상자로 집계되었으며(FOD Justice, 2009: 50) 2009년 6월에는 재소자 10,519명과 전자감독으로 형을 복역 중인 죄수가 약 1,000명 정도로 집계되었다. 이러한 수치는 곧 전자감독이 제공한 추가적인 수용력 덕분에 징역에 처한 전체 대상자 수가 10년 동안 45% 증가했음을 의미한다. 대략 11,500명의 교도소 수감자 혹은 전자감독의 감시를 받는 죄수들로 인해 벨기에는 주민 100,000명 중 100명이라는 구금률을 보이고 있다(1999년에는 77명이었던 것과 비교).

전반적인 개요를 통해 전자감독은 정부 및 주요한 세 정치집단들, 즉 가톨릭계 보수 정당, 자유 정당, 그리고 사회주의 정당들에 의해 장려되어 온 정책이며 이는 특정한 정당에 의해 선호된 것이 아님을 알 수 있었다. 이러한 면모는 곧 여러 가치와 교정학적 목적을 충족시킬 수 있는 전자감독의 유연성을 드러낸다.

▌'법률적' 규정과 규제체계
(Legal provisions and regulatory framework)

전자감독은 형사사법 체계의 집행 단계 부문에 도입되었으며 여전히 징역형만을 이행하기 위한 수단으로 사용된다. 초기 6년간은 수많은 후임 장관들이 작성한 회문을 바탕으로 전자감독제도 시행을 규제하였다. 2006년 징역 집행이 법적으로 규제되었으며,[3] 이와 관련된 법령의 몇몇 조항들 또한 전자감독제도 발전에 이바지했다.

그러나 장관 서한(소위 말하는 '가상 입법(pseudo-legislation)')에 의한 형 집행 규제는 벨기에의 전반적인 형벌 집행의 특징이라고 해야 할 것이다. 사법부의 입장에서 봤을 때 이러한 제도는 과거에 거센 비난을 받아 왔다. 2006년에 제정된 이 법으로 인해 벨기에 형벌 체계에 소리 소문 없이 전자감독이 들어오게 되었고, 이로 인해 현재 제도가 공고히 되고 합법화되었다는 것은 전자감독에 대한 중요한 비평이라고 할 수 있다. 아직 전자감독에 대해 구체적으로 제정된 법은 없으며 전자감독이 정말로 도입되어야 하는지, 누구를 대상으로 어떤 목적으로 적용해야 하는지에 대한 근본적인 의문점들 또한 의회에서 논의된 바가 없다. 2006년 5월 17일에 제정된 법령 22조에서는 전자감독을 다음과 같이 정의하고 있다.

> 전자감독은 자유박탈형의 일환으로 범죄자들로 하여금 자유박탈형을 받는 기간의 전체 혹은 일부분을 구금시설 밖에서 복역토록 하는 형벌로써 *그 밖의 형벌과는 차별성을 지니며* 전자적 수단을 통해 범죄자들이 지켜야 할 준수사항을 통제하는 특정한 시행계획을 따른다.   [이탤릭체는 자체 표기]

그러나 이 조항은 어떤 기술적 통제가 허용되는지(능동적이나 수동적, 추적 가능성의 여부 등)를 명시하지 않았으며, 기본권에 관한 기술적 통제사용 제한에 대해 어떠한 언급도 하지 않았다. 다시 말해 기술 혁신에 이 조치를 적용할 가능성은 아직 해결되지 않은 상태로 남아 있는 것이다(Devress *et al.*, 2006: 245). 2008년 7월 25일, 장관 회문에서는 대상자 선정에 관한 실질적인 규제와 전자감독의 데일리 코스(daily course of EM)를 기술하였고, 2006년 법령에서 제시된 전자감독의 정의를 동일하게 사용했다.

범죄자 배정(Assignment)

범죄자 전자감독 부과 배정규칙(assignment regulations)과 해당 제도 시행은 형벌의 기간에 따라 결정되며 최대 3년 형과 3년 이상의 징역형의 차이에 근거하고 있다. 적용 가능성은 수년간에 걸쳐 체계적으로 확대되어 왔으며 오늘날에는 최대 3년의 징역을 선고받은 수형자들에게 있어 전자감독은 통상적인 과정으로 여겨진다. 이 제도는 형을 선고받은 대부분의 수형자들에게 형기를 전부 채우게 하거나, 이것이 불가능하다면 최소한 형기의 일부분이라도[4] 전자감독으로 채울 수 있도록 했다.

오늘날 최대 3년 징역형을 선고받은 수형자들에게 전자감독을 배정하고 전자감독제도를 시행하는 데 있어 2008년 7월 회문이 주요한 안내서 역할을 한다(〈그림 8.1〉 참조). 이는 곧 수년간 시행되었던 기존의 규정들을 모두 대체하였다.[5] 2006년 5월 법령에서는 3년 이상의 형에 대한 배정 기준(assignment criteria)을 명확히 하였다.

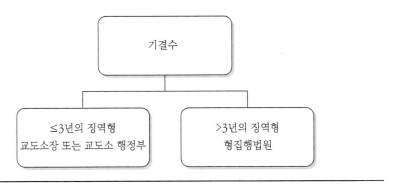

그림 8.1 2007년 이후 벨기에의 전자감독 적법성 기준 및 정책 결정 기구

적용 기준 확장에 대한 긴 역사적 논의 이후, 현재 전자감독 적합성은 크게 두 가지 범주로 구분될 수 있다.[6] 교도소장은 3년이나 그 이하의 징역형에 한해 전자 감독을 이용해 형기를 채우도록 하는 결정을 자체적으로 내릴 수 있으며, 이 경우 오직 두 가지의 예외만이 존재한다. 성적 학대로 유죄판결을 받은 사람들과 유효한 지역사회 거주증이 없는 수형자들의 경우 교정본부 구금 관리처(Detention Management Service of the Penitentiary Administration)에서 전자감독 배정에 대한 결정을 내린다. 이와 같은 두 집단이 오랫동안 전자감독에서 제외되어 왔다는 점을 눈여겨 볼 필요가 있으며, 이는 교도소장의 책임을 덜어주고 구금 관리처에게 결정권을 부여하는 이유를 잘 설명해 준다. 구금 초반, 즉 구금시설에서 보내는 첫날에 수형자는 전자감독 감시를 받으며 지역사회에서 본인의 형기를 채울 수 있다는 선택권을 부여 받게 된다. 수형자가 동의 할 경우 형집행은 즉시 중단되고, 기결수는 배정 절차가 완료될 때까지 집으로 돌아갈 수 있게 된다.

2007년 2월부터 여러 전문 분야로 이루어진 양형 집행 법원(Sentence

Implementation Court)은 3년 이상의 징역형을 선고받거나 최대 종신형을 선고받은 기결수들에 대해 전자감독 배정 여부를 결정하는 관할권을 가지게 되었다.[7] 벨기에에서는 가석방 자격을 얻는 날로부터 6개월 전에 모든 수형자들이 전자감독 대상자로 간주될 수 있다.[8] 따라서 전자감독은 가석방(소위 말하는 '점진적' 과정)에 수반되는 부가적인 조건이 아닌, 구금과 가석방 사이의 과도적 조치로 사용되는 것이다.

3년 이상의 형을 복역하는 수감자들과 관련한 일반적인 반대지표(counter-indications)는 2006년 법령 47 §1조에서 명백히 기술되었는데, 새로운 중범죄를 저지를 위험성, 전자감독의 감시를 받는 사람이 과거 범죄 피해자를 괴롭힐 가능성과 그들을 대하는 태도 등의 재통합적 관점의 결여와 연관되어 있다. 교도소의 심리사회서비스는 수감자들의 이러한 위험성을 평가하도록 되어 있고, 양형 집행 행법원에 보고서를 제출하여야 하며 법원에서는 이를 통해 전자감독 배정을 결정하게 된다.

3년이나 그 이하의 형을 복역하는 수감자들에 대해서는 전자감독 적합성 반대지표가 2008년 장관 회의에서 언급되었으며, 이는 수형자와의 동거 거부, 가족적인 맥락과 전자감독 조치의 양립불가능성, 거주지와 거주환경, 범죄의 성격, 새로운 중범죄를 저지를 가능성, 제3자의 신체적 안녕에 심각한 위협을 가할 위험성, 규정 불이행의 위험성과 피해자들을 향한 범죄자들의 태도와 연관되어 있다.

비록 전자감독의 사용이 장려되고 있기는 하지만, 위와 같은 반대지표는 전자감독이 자동적으로 부여되는 '권한'이 아니라는 사실을 강하게 보여준다. 벨기에의 전자감독 도입은 일정한 준수사항들과 항상 결부되어 있는데, 이는 재범 금지, 확정된 거주지, 담당관의 지시사항에 응답, 당일 일정 준수처럼 수감자들이 지켜야 하는 전체적인 사항들과 관련되어 있다. 전자감독 대상으로 결정이 되면 대상자와 함께 거주하는 가족들도 전자감독의 감시를 받는 기간 동안 대상자와 함께 동거하는 것에 대해 동의를 해야 한다. 재통합의 목적과 관련하여 전자감독을 받는 대상자는 취업이나 대외·내 업무, 훈련, 치료 혹은 관련 활동을 위한 준비와 같은 일상 작업을 수행해야 한다. 범죄자는 전자감독 감시를 받기 위한 보증금을 지불하지 않아도 된다.[9]

    2006년 6월까지 사법보좌관들에 의해 전자감독 배정을 준비하기 위한 일
종의 '청구전 조사'와 같은 '사회 탐구 보고서'가 작성되었다. 하지만 배정 절
차를 보다 신속히 하기 위해 2006년 7월 회문에서 1년이나 그 이하의 형기를
선고받은 수형자들의 전자감독 배정에서는 이와 같은 사회 탐구 보고서 제도
를 폐지할 것을 발표했다. 그러나 이 사회 탐구 보고서는 적절한 결정을 내리
기 위한 정보를 담은 중요한 자료일 뿐만 아니라, 가족 구성원들의 동의를 구
하기 위한 것이었으므로 이는 곧 전자감독의 시행에 부정적인 결과를 초래할
수도 있었다.

    전자감독 대상자의 범주가 확장되고 있는 가운데 이에 대한 사회 탐구 보
고서의 폐지는 경제적인 이유와 합리성에 영향을 받은 결정이었다. 뿐만 아니
라, 이 사안은 장관의 지시로 데브레쎄를 비롯한 연구원들(Devresse et al.)이
2006년에 실시한 전자감독 시행 평가 연구 결과가 나오기도 전에 이미 결정된
것이었다. 이 연구는 2006년 9월에 종료되었으며 전자감독 시행에 연관된 관
계자들이 필요로 하는 정보와 전자감독 배정을 준비하는 과정에 있어 사회 탐
구 보고서가 지니는 중요한 가치를 보여주었다. 2008년 7월 25일 회의에서는
전자감독을 결정하는 배정 절차를 준비하는 데 있어, 사회 보고서 의무화를
재시행하였으며, 이는 선별 과정에 영향을 미칠 것처럼 보였다. 하지만 교도소
과밀수용을 완화시켜야 한다는 부담감을 안고 있던 교도소장들은 반자동적으
로 단기 수형자들에게 전자감독을 시행하는 결정을 내렸다.

    전자감독 대상자들의 법적 지위는 양면성을 지닌다. 전자감독의 감시를
받으며 지역사회 내에서 본인의 형기를 채우는 수형자들은 재소자로서의 법
적, 사회적 지위를 유지하게 된다. 사실상 이와 같은 '사회에 수감된 자유가
없는 시민'의 혼합적 지위는 사회보장연금으로의 법적 접근을 배제시켰다. 하
지만 수형자들은 사회보장연금보다 낮은 비율의 대체 비용을 법원에 요청할
수 있었다.

    그러나 사회적 관점과 재통합적 관점에서 봤을 때 모든 시민들에게 생필
품을 제공하는 것은 사회의 책임이며, 특히 수형자들과 같은 사회 내 취약 집
단에게는 더욱 그러하다고 볼 수 있다. 2003년 롬바우트 등(Rombaut et al.)은
이러한 상황이 곧 수형자들의 전반적인 사회권을 박탈하고 사회적으로 배제되

어 있는 그들의 지위를 더욱 확고히 하므로 여전히 재소자의 지위를 유지하는 EM 대상자들에게 낮은 수준의 보조금을 주는 것은 수형자들의 법적 지위에 대한 부정적 영향으로 간주될 수 있다고 지적했다.

▎전자감독 집행과 운영(Execution and management of EM)

세계적으로 활발한 사업을 벌이고 있는 민간기업인 엘모-테크(Elmo-Tech, 현재의 3M Electronic Monitoring)는 벨기에의 전자감독 시행 초기부터 전자감독 장비를 제공해 왔다.[10] 범죄자가 주거지 부근의 지정된 범위 안에 있는지 전자 발찌에 부착된 시스템의 신호를 통해 감시할 수 있다. 감시 데이터 전송은 지상 통신선(PSTN)을 통해 이루어졌으며 2005년 3월부터는 무선(GSM) 통신망을 사용함으로써 수형자들이 고정된 전화 선로를 사용할 필요 없이 데이터 전송을 가능하게 하고 이를 통해 지상 통신선의 설치비용을 줄일 수 있었다. 장비에 드는 모든 비용은 연방 정부 사법기관(Federal Government Justice Service)에 의해 충당되었다. 2006년 법령에서 기술 통제의 종류가 구체적으로 명시되지 않았으므로 GPS의 신속한 도입이 가능하게 될 전망이다.

2000년 전자감독이 도입된 이후, 짧지만 격변적인 전자감독의 시행과 운영의 역사를 경험한 벨기에는 크게 두 시기로 구분되어 EM을 설명할 수 있다. 2000년부터 2006년 5월 사이, 전자감독의 시행은 전자감독에 적합한 잠재적 대상자들을 선정하고 빈틈없이 준비했던 기간 차원의 고유한 특징을 보인다고 할 수 있을 것이다. 또한 사회 내 처우(social supervision)에 전자 통제를 결합한 형태의 엄격한 추적 조사가 따랐다. 이와 같은 첫 번째 시기는 뚜렷한 특징을 지니고 있었는데, 이것은 전반적으로 교도소 규율과 통제의 엄격한 일관성, 보다 집중적이고 개입적인 형태의 사회 내 처우, 범죄자에게 취직, 교육 또는 훈련, 가사일 등의 '유용한 활동'을 강조하는 세 가지의 주요한 특징을 지닌 '벨지안 모델'로 알려졌다(Kaminski and Devresse, 2010).

2006년 5월부터 전자감독 대상자의 수를 늘리고자 했던 정치적 압력으로 인해 전자감독 시행 동안 신중한 대상 후보 선정과 범죄자들의 추적 조사에 새로운 변화의 필요성이 제기되었다. 이로 인해 전자감독은 과도적 시기에 접어들게 되었고 그것은 같은 중요한 시기들로 구분될 수 있다. 먼저, 전자감독을 수반한 사회 내 처우가 NCEM에서 사법 집행 총국(Directorate-General of the houses of Justice)으로 이전되었으며, NCEM의 힘이 쇠퇴한 것은 아니지만 그 역할이 작아졌다고 할 수 있다. 두 번째로는 2007년 2월 형집행법원(Sentence Implementation Courts)이 설립되면서 3년 이상의 징역형을 선고받은 수형자들의 전자감독 추적 조사의 배정과 통제를 담당하게 되었다는 것이다. 세 번째로는 2008년 7월 전자감독을 대상으로 한 모든 형벌 집행을 규제하는 과정에 새로운 장관 회문이 적용되었다는 것이다. 과도기가 시작되면서부터 일상적인 시행은 예전보다 더욱 와해되었고, 여전히 많은 부분이 불분명하게 남아 있다. 현재의 제도 시행에 대한 조직적 연구는 아직까지 이루어진 바가 없다.

데브레쎄 등(Devresse et al.)은 2006년 5월까지 진행되었던 최초 EM 시행 시기에 대해 연구했다(이른바 '벨지안 모델'의 시기). 이 시기에는 벨기에 전자감독의 집행에 있어 NCEM이 주요한 역할을 맡았으며, 전자감독 배정을 준비하기 위한 사회 탐구 보고서 작성, 전자감독 수단의 일상적 추적 조사(사회 내 처우와 전자통제)와 소환명령에 대한 결정을 담당하였다. 이처럼 중앙집권화된 형태의 조직체계는 제도 관련 이해관계자들 사이에서 범죄자에 대한 신속한 정보 통신을 수반했으며, 이는 범죄자에 관한 추적 조사에 대해 중대한 결정을 내려야 할 때 특히 흥미로운 양상을 보였다.

NCEM은 교정국(Prison Administration) 내의 특수기관으로 설립되었으며[11] 일종의 부가적인 '가상' 교도소로 간주될 수 있다. 그러나 NCEM의 지위나 위치는 항상 애매모호하게 여겨져 왔으며 논의 대상이 되어 왔다.[12] EM 감독에 대한 이해 문제 그리고 전자감독 대상자 통제 사이에서 생긴 갈등 문제는 이 기관의 설립과 떨어져서 논의될 수 없었다. 사회 내 처우, 통제, 과업, 보호관찰관의 역할 사이의 관계에 대한 논의에서 불거져 나온 교착상태에 대해 NCEM이 그 해답으로 제시된 것이다. 당초 전자감독 대상자들에 대한 추적과 감시를 담당했던 보호관찰들은[13] 범죄자들이 시간 계획표를 위반하였을 때와 같은 상황에서 즉각적인 감시를 실시하는 것을 거부했다.[14] 이에 따른 결과로 2000년도부터 별도의 기관이 창설되었고, 특별히 양성된 직원, 즉 'NCEM-사회보좌관(social assistants)'15 들이 전자감독 대상자의 사회 내 처우를 담당하게 되었다.

기술적 감시 절차(Technical monitoring process)

NCEM의 중앙 컴퓨터가 24시간 운용되는 모든 경보들을 감지하며, 모든 데이터들은 매일 아침 6시부터 밤 10시까지 NCEM 감시 서비스 직원에 의해 처리된다. 따라서 야간시간에는 즉각적인 통제가 없게 된다. 알람이 울릴 경우나 미리 정해진 일정에 문제가 생길 경우, 감시직원은 범죄자에게 전화 연락을 취한다.

감독(Supervision)

2008년 장관 회문에 따라 사법보좌관, 즉 예전에 사회보좌관으로 알려졌던 이들은 범죄자가 장비를 부착한 후 48시간 안에 자택에 있는 범죄자를 반드시 방문해야 했다. 하지만 사실상 이런 사항을 항상 이행하는 것은 불가능했다. 사법보좌관은 범죄자가 준수해야 하는 개인적 조건과 일반적 조건을 고려하여 범죄자와 상의 후, 개인 일정표를 구성하였다. 범죄자는 매일 자택으로 귀가하여야 하는데, 이는 곧 반드시 이루어져야 할 특정 전문적 활동들도 EM으로 인해 배제되고 제한될 수 있음을 시사한다. 일정표에 대한 모든 위반 사항은 모든 종류의 서면 증거나 증명서를 통해 그 정당성이 증명되어야 한다. 특정한 상황에서는 필요한 증서들을 지참하고 사전에 연락을 취함으로써 일정표 변경을 요청할 수 있다. 항상 허가를 구해야만 하는 이러한 환경은 범죄자에게는 상당한 시간적 부담과 스트레스를 주고, 집행기관에게는 관료적 형식주의를 야기하였으며 전자감독 조치에 행정적 성격을 더해 주는 결과를 초래했다.

전자감독에 처한 기간을 감안하고16 대상자의 품행을 고려하여 주당 8시간에서 25시간 사이의 자유시간이 할당될 수 있다. 이 시간에는 식료품 구입이나 레저, 가족 활동 등과 같은 활동을 누릴 수 있다. 준수사항을 위반할 경우, 대상자가 매우 늦게 귀가한 만큼 몇 분, 몇 시간씩 그 대가에 응당하는 형태로 다음 자유시간이 줄어들 수 있다. 이러한 점으로 미루어 보아 이 같은 조치를 시행하면서 보다 많은 자유 시간을 주는 것은 전자감독 대상자가 엄격한 일정과 그에게 부과된 사항을 준수하게끔 격려하는 호의 혹은 '당근'으로 쓰일 수 있다고 하겠다. 대상자에게 부여된 정기적인 자유시간에 더불어 범죄자들은 공휴일에도 자유 시간을 받을 수 있다. 또한, 전자감독 대상자들도 수형자의 자격을 지니고 있으므로 가석방 자격일이 1년 미만인 수형자들에게 할당되는 '귀휴'를 얻을 권리가 있다. 이 귀휴제는 3개월마다 36시간의 자유시간이 세 번 주어지게 된다(2008년 장관 회문).

벨기에의 전자감독은 단순히 컴퓨터 스크린 뒤에서 울리는 기계음이나 경보 보고를 확인하는 것 이상으로 체계적으로 구성되어 있다. 전자감독 대상자들은 일정표를 엄격히 준수해야 할 뿐만 아니라 가령 무직인 경우, 구직활동을 해야 하며, 벌금, 부채나 민사 손해 배상금 납부, 약물 복용 금지, 치료법 준수, 특정 인물들과의 연락 금지 등과 같은 수많은 사항들을 준수해야 한다. 그러나 전자 감독 기간에 인지행동 프로그램과 같은 집중적 치료를 받아야 할 필요는 없다. 사법보좌관이 자택에 있는 범죄자를 방문하고 정기적인 전화통화를 하는 빈도는 EM 시간이 안정적으로 흐르면서 점차 줄어들게 되었다.

사법보좌관은 담당 건수를 관리하기 위해 2007년부터는 자택 방문의 빈도를 낮추었다. 그 대신 범죄자가 사법보좌관의 사무실로 소환되는 방식으로 EM 운영 방법이 대체되었다. 2006년 데브레쎄 등(Devresse et al.)은 통제와 감시의 적절한 조합은 곧 감독적 측면이 가진 냉정한 세부 사항들을 보상해 주고 완화해 주는 중요한 기능이 있다고 보았다. 2007년부터는 전자감독제도의 감독사항이 사법 집행 총국(Directorate-General of the houses of Justice)의 사법보좌관에게로 이전되면서 전반적인 EM 절차, 연락 빈도, 보고 과정을 체계화하는 업무가 '국제 사업 프로그램 업무재구축 계획(global Business Programme Reengineering Plan)'에 포함되었다(Jonckheere, 2009a, 2009b). 연락체계의 합리화와 추적 조사의 규격화는 공정성과 운영의 측면에서 이점으로 작용했다고 볼 수 있지만, 보다 낮아진 처우 개별화 가능성은 인간적 판단의 상실을 함의한다(Beyens et al., 2007b). 이 같은 새로운 EM 행정관리 운동은 연방 정부 사법

기관(Federal Government Justice Service)의 기능적 측면을 보다 광범하게 개편하고 합리화하는 데에 적합한 것이었다.

위반(Breach)

사법보좌관은 3년이나 그 이하의 징역형을 선고받은 수형자의 경우 교도소장에게, 3년 이상의 징역형인 경우, 형집행법원(Sentence Implementation Court)에 정기적으로 보고를 올려야 한다. 이때, EM 준수사항 불이행의 경우 전자감독 대상자와 사법보좌관 간의 협상을 위한 공간이 마련되어 있다. 첫 번째 제재조치로 자유 시간 시수 재검토가 가능하다. 문제가 심각하거나 지속적으로 재발되는 경우에는 3년이나 그 이하의 징역형을 받은 범죄자와 3년 이상의 징역형을 받은 범죄자에게 각각 다른 절차가 진행된다. 전자의 경우 교도소로 복귀명령을 내릴 수 있는 결정권은 교도소장에게 있다. 하지만 교도소장은 교도소 과밀수용의 이유로 복귀명령을 망설이게 된다. 특정한 상황의 경우 NCEM의 책임자가 경찰에게 요청하여 구속 영장을 통해 범죄자의 교도소 소환을 계속 진행할 수 있다. 그러나 이런 절차는 2007년 이후 사법 집행 총국(Directorate-General of the houses of Justice)의 일원이 된 NCEM의 법적, 의무론적 권한과 모순되는 일이다. 3년 이상의 형을 선고받은 수형자들의 경우보다 법률에 따른 절차가 진행된다. 형집행법원이 사법보좌관으로부터 부정적 보고서를 받게 되면 그 결과에 따라 복귀명령 결정을 내리거나, 혹은 NCEM의 책임자가 검사에게 통보하고 검사는 전자감독 대상자에게 체포 명령을 내린 후, 형집행법원에 알릴 수 있다. 형집행법원은 소환명령을 내리거나 혹은 조건부 석방을 승인할 수 있다(Kaminski and Devresse, 2010). 소환명령 정책과 준수사항 위반 이유에 대한 조직적 연구는 아직까지 실시된 바 없다.

범죄자가 임시로 석방되거나(3년이나 그 이하 징역형) 조건부로 석방(3년 이상의 징역형)된 경우, 혹은 모든 형기를 마쳤을 경우 그 즉시 전자감독 기간이 종료되게 된다. 조건부 석방의 경우 형집행 법원이 조건부 석방 및 전자감독 기간 연장에 대한 재량권을 가지고 있기 때문에 전자감독 기간이 확정되지 않는다.

▌ 통계자료(Statistics)

〈그림 8.2〉를 통해 정부의 목표였던 전자감독 대상자 350명을 달성하기 위해서 3년이라는 시간이 걸렸다는 것을 알 수 있다. 2002년에서 2006년 사이의 기간은 300명에서 350명 사이의 상당히 안정된 전자감독 대상자 수를 볼 수 있으며, 2006년 이후에는 갑작스러운 증가를 보이다가 2007년에는 600명, 2009년 12월에는 1,084명까지 증가하였다.[17]

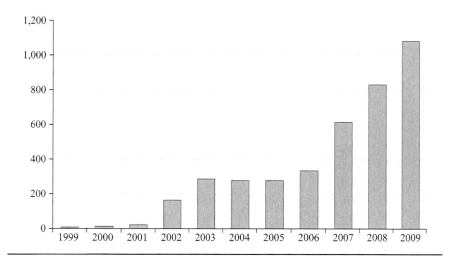

그림 8.2 전자감독 일일 대상자 수: 1999-2009
자료: 1999-2007: FOD Justitie(2009); 2008-2009: PROGSEET.

성별 분포에 관련해서는 2009년에 새로운 전자감독 부과 인원 중 7.2% (230명)가 여성 범죄자들이었으며, 이는 교도소 내 여성인구보다 약간 높은 수치이다. 기결수 기준, 전자감독의 비율을 살펴보면 2009년 3월 전자감독의 감시를 받았던 집단(N=749)은 교도소 내 수형자 집단(N=5,433)의 13.7%를 구성한다. 2010년 전자감독 대상자 수는 전체 교도소 인구의 약 8-9%를 차지했으며 이는 상당한 비율이라고 할 수 있다. 전자감독 범위를 확장시키고자 했던 벨기에 정부의 계획을 고려하면 형사사법 분야에서의 전자감독 비율은 계속 증가할 것이고, 그 중요성 또한 증가될 것으로 볼 수 있다.

실질적으로 전자감독을 받은 대상자와 더불어 전자감독 후보자들의 대기 명단 또한 존재한다. SIPAR 데이터베이스에 따르면[18] 2009년 12월에는 사회 내 처우를 행하기 위해 자택에서 대기상태에 있던 기결수는 1,014명에 달했다. 이 중 46%(469명)는 이미 전자감독 승인을 받은 상태였고 형을 이행하기 위해 자택에서 대기 중이었으며 54%(545명)는 사회 탐구 보고서 작성 완료를 위해 대기 중이었다. 이런 대기 명단은 2012년에 들어 거의 두 배가 되었으며, 이는 예산 문제로 인한 기술 장비 부족과 직원 부족으로 인해 야기된 것이다. 이는 곧 원하지 않는 형벌 지속 기간의 연장을 가져왔고, 이것이 보다 심한 형벌 '고통'을 유발했다.

형벌 기간에 따른 두 가지 주요 범주를 기준으로 해서 전자감독 대상자 수 분포를 살펴보면, 3년이나 그 이하의 형을 선고받은 범죄자들의 비율이 증가하는 것을 알 수 있다. 2009년의 새롭게 내려진 전체 EM 부과 중 85%가 3년이나 그 이하의 징역형을 받은 수형자들이었고, 오직 15%만이 그 이상의 형기를 선고받은 자들이었다. 일일 전자감독 인구 데이터를 살펴보면, 2009년 12월에는 3년 이상의 형기를 선고 받은 수형자들은 30%인 데 반해 3년이나 그 이하의 형에 처한 수형자는 70%인 것을 알 수 있다(PROGSEET).

이는 곧 벨기에에서 전자감독 사용이 점점 더 늘어나고 있다는 것을 보여주는 통계수치이다. 3년이나 그 이하 형에 처한 수형자들로 하여금 (전체) 형기를 사회 내에서 채우게 함으로써 교도소 과밀 수용을 완화하기 위한 수단으로 EM이 사용되었음을 알 수 있다. 사실상 위와 같은 집단은 비율로 제시된 수치보다 훨씬 더 많다고 할 수 있는데, 이는 바로 대기명단이 주로 전자 장치 착용을 기다리며 자택에서 대기 중인 단기 복역자들 위주로 구성되었기 때문이다. 장기 복역자들은 전자감독 부착을 대기할 때 교도소 내에서 기다리는 것이 원칙이므로 우선권은 단기 복역자들에게 돌아간다.

2005년 전자감독의 평균 기간은 102일이었으며(Beyens et al., 2007a) 두 집단 간의 차이는 미미했다. 2008년과 2009년의 평균기간은 각각 111일과 113일로 약간씩 증가하였다. 2009년에는 모든 전자감독 형벌 중 72%는 150일을 넘기지 않았으며, 300일을 넘기지 않는 인원은 96%에 달했다. 가장 장기간의 전자감독 기간은 720일 이상 혹은 2년 이상 지속되었다. 전자감독 기간은 최소 15일 이상 지속되어야 한다는 조항이 폐지되었고 이로 인해 단기간의 전자감독이 시행되었다(때로는 며칠 동안 적용되기도 했다). 이를 통해 재통합의 공식적 목표에 대한 의문이 제기되었고, 단기간 동안 어떻게 복잡한 EM 형벌 시행 절차를 운영해야 하는 것인가에 대한 의구심이 생기게 되었다.

벨기에 전자감독의 중요한 목적이자 2002년 8월 9일 제1746 장관 회문에서 명백하게 언급된바 있는 재통합적 관점은 전자감독의 감시를 받는 범죄자들은 주간 시간에 일할 수 있는 유용한 직업을 가져야 한다는 것을 강조한다. 바로 이 유용한 주간 직업이야말로 벨지안 전자감독 모델의 핵심이다. 가령, 거동 불가와 같이 노동이 불가능하지 않는 이상, 주간 직업을 갖거나 구직 활동을 해야 하고 이것이 개인적 EM 준수사항에 구체적으로 포함되어 있다. 〈표 8.1〉의 데이터에서 볼 수 있듯이 344명의 전자감독 대상자 중 약 60%가 고용되었거나 (직업) 훈련을 받고 있었으며 대략 28% 정도는 활발한 구직활동을 벌이고 있다. 〈표 8.1〉의 데이터는 2006년을 기반으로 작성된 것이다. 안타깝게도 이 통계자료는 더 이상 자료를 수집하지 않고 있어 유효하지 않다. 전자감독 종료에 관한 자료는 2005년과 2009년의 데이터를 갖고 있지만, 이는 다양한 출처에서 비롯된 것으로 연도별 비교를 하기에는 무리가 있다. 그러나 〈표 8.2〉에서 재계산을 볼 수 있다.

2005년과 비교했을 때 2009년에는 EM 종료 비율의 감소가 있었으나, 전체 사건 중 75.7%의 비율은 여전히 높은 수치라고 할 수 있다. 연도별 상이한 등록 제도와 두 기준 연도 전체 인원수의 상당한 차이를 고려하면, 종료율과 소환명령에서 중대한 변화를 나타내는 지표는 없다고 말할 수 있다. 작성자는 2005년과 2009년을 비교하기 위한 연간 EM 대상자 도주 자료를 가지고 있지 않지만, 아직까지 여론을 흔들어 놓거나 미디어에 언급될 만한 충격적인 EM 대상자 도주 사건은 없었다.

표 8.1 2006년 3월 21일 전자감독 기간 중 주간 직업

직업	N	%
취업	139	39
봉사활동	6	2
교육/훈련	69	20
구직활동	98	28
병/거동 불가	32	9
연금	6	2
기타	4	1
전체	344	100

자료: NCEM, PROGSEET.

표 8.2 2005년과 2009년 전자감독 기간 종료 사유

직업	2005		2009	
	N	%	N	%
완료	944	81	2320	75.7
교도소 소환	212	18	418	13.6
사망	1	0	8	0.002
기타 사유	7	1	317	10.5
전체	1,164	100	3,063	100

자료: 2005: Beyens *et al.*(2007); 2009: SIPAR.

▌논의(Discussion)

실질적인 행형학적 목적과 규제적 목표 간의 불안정한 절충안으로서의 전자감독
(EM as an uneasy compromise between substantive penological and regulatory goals)

전자감독은 사회복귀 지향 1세대 대체방안과 구금 사이의 중간처우제도 라고 볼 수 있다(Morris and Tonry, 1990). 전자감독은 좀 더 엄격하고 보다 즉각 적인 통제를 제공함으로써 관대하며 충분한 통제가 이루어지지 않는 1세대 사

회복귀 대체방안에 대한 비판에 잘 대처할 수 있다. 기술적 통제의 부가적인 가능성은 처벌의 고통과 신뢰성을 증가시킨다. 재통합, 응징, 제지, 중립화, 복원과 같은 상이한 교정학적 목적들을 충족시키는 전자감독의 잠재력은 정치인들, 형벌 관계자들 그리고 대중에게 크게 호소하는 특징을 갖는다. 또한, 사회 역사적 관점에서 봤을 때 전자감독은 두 가지 유형의 상충적 목적에 대한 타협점으로서 중재자적 역할을 하는 것으로 여겨질 수 있다.

전자감독을 집행해야 하는 목적들 중 첫 번째 유형은 실질적인 교정학적 유형으로서, 구금이 야기하는 피해를 제한하고 수형자의 가족적, 사회적, 그리고 경제적 유대관계를 유지하게 하며 그들의 재통합적 지원을 목표로 하는 사회적 측면을 지니고 있다(Kaminski, 2009). 이러한 사회 복귀적 논거는 사회재통합의 목적에 높은 가치를 부여하는 (적극적인) 사회복지 의견을 반영한다. 이 점에 있어서 2002년 8월 9일 장관 회문은 전자감독의 맥락에 있어 사회복귀에 대한 근본개념은 곧 '가정생활과 사회 그리고 경제적 접촉을 지속할 수 있도록 수형자들로 하여금 친숙한 환경에서 그들의 (부분적) 형기를 채울 수 있도록 하고, 구금의 피해를 제한하는 것'이라고 해석하였다.

이와 같은 사회 복귀적 접근은 전자감독 기간 동안 사회 탐구 보고서의 활용, 유용한 주간 직업(구직 활동 필수)의 요구, 사회적 지도를 위한 사법보좌관의 관여와 연결되어 있다. 현대적인 '범죄적 인간(Homo criminalis)', 즉 실증주의 범죄학 혹은 소위 말하는 구식 교정학(Feeley and Simon, 1992)은 여전히 포괄적 형벌 계획의 출발점 역할을 하고 있으며, 이 계획들은 개인의 유연성과 변화가능성에 대한 믿음에 기인한다(Hudson, 1996; Young, 1999).

두 번째 유형의 목적은 조직적 혹은 규제적 종류이며, 이는 교도소 과밀수용 감소 가능성을 근거로 한다. 이러한 관점에서 볼 때 전자감독 실시는 행정적 그리고 조직적 관심사를 바탕으로 형성되었으며 비용 절감과 더불어 300명에서 600명으로, 600명에서 1,000명으로, 그리고 최근 1,500명까지로 계속 증가했던 양적 할당량 제안에 의해 발전했다고 볼 수 있다. 가상 구금시설의 지정된 자리를 '채우는' 데에 목적을 둔 '산정적(Feeley and Simon, 1994)'이고 조직적인 '집합적' 논리는 형사정책의 급진적 변화를 야기했다.

실질적인 교정－사회적 논리 그리고 조직적인 논리라는 두 가지 목적은 전자감독을 상반적인 목적하의 새로운 절충안 제시 전략으로 이끌었다. 역사적으로 저항력 있는 논리는 분명 범죄자 사회통합이었다. 어떠한 공격에도 범죄자 사회복귀 및 재통합은 그럴듯한 방어 논리가 되었다. 그러나 사회복귀 논리 역시 나름의 취약성을 가진 명분이었는데, 그 이유는 사회복귀 철학에 범죄자에 대한 무한 신뢰와 처우 개별화라는 달성하기 힘든 전제조건이 필요했기 때문이다(이를 따뜻한 체제라고 부를 수 있다 — 과거 구식 교정학 사고).

다른 한편으로, 감시와 통제(이를 차가운 체제라고 부를 수 있다)를 전자감독의 목적으로 보게 되면, 통계적인 특성과 보험계리적 경향성이 잠정적으로 증가할 수밖에 없다. 결국 과학기술과 새로운 행정 관리 양상을 강조하게 되는 것이다(현재 신식 교정학 사고). 이 같은 이중적 접근은 전자감독을 경영적 맥락에서 현대주의 교정 목적 혹은 후기 현대사회의 환상들을 다시 되살릴 수 있는 다기능적 제재 수단으로 보게 만든다(Kaminski, 2009). 더욱이 이는 상반적인 조합으로 볼 수 있는데, 전자감독이 1960년대의 재사회화 이상을 대표하는 것은 아니기 때문이다. 전자감독 체제는 고전적인 재사회화 이상 모델을 새로운 관점, 즉 기술적 통제 지원 및 일정표의 엄격한 준수를 통한 범죄자 훈육의 재통합으로 완전히 바꿔 놓았다.

EM의 주요한 근본적 이미지는 증가하고 있는 기술적 그리고 사회적 통제 유형에 복종하고 잘 적응하는 합리적인 범죄자상이다. 게다가, 벨기에에서는 대상자들에게 부과된 준수사항의 일부로써 피해자들에 대한 이행 요건이 재통합의 목표에 결합되었으며, 피해자들에 대한 태도는 전자감독에 대한 적합성을 결정할 때 반드시 고려되는 중요 요소가 되었다. 그러나 이 같은 복원적 접근으로의 이첩은 일종의 카멜레온 같은 목적으로서, 뒤트로(Dutroux)사건이 있은 후, 이는 형벌 개혁이나 새로운 제정법에서 체계적으로 등장했으며, 뒤트로 사건 이후 형사 정책에서는 피해자 신성화의 징후로 나타났다(악명 높은 뒤트로 사건은 용의자가 가석방 중에 있을 때 여러 어린이들과 어린 소녀들을 유괴, 강간, 살인한 혐의로 벨기에를 비롯한 세계 전역에 큰 충격을 안겨주었다).

이러한 절충안은 명백히 감당할 수 없는 것이며, 양적인 목표 달성에 대한 압력 우선주의로 변질되었다. 하지만 기이하게도 최근 두 번의 백서에서는 '품질 제일, 그 다음에 양'이라는 슬로건과 함께 EM 부과 양적 우선 목표가 부인되기도 했다. 그러나 이는 곧 공식적 담론과 실무상의 형벌 집행 가능성 간의 간극을 보여주는 것이다.[19]

환원주의적 관점에서의 전자감독(EM from a reductionist perspective)

　　교도소 내 구금과 비교한 가상 구금의 저렴한 비용 및 전자감독 사용을 통한 교도소 인구 규모의 잠재적 축소 효과와 같은 조직적인 논의들은 벨기에 전자감독 정책이나 정치적 토의를 지배하는 주제였다. 엄밀히 말하면 비용효과에 대한 논의는 부인할 수 없는 사실이다. 비록 구체적인 자료는 없지만, 대략적으로 말하면 전자감독의 견적 원가는 하루 €38.65로서 교도소 내 구금에 하루에 드는 비용(견적원가 €110에서 €127)보다 거의 3배가량 저렴하다고 할 수 있다. 그러나 교도소 인구 감소에 대한 이론은 확실히 말하기 어렵다. 왜냐하면 계획과 달리 전자감독의 도입은 보다 많은 징역형 집행 기회를 창출했기 때문이다. 물론 1인당 비용은 보다 저렴했다. 따라서 전반적인 EM 비용 절감에 대한 의문이 생길 수 있다.

　　앞서 2000년도에 전자감독이 도입된 이래로 전체 교도소 인구가 45% 증가했다는 사실을 지적한 바 있다. 2010년 6월 약 11,500명의 수형자들이 교도소 내 또는 전자감독을 통한 복역 중에 있었고, 대기 명단에는 약 1,000명 정도의 인원이 전자감독으로 형기를 채우기 위해 대기 중이었다는 이것을 감안하면 벨기에의 경우, 형사사법 망이 계속해서 커지고 있다는 결론을 내릴 수 있다.

　　다른 한편으로, 단기 수형자들(1년 미만)은 교도소에서 거의 완전히 사라졌으며 이는 곧 이 집단에게 전자감독은 진정한 구금 대체방안으로 작용했다는 것을 의미한다. 형사사법 망의 확대(net-widening)라는 관점에서 봤을 때 전자감독이 (여전히) 집행단계에서만 시행이 가능하기에 단기 수형자 범주에 한해 현실적인 구금 대체 방안으로 작동했다고 말할 수 있다.

　　법무부 장관의 연임에 따라 환원주의적 정책에 대한 듣기 좋은 입에 발린 말들이 많았다. 그리고 자유형이 궁극적인 형벌이 되어야 한다는 주장에도 불구하고, 벨기에의 전자감독은 싫든 좋든 간에 주로 '형벌 확대 주의적 정책'을 이행하기위한 수단으로 사용되어왔다. 2008년 4월 18일 연방 정부에 의해 적용된 교도소 종합 계획에서는 2,235개 이상의 신설 독방과 함께 교도소 수용력이 증가할 것이라고 예상했으며 이를 통해 이러한 확대 주의적 선택을 명백히 확인할 수 있다(Beyens and Janssens, 2009: 9).

게다가 특정한 수용 인원 정족수를 반드시 채워야 하는 사안이 정부에 의해 제안되었다는 사실은 벨기에 형사 논리 및 담론에서 주목할 만한 변화라고 간주할 수 있다. 3년이나 그 이하의 형을 받은 수형자들의 교도소 수용을 방지하기 위한 목적으로 전자감독의 사용이 확대되었다(2009년에는 85%). 그러나 정부가 제시한 수용인원은 5년 이상의 징역에 처한 수형자들로 인해 빠르게 채워져 나갔으며, 이들은 벨기에 교도소 내에서 가장 빠른 증가를 보이고 있었다. 그들은 가석방 가능일로부터 6개월 전에 전자감독에 적합한 자격을 얻었으며, 이들의 일반적인 전자감독 기간은 대략 3개월 정도였다. 따라서 전자감독의 대상이 된다는 것은 보다 점진적 변화의 연속물로 계획된 처벌 경로의 또 다른 추가 단계에 불과했다. 이와 같은 점진적 혹은 혁신적인 단계별 정책은 두 가지 고려사항을 야기했다. 먼저, 범죄자의 구체적인 특징에 더불어 거주지와 가족 문제에 관련된 이유로 인해 일부 범죄자들은 조건부 석방의 준수사항을 따르는 것은 가능했지만 전자감독의 준수사항을 따를 수 없었다.

이러한 점진적 정책은 의심의 여지없이 '안전한' 선택이며 형사적 신뢰성과 조기 석방 결정의 안전성을 강화했지만(모든 것이 세세하게 제한된 방식으로 진행될 것이기 때문에 이러한 석방은 '위험성이 없음') 범죄자의 '요구'에 따른 것이라고 생각되지는 않았다. 두 번째로는 교도소 운영, 관습에 대한 관찰을 통해 (일부)형집행법원(Sentence Implementation Court)에서 석방에 대한 위험성에 의심이 가는 경우, 전자감독 시행기간을 쉽게 연장이 가능한 일종의 테스트 기간으로 생각하다는 것을 알 수 있었다. 이를 통해 법원은 추후 석방 날짜를 연기하는 결과가 발생했고, 효과적인 구금 기간 연장 조치도 일어났다. 이는 일종의 형사사법 망의 확대로 해석될 수 있다. 그러나 이는 필연적인 결과는 아니며, 반대 경우도 가능했다고 하겠다.

통제해야 하는 관제 업무와 통제된 삶(The controlling work and the controlled life)

처벌과 그 목적에 관한 의문들 외에도 전자감독은 전문적인 전자감독 업무 종사들과 전자감독 프로그램하의 범죄자들의 삶에 관한 복잡한 문제들을 야기했다. 이러한 특징들은 서로 연계되어 있는 양상을 보이는데, 이는 바로 관제 업무와 통제된 삶이 상호의존적이기 때문이다. 동전의 양면처럼 전자감독 업무를 진행하는 직원의 입장과 전자감독을 당하는 범죄자의 입장은 상호 연관되어 있다. 전자감독은 직원들에게 별로 큰 보람이나 부가 가치를 주는 일이 아니기 때문에 더욱 감독담당자들에게 반대급의 큰 보상을 줄 필요가 있다.

전자감독을 사용함에 있어 노동형 형벌(work penalty)이나 일반 보호관찰과 같은 전통적인 지역사회기반의 형벌들과 전자감독이 어떤 근본적인 차이가 있는지 먼저 고민해 볼 필요가 있다. 전자감독이 가진 진정한 잉여가치에 대한 질문이 제기되어야 한다. 추가적인 전자감독을 통해 얻을 수 있는 교정학적 이득은 무엇인가? 질적 가치는 어떻게 정의될 수 있는가? 주요한 '이점들'은 교정학적인 것이 아니라 엄밀히 말하면 규제적(혹은 조직적)인 것들이다. 전자감독 대상자들에게 있어 기술로 인해 야기된 실질적인 차이점은 바로 EM이 교도소를 상기시키는 물리적 특성을 가지고 있다는 것이다(Robert and Stassaert, 299: 26-27 참조). 다시 말해, 발찌를 착용함으로써 물리적인(또한 가상이 아닌) 형벌 표시를 체험하게 되는 것이 전부인 것이다. 전자감독의 상당한 혜택은 어떠한 전자 장비에도 의지하지 않고 진행될 수 있는 인간의 감독에 전적으로 달려 있다고 본다. 재통합과 관련하여 기술적 통제의 이점은 어떻게 평가되어야 하는 것인가?

전자감독 대상자들이 항상 그들의 정직성을 증명해야 하고, 일상생활에서 예측되지 못한 특정한 상황이나 사고에 대해 정당화시켜야 하는 EM 환경에 대해 언급하고자 한다(잔업이나 교통체증으로 인해 귀가가 매우 늦어진 경우, 대기 줄이 너무 길어서 슈퍼마켓 계산대에서 구매를 포기한 상황 등). 기술적 장치의 사용은 유죄판결을 받은 범죄자들을 자유로운 세계로 통합시키는 것처럼 보이지만, 사실 이는 가상의(혹은 이상적인) 자유로운 세계일 뿐이며 이러한 가상의 세계에는 기차의 연착도 없고 교통 체증도 없으며 회사 사장이 직원들에게 근무

시간의 융통성을 기대하지도 않는, 모든 것이 완벽하게 예측될 수 있는 상황만 있어야 한다. 전자감독을 통해 기결수들은 가상 교도소 대신에 가상의 자유세계로 옮겨진 것이다(De Hert, 2000). 따라서 관리자들의 기술은 융통성 있고 우연적인 요소가 많은 우리 사회에 적합하게끔 재통합적인 방식을 통해 기술적인 강압을 감소시키는 방식으로 전자감독을 운영해야 한다.

기술이라는 것은 자율적이지도 않고 자급자족할 수 있는 것이 아니기에, 주기적인 인간의 감독과 지원 없이는 제대로 운용될 수 없다는 특성을 갖고 있다(Devresse et al., 2006; Kaminski and Devresse, 2010). 인간의 보정이 없다면 전자감독은 그 신뢰성 혹은 효율성을 잃게 될 것이며 심지어 역효과를 낳을 수도 있다. 비록 훈육 모델(벨지안 모델)을 포기한 이후에는 인간의 통제가 객관적인 '선택적' 사항이 되었고 그 역할이 상당히 줄었지만, 전자감독에 대한 인간의 통제는 전자감독 조치의 시행에 대한 일관성과 합리성, 그리고 효율성을 보장할 수 있는 중요한 요소가 되었다. 이렇듯 과거에 대한 최소한의 그리움마저 없이 벨기에 사법 집행 총국(Directorate-General of the houses of Justice)의 전자감독 포기는 이른바 벨지안 모델의 훈육 논리나 제도를 오히려 완전히 거꾸로 돌려놓을 수 있는 위험한 반대 처사였다고 본다.

사법 집행 총국의 역할은 형벌조치에 대해 구체적인 사회 복귀 취지를 부여하고 사법당국이 부과한 준수사항의 이행을 보장하는 것이지, 전자감독 준수사항 위반에 대해 제재를 가하는 것이 아니다(준수사항 위반을 처벌하는 것은 2006년까지 개발되었던 교도소 모델과는 상반되는 것이다). 기술을 통해 제공받은 정보들은 사법보좌관들이 전자감독 대상자를 추적하는 데에 사용되었다. 따라서 2007년 이후 전자감독은 사법 집행 총국이 담당하고 있는 다른 사회 내 처우들과 비교, 평가받는 과정을 거쳤다. 교도소적 접근에서 보다 사회 내 처우적인 시각으로의 발전하게 된 것은 통제 전략을 강조하는 전자감독 사용의 타당성을 주장하는 상황에 많은 의문을 제기한다.

전자감독은 기술 원격적 환경에서 진행되는 처벌 양식이다. 이는 전자감독 대상 범죄자의 몰개인화 위험성을 증대시킨다. 이런 위험성은 특히 감시 요원에게 적용되는데, 전화를 이용해 빈번히 연락을 취하고 본인이 통제하고 있는 범죄자들을 한 번도 만난 적이 없어 몰개인화의 우려가 크다. 조치를 시행하는 동안 관리자들은 그들과 멀리 떨어진 곳에 있는 개인의 활동들을 관리, 정리하고 EM 관련 계획을 세우며 준수사항 이행 여부를 확인한다. 이 같은 장거리 운용에서, 끊임없는 통화와 모든 종류의 흔한 질문들('열쇠를 못 찾겠어요')을 받게 되는 전자감독 감시 요원에게 있어서 전화와 팩스는 없어서는 안 될 장비이다. 발찌 장치와 함께 엄격한 통제전략은 실무에서도 운영하기 어려운 많은 문제들을 수반하고, 동시에 통신 수단 작동의 문제를 함께 수반한다. 기술적 통제 그 자체는 분명한 상호작용이지만, 원격으로 해결할 수 없는 빈번한 문제들로 인해 생각지 못했던 많은 복잡한 문제를 갖게 되는 것이다.

▌결론(Conclusion)

10년이라는 기간 안에 전자감독은 벨기에 형사사법 분야에서 확고한 위치로 자리매김하게 되었다. 벨기에 정부는 전자감독의 사용을 확장시키기 위해 몇 가지 계획들을 제시했다. 이는 마치 한계가 없는 듯 보였다. 그리고 짧지만 격변적인 전자감독의 역사는 두 가지 중요한 변화를 맞이했다.

소위 '벨지안 모델'이라고 불리는 첫 번째 시기에 전자감독은 교도소 체계의 일부로 간주되었다. 전자감독 시행에 있어 교도소적 요소와 사회복귀 요소가 결합되는 과정이 중요하게 다루어졌다. 이와 같은 첫 번째 시기는 전자감독 후보자에 대한 신중한 결정, 철저하고 개별화된 추적조사, 사회복지사들에 의한 통제들로 전자감독이 이루어졌고, 정부는 범죄자들의 활발한 사회 활동을 장려했다. 이후 벨지안 모델이 완전히 사라지지 않았다면, 아마 지금도 벨기에에서는 교정학 차원의 이상적 이념과 범죄자에 대한 강력한 훈육, 정신력 강화 교육을 EM에서 중요한 의미로 다루었을 것이다.

NCEM은 소규모 기관으로 중앙집권적 성격이 강한 곳이었는데, 여기에서 전자감독 운영과 관련해서 벨기에 내 여러 관계자들 사이의 원활한 의사소통 업무를 담당했다. 그러나 전자감독 대상자 수를 급격하게 증가시키고자 했던 정치적 압력으로 인해 2006년 5월 NCEM은 큰 비난을 받게 되었다. 이후 전자감독은 매우 불안정 시기에 접어들게 되었다. 필요한 양적 인원 증가를 달

성하기 위해 NCEM 재편을 단행했고, 2007년 전자감독의 사회적 추적 조사가
사법 집행 총국(Directorate-General of the houses of Justice)으로 이전되었다. 그
결과 벨지안 모델 수립에 관여했던 선구적이고 경력이 많은 직원들 대부분이
사퇴하게 되었다.

따라서 한 집행총국에서 다른 부서로의 이전은 비단 지리적인 이전과 조
직적 변화를 넘어서 전자감독 시행에 있어 또 다른 교정학적 접근을 요구하게
되었다. 2008년 장관 회문의 도입과 더불어 초기의 접근으로 돌아가고자 하는
시도가 이루어진 것이다. 예를 들어, 모든 전자감독 신청 후보자 선정 업무를
진행하기 위해 의도적으로 사회 전자감독 적격성 보고서에 대한 작성 의무 재
도입을 진행하게 되었다.

전자감독 시행에 관한 오늘날의 정치적 담론은 '신뢰할 만한 처벌'과 '효
율성'에 대한 요구가 지배적이라고 할 수 있다. 이는 비단 전자감독의 경우에
만 해당하는 것은 아니다. 벨기에 형사사법 체계의 전반적인 변화에 부합하는
것이 바로 이러한 정치적 담론이라고 하겠다.

전자감독이 교도소 구금 인원수를 줄이고 시설 수용을 줄일 수 있다는 사
실은 전자감독이 가진 형사사법 망의 확대 비난을 누를 수 있는 최고의 명분
이 된다. 그러나 미래에는 전자감독의 사용이 형사사법 체계의 다른 단계, 즉
선고단계나 심지어 재판 전 단계로까지 확장될 예정이다. GPS 위치추적이나
음성인식 시스템도 도입될 것으로 보인다. 따라서 전자감독의 광범위한 사용
과 함께 늘어나는 EM 부착 대상자 숫자로 인해 제도 시행을 합리화시키고
1인당 소요되는 비용을 절감해야 하는 부담이 증가될 것이다. 초창기에는 제
도와 제안들을 평가하는 범죄학적 연구에 많은 투자를 하는 듯 보였지만, 전
자감독 사용의 증가와 함께 이러한 관심도 사라진 듯 보인다.

대중들의 전자감독에 대한 지식이나 인기와 관련하여 구체적인 시민 대
상 설문조사도 진행된 바가 없다. 그러나 미디어에서의 전자감독 노출은 상당
히 선정적인 몇몇 사건에 한정되어 왔으며, 다행히 아직까지 충격적인 사건이
나 실종, 재범과 같은 경우가 없었다. 이와 같은 정황은 바로 벨기에에서 전자
감독에 대한 담론이 시민 보호나 대중의 공공 안전 확보, 위험성 감소에 관한
관심과 우려에 크게 영향을 받지 않았다는 것을 단적으로 보여준다.

▌감사의 말(Acknowledgements)

초창기 전자감독의 구조와 설립에 대한 지식과 경험을 우리에게 공유해 준 벨기에 전자감독의 선구자 랄프 바스(Ralf Bas)에게 감사의 말을 전하고 싶다. 그는 흔히 말하는 벨지안 모델을 구성하는 데 중대한 역할을 하였다. 전자감독 시행에 있어 가장 최근의 제도와 그 변화들을 이해하는 데 큰 도움을 준 사법 집행 총국의 피에르 레이나르트(Pierre Reynaert)와 사비네 리구엘(Sabine Riguel)에게도 감사를 전한다. 사법 집행 총국의 통계분석자인 아나벨 리훅스(Anabelle Rihoux)는 우리에게 통계 자료를 제공해 주었다. 마지막으로 경험적 연구의 공동 작업에 대해 동료 마리에 소피 데브레쎄(Marie—Shophie Devresse)(UCL)와 헤이디 루이파르트(Heidi Luypaert)에게 감사의 인사를 전한다.

Notes

1 벨기에 전자감독 연구의 개관. Daems *et al*.(2009) 참조.

2 이 연구의 결과는 Stassaert(2000)과 Robert and Stassaert(2009) 참조.

3 2010년 6월 3일 저널 *De Morgen*과 *La Libre Belgique* 참조.

4 각각 2006년 5월 17일 법령 형집행법원의 창설과 '기결수의 대외적인 법적지위와 피해자의 인권'과 관련. 전자감독과 관련한 최초의 비판적 논문 Bas and Pletinex(2005) 참조.

5 벨기에에서는 대부분의 수형자들이 조기 석방의 자격이 있다. 예를 들어 2007년에는 전체 수형자 중 6.1%만이 전체 형기의 복역을 마쳤음(Snacken *et al*., 2010: 89). 또한 전자감독 조치로 징역형이 전환된 수형자들도 조기 석방의 자격을 지닌다.

6 차후 규정에 관한 복잡한 역사를 다룬 종합적 고찰은 Goossens(2009) 참조.

7 예전에는 최대 6개의 상이한 범주가 존재했으나 2008년 장관 회문에서 전자감독 배정을 간소화하였다.

8 '기결수의 대외적인 법적지위와 피해자의 인권'과 관련한 2006년 5월 17일에서는 형집행 판사(sentence implementation judge)가 3년이나 그 이하의 징역형에 관한 모든 전자감독 배정을 결정해야 한다고 예견했다. 금전적인 제약으로 인해 형집행판사 임명은 2012년까지 연기되었다. 그동안 교정본부(Penitentiary Administration)와 교도소장들이 결정권을 부여받았다.

9 벨기에에서는 가석방이 자동적인 과정이 아니지만, 일정한 조건 이행에 의해 결정된다. 벨기에 조기석방에 관한 자세한 설명은 Snacken *et al*.(2010) 참조.

10 비록 이정도 금액의 지불 능력이 없는 사람에 한해 의무가 면제되었지만, 초기에는 범죄자들이 €124의 보증료를 지불해야 할 의무가 있었다(Rombaut, 2006).

11 http://solutions.3m.com/wps/portal/3M/en_US/ElectronicMonitoring/Home/IndustryLeader/

GlobalPresence/ (2012년 6월 9일 평가됨)

12 교정국(Prison Administration)은 수차례 기관명을 바꾼 적 있는바, 세부적인 사항은 언급하지 않았으며 일반적인 용어인 '교정국(Prison Administration)'을 사용하기로 한다.

13 교도소장이자 2007년과 2007년 NCET (前)책임자인 Ralf Bas와의 개인적인 대화.

14 2007년 사법 집행 총국(Directorate-General of the houses of Justice)의 설립과 함께 보호관찰관들은 '사법보조관(justice assistant)'이라는 이름으로 알려졌다.

15 이 문제에 관한 추가적인 논의는 Beyens(2000)와 Daems(2000) 참조.

16 두 가지의 상직적인 차이점을 강조하기 위해 이들은 '보호관찰관'이 아닌 '사회보조관(social assistant)'으로 불리었다. 따라서 전자감독 사회보조관은 전반적인 통제에 대한 기피를 줄이고 사회 내 처우에서 보다 통제적인 위치에 서는 것에 대비한 것으로 추정된다.

17 자유 시간은 전자감독 기간 동안 점진적으로 연장된다.

18 2007년 이후에는 사용된 출처에 따라 상이한 숫자가 집계된다.

19 SIPAR 데이터베이스는 사법 집행 총국(Directorate-General of the houses of Justice)의 데이터베이스이며 이는 벨기에 지역사회기반 제재조치 시행의 통계적인 데이터에 집중되어 있다.

20 예를 들어 2008년 12월에는 운송비용 변제가 길어지면서 이 같은 지연에 대항하는 사법보좌관들의 시위가 있었다.

참고문헌(References) ——————————————————————————— ○ ○ ○

Benaouda, A., Kensey, A. and Lévy, R. (2010) 'La récidive des premiers placés sous surveillance électronique', *Cahiers d'études pénitentiaires et criminologiques*, 33, pp. 1−6.

Bonnemaison, G. (1989) *La modernisation du service public pénitentiaire. Rapport au Premier ministre et au Garde des Sceaux, ministre de la Justice* (Paris: Ministère de la Justice).

Burgelin, J.−F. (2005) *Santé, Justice et Dangerosité: pour une meilleure prévention de la récidive. Rapport de la Commission Santé−Justice* (Paris: Ministère de la Justice, Min istère de la Santé et des Solidarités).

Cabanel, G.−P. (1996) *Pour une meilleure prévention de la récidive. Rapport au Premier ministre* (Paris: La Documentation française).

Cardet, C. (2005a) 'L'extension du domaine du placement sous surveillance électronique par les "lois Perben I et II" ', *Revue pénitentiaire et de droit pénal*, 1, pp. 195−209.

Cardet, C. (2005b) 'L'externalisation de la mise en œuvre du placement sous surveillance électronique', *Revue pénitentiaire et de droit pénal*, 2, pp. 313−324.

Carrasco, V. (2007) *Les condamnations à une mesure de suivi socio−judiciaire. Analyse statistique à partir des données extraites du Casier judiciaire* (Paris: Ministère de la Justice (DAGE/SDSED)).

Clément, P. and Léonard, G. (2004) *Rapport d'information (...) sur le traitement de la récidive des infractions pénales* (Paris: Assemblée nationale).

CNCDH (Commission nationale Consultative des Droits de l'Homme) (2007) *Sanction ner dans le respect des droits de l'Homme II, les alternatives à la détention* (Paris: La Documentation française).

Cour des comptes (2006) *Garde et réinsertion. La gestion des prisons. Rapport théma tique* (Paris: Cour des comptes).

Couvrat, P. (1998) 'Une première approche de la loi du 19 décembre 1997 relative au placement sous surveillance électronique', *Revue de science criminelle*, 2, pp. 374−378.

Crépin−Mauriès, R. (2006) *Rapport sur l'exécution et l'application des peines* (Paris: Ministère de la Justice).

Danet, J. (2008a) 'La dangerosité, une notion criminologique, séculaire et mutante', *Champ Pénal*, 5, pp. 2−27.

Danet, J. (2008b) 'Cinq ans de frénésie pénale', in L. Mucchielli (ed.) *La frénésie sécurit aire. Retour à l'ordre et nouveau contrôle social* (Paris: La Découverte), pp. 19−29.

Donnet, E. (2006) *Sous surveillance électronique: le vécu des placés d'Eure−et− Loir. Cer tificat d'aptitude aux fonctions de conseiller d'insertion et de probation* (Agen: ENAP).

Fenech, G. (2005) *Le placement sous surveillance électronique. Rapport de la mission confiée par le Premier ministre à Monsieur Georges Fenech, député du Rhône* (Paris: Ministère de la Justice).

Froment, J.−C. (1998) *La république des surveillants de prison* (1958−1998) (Paris: LGDJ).

Garraud, J.−P. (2006) *Réponses à la dangerosité. Rapport sur la mission parlementaire confiée par le Premier ministre à Monsieur Jean−Paul Garraud, député de la Gironde, sur la dangerosité et la prise en charge des individus dangereux* (Paris: Premier ministre). Online. Available at: http:// lesrapports.ladocumentationfrancaise.fr/BRP/064000800/0000.pdf (accessed 31 May 2012).

Goujon, P. and Gautier, C. (2006) 'Rapport d'information (...) sur les mesures de sûreté concernant les personnes dangereuses', Sénat, Report no. 420. Available at: www.senat.fr/rap/r05−420/r05−4201.pdf (accessed 31 May 2012).

Hazard, A., Kensey, A. and Lévy, R. (2005) 'Le placement sous surveillance électron ique: une mesure désormais prise en compte', *Cahiers de démographie pénitentiaire*, 16, pp. 1−6.

Herzog−Evans, M. (2005) 'Récidive: surveiller et punir plus que prévenir et guérir', *Actu alité Juridique Pénal*, 9, pp. 305−314.

Herzog－Evans, M. (2009) 'Le premier placé sous PSEM à Paris restreint à un pâté de maisons', *Actualité Juridique Pénal*, 12, pp. 509－510.

Kaluszynski, M. and Froment, J.－C. (2003) *Sécurité et nouvelles technologies. Évaluation comparée dans cinq pays européens (Belgique, Espagne, France, Grande－Bretagne, Suisse) des processus de recours au placement sous surveillance électronique* (Greno ble: CERAT－IEP).

Kensey, A. and Narcy, M. (2008) 'Les caractéristiques sociodémographiques des person nes sous PSE (2000－2006)', *Cahiers d'études pénitentiaires et criminologiques*, 21, pp. 1－6.

Kensey, A., Pitoun, A., Lévy, R. and Tournier, P.V. (2003) *Sous surveillance électron ique. La mise en place du 'bracelet électronique' en France (octobre 2000－mai 2002)* (Paris: Ministère de la Justice, Direction de l'administration pénitentiaire).

Kuhn, A. and Madignier, B. (1998) 'Surveillance électronique: la France dans une per spective internationale', *Revue de science criminelle*, 4, pp. 671－686.

Lamanda, V. (2008) 'Amoindrir les risques de récidive criminelle des condamnés dan gereux. Rapport à M. le Président de la République'. Online. Available at: http://lesrap ports.ladocumentationfrancaise.fr/BRP/084000332/0000.pdf (accessed 31 May 2012).

Lavielle, B. and Lameyre, X. (2005) *Le guide des peines* (Paris: Dalloz).

Lazerges, C. (2006) 'L'électronique au service de la politique criminelle: du placement sous surveillance électronique statique (PSE) au placement sous surveillance électron ique mobile (PSEM)', *Revue de science criminelle*, 1, pp. 183－196.

Lévy, R. (2003) 'Electronic monitoring: hopes and fears', in M. Mayer, R. Haverkamp and R. Lévy (eds) *Will Electronic Monitoring Have a Future in Europe?* (Freiburg im Breisgau: edition iuscrim), pp. 13－35.

Lévy, R. (2005) 'Electronic monitoring in France: the present situation and perspectives', in C. Emsley (ed.) The Persistent Prison: Problems, *Images and Alternatives* (Milton Keynes: Open University Press), pp. 173－195.

Lévy, R. (2007) 'Pardons and amnesties as policy instruments in contemporary France', in M. Tonry (ed.) *Crime, Punishment, and Politics in Comparative Perspective*(Chicago, IL: Chicago University Press), pp. 551－590.

Lévy, R. and Kensey, A. (2006) 'Le placement sous surveillance électronique en France: comment? Qui? Pour quoi?', in R. Lévy and X. Lameyre (eds) *Poursuivre et punir sans emprisonner. Les alternatives à l'incarcération* (Bruxelles: La Charte), pp. 71-89.

Lévy, R. and Pitoun, A. (2004) 'L'expérimentation du placement sous surveillance élec tronique en France et ses enseignements (2001-2004)', *Déviance et Société*, 28:4, pp. 411-437.

Lévy, T. (2006) *Nos têtes sont plus dures que les murs des prisons* (Paris: Grasset).

Luart, R. du (2009) *Rapport spécial, fait au nom de la commission des finances, sur le projet de loi de finances pour 2010* (n° 100 (2009-2010) – Justice (n° 101 tome 3 annexe 16 (2009-2010)). Online. Available at: www.senat. fr/rap/l09-101-3-16/l09-101-3-1619.html#toc153 (accessed 19 November 2009).

Ministère de la Justice (2009a) 'Prise en charge des délinquants et criminels sexuels', *L'ActuJUSTICE. La Lettre du porte-parole du ministère de la Justice et des Libertés, n°3*. Online Available at: www.presse.justice.gouv.fr/ index.php?rubrique=11598&article=18245 (accessed 31 May 2012).

Ministère de la Justice (2009b) *Les chiffres-clés de la justice* (Paris: Ministère de la Justice).

Mucchielli, L. (2008) *La frénésie sécuritaire. Retour à l'ordre et nouveau contrôle social*(Paris: La Découverte).

Nellis, M. (2000) 'Law and order: the electronic monitoring of offenders', in D.P. Dolow itz (ed.) *Policy Transfer and British Social Policy: Learning from the USA?* (Bucking ham: Open University Press), pp. 98-118.

Nellis, M. (2001) 'Interview with Tom Stacey, founder of the Offender's Tag Associa tion', *Prison Service Journal*, 135, pp. 76-80.

Pitoun, A. and Enderlin-Morieult, C.-S. (2003) 'Placement sous surveillance électron ique', in *Encyclopédie juridique Dalloz, Répertoire de droit pénal et de procédure pénale* (Paris: Dalloz).

Pradel, J. (1998) 'La "prison à domicile" sous surveillance électronique, nouvelle modal ité d'exécution de la peine privative de liberté. Premier aperçu de la loi du 19 décembre 1997', *Revue pénitentiaire et de droit pénal*, 1:2, pp. 15-26.

Robert, P. (ed.) (1992) *Entre l'ordre et la liberté, la détention provisoire. Deux siècles de débats* (Paris: L'Harmattan).

Robert, P. and Zauberman, R. (2010) 'Crise sécuritaire et alarme à la récidive. Entre étude savante et fébrilité législative', in J.−P. Allinne, and M. Soula (eds) *Les Récidivistes: Représentations et traitements de la récidive XIXe− XXIe siècles* (Rennes: Presses universitaires de Rennes), pp. 211−225.

Schnapper, B. (1991) 'La récidive, une obsession créatrice au XIXe siècle', in B. Schnap per (ed.) *Voies nouvelles en histoire du droit. La justice, la famille, la répression pénale* (XVIe−XXe siècles) (Paris: PUF), pp. 313−351.

Tonry, M. (1990) 'Stated and latent functions of ISP', *Crime & Delinquency*, 36:1, pp. 174−191.

Warsmann, J.−L. (2003) 'Rapport de la mission parlementaire auprès de Dominique Perben, Garde des sceaux'.

9

네덜란드의 전자감독제도:
상상 속 철창 전자감독[1]

Bars in your head:
Electronic monitoring in the Netherlands

리네 반 스와닝엔(René van Swaaningen) &
졸란두이 비제르(Jolande uit Beijerse)

▎서론(Introduction)

전자감독제도는 현재 네덜란드 형벌 제도 내에서 널리 다양한 방식으로 활용되고 있다. 게다가 최근 정책은 추가적인 전자감독의 확대 적용을 암시하는 부분이 많다. 다양한 전자감시 유형을 보았을 때, 혹자는 네덜란드에서 전자감독이 오래된 전통을 가진다고 생각할지 모른다. 그러나 네덜란드에서 전자감독은 1980년대 중반부터 정책적 주제로 논의되었으며, 1995년에 와서야 실질적인 시범 운영이 시작되었다.

이 장에서는 네덜란드 내 전자감독의 사용에 대해 형벌 시스템 개발이라는 전체적인 맥락을 고려해서 관련 내용들을 살펴볼 것이다. 전자감독이 종종 구금의 한 가지 대안으로 제시되었지만, 전자감독이 어떤 구금 형벌 제재를 대체하였는지에 대해서는 거의 알려진 것이 없다. 그 이유는 전자감독의 도입이 전무후무한 수준의 교도소 시스템의 확장 및 규제 문화의 점진적인 확립과 동시에 이루어졌기 때문이다(Downes and Swaaningen, 2007). 이 장에서는 전자감독이 지난 15년간 이러한 확장된 추세 속에서 어떻게 살아남을 수 있었는지, 그리고 살아남았다면 어떠한 환경이 가장 큰 영향을 미쳤는지를 중심으로

해당 제도를 고찰해 볼 것이다.[2]

　이번 장에서는 교정학의 네 가지 지배적인 패러다임을 고려하는 데 초점을 둘 것이다. 전자감독을 '감금 사회(carceral society)'의 탁월한 전체적 기술로 바라보는 '푸코디언(Foucauldian)'관점과 전자감독을 사회적 통제가 외압(Fremdzwang)에서 자기 훈련(Selbstzwang)으로 변화하고 있다는 것을 하나의 신호로 해석하는 '엘리아시안(Eliasian)'의 관점이 그것이다.

　스탠리 코헨(Stanley Cohen)의 표현을 차용하자면, 형사사법 망을 넓히는 것(widening the net)과 사회 통제의 그물망을 좁히는 것이 가장 중요한 판단 기준이 될 수 있다. 엘리아시안 관점은 전자감독의 사회복귀 가능성이 강화된다는 긍정적인 의견을 가지는데, 이러한 관점에서 전자감독이 대상자들의 사회복귀에 가지는 잠재력을 탐구해 볼 수 있을 것이다. 이 두 이론 다음으로 1990년대 중반부터 교정학에 많은 영향을 끼쳐 온 보험계리적인 평가 원리를 살펴보고, 전자감독 실무 운영 및 관리 차원의 문제들을 살펴볼 것이다.

　네덜란드의 전자감독 역사를 짚어 본 후, 전자감독제도에서 활용되는 구체적인 제재 조치의 형태들과 그에 대한 법적, 정책적 원리들을 살펴볼 것이다. 다양한 양상의 평가적 연구는 다음 섹션에서 계속적으로 논의될 것이다. 이번 장에서 소개하는 연구의 대부분이 온라인으로 이루어졌고 때때로 외국어인 영어로 요약된 것도 있기 때문에, 참고하는 많은 연구의 의도에 대해서는 가능한 간결하게 다루도록 한다.

　그러나 선행 연구 결과는 가능한 구체적으로 설명될 필요가 있다. 이번 장에서는 전자감독제도의 발전 과정 중 여러 단계에서 만병통치약에 해당하는 판옵티시즘(panopticism), 사회복귀, 위험관리, 그리고 비용효율성과 관련된 다양한 EM 운영 원리 문제를 다룰 것이다. 전자감독의 역할에 대한 최종 결론은 마지막 단락에서 다루기로 한다. 이번 장의 마지막에서는 전자감독이 어떻게 네덜란드에서 범죄자에 대한 금고형 사용을 줄이고, 범죄자의 사회복귀에 기여하게 되었는지에 대해 이야기한다.

▌엇갈린 시작(An ambivalent start)

출처가 정확하지는 않지만, 1970년대 말 한 미국 판사가 스파이더맨 만화책에서 한 '악당'이 전자 팔찌를 착용한 것을 보고 영감을 받아 처음으로 전자감독이 시작된 것으로 알려져 있다. 이것이 사실이든 아니든, 미국에서의 전자감독은 다른 나라와 비교했을 때 오래된 역사를 가지고 있다. 즉, 미국은 1960년대 중반부터 시작하여 EM 시범운영이 시행되어 왔다. 전자감독의 적용은 1980년대 초에 본격적으로 가속화되기 시작했다(Junger-Tas, 1993: 34).

네덜란드에서의 전자감독 도입 논의는 미국보다 조금 더 늦게 이루어졌다. 당시 상황을 보면, 교도소 체제에서의 교도소 구금시설이 부족했으며, 1980년대 초반부터 정부는 사법 예산 및 국가교정 경비의 감소를 달성해야 하는 상황이었다. 범죄자들에게 내려진 제재 조치 증가, 교정시설 초과수용과 예산 부족 및 형사정책상 위기를 방지하기 위한 목적으로 범죄자 수용을 대신할 수 있는 대안이 필요했다. 더 적은 자금으로 더 많은 형벌이 이루어져야 하는 것이었다. 이를 달성하기 위해 전격적으로 전자감독이 네덜란드에 투입되었다.

몇몇 이들은 전자감독을 '문명화된' 방식의 대안으로 보았다. 하지만 초기 제도 도입 시에는 과학 기술 공포증이 만연하던 시절이었다. 많은 이들에게 전자 장치로 범죄를 통제한다는 그 생각 자체가 조지 오웰(George Orwell)의 1984(Nineteen Eighty-Four)라는 소설에서 나오는 반 이상향적인 '빅 브라더(Big Brother)'의 국가 감시시대의 도래를 암시하는 것이나 마찬가지였다.

1988년 3월 형법 교수 톰 샬켄(Tom Schalken)을 필두로 전자감독제도 조사위원회가 설립되었다. 샬켄 위원회(Schalken Committee)는 전자감독이 구금의 대안으로 활용될 수 있는지, 그리고 1980년대 말 형벌 시스템이 확장되었음에도 불구하고 여전히 증가하고 있던 '구금 수용 용량의 부족' 문제를 효율적으로 잘 해결할 수 있는지, 그렇다면 어떠한 경우에, 어떠한 환경 속에서, 그리고 어느 정도로 EM을 활용해야 하는지를 연구하기 시작했다.

같은 해 12월, 샬켄 위원회(1988: 11)는 구체적으로 지금은 전자감독 시범운영을 할 수 있는 적절한 시기가 아니라는 결론을 내렸다. 바로 당시 네덜란드에서 전자감독의 도입은 사회적으로 충분한 기반을 갖추고 있지 않았던 것이다. 사실, 이 문제에 대한 공공이나 정치적, 혹은 과학적인 논의도 충분한 기틀을 갖추지 못한 상태였다. 샬켄 위원회는 어떤 구체적인 시범 운영을 시작하기 전에 더 많은 논의와 고민을 해야 한다는 조언을 했다.

이 보고서 이후, 네덜란드 법무부 장관은 1989년 6월 보호관찰부, 경찰, 아동 보호 의회,[3] 검찰청, 사법부 및 변호사 협회에 전자감독 도입과 관련된 조언을 요청했다. 개별 유관기관들의 의견이 모두 일치하지 않았다. 전자감독이 재판 진행 중 구금의 대안이 아닌 무조건적 징역형에 대한 대안으로 적용된다는 조건에 대해서 경찰 기관만이 유일하게 긍정적인 반응을 보였다.

아동 보호 의회는 구금의 대안으로 전자감독의 잠재력을 보았지만, 집중적인 사회봉사를 수반할 경우에만 전자감독제도를 부분적으로 도입할 수 있다는 호의적인 태도를 보였다. 보호관찰부는 전자감독 자체를 거부했는데, 최소한의 인력만을 투입하는 감독 방식이 이상적인 범죄자 사회복귀 제도와 양립할 수 없다는 차원에서 EM에 부정적 입장을 표명했다. 검찰청은 전자감독의 도입을 주저했고, 사법부와 변호사 협회 역시 서로 통일된 조언을 내놓지 못했다.

네덜란드 형법 개혁 연합(The Dutch League of Penal Reform)인 코른헤르트 리가(Coornhert Liga)와 재소자들의 사회복귀를 목표로 하는 BWO 단체에는 공식적인 의견 요청을 하지 않았다. 그럼에도 불구하고 이 두 조직은 자체 의견을 내놓았다. 그들은 모두 전자감독을 거부했는데, 그 주된 이유로 전자감독이 형벌 통제 및 형사사법 망을 넓히는 부정적 영향이 크다는 점을 꼽았다. 이 두 조직은 또한 '빅 브라더' 상태, 다시 말해 시민 자유의 과도한 침해, 무고한 가족 구성원에 대한 '처벌', 사회 통제의 상업화 및 보호관찰 기관이 사회 통제만 하는 기관으로 변모하는 것 등에 대해 강력한 우려를 제기하였다(Scholten, 1994).

1990년 6월, 법무부 장관은 사법권, 정치권, 보호관찰부, 학계, 변호사 협회 및 법무부 자체로부터 70명의 대표자를 소집해 전자감독 도입을 위한 전문가 회의를 열었다. 참여자 중 15%만이 재판 진행 중 구금의 대안으로써의 전자감독 활용에 찬성하였다. 그리고 전체의 약 20% 정도는 범죄자들로 하여금 가택구금으로 징역형의 마지막 단계에서 전자감독을 활용하는 것에 동의하였다. 전체의 약 30% 정도는 무조건적인 징역형의 대안으로 전자감독을 도입하는 것에 찬성했다. 나머지 잔여 비율(35%)에 속한 전문가들은 교도소 시스템이 커져가는 속도를 실제로 완화시키는 범위 내에서 전자감독을 부분적으로 활용해야 한다는 의견을 보였다.

앞의 전문가 의견에서 처음 두 가지 경우(집행유예 구금 대안형 전자감독과 징역형 가석방부 전자감독)는 형사사법 망의 확대 효과만 가질 우려가 있다는 의견이 개진되었다. 이에 네덜란드 정부는 어느 정도 수렴 된 공통된 의견을 이끌어 내기 위해 또 다른 위원회인 OCAS(the Committee of Consultation and Advice on Alternative Sanctions)(1990)를 결성했다. 그러나 아쉽게도 1990년 10월 OCAS 위원회는 가까운 미래에 전자감독을 시범 운영해 보려는 생각을 포기하라는 조언을 했다. 형벌 제도를 담당하는 장관은 그들의 부정적인 의견을 의회에서 표현했다. 그리고 네덜란드에서 이후로 몇 년간 이 문제에 관해서 별다른 소식을 들을 수 없었다.

그러나 지속적으로 악화되고 있는 구금 수용 부족 상황에서 정치적인 차원에서 문제를 해결하는 새로운 방법들이 논의되기 시작했다. 거의 모든 범죄학 및 교정학 전문가들은 교도소 시설 부족이 주로 구금 형량의 증가에 기인한다고 주장하였다. 하지만 1980년대 말 정치에서 이 주장은 철저히 무시되었다(Downes and van Swaaningen, 2007). 1985년에서 1990년까지 네덜란드 내 교도소 개수는 50% 증가했으며, 많은 범죄학 전문가들은 이러한 확장이 이 속도로 계속되어서는 안 된다고 주장했다. 높은 범죄자 수감률은 문명화된 사회에서 전혀 바람직한 것이 아니었다. 더욱이 형벌의 확장은 재정적으로 네덜란드 정부를 더 힘든 길로 끌고 갈 뿐이었다. 이러한 주장은 초기의 몇몇 비평가들로 하여금 그 해결방안으로 '차악(lesser evil)'인 전자감독제도를 선택하게끔 했다.

당시 대규모 예산 삭감에 직면해 있던 보호관찰부는 큰 압박을 받기 시작했다. 보호관찰부가 전자감독 시범 운영에 비호의적인 태도를 지속했다면, 법무부는 아마 다른 대안을 찾았을 것이고, 네덜란드에서 비공개적인 업무 파트너가 등장했을지도 모른다. 1990년대 초기의 보호관찰부는 주요 업무가 범죄자들에게 사회봉사명령을 부과하는 것으로부터 비구금형의 형벌 조치들을 감독하는 것으로 변모하는 큰 변화를 겪은 바 있다. 따라서 보호관찰부는 결국 전자감독 시범 운영에서 감독자의 역할을 받아들일 수밖에 없는 입장에 놓이게 되었다(van Swaaningen, 2000). '갑자기' 그들은 전자감독을 범죄자의 사회복 귀에 기여하는 바람직한 조치로 받아들일 수밖에 없게 된 것이다. 보호관찰부 가 기존의 의견과는 180도 다른 입장을 취하게 된 것은 사실, 네덜란드 정부가 전자감독제도를 시범 운영하게 한 중요한 요인이 되었다(van Gestel, 1998: 23).

교도소 시스템의 확장은 비용이 많이 들었기 때문에 법무부는 보호관찰, 범죄자 사후관리, 교도소 운영의 질적 변화 등과 같은 형벌 시스템의 거의 모든 복지적 분야를 변화시키기 시작했고, 관련 비용을 절약하기 시작했다. 1992년 장관이 파견한 특별 조사 위원회는 청소년 범죄자 및 소년 보호 시설 을 위한 보조금에 대한 조사를 했는데, 전자감독의 도입이 교도소 시스템의 비용을 2천만 길더(대략 9백만 유로)나 감소시킬 것이라는 결론을 내렸다.

1993년 정부가 받은 조언에서 전자감독은 여전히 구금에 대한 대안이라 는 맥락에서 그 논의가 이루어졌다(Junger-Tas, 1993). 전자감독제도와 관련하 여 재정적 논의가 더 중요하게 다루어지기 시작했다. 그러나 전자감독의 실제 적 도입이 교도소의 증축을 통해 '교도소 부족' 문제를 해결해야 한다는 정치 적 논쟁을 완전히 종식시키지는 못했다. 사실, 네덜란드에서 더욱 강력한 교도 소 시스템의 확장과 더 '근엄한(더 경제적이고 형벌적인)' 교도소 체제는 아직도 중요한 과제로 여겨지고 있는 상황이다(Downes and van Swaaningen, 2007).

▮ 최초의 시범 운영(The first pilots)

1995년에 네덜란드의 북쪽 세 개 지방에서 전자감독 시범 운영이 시작되 었다. 가장 지배적이었던 비용효율성에 대한 논의 다음으로, 형벌적 원리와 사 회복귀적 원리를 결합하면서 전자감독 도입 논의가 급물살을 타기 시작했다. 1988년 샬켄 위원회가 제시한 조건 중 일부는 1995년에 시행된 시범 운영에 포함되었다.

전자감독제도는 보호관찰 기관의 감독하에서 이루어져야 하고, 반드시 범 죄자에게 '의미 있는 활동'을 제공해야 한다는 것이었다. 이는 오직 범죄자의 동의가 있어야지만 EM 활용이 가능하다는 의미이기도 하다. 전자감독은 반드시 범죄자가 특정 장소에 거주하고 있는지 확인하고, 특정인의 해당 거주 여부만 확인해야 하며 활동 내용에 대해 통제를 하면 안 되는 것이다. 그리고 네덜란드에서 전자감독 기간은 6개월이 최대 기간으로 제한되었다.

네덜란드에서 전자감독은 시범 운영이 두 가지 측면에서 이루어졌다. 먼저, 집행유예를 대체하는 240시간의 비구금형 제재와 연관된 특정 양형 조건으로 전자감독이 활용되었다. 이는 소위 '정문정책 조치(front-door variety)'라는 이름으로 불렸다. 두 번째로는 특정 범죄자의 구금 기간 중 마지막 단계를 교도소 밖에서 치를 수 있게 해 주는 수단이었다. 이는 소위 '후문정책 조치(back-door variety)'라고 불렸다(Spaans and Verwers, 1997: 11, 15).

네덜란드의 여성 법무부 장관은 북부 지방에서의 긍정적인 효과들을 보고 이를 기초로 전국 확대 결정을 내리게 되었다. 1997년에 단계적으로 국가 전체 범위 수준의 광범위한 전자감독 도입을 고려했다. 그러나 법무부장관은 탄탄한 법적 기반이 만들어지기 전 단계에서 약간 추가적인 절차가 전자감독 제도에 필요하다고 생각했다.[4] 새로이 제정된 1999년의 「교도소 원칙 법안」을 통해 이른바 '교도소 프로그램'이 도입됨에 따라 범죄자들은 구금기간의 마지막 단계를 보호관찰부의 감독하에 교도소 밖에서 시간을 보낼 수 있게 되었다. 그리고 후문정책 조치 차원에서 공식적인 법적 지위를 전자감독에 부여하고자 했다. 1999년에는 검찰청 지표에 의해 정문정책 조치가 공식화되었다.[5]

네덜란드 내 전자감독의 첫 시범운영 이후로 전자감독의 시범 운영은 곳곳에서 줄줄이 잇따랐다. 로테르담(Rotterdam)에서의 시범 운영에서 2000년과 2002년 사이 전자감독은 18세 이하의 청소년 범죄자에 대한 구금 대체 방안으로 사용되었다. 2003년부터 암스테르담(Amsterdam) 시범 운영에서는 비구금형 제재인 ITB(Individuele Traject Begeleiding)의 추가 조건으로 EM이 활용되었다.

ITB를 받은 18세에서 25세 사이의 상습범들은 사회 기술 집중 훈련 프로그램에 참여했고, 이 훈련 프로그램에서 범죄자들은 경찰서에 반복적으로 체포되는 그들의 문제를 해결하기 위해 노력했다. 2004년 법무부의 '무엇이 효과적인가?'라는 안건에서 전자감독은 (1) 재판 진행 중 구금, (2) 집행유예, (3) 무조건적인 징역형에 대한 유망한 대안으로 제시되었다. 또한, 징역형의 마지막 단계를 교도소 밖에서 치르게 하는 외부 '교도소 프로그램'의 감독 수단으로써 전자감독의 활용 방안이 계속 확대되었다.

범죄자의 가석방 기간 중 전자감독을 활용하는 것도 제안되었지만, 이에 대해서는 법이 변경되어야 하는 복잡한 절차가 기다리고 있었다. 당시 가석방은 심사 여부에 상관없이 반론이 없는 경우 거의 자동적으로 가석방이 승인되었기 때문이다. 다시 말하자면, 가장 주된 네덜란드의 전자감독 도입 근거는 구금 수용 역량과 법무부 예산 차원의 부담을 줄이는 것이었다고 하겠다(Wartna *et al.*, 2004: 17-18).

2004년 '전자감독' 시범 운영은 '안보의 위협'이 되지 않는 저위험 대상자와 어떠한 강제성도 없이 스스로 참여를 결정한 자발적 범죄자를 대상으로 했다. 범죄자들 스스로 참여에 동의해야 했는데, 교도소에 나타난 소위 '자진신고자(zelfmelders)'들의 자발적 의사를 바탕으로 했다. 90일 이내로 가석방 없는 구금형의 대체수단으로 전자감독을 시행한 것이다. 마지막 진행된 시범운영은 일시 출소 시의 전자감독 및 수감자들의 전자감독과 관련된 것이었다. 1980년대 말 다소 천천히 전자감독제도를 활용하려는 분위기가 만들어졌고, 1990년대 중반 시범운영 단계가 끝난 후 전자감독의 발전 속도는 매우 빨라졌다. 추후 다양한 양상에서의 실제적인 전자감독 활용 사례들을 살펴보기로 한다.

▌형벌 시스템에서 전자감독의 입지: 징역형의 마지막 단계에서의 후문정책(EM's lace in the penal system: the back-door variety in the last phase of the prison sentence)

1988년 설립된 샬켄 위원회와 1990년 설립된 OCAS 두 자문 위원회 모두 전자감독이 단지 경제적 및 관리적인 측면의 논의로 지지되어서는 안 되고, 제대로 실행될 수 없다는 주장을 펼쳤다. 왜냐하면, 전자감독은 대상자와 함께 살고 있는 가족들을 포함한 시민의 자유권 침해와 관련된 위반문제가 있기 때문이다. 그리고 두 위원회의 의견은 전자감독과 관련하여 보다 구체적이고 타당한 법적 근거가 필요하기 때문에 매우 중요하다고 볼 수 있다. 따라서 네덜란드 내 전자감독 도입에는 다양한 요인과 조건들이 고려되기 시작했다.

전자장치 부착이 반복적으로 기각될 경우, 저위험 사건들에만 전자감독이 활용됨으로써 자칫 단순한 '추가적 부과조치'로 전락될 우려가 있다. 다시 말해 전자감독이 형사사법 망의 확대 문제를 야기하는 수단이 될 수 있다는 것이다. 전자감독제도가 네덜란드에서 형사사법 망의 확대가 아닌, 구금에 대한 진정한 대안으로 활용될 필요가 있었는데, 이를 위해서는 특정 위험 사건에 대해 미결구금이든 형 확정 구금형이든 신병확보를 부과하는 법원의 결정이 필수불가결한 조건으로 필요한 상황이었다. 네덜란드에서 EM 제도 도입 초기에는 이런 조건은 잘 준수되는 것으로 나타났다.

그러나 1995년의 최초의 시범 운영에서 새로운 전자감독 원리가 등장하면서 다른 문제들이 나타나기 시작했다. 범죄자들의 사회복귀에 대한 실제적 기대는 대폭 축소되었다. 사회복귀의 축소는 전자감독을 포함한 모든 형벌 정책에서 확인될 수 있는 중요한 부분이다. 하지만 이름 그대로 사회복귀라는 목표가 형벌의 징벌적 성격을 깨뜨려서는 안 될 것이다.

전자감독제도를 운영함에 있어 범죄자는 스스로의 잘못 때문에 본인이 처벌을 받고 있다는 것을 깨우칠 필요가 있다. 범죄자 본인이 단순히 불우한 청소년기를 보냈기 때문에 사회로 다시 복귀하는 데 도움을 받고 있다고 느껴서는 안 될 것이다. 전자감독제도가 직업 훈련 제도와 함께 시행될 경우, 이 두 가지 목표 모두에 기여할 수 있을 것으로 여겨졌다. 보호관찰 제도는 범죄자들의 사회복귀 프로그램을 제공했지만, 전자감독 역시 자유 박탈을 암시하기 때문에 분명히 처벌로 여겨질 수 있었다(Spaans and Verwers, 1997). 네덜란드에서 전자감독이 형벌적인 제재로 여겨진다는 사실은 최초 시범 운영 대상자들의 공개인터뷰에서 확인되었다. 그들은 전자감독제도의 경험 자체를 '머릿속 교도소(bars in your head)'라고 묘사했다(van Gestel, 1998).

네덜란드에서는 2003년부터 비구금형 교도소 프로그램의 일부러 전자감독을 도입하는 표준 절차가 만들어지기 시작했다. 수형자는 법에 명시된 특정 조건의 부합 또는 교도소장의 결정을 통해 형벌의 마지막 단계에서 전자감독을 신청할 수 있었다. 「교도소 법률 7a항」 전자감독을 받기 위해서는 전체 형벌의 기간 중 1/3이 되는 시점 전에 전자감독을 신청해야만 했다. 교도소와 보호관찰 기관에서 필요다고 생각되는 경우 그 기간은 연장될 수 있었다. 교도소 프로그램 기간 동안 전자감독을 포기하는 것은 예외적인 경우에만 가능하다고 하겠다.

예를 들면, 예외적인 경우는 의무적인 업무 복장 때문에 발목부착장치가 눈에 띄어 수치심을 불러오는 때가 바로 그 경우이다. 최초의 시범 운영에서 많은 대상자들이 전자감독의 단점을 보았고 그런 것을 신경쓸 필요 없는 교도소에 머물기를 더 선호했다. 몇몇 대상자들은 전화를 사용하기 꺼려했는데 그 이유는 장치의 알람을 작동시킬 우려가 있었기 때문이었다. 다른 대상자들은 발목부착장치를 남들이 볼 수 있기 때문에 운동을 전혀 하지 않았으며, 늦게 오고 일찍 떠나는 것에 대해 거짓말을 해야 했다고 보고했다(van Gestel, 1998).

법무부 내 교정 업무 담당 부서가 제공한 자료에 의하면, 소수의 수형자만이 교정프로그램을 지속할 수 있는 조건을 충족하는 것으로 나타났다. 2009년 교도소 내에서 교정프로그램을 받는 수감자들의 숫자는 11,077명이었지만, 교정시설이 아닌 곳에서 비구금 처분을 받은 자는 458명에 불과한 것으로 나타났다. 이 458명 중에서도 일부분에게만 전자감독이 적용되었다.[6]

네덜란드에서 2008년 7월 가석방에 대한 법이 전격 변경되었다. 이때부터, 반론이 없는 경우 가석방이 무조건 자동적으로 적용되지는 않게 되었다. 재소자는 모범적인 행동으로 가석방을 얻어 내야 했으며 이전보다 더 엄격한 기준이 적용되게 되었다. 재소자가 조건부 출소 이전에 교도소 프로그램에 참여하지 않은 경우, 가석방을 받는 일정 기간 동안 전자감독이 적용되게 되었다.[7] 이는 또 다른 차원의 새로운 전자감독 적용방식이 네덜란드에서 시작된 것이라고 평가할 수 있다.

다소 암울한 네덜란드 내부의 정치적 논의를 통해 전자감독이 도입되었지만, 교도소 프로그램의 틀 안에서 현재 흔하게 전자감독이 활용되고 있는 상황이다. 전자감독은 범죄자들의 사회복귀에 큰 기여를 할 잠재성이 있다는 평가를 받고 있다. 범죄자들이 안전하게 사회복귀를 위한 준비절차를 마치기 위해서는 전자감독 그 자체보다는 교도소 프로그램 내의 훈련 제도와 사회봉사 경험 등을 철저히 할 필요가 있다.

형벌학자 얀 피셀리어(Jan Fiselier)는 범죄자들이 사회복귀라는 목표가 전자감독 없이도 달성될 수 있다면, 그 방법이 더 선호될 필요가 있다고 주장했다(1997: 68). 그의 주장은 우선 형벌의 보충성 원칙을 근거로 한다. 그의 연구와 주장은 결국 범죄자가 스스로 책임을 질 수 있을 때 사회로의 재통합이 더 효과적이라는 것을 시사하는 것이다. 전자감독이 이러한 책임감을 자극하거나 좌절시키는지에 대해서는 정확히 알 수 없고, 이에 대해서는 여전히 많은 의문이 남아 있다.

▌ 정문정책 조차: 집행유예 혹은 피의자 구금 유예와 관련된 준수 사항(The front-door varieties: a condition connected to a suspended sentence or suspended remand)

전자감독의 정문정책 조치, 즉 240시간의 비구금형 또는 6개월 이하의 집행유예와 결합된 이 방법은 1995년 최초의 시범 운영 이후로 계속 존재해 왔다. 그러나 그 실제 적용 사례는 네덜란드에서 적은 편이었다.

WODC 연구원인 스팬스와 버워스(Spaans and Verwers, 1997: 14)는 비구금형 제재가 전자감독과 결합될 경우, 그 형벌 강도가 더욱 강력해지기 때문에 더 악질의 범죄자들을 대상으로 지역사회에서 지도, 감독할 수 있다고 보았다. 즉, 현재 시스템에서 비구금형 형벌로는 감독 전략이 적절치 않고 다소 부족해 보이는 위험한 범죄자들에게도 교도소 밖에서 전자감독제도를 통해 형을 치를 수 있다고 제안한 것이다. 소수의 대상자 데이터를 기반으로 그들은 전자감독과 결합된 비구금 제재가 6개월 이하의 무조건적 징역형을 대체할 수 있다고 결론지었다(Spaans and Verwers, 1997: 33－34).

그러나 이 방법은 거의 네덜란드 실무에서 현실화되지 않았다. 공식적인 수치 자료는 없지만, 검찰청 저널과의 한 인터뷰에서 전자감독의 첫 시범 운영을 맡은 진행자에 의하면, 2000년에 정문정책 조치 모델의 적용은 14건에 불과한 것으로 나타났다.[8] 보호관찰부의 추후 수치를 확인했을 때, 2002년과 2003년에 37건의 사례를 내놓았는데, 이는 같은 기간 동안 전자감독이 적용된 총 횟수의 3%에도 달하지 않는 수치였다.

1997년 자유 민주당원인 법무부 장관 위니 솔그드래거(Winnie Sorgdrager)

는 사법권 내에서 전자감독에 대한 더 많은 인식을 끌어내기 위해 특히, 자녀가 있는 여성범죄자들을 대상으로 해서, 이 정문정책 조치를 더욱 활성화시키기를 원한다고 말했다.[9] 2002년에는 기독교 민주당의 법무부 장관인 피엣 헤인 도너(Piet-Hein Donner)는 그의 전임자가 했던 주장을 강화하며, 전자감독과 결합 된 비구금형 제재 및 집행유예가 6개월에서 12개월 사이의 모든 구금형 제재의 25%를 대체할 수 있다고 주장했다.[10]

사법부가 정문정책 조치를 잘 적용하지 않는 가장 그럴듯한 이유는 이를 규제하는 검찰청의 지침이 전자감독이 적용되었을 경우 얼마만큼의 징역형이 보상되어야 하는지에 대한 법률이 없다는 데 있다. 검찰 지침(Aanwijzing)은 실제로 비구금형 제재와 전자감독의 유무 사이에 특별한 구분을 두지 않고 있다.[11]

전자감독을 통한 비구금형 제재가 없는 경우, 특히 더 강력한 처벌 수단이 법적으로 인정되지 않는 한, 집행유예와 결합된 전자감독의 환원주의적 잠재성은 네덜란드에서 현실적으로 낮아 보인다. 집행유예의 본래 의도는 만약 범죄자가 특정 조건에 부응하지 않을 경우, 구금이라는 위협으로 행동을 통제하겠다는 것이다. 전자감독은 특정 행동을 통제하기 위함이 아니라 판사가 부과한 조건들이 잘 준수되는지 확인하기 위한 보호 수단에 그쳐야 한다. 그럼에도 불구하고 검찰 지침의 전자감독 도입 원리는 범죄자의 행동 통제를 목표로 한다. 검찰 지침은 정문정책 조치를 1주에 최소 26시간의 사회봉사, 교육 또는 (사회 기술) 훈련을 포함하는 보호관찰과 연동시킬 것으로 요구하고 있다.

2006년 이후로 재판 진행 중 구금을 유예할 수 있는 조건으로 전자감독을 활용하는 것이 가능해졌다.[12] 변호사들은 두 가지 정문정책 조치 모두 자유의 박탈을 의미하기 때문에 새로운 법안이 이 두 가지를 명시적으로 규제해야 한다고 주장했다. 검찰청의 단순한 지침은 결국 내부적인 가이드라인에 지나지 않았는바, 이것으로는 충분하지 않다는 입장이다. 단, 네덜란드에서 공식적인 법률과 달리 검찰 지침은 의회의 승인을 받을 필요가 없다(van Hattum, 1995: 326; Boone, 2000: 128-129).

▋ '전자구금(electronic detention)'에서 '전자 가택 구금(electronic house arrest)'으로의 변화(From 'electronic detention' to 'electronic arrest')

네덜란드에서 범죄자에 대한 전자감독과 직업 훈련 및 사회적 기술 습득 업무 이행 감독의 결합은 아쉽게도 2000년에 중단되었다. 그해 '전체적 관점에서의 제재'라는 녹서는 사람들이 보통 흔히 말하듯 전자감독(비구금형의)은 제재가 아니라 제재를 실행하는 데 도움이 될 수 있는 기술적 수단에 불과하다고 보았다(Ministerie van Justitie, 2000: 60, 63). 여기에서 전자감독의 법적 목적 및 정당화의 필요성에 대한 논의는 다뤄지지 않았다. 만약 전자감독이 제재가 아니라 단순한 기술적 문제라면 형벌적 원리를 고려할 필요도 없었던 것이다. 그러나 이 주장은 전자감독이 확실히 제재 또는 보호관찰 명령을 강화하는 조치라는 실증적 연구에 의해 그 신뢰성을 잃게 되었다(Spaans and Verwers, 1997; van Gestel, 1998).

비구금형 제재에 대해 논의하기 위해 2003년 설립된 자문 위원회인 「자유 박탈 방지 논의 위원회(Commissie Vrijheidsbeperking)」는 실제로 형벌적인 요소를 지닌 제재의 일환으로 활용되는 전자감독 사례들과 집행유예 조건 준수 확인용으로 사용되는 전자감독을 구별할 것을 제안했다(Otte Committee, 2003: 59).

마지막 방안은 2004년 법무부가 도입한 것으로 소위 '**전자 구금**(electronic detention)'이라고 볼 수 있다. 전자 구금은 '보안에 위협'이 되지 않으며 강제력 없이 스스로 교도소에 들어간 소위 '자진 신고자'라 불리는 범죄자들이 최대 90일의 가석방 없는 징역형을 집행하는 하나의 대체 수단이다. 이 시범 운영은 자발적으로 참여하기로 동의하고 공동 거주자의 동의를 얻은 죄수에게만 허락되었다. 재소자는 전자 구금이 집행될 수 있도록 주소가 정확히 마련되어 있어야 하며 네덜란드어 또는 영어로 의사소통을 할 줄 알아야 했다. 또한, 알코올이나 마약에 문제가 없어야 하고 심리 사회적 또는 정신적 장애가 없어야 하며 국외 추방 가능성이 없어야 했다.

특이한 점은 네덜란드에서 보호관찰 전담 부서는 전자감독 시범 운영과는 아무 관련이 없다는 점이다. 교정업무 담당부서인 교정국이 전자감독 시범 실시 업무를 담당했다. 교정 담당부서 자체에서 실형 집행을 교정시설 내에서 진행하는 것과 동일한 맥락에서 전자감독제도를 운영하는 것으로 해석했다. 교도소 자체가 제재 집행 방식을 결정하였기 때문에 정작 구금 제재를 부과한 판사는 집행을 책임지는 교정 당국이 어떤 식으로 형을 집행할지 관여하지 않는 것이 당연한 것으로 여겨졌다.

위에서 설명한 '후문정책 조치' 및 '정문정책 조치'와는 달리, 네덜란드 전자감독제도의 유일한 목적은 구금 '수용 문제'를 줄이고, 비용을 절약하는 것이었다. '전체적인 관점에서의 제재'라는 2000년의 녹서에서 전자감독은 매년 사법부 예산 11억 5천만 길더(5,000만 유로 정도)를 절약할 수 있는 제도였다. 물론 이 제도는 추가적인 사회복귀 기능은 없는 구금 대체 형태로 보였다(Ministerie van Justitie, 2000: 18, 59). 뒤이은 의회의 논의는 어떤 유형의 범죄자들로 하여금 전자감독을 경험하게 할지를 결정하는 것이었다. 의회에 보낸 여러 서신에서, 법무부 장관은 교정지원 부족으로 현실적으로 집행할 수 없는 많은 수의 형벌들이 형벌 위기(penal crisis)로 쉽게 이어질 수 있기 때문에 전자감독의 신속한 도입이 필요하다고 주장했다. 2002년 10월 그는 전자감독을 허용하는 긴급 조치를 발표했으며, 같은 해 12월에 최대 90일의 구금형을 선고받은 사람들에게 EM을 시범 운영을 할 것을 발표했다. 이 제안으로 인해 200개의 교도소 운영경비가 '절약'될 것이라는 기대가 커지기 시작했다.[13]

전자감독의 시범 운영은 2003년 11월 1일부터 2004년 12월 31일까지의 기간 동안 이루어졌다(Post et al., 2005). 이 기간 동안 3,391명의 인원이 EM 형태로 구금되었으며, 이 중 2,371명이 참여 대상이 되었다. 대상자의 대다수(93%)는 전자감독을 성공적으로 완수했다. 전자감독 중지 명령을 받은 7%의 인원 중 약 65%가 교도소로 돌아갔고 35%는 도주했다. 다시 구금된 범죄자들의 개별 구금 장소 당 운영 경비 비용은 40유로였다.

이는 전자감독이 최소한의 보안 조치만 하는 구치소 비용의 1/3 수준만 사용했다는 결과를 보여준다. 한편, 범죄자 입장에서 봤을 때 전자감독이 구금의 한 형태로 간주되었기 때문에 사회 보장 연금(social securty benefits)은 자동적으로 중단되게 되었다. 이는 조금 비합리적으로 보일 수도 있는데, 교도소에서와는 달리 '구금'이 누군가의 집에서 집행되더라도 범죄자 본인이 지불해야 하는 생활비는 동일하게 유지될 수밖에 없는 것이기 때문에 더욱 그러하다. 그래서 시범 실시 기간 동안 네덜란드에서는 범죄자 참여자들에게 하루에 7.50유로의 보상을 지급했다. 하지만, 소득이 없는 사람들에게는 이것이 결코 충분한 금액이 아니었다. 전자감독시범 운영에 참여하고 싶은 대상자들은 결국 어쩔 수 없이 시범 사업에 참여하는 조건으로 스스로의 범죄 동기에도 영향을 미칠 수 있는 경제적 빚을 내어야 하는 상황이 되었다.

전자감독 시범 운영의 참여자들은 매일 같은 시간, 같은 장소에서 일을 할 수 있었는데, 이 경우 야간이 아닌 낮 시간에만 일을 하도록 허락받았다. 고용주는 그들의 전자감독 사실에 대해 알 필요는 없었으나, 참여자가 현장에 있는지 확인하기 위해 음성방출 송신기에 의한 불시 통제 및 직접 방문이 직장 근무지에서 이루어졌다. 인터뷰에 응한 60명의 참여자 중 25명이 직업을 가지고 있었는데, 전자감독 중 10명은 실직했다. 이 중 5명은 실제로 전자감독 때문에 직장을 잃은 경우였고(예를 들면, 고용주가 범죄 사실에 대해 알게 되었기 때문에), 나머지 5명은 임시 계약이 종료된 경우였다. 유급 직업이 없는 참여자들은 하루 중 22시간을 가택에서 보내야 하며 2시간 동안만 외출할 수 있었다.

실내에서 많은 시간을 보내는 데 익숙한 사람들은 일반적으로 다른 사람들과 함께 밖에 있는 사람들보다 훨씬 전자감독 참가 경험을 쉽게 느끼는 경향이 있는 것으로 나타났다. 몇몇 이들은 교도소 내에서 형을 치르기를 더 선호했는데, 그 이유는 더 체계적인 생활 리듬을 가질 수 있고, 스포츠를 할 수 있는 선택권이 있었기 때문이다. 또한, 전자감독 기간 동안에는 소변검사도 이루어졌다. 음주는 허용되었으나, 불법 약물 사용의 흔적이 있는 참여자는 시범 운영 대상에서 처음부터 완전히 배제되었다. 전체 참가자의 약 40%가 운동 부족으로 체중이 늘었다는 불평을 하기도 했다.

참여자들은 확실히 전자감독을 처벌로 느끼지만, 연구를 보면 전자구금의 장점이 훨씬 더 많다는 긍정적 의견이 더 지배적이다. 범죄자들은 갇혀 있는 느낌을 덜 받으며, 차별받거나 일상생활로부터의 이질감 역시 덜 느끼게 된다고 말했다. 범죄자들은 전자감독제도를 통해 자신들의 기존 직장을 유지할 수도 있다고 털어놓았다. 교정학적 용어로 설명하자면 참여자들은 거의 계속해서 사회와 접촉할 수 있으며 구금의 폐해를 느끼게 되는 경우도 훨씬 적었다고 볼 수 있다. 그러나 포스트 등(Post *et al.*)의 연구는 이러한 범죄자들의 사회 복귀 차원의 효과는 언급하지 않았고, 긍정적인 범죄 예방 효과에 대해서도 언급하지 않았다. 포스트 등의 연구에서는 전자감독의 비용 절감과 교도소의 과밀수용 예방이 주요 이점으로 제시되었다.

언급된 EM의 주요 단점은 사회의 치안과 안보가 거짓으로 유지된다는 것인데, 이는 범죄자들이 가상으로 자유를 박탈당했을 뿐 실제로는 사회에서 일반인들과 같이 생활하며 자유를 만끽하기 때문이다. 교도소에 있는 동안에는 범죄를 저지를 수 없지만, 감시가 적은 가정에서는 새로운 범죄를 저지를 수 있는 것이다. 따라서 연구원들은 엄격한 통제 및 집행의 중요성을 강조했다. 그렇지 않으면 네덜란드에서 전자감독에 대한 공공 및 정치적 논의에서 전자감독의 신뢰성이 약화될 우려가 있었다. 이러한 다소 진부한 결론은 '통제에 대한 논의'가 정치 분야에서 가지는 역할을 잘 보여주는 예라고 하겠다.

2005년 네덜란드 법무부 장관은 전자감독을 영구적으로 도입하겠다는 발표를 했다.[14] EM이 주요 독립 형벌로 편성될 것이라는 발표였는데, 즉 전자감독이 다른 형벌을 대한 대체 수단이 아니라는 내용을 포함하고 있었다. 그리고 그 법적 명칭은 '전자 가택 구금'으로 정해졌다. 이는 일반적인 구금보다 '덜 집중적'이고 '덜 전체적인 것'을 의미하며 벌금이나 비구금형 제재가 불충분하다고 판단되는 경우에만 전자감독이 적용됨을 뜻하는 것이었다.

또한, 이 방법은 특정 장소(예를 들면, 쇼핑몰, 축구 경기장,[15] 나이트클럽, 수영장)에서 소란을 피우는 사람들 또는 교도소에 있기가 불편한 신체적 장애가 있는 범죄자(예를 들면, 휠체어를 탄 사람)에게 적용될 수 있다고 보았다. 벌금 체납자에게도 적용될 수 있지만, 이는 판사가 판결에서 이러한 가능성을 명백하게 언급한 경우에만 적용될 수 있었다.

새 법률에서 제시된 전자 가택 구금은 시범 운영에서보다 더 가혹한 처벌로 평가받았다. 장관은 일할 가능성이 있는 범죄자들은 전자감독 대상에서 제외하고, 외출해서 2시간의 여가시간을 보내는 것도 재고해야 한다는 입장을 취하고자 했다. 이러한 추가적인 제한사항이 가택 밖에서 범죄자들을 통제하는 것이 더 복잡하고 값비싼 장비를 요하기 때문에 주로 재정적인 이유로 인해서 장관의 의도가 법률을 통해 범죄가 통제 전략으로 활용될 가능성이 컸다. 하지만 네덜란드 장관은 이런 비판에 대해 오히려 대상자 적격성을 넓히는 것이 전자감독 구금을 적용할 영역을 더 넓히는 일이 될 것이며,[16] 일과 여가 시간은 재범의 위험을 증가시킬 수 있다고 주장했다. 전자감독이 적용된 범죄자들로 인해 소진되지 않고 남아 있는 사회 보장 연금의 일부를 어떻게 사용할 것인가에 대한 논의는 복지 고용부와 협상 중에 있다.

2007년에 전자 가택구금을 규제하기 위한 법안이 의회에 제출되었다. 2007년 여름, '형벌 제재 집행 방식을 점검하는 위원회(the Inspectie voor de Sanctietoepassing)'는 전자감독이 단기 징역형의 대안으로 적합하다는 평가를 했다. 그러나 위원회는 당시 전자구금이 집행되는 방식에 대해서 비판했다. 위원회에 따르면 이에 관한 주요 지침이 부족했으며, 그 때문에 전국 각지에서 전자구금 및 전자감독이 시행되는 방식에 큰 차이가 있다는 의견을 개진했다 (Inspectie voor de Sanctie to pass, 2007).

네덜란드에서 전자감독은 법무부 규정에 따라 여전히 활발히 활용되고 있다. 2008년에 전자구금은 2,031명에게 적용되었다. 이는 2008년 전체 수감자 수 41,599명에 비하면 매우 적은 숫자이다. 5% 조차도 되지 않는다고 하겠다. 전자감독이 3개월 이상 지속되지 않기 때문에 특정 기간에 전자감독을 치르고 있는 인원들의 숫자를 세어보면 매우 적다고 볼 수 있다. 2008년 9월에 전자감독을 치르고 있는 인원은 156명인 것으로 나타났다(Kaladien and Eggen, 2009: 531, 536).

2009년 6월 일부 포퓰리즘 우익 정치인들은 의회에 전자감독과 관련된 사항에 대한 긴급 논의를 제안했다. 전자감독이 이미 4년 동안 존재해 왔고 그에 대한 공식적인 평가가 있었지만, 그들은 전자구금의 존재에 대해 알게 된 지 얼마 되지 않는 것으로 나타났다. 범죄자들이 가택에서 형벌을 치를 수 있는 기회를 얻게 된 것은 부끄러운 일이라며 언론 매체에서 전자감독을 강하게 비난했다. 그들 중 티븐(Teeven, 신자유주의 성향의 자유민주당)과 데룬(De Roon, 신민족주의 성향의 자유당)은 전자감독에 대해 논의할 것을 요청했고, 전자감독을 중단할 것을 제안했다. 그러나 이들의 요구는 그들의 당원들에 의해서만 지지를 받았고 의회에서는 기각되었다.[17]

2010년 3월, '전자 가택 구금'이 전자감독 근거 법령의 하나로 규정되고,

재판 진행 중 구금을 유예하는 조건으로 활용될 수 있다는 새로운 법안이 발표되었다.[18] 이 법안이 실행되기에 앞서 2010년 6월, 법무부 장관은 가석방 없는 징역형의 대체 수단으로 활용될 수 있는 전자감독을 중단해야 한다는 결정을 내렸다.[19] 같은 해 10월, 위에 언급된 티븐 국회의원은 국가안보 및 법무부 장관이 되었다. 2011년 2월 그는 전자 가택 구금에 관한 법안이 통과되지 못하도록 결정을 내렸다. 이러한 결정에 대한 그의 설명은 신(新) 정부가 전자 가택 구금, 즉 전자감독을 '신뢰할 수 있는' 형태의 형벌이 아니라고 생각한다는 것이었다.

▌ 최근의 전자감독 활용 사례(The most recent application of EM)

네덜란드에서 2006년 1월의 새로운 검찰 지침이 나온 이후, 전자감독은 재판 진행 중 구금을 유예할 수 있는 조건으로 적극 활용될 수 있게 되었다. 이 조건은 과거에는 네덜란드에서 거부되었는데 그 이유는 다음과 같다. 즉, 바람직하지 않은 형사사법 망의 확대 문제를 초래할 수 있고, 충분한 훈련 체계와 통합할 수 있는 시간이 너무 제한적이어서 범죄자들의 사회복귀 가능성이 없기 때문에 전자감독을 제한해야 한다고 보았다(Spaans and Verwers, 1997: 13; OCAS, 1990: 10).

샬켄 위원회(1988: 28-29)는 전자감독이 재판 진행 중 구금보다 개인의 자유를 박탈함에 있어 그 강도가 약하고, 대상자가 직장을 유지하는 데 도움을 주기 때문에 형벌 환원주의식의 방법으로 활용될 수 있고, 범죄자의 사회복귀를 용이하게 할 수 있다고 주장했다. 이는 재판 진행 중 구금을 유예하는 다른 수단들의 원리와도 같은 맥락에 있으며, 이로 인해 범죄자들의 변호사들은 보호관찰부와 함께 전자감독 활용 제안서를 작성했다(uit Beijerse, 2008: 485).

2000년 로테르담에서 시작된 시범 운영에서 전자감독은 소년범에 대한 구금 대체 전략으로 활용되었다(즉, 재판 진행 중 구금이 유예되는 수단이 아니었다). 네덜란드 청소년 형법에 따르면, 재판 진행 중 구금은 구치소나 '다른 적합한 장소'에서 이루어진다(para. 493, sub 3 「Code of Criminal procedure(형사소송법)」). 이러한 '적합한 장소'를 제공하기 위해서는 고정된 주소와 가족으로써의 기능을 이행해 주는 가족 구성원이 필요했다.

평가 보고서에 의하면 재판 진행 중 전자감독에 적합한 범죄자 사회복귀 및 훈련체계를 개발하는 것은 적합지 않다는 1990년 OCAS 위원회의 주장은 맞지 않은 것으로 나타났다(Terluw and Kamphorst, 2002: 15). 실패한 것은 아니었지만, 전자감독 시범 운영은 계속되지 않았다. 왜냐하면 적용 조건이 너무 엄격해서 극소수의 청소년 범죄자들만이 참여할 수 있었기 때문이다. 게다가, 많은 범죄자들과 판사들은 전자감독보다 동시기에 도입된 '야간 구금(night - detention)' 시설을 더 선호했다.[20]

조건부 집행유예와 달리 재판 진행 중 전자감독 구금은 형벌이 아니라 정당한 형사소송을 보장하기 위한 수단이었다. 구금보다 강도가 덜한 방법도 같은 보장을 받을 수 있다면, 보충성의 원리에 의하여 '피해가 더 적은' 방법으로 적용될 필요가 있다. 재판 진행 중 누군가를 구금해야 하는 두 가지 이유는 도주의 위험과 추가적인 범죄를 저지를 위험이 있는 경우이다. 그리고 이러한 이유가 있는 경우에는 전자감독을 활용할 수 있다. 그러나 전자감독은 다른 두 법적 근거인 '피고인의 증거 수집 방해 예방'과 '격동적인 공공질서를 유연하게 하는 것'을 충족시키는 데 다소 한계가 있는 것으로 나타났다.

네덜란드의 전자감독은 제재가 아닌 예방 조치이기 때문에 전자감독을 범죄자 직업 훈련 제도와 결합하는 것에 대해서도 진지한 논의가 필요하다. 분명한 것은 구금과 비교해서 전자감독이 범죄자에게 덜 억압적이라는 것이다. 그러나 이 역시 자유를 박탈할 수 있다는 점에서 단순히 검찰 지침만으로 전자감독을 부과하는 것은 타당치 않다. 보다 구체적이고 확실한 법적 근거를 필요로 한다는 주장은 앞서 언급된 전자감독의 양상과 관련하여 여전히 유효한 주요 의제라고 하겠다.

2006년 1월, 렐리스타드(Lelystad) 교도소에서 새로운 개념이 적용된 전자감독 시범 운영이 시작되었는데, 이 시범 운영에서 교도소 구금을 경험했던 수감자들이 전자감독의 대상이 되었다.[21] 이 새로운 제도의 주요 원리는 전통적인 교도소보다 적은 수의 직원을 활용한다는 것이었다. 지금은 폐지되었지만, 과거 네덜란드에서는 한 교도소 방에 한 명의 수감자를 수용하는 네덜란드 전통 수용 방식을 활용했다. 그러나 새로운 시범 실시 교도소에서는 과거와 달리, 한 방에 여섯 명의 수감자를 수용했다. 이 시범 운영은 남은 복역 기간이 4개월인 150명의 수감자들을 관리하는 것이었다. 직원과 재소자들은 전화 기능이 있는 다기능 TV를 통해 서로 의사소통하고 다음 날의 활동 프로그램을 전송하며 면회 일정을 짜고 의사와 진료 예약을 하며, 남은 복역 기간이나 사건에 대한 궁극적인 진행 상황에 대한 정보도 교류했다.

교정 담당자는 모든 재소자들에 대한 정보, 즉 개인 정보나 판결, 출소 일자, 사진 및 재소자들에게 면회나 휴가를 줄 수 있는 전체적인 교도소 서류(모든 재소자들의 '좋고' '나쁜' 행동사항이 기록된)에 대한 모든 정보가 담긴 손바닥 크기의 컴퓨터(소위 PDA라 불리는)를 휴대했다. 또한, 공격 감지 기능이 있는 송신기도 활용했다. 그 이유는 (1) 적은 수의 직원으로 동일한 수준의 보안을 유지하기 위함이고 (2) 경비원을 위한 보다 안전한 업무 환경을 조성하기 위함이며, 그리고 (3) 재소자에게도 더 나은 보안 환경을 제공하려는 것이었다. 이 세 가지 목표를 동시에 추구하는 데 있어서 어느 정도 불일치하는 충돌상황이 있으며 이 목표들이 실제로 어떻게 실현될 수 있는지는 분명하지 않았다.

렐리스타드 시범 운영에서의 새로운 구금 개념에 대한 평가는 2007년에 나왔다. 주요 결론 중 하나는 시범 운영에서 해결해야 하는 많은 기술적 문제가 있었다는 것이다(Post et al., 2007). 진부한 이야기일 수 있지만, '별 쓸모가 없다'는 문구를 '노력이 더 필요하다'라는 결론으로 재해석하였고, 이는 전적으로 시범 운영이 올바른 방향으로 진행되었다는 사실을 보여주기 위함이었다.

지난 몇 년 동안 GPS 시스템과 휴대전화를 통한 유동적인 형태의 전자감독의 적용 가능성을 테스트하는 두 번의 시범 운영이 있었다. 그 중 한 시범 운영은 전자감독을 활용한 보호관찰 명령을 다루었다(Elzinga and Nijboer, 2006). 다른 시범 운영의 목표는 청소년 범죄자들을 위한 사회적 기술 프로그램 및 치료와 정신과 재소자들의 일시 출소를 어떻게 전자감독으로 관리할 수 있는지를 알아내는 것이었다(Miedema and Post, 2006).

전자감독을 통한 보호관찰 명령 시범 운영에서 연구원들은 동기 부여된 범죄자에게 이러한 형태의 감시가 범죄자의 사회복귀 가능성을 가지고 있다고 주장하였는데, 그 이유는 범죄자가 보호관찰관의 직접적인 감독을 받을 때보다 더 많은 개인적 책임을 가지기 때문이다. 그러나 그들은 보호관찰부의 위험 평가 시스템인 RISc의 신뢰성에 대해서 비판적이었다. 이 시스템은 전자감독을 통한 보호관찰 명령이 사회에 보안 위험을 초래하는지 여부에 대한 결정을 내릴 기반이 되는 정보를 제공했다(Elzinga and Nijboer, 2006). 또한, EM이 야기한 더 적은 업무량과 비용 감소에 대한 생각에 의문을 제기했다. 대상자를 실시간으로 따라다니며 감시하는 것은 실제로 많은 노동이 요구되는 일이며 그에 필요한 GPS 장비는 매우 비싸고 모든 지역에서 똑같이 잘 작동하지 않는다는 문제가 있었다. 그러나 그들이 더 크게 우려한 것은 자주 고장 나는 소프트웨어였다. 의도적인 위반 중 7%나 시스템에 제대로 기록되지 않은 반면, 네 건 중 세 건 꼴로 보고된 위반 사례는 (의도적이든 무의식적이든) 실제로 보호관찰 명령을 어긴 것이 아니었는데 오류로 잘못 보고된 오경보였다.

전자감독을 통한 범죄자 치료, 훈련 제도 및 일시 출소에 대한 연구 역시 앞의 연구 결과와 유사한 것으로 나타났다. 전자감독 장치들은 고장나기 쉬운 것으로 나타났고, 신호를 수신할 수 없는 위치도 너무 많고 빈번하게 방전된 배터리로 인해 시스템 자체가 잘 돌아가지 않는 것으로 나타났다. 모니터링의 비용도 예상보다 훨씬 높았고, 하루 최대 300유로로 달하기도 하였다(Miedema and Post, 2006). 이 비용은 평균 교도소 비용과 거의 같거나 약간 더 많은 금액이었다. 당분간 이러한 형태의 전자감독은 네덜란드에서 시행되지 않을 것이다. 향후 전자감독과 관련하여 새로운 시범 운영이 필요하다고 할 수 있다.

전자 기술의 활용이 만약 피해자 지향적이고 피해자를 위한 방향으로 운영되는 것이라면, 보통 그것은 전자감독으로 여겨지지 않는다. 전자감독이라는 용어는 형벌적 영역에서만 쓰일 수 있는 것이기 때문이다. 비슷한 이유로, 1990년대 후반 이후 네덜란드에 널리 적용되어 온 전자적인 범죄 통제 수단인 카메라 감시(CCTV)는 비록 많은 사람들을 녹음하는 감시 기능이 있더라도 그것은 피해자의 안전을 위한 것이기 때문에 전자감독으로 여겨지지 않는다. 형벌과 관련된 목표보다는 주로 예방적 차원의 목표를 가지기 때문이다.

그러나 연구 결과에 따르면 이러한 카메라가 추구하고자 하는 범죄 예방 효과는 거의 없는 것으로 나타났다. 가장 큰 긍정적인 효과는 사람들이 보안에 대해 많이 느끼는 주관적 감정이 나아진다는 것뿐이다. 더 객관적으로 말하면, 범죄예방 효과 자체보다는 카메라 감시의 화질이 적어도 누군가의 얼굴을 실제로 인식하기에 충분하다면, 경찰 수사에 큰 도움이 되는 정도라고 할 것이다. 그러나 아쉽게도 네덜란드에서 화질이 좋은 카메라는 많지 않은 상황이다(Geelhoed, 2005). 따라서 감시 카메라 자체의 효과는 크지 않다고 하겠다.

▌ 결론(Conclusion)

"감시와 처벌"이라는 그의 영향력 있는 저서에서 미셸 푸코(Michel Foucault)(1979: 304–305)는 다음과 같이 주장한 바 있다.

> 감금의 성격을 가진 사회 구조는 신체의 실제적인 억류와 영속적인 감시를 보장한다. 즉, 그 본질에 의하여 권력의 새 경제에 완전히 순응하는 처벌의 장치이자 바로 그 경제가 요구하는 지식을 창조해 내는 도구이다.

이러한 관점에서 보면, 전자감독은 총체적 완전 감시의 꿈을 궁극적으로 실현시킨 것이라고 볼 수 있다. 비록 네덜란드 내 전자감독에 대한 논의에서 푸코의 저서로부터 따온 구체적인 활동을 찾기는 힘들지만, 모든 곳에서 언제나 총체적 통제를 한다는 개념이 1980년대 이후부터 중요한 논제가 되었다.

시간이 지남에 따라 '통제에 대한 논의'가 어떻게 발전해 왔는지를 살펴보면, 사회적 통제의 지배적 비전이 사실상 어떻게 변화했는지도 동시에 관찰할 수 있다. 미셸 푸코는 판옵티시즘에 매우 회의적이었으며, 스텐리 코헨도 형사사법망의 확대와 사회적 통제의 그물망이 얇아지는 것에 대해 회의적이었다. 1980년대 대부분의 네덜란드 비평가들도 마찬가지였다. 하지만 통제라는 문화가 새롭게 부상하면서, 더 강화된 사회적 통제의 개념은 다소 긍정적인 것, 그리고 노력할 가치가 있는 것으로 여겨졌다. 통제가 더 강할수록 더 안전하고 좋은 사회가 될 수 있다고 믿게 된 것이다. 여기에 역사의 아이러니가 있다. 특히, 렐리스타드에서의 새로운 형태의 구금 개념 및 전자감독 적용 수형자들을 보면 푸코디언(Foucauldian)들의 분석에 맞는 완벽한 사례로 해석될 수 있다.

EM에 대한 회의적 성격 및 포용적 성격 모두에서 사회 통제에 대한 논의가 필요하다. 그 이유는 외부 강압이 자기 훈련으로 변화한다는 엘리아시안의 문명화 과정에 대한 분석이 최소한 네덜란드의 형벌 논의에서 미셸 푸코나 스탠리 코헨의 저서만큼 영향력이 있기 때문이다. 헐만 프랑크(Herman Franke, 1995)의 네덜란드 교도소 시스템에 대한 사회 역사적 분석은 지난 200년 동안 재소자들이 갈수록 더 '책임감을 가지게 되는' 과정을 보여주었다. 교도소에 그저 앉아 있는 것 대신에, 수형자들은 교도소 내에서 외부에 더 많은 것들을 요구했다. 프랑크는 이를 재소자들의 '해방'이라고 부른다. 전자감독의 도입은 이러한 엘리시안적인 사고방식의 논리적 연속선상에 있다. 그러나 이러한 분석은 아직 실증적으로 제대로 이루어지지 않았다. 이는 전자감독이 도입되었을 때 형벌환원 주의와 처벌을 통한 사회복귀에 대한 믿음이 쇠퇴했다는 사실로 입증될 뿐이다.

프랑크는 비구금형 제재의 활용 증가를 예로 들면서 그의 '해방 이론'을 옹호해 왔다. 그렇다고 해서 전자감독의 사회복귀에 대한 가능성을 완전히 버릴 수는 없다. 아쉽게도 전자감독은 네덜란드 국회의원이나 정책 입안자들의 적극적인 지지를 받은 적이 거의 없다. 법무부가 고용한 사람들을 포함해서 일부 변호사들이나 연구자들의 의견에 의존했을 뿐이다. 위에서 살펴본 바와 같이, 전자감독이 가지는 범죄자들의 사회복귀에 대한 잠재성은 각 양상마다 크게 다르며, 그것이 범죄자 직업 훈련 제도와 어떻게 결합되느냐에 따라 효과성 여부도 달라진다고 하겠다. 사회복귀의 목표와의 연관성을 찾을 수 없는 것이 바로 전자 가택 구금이라는 점에서 아쉬움이 크다.

세 번째 주요 이론인 '신 행형학'의 산정주의(Feeley and Simon, 1992)는 아직 전자감독의 발전에 충분히 적용되지 않았다. 그러나 1997년에 나온 리차드 에릭슨(Richard Ericson)과 케빈 해거티(Kevin Haggerty)의 저서인 위험 사회의 치안에서 언급한 특징과 전자감독제도의 유사점을 찾는 것은 쉬운 일이다. 경찰 활동이 '위험한 의사소통'이 되었고, 범죄자들과 주위 환경에 대한 정보가 특정 사건에 대한 고전적인 범죄 수사보다 더 중요해졌다는 그들의 주장은 전자감독제도와 유사한 점이 매우 많다. 그리고 전자감독이 우리 사회의 새로운 제재 관행으로 해석될 수 있는 여지를 제공한다고 하겠다.

형벌의 영역에서 전자감독은 에릭슨(Ericson)과 해거티(Haggerty)(1997)가 감시 활동의 영역에서 설명하는 '지역 추적'과 '위해 정보 전달'에 대한 '기술적인 해결책'을 제공했다. 형벌의 영역에서 위험 관리의 보험계리주의적 원리가 전반적으로 적용되어야 하나, 전자감독은 아직 이러한 방식을 제대로 활용하지 않고 있다. 위에서 언급된 전자감독을 통한 보호관찰 명령 및 소년원, 정신병동으로부터의 일시 출소를 감독하는 시범 실시 담당자들은 보험계리주의적 통계 원리를 사용하고자 한다. 두 가지 경우 모두 여전히 기술적인 문제가 너무 많은 것이 사실이다. 일부 연구자들은 보호관찰부의 위험 추적 도구인 RISc 자체가 아직 개발 단계에 있다는 이유로 회의적인 태도를 보이기도 했다(Elzinga and Nijboer, 2006).

네덜란드의 전자감독 주요 도입 원리는 매우 암울했는데, 그것은 구금 수용 인원 문제를 해결하고 비용 효율성을 줄이는 것이었다. 특히 보호관찰부에서 범죄자들의 사회복귀 및 구금의 악영향을 감소시켜야 한다는 주장이 있었지만, 이는 주로 전자감독을 반대하는 입장에서 나온 의견이었다. 따라서 네덜란드의 전자감독에 대해 비관적인 태도를 갖는 것은 흔한 경우였다. 그러나 이러한 비관주의는 전자감독 그 자체에 대한 비판보다는 전자감독이 실행되고 있는 암울한 형벌 문화와 관련이 더 크다고 하겠다.

1985년에서 2005년에 걸친 네덜란드 형벌 시스템의 발전은 관용과는 거리가 있는 특징을 보였다(Cavadino and Dignan, 2006: 113). 전자감독제도가 처음 의도했던 이상향과 반대의 방향으로 가고 있는 것일 수도 있다는 의견이 나타났다(Downes and van Swaaningen, 2007). 이러한 맥락에서 전자감독의 활용을 확장하려는 계획은 더 정교한 기술을 요하게 되었고, 더 강력하면서 견고하고 비용이 적게 드는 형벌 원리가 필요하다는 의견이 제기되었다.

현재 네덜란드 교도소 공급과잉 문제로 인해 벨기에의 교도소 행정부에 네덜란드 교정시설을 빌려줄 만큼 정치적 우파는 특히 지속적으로 전자감독이나 비구금형 제재 대안을 사용하는 것 대신에 범죄자들을 더 '적절하게' 처벌해야 한다고 주장하고 있다. 즉, 구금으로 벌해야 한다고 주장할 가능성이 커지고 있다. 그러나 앞서 살펴본 바와 같이 비구금형적인 환경에서 전자감독을 적용하는 것은 실제로 네덜란드에서 매우 제한적인 상황이다.

그러나 스탠리 코헨(1985)이 우리에게 상기시켰듯이, 실무와 동떨어진 학자가 되기보다는 자신의 신념과 가치를 재차 확고히 하는 것이 더 타당한 대처 방법이다. 그것이 바로 이번 장에서 설명하고자 하는 것이다. 전자감독으로 이루고자 하는 형벌 혹은 다른 목표들에 대해 다루었고, 이러한 목표들이 가지는 가치와 법적 원리들, 그리고 시민의 자유와 어떻게 연결되어 있는지 살펴보았다. 이는 현재 이루어지는 논의보다 훨씬 더 광범위한 함의를 갖는다. 교도소의 구금이나 시설 수용을 진정으로 줄일 수 있도록 전자감독을 구금형의 약한 대안으로 활용할 수 있어야 할 것이다. 이것을 어떻게 운용할 것인지에 답하는 것은 정책 입안자들과 비판형벌 학자들이 해야 할 것이고, 이들이 앞으로 반드시 함께 풀어야 할 일이다.

네덜란드는 전자감독의 법적 목표를 재고해야 할 시점에 있다. 1995년부터 적용되기 시작한 정문정책 조치와 후문정책 조치는 모두 형벌환원주의(형벌감소주의)와 범죄자 사회복귀에 기여하는 것으로 정당화될 수 있다. 범죄자의 구금 기간 마지막 단계에서 더 다양한 훈련이나 사회복귀 제도의 일환으로써 부과되는 전자감독은 교도소 프로그램에서 전자감독이 없는 경우보다 많은 범죄자들에게 원활한 사회의 재통합을 촉진하는 수단이 될 수 있다. 그렇지만, 만약 교도소 프로그램이 전자감독 없이도 안전하게 적용될 수 있다면, 법적 보충성의 원리에 의거 전자감독 없이 기존 교정프로그램이 적용되어야 한다.

정문정책 조치에서 전자감독은 징역형의 유예 조건으로 활용되는데, 이는 대상자의 행동을 통제하고 예방함으로써 집행유예의 법적 목표에 부합할 뿐만 아니라 이전에는 적용될 수 없었던 사건들을 집행유예로 처리할 수도 있다는 장점을 갖고 있다. 심지어 전자감독이 재판 진행 중 구금을 감소시킬 수 있다면 법적으로 전자감독의 도입이 필요할 수 있다. 만약 다음과 같은 법적 목표들, 즉 도주와 재범 및 증거인멸의 방지라는 것이 덜 제한적인 구금의 수단으로 달성될 수 있다면, 이러한 덜 제한적인 방법들이 더 선호되어야 할 것이다. 재판 진행 중 피의자 구금을 유예하는 조건으로 전자감독을 최근 활용하는 것에 대해 비슷한 의견을 가질 수 있다. 여기에는 확실히 형사사법망의 확대 위험이 존재한다. 그러므로 전자감독의 법적 목표 및 어떠한 조건에서 적용될 수 있는지를 설명할 수 있도록 전자감독 관련 법률이 만들어져야 하고, 현재의 검찰 지침의 규정을 법률이 대체해야 할 것이다.

전자감독 방식의 가택 구금과 많은 직원을 보유하고 있는 교도소의 증설에 의문을 가지고 있다. 이러한 양상은 오직 관리적 입장에서만 타당한 듯 보이고, 운영자 입장에 의해서만 합리적인 이유가 있는 듯하다. 왜냐하면 이러한 접근법은 그 어떠한 훈련 제도와도 결합되어 있지 않고, 수감생활을 감축하거나 범죄자의 사회 복귀에 도움을 줄지에 대해서는 별 고민이 없기 때문이다. 아마도 이 경우에 형사사법망의 확대가 가장 큰 폐해 결과일 것이다.

전반적으로, 네덜란드에서 전자감독은 비용 절감과 교도소 시스템에 대한 운영부담 및 교도소 압력 감소 측면에서 도입 기대가 높았다고 볼 수 있다. 그러나 실제적으로 수많은 교도소를 짓는 동안 전자감독의 비용적인 효과는 거의 없었고, 현재 네덜란드에는 교도소가 초과 공급되고 있는 상황이다. 범죄자들의 사회복귀나 실제로 수감생활을 줄이는 것에 대한 기대는 거의 없다.

앞서 언급한 바와 같이, 전자감독이 적용될 법적 원리를 재고할 필요가 있다. 다음으로, 우리는 비구금형 제재에 대한 메타 검증의 결과를 살펴볼 것을 제안한다. 현재 다양한 사건들에 대해 전자감독의 활용을 확장시키려는 분위기가 있다.

그러나 전자감독을 만병통치약으로 취급하는 것은 큰 문제가 있다. 비구금형 제재의 효과성 논쟁에서 볼 수 있었던 바로 그 문제가 전자감독에서도 반복될 우려가 있음을 인지해야 한다. 원래 의도했던 범죄자 집단에는 상당히 효과적이었지만, 보다 심각한 수준의 문제가 많은 고위험 범죄자들에게 적용되었을 때는 효과가 적은 것으로 나타났다.

소년범을 위한 비구금형 교정 제재수단인 '홀트(Halt)'에 대한 메타평가에 따르면, 홀트를 진행하는 직원들의 심리적 전념과 범죄자들이 반성태도, 그리고 개인적 혹은 가족 문제가 없는 것이 이 프로그램 자체의 내용보다 재범 방지 등의 긍정적 결과에 더 큰 영향을 미치는 것으로 나타났다(Ferwerda et al., 2006). 이는 네덜란드 정부가 앞으로 명심해야 할 중요한 교훈이라고 하겠다.

전자감독의 법적 목적에 대한 질문이 제기되고, 이러한 목표 달성에 기여할 수 있는 구체적인 사례 및 전자감독과 결합될 사회 복귀 제도의 내용으로 이루어진 구체적인 분석이 이루어진다면, 네덜란드의 형벌 문화 발전에 전자감독이 가질 잠재적 효과는 많은 합리적인 의견을 갖게 될 것이다.

아쉽게도 지금까지는 전자감독에 대한 정치적 논의가 단순히 경제적이고 관리적인 측면에만 집중되어 논의되는 형편이다. 이런 식으로는 전자감독은 그저 이상향과 반대되는 방향으로 향할 우려가 있고, 반대 입장을 가진 사람들의 또 다른 동반자가 될 수 있다. 이번 장에서 독자들이 네덜란드의 전자감독이 예기치 않은 다른 길도 갈 우려가 있다는 것을 엿보는 기회를 가졌기를 희망한다.

Notes

1 이번 장의 내용은 2011년 3월에 서술 종료된 것이다. 이후의 변동사항들은 여기에 포함되지 않았음을 밝혀둔다.

2 이 장에서 우리는 2006년 이후 감소하고 있는 교도소 구금률을 다룰 수 없다. 그러나 전자감독의 증가하고 있는 활용에 대한 객관적 근거들은 최근의 제도 발전에 크게 기여했다고 볼 수 있다.

3 네덜란드어: Raad voor de Kinderbescherming. 이 위원회는 청소년 사법에 주요한 자문 역할을 한다. uit Beijerse and van Swaaningen(2006) 참조.

4 법무부 장관이 의회에 보낸 서신, 1997년 10월 30일, Kamerstukken II 1997–1998, 25712, nr. 1.

5 Aanwijzing elektronisch toezicht, 1999년 7월 1일, Staatscourant 1999, no. 114, p. 18. 'Indication(네덜란드어로 Aanwijzing)'은 네덜란드 형사 사법 시스템(Tak, 2003)에서 특정 문제에 대해 법처럼 작용할 수 있는 검찰관들을 위한 법적 지침을 뜻한다.

6 www.dji.nl.

7 15a항, 형법(Criminal Code), Wet van, 2007년 12월 6일, Staatsblad 2007, 500, Besluit van 30 mei 2008, Staatsblad 2008, 194.에 의해 시행.

8 'Electronisch toezicht wordt nooit EEN massastraf', Opportuun, 2000년 10월, 온라인 주소 www.om.nl.

9 법무부 장관이 의회에 보낸 서신, 1997년 10월 30일, Kamerstukken II 1997–1998, 25712, nr. 1, p. 3.

10 Kamerstukken II 2002–2003, 28600 VI, nr. 8, p. 9.

11 Aanwijzing elektronisch toezicht, Staatscourant, 1999년 7월 1일, nr. 114, p. 18.

12 Aanwijzing elektronisch toezicht , Staatscourant, 2010년 6월 1일, nr. 8001.

13 법무부 장관이 의회에 보낸 일련의 서신, 2002년 10월 16일, Kamerstukken II 2002–2003, 28600 VI, nr. 8, p. 7; 2002년 12월 9일, Kamerstukken II 2002–2003, 24587, nr. 87, p. 3; 2003년 3월 10일, Kamerstukken II 2002–2003, 24587, nr. 88, p. 5.

14 법무부 장관이 의회에 보낸 서신, 2005년 8월 25일, Kamerstukken 2004–2005, 29800 VI, no. 167.

15 2006년 말에 훌리건(hooligan)의 음성 인식을 가진 시범 운영이 시작되었다. 경기장 출입 금지 명령을 받은 훌리건들에게 자택 전화로 전화를 하고(휴대폰이 아닌) 그들의 음성은 컴퓨터를 통해 인식되었다.

16 시범 운영에서 전자 구금은 최대 90일의 구금을 대체했다. 이것은 엄격하게 관찰되었다. 91일에 해당하는 여러 양형을 받은 음주 운전사는 시범운영의 대상이 될 수 없었다(NRC Handelsblad, 2006년 5월 13-14일). 이제 전자 가택 구금은 자체적인 형벌이며 이러한 기간의 제한은 더 이상 존재하지 않는다. 이것은 장관이 주장하는 바의 근거 내용이 된다.

17 Handelingen II 2008-2009, 98, p. 7739-7740, Kamerstukken II 2008-2009, 31700 VI, nrs. 139-140.

18 장관 협의회 보도 자료, 2010년 3월 22일.

19 Staatscourant 2010, nr. 10014.

20 법무부 장관이 의회에 보낸 서신, 2002년 3월 7일, Kamerstukken II 2001-2002, 25712, nr. 3.

21 법무부 장관이 의회에 보낸 서신, 2006년 1월 18일, Tweede Kamer 2005-2006, nos. 28979, 24587.

참고문헌(References) ————————————————————— ○ ○ **○**

Boone, M. (2000) *Recht voor commuun gestraften: dogmatisch–juridische aspecten van taakstraffen en penitentiaire programma's* (Deventer: Gouda Quint).

Cavadino, M. and Dignan, J. (2006) *Penal Systems: A Comparative Approach* (London: Sage).

Cohen, S. (1985) *Visions of Social Control: Crime, Punishment and Classification* (Cam bridge: Polity Press).

Downes, D. and van Swaaningen, R. (2007) 'The road to dystopia: changes in the penal climate in the Netherlands', in M. Tonry and C. Bijleveld (eds) *Crime and Justice in the Netherlands* (Chicago, IL: Chicago University Press), pp. 31–72.

Elzinga, H.K. and Nijboer, J.A. (2006) 'Probation supervision through GPS', European Journal of Crime, *Criminal Law and Criminal Justice*, 14:4, pp. 366–381.

Ericson, R.V. and Haggerty, K.D. (1997) *Policing the Risk Society* (Oxford: Clarendon Press).

Feeley, M.M. and Simon, J. (1992) 'The new penology: notes on the emerging strategy of corrections and its implications', *Criminology*, 30:4, pp. 452–474.

Ferwerda, H., van Leiden, I., Arts, N. and Hauber, A. (2006) *Halt: Het Alternatief? De effecten van Halt beschreven* (Arnhem: Advies– en Onderzoeksgroep Beke). Online. Available at: www.wodc.nl/onderzoeken/onderzoek_113.asp?soort=publicatie&tab=pub(accessed 1 March 2011).

Fiselier, J.S. (1997) 'My home is my cell', *Sancties*, 2, pp. 65–69.

Foucault, M. (1979) *Discipline and Punish: The Birth of the Prison* (New York: Random House).

Franke, H. (1995) *The Emancipation of Prisoners: A Socio–historical Analysis of the Dutch Prison Experience* (Edinburgh: Edinburgh University Press).

Geelhoed, F. (2005) 'Verbeelde veiligheid: over effecten van cameratoezicht in het pub lieke domein', *Tijdschrift voor Veiligheid en Veiligheidszorg*, 4:2, pp. 3－27.

Inspectie voor de Sanctietoepassing (2007) *Uitvoering elektronische detentie* (The Hague: Ministry of Justice).

Junger－Tas, J. (1993) *Alternatieven voor de vrijheidsstraf: Lessen uit het buitenland* (The Hague: WODC).

Kaladien, S.N. and Eggen, A. Th. (2009) *Criminaliteit en Rechtshandhaving 2008* (The Hague: BJu).

Miedema, F. and Post, B. (2006) *Evaluatie pilot elektronische volgsystemen.* (The Hague: WODC) English summary online, available at: www.wodc.nl/images/1255_summary_tcm11－107975.pdf (accessed 1 March 2011).

Ministerie van Justitie (2000) *Sancties in perspectief: Beleidsnota inzake de heroriëntatie op de toepassing van vrijheidsstraffen en vrijheidsbeperkende straffen bij volwassenen* (The Hague: Ministry of Justice).

OCAS (1990) 'Advies van de Overleg－ en adviescommissie alternatieve sancties betref fende Electronisch Toezicht'. Unpublished.

Otte Committtee (2003) *Vrijheidsbeperking door voorwaarden. De voorwaardelijke veroordeling en haar samenhang met de taakstraf, de voorlopige hechtenis en de voor waardelijke invrijheidstelling* (The Hague: Ministry of Justice).

Post, B., Tielemans, L. and Woldringh, C. (2005) *Geboeid door de enkelband: evalua tie pilot elektronische detentie* (The Hague: WODC). English summary online, avail able at: www.wodc.nl/images/ob195_Summary_tcm11－4774.pdf (accessed 1 March 2011).

Post, B., Stoltz, S. and Miedema, F. (2007) *Evaluatie detentieconcept Lelystad* (The Hague: WODC). English summary, online, available at: www.wodc.nl/onde rzoeksdatabase/1394a pilotproject－detentieconept－lelystad－dcl－deel project－1－dbm－v.aspx (accessed 1 March 2011).

Schalken Committee (1988) *Electronisch huisarrest: een boeiend alternatief?* (The Hague: Ministry of Justice).

Scholten, T. (1994) 'De gevangenis thuis: van Spiderman tot Hirsch Ballin',

Proces, 73, pp. 51—61.

Spaans, E.C. and Verwers, C. (1997) *Elektronisch toezicht in Nederland: uitkomsten van het experiment* (The Hague: WODC). English summary, online, available at: www.wodc.nl/images/ob164_Summary_tcm11—24363.pdf (accessed 1 March 2011).

Tak, P. (2003) *The Dutch Criminal Justice System: Organization and Operation* (The Hague: WODC). Online. Available at: www.wodc.nl/onderzoeken/ onderzoek_w00205.asp?qry=Tak&sqy=tcm0111%3CIN%3Ewebsite%3Cand%3 Eoperationelestatus!='gaat%20niet%20door'&srt=wegingsfactor%20desc,%20d atum%20desc&sta=3&soort=publicatie&tab=pub (accessed 1 March 2011).

Terlouw, G.J. and Kamphorst, P.A. (2002) *Van vast naar mobiel: een evaluatie van het experiment met elektronisch huisarrest voor minderjarigen als modaliteit voor de voor lopige hechtenis* (The Hague: WODC). English summary online, available at: www.wodc.nl/images/ob195_Summary_tcm11— 4774.pdf (accessed 1 March 2011).

uit Beijerse, J. (2008) 'Naar een bij de onschuldpresumptie passend systeem van voorlo pige hechtenis. De lessen van Europa en van de klassieke rechtsgeleerden', *Strafblad*, 6, pp. 465—487.

uit Beijerse, J. and Swaaningen, R. van (2006) 'The Netherlands: penal welfarism and risk management', in J. Muncie and B. Goldson (eds) *Comparative Youth Justice* (London: Sage), pp. 65—78.

van Gestel, B. (1998) 'Tralies in je hoofd: Over de psycho—sociale effecten van elektro nisch huisarrest', *Tijdschrift voor Criminologie*, 40:1, pp. 21—38.

van Hattum, W.F. (1995) 'Van insluiten naar elektronisch aanlijnen: Het experiment met elektronisch toezicht', *Sancties*, 3, pp. 318—336.

van Swaaningen, R. (2000) 'Back to the 'iron cage'': the example of the Dutch probation service', in P. Green and A. Rutherford (eds) *Criminal Policy in Transition* (Oxford: Hart), pp. 91—108.

Wartna, B.S.J., Baas, N.J. and Beenakkers, E.M. Th. (2004) *Beter, anders en goedkoper: een literatuurverkenning ten behoeve van het traject Modernisering Sanctietoepassing*(The Hague: WODC). Online Available at: www.wodc.nl/ onderzoeken/onderzoek_347.asp?loc=/publicatie/perjaar/2004 (accessed 1 March 2011).

PART

02

전자감독제도 평가하기

10. 전자감독제도와 관련된 윤리적 문제: 범죄자 감시, 낙인, 공간이동의 자유 제한

11. 전자감독의 국가별 차이점 검토: 민간의 상업적 범죄통제 수단을 동원한 전자감독

12. 전자감독제도 경험자들의 의견: 범죄자들의 만족도와 보호관찰관 실무자의 경험

13. 전자감독의 효과성: 영향력 평가 연구 결과

10

전자감독제도와 관련된 윤리적 문제:
범죄자 감시, 낙인, 공간이동의 자유 제한

Surveillance, stigma and spatial constraint:
The ethical challenges of electronic monitoring

마이크 넬리스(Mike Nellis)

▌서론(Introduction)

전자감독의 도입이 모든 국가에서 항상 논란을 일으켰던 것만은 아니다. 단지 전자감독은 여태까지 존재하였던 지역사회의 감시 및 통제의 형태와 너무나도 다르기 때문에 표면적으로 기존의 보호관찰 서비스와 형벌개혁의 이익을 위협하는 것으로 여겨졌다(특히 전자감독 서비스를 민간 기관이 공급할 때). 뿐만 아니라 전자감독은 종종 빅브라더(Big Brother)와 같은 국가 감시 사회로 가는 단계의 일부라고 일컬어지기도 하였다. 전자감독에 대한 불안, 조심, 그리고 적대감은 전통적인 형벌개혁의 측면에서 필연적인 측면이 있었다(Penal Affairs Committee, 1988; Allchin, 1989).

톰 스테이시를 제외하고 전자감독을 초기에 지지했던 대부분의 사람들은 보안 및 정보사업 분야의 신기술에 열광하는 사람들이었다(Nellis, 2010a). 하지만 이들은 전자감독이라는 신기술이 의미하는 윤리적 의미에 대해서 잘 알지 못하였을 뿐만 아니라 보호관찰을 통해 정부가 성취하고자 하는 목적 역시 잘 모르고 있었다.

처음에는 정치인과 형사사법 전문가들 사이에서 뜨거운 전자감독 관련 논쟁이 있었다. EM은 보호관찰제도가 갖고 있는 전통적인 인본주의적인 특성과는 극명히 달라서 전자감독을 감시감독의 일환으로써 받아들이기 어렵다는 의견과 이에 대립하는 의견으로 전자감독이 사회 형벌에 대한 신뢰도를 높여 비용 효율적인 측면에서 타당하다는 의견이 서로 대립하고 있었다. 범죄자들은 애초부터 전자감독제도를 선호하고 있었던 것으로 나타났다(Bettsworth, 1989). 영국 언론에서는 전자감독이 중요하지 않고, 범죄자들이 원하면 언제든지 쉽게 피해갈 수 있으며, 형편없는 형벌의 일종이라는 오늘날의 비판은 당시에는 상상할 수 없었다.

스웨덴의 전자감독 개척자인 전직 교도소장 노먼 비숍(Norman Bishop, 2003)은 1990년도 초반 유럽 사회의 지역사회제재 및 조치에 관한 규칙(European Rules on Community Sanctions and Measures)을 작성한 전문위원회가 전자감독이 사회 형벌의 일환으로써 적법한지에 관해 의문을 제기했다고 말했다. 또한, 전자감독이 범죄자들에게 적용됨에 있어 '의미 있으면서도(meaningful)' 건설적인 해답을 줄 수 있을지에 대해 강력한 의문을 제기하였다(Council of Europe, 1994: 56).

지역사회 형벌의 '향상된 실행제도(improving the implementation)'라는 문서에서 전자감독이 유럽 전역에서 그 사용이 증가하고 있는 것으로 나타났다. 하지만 명백히 악의가 있을 수 있는 위성 추적 (눈앞에 재현되었던 것 그대로) 같은 것을 염두에 두면서도 '범죄자들을 대상으로 한 실험, 그리고 인권과 개인의 도덕성 침해'에 관해서는 보다 심사숙고할 필요가 있다는 주장이 제기되었다(Council of Europe, 2002: 31). 형벌의 철학(philosophy of punishment)과 더불어 전자감독사용에 관한 윤리적 관점에 대해서 탐구하려는 시도는 극히 제한적이었다. 감시에 관한 윤리적 측면의 논의도 이번 장에서는 절대 광범위하거나 포괄적이지 않다. 이는 단지 윤리적 개념의 일부일 뿐이다. 이러한 현실은 저자가 영국 중심적인 시각에서 본 전자감독의 성향을 나타내고 있어 앞으로 전자감독과 관련된 논쟁은 더 커져 갈 필요가 있다.

▎전자감독의 여러 가지 양상(The several modalities of EM)

　　전자감독 윤리를 제대로 이해하기 위해서는, 과학기술이 허락하는 범위가 어디까지인가에 대한 분명한 이해가 필요하다. 전자감독은 범죄자(또는 미결구금 수용자)의 위치와 개인 일상 스케줄을 사법절차의 다양한 관점에서 세부 사항까지 통제하기 위해 만들어진 여러 감시 및 위치 확인 기술들을 포괄하는 용어이다. 대체로, 이런 기술은 시간적 규제와 공간적 제약의 세 가지 기본 형태를 포함한다.

　　첫째, 특정 장소에 정해진 일정한 시간(주로, 밤 시간 동안 출입을 통제하는 것을 용이하게 했다)만큼 통제하는 것을 가능케 한다. 보통 통제를 받는 장소는 범죄자들의 자택 또는 범죄자의 가족 및 친지들의 자택이지만, 여관이나 호스텔이 그 대상이 될 수도 있다. 전자감독은 범죄자의 자유를 구속하기 위해서 예외 없이 다양한 기술들을 혼합하여 사용할 수밖에 없다. 여기에는 무선 주파수(RF), 이동전화 서비스(GMS) 그리고 GPS 위성 추적 등의 기술이 동원된다.

　　장소에 대한 제한은 "감금(confinement)"의 한 형태이므로 이동을 차단(공공장소로부터)하는 것을 의미하기도 한다. 범죄자가 가택구금되어 있는 동안, 당연히 어딘가 다른 곳에서 범죄를 저지를 수 없다는 것을 시사한다. 의미상, 장소에 대한 제한을 설명하기 위해 사용된 용어들에는 가택연금, 가택구금, 자택감금, 가택 투옥 등이 있다. 이는 형벌적인 관점에서 감금을 한다는 목적을 가지고 있다. 재판관들은 "차단(exclusion)"(형벌이나 범죄 환원주의적인 감각에서)하는 형태의 형벌을 사용할 수 있다.

　　필요한 경우 당연히 두 가지 목적(감금과 차단)을 모두 염두에 두고 전자감독을 사용할 수도 있다. 원격 행동 감시는 장소에 대한 제한의 추가적인 조치 사항으로 사용될 수 있는데 특히 음주금지명령을 받은 범죄자들의 음주 여부를 원거리에서 확인할 수 있다. 음성인식을 통해 신분 확인(반드시 술에 취하지 않은 대리인이 기계를 사용하지 않도록 조치를 취하고)을 하거나 아니면 카메라가 달린 원격 음주 모니터링 기기, 비디오 인식, 또는 최근에는 안면 인식을 통하여 신분 확인을 할 수 있다.

　　둘째, 전자감독을 사용하면 범죄자들이 특정 장소로 가는 것을 임시적 혹은 일시적, 영속적으로 기간에 상관없이 범죄자의 이동을 제한(exclusion)할 수 있다. 제한할 수 있는 지역은 특정 피의자(예를 들면, 가정폭력 피의자)의 자택부터 범죄자가 정기적으로 범죄를 저지른 곳(범죄자가 도둑질한 사유지)이나 차후 범죄를 저지를 만한 곳(소아성애자가 아이들을 만날 수 있는 공원)까지 모두 망라할 수 있다. 무선 주파수(RF) 기술은 출입금지 영역 주변 주요 진입점에 수신기를 설치하여 범죄자가 특정 지역에 가는 것을 차단할 수 있다. 하지만 GPS 위성 추적과 GSM(모바일 시스템)을 사용하면 지속적으로 지정된 영역 주위를 감시함으로써 범죄자가 특정 지역으로 가는 것을 더 효과적으로 차단할 수 있다.

셋째, 범죄자의 이동 자체를 추적하는 보호관찰은 일정 기간 동안 간헐적이거나 지속적, 또는 소급적이거나 실시간으로 범죄자의 움직임을 따라가는 보호관찰을 의미한다. 성범죄자가 출소했을 시, 경우에 따라 GPS(GSM을 함께 사용하여) 추적을 이용해서 범죄자를 평생 감시하자는 의견이 미국에서 제시된 바 있다. 경찰과 보호관찰/가석방(parole) 컴퓨터를 연결하여 범죄자의 행방을 24시간 추적함으로써 범죄현장 출입 여부를 확인하고, 이를 이용해 범죄자의 무죄 또는 유죄를 밝힐 수 있다. 범죄자의 일상생활을 추적하는 방법으로 음성인식('보이스 트랙(Voice track)'이라고 불리는 종류)이 있다. 음성인식은 범죄자가 스톱 오프(Stopping-off) 장소에서 관제 센터에 전화하는 방식을 통해 정해진 시간에 지정된 장소에 있다는 것을 확인할 수 있게 해 준다.

범죄자의 이동반경이나 일정에 대한 규제가 지역사회 감독 분야에서 완전히 새로운 것은 아니다. 범죄자들은 과거 보호관찰소에 주소변경 통보를 하거나, 정해진 시간에 정확하게 직장이나 일터에 있다는 것을 보고해야 했다. 그러나 전자감독의 기술 발전은 이러한 규제들에 대한 규모, 정확도와 강제성을 크게 향상시켰다. 전자감독의 기술개발은 지역사회 감시에 원격 감시라는 새로운 차원의 규제를 추가하고, 감시에서 벗어날 가능성을 통제함으로써 범죄자를 구속할 수 있는 방법을 넓혔으며, 감시 강도를 높이는 역할을 하였다(수단과 방법을 가리지 않고 절대화하는 방법의 감시 강화는 아님).

과거에는(전자 장치를 이용하지 않는 방식) 이동제한명령이 교정 목적을 위한 수단을 의미했다. 범죄자들은 이동제한명령을 받고 있는 동안 범죄를 줄이기 위한 일환으로 범죄자 '치료' 또는 '사회봉사'명령을 수행하기 위한 특정 장소와 시간이 필요하게 되었다. '구식(old)'적인 접근법을 배제하지 않고도 전자감독은 존재 자체만으로도 범죄를 줄이는 전략으로써 범죄자의 위치 및 일정 범죄자의 움직임을 구조화할 수 있다. 그리고 이것이 새로운 윤리적 문제를 야기하게 되었다.

▌ 범죄자들에 대한 윤리문제와 지역사회 감시
(Ethics and the community supervision of offenders)

사회 형벌에 관한 많은 글이 발표되었지만, 대부분이 '윤리적 코멘트(ethical comment)'로서 구체적인 관심을 끌지는 못한 것들이었다. 주로 대부분의 글이 다양한 유형의 범죄와 범죄자들에 대해 여러 종류와 강도의 지역사회 감시 형벌을 적용하는 것에 대한 옳고 그름에 관련된 것이었다. 가령 재범 위험성이나 범죄의 심각성이 확실치 않은 범죄자들에게 고의적 혹은 부주의한 강제조치를 도입하는 것에 대한 논쟁처럼, '형사사법 망의 확대(net-widening)'에 관한 논쟁들은 매우 기술적이며 윤리적이기도 했다(Cohen, 1979). 그러나 법률적인 차원에서 사회 감독 윤리에 관한 언급은 의외로 많지 않았다. 표면적인 아래 세 쟁점(어떤 면에서는 결코 논란이 없는)에 관해서는 상세한 언급에 앞서 핵심주제부터 명확히 밝힐 필요가 있다.

첫째, 사회복귀를 보장하는 효과적이고 윤리적인 수단으로서 자유형이 지니는 일반적인 한계점들을 고려했을 때, 범죄 감소 및 방지에 대해서 EM이 다시 그 요소들을 구금과 자유형 차원에서 언급할 필요는 없다(Mathiesen, 1990; Sim, 2009 참고). 여성 범죄자, 위험성이 낮은 상습범, 정신 이상 범죄자, 소년범뿐만 아니라 여러 종류의 범죄자들을 대상으로 구금시설보다 더 건설적인 대안을 연구하는 것이 정치적으로나 도덕적으로나 더 바람직하다.

자유형이 지니고 있는 문제점을 포착함과 동시에 사회 형벌이 무엇을 유지하려고 하는지에 관해서 지적하고 있는 니겔 워커(Nigel Walker)의 인용문을 꼭 참고해 보기 바란다. 그는 구금에 대해 다음과 같은 평가를 내렸다 '구금은 사람들로 하여금 타인을 해치지 못하도록 범죄를 예방할 수 있지만, 악의가 없는 정상적인 행동 또한 제한하기도 한다. 이는 범죄자들에게 필요이상으로 과도한 족쇄를 채우는 것이다(Walker, 1997: 64).'

둘째, 범죄 감소의 측면에서 EM이 범죄자에 대한 사회적 처벌을 더 부담스러운 형태로 만들 수 있다. EM의 장점은 단지 가해자가 피해자들을 더 해치지 못하도록 할 수 있을 뿐이다(Rex, 2005). 로버츠(2004)는 이는 범죄자들의 이익을 위해서 더 엄하게 (징벌적으로) 만든 경우도 아닐 뿐더러 '사회적 구금' 또는 '가상 구금시설'을 계획대로 만든 것도 아니라고 비판했다.

세 번째로, 비구금형 조치 또는 사회적 형벌은 일반적으로 덜 징벌적이거나 덜 강제적이거나 또는 자유형보다 낫다는(어느 점에서는 그렇지 않을 수도 있다) 이유로 추상적으로 정당화될 수 없다. 특정한 각각의 대안과 사회적 제재는 어떠한 통제적 형벌을 내리는지, 또는 그것을 어떻게 수용할 수 있는지에 따라 그 자체의 고유한 정당화가 필요하다. 이 원칙 역시 전자감독에 적용되어야 한다.

이 장에서는 응보주의 제한, 그리고 최소침해원칙(Parsimony)과 과잉금지의 원칙 및 비례의 원칙(Proportionality) 사이의 긴장에 대한 논의들을 다룰 것이다(Morris, 1974; Tonry, 1994; Dingwall and Harding, 2002). 또한, 처벌의 상징적 의사소통이라는 차원에서 공동체의 통찰력(Duff, 1999; Lacey, 2003)과 특별히 폰 히어쉬(von Hirsch, 1990)의 사회 형벌 윤리에 대한 의견에 대해서도 다룰 것이다. 폰 히어쉬(Von Hirsch)가 비록 공리주의를 인정하지는 않았지만, 범죄 감소의 목적을 가진 처분 판정에 있어 다음의 네 가지 기준을 제시했다. 그것은 (1) 침입성, (2) 포괄적 개인사 침해(신체적 온전함, 물자지원 및 생활 편의 시설, 모욕으로부터의 자유, 개인사생활보호 그리고 자율성), (3) 지속 기간, 그리고 (4) 제3자의 권리로써 지역사회 교정의 양형에서 과잉금지의 원칙 및 비례의 원칙(Proportionality)이 중요하다는 것을 인정하는 만큼 양형의 보충성 원칙(Parsimony)을 인정하는 것도 중요하다.

▌범죄자의 접근금지와 공간 이동
(Exclusion and the spatial movement of offenders)

　상황적 범죄 예방 차원에서 범죄자들의 공간 활용 의사결정에 대한 흥미 있는 연구가 이루어졌다. 이는 범죄자들의 공간 의사결정, 즉 주어진 지리적 범위 내에서 그들이 어떤 식으로 공간을 인지하고 사용하며 얼마나 움직이는 지에 관한 것이다. 범죄자들의 출발점, 움직임의 방향 그리고 출발점과 범죄를 일으킨 곳의 위치를 종합하여 범죄자들이 범죄를 일으키는 방식에 대한 연구 결과를 내놓았다. 범죄자가 공간을 이용하는 방식은 범죄자 개개인이 모두 다르다는 것도 알 수 있었다.

　일부 연구결과에 따르면, 마약을 사용하는 강도들은 자기 거주지 근처에서 범죄를 일으키는 경향이 강하다는 결과가 나왔다. 그리고 무장 강도들은 거주지 근처에서 멀리 떨어져서 범죄를 일으킨다는 결과가 나왔다. 차량 절도 전문 강도는 필요한 차량 탈취를 위해 비교적 먼 거리를 움직여서 범죄를 일으킨다는 분석 결과를 볼 수 있었다.

　어떤 범죄자들은 범죄를 저지를 목적을 가지고 계획적으로 특정 범죄 현장으로 이동해 가기도 한다(예를 들면, 마약 밀매). 반면, 일부는 (범죄의 목적이 있든 없든 간에) 다른 곳으로 이동하는 중에 문이 잠겨 있지 않는 자동차나 핸드백을 훔치면서 범죄를 저지른다. '범죄와 거리(distance to crime)'에 대해서 연구한 연구자들은 범죄자들이 주로 보안상의 이유로 범죄자 본인들이 잘 알고 있는 집 근처에서 범죄를 저지른다는 판단을 내리게 되었다(어린 범죄자일수록 더 이런 경향을 보이는 것으로 나타났다). 만약 모든 조건이 동일하다면, 합리적인 범죄자는 짧은 거리를 택할 것인데 그 이유는 거리가 길어지면 길어질수록 범죄를 저지르기 위해 필요한 돈, 노력 그리고 시간이 더 요구되기 때문이다 (Rengert, 2004: 173). 연구원들은 이러한 연구결과를 토대로 '범죄자들의 공간이동에 관한 제약(barriers to criminal spatial movement)'을 더 강하고 어렵게 EM 대상자들에게 부과하면 범죄율을 줄이는 데 도움이 될 것이라는 결론을 내렸다 (Rengert, 2004: 176).

　또한, 렝거트(Rengert, 1989: 170) 본인 역시 일찍이 이를 깨닫고, 언젠가는

'전자 기기를 이용한 추적 및 감시 장치의 사용이 확장'될 것이라고 전망했다. 상황적 범죄예방이론에서는 술집이나 스포츠 경기장 등에 출입을 금하는 전통적인 개인 배제방식을 활용한다. 상황적 범죄예방 운동의 전략으로써 공간 기반의 보호 방식(place-based protection)은 '후견인이나 보호자로 합당한 자(capable guardians)'나, CCTV, 가로등, 울타리, 문 잠금, 그리고 관리인들을 현장에 배치할 수 있다. 추적 장치의 일환으로써 전자감독이 이동 범죄자의 후견인이 된다고 볼 수도 있다. 전자감독은 개별화된 감시 프로그램(individualized supervision packages)을 이용해서 공간제약을 전자감독의 일부로 통합시킬 수 있는 가능성을 제공하고 있다. 이는 예전의 사회적 형벌의 수준에서는 상상도 할 수 없었던 일이다.

　　그러나 공공장소로부터 개인을 배제하는 것이 형벌의 형태로든 범죄예방이든 과연 정당한 것인가라는 문제가 남아 있다. 폰 히어쉬와 쉬어링(Von Hirsch and Shearing, 2000)은 이러한 발상에 대해 시민의 자유주의에 대한 침해라는 이유로 매우 큰 반감을 가지고 있다. 시민의 권리로써 공공장소로의 보편적인 접근은 아주 중요한 것이다. 재화와 서비스의 사용을 허용하고 삶의 질을 향상시키는 데 그 의의가 있다. 범죄자들이 '자유로운 사회의 일원(membership of a free community)'이 될 수 있다는 원칙을 실현시킬 수 있을 뿐만 아니라 이들에게 사회의 일원이라는 생각을 심어줄 수 있고, 더 좁은 범위에서는 마을 사람, 이웃이라는 것을 자각할 수 있게 해 준다.

　　예전에도 그랬듯이 공공장소에서의 사회질서는 범죄자들을 사후에 처벌하고 사전에 위험한 행동을 하는 것을 예방함으로써 보다 효과적으로 유지될 수 있다. 범죄자를 공공장소로부터 원천적으로 배제하는 방법을 쓰면서 응보주의적인 방법을 사용해서는 안 될 것이며, 범죄자의 행동(행동기반(Conduct-based) 또는 Profile-based (프로파일기반))이 '어떨 것이다' 하고 미리 예측해서 이들의 공공장소 사용 자체를 배제하는 방법을 사용해서도 안 될 것이다.

　　불법적인 자격 박탈(illegitimate disqualification)이라는 개념을 근거로 폰 히어쉬와 쉬어링의 주장을 더 강하게 피력할 수 있다. 그들에 주장에 의하면, 국민의 신뢰를 남용한 정직하지 못한 일부 전문가가 그들이 가진 전문 자격증을 박탈당하는 것처럼(또는 위험 운전자들의 도로사용을 금지하는 조항 같은 것들이 추가

될 수도 있다) 범죄자들이 도덕적으로 무조건 공공장소 사용을 박탈당하는 것은 타당하지 않다. 공공장소를 사용하기 위해 시민들에게 요구되는 특별한 자격은 없다. 즉, 라이선스를 가진 변호사나 전문 공무원이 되어야 한다거나 혹은 운전면허증을 가진 신중한 운전자가 되어야 한다는 것과 같은 특별한 자격 요구사항은 존재하지 않는다. 그러므로 그들이 공공장소를 악용할 경우에도 이들의 공공장소 이용을 막을 수는 없다.

'공공장소 및 반(半)공공장소 사용자는 보통 사람들이 의사나 변호사에게 일을 맡기는 것과 달리, 다른 공공장소 이용자에게 이해관계가 있는 개인의 어려운 일을 부탁해서는 안 된다'고 볼 수 있다(von Hirsch and Shearing, 2000: 91). 즉, 공공장소에서 위험한 사람이 등장하는 것 자체를 일반인들이 평상시에 관리, 감독할 것을 부탁해서는 안 된다는 뜻이다. 그러나 이는 논란의 여지가 있는 말이다. 왜냐하면 일반적인 공공장소 이용자가 자신들의 안전을 때로는 국가나 다른 사람에게 맡기는 것 역시 중요한 의미가 있는 일이기 때문이다. 즉, 시민들은 공공장소에서 본인이나 그들의 물건이 모두 안전을 보장받을 것이라는 믿음, 그리고 관계가 거의 없는 낯선 사람들끼리의 상호적인 관용이 그들을 보호할 것이라는 합리적인 믿음으로 공공장소를 이용할 수 있다.

이러한 상호작용이 존재하기 때문에 부모들이 아이들을 데리고 공공장소로 나올 수 있다. 공공장소를 사용하는 데 있어서 이를 믿는 것은 심오한 뜻을 가지고 있으며, 이러한 믿음을 남용한 사람들을 배제하기 위해 수단적인 요소와 상직적인 요소가 나올 수 있다. 이 문제는 쉽게 결정할 수 있는 것은 아니지만, 배제를 하는 기간(duration of exclusion)은 합리성이라는 판단 기준에 있어 매우 중요한 문제다. 이를 달성하기 위해서는 전자적 접근금지(electronic exclusion)를 동시에 고려해야 한다. 그래야만 범죄자가 스스로 자신의 죄를 뉘우치고 올바르게 행동할 수 있다는 확신이 생겨서 일정한 합의점에서 공공장소 재사용을 허락받게 된다.

예를 들면, 시내, 쇼핑센터, 항구, 부동산, 공원, 스쿨존과 같은 공공장소 출입을 금지하는 것은 기본적인 시민권과 일상적인 삶에 대한 침해임이 명백한 것이다. 이로 인해 범죄자가 수치심을 느낄 수도 있다. 그러나 짧은 기간 동안 일시적으로 출입금지처분을 받는 것은 인권의 근본적인 침해라고 보기 어렵다

(Ward, 2009 참고). 단, 의심할 여지없이 범죄자는 이로 인해 불편을 겪고, 범죄자와 친분관계가 있는 사람들에게 부담스러운 일을 경험하게 될 것이다.

이에 관해서는 적어도 엄격한 접근금지 수준과 기간 부과에 대해 접근금지명령 제한이 필요하다. 대상자의 불편한 점과 부담감을 상쇄시킬 수 있는 방법은 지정된 출입제한장소에 잠시 동안은 범죄자들의 출입을 허용하거나, 범죄자들이 해당 공간에서 사회생활을 하도록 일시 허락함으로써 동거인에게 '숨 쉴 공간(breathing space)'을 만들어 주는 것이다. 접근금지 기간은 범죄자들의 EM 참여 및 접근금지 구역 수락 가능성을 확인하는 데 중요한 요소가 된다. 범죄자들이 자신이 원하는 '안전지대(comfort zone)'에서 격리되기 싫어하는 이상 미래의 특정 시점에서 격리 요건을 완화한다는 약속은 감시 준수사항을 위한 인센티브로 작용될 수 있다.

▌ 자택을 구금 장소로 활용하기
(Using the home as a place of confinement)

전자감독이 가택구금을 집행하는 방식으로 사용되면서, 많은 논란이 일고 있으며(특히 전자감독을 형벌로 사용한 전력이 없는 국가에서), 여기에서 전자감독 윤리는 그리 단순하지 않다는 사실을 알 수 있다. 전자감독 외출금지명령은 구금의 형태와 동시에 접근금지 격리(exclusion)의 형태 두 가지가 있다. 전자감독 외출금지명령을 받고 있는 범죄자는 주간 혹은 야간 중 어느 특정한 시간에는 출입하고자 하는 공공장소에 출입할 수 없다. 법원에서는 전자감독 외출금지명령 중 격리적인 요소(exclusionary element)가 가장 징벌적이라는 데 공통의 의견을 모았다.

전자 부착장치 대상자의 기질, 나이, 가족 상황에 따라서 '편의(comfort)'로 가득한 가택 구금은 실제 불쾌한 경험이 되지 않을 수도 있다. 하지만 감금되어 있다는 사실은 법원의 의도와 무관하게 여러 관점에서 범죄자에게 반드시 영향을 미칠 것이다. 만약, 범죄자의 가정생활이 녹록하지 않다면 처벌적인 요소가 강해질 수 있다(만약에 범죄자가 견딜 만하지 않으면 가차 없이 법을 또 다시 위반하고 범죄를 저지를 것이다). 구금되어 있는 동안 범죄자와 범죄자의 부모/배우자/자식들과 유대관계를 더 돈독히 하거나 이로 인해 범죄자가 범죄를 야기하는 생활(다른 범죄자들과의 관계 절교)에서 벗어나서 범죄 습관을 없앤다면(범죄자가 그래서 본인의 인생을 한 번 생각해 볼 수 있는 시간을 가질 수 있다면), 환영할 수 있는 방법이라고 할 수 있다.

전자감독은 불가피하게도 범죄자의 격리를 넘어 범죄자와 같이 동거하는 제3자에게 부차적인 결과를 야기하기 때문에 독자적인 전자감독명령 그 자체가 옹호될 수 있는 처벌인지에 관해 의문이 제기되고 있다. 만약 전자감독이 옹호할 수 있는 대상이라고 한다면, 전자감독명령이 사회복귀 프로그램과 함께 사용할 수 있는가의 문제가 있다. 독자적인 전자감독이 범죄자들에게 시행되어 창의적인 통제, 즉 범죄자들이 전자감독을 받고 있는 동안 범죄율을 감소시키는 데 있어 자체적으로 윤리적인 효과를 지니는 방안이 가능하면, 독자적인 전자감독 모델에 대한 주장이 맞을 수 있다. 하지만, 만약 감시 기간을 넘어선 장기적인 범죄감소 방책이 강구되어야 한다면, 범죄자로 하여금 범죄자의 습성을 스스로 고치고 범죄를 그만두게 하는 데 도움이 되는 전자감독을 활용하여 그들에게 도움을 주는 것이 윤리적으로 더 타당할 것이다.

24시간 지속되는 외출금지명령은 윤리적으로 사회적으로 바람직한 제도로 받아들여지지 않아야 한다. 전자감독명령은 혼자 사는 이에게 큰 부담을 지워줄 수 있으며 제3자에게는 더 큰 부담이 될 수도 있다. 가장 큰 반대 이유는 특정 장소에 구금될 필요가 있는 범죄자는 구금시설에 있던가, 아니면 적어도 호스텔에 있어야 할 사람이라는 것이 그 이유이다. 전자감독이 할 수 있는 창의적인 통제방법은 간헐 상태(intermittence), 즉 주간 또는 야간에 부분적으로 사용될 수 있으며 이는 EM이 재택 여부 확인에 정확도를 가진다는 점, 이를 통해 범죄자들이 외출 시 본인이 자유의지대로 행동할 수 있도록 한다는 점에 그 의미가 있다(구직활동 또는 직업을 갖거나, 사회복귀 프로그램에 참여하거나 또는 이 둘을 적절히 혼합할 수 있다).

중간 제재수단으로의 전자감독이 가지는 간헐성(Intermittence)은 범죄자가 제3자로부터 떨어져 어느 정도 감시의 눈을 피해 편하게 지낼 수 있는 순간적인 여유를 갖는다는 데 그 의의가 있다. 아마 가장 중요한 점은 반대 상황에도 마찬가지로 작용하게 되어 보호관찰관이나 다른 제3자도 범죄자로부터 잠시 눈을 뗄 수 있는 편안한 휴식 시간을 필요로 한다고 하겠다.

저녁 또는 심야 전자감독만큼이나 일반적으로 전자감독을 사용하는 시간은 보통 오전 7시에서 오후 7시 사이이다. 이 시간대는 보통 대다수의 사람들이 집에 있는 시간이고, 이 시간대에 전자감독을 하는 이유는 삶의 패턴이 다소 혼란스러운 범죄자의 삶에 균형을 잡아 주기 위해서이다. 이 규범적인 의견에 내재된 의미는 주로 밤 시간 동안 집에 있거나 아니면 잠을 자는 것이 일반적인 통념이라는 것이다. 전자감독에서 가장 징벌적인 부분은 특히 저녁 7시에서 자정이나 저녁 또는 심야 여가활동 시간을 단축시키는 것이다. 이로 인해 하룻밤 동안 외박하거나, 다른 곳에 있을 수 있는 자율성을 잃어버리는 것도 전자감독의 가장 징벌적인 면모 중 하나이다.

전자감독 외출금지명령을 더 창조적이고 융통성 있게 사용할 수 있다. 최대 12시간인 전자감독 외출금지명령을 받는 시간을 날마다 다르게 지정할 수도 있고, 외출허가 시간을 다른 날이나 주말로 정할 수도 있다. 이러한 스케줄의 변화 또는 시간을 변경하는 것은 직업을 찾는 데 도움을 줄 수 있을 뿐만 아니라, 범죄를 일으키는 시간이나 공간적 패턴을 다루는 데 도움이 된다. 범죄자들을 범죄에 연루될 수 있는 특정 시간이나 축구 경기장 같이 충분히 범죄가 일어날 만한 특정 위험 장소의 출입을 통제하여 자택에 있게 함으로써 탄력적으로 가택구금을 운영할 수도 있다.

스코틀랜드에서는 늦은 오후 시간대에 여성 범죄자들의 외출을 통제하는 방안으로 전자감독을 활용하고 있다. 재판관들이 오후 4시가 여성 범죄자들이 가게에서 물건을 훔치는 피크 타임이라고 생각한 것이 그 이유이다. 렌거트(Rengert's, 2004)가 관찰한 바에 따르면 집은 '하루를 시작하는 장소이자 마무리하는 장소'이기 때문에 더 창조적인 통제의 기초를 형성할 수 있는 기반이 될 수 있다. 렌거트에 의하면 자택의 위치는 곧 '대상자가 저녁에 반드시 귀가해야 한다는 사항을 고려하여 개인이 하루 동안 이용할 수 있는 영역의 범위를 정하는 공간적 한계이자, 사용 가능한 교통수단의 기술 적용 기준'이라고 정의했다.

예를 들면, 12시간의 외출제한명령 시간을 2시간마다 나눠서 24시간 동안 간격을 두고 분할할 수 있다. 스코틀랜드 보안관 중 한 명은 자동차 전문 탈취범이 집에서부터 이동할 수 있는 거리를 제한했고, 실제로 범죄자가 귀가하기 전에는 자택에서 한 시간 이상이 걸리는 거리에 가지 못하도록 하는 조치를 취했다. 만약에 부모가 이혼해서 두 집 사이를 왔다 갔다 해야 하면, 부착 장치 명령을 받은 소년범의 경우에는 부모 각각의 집에 수신기를 설치해서 이를 해결할 수 있다.

앞서 언급된 대로 전자감독 외출금지명령을 사용할 수 있다면 자체적인 기준을 가지고 EM을 사용해서 '창조적(creative)'인 방식으로 활용할 수 있지만, 그 효과에는 한계가 있다. 만약 전자감독이 범죄 감소에 기여하고 구금의 대안이 될 수 있다면, 전자감독은 반드시 집중감시 프로그램(Intensive supervision programmes)에 통합되어야만 한다. 이렇게 된다면 범죄자에게 외출금지명령이 적용되지 않고 있을 때도 범죄자에게 외부 특정 활동과 시간에 상당한 부담을 주어서 범죄자가 재범을 저지르는 것을 막을 수 있다.

전자감독을 받는 대상자에게 있어 '통합'이라는 개념은 실체적인 의미를 갖고 있어야 한다. 그렇지 않으면 피터 윌리엄스(Peter Williams) 사건과 같은 일이 발생할 수 있다. 잉글랜드 웨일스에서 집중감시 프로그램 대상자였던 피터 윌리엄스라는 젊은이는 법적 기관과 민간 기관의 관리인들이 서로 원활하게 의사소통을 하지 못하는 바람에 집중감시 프로그램에서 두 기관의 양분된 감시 대상이 되어 각각의 기관으로부터 따로 감시를 받아야만 했었다.

이에 대해 형벌의 강도에 대해서 의문을 제기하지 않을 수 없다. 시민 자유주의적 전통의 (좌파 우파를 막론하고) 뿌리 깊은 시민의식 때문인지, 전자감독 가택구금이 안락한 보호 장소의 상징인 '집(home)'의 의미를 뒤바꾼다는 의견이 있다. 이에 처음에는 전자감독 가택구금이 고위험군(high-tariff) 범죄자들만 대상으로 하기에 집의 의미 변화는 어쩔 수 없이 남겨 둬야 하는 꺼림칙한 가혹한 형벌로 인식되었다.

만약 '집은 사람들이 일상생활로부터 돌아와서 쉬는 곳이고, 감시를 받지 않을 자유가 있는 곳이며 자기 자신의 삶과 주변 환경을 편안하게 영위할 수 있는 자신만의 장소(Saunder, 1989: 184)'라면, 정부가 개인의 자택을 형벌의 장소로써 사용하는 것은 자유에 대한 침해 행위라고 할 수 있다. 폰 히어쉬(von

Hirsch) 조차도 과잉금지의 원칙 및 비례의 원칙(proportionality)을 반영하면서, 전자감독 가택구금이 본질적으로 가혹한 양형이라는 점을 수긍하는 듯했다.

하지만 중요한 점은 폰 히어쉬(von Hirsch)가 자체적인 다양한 형태의 전자감독명령을 사용할 수 있는 여러 가지 경우에 대해서 구체적으로 분류를 해놓지는 않았다는 것이다. 뿐만 아니라 폰 히어쉬(von Hirsch)는 전자감독이 (낮에 사용하는) 집중감시 프로그램의 하나로 사용되는 경우에 발생하는 복잡한 문제(윤리적인 문제 등)에 관해서도 크게 고려하지 않았다. 하나의 전체적인 토탈 패키지(the total package) 서비스 형태의 EM이 야간에 사용되는 탄력적인 형태의 자체적인 전자감독보다 더 가혹하고 꺼림칙한 것은 사실이다.

범죄자가 구금되어 있는 자택의 수준이나, 그리고 이에 대한 범죄자의 태도 및 범죄자를 바라보는 주변 사람들의 태도가 범죄자가 인식하는 형벌의 심각성 정도에 영향을 끼칠 것이다. 집의 크기(방의 수)나 생활 편의시설의 수준은 감정이 격앙된 경우, 동거인과 거리를 둘 수 있다는 사실을 의미하므로 이는 곧 범죄자의 경험에 영향을 끼칠 수 있다. 근접성이 강화되면 범죄자들이 감정이 격해지고 분노하게 된다는 데에는 충분한 이유가 있다. 하지만 전형적인 화이트칼라(White-Collar) 범죄자의 경우에는 자택에서 전자장치부착 명령을 받고 마티니 같은 칵테일이나 마시면서 집안+수영장에서 시간을 보낼 수 있어서 자그마한 고층 아파트에 사는 가난한 마약밀매업자와는 상황이 다르다.

더욱이 나이와 성별 차원에서 집은 다양한 의미를 지닌다. 사춘기 청소년들이 어린 아이들이나 어른들에 비해 집 밖에서 더 많이 생활하고 또래들과 함께 있으려는 성향이 강하므로 상대적으로 청소년들에게는 구금이 어른들보다는 더 징벌적으로 다가올 수 있다. 일부 페미니스트들은 여성 범죄자들에게 집은 노동 착취를 당하는 곳이지 안식처가 아니라고 주장하면서 집이 구금의 장소로 쓰이지 않는다 하더라고 이미 일부 여성을 억압하는 장소라고 피력하고 있다(Aungles, 1994).

▌위성 추적을 이용한 이동 모니터링
(Mobility monitoring using satellite tracking)

특정 장소에 범죄자를 구금하는 것보다, 범죄자들의 움직임을 모니터링하는 방법으로 GPS 위성 추적(여러 가지 지상파를 사용한 기술)을 사용할 수 있는데, GPS 위성 추적 방식이 이미 미국에서는 널리 상용화되었고, 잉글랜드 웨일스와 뉴질랜드에서도 시범 실험을 실시했다. 뿐만 아니라 네덜란드와 프랑스에서도 소규모였지만 시범 실험을 실시했다. GPS 위성 추적 기술은 여러 가지 방법으로 사용될 수 있는데, '어디에 있든 어느 장소나 추적할 수 있는 방식(wherever-you go)'에 근거한 것이고, 더 선택적인 방법으로는 지정된 구역만 출입금지하는 방식도 있으며, 소급력이 있는 과거행동 확인 전자감독 방식이나 아니면 실시간 전자감독 방식을 사용할 수 있다.

출입금지 구역은 특정 피해자(스토킹, 강간, 가정폭력 피해자 등) 주위로 설정될 수도 있고, 범죄자가 일반적으로 범죄를 저지를 만한 장소가 될 수도 있고(항구, 부동산, 스포츠 경기장 등), 과거의 전력을 근거하여 미래에 범죄를 다시 저지를 만한 장소(예를 들면, 공원이나 놀이터)가 될 수도 있다. 소급적인 모니터링(retrospective monitoring)이나 실시간 모니터링은 혼합형으로 사용될 수가 있는데, 주로 소급적 모니터링이 많이 쓰이고 실시간 모니터링은 범죄자가 출입금지 구역 주위로 갔을 때 사용한다(Nellis, 2010b).

범죄자를 감시하는 기관과 관련이 있는 보호관찰소나 경찰 같은 기관들이 소급적인 모니터링(retrospective monitoring)을 사용할 때, 일정한 시간이 지난 다음에야(예를 들면, 24시간) 모니터링 컴퓨터에 그 결과를 다운로드받아 봄으로써 소급해서 범죄자의 움직임을 포착할 수 있다. 소급적 추적(retrospective tracking) 이론은 바로 범죄자를 억제(deterrence)시키기 위한 것이다. 범죄자들은 추후 경찰이나 보호관찰소가 자신이 이동한 곳을 모두 추적할 뿐만 아니라, 범죄를 저지를 만한 곳 근처에 갔는지 또는 출입금지 구역에 갔는지 모두 알 수 있다는 것을 잘 알고 있다. 분명하게 이는 피해자를 보호하는 데 한계가 있는 방식이기는 하지만 단순히 범죄자의 공간적 움직임을 포착하려고 할 때에는 유용한 방법이다.

범죄자가 실시간 추적을 받고 있다면 범죄자의 움직임은 그 순간순간 포착될 것이다. 범죄자가 차고 있는 부착장치에서 나온 신호가 위성에 전달되고, 위성에서 통제센터에 계속 데이터가 전달되는 방식이며 범죄자를 나타내는 점이 범죄자의 움직임에 따라서 컴퓨터 화면의 지도에 계속 나타난다. 그리고 전자감독 기술 중에는 통제센터가 문자(text), 휴대용 소형 무선 호출기(pager)나 전화기(phone)를 사용하여 범죄자와 계속 연결을 하는 장치가 있다. 예를 들면, 출입금지 구역에 가고 있는 경우나 신호가 끊어질 경우, 다시 신호가 닿는 곳으로 이동하라고 명령을 내릴 수 있다. 혼합형 추적의 경우 소급적 추적(retrospective tracking)은 범죄자가 출입금지 밖에 있을 때 사용하고, 범죄자가 출입금지 구역 안으로 들어오면 실시간 추적으로 전환하는 방법을 택한다(단, 범죄자가 추적장치를 계속 차고 있다는 것을 가정하고).

피해자들을 보호하기 위해 출입금지 구역을 정하는 것은 말처럼 쉬운 것은 아니다. 출입금지 구역이 너무 작거나 혹은 출입금지 구역이 피해자의 집과 활동범위에서 너무 가깝다면 범죄자가 출입금지 구역으로 가지 말라는 명령을 어겼다는 연락을 받았을 때 경찰이 대처할 수 있는 시간이 충분치 않다. 출입금지 구역의 크기는 경찰이 충분히 대처할 만한 시간의 여유가 있는 만큼의 크기가 되어야지 범죄자의 편의에 따라 결정되거나 과잉금지의 원칙이나 비례의 원칙(Proportionality)에 위반해서 결정되면 안 될 것이다.

특정 장소로 이동하기 위해서 출입금지 구역을 경유해도 된다는 허락을 매번 받아야 하거나 범죄자가 거주하는 장소에 따라 출입금지 구역이 너무 크다면 범죄자에게는 큰 애로사항으로 적용될 수 있다. 아동 성범죄자의 경우 출입금지 구역을 지정하는 이유는 특정한 범죄 피해자를 보호하는 것보다는 피해자가 될 것 같은(likely victims) 예비 피해자의 발생을 막자는 차원에서 출입금지 구역을 지정한다. 범죄자를 놀이터나 도시중앙센터와 같은 여러 장소로부터 출입금지시키는 데 상당한 비용이 들 것으로 예상된다. 하지만, 이런 장소를 모두 출입금지 구역으로 지정해 놓고 일부에만 출입금지 구역을 아우르는 전자감지 측정계를 설치한 뒤 범죄자에게는 장치가 어디 설치되어 있는지 말해 주지 않는 방식으로 EM을 운영할 것이다.

범죄자가 범죄를 저지를 것이라고 예견되는 곳을 출입금지 구역이라고 지정하는 것이 복잡한 문제가 되는 데에는 여러 가지 이유가 있다. 특히 범죄자의 집과 범죄를 일으키는 지역이 가깝다면 더 심각한 문제가 될 수 있다. 이와 같은 출입금지 구역을 지정하는 데에는 세 가지 중요한 이유가 있다. 첫 번째 이유는 범죄 피해자 또는 잠재적으로 범죄 피해를 당할 수 있는 사람들로부터 범죄자와 거리를 두기 위해서이다. 두 번째 이유는 '안전지대(comfort zone, 범죄자가 범죄를 쉽게 저지르고 범죄 현장으로부터 쉽게 빠져나올 수 있는 곳)' 내에서 범죄자가 다시 범죄를 저지르는 것을 방지하기 위해서이다. 그리고 세 번째 이유는 단순히 훈육을 가하는 차원에서 출입금지 구역에 점진적으로 출입 허락을 한다고 대상자에게 약속해서 감시 프로그램(supervision programme)의 측면으로 법을 준수하게 만드는 인센티브를 제공하는 것이다. 범죄자가 출입금지 구역 가장자리나 아니면 출입금지 구역 내부에 거주하면 그 범죄자는 한 방향으로만 외출을 하고 돌아올 때는 다른 길로 돌아와야만 한다.

정확하게 말하자면 범죄자가 걸어서 가든지 차를 타든지 혹은 여타 다른 교통수단을 이용하든지 간에 정해진 한 방향으로 가야지 자기 자신이 원하는 대로 출입금지 구역을 왔다 갈 수 없다. 범죄자에게는 아주 불편할 일이 될 수 있다.

또 하나의 문제는 범죄자들로 하여금 범죄를 저지르던 장소로의 출입을 제한한다는 것은 범죄자들을 가족과 친구들이 그들을 찾아오지 않는 이상 가족과 친구들로부터 멀어지게 된다는 것을 의미한다. 범죄자에게 특정 장소로부터의 격리 조치를 취하면 범죄자는 가고 싶은 곳에 마음대로 가지 못하고 계속 집에만 있게 되는 역설적인 현상이 발생하는데, 가택구금을 통해 이런 일이 손쉽게 저비용으로 달성될 수 있다. 이러한 집중적인 마이크로-매니지먼트(micro-management)에는 사람들의 공간 행동이 '필요 이상으로' 금지된다는 위험성 역시 존재한다(니겔 월커(Nigel Walker)가 구금시설에 투옥시키는 것에 대해 언급한 대로).

일부 미국 州에서는 성범죄자에게(특히 아동 성범죄자) 평생 GPS 추적을 받게 하는 법을 통과시켰고, 일반적으로 모니터링 비용은 범죄자가 일부 부담하게 했다(Doffing, 2009; Waldo, 2010). 실질적으로, 종신 모니터링을 받은 대상자가 없어서 종신 모니터링의 실행 가능성에 대해서는 정확히 알 수 없다. 이러한 조치가 현실화되려면 범죄자가 전자감독을 받고 있는 동안 범죄를 저지를 가능성이 줄어들 것이라는 증거가 있어야 한다(Padgett et al., 2006).

통계적 추정치가 설명하는 것과 다르게 일정한 기간 동안에는 적합하고 효과가 있어 보이던 제도도 수년간 지속될 경우에는 효과적이지 않을 수가 있다. 종신 추적에 대한 시민권의 윤리적 의미는 아주 심오한 뜻을 가지고 있다. 영원히 한 사람을 믿을 수 없고, 항상 의심의 눈초리로 봐야 하는 상황이라면, 본질적으로 그 사람이 개선될 것이라는 것을 거부하면서 그들을 비하하는 행위를 하는 것이다. 전자감독을 평생 사용하게 한다면, 인격적인 모독적인 행위가 될 수 있다. 이와 달리 전자감독을 단기간으로 사용한다면 인격적 모독 행위는 아니다(Ward, 2009).

이동 모니터링의 윤리와 운영과 관련해서 두 가지의 쟁점이 존재한다. 첫 번째는 추적 감시를 받는 범죄자와의 의사소통과 관련된 쟁점이고, 또 하나는 범죄현장으로 알려진 위치를 범죄자들에게 연결할 수 있는 가능성이다. 대부분의 GPS 위성 추적 장치들은 문자 기능이 있다. 범죄자가 출입금지 구역 근처로 가거나 보호관찰관이 범죄자를 호출할 때 경고 또는 알림용으로 문자 기능을 이용할 수 있다. 일부 추적 장치에는 문자 답장 기능까지 있다. 또, 일부 추적 장치에는 전화 기능까지 있어 전화 통화까지 가능하다. 이러한 의사소통 기술을 쓰는 전자감독이 과연 대상자에게 이로운 것인가에 관해서는 의견이 분분하다(제조사들 사이에서도 마찬가지이다).

만약에 지도상에서 범죄자가 출입금지 구역으로 가고 있는 것이 확인되면, 보호관찰관은 경찰에게 연락을 취할 수가 있다. 이에 아래와 같은 질문들을 하지 않을 수 없다.

만약에 범죄자가 전화를 받는다고 가정한다면, 모니터링센터가 범죄자와 연락할 수 있는 것이 범죄자를 감시하는 데 도움이 될 것인가? 만약에 범죄자가 죄를 짓지 않았다면, 통신 연결을 실패했든 성공했든 간에 연결 시도를 했으면 감시 당국이 이에 대한 책임이 없는 것인가? 경찰에게 신호를 보내는 것만으로는 충분하지 않은가?

이런 질문에 대해서 만장일치로 합의된 의견은 없다. 하지만 이런 문제들이 추적 기술을 둘러싼 딜레마라고 할 수 있다. 범죄 사건발생과 범죄자의 움직임은 무엇으로 확인할 수 있나? 크라임트랙스(CrimeTrax) 프로그램에서는 이미 범죄자의 움직임을 확인하는 방법을 실시하고 있다. 그리고 이런 방법을 사용하지 않는다면 GPS 모니터링조차도 소극적이고 불완전한 조치로 여겨질 수 있다. 범죄자의 움직임을 확인하는 기술을 사용함으로써 범죄자가 범죄를 저지르는 것을 억제하도록 할 수 있다.

경찰 측에서는 이런 방법이 추적감시를 받는 범죄자들의 유죄를 입증하는 데 도움이 될 것이라고 생각하고 있다. 그러나 추적 기술을 도입하기 위한 형사사법기관의 압력이 피의자 혹은 피고인에 대한 부당한 기소에서 비롯될 수 있다고 생각하지 않을 수 없다. 일각에서는 일관된 증거와 추정장치 대상자의 움직임 그리고 범죄 현장이 이들의 유죄를 입증하기 보다는 무죄를 입증하는 데 더 큰 도움이 될 것이라고 한다.

▮ 오명, 수치심 그리고 담론의 의미
(Stigma, shame and the importance of dialogue)

> 창피를 주는 것은 인간의 존엄성에 대한 훼손이 된다. 따라서 범죄자라 할지라도 누구도 공개적으로 모욕을 당해서는 안 된다. 올바른 사회라면 아무리 확고한 이유가 있을지라도 범죄자의 인권이 훼손되는 일이 없도록 해야 할 것이며, 사회적으로 처벌이 불가피할지라도 인간의 존엄성만은 훼손되어서는 안 된다.
>
> (Margalit, 1996: 262)

범죄자들이 보통 남의 눈에 잘 띄는 전자감독 장치를 차고 있어야(비록 범죄자가 전자부착에 동의했어도) 하므로 범죄자에게는 전자감독이 주홍글씨처럼 여겨질 수 있다. 미국의 일부 전자감독 프로그램에서는 세련된 방식을 사용한다. 마이어(Meyer, 2004: 116)에 의하면 '전자감독 프로그램은 처벌을 강조'하는 제재수단이라고 볼 수 있다. 그래서 전자감독 장치를 일부러 감추기에도 무거울 뿐만 아니라 짜증스러운 시간 때에도 수시로 연락을 취할 수 있게 만들었다. 그러나 이런 방법이 미국에서는 보편적인 방법은 아니다.

하나로 통합된 GPS 추적 장치의 일종인 STOP 마켓 블루태그(STOP markets Bluetag)를 예로 들면 이 전자감독 장치는 바지 안에 숨길 수도 있다 (advert, Journal of Offender Monitoring, 19: 1, 2006). 아직 신중한 분위기이지만, 유럽에서는 전자감독 발찌가 두드러지게 선호되고 있다. 범죄자의 낙인과 관련된 문제는 전자감독 발찌만으로는 해결이 되지 않았다. 특히 하나로 통합된 (one-piece unit) GPS 장치가 표준적이지만, GPS 추적에 관해서는 범죄자가 전자부착장치를 차고 다녀야 하는 동시에 송신 장비 역시 휴대해야 하는 상황이다.

하지만 그 크기는 점점 작아지고 있다. 영국의 형사사무 컨소시엄(The penal Affairs Consortium 1997)은 전자감독이 청소년들에게는 '유례없는 주홍 글씨 (uniquely stigmatizing)'가 될 수도 있다고 주장하며 그 이유로 학생들이 발목이나 허리에 부착장치를 차고 등교하여 범죄자로 낙인찍힐 가능성이 크기 때문이라고 봤다. 영국의 형사사무 컨소시엄(The penal Affairs Consortium 1997)에서 제시한 낙인이론은 부착장치를 찬 청소년들이 마치 부착장치가 훈장인 것처럼 자랑하고 다닐 수 있다고 봤다. 그래서 "강한"척 하면서 EM 장치를 당당히 내보이면서 학교생활을 할 수도 있다고 경고하고 있다(형사사무 컨소시엄 1997). 틀림없이 전자감독 부착장치를 하는 데는 위험요소도 따른다. 청소년들의 경우, 전자부착장치를 숨기려 해도 숨길 수가 없다. 왜냐하면 체육 수업 시간이나 수영 레슨이 있을 때 전자부착장치가 드러나기 때문이다. 학생들은 전자장치를 보고 불명예스럽다, 억울하다, 떳떳하다, 또는 무관심하다 등의 여러 가지 반응을 보일 수 있다. 루시아 제드너(Lucia Zedner)는 청소년들과 어른들의 입장에서 이에 대해 의견을 사전에 세심하게 이해할 필요가 있다고 주장했다.

전자부착장치를 받는 것은 불명예스러운 일이다. 부착장치가 브레이스웨이트 (Braithwaite)와 다른 연구자들이 주장한 '재통합적 수치(reintegrative shaming)'를 상징하는 것도 아니다. 부착장치가 범죄자들에게 불명예의 꼬리표를 붙이기는 하지만 범죄자들과 건설적인 대화를 하거나, 양심의 가책을 느끼게 하거나 또는 사회의 일원으로 재통합시키는 데 별로 도움이 되진 않는다. 이런 형태의 관찰방법은 궁극적으로 비인간적이다.   (Zedner, 2004: 221-222)

이런 관점이 중요하기는 하지만, 제드너의 비판은 과장된 부분도 있다. 제드너는 부착장치가 모욕을 줄 뿐만 아니라 비인간적이라고 말하기도 한다. 그러나 폰 히어쉬(Hirsch, 1990)로 위드필드(Whitfield, 2001)가 언급한대로 전자감독 기술 자체로는 그렇게 권리를 침해하는 측면이 없다. 오히려 일부 범죄자들은 전자감독이 자주 방문하는 경찰이나 보호관찰관에 비해 덜 개입적이라 편하다고 생각할 수 있다. 부착장치를 차는 것이 수치스럽기는 하지만, 이러한 이유로 인해 범죄자들이 부착장치를 차는 것을 잘 참아내며 인내심을 갖고 견디고 있는 것이기도 하다.

범죄자가 수치심을 느끼도록 만드는 것은 생각만큼 쉬운 일이 아니다. 그리고 제드너(Zedner)가 하나 알지 못하는 것은 바로 이를 위해 어느 정도 필요한 전제조건이 브레이스웨이트(Braithwaite, 1989)에 의해 규정된 재통합이라는 것이다. 듀프(Duff, 1999)의 말을 인용하자면, 부착장치를 차고 있는 범죄자가 자신이 부착장치를 달고 있다는 사실로 인해(여기에 부착장치를 참으로써 마음대로 움직이지 못한다는 좌절감까지 포함) 의도치 않은 수치심을 느끼는 것은 합법적인 '속죄감정(penance)'을 갖게 되는 것으로 해석할 수 있다.

그러나 누가 이런 식으로 생각하게 만드느냐의 문제가 남아 있다. 자체적인 전자감독을 사용할 때 범죄자와 연락을 취할 수 있는 보호관찰관 혹은 감독요원이 상시 대기 중이다(주로 민간 기업의 경우)(Jones, 2003). 하지만 이렇게 형벌을 '유의미하게' 만드는 것은 원래 감독요원의 소관은 아니다. 제드너(Zedner)가 언급한 대로, 전자감독에 대해서 본질적으로 언급되어진 바가 없지만(그리고 린덴버그(Lindenberg, 2003)에 의하면 이 때문에 사회복지 차원의 실천과 그 가치를 지닌 화합이 불가능하게 된다), 전자감독에 대화나 의사소통을 통한 사전계획으로 전자감독을 고유하게 만드는 방법은 존재하지 않는다. 개인적인 특정 사례의 경우에는 전자감독이(어떤 형벌이나 마찬가지로) 범죄자에게는 자기반성을 하도록 할 수 있다. 특히, 전자감독을 받고 있으므로 움직임에 제약이 있어 범죄자가 더 말을 잘 듣도록 할 수 있다. 그래서 이전의 경우보다 가족, 이웃 그리고 전문가와의 대화를 더 촉진할 수 있다. 만약에 범죄율을 줄이면서 특정 범죄자가 사회 내에서 문제를 일으키지 않는 일반 시민으로 돌아왔다는 것이 눈에 띌 정도로 보인다면(격리상태에 순응함으로써), 사람들이 그 범죄자에게 덜

적대적으로 행동할 것이다. 격리 또는 구금을 완화함으로써 범죄자를 사회로 재통합시킬 수 있는 것이다.

하지만 독립된 처벌 형태의 전자감독을 사용하는 경우 범죄자가 순응하지 않을 경우, 구금시설에 다시 구금시킬 수 있다. 이러한 가능성 때문에 범죄자에게는 EM이 긍정적이거나 부정적 영향 모두 다 있을 수 있다. 범죄자들이 사회에서 받는 대우나 범죄자의 질 낮은 생활 상태를 감안할 때 범죄자의 성향 자체를 변화시키기에는 전자감독 하나만을 건설적인 대안으로 보는 것은 합리적인 것은 아닌 것 같다. 따라서 사회복지 업무와 부착장치를 파트너십 형식으로 연대해서 같이 사용하는 것을 예상한 비숍과 위드필드의 제안은 매우 이상적인 것이다.

다음의 두 가지 이유를 근거로 해서 두 업무의 공조(사회복지와 추적장치)가 이상적인 것으로 확인될 수 있다. 첫째, 범죄자가 사회복귀 프로그램에 참여하도록 유도하기 위해서 전자감독을 사용하지만, 동시에 EM과 함께 사회복지 업무를 하는 것도 범죄자와 범죄자의 가족들이 전자감독 자체의 부담감으로부터 해방되게 해 주는 것으로써 매우 큰 도움이 되는 것으로 나타났다. 둘째, 사회복지 업무의 전자감독 관여는 범죄자가 법을 지키고 가족 내의 갈등을 중재하는 데 필요한 부분을 지원해 줄 수 있다. 추가로 범죄자로 하여금 전자감독 명령을 잘 따르게 할 수도 도움을 주는 일도 사회복지 차원의 업무가 할 수 있는 일이다.

▌ 결론(Conclusion)

미래에 대해 이해하지 못하는 사람이 어떻게 현재를 제대로 알 수 있을까? 만약에 현재가 우리를 어떠한 미래로 이끌지 정확히 알고 있지 못한다면, 현재의 옳고 그름도 말할 수 없다. 우리가 현재의 상황을 누릴 자격이 있는지, 우리가 의심을 하고 있는지, 혹은 혐오하고 있는지 조차도 명확히 알 수 없을 것이다.

(Kundera, 2002: 143-144)

형사사법제도 내의 상업 및 기술혁신의 현 과정에 대해 알고 있다면, 쿤데라(Kundera)의 의견이 역설적이게 들릴지 몰라도 그의 의견에 대해서 아주 깊게 생각해 볼 필요가 있다.

현재 사용되는 전자감독의 기술 윤리를 모두 아울러 하나로 통합할 수 있는 판단을 내리기 위해서는 어떤 방식으로든 전자감독을 이끌고 나갈 최선의 방향을 탐색할 수 있어야 한다. 전자감독을 둘러싼 대부분의 윤리적 논쟁은 내재적이든 외재적이든 겉으로 보기에는 대수롭지 않으나, 중대한 사후 결과와 부작용을 초래할 것들이 많다(thin-end-of-the-wedge variety). 지금은 기술적으로 별 문제가 없어 보여 그다지 우려할 상황은 아니라고 생각할 수 있지만, 미래에는 어쩌면 용인되지 않는 일이 될 수도 있다. 이러한 관점은 훌륭한 기술을 발전시키지 못하게 하고, 기술을 마비시키는 디스토피아적 관점이라고 볼 수 있다.

그러나 일반적으로 감시 기술 개발이 앞으로 정치적으로나 상업적으로 만들어질 특정 정책 상황을 변화시킬 수 있다. 특히, 전자감독의 경우에는 이것이 전혀 근거 없는 이야기가 아니다. 이와 관련해서 대수롭지 않으나 화근을 불러올 수 있는 중대한 결과를 초래하는 논쟁(thin-end-of-the-wedge arguments)이 문제가 될 수 있으므로, 윤리적 논쟁과 정치적 행위를 통해 기술 개발을 억제하고 무능력하게 만들려고 해서는 안 될 것이다. 그러한 디스토피아 차원의 논쟁을 일단 시작하게 되면, 걷잡을 수 없는 일이 될 수 있다.

이에 대한 해답은 존재하는가? 대체로, 세 개 정도의 담론과 전통적 시각, 그리고 사회적 움직임이 현재 서구 사회에서 불고 있는 범죄예방 정책에 대한 힌트가 된다. 첫 번째는 형벌을 강조하는 담론이고, 두 번째는 관리 통제주의(또한 특히 위기관리)의 시각이다. 그리고 세 번째는 범죄자에 대한 사회복귀 및 재적응, 재활 프로그램의 강조, 법률의 부활, 그리고 사회 정의에 대한 감수성 증가 현상이다(Rutherford, 1993; Nellis, 2005; Sparks, 2006). 전부 다 이상적인 요소들이라고 생각할 수 있겠지만, 실제로는 일부 나라에서는 이 요소들에 대해 서로 공통부분을 다르게 조합하고 있다.

전자감독은 1970년대에 개념상으로 미국의 사회복귀 사고(rehabilitative thinking)에 기초를 두고 있었다. 하지만 이후 전자감독 확장이 계속되면서 이는 범죄자의 일거수일투족을 더 세밀하게 제한하는 관리 통제주의 운동 (the managerialist movement)과 범죄통제에 적용하기 위해서 개발된 '기술교정 (techno-corrections)' 원리에 근간을 두는 것으로 그 철학적 근간이 바뀌었다.

'기술교정운동(Techno-Correctional movement)'에 관해서 알려진 바는 거의 없다. 또한, '기술교정운동(Techno-Correctional movement)'이 사회감시의 일환으로써 진보적인 역할을 할 것이냐에 관해서는 의견이 분분하다. 마이클 톤리 (Michael Tonry)는 최악의 상황에 대해서 다음과 같이 우려한 바 있다.

> 21세기 들어와서는 생화학적 행동통제나 전자적 이동 통제의 인간적인 대안으로 구금시설이 사용될 수 있다는 제안이 나왔다. 정신이상이 심각한 자가 사회생활을 할 수 있도록 도와줄 수 있는 약물과 흥분 및 행동조절을 할 수 있도록 도와주는 약물을 제조할 수 있는 기술 격차가 좁혀졌기 때문이다. 만약에 이러한 기술 격차가 완전히 좁혀지게 된다면, 범죄자가 피해자를 해치는 것을 막는 국가 활동보다 범죄자의 도덕적 자율성이 덜 중요하다고 생각하는 사람들이 생겨나게 될 것이다. 기술의 발전으로 지연성 방출 약물(Delayed delivery drug)이나 피하 삽입용 컴퓨터칩을 사용할 수 있다. 일부 범죄통제위원들은 이런 기술을 범죄통제에 적용하는 것에 대해 아주 만족할 것이다. 장기적인 관점에서는 이러한 논쟁이 어떻게 해결될지 미지수이다. 하지만 당분간은 범죄자의 행동 억제 수단으로써 범죄자를 구금시설에 가두는 것이 인권과 자유를 존중하는 선에서 가장 인간적인 대안이 되지 않을까 싶다.   (Torny, 2003: 4-5)

과연 구금시설이 사회적 교정의 일환으로써 '인간적인 대안(humane alternative)' 이 될 수 있는 것일까? 이 질문을 둘러싼 무수한 의문점이 생겨난다. 위기관리에 관한 현대적 사고방식의 논리는 당연히 지역사회 개개인에게 엄격한 기술적인 통제를 사용해야 한다고 믿게 만든다.

현재 사용 중인 전자감독 조차도 형벌로서 적절치 않을 뿐더러 통제의 일환으로써도 부적당한 것으로 평가받고 있다. 일종의 제도적 실패로 간주되고 있는 것이다. 효율적인 개별화된 통제의 논리는 화학물질이나 전자기기 활용, 또는 이 둘을 혼합하여 사용하는 것이 더 효과적인 기술 개발 및 적용이라는 의미를 가지고 있다. 의료산업 분야에서 방대하게 팽창하는 텔리케어(telecare)를 제외하면, 특히 GPS를 사용하는 원격 알코올 모니터링(alcohol monitoring)이나 일반적인 원격 알코올 모니터링(alcohol monitoring)의 경우 공간조절을 하는 방식에서 행동-심리조절을 하는 방식으로 소규모 전환되고 있다. 21세기 초에 예상했던 것과 달리(일부는 근거가 있지만 한편 어떤 부분은 근거가 없기도 하다), 인체에 삽입하는 형태의 전자칩인 RFID(라디오 무선 주파수) 칩은 가까운 장래에 전자감독의 일부로써 개발되지 않을 예정이다.

하지만 다음과 같은 이유로 RFID 칩을 사용할 수도 있다. 새로운 이동통신 시스템 기술 개발 여부와 정치 및 형벌제도의 우선순위 변화, 인간적인 사회감시의 실행 지속 여부, 투자 및 기술 개발(정부와 기업 모두)로 인해 상황은 언제든지 변할 수 있다. '민간상업-교정 혼합시설(the commercial-correction complex)'의 영향력(또는 변화 가능성)에 대해서도 과소평가해서는 안 된다. 그 이유는, 민간교도소 보안 기업들이 전자감독 관련 기업들, 전기통신 기업들과 제휴 관계를 갖고 있는 것처럼 제약회사들과 긴밀한 협력 관계를 맺을 수 있기 때문이다.

오늘날 계속되고 있는 위기관리에 관한 논리는 개인의 성격과 특성적 요인에 대한 조치와는 대조적으로 범죄 상황적 조치에 대한 개발을 추진하는 쪽으로 변모되고 있다. 구금시설의 대안으로써 더 통제적인 수단을 찾는 것과는 별도인 상황적 범죄 예방 개발을 추진하려는 것이다. 이 둘은 절대 상호배타적인 것만은 아니다.

감시 및 위치 확인 기술이 유비쿼터스 기능을 갖추고 현대 도시에서 효율적으로 실현되고 있고, 시골 지역에서도 점점 이런 기능을 갖추고 있는 추세이다. 영화 마이너리티 리포트(D. 스티븐 스필버그 2002)에 등장하였던 감시 통제 환경의 수단(CCTV, 스피드 카메라, RFID 칩, 생체인식 ID 카드)으로 아마도 전자감독과 같은 개별화 감시 패키지 장치도 앞으로는 필요 없게 될지 모른다. 개인의 이동 위치 확인과 범죄자에 대한 일상 감시 표준화 때문에 사회에서는 전자감독을 범죄자에 대한 일종의 독립된 처벌로 인식하고 있다. 전자감독이 분명 법의 일정 가혹함을 줄여줄 수는 있으나, 여전히 하나의 처벌로 작동한다고 하겠다.

만약 모든 국민들이 이동 통신기기에 의해 GPS를 이용한 전자위치 추적을 당하고 있다면, 범죄자들을 위치 추적하는 과거 세대만큼이나 EM이 처벌적이지는 않을 것이다. 여러 가지 이유를 근거로 보면, 전자감독이 향후 구금시설을 대신할 것 같지는 않다. 구금시설이 보호구역으로서 역할을 할 수 있다는 것은 전례 없는 것도 아니고 도덕적 가치가 없는 것도 아니다. 하지만 현재 보호구역으로써 구금시설이 가진 의의는 그저 희망 상황에 불과한 일이 되어 버렸다. 비인간적인 행동 통제를 믿는 사회는 인간적이거나 건설적인 구금시설 환경을 절대 조성할 수 없다.

전자감독은 구금시설 안에서도 사용되고 있다. 발목에 부착장치를 찬 수형자의 이동 위치 및 움직임을 전자감독을 이용하여 실시간 감시하고 있으며, 하루에 두 번씩 온라인으로 인원수를 조사하고 교도소 주변 경계를 하고 있다. 전자감독 기술을 이용하는 것이 경비 비용도 줄일 수 있고, 절감된 비용을 사회복귀 또는 교육적인 교정프로그램을 위해 재투자할 수 있기에 아무도 이와 관련된 문제로 이의를 제기하지 않는다. 하지만, 극한의 경우에는 이런 기술이 구금의 자동화가 될 수 있다. 전산화된 형벌 환경이 만들어지면 수감자들은 오로지 인공지능화된 기계의 통제에 의해서만 제재를 받게 된다.

일부 미국의 슈퍼맥스(최고의 보안을 자랑하는 구금시설로 'supermax'라 불림)에서는 직원들이 감정을 드러내지 않고, 로봇 같이 무감각하게 수형자들을 다루고 있다(Shalev, 2009). 이러한 현상은 로봇이 구금시설을 통제하는 현황에서 실제 직원들도 로봇처럼 변해 가게 되는 전조 현장을 보여주는 사례가 된다. 이는 쿤데라(Kundera)의 의견을 진지하게 받아들여 그가 주장한 내용에 귀 기울일 필요가 있음을 보여준다. 현재의 전자감독은 맹습하는 사법제도의 관리 통제주의를 잘 나타내고 있다는 데 의심의 여지가 없다. 이러한 현재의 전자감독 기술이 철저한 확인과정 없이 계속 발전하면 미래에 인간을 매우 억압하는 사회 기술적 범죄통제수단이 될 우려가 있다(Landy, 1996). 본능적으로 징벌적인 관념으로만 전자감독제도를 인식하게 되는 것이다. 그리고 미국에서는 이미 위치 확인성(locatability) 도입이 처벌 차원에서 적절하지 않거니와 공공보호의 목적으로 적합하지도 않을 수 있다는 인식을 갖기 시작했다. 이는 그저 잔인하고 저비용이고 첨단기술을 사용하지도 않는, 이도 저도 아닌 형벌로써의 디스토피아만을 가져다 줄 뿐이다.

범죄자 개선과 사회복귀를 우선시하는 인본주의적인 윤리학을 원칙적으로 하면서 동시에 전자감독 기술 개발을 정상 궤도로 돌려놓을 수 있어야 한다. 전자감독제도는 앞으로 범죄자를 조종하려 하기보다는 범죄자가 더 나은 생활을 할 수 있도록 도와주고, 범죄자의 인권을 존중하면서 시민으로서의 권리를 회복시켜 줄 필요가 있다. 이미 유럽에서는 이러한 시도를 하고 있는 중이다.

포스트모더니즘 시기에 들어와서는 형사적 처벌 윤리가 특히 더 불안정해졌는데, 나라마다 사정이 달라 아직까지는 어떤 나라가 더 전적으로 우세하다 할 수 없는 상황이다. 하지만 어떤 나라에서는 다른 나라보다 형사윤리가 더 심각하게 불안하기도 했다. 역사적으로 볼 때, 형사처벌에 대한 윤리의식이 형사정책에 대한 시민의식과 처벌에 대한 정확한 이해도를 만드는 첩경이 되었다. 이런 사실을 근거로 해서 향후 전자감독과 관련된 윤리 의식을 약화시키고 거부하는 상황 대신, 일반 시민들의 높은 윤리의식에 기여하는 환경이 만들어져 유익한 제재수단으로 EM이 더욱 발전하게 되길 기대한다.

참고문헌(References) ─────────────────────────── ○ ○ ○

Alchin, W. (1989) 'Chaperones, escorts, trackers and taggers', *The Friend*, 30 June.

Aungles, A. (1994) *The Prison and the Home: A Study of the Relationship Between Domesticity and Penality* (Sydney: Institute of Criminology).

Bettsworth, M. (1989) *Marking Time: A Prison Memoir* (London: MacMillan).

Bishop, N. (2003) 'Social work and electronic monitoring', in M. Mayer, R. Haverkamp and R. Lévy (eds) *Will Electronic Monitoring Have a Future in Europe?* (Freiburg: Max Planck Institute), pp. 227–236.

Braithwaite, J. (1989) *Crime, Shame and Re–integration* (Cambridge: Cambridge Univer sity Press).

Cohen, S. (1979) 'The punitive city: notes on the dispersal of social control', *Contempo rary Crises*, 3, pp. 339–363.

Council of Europe (1994) *European Rules on Community Sanctions and Measures: Rec ommendation No, R (92) 16 and Explanatory Memorandum* (Strasbourg: Council of Europe).

Council of Europe (2002) *Improving the Implementation of the European Rules on Com munity Sanctions and Measures: Recommendation Rec* (2000) 22 and Report (Stras bourg: Council of Europe).

Dingwall, G. and Harding, C. (2002) 'Desert and the punitiveness of imprisonment', in C. Tata and N. Hutton (eds) *Sentencing and Society: International Perspectives* (Alder shot: Ashgate), pp. 308–328.

Doffing, D. (2009) 'Is there a future for RF in a GPS world?', *Journal of Offender Moni toring*, 22:1, pp. 12–15.

Duff, A. (1999) 'Punishment, communication and community', in M. Matravers (ed.) *Punishment and Political Theory* (Oxford: Hart), pp. 48–68.

Jones, A. (2003) 'The real tag team', unpublished Dissertation for BA Community

Justice, University of Birmingham.

Kundera, M. (2002) *Ignorance* (London: Faber and Faber).

Lacey, N. (2003) 'Penal theory and penal practice: a communitarian approach', in S. McConville (ed.) *The Use of Punishment* (Cullompton: Willan), pp. 175–198.

Landy, M. (1996) *Scrapheap Services* (London: Ridinghouse Editions).

Lindenberg, M. (2003) 'From social work to control work: an observation on electronic monitoring of offenders and its impact on social work', in M. Mayer, R. Haverkamp and R. Lévy (eds) *Will Electronic Monitoring Have a Future in Europe?* (Freiburg: Max Planck Institute), pp. 119–202.

Margalit, A. (1996) *The Decent Society* (London: Harvard University Press).

Mathiesen, T. (1990) *Prison on Trial* (London: Sage).

Meyer, J.F. (2004) 'Home confinement with electronic monitoring', in G.A. Caputo, *Intermediate Sanctions in Corrections* (Denton, TX: University of North Texas Press), pp. 97–123.

Morris, N. (1974) *The Future of Imprisonment* (Chicago, IL: University of Chicago Press).

Nellis, M. (2005) 'Electronic monitoring, satellite tracking and the new punitiveness in England and Wales', in J. Pratt, D. Brown, S. Hallsworth, M. Brown and W. Morrison (eds) *The New Punitiveness: Trends, Theories, Perspectives* (Cullompton: Willan), pp. 167–188.

Nellis, M. (2006) 'The limitations of electronic monitoring: the tagging of Peter Williams', *Prison Service Journal*, 164, pp. 3–12.

Nellis, M. (2010a) 'Tom Stacey: founder of electronic monitoring in the UK', *Journal of Offender Monitoring*, 22:1, pp. 16–26.

Nellis, M. (2010b) 'Eternal Vigilance Inc: the satellite tracking of offenders in real–time', *Journal of Technology and Human Services*, 28, pp. 23–43.

Nellis, M. (2011) 'Implant technology and the electronic monitoring of offenders: old and new questions about compliance, control and legitimacy', in A. Crawford and A. Huck lesby (eds) *Legitimacy and Compliance in Criminal Justice* (Cullompton: Willan) (forthcoming).

Padgett, K.G., Bales, W.D. and Blomberg, T.G. (2006) 'Under surveillance: an empirical test of the effectiveness and consequences of electronic monitoring', *Criminology and Public Policy*, 5:1, pp. 61–91.

Penal Affairs Committee (1988) 'Electronic tagging: a briefing paper', *Quaker Social Responsibility and Education Journal*, 10:3, pp. 13–19.

Penal Affairs Consortium (1997) *The Electronic Monitoring of Offenders* (London: Penal Affairs Consortium).

Rengert, G.F. (1989) 'Behavioural geography and criminal behaviour', in D.J. Evans and D.T. Herbert (eds) *The Geography of Crime* (London: Routledge), pp. 161–175.

Rengert, G.F. (2004) 'The journey to crime' in G. Bruinsma, H. Elffers and J. de Jeiser J (eds) *Punishment, Places and Perpetrators: Developments in Criminology and Crimi nal Justice Research* (Cullompton: Willan), pp. 169–181.

Rex, S. (2005) *Reforming Community Penalties* (Cullompton: Willan).

Roberts, J.V. (2004) *The Virtual Prison: Community Custody and the Evolution of Imprisonment* (Cambridge: Cambridge University Press).

Rutherford, A. (1993) *Criminal Justice and the Pursuit of Decency* (Oxford: Oxford Uni versity Press).

Saunders, P. (1989) 'The meaning of "home" in contemporary English culture', *Housing Studies*, 4:3, pp. 177–192.

Shalev, S. (2009) *Supermax: Controlling Risk Through Solitary Confinement* (Cullomp ton: Willan).

Sim, J. (2009) *Prison and Punishment* (London: Sage).

Sparks, R. (2006) 'Anxiety, legitimacy and the shape of criminology'. Inaugural lecture, University of Edinburgh, 30 May.

Tonry, M. (1994) 'Proportionality, parsimony and the interchangeability of punishments', in A. Duff and D. Garland (eds) *A Reader on Punishment* (Oxford: Oxford University Press), pp. 112–160.

Tonry, M. (2003) (ed.) *The Future of Imprisonment* (Oxford: Oxford University Press).

von Hirsch, A. (1990) 'The ethics of community–based sanctions', *Crime and Delin quency*, 36:1, pp. 162–173.

von Hirsch, A. and Shearing, C. (2000) 'Exclusion from public space', in A.

von-Hirsh, D. Garland and A. Wakefield (eds) *Ethical and Social Perspectives on Situational Crime Prevention* (Oxford: Hart Publishing), pp. 77-96.

Waldo, J. (2010) 'Electronic monitoring program and the offender funded option'. White Paper, BI Incorporated.

Walker, N. (1997) *Why Punish?* (Oxford: University Press).

Ward, T. (2009) 'Dignity and human rights in correctional practice', *European Journal of Probation*, 1:2, pp. 110-123. Online. Available at: www.ejprobation.ro.

Whitfield, D. (2001) *The Magic Bracelet: Technology and Offender Supervision* (Win chester: Waterside Publications).

Whitfield, D. (2005) 'Electronic monitoring', in T. Bateman and J. Pitts (eds) *The RHP Companion to Youth Justice* (Lyme Regis: Russel House Press), pp. 125-129.

Zedner, L. (2004) *Criminal Justice* (Oxford: Oxford University Press).

11

전자감독의 국가별 차이점 검토:
민간의 상업적 범죄통제 수단을 동원한 전자감독

Commercial crime control and the development of
electronically monitored punishment:
A global perspective

크레이그 패터슨(Craig Paterson)

▌서론(Introduction)

전자감독은 교정시설 과밀화 문제에 대한 대안으로 개발되었다. 범죄 관리 부문에 시장 가치를 도입하고, 정보통신기술(ICT) 인프라(기반) 발전을 통합하여 범죄 통제의 새로운 방식을 확립시킨 혁신적인 제도라고 하겠다. 1980년대와 1990년대에 신자유주의 정치·경제 개혁을 지지했던 영어권(주로) 국가들은 정부 프로젝트에 '민영화된' 과거 '공공' 제품과 서비스를 시장에 도입하는 것을 선호했으며, 미국, 캐나다, 영국, 호주 그리고 뉴질랜드의 전자감독 기업들이 이러한 새로운 형사사법 도구를 실험적으로 먼저 도입했다.

형벌 혁신 수단으로서의 전자감독은 제2차 세계대전 이후 미국에 뿌리를 둔 상업적 범죄 통제 시장의 부산물로 볼 수 있다. 민간 보안(private security)을 근간으로 한 민간 전자감독 보안 시장은 냉전 종식으로 인한 급성장, 경제시장의 자유화, 통제 불가한 외국인 이주, 국제 범죄, 국제 테러에 대한 우려의 증가에 힘입어 상업적 범죄 통제와 기술 교정(techno-correction) 분야에서 가장 각광받는 세계적인 시장으로 발돋움하게 되었다.

많은 면에서 전자감독 시장의 윤곽은 1980년대 미국을 시작으로 재등장한 민영 교정시설 시장과 닮아 있다. 민영 교정시설 시장은 1990년대에는 호주와 영국으로 퍼져 나갔으며, 지난 10년간 서유럽에서도 큰 발전을 거듭했다. 그러나 시장의 성장 차원에서 일부 국가별로 차이가 존재했다. 캐나다와 뉴질랜드와 같은 나라는 전자감독을 받아들였지만, 교정시설 민영화 및 사유화는 철저히 거부했다. 이러한 이유로, 전자감독의 발전은 넓은 의미에서 신자유주의 민영화 과정과 관련이 있으며, 동시에 후기 근대(modern) 국가의 강화된 감시 능력에 대한 요구와도 밀접한 관계가 있다고 볼 수 있다. 여전히 이런 발전 과정은 진행 중이며 아직 완성된 것이 아니라고 하겠다.

위성 추적(또는 때때로 위치 추적 모니터링으로 알려진)과 생체 인식과 같은 2세대 전자감독 기술의 확립은 전자 장치 개발 시장이 여전히 진행형의 발전 시장임을 보여주는 단적인 사례가 된다. 민영화를 선호하는 국가에 뿌리를 두어 상업적 범죄 통제 산업은 개발도상국 미래 시장으로까지 확대되었다(Nathan, 2003). 이는 舊 소련계 국가들의 전자감독에 대한 관심이 크게 증가했다는 사실에서 명백히 드러난다(Kruuseum, 2007). 브라질은 최근 형사사법 개혁을 입법화했고, 아르헨티나와 멕시코는 이미 전자감독 프로그램 시스템 구축까지 마무리했다. 아프리카 전역에서도 형사사법 시장 개혁이 현재 진행형으로 준비 상태에 있다. 그러나 아프리카 나라 중 공식적으로 아직까지 전자감독을 채택, 운영한 나라는 없다.

이번 장에서는 국제적인 차원의 전자감독 민간 경비 시장 개요를 살펴보고, 그 성장의 원천을 검토해 보고자 한다. 노살(Nossal)과 우드(Wood)의 2004년 논문은 신 자유주의적 사회 경제 구조조정을 거친 서방 다섯 국가의 '천차만별(raggedness)' 수준의 교정시설 민영화 상황에 대해 상세히 다루고 있다. 이번 장에서는 미시적 수준의 지역(local) 수준 정책 개발을 검토하면서 유사한 예시(template)들을 적극 활용하여 세계 전자감독 발전 과정에서 등장한 공통 주제를 폭넓게 검토할 것이다. 미국, 캐나다, 잉글랜드 웨일스의 구체적인 사례를 통해 전반적인 전자감독 운영의 쟁점을 설명하고, 기타 주변 국가들에 대한 추가 논의를 국제적 시각 속에서 쟁점별로 살펴볼 것이다.

또한, 전자감독 서비스 공급자로서 민간 상업 부문의 역할을 살펴보고, 국민과 영토에 대한 주권적 통제를 위한 민간과 국가 간의 갈등과 관련된 안

보의 본질에 대한 토론도 전자감독 역사 속에서 함께 검토하고자 한다. 민간
기업이 범죄통제 시스템에 진입할 수 있도록 정부가 시장을 창출하여 민간보
안 기업이 새로운 민영－공공 혼합 방식의 구성 요소가 되었을 때 정부로부터
주권적 통치를 부여 받을 수 있는바, 이러한 세부 과정도 같이 살펴볼 것이다.
이후 다국적 기업들이 민간 교정시설 및 기술 교정 분야에서 어떻게 상업 시
장을 지배하게 되었는지도 개략적으로 살펴본다. 앞서 언급한 부분과 관련해
서 여전히 오늘날에도 공공정책 수립에 있어 상업적 범죄 통제 역할이 어느
정도까지 확대될 수 있을지에 대해서는 풀리지 않는 많은 의문들이 남아 있
다. 이 문제에 대해서도 함께 다루도록 한다.

▌전자감독에 대한 간략 역사(A brief history of EM)

전자감독 형벌 시장은 급속하게 확산되고 있으며, 지금 이 시간에도 계속
확대되고 있다. 따라서 전문가들은 미래에는 민간 기업, 정치인, 그리고 보다
넓은 의미로 전 범죄 통제 시스템을 통해 사회가 전자장치를 통해 규제되고
통제될 것으로 전망한다.

현재 전자감독과 상업적 형사사법 분야에서 가장 번창하고 있는 사업 영
역은 미국의 독창적인 기계 활용 태도이다. 미국은 전 세계의 새로운 상업적
범죄통제 시장의 발전에 큰 영감을 준 나라임이 분명하다(Newburn, 2002). 앞
에서 언급한 선구적인 시장들 외에도, 전자감독은 현재 대만, 싱가포르, 홍콩,
남아프리카 공화국, 스웨덴, 덴마크, 노르웨이, 핀란드, 러시아, 폴란드, 독일,
프랑스, 벨기에, 네덜란드, 포르투갈, 이탈리아, 아르헨티나, 멕시코, 이스라엘,
대한민국처럼 지리적으로 많이 떨어진 국가들에서도 활발히 사용되고 있다.
상업적인 맥락에서의 범죄 통제 전략은 국제적인 사업 비즈니스 영역으로 자
리 잡았고, 전자감독은 다른 기술 교정 영역과 함께 하나의 국제적인 교정－상
업 복합 서비스가 되었다. 20년 전에 이미 릴리(Lilly)와 네퍼(Knepper, 1992)가
정의했던 국제적인 교정－상업 복합체(complex)의 구성요소가 마련된 것이다.

1980년대 이후 많은 후기 현대 국가들이 세계화를 위한 재건의 과정을

거쳤으며, 정부는 국가가 가진 부차적인 기능을 민간, 자발적(voluntary) 비영리 기관 또는 기타 법정 기관으로 넘겨줬다. 이러한 과정들은 이미 급성장한 민간 보안 산업에 더 큰 성장 촉진의 계기가 되었다. 미국 교정조합회사(Corrections Corporation of America: CCA), 세르코(Serco), 세큐리타스(Securitas), 소덱소(Sodexho), 와켄허트(Wack-enhut, 현재의 GEO), Group 4 Securicor(G4S)와 같은 다국적 범죄 통제 대기업 출현이 바로 이러한 배경과 맥을 같이한다.

지난 10년간 민간 보안 산업은 수많은 인수합병(M&A)을 거치면서 시장에서의 소수 기업 간의 경쟁은 줄였고, 다국적 기업이 세계 시장에서의 지배적 위치를 다지기 시작했다. 유럽과 오스트랄라시아 시장을 G4S와 Serco가 장악하고 있고, 북미 지역은 보다 복잡한 시장으로 Serco가 캐나다에 전자감독 장비를 제공하고 G4S가 미국의 수많은 국내 제조기업 및 서비스 제공 기업과 사업권을 놓고 경쟁하고 있는 양상이라고 하겠다. 이 두 기업은 이번 장의 후반부에서 형사사법정책 개발에 있어 민간 기업의 역할에 대해 내용을 논할 때 더 상세히 다룰 것이다.

엘모텍(Elmotech), 프로텍 모니터링(ProTech Monitoring), 비아이 인코퍼레이티드(BI Incorporated)와 같은 기술 집약적 제조 기업들은 전자감독 시장에서 세계적인 입지를 확보했다. 그렇지만 이번 장에서는 전자감독 서비스 공급자 및/또는 기술 집약 제조기업의 역할을 수행할 수 있는 민간 보안 기업을 위한 세계 전자감독 시장의 성장과 경쟁을 소개하고, 궁극적으로는 전자감독 사업에 대한 우선 협상자로서의 소수 다국적 기업의 입지를 강화시킨 전자감독 관리 네트워크 내용을 보다 중점적으로 설명하고자 한다. 이 기업들은 냉전 말기에 미국에서 출현한 교정-상업 복합체의 구성 요소로 여겨진 기업들이었으며, 1990년대 이미 교정 시장에 진출하여 범죄 통제 산업을 위한 토대를 제공했다 (Christie, 2000).

제2차 세계대전 이후와 1980년대 초 이후 형사사법 내에서 민간 보안 산업의 성장은 보안에 대한 수요 증가와 범죄 통제에 대한 경제적 합리성에 대한 필요로 인한 것이었다(Feely, 2002). 1989년 냉전의 종식으로 서방 세계에 대한 즉각적인 위협이 사라지면서, 방위산업체들은 이윤 추구에 차질이 생기자 민간 보안 기업들과 협업하기 시작했다. 이들은 함께 '기술 교정'이라는 새로운 시장을 형성하여 산업에 더 큰 활력을 주고자 했다.

결국, 형사사법 내에서의 시장의 역할은 사회 전반에 걸친 변화를 대표하면서 사회복지에 맞춰져 있던 관점을 시장 경쟁, 기관의 민영화, 간접적인 하청계약 형태의 신자유주의 기법의 사회관리 및 통제 전략으로 재정립하는 것이었다. 이러한 맥락에서 과도한 국가 범죄 통제 비용을 줄이면서 중앙 정부가 아닌 다른 기관들이 보안 제공에 보다 직접적인 역할을 하도록 장려해야 한다는 목소리가 점점 더 고조되기 시작했다.

전자감독 프로그램은 무엇보다도 기술 개발과 EM 시행 차원에서 민간 부문이 가진 큰 관심의 대상일 수밖에 없다. 잉글랜드 웨일스는 모든 일체의 전자감독 서비스 제공을 민간 부문에게 하청 계약을 통해 완전히 이양한 유일한 국가(jurisdiction)에 속한다. 프로그램 개발은 결코 일률적이지 않으며, 대부분의 각 국가들은 일정부분 민간 부문의 영향을 받기는 하지만, 공공 부문을 기반으로 해서 전자감독 기반 행동제한 명령을 운영하고 있다. 영국은 비교형사사법 차원에서 매우 예외적인 나라라고 하겠다. 따라서 전자감독 개발은 각국가의 사회적, 정치적, 경제적 맥락에서 해석되어야 하고, 신자유주의적 합리성을 강조하는 국제 사회의 영향력의 산물이라는 점을 인식한 상태에서 이해해야 하는 제도이다. 미국, 캐나다, 잉글랜드 웨일스 등 세 개의 선구적인 전자감독 시장은 역사적 발전 속에서 복잡한 정치적, 사회적 맥락을 갖고 있는바, 이에 대한 이해도 반드시 필요하다고 하겠다.

미국(The United States)

최초의 체계적 서방 가택구금 프로그램은 1971년 미국 세인트루이스(Whitfield, 1997: 31)에서 소년범들을 구금하면서 시작되었다. '지역사회 통제'라는 초기 슬로건이 등장한 이래 다양한 가택구금 관련 제도들이 쏟아져 나왔다. 최초의 가택구금 프로그램과 달리, 전자감독은 지속적인 기술 혁신의 필요성으로 민간 부문의 주도 환경에서 개발된 것이었다. 이러한 이유로 민간 교정시설의 개발과 함께 전자감독의 개발 분석도 함께 요구되기 시작했다.

1975년 미국에서 RCA 서비스 기업(RCA Service Company)이 소년범을 위한 펜실베니아 위버스빌 시설을 만들면서 최초의 현대식 민간 교정시설이 등장했다. 하지만 형사사법 민영화와 전자감독 문제는 1980년대에 이르러서야 본격적으로 불거지게 되었다. 1980년대의 교정 위기로 인해 민간 교정시설의 이용이 증가하게 되었고, 1984년 2,500명의 재소자를 수용하던 수용량이 1996년에 90,000명의 재소자를 수용할 정도로 증가했다(Lotke, 1996: 2). 2002년까지 민간 기업들은 거의 120,000명의 수용 능력을 가진 153개의 시설을 운영했다.

마찬가지로, 전자감독도 1984년에 처음 도입된 이후 1998년 1월까지 1,500개의 범죄자 부착 표시 장치(tagging) 프로그램에 약 75,000개의 전자감독 장치를 제공하면서 빠른 속도로 발전하기 시작했다(DeMichelle and Payne, 2009).

1990년대 이후 미국에서 1세대 전자감독 기술의 성장은 다소 둔화되었지만, 2세대 전자감독 기술의 발전으로 이어져 왔다. 1997년 어드밴스드 비즈니스 사이언스(Advanced Business Sciences) 및 프로텍 모니터링(ProTech Monitoring)은 플로리다 사법 당국에 의해 최초의 GPS 시스템으로 발전하게 되었다.

1998년에 경찰에 신고된 범죄 사건의 용의자 위치를 지도에 표시해 주는 혁신적인 CrimeTrax 소프트웨어가 출시되었다(Frost, 2002). 2009년 미국에서는 매일 거의 200,000개의 무선 주파수(RF)와 GPS 장치가 사용되고 있는 것으로 나타났다(DeMichele and Payne, 2009).

캐나다(Canada)

캐나다는 교정시설 민영화에 소극적인 입장을 취했음에도 불구하고, 1987년 브리티시컬럼비아(British Columbia)에서 시범 실시로 전자감독 프로그램을 처음 도입했다. 이는 미국 이외의 국가에서 전자감독 처벌에 대한 최초의 시범 시행이 이루어진 사례라고 볼 수 있다. 다른 전자감독 선도 국가들과 마찬가지로 캐나다의 전자감독 참여도 경제적 문제, 특히 급격히 상승하는 교정시설 수용률에 대한 경제적 대안을 모색하려는 차원에서 이루어진 것이었다(Bonta et al., 1999).

전자감독 사용은 다른 캐나다 지방정부로 확산되었다. 전자감독 담당관에 이어 교정국과 법원도 전자감독의 도입에 동의하면서, 민간 기업은 캐나다에서 유일한 전자감독 기술 제공자 역할을 담당하게 되었다. 캐나다의 전자감독 개발은 미국보다 훨씬 느렸지만, 북미 문헌에 따르면 범죄자들에 대한 감시가 계속 중요하게 다루어지면서 캐나다 방식이 미국의 그것보다 더 효율적인 것으로 알려져 있다(Renzema and Mayo-Wilson, 2005; Padgett et al., 2006; Bottas, 2007).

이러한 캐나다의 전자감독제도에 대한 긍정적 변화는 학술지와 전문서적 등을 살펴보면 잘 알 수 있는데, 법적·윤리적 논쟁에서 규모의 경제(JHSA, 2006; Bottas, 2007), 범죄자 선별 절차 그리고 1세대 전자감독 기술보다 더 향상된 GPS 기술에 대한 긍정적 관심이 이를 보여주는 증거가 되었다(Padgett et al., 2006).

그러나 유럽의 전자감독 발전 과정은 캐나다와는 정반대의 방향으로 가는 듯 보였다. 전자감독 시장의 발전은 형사사법에서 새로운 감시 기술의 역할, 처벌의 범위 확대 가능성, 그리고 형사사법 민영화의 산물이라는 평가를 받았다(Haverkamp et al., 2004: 42). 그럼에도 불구하고 캐나다의 한 선행연구에 따르면, 유럽의 전자감독 관련 연구 결과는 일반적으로 EM을 긍정적이라고 평가하고 있다(Bottas, 2007: 21). 그러나 좀 더 자세히 살펴보면 유럽 전자감독에 대한 효과성 연구는 훨씬 더 엇갈린 결론이라고 하겠다(Haverkamp et al., 2004). 잉글랜드 웨일스의 문헌에서는 이 부분이 더욱 분명하게 나타나 있는 바, 유럽 전자감독의 효과성은 분명하지 않다고 볼 수 있다(Mair, 2005).

잉글랜드 웨일스(England and Wales)

잉글랜드 웨일스에서는 1982년부터 친 보수당 성향의 단체인 범죄자 전자장치 협회(Offender's Tag Association)가 강력하게 전자감독 활용을 지지하는 입장을 취했다. 1980년대 중반, 자신의 이름을 알리기 위해 이목을 끄는 정책을 제시해야 했던 야심에 찬 존 패튼 의원에 의해 전자감독제도가 공식적으로 채택되게 되었다. 이러한 패튼의 정치적 추진 목적은 북미 지역을 제외하고는 영국에서 유럽 최초로 1989년 보석으로 풀려난 범죄자(bailee)에게 전자감독을 시행하는 제도를 만드는 것이었다. 그러나 보석 대상자의 재범으로 전자감독 제도는 실패로 끝나고 말았다.

첫 시도의 실패에도 불구하고 패튼은 민간 부문을 통한 교정시설 수용 대체 정책을 적극 시행하고자 했다. 그리고 효과적인 수용시설 대안으로 전자감독의 사용을 계속 주장하며, 1990년대 중반 새로운 시도를 감행했다. 전자감독 기반 통행(외출)금지(curfew) 명령을 두 번째 시도로 삼은 것인데, 이 역시 효율성 차원에서 큰 문제를 보였다. 아무리 낙관적 시각으로 평가해주려고 해도 외출제한 명령은 긍정적 결론을 보이지 못했다(Mair and Mortimer, 1996; Mortimer and May, 1997). 그러나 패튼의 시도는 전자감독의 발전을 약간 둔화시켰을 뿐이며, 1997년 노동당의 선거 승리는 침체가 심했던 전자감독 산업에 새로운 성장을 가져오는 큰 계기가 되었다.

1999년부터 내무부 장관들이 연이어 전자감독의 사용을 장려하고, 기술 개발을 통해 생체 인식 시스템과 위성 추적 장치 등을 도입하기 시작했다. 전자감독에 의해 제재를 받는 범죄자의 수는 기하급수적으로 증가했다. 그럼에도 불구하고, 전자감독이 실제로 무엇을 달성했는지에 대한 명확한 근거는 확인되지 않았다(Mair, 2005). 전자감독 도입에 선구적인 역할을 한 세 국가에서 이러한 전자감독 성장을 뒷받침할 만한 구체적 증거가 부족하다는 것은 매우 안타까운 일이다. 객관적인 증거가 부족함에 따라 점차 전자감독 시장의 성장을 견인할 다른 요인을 찾는 것이 필수적인 일이 되었다.

▌상업적 교정과 정부의 하청계약 방식 관리
(Commercial corrections and sub-contracted modes of governance)

전자감독 기반 교정프로그램의 출발은 가택구금이라는 오래된 과거 전통을 바탕으로 한 것이다(Ball et al., 1988). 즉, 가택구금을 역사적으로 오래 시행한 후 그 경험을 바탕으로 해서 전자감독 프로그램이 만들어졌다고 볼 수 있다. 가택구금은 주로 정치적인 목적을 달성하기 위해 사용된 제도로써 개인이나 집단이 정상적인 외부 생활을 할 수 없도록 하는 데 그 의의가 있었기에 지역사회에서 사회복귀나 갱생, 교화보다는 범죄자 관리에 중점을 둔 제도라고 하겠다. 이러한 관점에서 보면, 형사사법제도는 전자감독제도를 운영함에 있어 가장 비용—효율적인 조치를 이용하는 데 초점을 두고, 범죄자의 통제와 관리 수단을 평가하는 데 주안점을 둔다고 하겠다. 개인보다는 집단으로서의 대상 범죄자 위험성 산정에 집중하는 경향이 있다(Feely and Simon, 1992).

이런 접근은 정부가 주권적 책임을 민간 부문에 하청계약하거나 위임하는 과정을 장려한다. 정부의 역할은 직접적인 서비스 제공자가 아니라 관리의 후원자(Bayley and Shearing, 2001) 정도이다. 때로는 제도의 전체를 책임지는 전자감독 집행 위원장(Fisher, 2006) 정도라고 볼 수도 있다. 그러므로 보안(security) 제공의 책임은 더 이상 주권 국가의 핵심 기능이 아니라고 볼 수 있다. 전통적인 대규모 공공 기관의 형 집행 기능이 더 이상 보안을 제공하는 특권적 위치에 머무르지 않게 된 것이다. 하청계약을 통해 통제 역할을 이양받게 된 기관들로 민간조직, 자원봉사(시민단체), 보안 분야의 기능을 담당하는 일부 조직들이 있다(Johnston and Shearing, 2003).

공공 부문 개혁은 형사사법 분야를 넘어 보건, 교육, 국방 분야까지 확대되었고, 주권적 책임을 민간, 자발적 시민단체, 법적대리인 부문에게 하청 계약하는 과정에서 신자유주의적 정치 과정이 더욱 강화되었다. 이 과정에서 국제적 변화도 함께 일어났다. 엄격한 법과 질서유지 정책 그리고 증가하는 교도소 수감 인원 문제와 함께 신자유주의적 경제 개혁을 거친 미국, 캐나다, 영국과 같은 국가에서 전자감독의 성장 변화가 주변 국가들에게 영향을 미치게 된 것이다.

제임스 윌슨과 찰스 머레이(James Q. Wilson and Charles Murray)와 같은 우익 범죄학자들로부터 큰 영향을 받았던 강경대응 분위기의 1980년대 법 집행 방식과 질서 유지 정치 전략은 빅토리아 시대의 잔재계층 또는 최하층 계급에 대한 우려를 되살렸다. 이는 미국, 그리고 이후 캐나다, 영국의 정책 발전에 큰 영향을 미쳤다. 애덤 스미스 학회와 같은 우익 싱크탱크들은 도시 빈곤층 문제에 대한 해결책으로 영국의 형사사법 민영화를 주장했다. 이들은 자신들의 주장을 호소하기 위해 미국 교정조합회사(Corrections Corporation of America)

(Coyle *et al.*, 2003; Matera *et al.*, 2003)이 제시한 증거를 자주 인용했다.

이는 납득한 만한 근거가 불충분했음에도 불구하고 상업과 정치 세계의 주요 인사들의 영향력에 힘입어 1989년 잉글랜드 웨일스에 전자감독이 도입될 수 있었던 중요한 배경이 되었다(Mair, 2005; Paterson, 2007). 스웨덴과 네덜란드의 초기 프로그램과 함께 잉글랜드 웨일스는 2000년부터 유럽대륙 전역에서 전자감독 기술이 자리를 잡기 전 유럽의 큰 시험장 역할을 담당했다. 유럽 국가들은 전자감독 정책 수행과 서비스 제공 부분을 민간 부문에게 대규모 하청 계약하는 영국의 방식을 기피했다. 대신 프로그램 제공에 있어, 민간 기업이 장비를 납품·설치하고 교정 기관이 감독을 제공하는 민간-공공 혼합 방식 또는 교정기관이 단독으로 책임을 지는 방식을 선호했다.

스웨덴에서는 법원의 보호관찰 서비스 담당부서(Probation Service)가 전자감독 프로그램을 제공하고 이탈리아에서는 경찰이 이를 책임지며, 카탈루냐에서는 교정 담당부서가 이 역할을 맡았다(Haverkamp *et al.*, 2004). 전 세계에 존재하는 수많은 전자감독 모델과 EM 프로그램은 지역별 정책 개발에 있어 천차만별로 개발되었다. 그렇지만 앞서 소개한 다국적 범죄 통제 대기업의 등장으로 인해 국제적인 정책 수렴이 일어나게 되었다.

전자감독 형벌에 있어 다국적 민간 기업의 등장은 범죄와 무질서 문제에 우려를 보내고 있는 후기 현대 국가와 정치적으로 깊이 연계되기 시작했다. 이 때문에 이들 다국적 민간 기업들은 전자감독의 핵심 연구 대상이 될 수밖에 없었다. 특히, 정책 개혁 제정 과정에 있어 정치·경제계 인사의 역할에 대해서는 향후 깊이 있는 추가 연구가 반드시 필요하다.

1950년대 미국에서 민간 보안 산업의 급격한 성장은 전직 FBI 요원 조지 웨켄허트(George Wackenhut) 등 공공 부문에서 민간 부문으로 이전한 주요 인사들에 의해 추진되었다. 이들이 보여준 민간 영역에서의 활약은 새로운 산업 출현 및 기술 강화에 크게 기여했다. 마찬가지로 미국의 교정시설 민영화는 미즈(Meese) 법무부 장관의 이민자 구금 실험에서 영감을 받아 시작된 것이었다(Parenti, 2003). 현재 민영화 전문 싱크탱크인 미즈는 CCA와 첫 구금시설 계약을 체결한 장본인이기도 하다. 당시 CCA 이사회 인사들은 테네시 공화당 前 대표, 버지니아와 아칸소 교정국 前 위원장, 연방교도소 前 국장 출신이었다(Parenti, 2003).

잉글랜드 웨일스에서는 존 패튼에 의해 전자감독이 최초로 실험대에 올랐으며, 2세대 전자감독의 도입은 내무부 장관 데이빗 블런켓(David Blunkett)에 의해 주도적으로 이루어졌다. 소위 '창살 없는 감옥'이라는 슬로건을 앞세워 위성 추적 사용 EM을 주장한 블런켓은 장관 시절 자신이 제품 사용을 평상시부터 장려했었던 엔트러스트(Entrust)사로 이직하기 위해 장관직을 일찍 사임하기도 했다. 마찬가지로, 존 리드(John Reid)는 2007년 6월 내무부 장관직을 사임한 후, 2008년 12월 G4S의 그룹 컨설턴트로 임명되었다. 2006년까지 국방부를 이끌던 리드가 새로운 직책을 시작한 지 3개월 만에 G4S가 영국 전역의 국방부 산하 약 200개 부지에 민간 보안요원을 공급하는 4년 계약을 수주하자, 영국 국민들의 분노가 일어나기도 했다(Hickley, 2009).

이런 관점에서 볼 때, 전자감독의 태동과 발전은 기존 형사사법 영역에 민간 부문이 진입할 수 있는 정치적 공간 창출로 이해할 필요가 있다(Paterson, 2009). 잉글랜드 웨일스에서는 전자감독 도입에 대한 보호관찰 서비스부(Probation Service)의 저항을 잠재우기 위해 중앙 정부가 법원의 보호관찰 서비스부 영역에 민간 부문을 의도적으로 들여온 것이다. 이러한 적극적인 시장 창출 의지는 형사사법재판소법(Criminal Justice and Court Services Act) 2000에서도 명백하게 드러났는데, 이 법에서는 준비 중이었던 전자감독 기술인 범죄자 위성추적 개발이 완료되기도 전에 먼저 형사사법 시스템에 해당 기술이 도입, 적용 가능하다는 규정이 명문화되었다(Nellis, 2008).

따라서 전자감독의 발전은 전적으로 정부의 영향력에 의존했다거나, 시장의 힘에 의존한 산물이라고 단정지을 수 없다. 대신 누가 형사사법을 관리하고 제공하느냐에 대한 주도권 경쟁으로 볼 수 있다. 이로 인해 전자감독이 도입, 개발되는 과정에서 일어난 다양한 정치적 갈등을 인식할 필요가 있다. 이는 전 세계 사회, 경제적 발전 양상이 일률적이지 않기 때문에, 국제적으로 존재하는 광범위한 전자감독 기반 프로그램 역시 다양한 형태를 띨 수밖에 없음을 이해하는 데 큰 도움이 된다.

전 세계적으로 신자유주의 경제와 형사사법에서의 민간 부문 역할 확대에 초점을 맞추기 시작했다. 하지만 지역적 차원의 주도권 다툼을 바라보면,

경쟁 관계에 있는 기관들이 특정 국가와 특별한 우호관계를 모색한다거나, 관리방식을 과감하게 국가 이익에 맞게 전환한다는 등의 좀 더 복잡한 그림에 눈이 쏠리게 된다(Stenson, 2005). 국가는 민간 부문이 범죄 통제 시스템 서비스 제공자로서 공적인 영역에 진입할 수 있는 시장 공간을 창출해 주고자 하였다. 하지만 단기적·공식적 계약을 통해 범죄예방정책과 범죄자 관리 전략에 대한 통제권 또한 국가가 어느 정도 유지해야 했으므로 민간 영역 관리 업무에 고군분투하기 시작했다. 이 때문에 지역적으로는 적당한 통제 아래 기업들이 풀어져 있으나, 국가 차원의 계약과 법령을 통해 민간 기업을 촘촘히 관리하고, 범죄 통제 시장에서의 위치를 합법화시키는 민간-공공 복합 기구 창설 업무를 매우 중요하게 다룰 수밖에 없었다. 정부는 규제 당국(Zedner, 2006)인 동시에 민간 보안 산업의 알선자 역할을 해야 했던 것이다.

▎ 범죄 통제 시장 구축하기(Constructing the market in crime control)

민간 범죄 통제 시장을 분석한다는 것은 형사사법 민영화를 수용한 국가에서 다국적 기업의 존재가 어떤 의미를 갖는지 이해하는 데 큰 도움이 된다. 그리고 전자감독 프로그램의 다양한 지역적 차이로 인해 발생한 범죄정책 융합 양상을 설명하는 데도 크게 도움이 된다. 미국에서 다른 영어권 국가로의 초창기 전자감독 정책 수출이 이어지면서 이에 대한 시장 분석이 더 중요한 이슈가 되었다.

민간 기업을 통한 시장 개척 움직임이 있었다고 해서 유사한 전자감독 프로그램이 해외에 존재하는 이유를 모두 설명했다고 볼 수는 없다. 뉴라이트 정부는 민영화라는 이념을 받아들일지 모르지만, 그렇다고 해서 지방자치 단체들이 동일한 선택을 했음을 결코 보장할 수는 없다. 잉글랜드 웨일스의 엄격한 규제 구조는 결국 1980년대와 1990년대에 민영화에 쾌재를 불렀던 미국 기업들을 매우 두렵게 했고, 오히려 뒷걸음쳐 겁먹게 했다(Nossal and Wood, 2004).

영국 정부는 초창기 CCA의 핵심 로비 대상이었지만, CCA의 영국 프랜차이즈인 영국 구금 서비스(UK Detention services)사는 서비스 공급에 있어 일부

제한적인 성공만 거두었다. 마찬가지로 GEO Group은 교정시설 민영화 추진과 그 후 전자감독 산업 구축에 있어 중요한 역할을 했지만, 결국 유럽 시장에서 철수할 수밖에 없는 상황에 처해졌다.

정책 과정의 복잡성은 형사사법 서비스의 대대적인 민영화를 요구하는 많은 유럽 국가들의 끈질긴 태도와 어느 정도 관련이 있다. 단, 많은 유럽 국가들은 서비스 제공에 대한 통제권을 유지하면서, 혁신적인 기술의 제공자로서 민간 부문의 역할만 한정적으로 장려하고자 했다. 전자감독은 1994년 영국에서 스웨덴으로, 1995년 네덜란드로 전파되었으며, 양국은 기존에 확립된 형사사법 공조 분야를 통해 전자감독을 시행하였다. 유럽 전역에서 민간 부문은 주로 지역사회에서 범죄자를 감독하는 프로그램 기술 개발 제공자의 위치만 인정받았지만, 동일한 민간 기업이 정부 계약을 위한 우선협상 대상자로서의 위치를 유지하고 있었던 것은 분명한 사실이다.

G4S와 세르코는 영국의 세 개 관할권(잉글랜드 웨일스, 스코틀랜드, 북아일랜드)에 걸쳐 전자감독 프로그램을 운영하고 있으며, G4S는 맨 섬(島)과 저지 섬(島)에서 추가 계약을 맺고 있다. 민간 부문에 있어 영국 시장은 핵심 유럽시장의 본거지였다. 2005년, 잉글랜드 웨일스는 전 유럽의 전자감독 사용량의 82%에 해당하는 18,000명이 넘는 범죄자에게 전자감독을 적용했다(Wennerberg and Pinto, 2009). 세르코는 이탈리아에서 추가 계약을 체결했고, G4S는 네덜란드, 프랑스, 오스트리아에서 계약을 체결했다. G4S는 세계적으로 호주와 뉴질랜드까지 시장을 확장시켰고, 총 40,000명이 넘는 대상자를 자체적으로 감독하게 되었다(G4S, 2010).

전 세계적으로 기존에 형사사법 시스템 내에서 제공되어 온 기타 공공서비스 분야가 민간부문으로 확대되게 된 것은 1994년 발효된 서비스 무역에 관한 일반협정(GATS)과 세계무역기구(WTO)의 영향력 등 국제무역협정에 힘입은 것이다. GATS는 정부가 다양한 산업 내에서 민간 부문 성장을 제한하기 위해 취할 수 있는 조치에 대한 일련의 법적 제한을 둔 협정이다. 이를 통해 다국적 기업이 시장 개척, 특히 공공 부문에서 시장을 개척하는 데 더 많은 자유와 재량을 갖게 되었다. 협정은 다국적 기업이 국내 기업과 동일한 보조금과 혜택을 받을 수 있다고 본다. 관세 등 기타 보호주의 조치를 제한함으로써 세계 무역의 자유화를 촉진한다. GATS 협정에 따르면 보건, 교육, 형사사법 등 공공 부문 산업은 공공-민간 합작회사(PPP) 설립을 통해 해외 시장 진출이 가능하다. 그로 인해 전자감독 시장에서 국제적 범죄통제의 이해관계를 가진 다국적 기업이 활발하게 활동할 수 있게 된 것이다.

1989년, 다국적 방위산업체인 처브(Chubb)와 마르코니(Marconi)가 새로운 시장을 개척하는 과정에서 영국의 피의자 전자감독 보석 활용 분야에 적극 관여하게 되었다. 동 시기에 전통적으로 대내외 감시와 군사 분야에 막대한 투자가 있었던 미국과 이스라엘과 같은 나라들에서 새로운 전자감독 기술을 사용하기 시작했다. 최초에는 군사용으로 개발되었던 제품들이었는데, 이 중 일부 제품이 범죄 통제 시장에서 새롭게 주목을 받게 되었다. 일례로 최근 범죄자에게 위성 추적 기술을 적용한 전자감독 장치가 여기에 해당한다. 위성 추적 기술은 위성 위치 확인 시스템(GPS)과 세계 무선 통신 시스템(GSM)이 접목된 기술이라고 볼 수 있다.

민간 범죄 통제 분야에서 잠재적인 새로운 시장을 개척하기 위해 미국 정부는 1980년대와 1990년대에 자국의 방위산업체와 민간 보안업체들을 대신하여 외교 로비에 점점 더 적극적인 역할을 하기 시작했다(Lilly and Deflem, 1996). 이 로비의 영향은 잉글랜드 웨일스 지역에서 감지되었다. 이 지역에서는 교정시설 개혁 신탁(Prison Reform Trust)이 과밀 수용 문제를 앓고 있는 교정시설의 약 50%를 줄인다는 조항이 포함된 정부 방침에 따라 새로운 특단의 조치가 절실히 필요한 상황이었다.

CCA와 와켄허트사와 같은 다국적 기업 간에 체결된 민간 교정시설 계약 문서를 보게 되면, 미국 업체들의 로비가 어떠했는지 쉽게 짐작할 수 있다(Lilly and Deflem, 1996). 네덜란드에서 개최된 민영화 학회에서 영국 구금 서비스(UK Detention Services)의 회사 이사가 직접 다음과 같은 말을 남겼다. '민영화가 미래로 나아가는 길이라고 정부를 확신시키는 데에 2-3년이 걸렸습니다. 영국 구금 서비스는 이 사안을 지지하는 주장을 제시하는 데에 많은 노력을 쏟았습니다.' 이러한 입장 표명은 결국 다국적 기업의 로비가 얼마나 큰 영향력을 행사했는지를 보여주는 중요한 증거라고 할 수 있다(Hopkins, 1993: 2, Beyens and Snacken에게서 인용 1996: 245).

궁극적으로 민간 업체들의 공격적인 로비활동은 냉전 말기 이후 군수물자에 대한 수요 감소를 1980년대 중반부터 새로운 교정시설 시장으로 옮겨 가게 하는 역할을 했다. 1990년대 동안에는 전자감독 및 기타 기술 교정 민간 시장, 2000년대 이후에는 위성 추적 시장의 개발에 의해 축소되던 시장이 다시 커질 수 있는 기회가 마련되기도 했다. 이제 다양한 전자감독 제품을 민간 계약업체에서 사용할 수 있으며, 업체의 기술 개발보다는 회사들의 운영비용 절감 문제가 첨단화되는 시스템 도입에 걸림돌이 되고 있는 상황이다.

법과 질서에 대한 로비에 힘입어 감시와 민간 보안 분야에서 시장을 확장하는 이면에는 세계적인 상업적 추진력이 기존 형사사법 시스템의 도덕성과 청렴성(integrity)에 도전을 한다는 위험이 있다. 1990년대 후반 이후 미국의 1세대 전자감독의 성장은 둔화되었지만, 이는 GPS 위치 추적의 성장에 의해 메꿔졌다. 마찬가지로 잉글랜드 웨일스는 1997년 노동당의 선거 승리 이후, 전자감독 기반 프로그램의 확산을 겪었지만, 짧은 기간 동안 전자감독 시범 프로그램 시행 이후 위성 추적 기술을 채택하지 않기로 결정했다.

네덜란드, 스웨덴, 프랑스도 위성추적 기술을 시범 운용했지만, 2014년 발사 예정인 유럽의 위성시스템 갈릴레오의 발사와 맞물려 상당한 논란이 이어질 것으로 보인다(Nellis, 2008). 따라서 성장을 유지하기 위해서는 시장이 포화되는 즉시 새로운 형벌에 대한 혁신이 이어져야 함을 알 수 있다. 이는 미국으로부터의 특정 범죄예방 정책 이동에 있어 정치, 경제적 네트워크의 역할 및 전자감독 시장의 활력을 유지하기 위한 지속적인 기술 혁신에서 모두 찾아볼 수 있는 현상이다.

▌정치, 경제 민간 섹터 및 전자감독(Politics, commerce and EM)

기술을 기반으로 한 범죄자 관리 전략이 전 세계적으로 나타났다는 사실은 반박할 여지가 없는 자명한 현상이다. 오늘날의 기술 기반 관리 방식은 생체 인식, CCTV, 그리고, 지리정보 시스템(GIS)과 같은 기술의 전반적인 성장을 바탕으로 했고, 이러한 기술 발전은 범죄 통제 시스템에도 동일하게 적용된다. 특히, 이러한 기술 기반 관리 전략은 제멋대로 살아가는 범죄자들의 위험한 행동과 파괴적인 공격행위를 억제하는 데도 큰 도움을 준다고 하겠다(Groombridge, 2008; Meek, 2002; Muller, 2005).

　미국에서 릴리의 연구는 전자감독 산업에서 'EM 효과성 증거에 대한 합리적 평가 대신 정치권력'의 역할이 더 크게 작동했다는 점을 잘 보여주고 있다. 캐나다와 미국은 1980년대 이후 형사사법 민영화를 위해 정치적·상업적 로비에 매진했고, 실제 이를 통해 전자감독 프로그램과 민간 교정시설 설립이 이루어졌다(Coyle et al., 2003: 14). 전자감독에 대한 체계적인 평가가 부족했다는 점과 전자감독 근거 기반의 정책을 지지하는 '증거'들이 주로 상업적 민간 기업이 제공한 가공 데이터의 분석 결과라는 점만 봐도 미국과 캐나다에서 얼마나 전자감독 관련 로비가 심했는지 짐작할 수 있다(Nathan, 2003).

　잉글랜드 웨일스의 전자감독이 '효과성 있다(works)'는 긍정적 평가를 받는 것에 대해 조지 마이어(George Mair)의 연구(2005)는 다음과 같이 반박했다. 즉, 그는 효과성 있다고 발표한 일부 연구들이 영국 장관들과 내무부 관리들이 '선택적으로 골라서 적절히 섞는' 태도에 영향을 받았다고 비난했다. 좋은 것은 쉽게 받아들여지고 나쁜 소식은 조용히 무시되는 게 당연한 법이다(Hope, 2006). 즉, 전자감독이 효과적이라는 연구 결과를 만들기 위해 좋은 자료만 선택적으로 골라서, 입맛에 맞는 분석 방법만 취했기 때문에 전자감독이 효과적이라는 결과를 얻었던 것이다.

　2003년 영국 내무부 주관 하에 전자감독에 대한 평가가 실시되었으나, 비용−편익 차원에서 충분히 효과적이지 않다는 이유로 해당 평가 자체가 중단되었다. 내무부가 전자감독 평가 방식 자체를 마음에 들어 하지 않았던 것으로 볼 수 있다(Mair, 2005: 271). 2002년 스코틀랜드 국민당(SNP)의 정치인 존 스위니(John Swinney)는 킬마녹 교도소에서 세르코에게 보조금을 주고 민영교도소가 가지는 혜택을 조사하는 데 도움을 줌으로써 스코틀랜드 교정 시스템의 민영화를 앞당기는 정책적 증거를 제공했다. 스코틀랜드 행정부(Scottish Executive)는 이후 이러한 상황을 격렬히 비난하기도 했다. 민간 기업과의 계약 체결 과정이 미래의 잠재적 입찰자들에게 더 경제적으로 매력적으로 보일 수 있도록 거의 750,000파운드 규모의 공적자금이 세르코에게 흘러갔다(Nathan, 2002).

범죄학자들이 경고했듯(Loader, 2000; Zedner, 2006), 계약을 기반으로 한 주권적 지배의 하청은 새로운 범죄 통제 시장의 개발과 사회 통제 시스템을 만들어 낼 수 있다. 이는 형벌 포퓰리즘과 대규모 수용 시대라는 범죄 통제의 미래에 대한 우려를 불러일으킨다. 더욱이, 최근 이민, 노동, 교정 및 노인 원격 진료 분야에서의 전자감독 관련 정책은 범죄 통제 시스템을 넘어 다양한 상업적 영역으로의 확장을 불러오게 될 것이다.

정부 정책에 대한 공식 담론과는 별도로 위탁 민간 업체의 정부 정책 수행에 관한 실질적인 정보가 부족하다는 문제가 있다. 전자감독 운영과 관련하여 민간 경비 업체들이 어떤 방식으로 전자감독 상황 기록을 수집하고 보관했는지에 대한 해당 정보도 부족하고, 감독 업체에 대한 감사가 어떻게 진행되고 있는지에 대한 관련 자료도 부족한 실정이다.

이런 상황은 마침내 2006년 1월 잉글랜드 웨일스의 전자감독 감사 위원회 보고서에 의해 직접적으로 외부에 밝혀졌다. 내무부를 대신하여 감사 위원회가 분석한 근거 자료는 별도의 조사 없이 민간 계약자가 비정기적으로 제공한 자료만을 활용하는 데 그쳤다. 민간 계약자가 계약상의 의무를 이행하지 않을 경우에 국가에 지불해야 하는 벌금 역시 이 근거 자료를 기반으로 할 수밖에 없었다.

감사 위원회의 보고서에 따르면, 향후 정부의 공식적 기업 평가는 민간 계약자의 전자감독 데이터베이스에 대한 실시간 접근을 요구할 수 있는 것으로 변경되었다. 계약자에 대한 '엄격한' 평가를 위해 전체 사례 분석에 대한 실시간 접근도 명시하고 있다. 이러한 언급은 계약자가 제공하는 정보에 대한 불신을 선언함과 같고, 내무부가 사용하는 규제 시스템이 충분한 감독 기능을 하지 못하고 있음을 인정한 것과 같았다.

대신, 현재 진행되고 있는 민간 업체에 대한 일련의 감사 평가는 형기 완료 비율과 재범 수준에 초점을 맞추고 있는 것으로 나타났다(Mair, 2005). 민간 계약자들이 내무부로부터 불충분한 감시를 받았다는 감사 위원회의 인정은 전자감독에 대한 反 오웰적 배경을 고려했을 때, 흥미로운 아이러니가 아닐 수 없다. 특히, 전자감독 산업의 비밀스러운 성격을 고려할 때, 전자감독 관련 민간 산업에 대한 청렴과 투명성 요구는 더욱 중요하다고 하겠다. 형사사법 기관의 감독 책임이 특히 더 강조될 필요가 있다.

독립적인 규제 기관의 중요성은 감사 위원회의 보고서가 제출된 지 2개월 후, 공공회계 위원회(Committee of Public Accounts)가 세르코에게 제 시간에 계약 위반 사실을 보고하지 않은 사유를 제출할 것을 요구하는 질의를 하면서 더욱 부각되었다. 세르코 내무과(Home Affairs division) 사장 톰 리올(Tom Riall)은 위반 사실을 보고하지 않은 것에 대한 질의를 받았을 때, '이전 계약서에서는 계약 위반 사실을 제 시간에 보고하지 않아도 평가 결과에 별 감점 없이 넘어갔다'는 말을 했다(하원 공공 회계 위원회, 2006). 위약금이 없어 계약 내용을 준수할 필요성을 느끼지 못했다는 얘기고, 이는 정부의 감시 기능이 제대로 작동하지 않았다는 것을 인정하는 말이기도 하다.

세르코와 더불어 잉글랜드 웨일스의 사법 및 보안 분야는 전자감독 민간 섹터 시장이 매우 넓다고 할 수 있는데, 핵심 민간 시장 업체로 G4S와 소덱소(Kalyx) 두 회사가 해당 마켓을 장악하고 있다. 정치권의 시장 주도형 '경쟁' 강조 분위기에도 불구하고, 민간 범죄 통제 분야의 경쟁자들이 점차 줄어들게 되면서 3대 거대 기업이 내무부 계약을 놓고 공방을 벌이는 양상이 되었다. 전자감독의 경우, 세르코와 G4S가 서비스 제공자로서 시장을 독점하고 있다. 서비스 품질보다는 가격에 의한 경쟁이 중요하게 다루어지는 시기가 도래하게 되었다. 대기업 양분 중심의 민간 경비 전자감독 분위기가 양질의 전자감독 서비스를 제공하는 환경을 만들지 상당한 의문이 제기되고 있다(Zedner, 2006: 271).

미국에서도 비슷한 상황이 만들어졌는데, 전자감독의 국내 시장을 확장하려는 기업체들의 사기, 뇌물, 이해 충돌과 관련된 많은 스캔들이 초기 전자감독의 성장 과정에서 빈번하게 발생했다(Lily, 1990). 민간 교정 영역에서 정치적, 상업적 이해관계가 서로 일치하기 위해서는 미리 공익을 보호하기 위한 명확한 규제 구조가 마련되어 있어야 하고, 효과적인 규제 시스템이 준비되어 있어야 한다.

잉글랜드 웨일스에서 세르코와 G4S의 독점에 대한 우려는 밥 마르티네스(Bob Martinez) 前 플로리다 주지사의 경우를 보면 쉽게 이해할 수 있다. 마르티네스는 플로리다에서의 전자감독과 위성추적 기술 도입을 위해, 해당 기술의 도입을 추진하는 과정에서 자신의 막강한 정치적 위치를 활용해 영향력을 행사했다. ProTech Monitoring은 1997년 단독 입찰로 첫 계약을 수주했으며, 플로리다 교정국의 추천을 받았다. 마르티네즈와 그의 아들 앨런(Alan)은 플로리다에 본사를 둔 ProTech의 공동운영 파트너였던 것으로 나타났다(Lilly, 2006).

만약 형사사법 내 전자감독 장치 조달 및 구매가 철저히 비용 차원에서 다루어지고 불투명한 정치-경제 네트워크에 의해서만 결정된다면, 전자감독 및 기타 기술 교정 시장은 극도의 비경쟁 시장이 될 것이다. 이는 공공 안전과 상업적 범죄 통제의 미래 효율성에 심각한 우려를 일으킬 수 있다.

2004년 잉글랜드 웨일스, 2005년 스코틀랜드의 전자감독 계약 재입찰에 의해 발생한 비용 절감 사례는 부분적으로 범죄자 전자감독 관련 인건비 경감을 통해 이루어진 것이었다(Paterson, 2007). 이는 전자감독 기반 제재 수단에 대한 지원 인력이 증가할수록 효율성이 증가한다는 사실이 전 세계적으로 이미 증명되었음에도 불구하고(Roberts, 2004), 계약을 입찰받기 위해서 서비스의 품질보다는 비용이 더 중요하게 다루어졌다는 것을 단적으로 보여준 사례라고 하겠다. 이러한 성과 중심의 맥락에서, 교정복지 실행은 '계약을 넘어서(Cooper, 2007)'의 자세를 요구하기 어렵게 만든다. 성과 중심의 입장은 전자감독 운영 내에서도 끊임없이 비용 최소화를 중요한 의제로 다룬다. 이는 전자감독 기반의 프로그램이 이윤 추구의 목적으로 사회 통제를 민간 시장으로 확장한 것 그 이상도 그 이하도 아니라는 비판을 갖게 만드는 대목이다.

미국에서 민간 범죄 통제가 성공했다는 증거는 민간 산업이 연구자금을 지원한 단체에서 발표한 연구 보고서가 전부이다. 혹은 민영화를 지지하는 싱크탱크들에 의해 만들어진 보고서뿐이다. 예를 들어, 민간 교정 및 치료 조직 협회(Association of Private Correctional & Treatment Organizations: APCTO)는 민간 교정시설을 대표하여 로비를 하고 다니면서, "우리 기업은 교정 및 치료 분야에서 추가 연구를 수행할 형사사법 프로그램이 우수한 대학교를 선별하려고 했다"고 말해 왔다(APCTO, 2003). 전반적인 정책 변화를 추진하기 위한 민간기업 전자감독 종사자들의 시도와 EM 효과성 증거 제시 노력은 캐나다와 영국 정부 정책에 어느 정도 영향을 미쳤던 것이 분명하다.

캐나다에서는 민간 기업에서 수집한 자료를 이용해 정책의 도입 여부를 결정하는 기본 데이터로 만들었다. 영국에서는 CCA가 제공한 증거 자료로 초창기 민간 교정시설의 사용과 전자감독 및 보호관찰 분야 내 민간 형사사법의 확장을 추진하는 정책을 결정했다(Carter, 2001; Nathan, 2003). 최근에는 G4S가 전자감독 기반 통행금지 외출제한(curfew) 명령 실적을 지역사회 형벌 수단으로 홍보했는데, 이를 리즈 대학 연구 후원 활동과 연결시켰다(Hucklesby, 2008).

대중을 보호하고 재범을 줄이는 데 EM이 '효과'가 있다는 결정적인 증거가 부족함에도 불구하고 궁극적으로 이런 이유로 해서 전자감독은 계속 성장세를 이어가게 되었다. 미국, 캐나다, 잉글랜드 웨일스, 그리고 그 이후 전 세계에서 전자감독제도가 양적으로 크게 성장했으나, 아쉽게도 효과성에 있어서만큼은 정확한 결론을 내리지 못했다(Bonta *et al.*, 1999; Mair, 2005; Lilly, 2006; Renzema and Mayo—Wilson, 2005).

이번 장에서 개략적으로 언급된 최근의 EM 효과성 관련 증거들은 민간 부문의 향후 역할과 관련하여 새롭게 부각된 질문들에 대해서 아직 뚜렷한 해답을 찾을 수 없다는 것을 보여준다. 지금까지 전자감독과 관련된 주요 정책을 알리기보다는 기존 활동을 합리화하는 데 정부와 민간 영역이 서로 합의하는 모양새를 취해 왔다. 그리고 효과성을 보여주기 위한 '증거'를 만드는 데 정부와 민간이 어느 정도 서로 합의를 해 왔던 것도 사실이다.

민간 기업이 만든 자료와 정보들은 여러 국가에서 전자감독 기술의 활용을 홍보하는 데 도움이 되었다. 서구권 국가들은 자국의 전자감독 확산에 대해서 분석한 반면, G4S, Serco 및 Sodexho는 그들의 사업을 개발도상국, 특히 남미 및 아프리카로 확장하는 데 더 치중해 왔다.

전자감독 산업, 좀 더 일반적으로는 민간 범죄 통제 산업의 도입과 확장, 통합을 둘러싼 개방된 시민 토론이 매우 부족했다고 하겠다. 이것은 전 세계적으로 확인된 사실이기에 이에 대한 인식을 새롭게 할 필요가 있다(Mair, 2005; Lilly, 2006). 릴리는 교정—민간 복합체에 대한 초기 연구에서 '영리를 목적으로 하는 기업과 해당 기업의 영향력, 기업의 직원, 전문 기관의 이해도 등으로 유지되는 연방정부, 그리고 이 두 기관 사이에 존재하는 뚜렷한 공통부분'에 대한 미국의 우려를 강조하면서, 공공 정책의 개발 과정에 참여한 민간 기업의 비밀스러운 역할에 대해 경고한 바 있다(Lilly and Knepper, 1992: 175).

릴리의 최신 연구(2006)는 민간, 교정 및 정치세력 사이의 연관성에 대한 분석을 계속하고 있지만, 범세계적인 관점에서 볼 때 범죄 통제에서 민간 산업체의 역할은 어쩌면 완전히 새로운 것이 없을 수도 있다(Nellis, 2003). 이번 장에서는 전 세계 전자감독 정책 개발의 다양한 특성과 상업적 범죄 통제 기업의 두드러진 역할 분석, 정책 개발의 전 과정을 통해 경제계·정치계 인사들 간의 역할 교체가 가능한 새로운 연결 고리를 살펴봤다. 추가로 민간 업체들의 투명성과 책임성에 관련된 문제들도 짚어 보았다.

전자감독의 성장은 복잡한 사회 문제에 대한 관리 방법 개선과 해결책을 제공하는 신기술의 잠재력, 그리고 구금 및 사회 통제 시장을 발전시킨 신자유주의적 세계화에 대한 매력 때문에 가능한 것이었다. 범죄 통제 분야 내 민간 시장은 지속적으로 확장될 것으로 보이며, (민간)형사사법에 시장 규율이 주는 혜택을 받기 위해 형사사법 분야와 연계된 아웃소싱은 분명 기업에게도 새로운 기회가 될 것이다.

경제적 이해관계가 혼합된 미래의 형사사법은 정부의 기능을 대폭 축소하고, 정부의 주권적 책임을 민간 영역에 위임하는 것을 권장할 것이다. 그것은 종종 범죄 통제 시스템과 대중에게 미치는 광범위한 영향에 대해서는 별로 신경쓰지 않고 오직 이념적으로 정치적으로 그리고 경제적으로 결정된 정책을 기반으로 할 것이다. 코헨(1985)이 언급한 바와 같이 제도의 실패는 사회 통제 그물망이 확산되는 것을 막지 못하고, 대신 계속해서 새롭고 더 혁신적인 형태의 새로운 개입과 통제만을 만들어 낼 우려가 있다.

▌ 결론(Conclusion)

교도소 구금과 사회 통제를 주도하는 민간 시장은 21세기 서구 세계를 지배하는 신자유주의적 세계화와 연관되어 있다. 오늘날의 치안 불안이라는 상황에 더해 신자유의적 민간 분야 산업 성장은 더 빨라지고 있다. 향상된 경쟁력과 함께 더 나은 교정 서비스를 제공하려는 시장의 목표는 형사사법 제도 내에서 다국적 기업의 위치를 더욱 공고히 해 주었다.

한편, 사회 통제의 그물망을 넓히면서 전자감독 관련 비용도 증가했다.

민간 부문에 서비스 제공을 하청하면서 중앙정부는 범죄 통제 시스템을 확대하여 보안을 강화해야 한다는 정치적 요구를 민간 기업에 요구했고, 동시에 국가재정 제한 상황에 대해서도 벗어나게 해 줄 것을 기업에 요구했다. 이러한 지배구조의 다원화는 투명성을 강조하는 분위기를 만들어 냈고, 유관기관들과의 관계가 지속적으로 협상을 통해 발전되어 가야 한다는 것을 보여주었다. 끊이지 않는 정치적 경쟁이 유동적인 탄력적 구조를 만들어 내면서 전자감독과 관련된 책임 소재 파악의 문제도 새롭게 대두되었다.

새로운 형태의 범죄 통제 EM 운영을 둘러싼 이 경쟁은 말콤 필리(Malcolm Feeley)가 민영화의 유산 관련 연구에서 밝힌 역사적 맥락과 유사한 것이다. 필리(2002)는 궁극적으로 정부의 통제하에서 관리된 18세기, 19세기의 교통수단과 교정시설의 개발은 새롭게 확장된 사회 통제 수단의 개발로 이어져 결국 민간 기업가에 의해 행해질 수밖에 없고, 민간의 역할이 더 중요해져야 한다는 주장을 했다.

전자감독 및 기타 구금 형태의 민간 감시는 이러한 역사적 추세를 따른 것이다. 미국이 보여준 최근의 정책은 교정시설을 넘어 감시를 통한 사회 통제의 잠재적 미래 비전을 보여준다. 현재의 전자감독 기술은 형기를 마친 성범죄자들의 행방을 확인, 감시하는 데 주로 사용되고 있다. 이것은 기술 교정에 있어서 산업의 추가적인 확장이 얼마든지 가능함을 보여주는 것이기도 하다. 형기를 마친 후 범죄자를 감독하는 것은 전자감독 기반 프로그램의 사용이 형기 종료자들에게도 광범위하게 적용될 수 있음을 뜻한다. 범죄자에 대한 평생 종신(lifelong) 감독을 통해 사회 통제 시스템 영역을 확장시키겠다는 의도도 숨어 있다. 과연 이것이 미래 세대들에게 어떤 유산으로 남겨질지 잘 생각해 봐야 할 것이다.

참고문헌(References) ———————————————————— ○ ○ ●

APCTO (Association of Private Correctional and Treatment Organizations) (2003) 'Part ners in public service'. Online. Available at: www.apcto.org/e−news (accessed 10 March 2010).

Ball, R., Huff, R. and Lilly, J.R. (1988) *House Arrest and Correctional Policy: Doing Time at Home* (Newbury Park, CA: Sage).

Bayley, D. and Shearing, C. (2001) *The New Structure of Policing: Description, Concep tualization, and Research Agenda* (Washington, DC: National Institute of Justice).

Beyens, K. and Snacken, S. (1996) 'Prison privatisation: an international perspective', in R. Matthews and P. Francis (eds) Prisons 2000 (London: MacMillan), pp. 240−265.

Bonta, J., Wallace−Capretta, S. and Rooney, J. (1999) *Electronic Monitoring in Canada*(Ottawa: Solicitor−General of Canada).

Bottas, S. (2007) *An Overview of Electronic Monitoring in Corrections: The Issues and Implications* (Ottawa: Correctional Services of Canada).

Carter, P. (2001) *Managing Offenders, Reducing Crime: A New Approach* (London: Cabinet Office).

Christie, N. (2000) *Crime Control as Industry* (London: Routledge).

Cohen, S. (1985) *Visions of Social Control* (Cambridge: Polity).

Cooper, C. (2007) 'Rehumanising social policy', paper presented at the Annual Confer ence of the British−Irish Section of the European Group for the Study of Deviance and Social Control, Institute of Historical Research, April 2007.

Coyle, A. Campbell, B. and Neufeld, R. (eds) (2003) *Capitalist Punishment: Prison Pri vatisation and Human Rights* (London: Zed books).

DeMichele, M. and Payne, B. (2009) 'Offender supervision with electronic technology'. Online. Available at: www.appa−net.org/eweb/docs/APPA/pubs/OSET_2.pdf (accessed 3 March 2010).

Feeley, M. (2002) 'Entrepreneurs of punishment: the legacy of privatisation', *Punishment and Society*, 4:3, pp. 321−344.

Feeley, M. and Simon, J. (1992) 'The new penology: notes on the emerging strategy of corrections and its implications', *Criminology*, 30:4, pp. 449−474.

Fisher, T. (2006) 'Race, neoliberalism and welfare reform', *Social Justice: Crime, Con flict and World Order*, 33:3, pp. 54−65.

Frost, G. (2002) 'Florida's innovative use of GPS for community corrections', *Journal of Offender Monitoring*, 15:2, pp. 6−7, 9−10.

G4S (Group 4 Securicor) (2010) 'Electronic monitoring'. Online. Available at: www.g4s.uk.com/en−GB/What%20we%20do/Services/Care%20and%20justice%20services/Electronic%20monitoring (accessed 15 March 2010).

Groombridge, N. (2008) 'Stars of CCTV? How the Home Office wasted millions − a radical "Treasury/Audit Commission" view', *Surveillance and Society*, 5:1, pp. 73−80.

Haverkamp, R., Lévy, R. and Mayer, M. (2004) 'Electronic monitoring in Europe', *Euro pean Journal of Crime, Criminal Law and Criminal Justice*, 12:1, pp. 36−45.

Hickley, M. (2009) 'Security firm lands MOD job three months after John Reid joins as a consultant', *Daily Mail*. Online. Available at: www.dailymail.co.uk/news/article−1161911/Security−firm−lands−MoD−job−months−John−Reid−joins−consultant.html (accessed 1 March 2010).

Hope, T. (2006) 'Things can only get better', *Criminal Justice Matters*, 62, pp. 4−39.

Hopkins, R.D.N. (1993) 'The formation of UK Detention Services', paper presented at Private gevangenissen in Nederland, Seminar, Utrecht, the Netherlands, 1 December.

House of Commons Committee of Public Accounts (2006) 'The electronic monitoring of adult offenders'. Sixty−second Report of Session 2005−2006, 12 July.

Hucklesby, A. (2008) 'Vehicles of desistance: the impact of EM curfew orders', *Criminology and Criminal Justice*, 8:1, pp. 51−71.

JHSA (John Howard Society of Alberta) (2006) 'Electronic (radio frequency) and GPS monitored community based supervision programmes'. Online. Available at: www.johnhoward.ab.ca/PUB/PDF/monitorupdate.pdf (accessed 13 March 2010).

Johnston, L. and Shearing, C. (2003) *Governing Security* (London: Routledge).

Kruusement, A. (2007) Presentation at the 5th CEP conference on electronic monitoring, Egmond aan Zee. Online. Available at: www.cep−probation. org/default.asp?page_id=65&news_item=55 (accessed 13 March 2010).

Lilly, J.R. (1990) 'Tagging reviewed', *Howard Journal of Criminal Justice*, 29:4, pp. 229−245.

Lilly, J.R. (2006) 'Issues beyond empirical EM reports', *Criminology and Public Policy*, 5:1, pp. 93−101.

Lilly, J.R. and Deflem, M. (1996) 'Profit and penality: an analysis of the corrections−commercial complex', *Crime and Delinquency*, 42:1, pp. 3−20.

Lilly, J.R. and Knepper, P. (1992) 'An international perspective on the privatisation of corrections', *The Howard Journal*, 31:3, pp. 174−191.

Loader, I. (2000) 'Plural policing and democratic governance', *Social and Legal Studies*, 9:3, pp. 323−345.

Lotke, E. (1996) 'The prison−industrial complex', *Multinational Monitor*. Online. Avail able at: www.multinationalmonitor.org/hyper/mm1196.06.html (accessed 17 March 2010).

Mair, G. (2005) 'Electronic monitoring in England and Wales: evidence−based or not?', *Criminology and Criminal Justice*, 5:3, pp. 257−277.

Mair, G. and Mortimer, E. (1996) *Curfew Orders with Electronic Monitoring* (London: Home Office).

Mattera, P., Khan, M. and Nathan, S. (2003) 'Corrections Corporation of America: a criti cal look at its first twenty years'. Online. Available at: www.grassr ootsleadership.org/Articles/CCAAnniversaryReport.pdf (accessed 1 March 2010).

Meek, J. (2002) 'Robocop'. *Guardian*. Online. Available at: www.guardian.co.uk/ uk/2002/jun/13/ukcrime.jamesmeek (accessed 14 March 2010).

Mortimer, E. and May, C. (1997) *Electronic Monitoring in Practice: The Second Year of the Trials of Curfew Orders* (London: HMSO).

Muller, B. (2005) 'Borders, bodies and biometrics: towards identity management', in E. Zureik and M. Salter (eds) *Global Policing and Surveillance: Borders, Security*, Iden tity (Cullompton: Willan), pp. 83–96.

Nathan, S. (2002) 'Prison privatisation report international'. Online. Available at: www.psiru.org/justice/ppri48.asp#UK (accessed 17 March 2010).

Nathan, S. (2003) 'Private prisons: emerging and transformative countries', in A. Coyle, A. Campbell and R. Neufeld (eds) *Capitalist Punishment: Prison Privatisation and Human Rights* (London: Zed Books), pp. 189–201.

Nellis, M. (2003) ' "They don't even know we're there": the electronic monitoring of offenders in England and Wales', in F. Webster and K. Ball (eds) *The Intensification of Surveillance* (London: Pluto Press), pp. 62–89.

Nellis, M. (2008) '24/7/365: mobility, locatability and the satellite tracking of offenders', in K. Franko Aas, H.O. Gundus and H.M. Lommel (eds) *Technologies of Insecurity: The Surveillance of Everyday Life* (London: Routledge), pp 105–124.

Newburn, T. (2002) 'Atlantic crossings: 'policy transfer' and crime control in the United States and Britain', *Punishment and Society*, 4:2, pp. 165–194.

Nossal, K. and Wood, P. (2004) 'The raggedness of prison privatisation', paper presented at Prisons 2004 Conference at City University, London, June 2004.

Padgett, K., Bales, W. and Blomberg, T. (2006) 'Under surveillance: an empirical test of the effectiveness and consequences of electronic monitoring', *Criminology and Public Policy*, 5:1, pp. 61–92.

Parenti, C. (2003) 'Privatized problems: for–profit incarceration in trouble', in A. Coyle, A. Campbell and R. Neufeld (eds) *Capitalist Punishment: Prison Privatisation and Human Rights* (London: Zed Books), pp. 30–38.

Paterson, C. (2007) 'Commercial crime control and the electronic monitoring of offend ers in England and Wales', *Social Justice: Crime, Conflict and World Order*, 34:3–4, pp. 98–110.

Paterson, C. (2009) *Understanding the Electronic Monitoring of Offenders in England and Wales* (Saarbrucken: VDM Verlag).

Renzema, M. and Mayo−Wilson, E. (2005) 'Can electronic monitoring reduce crime for moderate to high risk offenders?', *Journal of Experimental Criminology*, 1, pp. 215−237.

Roberts, J. (2004) *The Virtual Prison: Community Custody and the Evolution of Imprisonment* (Cambridge: Cambridge University Press).

Stenson, K. (2005) 'Sovereignty, biopolitics and the local government of crime in Britain', *Theoretical Criminology*, 9:3, pp. 265−287.

Tabarrok, A. (2003) *Changing the Guard: Private Prisons and the Control of Crime*(Oakland, CA: The Independent Institute).

Wennerberg, I. and Pinto, S. (2009) '6th European electronic monitoring conference − analysis of questionnaires', CEP Electronic Monitoring Conference. Online. Available at: www.cepprobation.org/uploaded_files/EM2 009%20Questionnaire%20summary.pdf (accessed 13 March 2010).

Whitfield, D. (1997) *Tackling the Tag* (Winchester: Waterside Press).

Zedner, L. (2006) 'Liquid security: managing the market for crime control', *Criminology and Criminal Justice*, 6:3, pp. 267−288.

12

전자감독제도 경험자들의 의견:
범죄자들의 만족도와 보호관찰관 실무자의 경험

Insiders' views:
Offenders' and staffs' experiences of electronically monitored curfews

엔씨아 허클스비(Anthea Hucklesby)

▌ 서론(Introduction)

2010년 잉글랜드 웨일스에서는 91,000명의 피고인들과 범죄자들이 전자감독 프로그램을 경험했다(Ministry of Justice, 2011b). 2009년 126,000명이 교도소에 수감된 것에 비하면 적은 수치라고 하겠다(Ministry of Justice, 2010). 그러나 전반적으로 전자감독의 사용은 계속해서 빠르게 증가하는 추세에 있다. 수치상으로 봤을 때 향후 10년 안에 교도소 수감 인원을 능가할 것으로 예상된다. 그러나 교도소에 관한 문헌들이 다수 존재하는 것과 달리, 전자감독(일반적으로 지역사회양형유사제도)(McNeill & Robinson, 2012)에 관한 선행 연구는 아직까지 드문 편이다.

영국의 경우, 대부분의 전자감독 관련 연구는 정부가 각 유관부서를 대표하여 진행한 것이었다. 이는 시범 운영에 대한 평가나 재범에 관한 연구가 주를 이루었기에 다소 편협적일 수밖에 없었다(Mair & Mortimer, 1996; Mair & Nee, 1990; Walter, 2002; Walter et al., 2002). 결과적으로 전자감독이 범죄자들의 행동에 미치는 영향과 그들의 경험에 대해서는 아직까지 거의 알려진 바가 없다.

이번 장에서는 2000년대 중반 영국 북부에서 범죄자들의 전자감독에 대한 경험을 탐색한 선행연구들을 검토해 볼 것이다. 특히, 범죄자들의 법규 준수 태도 유지와 재범의 가능성을 억제하는 데 전자감독이 어떤 잠재력이 있었는지 살펴볼 것이다. 지역사회에서 전자감독의 업무를 담당하고 있는 전자감독 관제 요원들의 견해를 살피며 이들의 업무가 범죄자들의 법규 준수와 재범 방지에 어떠한 영향을 미쳤는지 함께 알아보고자 한다.

▍잉글랜드 웨일스에서의 전자감독(EM in England and Wales)

잉글랜드 웨일스에서 전자감독의 첫 시작은 다소 불안한 편이었다. 전자감독은 1980년대 중반, 보석 조건부 석방의 일환으로 처음 운영되었다(Mair & Nee, 1990). 결과는 좋지 않았고, 외출제한명령이 도입된 1990년대 중반까지 전자감독 프로그램은 큰 주목을 받지 못했다(Mair & Mortimer, 1996; Mortimer & May, 1997).

외출제한명령은 1999년에 전 국가에 확대 적용되면서 지역별로 조금씩 다른 형태를 띠게 되었다. 여전히 잉글랜드 웨일스 지역에서는 지금까지도 외출제한명령이 사용되고 있다. 2003년 이래 외출제한명령은 사회봉사명령이 내려질 때 판사들이 병과할 수 있는 12가지 양형 사항 중의 하나였다. 이러한 제도 아래, 외출제한명령은 단독으로 혹은 보호관찰이나 약물 치료 프로그램 등과 병과해서 범죄자에게 부과되는 중요한 사회 내 처우 수단이었다.

잉글랜드 웨일스에서는 범죄자의 거의 75%에게 외출제한명령이 독립적으로 부가되었고, 다른 유럽 국가에서는 외출제한명령이 보호관찰과 함께 통합적으로 적용되었다. 따라서 같은 제도가 용도에 따라 나라별로 큰 차이를 보였다고 볼 수 있다(Haverkamp et al., 2004; Ministry of Justice, 2011b).

외출제한명령 대상자의 의무사항은 최대 6개월까지였고, 하루 12시간까지 부가되었다. 실제로 대부분의 명령은 범죄자들로 하여금 자택에서 하룻밤(약 10–12시간 정도)의 시간을 보낼 것을 강제했다. 이는 법원 재량에 따라 조정이 가능했다.

이번 장에서는 형을 선고하는 단계에서 전자감독이 어떻게 다르게 활용되는지를 살피는 데 중점을 두었다. 잉글랜드 웨일스에서 전자감독은 보석 석방의 조건으로 주로 활용되고 있다. 때로는 가택구금 외출제한 방식(Home Detention Curfew Scheme)이 조기 석방의 조건으로 전자감독에 활용되기도 한다(Nellis & Mair 참고).

잉글랜드 웨일스에서 전자감독은 무선 주파수 식별(Radio-Frequency Iden-tification: RFID) 기술을 주로 사용한다. 범죄자들은 전자발찌를 부착하고 정해진 외출제한 시간에 특정한 장소에 머물러야 한다. 등록된 특정 장소에 설치된 장비를 통해 관제 시스템으로 재택 여부가 확인되는 것이다. 만약 범죄자가 지정된 장소를 떠나 허용된 범위를 벗어나면, 관제 회사에 경보가 울리게 된다. 이후, 관제 회사는 범죄자가 지정된 장소에 있지 않다는 것을 확인하게 된다. 그리고 부착장치가 탈착되거나 자택에 설치된 장비의 코드가 연결되지 않거나, 혹은 장치가 다른 곳으로 옮겨진 경우에도 경보가 울리게 된다. 이러한 경보 울림 상황이 전자감독 위반 행위에 속하기는 하지만, 사건의 심각성에 따라 법정에서 다뤄지는 경우도 있고, 그렇지 않은 경우도 있다.

외출제한 기간 동안 대부분의 시간을 지정된 장소에서 벗어나 있으면 부착장치를 제거하는 것과 동등한 수준의 전자감독 관련 법 위반 행위로 간주된다. 단, 통행금지가 시작되는 시각에 약간 늦게 귀가하는 것과 같은 경미한 위반 행위는 서면 경고와 구두 경고장 발부로 마무리된다(자세한 사항은 Ministry of Justice, 2011b 참조).

무선 주파수 식별 기술은 범죄자들이 있어야 할 곳에 실제 대상자가 있는지를 확인하는데 매우 유용한 기술이다. 단, 이러한 기술은 범죄자들이 지정된 장소를 벗어나지 못하게 완전히 막을 수 없는 장치이다. 위반 사항이 벌어진 경우 추적할 수 없게 된다는 단점도 있다. 범죄자들이 지정된 장소를 벗어나도 그들의 행방을 계속해서 확인할 수 있는 위치추적 기술이 필요하게 되었는데, 아직까지 해당 기술을 활발히 사용하는 상황은 아니다. 최근 잉글랜드 웨일스 법무부의 시범 운영에서 좋지 않은 평가를 받았는데, 전자감독제도는 비용에 있어서도 생각만큼 큰 비용-편익 효과가 없어 이에 대한 걱정 또한 커지고 있는 상황이다(Shute, 2007).

영국의 전자감독은 대다수의 활동이 민간 부문에 의해 운영되고 있다. 현

재 이 글을 집필할 당시에도 G4S와 Serco가 잉글랜드 웨일스에서 직원을 자
체적으로 고용해 영국의 전자감독 프로그램을 운영하고 있다. Reliance는 스코
틀랜드에서 계약이 체결되어 해당 업무 역시 민간 섹터가 맡고 있다. 세 개의
민간 기업들이 영국에서 전자감독 장치 및 기반 시설의 공급을 담당하고 있다.

민간 부문은 전자감독의 전반적인 운영 일체를 광범위하게 책임지고 있
다. 이들은 장치 및 관제 요원을 선정하고 배치하는 업무를 담당한다. 범죄자
가 전자감독 위반행위를 하면, 이를 적발하고 조사하는 업무까지 한다. 이러한
상황은 보호관찰국이 전자감독에 대해 지닌 적대감 때문에 발생하게 된 것이
다(Mair, 2001; Nellis, 2003a; Nellis & Lilly, 2000).

전자감독에 대한 보호관찰국의 우려는 줄어들고 있지만(Bottomley *et al.*,
2004), 아직 전자감독을 완전히 받아들이지는 못하고 있는 실정이다(Rogers, 2011).
그럼에도 불구하고 전자감독은 뚜렷한 독자성을 지닌 사회 내 교정 처우 수단
이라고 볼 수 있다. 사회봉사명령보다 더 넓은 공급 과정을 거치면서도 서로
유사한 면을 많이 가진 범죄자 제재수단이라고 하겠다. 이러한 전자감독 업무
의 특징은 보호관찰 당국과 민간 운영업체 양쪽 조직의 원활한 통합과 정보
공유의 어려움이라는 문제를 낳기도 했다(CJJI, 2008).

잉글랜드 웨일스에서 전자감독은 대부분 실용적인 이유로 계속 확대되고
있는 분위기이다. 2001년도에 66,000명 정도였던 교도소 수감 인구가(Home
office, 2003) 2011년 85,000명 이상으로 치솟으면서, 정부는 시설 내 수용 인구
를 줄이기 위한 적절한 대응책을 찾아야 할 급박한 상황에 직면했다(Ministry of
Justice, 2011a). 이에 전자감독은 특히 '후문(back door)정책'으로서 가택구금 외
출제한명령 제도로 활용되게 되었고, 주로 비폭력적인 범죄자들을 조기 석방
시키는 데 큰 몫을 하게 되었다.

그러나 전자감독은 형량 차원에서는 영국 내에서 큰 성공을 거두지 못한
것으로 보인다. 전자감독 효과성과 관련된 증거들을 보면, 일관되게 EM은 구
금형에 처해질 가능성이 거의 없는 저위험 범죄자와 전과가 없는 초범 범죄자
들에게 적용되었다고 볼 수 있다(CJJI, 2008). 이로 인해 양형 차원에서 전자감
독이 실질적인 교도소 구금 인원 감소에 크게 기여했다고 말할 수 없는 상황
이다. 이 밖에도 전자감독은 형사사법제도 안팎에서 예상치 못한 복잡한 문제

를 많이 야기했다.

대부분의 우려는 전자감독에 대한 비현실적인 기대에서 비롯되었다. 특히, 전자감독은 정치인들에 의해 '가상 감옥,' '경계선 없는 감옥' 그리고 '전자 족쇄'로 과대 포장되었다. 위와 같은 호칭은 전자감독이 마치 실제 교도소처럼 범죄자들이 재범을 저지르지 못하게 하거나, 원천적으로 문제를 일으키지 않도록 하는 교도소 시설의 일종이라는 인상을 주었다. 그러나 전자감독은 교도소보다는 사회봉사명령과 더 유사하다(Hucklesby, 2012). 전자감독은 외출제한 시간 동안 지정된 장소에 범죄자들이 머무를 것을 요구하지만 추적당할 가능성에도 불구하고 범죄자 당사자들이 원하기만 하면 언제든 외부로 벗어날 수 있는 제도인 것이다. 이런 차원에서 교도소가 아닌, 사회봉사명령과 비슷한 성격이 더 많다고 하겠다.

또한, 범죄자들은 외출제한 시간 동안 집에서 머무르면서도 얼마든지 범죄를 저지를 수 있다. 그리고 외출제한 시간이 아닐 때 교묘하게 외부에서 범죄를 저지를 가능성도 있다. 영국에서 전자감독은 단지 범죄자들이 지정된 장소에 머무르기만 할 것을 요구한다. 그들이 무엇을 하는지에 대한 확인이나 특정 추가 제한은 존재하지 않는다. 결과적으로 범죄자들은 집에서 술과 마약을 복용할 수 있으며, 외출제한 시간을 준수하기만 하면 어떠한 범죄도 집에서 저지를 수 있는 것이다. 이러한 방식으로 인해 전자감독제도는 외출제한명령 속에서 단순히 과거에 이미 저지른 범죄에 대한 사후 처벌만 하는 기능을 가질 뿐 범죄자들의 사회복귀나 재통합에는 별 효과가 없다고 볼 수 있다.

추가로 외출제한명령은 충분히 고통스러운 형벌이 되지 못하다는 비판을 받기도 한다. 이는 주로 범죄자들로 하여금 지역사회에서 머무르게 하면서 그들의 삶을 그대로 이어나갈 수 있게 한다는 점 때문이다(Hucklesby, 2008; Nellis, 2003b). 일부 연구 결과는 이러한 견해를 뒷받침해 주지 않는데, 범죄자들은 외출제한명령을 처벌로 인식하며 이 제도가 그들의 자유를 과도하게 제한한다고 보는 것으로 나타났다(Hucklesby, 2008; Mair & Nee, 1990; Mair & Mortimer, 1996; Walter, 2002). 대중의 전자감독에 대한 신뢰 역시 전자감독의 대상이 되는 범죄자들이 심각한 범죄를 저지른 경우 크게 하락하는 것으로 나타났다(Nellis, 2006).

전자감독과 관련한 연구는 영국과 다른 모든 국가에서 양적으로 많지 않고 내용도 매우 제한적이다(Mair, 2005). 영국에서 실시된 대부분의 연구는 정부에 의해 수행되었으며, 전자감독을 담당하는 직원들, 범죄자들과 그들의 가족들의 태도에 초점이 맞추어져 있다(Mair, 2005; Nellis, 2003a). 이러한 연구는 범죄자들과 가족들이 전자감독에 대해 전반적으로 긍정적인 견해를 가지고 있다는 점을 보여준다. 특히, 응답자들은 범죄자들을 교도소 시설로부터 벗어나게 하여 그들의 삶에 안정적인 효과를 준다는 전자감독의 특성을 매우 긍정적으로 평가하였다(Mair & Mortimer, 1996; Walter, 2002). 한편, 전자감독이 이루어지는 시기 혹은 그 이후에 범죄자들의 재범에 미치는 영향에 대한 연구는 여전히 부족한 실정이다(Marie *et al.*, 2011; Renzema & Mayo-Wilson, 2005).

　　전자감독은 사회봉사명령 등 다른 형태의 사회 내 교정 수단보다 많은 이점을 지니고 있다. 전자감독은 범죄자들의 소재에 관한 정보를 상당 기간 제공할 수 있다. 영국에서는 하루에 12시간까지(보석으로 풀려난 경우 기간이 더 길다) 위치 정보 제공이 가능하다. 이는 범죄자들이 외출제한 시간을 어겼을 경우, 거의 즉각적으로 위치 정보를 제공하며 위반에 대한 구체적인 증거를 마련할 수 있다는 점에서 큰 제도적 의의가 있다. 이러한 전자감독 관련 위치 정보는 법정에서 혹은 향후 더 큰 불법행위를 가늠하는 척도로 사용될 수 있고, 보호관찰 현장에서는 범죄자 관리를 위한 자료로 사용될 수 있다. 그러나 전자감독을 통해 얻을 수 있는 정보는 경찰에 의해 기밀상의 목적으로 확대 해석될 수 있고, 범죄자들에 의해 알리바이의 목적으로 악용될 수 있다는 점에서 논쟁을 불러일으킨다.

　　전자감독이 단기적으로 그리고 장기적으로 긍정적 영향을 미칠 수 있다는 점을 보여주어야 전자 장치에 대한 논란의 여지가 줄어들 것이다(Bottoms, 2001). 단기적 순응(short-term compliance)은 전자감독 프로그램이 진행되는 동안 범죄자들의 행동이 얼마나 변화되었는지를 측정하는 것이다. 반면, 장기적 순응(long-term compliance)은 재범을 저지르지 않는 것과 같은 형 종료 후의 안정적인 법 준수 태도와 관련된 것을 말한다. 지금까지 준수사항 위반과 같은 단기적 순응 여부는 전자감독 관련 이론, 정책 그리고 연구에서 큰 관심의 대상이 아니었다(Bottoms, 2001; Hucklesby, 2009; Nellis, 2006; Robinson & McNeill, 2008). 대신, 범죄자들이 재범을 저지르거나 EM 종료 후 일반적으로 법을 잘 지키는지와 관련된 장기적 순응태도가 많은 사람들의 관심 대상이었다(Chapman & Hough, 1998; Farrall, 2002; Harper & Chitty, 2005; Maruna, 2001; McGuire, 1995).

위 두 가지 순응 유형에 대한 관계는 아직까지 제대로 연구되지 않은 상태이다(Hearnden & Millie, 2003). 물론, 단기적 순응과 장기적 순응이 서로 연관이 있다는 설명도 가능할 것이다. 상식적으로 준수사항을 위반하지 않은 범죄자들이 향후 재범을 저지르지 않을 가능성이 크다. 이를 뒷받침하는 연구 또한 존재한다.

전자감독 내에서 '무슨 효과가 있는가(What Works)'라는 질문을 했을 때, 전자감독을 이수하지 못한 범죄자들과 성공적으로 프로그램을 완료한 범죄자들의 재범률을 조사한 후, 아예 전자감독에 참여하지 않은 범죄자들(통제집단)과 비교하여 그 효과성을 확인할 필요가 있다. 분석 결과, 전자감독 프로그램을 완벽히 이수하지 못한 집단은 성공적으로 이수한 집단이나 통제집단보다 재범률이 더 높은 것으로 나타났다(Harper & Chitty, 2005). 그러나 이 변인들이 서로 어떻게 연관되어 있는지는 명확하지 않다. 인과관계가 아닐 수도 있지만 분명한 것은 단기적 준수가 재범이 일어나지 않도록 했다고 단정 지어 말할 수 없다는 점이다. 혹은 전자감독이 반드시 그러한 결과가 발생하도록 만드는 범죄 단념 및 저항의 유일한 원인이 되었다고 말할 수 없고, 그 반대의 경우라고도 말할 수 없다.

이번 장에서는 전자감독에 대한 범죄자들의 견해를 탐구한 잉글랜드 웨일스의 실증적 연구 결과를 중점적으로 살펴보고자 한다. 먼저 연구 설계를 살핀 후, 단기적 순응과 관련된 연구들, 그리고 장기적 순응과 관련된 연구 결과를 다루고자 한다. 이번 장의 마지막 부분에서는 범죄자들의 규범 준수와 재범을 저지르지 않을 가능성에 대한 관제 요원들의 견해에 대해 살펴보고자 한다.

▌연구 설계(Research design)

EM 연구의 목적은 외출제한명령에 대한 범죄자들의 태도와 경험, 그리고 관제 요원들의 업무 내용을 탐구하는 것이다. 자료는 다음 네 가지 차원에서 수집되었다. 행정부 데이터, 범죄자들과의 인터뷰, 관제 요원들 업무 관찰 및 관제 요원들과의 인터뷰가 바로 그것이다. 행정부 데이터는 독립적으로 외출 제한명령을 선고받은 217명의 범죄자들에 관한 사건 파일을 기반으로 했다. 이 중 몇몇 범죄자들은 사회봉사명령도 동시에 선고받았는데, 이에 관련된 데 이터는 구할 수 없었다(Bottomley et al., 2004; CJJI, 2008).

수집된 자료는 인구사회학적 특성, 전자감독 규정 준수에 관한 세부 사 항, 법률 위반사항과 관련 소송절차 그리고 범죄자와 관제 회사와의 통신기록 을 말한다(세부사항은 Hucklesby, 2009에서 찾아볼 수 있다). 인터뷰는 78명의 범죄 자를 대상으로 했고, 외출제한명령 기간이 종료되는 날 전자감독 부착장치를 제거하는 순간에 실시되었다. 데이터는 범죄자들의 배경, 외출제한명령 기간 동안의 경험, 그리고 전자감독제도가 그들의 삶에 어떤 영향을 주었는지 등을 조사하는 데 주안점을 두었다. 범죄자들에 대한 데이터와 인터뷰 내용은 관제 요원들의 관찰과 진술에 의해 보충되었다. 총 55번의 교대근무가 관찰되었고, 인터뷰는 각각 4시간에서 8시간 동안 지속되었다.

전자감독을 담당하는 관제 요원들과는 총 20번의 심층 인터뷰를 실시했다. 이들과의 인터뷰는 1시간 반에서 3시간에 걸쳐 이루어졌고, 교대 근무를 시작 하기 전에 이뤄졌다. 인터뷰는 업무 환경과 관제 요원에 지원한 이유, 그들이 받았던 직원 연수, 감독과 관리, 전자감독과 범죄자들 및 업무 처리에 대한 견 해, 특정한 사건들을 다룬 방법, 그리고 전자감독 업무 관련 문제나 걱정거리에 관한 질문으로 구성되었다(더 많은 세부사항은 Hucklesby, 2008, 2009, 2011 참고).

▌ 단기적 순응(Short-term compliance)

이 단락에서는 사건 파일과 범죄자들의 자기 보고 자료를 기반으로 하여 외출제한명령 불이행에 관해 심층적으로 알아보도록 한다. 외출제한명령의 불 이행은 일반적으로 일어나는 위반행동이기도 하다(NAO, 2006). 이는 주로 부착 장치가 굉장히 민감하기에 통행금지가 시작되는 시간에 5분이라도 늦거나 감 시 장비를 잘못 건드려 기록에 남게 되는 경우 등을 포함한다. 외출제한명령

불이행으로 기록되는 경우가 생각보다 많고 다양하다고 하겠다.

두 명의 범죄자들을 제외한 모든 범죄자가 외출제한명령을 적어도 한 번 이상 위반했던 것으로 나타났다. 절반 이상의 범죄자들은 50회 이상의 위반을 저질렀다. 그러나 대부분의 사건들은 단기간의 위반을 포함한 비교적 가벼운 경우였다(외출제한 기간의 일정 기간을 지정된 장소에서 벗어나 있는 경우).

많은 범죄자들이 무질서한 삶을 살고 있는 것을 미루어 볼 때, 명령 기간 동안의 경미한 탈선은 쉽게 예측 가능한 것이었다. 현재의 탄력적인 준수사항 위반 대응 정책은 위반 자체가 쉽게 발생할 수 있다는 점을 어느 정도 인식하고 있는 것으로 볼 수 있다(CJJI, 2008).

기록된 사건의 40%는 범죄자들이 통금시간 내내 이탈해 있거나 부착장치를 제거한 심각한 법률 위반행위를 저지른 경우였다. 이러한 종류의 중대한 위반이 일어나게 되면, 범죄자들은 다시 법정으로 소환될 가능성이 크다. 표본 중 총 99명에 해당하는 범죄자들이 정식으로 법률을 위반한 것으로 나타났다. 절반 이상의 범죄자들이 지속적으로 통금시간을 어겼던 것으로 나타났다. 경미한 경우에는 구두 경고를 받는 데 그쳤다. 다시 말해 60%의 범죄자들은 최소 한 번 이상 구두 경고를 받았고, 나머지 40%는 서면 경고만을 받았다고 하겠다.

78명의 인터뷰 대상자들과 관련해서 28명은 공식적으로 법률을 위반한 적이 전혀 없는 것으로 나타났다. 이들은 심지어 전자감독 기간 동안 구두 혹은 서면 경고를 받은 적도 없는 것으로 나타났다. 총 29명의 범죄자들이 지속적으로 통금시간을 어김으로써 공식적인 전자감독 준수사항 위반을 저질렀으며, 추가로 10명은 서면 경고를 받은 것으로 기록되었다. 비슷한 수의 범죄자들이 인터뷰에서 기존 내용과 일치하는 불이행 사실을 고백했으며 이는 일반적으로 범죄자들이 그들의 행적에 대해 매우 솔직하게 응답했다는 것을 보여준다. 더 일반적으로 말하면, 인터뷰에 응했던 대상자들은 한두 번 이상 명령을 위반한 사실이 있다고 말했는데, 절반 이상이 통금시간 중 단기간 동안 지정된 장소에서 이탈했음을 고백한 것이었다.

범죄자들은 대부분의 불이행에 대해 의도적으로 계획한 일이 아니었으며, 미숙한 계획과 문란한 생활방식, 그리고 대중교통의 불편함에 따른 결과라고 밝혔다. 소수의 인터뷰 대상자들만이 이를 고의적이며 지속적인 불이행이라

밝혔고, 이는 주로 상대적으로 단기간 동안의 위반이었다고 털어놨다. 귀가할 때 범죄자들은 대개 그들의 부재 가능성에 관해 관제 회사에 미리 연락하여 보고해야 한다는 것을 알고 있었다. — 위반 이유와 자신의 상황이 법규 위반 사실을 완화할 수 있는지에 대해서는 대부분의 범죄자들이 자세히 이야기 하지 않았다. 오직 세 명의 범죄자만이 자신이 명백한 위반 사실을 저질렀다는 것을 솔직히 털어놓았다. 예를 들어, 통금시간 내내 지정된 장소에서 이탈해 있는 경우나 부착장치를 제거하는 것 등의 행동에 대해서 명백한 위반으로 스스로 위반사실을 고백한 것이다.

준수사항을 잘 따르는 것은 범죄자의 자발적인 선택에 달려 있는 것이다. 그들이 무엇을 선택할지에 대한 이유는 복잡하고 역동적이라 하나의 이유로 설명할 수 없다. 이는 객관적 요소와 범죄자의 주관적 인식과 연관되어 있는 것이다. 인터뷰 대상자들에 의해 밝혀진 규정 준수의 가장 큰 이유는 준수사항을 이행하지 않았을 때 일어날 미래 결과에 대한 두려움 때문이 가장 컸다. 교정시설 수감에 대한 그들의 두려움은 단순히 처벌이 아닌 그들의 삶에 교도소 수용이 미칠 결과의 폐해 때문이었다.

범죄자들은 특히, 그들이 사랑하는 이들과의 관계가 더 나빠질까 걱정하는 부분이 많았다. 대부분의 인터뷰 대상자들은 실제로는 거의 일어나지 않을 상황, 즉 외출제한명령을 위반한 결과로 다시 교도소에 들어가게 될 최악의 상황을 심각하게 우려하고 있는 것으로 나타났다(Hucklesby, 2009).

외출제한명령 위반에 대한 범죄자들의 설명은 분배적(공정한 결과), 절차적 (공정한 절차) 정의가 그들의 규정 준수에 중대한 영향을 미친다는 것을 보여주었다(Tyler, 1990). 규정 준수에 관한 결정은 범죄자들이 법정에서 공정하게 다뤄졌다고 느끼는지와 관련된 것이었다. 예측한 형을 선고받거나 더 관대한 형을 받았다고 느낀 범죄자들은 추가로 형을 받거나 법정에서 가혹하게 다뤄졌다고 느끼는 이들보다 EM 준수사항 요건에 더 잘 대응하는 것으로 나타났다.

반면, 법정에서 또 다른 기회를 받았다고 생각하는 범죄자들은 이를 그들의 규정 준수 이유와 잘 연관시키는 태도를 가지고 있는 것으로 나타났다. 비슷하게, 범죄자들은 관제 요원들이 그들을 다루는 방식 또한 규정 준수에 영향을 주는 것으로 인식했다. 관제 직원들과 그들이 서로 긍정적인 상호 교류를 하고 있다면, 준수사항을 더 잘 지킬 가능성이 크고, 부정적인 상호작용 경험을 했다고 인식하면 법률 위반의 위험성이 증가되는 것으로 나타났다(Hucklesby, 2010, 2012).

전자감독이 가진 독특한 요소는 그것이 감시를 기반으로 한 제재수단이라는 점이다. 범죄자들은 그들이 감시 대상이며 감시받고 있음을 인지하고 있다. 대부분의 인터뷰 대상자들은 그들이 통금시간 동안 지정된 장소를 떠나게 되면, 장치가 이를 정확하게 추적할 수 있고, 항상 제대로 작동할 것이라 믿고 있는 것으로 나타났다.

그러나 범죄자들은 기술과 최종 결정 인식에 가장 큰 영향을 미치는 요소는 자신들이 체포당할 가능성이라고 보았다. 결과적으로 감시의 역할이 갖고 있는 복잡한 문제를 해결하는 것은 매우 어려워 보인다. 전자감독 대상자가 인식하는 체포될 가능성이 크다는 상황을 이론적으로나 실무적으로 해결하는 것 역시 불가능하다고 하겠다(Hucklesby, 2012).

장치에 대한 신뢰는 준수사항 규정 순응 태도를 결정하는 중요한 요소이지만, 장치 하나만으로는 이를 설명하기에는 부족함이 있다. 인터뷰 대상자들은 준수사항 규정 순응이 전자감독 관제 회사와의 교류를 통해 향상될 수 있다고 보았다. 범죄자들이 준수사항을 위반한 뒤 직원들이 빠르게 구체적인 조치를 취한다면 범죄자들은 준수사항 내용을 정확하게 상기하게 되고, 규정 준수 순응 태도를 강화시키는 기회를 갖게 될 수 있다.

사회봉사명령과 유사하게 전자감독은 범죄자들의 동기강화와 관련된 기능을 갖고 있다. 인터뷰 대상자들은 규정 준수가 그들의 선택이었으며, 일반적으로 형기 기간을 무사히 종료하기 위한 것이었다고 말했다. 범죄자들의 프로그램 종료 성공률은 많은 다양한 요인과 관련되어 있다.

첫째, 외출제한명령 기간 동안 술과 마약 복용을 자제해야 한다. 술과 마약의 복용은 모두 준수사항 불이행과 연관되었다. 두 번째로, 범죄자 자신의 안전에 관한 우려이다. 전자감독은 관리 당국뿐만 아니라, 마약상이나 범죄조직과 같이 EM 범죄자들을 찾고 있는 다른 범죄자들로부터 해당 전자감독 대상자를 보호하고, 이들을 쫓고 있는 범죄자들의 위치를 추적할 수 있다는 장점이 있다. 몇몇 인터뷰 대상자들은 심지어 전자감독 관제 회사에서 잦은 방문이 있기에 특히 밤늦게 낯선 이에게 문을 열어주는 것에 대해 안전의 문제를 제기했다. 자신이 안전해야 무사히 전자감독 부과 기간 종료 의무를 이행할 수 있다는 것이다. 세 번째로, 범죄자는 사랑하는 이들의 지지가 규정 준수에 영향을 준다고 보았다. 친구와 가족은 범죄자들이 규정을 준수하는 데 중대한 역할을 한다. 몇몇은 이에 관련해, 통금시간 전 문자를 보내주거나 직접 대상자를 데리러 오거나, 집까지 바래다주고 통금시간 동안 가게에서 물건을 사 오는 것과 같은 정신적 지지와 실질적 지지가 도움을 제공한다고 말했다. 대조적으로 범죄자의 가족들은 때로는 긴장을 불러일으키는 요소가 될 수도 있다. 가족이 범죄자들로 하여금 집을 나가야만 한다는 생각을 갖게 만들 수도 있고, 혹은 밤에 밖으로 나가도록 친구나 배우자가 압박을 주는 것 때문에 준수사항을 위배하게 만드는 경우도 생길 수 있다.

▎범죄 중단과 전자감독(Desistance and EM)

범죄자의 양형(sentences) 전후 추가적 범행을 예방하는 것은 모든 제재수단이 가진 중요한 형벌의 목적이다. 이 부분에서는 외출제한명령 기간 동안 범죄를 저지른 대상자들과의 인터뷰에서 얻은 자료를 탐구하고, 이와 관련하여 이들의 향후 재범 의사에 대해 살펴보기로 한다. 자기보고식 자료이기 때문에 범죄자들이 범죄를 저지르는 것을 과소평가하거나 과장할 수 있다는 점을 유의해서 이해하기 바란다.

전자감독이 이루어지는 동안 위법행위의 감소는 인터뷰 대상자들의 절반이 안 되는 수치(35명, 46%)에서 확인되었다. 9명의 범죄자들은 전자감독 기간 동안 한 번도 범죄를 저지르지 않은 것으로 나타났다. 이들은 과거 전과가 없는 것으로 나타났고, 현행 범죄도 대부분 초범으로 차후에도 재범 의도가 없는 것으로 나타났다. 외출제한명령 기간 동안 위법 행위가 현저하게 감소했다고 밝힌 14명의 범죄자들은 그 이유에 대해 다음과 같은 이야기를 했다. 전자감독 대상자의 위법행위 감소에 대한 세 가지 이유는 다음과 같다.

첫 번째 이유는 범죄자 무능화와 관련된 것이다. 범죄자들은 대개 그들이 범죄를 저질렀던 시간인 통금시간 동안 지정된 장소를 떠날 수 없다고 생각한다. 몇몇 범죄자들은 낮에 범죄를 저지를 때 초래되는 더 큰 위험성 때문에 그들의 범죄 패턴을 바꾸는 걸 꺼려한다. 실제 야간에 밖에 나갈 수 없기 때문에 무능화 전략에 의해 재범을 저지를 수 없는 것이다.

두 번째 이유는 억제와 관련된 것이다. 범죄자들은 다시 교정시설로 돌아가는 것에 대한 두려움을 가지고 있기에 범죄를 덜 저지르려고 한다. 그들은 현행 사건으로 수감되지 않았다는 안도감을 갖고 있다. 향후에도 교도소에 가고 싶지 않기 때문에 재범을 저지르지 않을 것이라고 설명하기에 이는 억제의 효과라고 볼 수 있다.

세 번째 이유는 범죄자의 개별적 상황과 관련된 것으로써 '잉글리시 드림(English dream)'이라 지칭할 수 있다(Bottoms *et al.*, 2004) — 전자감독의 역할도 있지만(Hucklesby, 2008), 구직, 정착, 자녀 그리고 약물 사용의 감소를 통해 범죄자들이 영국에서 이루고자 하는 꿈을 계획하기에 전자감독제도는 잉글리시 드림과도 어느 정도 연관되어 있다고 하겠다(Farrall & Calverley, 2006; Sampson & Laub, 1993).

인터뷰 대상자들의 절반 정도(41명, 54%)는 전자감독이 그들의 범죄 중단에 큰 영향을 주지 못했다고 말했다. 외출제한명령이 내려지기 이전의 행동패턴을 그대로 유지했고, 전자감독 기간에도 동일한 수준의 범죄를 저질렀다고 보고했다. 전이 효과가 몇몇 인터뷰 대상자들에게서 명백하게 발생한 것으로 드러났다. 그들은 외출제한 기간을 피하기 위해 그들이 저지른 범죄의 종류 혹은 시간을 다른 장소와 다른 시간으로 바꾼 것으로 나타났다.

인터뷰 대상자들이 외출제한명령을 끝마친 이후 재범 관련 향후 의도에 대해 답변했을 때, 범죄자들의 반응은 크게 두 가지 유형으로 나누어졌다. '범죄를 지속하고자 하는 사람(persisters)'과 '범죄를 중단하고자 하는 사람(desisters)'이었다. 이는 외출제한명령의 장기적 효과가 범죄자들의 변화 의지에 달려 있다는 것을 보여주는 결과이다(Maruna, 2001; Farrall & Carverley, 2006).

'범죄를 중단하고자 하는 사람'은 이미 범법행위를 단념하기 시작한 자들이며, 반대로 '범죄를 지속하고자 하는 사람'은 범법행위를 그만둘 계획이 없는 자들이었다. 약 1/3에 해당하는 대상자(25명, 32%)들이 '범죄를 지속하고자 하는 사람'이었으며, 그들은 계속해서 범죄를 저지를 계획이고, 외출제한명령이 그들에게 어떠한 영향도 미치지 않는다는 태도를 갖고 있는 것으로 나타났다. 범죄자들은 외출제한명령이 억제 효과가 없어서 스스로가 어떠한 경우에도 문제로부터 벗어날 수 없다는 입장을 보였다. 범죄자들은 예전 생활방식으로 돌아갈 계획이라고까지 말했다. 이는 다른 연구에서도 일관되게 나온 결과이고, 해당 연구 결과를 뒷받침하는 관련 선행연구들의 설명과 동일하기도 하다(Rex, 1999; Farrall, 2002; Farrall & Calverley, 2006).

'범죄를 중단하고자 하는 사람'은 인터뷰 대상자들의 약 2/3(53명, 68%)에 해당하였다. 그들은 비록 형을 받는 동안 생긴 선의가 언제 사라질지 몰라도(Burnett, 2004), 향후에 범죄를 저지를 가능성을 낮추게 되었다고 말했다. 범죄 억제, 특히 수감되는 것에 대한 두려움은 범죄자들의 범죄 중단 의도의 주된 동기가 되었다. 다른 인터뷰 대상자들은 외출제한명령 덕분에 많은 것을 배웠으며 성장할 기회가 되었다고 말했다. 그들은 잘못된 생활 방식을 바꾸게 되었다고 말하기도 했다.

범죄자들은 그들의 우선순위가 가족에 대한 헌신과 직장이 되었기 때문에 외출제한명령이 긍정적 기능이 있다고 말했다. '범죄를 중단하고자 하는 사람'들의 설명은 외출제한명령이 이미 범법행위의 중단을 생각하고 있거나 의식적으로 그만두려는 범죄자들을 지지하는 데 효과적이라는 것이다. 이와 관련하여 한 인터뷰 대상자는 다음과 같이 말했다. '제 인생에 있어 외출제한명령이 더 이상 일상생활 속에서 별 문제가 되지 않는다고 생각한 시점이 있었어요. 더 이상 어떠한 문제에도 연루되고 싶지 않았어요. 이 점에 있어 저에게 도움이 되었죠. 3개월 더 추가된다고 해도 기쁜 마음으로 수락할 겁니다.'

범죄 중단이 형사사법제도의 궁극적인 목적이지만, 범죄자들의 삶을 개선한다는 것은 결국은 범죄자 그들 자신에게 달려 있다. 범죄자들이 범죄를 저지를 의지를 포기한다는 것은 범죄자들 내면의 의지에 달려 있는 것이기 때문이다. 아래 부분에서 범죄자들의 삶에 외출제한명령이 미치는 영향에 대해 보다 심층적으로 논의하도록 한다.

▌일상생활에서의 변화와 전자감독(Lifestyle changes and EM)

범죄 중단 관련 연구는 구직, 배우자와의 정착, 자녀를 갖는 것을 포함하고, 중단과 관련된 요소는 매우 많다는 것이 일반적인 입장이다(Bottoms *et al.*, 2004; Farrall, 2002; Farrall & Calverley, 2006; Maruna, 2001; Sampson & Laub, 1993). 이와 관련하여 다른 연구에서는 범죄를 야기하는 다양한 요소가 있으며, 수많은 요인들이 범죄자 개인이 범죄를 저지를 확률을 높이는 것으로 알려져 있다(Harper & Chitty, 2005).

범죄를 야기하는 대표적인 요인으로 술과 마약 복용, 낮은 학력 그리고 직업 기술의 부족 등을 들 수 있다. 이러한 요소들이 범죄 중단 혹은 지속을 불러일으킨다면, 외출제한명령이 이에 어떠한 영향을 주는지 이해하기 위해 이 변인들을 함께 고려할 필요가 있다. 예를 들면, 명령이 어떻게 범죄 지속 관련 요소를 줄일 것인지, 혹은 범죄 중단 관련 요소를 강화할 것인지를 사전에 명확히 이해하고 있어야 하는 것이다.

이번 단락에서는 재범과 범죄 중단에 관련된 다양한 요소에 대한 범죄자들의 견해를 살펴보고자 한다. 먼저, 몇몇 연구 결과를 설명하기 위해 사회적 자본(social capital)이라는 개념부터 살펴보자. Farrall(2004)은 사회적 자본 축적이 범죄 중단 가능성을 증가시킬 수 있다고 봤다. 즉, 사회적 자본의 결여는 재범을 촉진시킬 수 있다는 설득력 있는 논리를 제시하였다.

사회적 자본의 개념은 수없이 다양하지만, 궁극적으로 사회적 관계, 유대 그리고 연결망을 일컫는다고 하겠다(Hagan & McCarthy, 1997). 고용과 가족의 유대는 특히 사회적 자본의 중요한 요소이며, 이러한 요소들은 범죄 중단 과정에 큰 영향을 미치게 된다. Farrall과 동료 학자들은 사회적 자본을 본질적으로 친사회적이라고 규정하였지만, 다른 면으로 생각하면 반사회적일 수도 있다. 그 이유는 범죄 중단뿐만 아니라 범죄를 촉구할 수도 있는 것이 사회적 자본의 특성이기 때문이다(Hucklesby, 2008).

반사회적 자본의 수준을 낮추는 것은 친사회적 자본을 쌓는 것만큼 범죄 중단 과정에 중요한 영향을 미친다. 몇몇 경우에서는 전자가 후자의 필수 조건이 되기도 한다. 여기에서 다음과 같은 의문점을 낳을 수 있다. 외출제한명령이 반사회적 혹은 친사회적 자본에 영향을 주는가? 만약 그렇다면, 어떻게 영향을 주는 것인가?

외출제한명령은 범죄자들이 기존 생활 방식과 동료로부터 벗어날 기회를 제공함으로써 그들의 삶을 안정화하는 데 도움을 준다(Walter, 2002). 이 연구에서도 다뤄지는 주제인데, 인터뷰 대상자들은 외출제한명령이 그들이 저지른 범죄와 그 결과를 다시 생각해 보는 기회가 되었다고 털어놓았다. 또한, 범죄를 저지르는 데 영향을 주었던 사람들, 장소, 그리고 상황과 같은 습관들로부터 벗어날 수 있는 기회를 주었다고 말했다.

이는 외출제한명령이 반사회적 동료 및 환경과 맺고 있는 관계를 약화시켜 습관을 바꾸는 데 중요한 역할을 했음을 의미하는 것이다. 이러한 관계가 영구적으로 깨지면서 장기적인 생활방식을 바꾸게 된다는 것은 물론 논란의 여지가 있는 설명이다. 그러나 이는 범죄자들에게 다시 지난 과거를 생각해 볼 기회를 제공하고, 실제 최소한의 몇몇 범죄자들은 다시 예전의 습관으로 돌아가지 않을 것이라 말했다는 점에서 사회적 자본의 변화를 초래하는 기능을 했다고 볼 수 있다.

의미 있는 타인과의 관계에 전자감독이 미친 영향은 매우 광범위하다(Elliott et al., 2000; Lobley & Smith, 2000; Smith, 2001; Whitfield, 1997). 그 중에서도 전자감독을 가정에서 사용하는 것에 동의하는 경우, 친구와 가족들의 역할에 관심이 집중된다. 그들이 가족이면서 동시에 범죄자를 감시하는 역할을 할 수 있다는 점에서 이것은 큰 의미가 있는 일이다. 그리고 범죄자들과 가족들 사이에서 일어날 수 있는 폭력 가능성이 우려된다는 점에서 전자감독의 부작용도 함께 고려할 필요가 있다. 이와 관련된 연구는 결과 면에서 긍정적일 수도 있고 부정적일 수도 있는데, 상이한 영향에 대해서는 많은 선행연구들이 존재한다 (Dodgson et al., 2001; Elliott et al., 2000; Mair & Mortimer, 1996; Mair & Nee, 1990; Mortimer & May, 1997; Walter, 2002; Whitfield, 2001).

이러한 연구들은 이 글에서 다루는 결과들과 큰 관련이 있고, 분석 결과를 뒷받침하는 자료가 되기도 한다. 대부분의 인터뷰 대상자들(61명, 81%)은 외출제한명령 기간 동안 그들의 가족 관계가 변하지 않았다고 보고했다. 친구나 가족들과의 관계에 있어 전자감독의 효과에 대한 우려가 과장되었음을 보여주

는 것이다. 몇몇 범죄자들은 주변인들과의 인간 관계가 더 좋아졌다고 밝히기
도 했다.

　　범죄자들은 가족들과 함께 집 안에 머물게 되면서 배우자 혹은 자녀와 함
께 보내는 시간이 많아졌기 때문에 가족들끼리 더 가까워졌다고 말했다. 반대
로, 몇몇 범죄자들은 가족 구성원 간의 긴장이 조성되었고 관계가 악화되었다
고 보고하였다. 이러한 문제는 특히 자녀가 부모와 같이 사는 경우 빈번히 발
생하였다. 이러한 문제는 같이 보내는 시간의 양이 증가했고, 상황이 안 좋은
경우 집을 떠날 수도 없다는 사실 때문에 야기된 일종의 전자감독 유발 스트
레스라고 볼 수 있다. 배우자와 함께 사는 경우에는 함께 나가지 못하거나 일
찍 귀가해야 한다는 사실 때문에 긴장이 악화된다고 보고하기도 했다.

　　정리하면, 외출제한명령은 이미 관계가 좋지 않던 가정에서는 긴장을 조
성하는 요소가 되지만, 그렇지 않았던 경우에는 관계를 향상시키는 데 도움을
주는 기능이 강했다고 평가할 수 있다. 범죄자들로부터 거리가 있는 곳에 사
는 친지와 친구들의 방문은 외출제한명령에 부정적인 영향을 주는 것으로 나
타났고, 외출제한명령이 관계를 개선하는 데 추가적인 장애가 되는 것으로 나
타났다.

　　외출제한명령 동안 범죄자가 유지하는 적합한 직장 고용 상황은 친사회적
자본과 범죄 중단, 범법 행위에 대항하는 보호요인으로 작동하게 된다(Bottoms
et al., 2004; Farrall, 2002; Farrall & Calverley, 2006). 따라서 외출제한명령은 범죄
자들의 현재 직업 혹은 향후 고용에 영향을 주면서 그들의 범죄 중단 노력에
해를 줄 수도 있고, 반대로 이로움을 줄 수도 있다.

　　인터뷰에 참가한 거의 절반 이상의 범죄자들이 외출제한명령이 선고되고
도 기존의 직장 일을 지속했던 것으로 나타났다. 단, 그들 중 대부분은 외출제
한명령이 그들의 직장에 부정적인 영향을 주었으며 금전적인 손해를 보게 되
었다고 말했다. 대부분의 경우, 그들이 일할 수 있는 시간의 양에 부정적인 영
향을 주었다고 말했다. 몇몇 범죄자들은 밤에 집에 머물러야 한다는 이유로
해고되기도 했다. 여러 응답자들은 외출제한 때문에 직장을 잃을 가능성이 있
다고 보았으며, 소수의 범죄자들은 외출제한명령 기간 동안 일을 일부러 중단
하였다고 보고하였다.

　　회사에 고용이 되지 않았던 몇몇 범죄자들은 외출제한명령이 구직에 부정적 영향을 주었으며, 이는 그들이 전과가 있다는 사실이 부분적으로 작용된 결과이기도 하지만, 동시에 교대 근무를 할 수 없기 때문이라고 했다. 반대로, 몇몇 범죄자들은 외출제한명령 덕분에 '다시 일할 준비'가 되었다고 말했다. 이는 외출제한명령이 범죄자들로 하여금 밤에 집에 머물도록 함으로써 아침에 일찍 일어나는 규칙적인 생활을 할 수 있도록 하는 데 도움을 주었기 때문이다. 추가적으로 이러한 새로운 일상은 범죄자들이 참여하고 있는 사회봉사명령의 참여와 관련된 것으로써 준수사항 순응태도를 증진시키는 긍정적 기능이 있다고 볼 수 있다.

　　마약과 술 등의 약물 복용은 논란의 여지가 있지만, 범죄를 야기하는 부정적 요소로서 인정된다(Dingwall, 2005; Hough, 1996; Hucklesby & Wincup, 2010). 인터뷰 대상자들 사이에서 약물 복용은 빈번히 일어나는 문제행위인 것으로 나타났다. 5명을 제외한 전 응답자들이 마약이나 술, 혹은 둘 모두를 외출제한명령 기간 동안에 복용했다고 말했다. 그리고 응답자 대다수가 외출제한명령이 부과되기 직전에 이와 관련한 문제 습관이 이미 내재되어 있었다고 보고하였다(Hucklesby, 2008). 마약과 술 복용에 관한 영향은 엇갈리는 경향이 있는데, 몇몇 범죄자들은 복용에 어떠한 변화도 없었다고 말하기도 했다. 다른 이들은 복용이 증가하거나 감소하였다고 밝혔다.

　　마약의 경우, 범죄자의 절반 정도(23명, 58%)가 대마초를 피웠고 외출제한명령 기간 동안에도 그들의 사용 빈도는 줄지 않았다고 말했다. 소수의 대상자들(3명)만이 사용하는 횟수가 늘었으며, 이들은 지루하거나 우울해서 아무것도 할 게 없을 때 마약을 하게 되었다고 말했다. 마약 복용의 감소는 14명에 의해 보고되었는데, 이는 집 밖에 나갈 수 없기에 각성제나 댄스파티에서 쓰는 엑스터시와 같은 마약 사용 감소가 자연스럽게 일어날 수밖에 없었다는 응답으로 이어졌다. 대마초 사용은 이를 집에서 피우지 못하게 된 소수의 범죄자들을 제외하고는, 외출제한명령 기간이라는 요소에 별다른 영향을 받지 않은 것으로 나타났다. 몇몇 범죄자들은 외출제한명령으로 인해 모든 종류의 마약을 중단했다고 보고하기도 하였다.

　　알코올 복용에 대한 외출제한명령의 전반적인 영향은 약물 복용의 사례와 비슷하지만, 많은 인터뷰 대상자들(62%)이 외출제한명령을 통해 스스로 음주 습관을 바꾸게 되었다고 진술했다. 11명의 인터뷰 대상자들은 더 많이 음주를 하였다고 말했다. 남는 시간이 더 많아져서 집에서 술을 마시거나 외출제한명령이 시작되기 전 집에 일찍 귀가하게 되는 날이 많아지게 되어 더 빨리, 더 일찍 집에서 술을 마시게 되는 날이 많아진 것으로 나타났다. 반대로, 인터뷰 대상자들의 2/3은(25명) 술을 더 적게 마셨으며, 이는 밤에 나가지 못하고 집에 있게 되면서 집에 술이 없기 때문에 자연스럽게 줄어들었다는 이유를 들었다. 일부는 외출제한명령 덕분에 술을 적게 먹는 좋은 습관형성 기회를 갖게 된 것으로 볼 수 있다.

지금까지는 전자감독 대상자들의 견해를 살펴보았다. 아래에서는 초점을 바꾸어 전자감독을 담당하는 관제 요원들의 견해와 경험에 대해 알아보고자 한다.

▌전자감독 관제 담당자들(Monitoring officers)

외출제한명령 기간 동안 범죄자들은 단 두 종류의 집단과 정기적으로 접촉하게 될 가능성이 크다. 두 종류의 사람들이란 보호관찰관을 말하는 것이 아니라, 전자감독 관제센터(control-room) 소속 직원들과 민간 전자감독 업체 모니터링(monitoring) 직원을 말하는 것이다. 영국의 전자감독이 가택구금형 전자감독을 운영하고 있기에 가택구금 여부를 중앙에서 확인하는 통제센터 직원과 직접 재택장치를 설치하기 위해 범죄자의 집에 방문하는 모니터링 관제 요원, 두 종류의 직원을 만나게 되는 것이다.

잉글랜드 웨일스에서 범죄자들은 보호관찰국과는 직접적으로 어떠한 관계도 맺을 수 없는 것이 일반적이다. 범죄자들이 다른 양형과 함께 사회봉사명령에 처해지거나 수강명령 등 다른 명령을 동시에 선고받는 경우라면 예외적으로 보호관찰국 직원이나 보호관찰 직원과 직접 만나게 되는 경우도 있다. 만약 그렇지 않다면, 전자감독이나 가택구금만을 이유로 보호관찰관과 만나게 되는 경우는 거의 없다고 하겠다.

결과적으로 관제 회사의 직원들은 범죄자들의 유일한 접점이다. 이러한 이유로 대중들이 전자감독제도를 바라보는 시선은 결국 민간 경비 업체들이 운영하는 재택 여부 확인 장치 정도에 불과할 수밖에 없다(Hucklesby, 2011). 범죄자들은 다수의 준수사항 관련 가택구금 요구 조건에 따를 수밖에 없는데, 이는 사회봉사명령을 전자감독과 함께 병과해서 부가받더라도 상황은 동일하다. 즉, 관제 회사 직원들로부터 조언을 얻거나 전자감독에 관한 도움만 받게 될 가능성이 크다.

한편, 범죄자들은 관제 회사에 소속된 단 두 집단의 직원들과 직접적인 연락을 취하게 되는데, 앞서 설명한 것처럼 이들은 범죄자들이 24시간 관제 회사와 연락을 취할 수 있게 해 주는 전화 업무 담당 통제실 직원과 범죄자들의 집을 직접 방문하여 부착장치를 설치하고 관리하는 모니터링 요원이라고 하겠다. 모니터링 통제 요원은 전자감독이 종료되면 해당 장치를 제거하고 법률 위반 등을 조사하는 관제 요원이라고 할 수 있다.

지금부터는 관제 요원 경험과 관련해서 두 번째 집단에 대해 상세히 살펴보기로 한다. 관제요원의 전자감독 모니터링 업무를 이해하기 위해서는 이러한 일을 담당하는 직원들은 누구이며, 어떤 업무 가치를 지니고 있고, 그들이 어떻게 업무를 수행하는지를 살펴볼 필요가 있다. 그리고 관제 담당 직원들이 범죄자들의 법규 준수와 범죄 중단과 관련한 전자감독의 잠재적 영향력에 대해 어떤 의견을 갖고 있는지 탐색해 볼 필요가 있다.

사실, 여기에서 말하는 관제 요원들과 보호관찰관 사이에는 큰 차이점이 있다(Hucklesby, 2011). 구체적으로, 관제 담당 직원들의 배경, 직원 연수, 승진 전망, 고용 조건은 보호관찰관의 그것과는 현저하게 다르다. 관제 요원들은 보호관찰관들과 비교했을 때, 형사사법 분야의 관련 직업을 가지고 있는 전문 공무원들보다 훨씬 더 낮은 직급을 받고 있는 것으로 볼 수 있다(Hucklesby, 2011). 관제 요원들의 업무 환경 또한 보호관찰관의 환경과는 완전히 다른데, 이는 그들이 범죄자들의 가정에 오후나 밤에 방문해야 하는 직접적인 책임이 있기 때문이다. 관제 요원이 보내는 업무 대부분의 시간은 지역사회에서 소요된다. 관제 직원은 대부분 혼자서 일하지만 때때로 직원 한 명 이상을 대동해서 같이 필요로 하는 업무를 진행할 때도 있다. 이러한 환경에서 일한 결과, 관제 요원들은 그들 자신의 안전에 대한 염려가 크다고 하겠다(Hucklesby, 2011).

전자감독 범죄자 관제 요원들은 항상 취약함을 느끼며 때때로 근무 중 실제 안전에 심각한 위협을 받는 두려움을 느낀다. 여기에는 충분한 이유가 있는데, 그들은 범죄자들보다는 주로 '이웃들'이나 가족 구성원들로부터 학대(대부분 욕설)를 받는 경우가 많기 때문이다. 전자감독 대상자가 아닌 일반인들은 관제 요원들을 단순 기술직 요원 정도로 이해하고 있어 이들을 홀대하는 경우가 많다. 관제 요원은 직업상 자신들의 업무가 위험한 것으로 인식하고 있고, 그 위험한 상황이 스스로를 불안하게 만드는 원천인 것 같다고 말했다.

관제 요원들은 그들의 안전을 확보하기 위한 방법으로 자신들이 경찰이 아니라는 사실을 강조하는 것으로 볼 수 있다. 범죄자들과 그의 가족들이 그들을 경찰로 보지 않도록 하는 것이 자신들의 안전을 확보하는 방법이라고 본 것이다. 전자감독 관제 요원들은 경찰로 보이는 것을 피하기 위해 권위주의적인 방식으로 행동하지 않으려고 노력하는 편이라고 말했다. 자신이 경찰이 아님을 반복해서 말함으로써 역할을 경찰로부터 명확히 구분지으려는 노력을 한다고 말했다. 그럼에도 불구하고 이러한 방법은 어떤 이유에서 다시 그들의 안전을 위협하는 두려움을 초래한다고 말하기도 했다.

관제 요원들은 그들의 안전에 대한 우려를 덜어내기 위해 이와 상이한 다른 전략을 쓰는 경우도 있다고 말했다. 요원들이 쓰는 방법은 범죄자들의 전자감독에 대한 주관적 경험에 큰 영향을 주기도 하였다(Hucklesby, 2011). 관제 요원들이 쓰는 첫 번째 전략은 가택 방문 현장 업무 자체를 하지 않는 것이었다. 때때로 관제 요원들은 가택 방문 업무를 할 수 없다고 하면서, 대상자가 너무 두려워 해당 범죄자 집에 절대 방문할 수 없다는 보고를 하는 경우도 있는 것으로 나타났다. 다른 경우 그들은 범죄자의 집에 방문하였지만 아무도 없는 것 같았다는 가짜 응답을 회사에 남겨 일부러 특정 범죄자의 집을 방문하지 않는 경우도 있는 것으로 나타났다. 어쩌면 실제 상황에서는 대상자가 외출제한 시간 동안 의무사항을 위반해 거주지를 이탈했던 경우였는지도 모르는 일이다. 첫 번째 생존방식은 요원들이 범죄자의 집에 방문하는 것 자체를 하지 않는 전략이라고 하겠다.

두 번째 전략은 첫 번째 행동보다 더 다양한 행동 유형을 포함하는데, 여기에는 배치된 특정 범죄자 집이나 장소에서 보내는 시간과 범죄자들과의 접촉을 줄이기 위한 행동 전략 전체가 포함된다. 관제 요원이 이 전략을 반복해서 쓰게 되면 모니터링 관제 요원의 안전 확보는 가능할지 모르지만, 이후 잠재적 문제들이 계속 발생할 수 있다. 부착장치가 잘못되어 오경보(false alert)로 이어지거나 전자감독 준수사항이 범죄자들과 그들 가족 구성원들에 제대로 설명되지 않아 실수로 법률 위반이 일어나는 경우, 두 번째 전략이 그 원인이 될 수 있다. 한 관제요원이 이에 따른 결과를 다음과 같이 설명하였다.

> '만약 당신이 다른 사람(범죄자)의 집에서 긴장해 있다면, 최대한 빨리 일을 마치고 나가고 싶겠죠? 그렇기 때문에 당연히 필요한 설명이 제대로 전달되지 않거나 장치를 잘 부착시키지 못한 채 나오게 되는 겁니다.'

안전 문제 때문에 관제 요원들이 사용하는 세 번째 전략은 범죄자들을 관리하는 규범적 전략(normative strategy)과 관련된 것으로써 이 문제는 발생 가능성이 있는 모든 문제 상황과 연관된 것이라고 하겠다. 이러한 전략은 범죄자들과 대화하며, 농담을 하고, 그들을 존엄과 존중으로 대우하며 어떠한 선입견도 갖지 않고 범죄자를 대하는 전자감독 모니터링 업무 자체의 규범 윤리에 대한 것이기도 하다. 설사 전자감독을 취소하는 경우에도 준수사항 위반 자체에 대해서는 추궁하지 않는 행동을 보이는 것도 바로 이러한 규범적 전략에 해당한다. 이는 절차적 정의 원칙에 상응하며, 범죄자들이 스스로 규범을 준수하는 데 긍정적인 영향을 주어야 한다는 큰 그림에서 비롯된 가치라고 하겠다 (Tyler, 1990, Tyler & Huo, 2002). 관제 요원들의 안전 문제는 이러한 교정 복지와도 직결되어 있다.

일반적으로 관제 요원들은 부착장치를 신뢰할 수 있으며 범죄자들이 이를 속이는 것은 어렵다고 생각한다. 단, 요원들은 전자 장치와 관련하여 종종 야기되는 문제들에 대해서는 기계에 흠이 있거나 잘못 부착되는 경우가 있을 수 있다는 입장이다. 그리고 장치로부터 나오는 신호가 막혀 범죄자들이 이탈해 있지 않은 경우에도 이탈 중이라고 잘못 신호가 뜨는 경우가 있다고 말했다. 관제 요원들은 장치 관련 문제가 범죄자들이 부당하게 위반을 하였다는 잘못된 결론으로 이어질 수 있음을 인정하는 것으로 나타났다. 요원들은 또한 장치 관련 문제가 범죄자들에게 불만을 야기할 수 있고, 심지어 준수사항 위반을 촉발할 가능성도 있다고 진술했다. 한 관제요원은 이에 대해 다음과 같이 말했다.

> 통금시간 위반 사건들... 범죄자들이 이탈하지 않은 게 확실합니다... 그들의 기록을 보면... 아주 이른 아침이나 취침시간, 1시와 5시 사이, 그리고 단지 15분 동안 나가 있을 때 기록된 거에요. 즉, 말도 안 되는 통금시간 위반들[을 볼 수 있을 겁니다] 분명히 있어요... 경고를 받고 나서 장치가 제대로 작동이 되고 있지 않다는 생각을 하게 되는 겁니다.. [범죄자들은 생각합니다] 난 아무리 잘 해도 어차피 규정 위반으로 잡힐 텐데, 신경 쓸 필요가 뭐가 있겠어. 이렇게 생각하는 겁니다. 몇몇은 화가 치밀어 장치를 떼어 버리기도 합니다. [그들은 생각합니다] 신경 쓸 이유도 없어, 그냥 다시 법정으로 데려가... 니들 마음대로 해.

반대로 전자감독 관제 요원들은 범죄자들이 때때로 규정을 준수하지 않은 것에 대한 변명을 늘어놓는다는 생각도 하는 것으로 나타났다. 반복된 통금시간 위반에서 벗어날 목적으로 기기 오류 문제를 거론하는 범죄자가 있다는 것을 인정하는 발언을 한 것이다. 한 관제요원은 이것을 다음과 같이 설명했다.

> 그들은 언제나 기계에 문제가 있었다고 해요. 우리가 위반 사실을 위반이 아닌 것으로 바꾸게 하려고 하죠. 굉장히 영리하죠, 그들은 통금시간 위반이 취소되도록 우리가 장치를 바꿀 수 있다는 걸 알고 있어요... 범죄자들은 범죄를 저지른 사실로부터 피할 수도 있어요... 우리가 장치를 바꾸면 우리 자신이 그들의 알리바이가 되어 버리니까...

이 경우, 범죄자들의 말과 행동에 모순이 있음을 자각하지 않고, 관제 요원들은 "잠재적 위반 사항들을 확인하기 위해 가정을 방문해서 장치를 확인해야만 한다"는 말을 답변으로 범죄자들에게 사용하는 것으로 나타났다. 이는 그들의 안전을 위한 가치중립적인 전략으로도 볼 수 있다.

관제 요원들은 범죄자들의 위반 행위를 무조건 몰아붙이는 것은 그들의 안전을 잠정적으로 위협하는 것임을 잘 알고 있었다. 기기 확인을 하나의 방문을 위한 변명으로 사용하는 것이다. 물론 이러한 전략은 범죄자의 순응 태도 확보나 준수사항 규정 준수에 부정적인 영향을 줄 우려가 있다. 첫 번째로, 이는 범죄자들에게 장치에 결함이 있고 기계에 대한 그들의 신뢰를 낮추는 결과를 불러일으킬 수 있다. 두 번째로는 이러한 방문의 이유를 제시하는 것은 범죄자들이 저지른 일 때문이 아닌 관제 회사의 무능력함에서 비롯된 것으로 보이게 만들 우려가 있다.

몇몇 범죄자들은 인터뷰가 진행되는 동안 끊임없이 장치 자체의 신뢰성 문제와 장치 확인 요원들에 대한 지속적인 가정 방문 등에 대한 강한 불신을 표현했다. 관제 요원들이 기계적으로 규정만 지키려고 한다는 부정적인 태도를 보인 것이다. 이것은 범죄자의 순응과 규정 유지 태도에 좋지 않은 영향을 미칠 수 있는 요인이다.

관제 요원들이 활용하는 전자 장치 오류에 대한 설명 방식과 범죄자들이 그들의 이익을 위해 전자 장치의 신뢰성을 흔드는 태도 간에는 큰 괴리가 있고, 요원과 범죄자 사이에는 이로 인해 불편한 불신의 감정이 만들어지는 것으로 볼 수 있다. 관제 요원들이 범죄자에게 갖고 있는 상반된 감정은 결국 그들이 일하는 모니터링 환경의 어려움과 업무의 불확실성을 보여주는 단적인 사례가 된다(Hucklesby, 2011).

관제 요원들은 이러한 상황에서 그들에게 도움이 되는 쪽으로 상황을 해석할 수밖에 없다. 바로 자신들은 일반적으로 범죄자들에게 처벌적 태도를 가지고 있으며, 범죄자들의 행동에 대한 동기와 설명에 대해 의심을 품었다는 점이다. 관제 요원들은 공통적으로 범죄자들이 전자감독의 대상이 된 이유를 너무나 잘 알고 있다. 이는 대부분의 관제 요원들이 그들에게 어떠한 위험이 있던지, 범죄자들에게 전자장치를 부착시켜 그 장치 부착 여부를 본인이 직접 확인해야 한다는 것을 잘 알고 있음을 뜻하는 것이다.

이러한 관제 요원들의 임무는 그들의 직업이 오직 무조건 그러한 일을 하도록 설계되었기 때문에 자동으로 인식되는 것이다. 관제 업무의 내용을 인지하면서 더욱 공고해진 결과라고도 볼 수 있다. 다시 말해 관제 요원들은 자신들이 하는 일을 특별한 "천직"으로 인식하는 것이 아니라, 무조건 당연히 해야 하는 일로 생각하기 때문에 범죄자와의 갈등 상황에 대해 해당 모니터링 업무를 다르게 바라볼 이유가 없고, 이로 인해 업무를 융통성 있게 해결하는 데 한계가 있다고 생각한다(Hucklesby, 2011). 이러한 관점은 최대한 빨리 일을 처리하려는 이유로 더 강화되기도 한다. 즉, 모니터링과 장치 부착을 빨리 끝내기 위해 자신이 가진 기존의 입장을 별 문제 의식 없이 단순화시켜 강화시키는 것이다.

관제 요원들이 보인 몇몇 태도와 가치가 일반 형사사법 기관 공무원들과 비슷한 점이 있을 수 있다. 그렇다고 하더라도 이들 사이에는 분명 구별되는 점들이 있다고 하겠다. 이는 형사사법 관련 직원들에 대한 연구에서 발견되는 것이다. 관제 요원과 상응하는 태도를 가진 세 관련 형사사법 기관 종사자들은 주관적인 신조 차원에서 분명 모니터링 전자감독 관제 요원과 구분된다고 볼 수 있다(관련한 더 심층적 토론은 Hucklesby, 2011 참조).

세 가지 업무 신조를 가진 형사사법 기관 종사자들은 다음과 같이 구분해 볼 수 있다. 보호관찰관, 실무자들 그리고 기술 전문가들이다. 이들은 결국 두 가지 이유로 범죄자들의 순응적 태도와 규정 준수 행동에 큰 영향을 줄 수 있다. 먼저, 그들은 다른 수준의 절차적 정의(procedural justice)를 준수하기에 범죄자들의 태도에 영향을 미치게 된다. 두 번째로, 전자감독 작용 방법과 관련해서 기관 종사들마다 각기 다른 정보 접근 권한이 있기에 범죄자들과 가족들에게 서로 상이한 영향력을 미칠 수 있다. 절차적 정의에 대한 범죄자들의 순응 태도는 장기적 범죄 단념의 가능성을 증가시키는 힘이 있다.

이 연구에서는 일곱 명의 보호관찰관들과 인터뷰를 진행했다. 그들은 절차적 정의를 인식하고 범죄자들과 그의 가족들을 존엄과 존중으로 대우하는 태도를 갖고 있는 것으로 나타났다(Tyler, 1990). 보호관찰관들은 범죄자들에 대해서 높은 수준의 신뢰를 보였으며 그들의 삶과 환경의 중요성에 대해 크게 인지하는 모습을 보였다. 그리고 범죄자의 상황에 감정이입하는 모습도 보였다. 그들은 범죄자들로 하여금 전자감독에 대한 모든 정보를 얻을 수 있도록 도와주어야 한다는 입장을 취했고, 이를 위해 추가적인 시간을 실제 현장에서 할애하고 있는 것으로 나타났다.

한편, 인터뷰 대상자들의 반을 차지하였던 모니터링 담당 관제 요원들은 대다수가 실용주의자적인 실무자의 태도(pragmatists)를 견지했다. 그들의 주된 관심은 업무를 효과적으로 수행하는 것이었다. 관제 요원들은 범죄자들과 그들의 가족에게 선입견 없는 태도를 지녔으나, 그들을 완전히 신뢰하지 않는 태도를 유지했다. 관제 요원들은 그들의 업무와 관련하여 전자감독에 한정된 정보와 충고만을 범죄자들에게 제공할 뿐이었다. 위 세 유형 중 가장 적은 수에 속했던 모니터링 기술자들은 단시간 내에 빨리 장치를 부착하는 데에 업무의 최우선 순위를 두었다. 그들은 범죄자들이나 그들의 가족들에게 어떠한 공감도 하지 않으려고 했다. 심지어 일부 기술자들은 그들을 불신하기도 했다. 그들은 범죄자들로부터 거리를 두었으며 가능한 범죄자들과 접촉하는 시간을 줄이고자 하였다.

절차적 정의 원칙에 따르면, 범죄자들의 규정 준수 행동 및 순응 태도는 보호관찰관들에 의해 크게 영향을 받는다. 단순 장치 기술자들에게서는 최소한의 순응 태도 효과만을 기대할 뿐이다. 범죄자들은 그들이 접촉하는 관제 요원들이 어떤 전략을 사용하느냐에 따라 자신이 갖게 되는 전자감독 관련 경험이 달라진다는 의견을 내놓았다. 그러나 범죄자들은 전자감독의 대상이 되는 기간 동안 다양한 관제 요원들을 만날 수밖에 없는바, 결국 특정한 한 명의 관제 요원이 야기했던 효과는 서서히 다른 요원들과의 만남에 의해 희미해질 가능성이 크다고 하겠다.

▎ 결론(Conclusion)

잉글랜드 웨일스에서 전자감독은 주로 응보적인 제재 수단으로 활용되었다. 민간 부분의 전자감독 운영 참여가 가장 큰 특징이라고 볼 수 있다. 또한, 전자감독이 교도소 수용 인구를 줄이는 수단으로 제 역할을 하지 못했다는 사실도 응보적 성격이 강해진 배경이라고 하겠다. 전자감독이 형벌로는 충분하지도 않고 범죄자들을 무능화시키는 데 실패할 가능성이 크다는 우려도 생겨났다. 이로 인해 전자감독은 대중들에게 잘 인정받지 못했고, 합법성을 얻는 데도 어려움이 있었다. 이러한 염려에도 불구하고 전자감독 활용 비율은 영국에서 계속 증가하는 추세이다. 이는 증가하는 교도소 수용 인구를 줄이기 위한 해결책으로 전자감독이 이점이 있다는 믿음이 여전히 남아 있기 때문이라고 하겠다.

이 장에서 보고된 연구는 범죄자의 전자감독 순응태도와 의무사항 규정의 준수 행동, 범죄 중단과 관련된 것이었고, 전자감독과 관련한 몇몇 가정에 대한 의문을 제기하는 시도였다. 이는 전자감독이 몇몇 범죄자들의 행동에는 긍정적이 효과를 주지만, 그 긍정적 영향력은 보편적이지 않음을 시사하는 것이었다. 다른 수단들과 마찬가지로, 전자감독은 몇몇 범죄자에게는 효과가 있지만, 다른 일부 범죄자에게는 별로 효과가 없을 수 있다.

범죄자들의 변화에 대한 준비는 결국 범죄를 그만두거나 지속하는 것에 대한 범죄자들 내면의 의지에 영향을 받게 된다. 범죄자들이 전자감독으로부터 최대한의 해택을 얻어 범죄를 그만두게 만드는 것이 '범죄를 스스로 중단하고자 하는 사람(desisters)'을 만든다는 의미이다.

전자감독은 범죄자들에게 그들의 범죄에 연관되는 상황과 장소 그리고 사람들로부터 벗어날 기회를 제공한다. 다시 말해 전자감독은 범죄 중단에 기여한다고 볼 수 있다. 요약하자면, 전자감독은 기존의 습관으로부터 탈피하도록 만들어 반사회적 자본과 연관된 잘못된 유대를 끊도록 하는 데 일조한다. 이는 범죄자들과 그들의 가족, 친구들과의 관계를 증진시키고 그들이 '직장에 돌아갈 준비'를 하는 데 도움을 주는 것이다. 사회적 자본을 축적하도록 돕는 것이 전자감독제도의 의의다. 한편, '범죄를 지속하려는 사람(persisters)'은 '세살 버릇 여든까지 간다'는 속담처럼 범죄 악습을 포기하지 않고 지속적으로 범죄를 저지르고 사회적 자본을 악화시키는 사람이다. 이는 사람들과의 관계나 직장 생활에 있어 위험한 긴장을 불러일으킬 수 있다.

처음에는 전자감독의 불이행 비율이 높았는데, 대부분의 사건들은 상대적으로 경미한 것이었고 주로 단기 외출제한명령 관련 시간 위반인 것으로 밝혀졌다. 이는 범죄자들의 규칙적이지 못한 생활 방식과 일상생활 계획을 조직적으로 잘 짜지 못하는 습관에서 비롯된 것으로 볼 수 있다.

범죄자의 규정 준수 행동 여부를 정확히 탐지, 파악할 수 있는 전자감독의 정확한 기록 능력과 측정 기술은 당연히 높은 준수사항 위반율과 연결될 것이라고 생각되었다. 그러나 다수의 범죄자들은 그들 스스로 외출제한명령을 준수하고 싶은 마음이 컸다고 털어놨다. 의무사항을 준수하겠다는 결정은 복잡하며 다양한 요소에 영향을 받는 것이다. 이는 전자감독이 하나의 억제제로서 제대로 작용하였다는 것을 보여주는 증거이다. 범죄자들은 교도소에 가는 것에 대한 두려움으로 인해 준수사항 규정을 따르게 되었고, 범죄를 중단하려는 동기가 생기게 되었다고 말했다. 분배적 정의와 절차적 정의는 범죄자들을 감시함으로써 범죄 사후 검거 가능성을 증진시키는 것과 관련된 것이다. 범죄자들의 동기, 의미 있는 타인으로부터의 지지 역시 범죄자들로 하여금 규정을 준수하도록 만드는 결정적 요인이라고 볼 수 있다.

명령의 준수사항을 따르는 단기적 순응태도와 의무사항 규정 준수 결정, 그리고 장기적 범죄 중단을 개념적, 분석적 차원에서 구분하는 것은 단기적 순응과 장기적 순응을 유형화하는 매우 유용한 시도이다. 두 유형이 가진 전자감독의 결과를 명확히 기술할 수 있다는 이점도 있고, 동시에 그동안 관심의 대상이 아니었던 단기적 규정 준수를 고려할 수 있는 유익한 기회가 마련된다는 이점도 있다.

하지만 이 연구에서 범죄자들이 보이는 순응과 규정 준수, 그리고 범죄 중단 사이에는 중첩 현장이 존재한다고 볼 수 있다. 따라서 두 결과 변인에 영향을 미치는 수많은 요인들은 어느 한쪽에만 영향을 미치는 것이 아니라, 순응행동과 범죄 중단 양쪽 모두에 공통적으로 영향을 미치는 변인이라고 하겠다. 결과적으로 이 둘 사이를 구별하는 것은 매우 복잡한 문제이다. 왜냐하면 순응태도와 범죄 중단과 관련한 다양한 요소들은 두 유형 모두에서 범죄자 개선(혹은 악화)의 효과를 야기하기 때문이다.

전자감독에 관한 범죄자들의 경험은 개인적인 기계 활용 정도와 기계 이해 능력 정도에 따라 달라지는 것으로 나타났다. 전자장치 기술에 대해 인간이 어떻게 이를 사용하느냐에 따라 달라지는 것이고, 주관적으로 기계 장치를 어떻게 느끼느냐에 따라 달라지기 때문이다(Hucklesby, 2008). 이런 맥락에서 잉글랜드 웨일스는 다른 관할권을 가진 지역들과 구별된다. 왜냐하면 이는 전자감독이 민간 영역에 의해서만 운영되기 때문이다.

민간 경비 회사의 관제 요원인 일반 모니터링 직원들은 주로 그들이 어떻게 업무를 해야 하는지, 그리고 그들이 범죄자들과 어떻게 교류해야 하는지에 대해 명확한 답을 갖고 있지 않다. 대상자와 교류하는 방식이 자신의 안전이 위협받지 않는 방어적 상황 속에서 일어나기만을 바라는 개인적인 시각을 갖고 있다. 다행히 관제 요원들 사이에서 공유되는 가치를 가지고 있었는데, 이 것은 범죄자들이 감독을 받을 때 자신들이 무조건 그 일에 전념해야 함을 뜻한다. 그렇다고 해서 관제 요원들이 범죄자들의 반대편에 있다는 것은 결코 아니다.

전자감독 관제 요원들은 일반적으로 범죄자들을 의심하여 지속적으로 그들의 행동과 그들이 제공하는 설명에 대한 동기에 의문점을 제기하는 입장을 가지고 있는 것으로 나타났다. 전자감독이 형벌의 속성을 갖고 있고, 처벌적이어서 관제 요원들이 법 집행적 성격의 경찰 분위기를 가지고 업무에 전념하게 되면 직업적 "두려움"이 생길 수 있는데, 관제 요원들의 태도는 해당 두려움을 낮추는 긍정적 기능이 있다. 관제 업무를 할 때 직원들이 느끼게 되는 신조는 분명 다른 형사사법 기관 종사자들이 갖고 있는 업무 신조와는 구분된다. 이로 인해 전자감독 관제 요원들은 보호관찰관과는 상이한 방식으로 일을 처리하고, 상이한 방법으로 전자감독 대상자들과 상호 교류한다.

절차적 정의 원칙에서 말하는 것과 같이 보호관찰관들이 업무를 진행하는 방법은 주로 범죄자들의 순응적 태도와 전자감독 의무사항 규정 준수와 범죄 중단 모두에 긍정적인 효과를 불러일으킬 확률이 높은 것으로 나타났다.

영국의 전자감독이 타 국가와 다른 데에는 많은 이유가 존재한다. 가장 유력한 이유는 전자감독이 전적으로 민간 부분에서 이뤄지고 있기 때문이다. 그리고 영국의 전자감독이 보호관찰과 제대로 통합되지 않고 독자적인 길을 걷고 있기 때문이다. 영국의 사례는 여러 후속 연구들의 연구 결과에 영향을 미치게 될 가능성이 크다. 앞으로 다른 국가에서도 이 글이 제시한 연구 방법과 유사하게 전자감독 효과성 평가 연구를 진행하길 바란다. 범죄자들이 해당 국가의 전자감독제도를 어떻게 느끼고 있고, 어떤 방식으로 전자감독이 운영되고 있는지, 그리고 범죄자의 순응태도와 의무사항 규정 준수, 범죄 중단이 어떤 요인에 영향을 받는지 폭넓게 조사한다면, 매우 흥미롭고 중요한 연구 결과가 도출될 것이다.

Notes

1 전자감독의 여러 요건 중 하나인 지역사회 명령 위반은 관제 회사의 초기 조사를 거쳐 보호관찰관이 처리한다.

2 이것은 외출제한명령 주소로부터 부재한 시간이 특정 수준에 도달할 때까지 누적되는 과정이며, 이 시점에서 공식적인 위반 조치가 이루어진다.

참고문헌(References) ──────────────────────── ○ ○ ○

Bottomley, A.K., Hucklesby, A. and Mair, G. (2004) 'The new uses of electronic moni toring: findings for the implementation phase in three pilot areas', *in Issues in Com munity and Criminal Justice Monograph 5* (London: NAPO), pp. 13-51.

Bottoms, A. (2001) 'Compliance and community penalties', in A. Bottoms, L. Gelsthorpe and S. Rex (eds) *Community Penalties: Change or Challenges* (Cullompton: Willan), pp. 87-116.

Bottoms, A., Shapland, J., Costello, A., Holmes, D. and Muir, G. (2004) 'Towards desist ance: theoretical underpinnings for an empirical study', *Howard Journal*, 43:4, pp. 368-389.

Burnett, R. (2004) 'To reoffend or not to reoffend? The ambivalence of convicted prop erty offenders', in S. Maruna and R. Immarigeon (eds) *After Crime and Punishment: Ex-offender Reintegration and Desistance from Crime* (Cullompton: Willan), pp. 152-180.

Chapman, T. and Hough, M. (1998) *Evidence-based Practice* (London: Home Office).

CJJI (Criminal Justice Joint Inspection) (2008) *A Complicated Business: A Joint Inspection of Electronically Monitored Curfew Requirements, Orders and Licences* (London: Ministry of Justice).

Dingwall, G. (2005) *Alcohol and Crime* (Cullompton: Willan).

Dodgson, K., Goodwin, P., Howard, P. Llewellyn-thomas, S., Mortimer, E., Russell, N. and Weiner, M. (2001) *Electronic Monitoring of Released Prisoners: An Evaluation of the Home Detention Curfew Scheme* (London: Home Office).

Elliot, R., Airs, J., Easton, C. and Lewis, R. (2000) *Electronically Monitored Curfew for 10-15 Year Olds: Report of the Pilot* (London: Home Office).

Farrall, S. (2002) *Rethinking What Works with Offenders* (Cullompton: Willan).

Farrall, S. (2004) 'Social capital and offender re−integration: making probation desistance focussed', in S. Maruna and R. Immarigeon (eds) *After Crime and Punishment: Ex−offender Reintegration and Desistance from Crime* (Cullompton: Willan), pp. 57−84.

Farrall, S. and Calverley, A. (2006) *Understanding Desistance from Crime* (Maidenhead: Open University Press).

Hagan, J. and McCarthy, B. (1997) *Mean Streets: Youth Crime and Homelessness* (Cam bridge: Cambridge University Press).

Harper, G. and Chitty, C. (2005) *The Impact of Corrections on Re−Offending: A Review of 'What Works'* (London: Home Office).

Haverkamp, R., Mayer, M. and Lévy, R. (2004) 'Electronic monitoring in Europe', Euro pean Journal of Crime, *Criminal Law and Criminal Justice*, 12:1: pp. 36−45.

Hearnden, I. and Millie, A. (2003) *Investigating Links between Probation Enforcement and Reconviction* (London: Home Office).

Home Office (2003) *Prison Statistics England and Wales.* (London: HMSO).

Hough, M. (1996) 'Problem Drug use and criminal justice: a review of the literature', Drug Prevention Initiative Paper no. 15, Home Office.

Hucklesby, A. (2008) 'Vehicles of desistance: the impact of electronically monitored curfew orders', *Criminology and Criminal Justice*, 8:1, pp. 51−71.

Hucklesby, A. (2009) 'Understanding offenders' compliance: a case study of electroni cally monitored curfew orders', *Journal of Law and Society*, 36:2, pp. 248−271.

Hucklesby, A. (2010) 'Drug interventions in the remand process', in A. Hucklesby and E. Wincup (eds) *Drug Interventions in Criminal Justice* (Maidenhead: Open University Press), pp 110−134.

Hucklesby, A. (2011) 'The working life of electronic monitoring officers', *Criminology and Criminal Justice*, 11:1, pp. 1−18.

Hucklesby, A. (2012) 'Compliance with electronically monitored curfew orders: some empirical findings', in A. Crawford and A. Hucklesby (eds) *Legitimacy and Com pliance in Criminal Justice* (London: Routledge), pp. 138−158.

Hucklesby, A. and Wincup, E. (eds) (2010) *Drug Interventions in Criminal Justice*(Maidenhead: Open University Press).

Lobley, D. and Smith, D. (2000) *Evaluation of Electronically Monitored Restriction of Liberty Orders* (Edinburgh: Scottish Executive Research Unit).

McGuire, J. (1995) *What Works: Reducing Reoffending* (Chichester: Wiley).

McNeill, F. and Robinson, G. (2012) 'Liquid legitimacy and community sanctions', in A. Crawford and A. Hucklesby (eds) *Legitimacy and Compliance in Criminal Justice* (London: Routledge).

Mair, G. (2001) 'Technology and the future of probation', in A.E. Bottoms, L. Gelsthorpe and S. Rex (eds) *Community Penalties: Change and Challenges*, (Cullompton: Willan), pp. 168−182

Mair, G. (2005) 'Electronic monitoring in England and Wales: evidence−based or not?', *Criminal Justice*, 5:3, pp. 257−278.

Mair, G. and Mortimer, E. (1996) *Curfew Orders and Electronic Monitoring* (London: Home Office).

Mair, G. and Nee, C. (1990) *Electronic Monitoring: The Trials and Their Results* (London: Home Office).

Marie, O., Moreton, K. and Goncalines, M. (2011) *The Effect of Early Release of Prison ers on Home Detention Curfew (HDC) on Recidivism* (London: Ministry of Justice).

Maruna, S. (2001) *Making Good: How Ex−convicts Reform and Rebuild Their Lives*(Washington, DC: American Psychological Association Books).

Ministry of Justice (2010) *Offender Management Caseload Statistics 2009 England and Wales* (London: Ministry of Justice).

Ministry of Justice (2011a) 'Offender management statistics quarterly bulletin October to December 2010'. Online. Available at: www.justice.gov.uk/downloads/publications/statistics−and−data/mojstats/omsq−oct−dec10.pdf (accessed 10 June 2011).

Ministry of Justice (2011b) 'Service specification for deliver curfew requirement'. Online. Available at: www.justice.gov.uk/downloads/about/noms/directory−of services/2011−04−26%20Curfew%20Requirement%20Specification%20P1%200.pdf (accessed 10 June 2011).

Mortimer, E. and May, C. (1997) *Electronic Monitoring in Practice: The Second Year of the Trials of Curfew Orders* (London: Home Office).

NAO (National Audit Office) (2006) *The Electronic Monitoring of Adult Offenders* (London: National Audit Office).

Nellis, M. (2003a) 'Electronic monitoring and the future of probation', in W.H. Chui and M. Nellis, *Moving Probation Forward* (Harlow: Pearson Education), pp. 245−260.

Nellis, M. (2003b) 'They don't even know we're there: the electronic monitoring of offenders in England and Wales', in K. Ball and F. Webster (eds) *The Intensification of Surveillance: Crime, Terrorism and Warfare in the Information Age* (London: Pluto Press), pp. 62−89.

Nellis, M. (2006) 'The limitations of electronic monitoring: reflections on the tagging of Peter Williams', *Prison Service Journal.*, Online. Available at: www.hmprisonservice.gov.uk/resourcecentre/prisonservicejournal/index.asp?id=5017,3124,11,3148,0,0 (accessed 10 June 2011).

Nellis, M. and Lilly, J.R. (2000) 'Accepting the tag: probation officers and home deten tion curfew', *VISTA*, 6, pp. 68−80.

Renzema, M. and Mayo−Wilson, E. (2005) 'Can electronic monitoring reduce crime for moderate to high risk offenders?', *Journal of Experimental Criminology*, 1, pp. 215−237.

Rex, S. (1999) 'Desistance from offending: experiences of probation', *Howard Journal*, 38:4, pp. 366−383.

Robinson, G. and McNeill, F. (2008) 'Exploring the dynamics of compliance with com munity penalties', *Theoretical Criminology*, 12:4, pp. 431−450.

Rogers, P. (2011) 'Specification, benchmarking and costing of EM', paper presented at the 7th CEP Conference on Electronic Monitoring, Evora, Portugal, 5−7 May. Online. Available at: www.cep−probation.org/default.asp?page_id=157&map_id=85 (accessed 10 June 2011).

Sampson, R.J. and Laub, J.H. (1993) *Crime in the Making: Pathways and Turning Points Through Life* (Cambridge, MA: Harvard University Press).

Shute, S. (2007) *Satellite Tracking of Offenders: A Study of the Pilots in England and Wales* (London: Ministry of Justice).

Smith, D. (2001) 'Electronic monitoring of offenders: the Scottish experience', *Criminal Justice*, 1:2, pp. 201–214.

Tyler, T. (1990) *Why People Obey the Law* (New Haven, CT: Yale University Press).

Tyler, T. and Huo, Y.J. (2002) *Trust in the Law: Encouraging Public Cooperation with the Police and the Courts* (New York: Russell Sage).

Walter, I. (2002) *Evaluation of the National roll−out of Curfew Orders* (London: Home Office).

Walter, I., Sugg, D. and Moore, L. (2001) *A Year on the Tag: Interviews with Criminal Justice Practitioners and Electronic Monitoring Staff about Curfew Orders* (London: Home Office).

Whitfield, D. (1997) *Tackling the Tag* (Winchester: Waterside Press).

Whitfield, D. (2001) *The Magic Bracelet* (Winchester: Waterside Press).

13

전자감독의 효과성:
영향력 평가 연구 결과

Evaluative research on electronically monitoring

마크 렌제마(Marc Renzema)

지금까지 이루어진 교정학의 역사를 되돌아보면, "혁신"과 관련된 모든 일들이 많은 사람들의 흥분과 기대를 불러일으켰다고 볼 수 있다. 교정학 분야에서 특히 "혁신"이라는 이름으로 인해 다른 어떤 분야보다 빠르게 새로운 제도가 도입, 성장했다고 볼 수 있다. '범죄 문제'는 해당 문제를 해결하기 위한 대안으로 여러 가지 방안을 생각하게 만드는 힘이 있다. 그것은 주로 범죄자 구금 시설인 교화원, 개화소와 부정기형, 보호관찰, 집중보호관찰, 병영캠프를 망라하는 광범위한 제도 속에서 폭넓게 일어났다. 그러나 이런 활동들은 사실, 많은 교정 활동 혁신 사례 중의 작은 일부분에 지나지 않는다. 실제 혁신의 사례로 알려진 많은 활동들 중 우리가 범죄를 예방하기 위한 정책으로 사용한 것은 소수의 몇몇 사례에 불과하다. 그것들은 실제 큰 변화를 일으킬 수 있는 성공 사례를 뜻하는 것이 아니라, 그저 우리가 가장 잘 알고 있는 대표적인 소수의 교정 활동사례에 불과한 것이다.

많은 노력에도 불구하고 지금까지의 범죄 문제는 우리가 완벽히 해결하지 못하는 사회문제에 해당한다고 말할 수 있다. 많은 교정정책에도 불구하고 범죄는 역사 속에서 반복적으로 계속 일어났고, 지금도 어디에선가 발생하고 있다. 많은 노력을 기울였음에도 불구하고 범죄 문제는 오랫동안 '쉽게 해결할 수 없는' 어려운 문제였던 것이다.

따라서 혁신이라는 말은 항상 대중의 관심을 끄는 단어였고 교정 분야에서 무언가 엄청난 결과를 보여줄 것 같은 그럴듯한 단어로 포장되었다. 다시 말해 '혁신'이라는 것은 교정학 내에서 범죄문제 해결에 미치는 효과가 생각보다 실망스러웠고, 단 한 번도 교정프로그램 개발자들의 기대에 기술이나 혁신이 제대로 부응한 적이 없었음에도 불구하고 계속해서 형사사법 체계의 중요한 한 부분으로 다루어져 왔다고 볼 수 있다. 이러한 상황에 대해 1968년에 랄프 쉬비츠제벨(Ralph Schwitzgebel) 박사는 다음과 같은 말을 남겼다.

> "현재 교정학에서 일어나고 있는 전자 기술의 발전은 특정 범죄를 사회에서 예방하는 데 분명 긍정적인 효과가 있을 것이다. 특정인의 문제행동을 전자 기술 및 전자감독제도가 사전에 예방할 수 있다면, 더 이상 우리 사회가 범죄자를 구금시설에서 구금할 필요가 없다. 전자장치가 문제행동을 억제한다면, 해당 범죄자를 풀어주고 가석방 상태에 있도록 하면 된다. 기존의 형기만료 석방보다 더 빠르게 범죄자를 시설에서 내보낸 후, 자유로운 상황을 허락한 채 전자장치를 통해 안전한 사회 분위기를 만들면서, 교도소가 아닌 지역사회에서 범죄자가 자신의 잔형기를 보내게 하면 되는 것이다."

이런 말을 했던 쉬비츠제벨 박사의 말은 정말 사실일까? 언뜻 생각해 보면, 부분적으로 박사의 말이 맞는 듯하다. 그러나 지난 20여 년 동안의 전자감독제도와 혁신의 기술을 광범위하게 사용한 결과, 전자감독이 범죄자의 특정 행동을 변화시킨다고 단정 지어 말할 수 없음을 알게 되었다.

짧게 말하자면, 아직까지 전자감독의 효과성에 대해 제대로 아는 것이 없고, 일반적으로 알려진 제도의 근본적인 효과성은 아직 초기의 목적을 제대로 달성하지 못한 상태라고 하겠다. 그러나 형사정책의 문제가 항상 그러하듯이, 전자감독의 효과성 평가는 현실적으로 어렵고 복잡하며, 사실 측정하기 애매모호한 구석이 많다.

먼저, 쉬비츠제벨 박사의 낙관론[1]을 곰곰이 생각하면서, 전반적인 전자감독의 효과성을 큰 그림에서 논의하기보다는 연구가 가능한 세부적인 효과성

의제들로 나누어 EM의 주제를 구분해서 검토해 볼 필요가 있다. 해당 세부 내용을 살펴보면 다음과 같다.

경험적 연구결과에 대한 주요 질문
(Key questions for empirical research)

1. 전자감독 종료 후 전자감독제도는 범죄자의 재범에 영향을 미치는가?

초기 전자감독제도가 교정학 분야에 도입되었을 때, 일부 사람들은 이 제도가 범죄자들의 모난 성격이나 태도를 둥글둥글하게 만들어 줄 교정 수단이라고 믿었다. 소위 건축학에서 모난 돌을 깎아서 일반 돌들과 잘 어울리도록 만들어 주는 것처럼 어쩌면 그런 연마과정(rustification)을 전자감독 교정프로그램이 담당할 것이라고 기대했다.[2] 즉, 전자감독이 범죄자의 재범방지에 긍정적 영향을 미칠 것이라고 본 것이다. 이 기능을 조금 과장해서 말하자면, 범죄자가 전자감독 상황하에 놓이면 범죄자의 일상과 삶이 구조적으로 비행교우나 불량 상황으로부터 멀어져서 어쩔 수 없이 범죄 유발 상황을 경험하지 않게 될 것이다.

전자감독으로 인해 술집 등 유흥시설 근처에도 가지 않고, 불량 교우들의 유혹에도 흔들리지 않게 되면서 자녀들이나 가족들과 더 많은 시간을 보내게 될 것이다. 합법적인 시민들의 일반적인 평범한 삶과 유사해지는 것이다. 이 관점에서 보면, 전자감독제도는 "사회복귀적 효과"를 갖고 있는 듯 보인다. 첫 번째 이 기능은 전자감독이 사회복귀적인 긍정적 기능이 있음을 가정하는 것이기도 하다.

심지어 전자감독 기간이 종료된 후에도 전자감독이 갖고 있는 처벌적 기억 때문에 다시는 전자감독 상황에 놓이지 않기 위해 범죄자는 재범을 저지르지 않게 될 것이라고 가정한다. 즉, 두 번째 재범방지의 이유는 전자감독이 종료 후에 위하효과가 있을 것이라고 보는 입장이다.

　세 번째 설명은 전자감독제도하에 있는 것이 결국 다른 교정프로그램에의 참여를 강제시키는 기능이 있어서 범죄자가 행동수정 및 치료 프로그램을 통해 재범 방지 습관을 갖게 될 것이라고 보는 입장이다. 즉, 전자감독 때문에 다른 수강명령과 치료 명령, 직업 훈련, 약물프로그램 등을 더 잘 마치게 되고, 이를 통해 재범 방지가 일어나게 된다는 것이다.

　지금까지 발표된 이런 논거들을 보면, 전자감독하에 있었던 범죄자들의 특성과 감독의 부과기간, 그리고 전자감독과 함께 부가되었던 대체 제재 수단들[3]이 어떤 것들이었는지, 다른 프로그램 요소들이 EM 집단과 통제집단에 각각 어떻게 반영되었는지를 반드시 검토할 필요가 있을 듯하다. 이를 검토한 후, 전자감독의 효과성을 확인할 필요가 있는 것으로 볼 수 있다. 전자감독을 경험했던 집단과 경험하지 않았던 통제집단 사이에는 이런 개인적 특성과 양형 차원의 차이가 존재하므로 이들에 대한 세심한 통제와 사전 통찰이 필요한 것이다.

　불행히도 많은 집단 비교 연구들은 효과성 검증에 있어서 통제 변인들에 대한 충분한 검토를 실시하지 않았다. 실험집단과 비교집단이 균등화된 연구에서도 위에서 언급한 기술적 요소들을 제대로 다루지 못했다. 가장 심각한 문제는 전자감독 이외에 추가로 이루어졌던 보조적, 추가적 교정프로그램에 대한 통제와 언급이 전자감독 평가 논문에서 제대로 다루어지지 않았다는 점이다.

　전자감독을 받았던 실험집단과 전자감독을 경험하지 않았던 통제 집단을 비교할 때, 단순히 종속변수인 재범률로만 두 집단을 비교, 검토해서는 안 될 것이다. 비교집단들이 어떤 추가 교정프로그램을 경험했는지 상세히 검토해야 하고, 해당 추가 프로그램의 영향력을 통제한 이후 진정한 전자감독의 효과성만을 정확하게 측정해야 한다.

　지금까지 많은 선행연구들이 객관적이고 체계적인 평가 방법을 제대로 사용하지 못했기에 분석 결과에도 문제가 있다고 하겠다. 따라서 "전자감독제도가 긍정적이다"라는 연구 결과는 어찌 보면 "전자감독이 별 효과가 없는 제도이다"와 별반 차이가 없는, 무의미한 문장이라고 할 수 있다.

2. 제도 시행 기간 동안 전자감독하의 범죄자들은 변화되었는가?

범죄원인론으로 고전주의 범죄학을 믿든, 혹은 일상활동이론이나 다른 사회, 환경적 이론을 믿든, 그 이론에 상관없이 전자감독하에 놓이게 되면 일부 범죄자들은 일정 수준 범죄로부터 멀어지게 된다고 쉽게 추측할 수 있다. 누군가 나를 감시, 감독하고 있다고 생각하면 쉽게 범죄를 저지르지 못하게 될 것이다.

반면, 경험적인 증거는 없지만 이와 정반대로 전자감독이 오히려 사람들의 범죄행동을 더 부추기는 부작용이 있다고 생각하는 사람들도 있다. 분노 감정과 자신을 바라보는 주변 사람들의 낙인, 가족과의 갈등으로 전자감독 하에 있는 범죄자가 범죄를 더 저지르게 될 가능성도 있을 수 있다.

또 다른 그럴듯한 설명은 전자감독이 범죄자의 재범 가능성 감소나 증가에 영향을 미치는 것이 아니라, 단지 "발각될 확률만 증가"시키는 제도라는 것이다. 범죄자의 행동변화가 중요한 것이 아니라, 단지 증가된 감독 수준으로 인해 문제행동을 발견, 대상자를 체포할 확률이 용이해졌다고 보는 입장이다. 통제집단보다 전자감독 실험집단이 더 높은 공식 재범률 수치를 보이는 것은 어쩌면 당연한 결과일지 모른다.

이런 다양한 의견으로 인해 재범률 결과를 바라보는 시각도 다양하게 존재할 수밖에 없다. 전자감독의 행동수정 효과와 억제기능에 초점을 두면, 왜 전자감독 기간에만 재범이 떨어지고, 감독 기간이 종료되면 다시 재범이 증가하는지 쉽게 추측이 가능하다. 또한, 낙인효과와 형사사법망의 확대 기능에 초점을 두면, 유사한 맥락에서 왜 전자감독 종료 후에만 긍정적인 기능이 나타나고 전자감독 기간 중에는 부정적인 효과가 나타나는지 짐작할 수 있다. 이와 같이 전자감독이 가진 행동수정 효과는 전자감독 운영 기간 중과 운영 종료 이후로 구분해서 살펴보는 것이 더 타당할지 모른다.

3. 범죄자 이외에 다른 사람들에게도 영향(긍정적 혹은 부정적)을 미치는가?

만약 전자감독하에 있는 범죄자들이 심각한 우울증 문제를 겪게 되어 집 안에서 가정폭력을 행사하게 된다면 어떤 일이 일어나겠는가? 전자감독으로 인해 범죄자의 가족들은 긍정적 혹은 부정적 영향을 받게 되는가? 이에 대한 선행연구 결과들은 일부 사례조사(anecdotal)에 대한 것들이 전부라 일반화하기 에는 어려움이 있다. 제대로 작성된 심층 분석 연구도 아니기에 모든 범죄자 가족들이 동일한 문제를 갖고 있다고 볼 수도 없다. 그러나 일부 선행연구들 을 통해 주로 어떤 문제점이 나타나고 있는지 이번 장에서 상세히 살펴볼 필 요가 있다.

캠벨 콜라보레이션(Campbell Collaboration) 연구소는 연구 진행 중에 있는 일부 메타분석 데이터를 2차 자료로 이용해 해당 문제를 상세히 검토했다. 이 번 장에서는 전자감독이 범죄자의 행동에 미치는 영향력에 대해 소개할 것이 다. 핵심 논의가 "범죄자의 행동"에 미치는 전자감독의 영향력이기에 전자감 독 종료 후에 어떤 일이 일어났는지 주안점을 두어 살펴볼 것이다. 다른 두 가 지 문제, 즉 감독 기간 중의 범죄자 변화와 다른 주변인들에게 EM이 미치는 영향력에 대해서는 간략히 정리하는 수준에서 논의를 마칠 것이다.

그러나 전자감독 프로그램을 운영하는 담당 기관이나 관계자들은 반드시 두 문제를 포함한 전체적인 전자감독의 영향력 문제를 정확히 알고 있어야 할 것이다. 만약 우리가 전자감독의 긍정적 효과, 즉, 재범률을 낮춘다는 결과를 실증적으로 밝혀내고, 더 나아가 전자감독이 범죄자 본인에게나 가족들에게 부정적 효과를 일으키지 않는다는 것을 명확히 밝힐 수만 있다면, 다음과 같 은 추가적인 두 가지 질문을 생각해 볼 수 있다.

4. 재범률 외에 예산 차원에서 전자감독은 어떤 긍정적 영향력이 있는가?

전자감독은 교도소 증설 비용을 줄이는 데 획기적인 역할을 한 것으로 볼 수 있다. 어쩌면 전자감독이 비인간적인 수용시설, 즉 구금 환경을 없애는 데 기여했다고 볼 수도 있다. 또 다른 한편으로 보면, 전자감독이 기존 시설 내 교정프로그램 운영비용을 삭감시켜 해당 운영비용을 다른 곳에 사용되게 만드는 단초를 제공했다고 볼 수도 있다.[4]

5. 감독이 필요 없는 사람들에게 불필요하게 전자감독을 적용한 것은 아닌가?

이 문제는 사실 "형사사법망의 확대(net-widening)" 그리고 "형사사법망의 강화(net-strengthening)"라는 부작용과 관련되어 있는 것이다. 대부분의 범죄학자들(criminologist)이 형사사법망의 확대를 경계해야 한다고 주장하며 해당 문제를 비난하지만, 일부 범죄학자들은 특정 범죄자들은 분명 강화된 망 속에 있어야 한다고 보기도 한다. 즉, 더 많은 통제 상황이 필요한 위험 범죄자가 분명 존재한다는 입장이다.

이 문제에 대해 어떤 자세를 취하든, 현실에서는 전자감독제도와 다른 중간제재 수단들이 일단 제도화되는 순간, 확대되는 성질이 있고 형사사법 시스템의 통제, 관여가 자연스럽게 증가되는 경향이 있다는 점을 인지할 필요가 있다. 이 문제에 있어 중요한 것은 이러한 경향이 존재한다는 것을 받아들이고, 예기치 않은 형사사법망의 확대와 망의 강화 문제가 항상 EM 제도 시행 이후에 발생할 수 있다는 점을 미리 경계해서 주의할 필요가 있다는 점을 인식하는 것이다.

재범률 증가나 의도치 않은 가족 구성원들에 대한 전자감독의 부작용 문제는 논외로 하고, 후반부에서 마지막으로 언급했던 예산 절감 문제와 형사사법망의 확대 문제를 보면 특정 행사 사법 권력에 따라 해당 문제는 매우 다르게 나타날 수 있다고 하겠다. 여기에서 다루는 이런 문제들은 체계적인 평가 연구가 매우 어려운 주제이다. 그러나 전자감독제도 도입을 고민하고 프로그램 실행을 담당하는 실무자들에게는 이 두 가지 문제가 매우 중요하다고 볼 수 있다.

지금까지 살펴본 일반적인 평가 이슈들을 상기하면서, 이제부터는 해당 질문들의 답을 어렵게 만드는 전자감독 운영 장애물이 무엇인지 살펴보도록 한다.

▌정의하기 힘든 전자감독의 본질적 특성(The slippery nature of EM)

쉽게 말해서 우리가 큰 수술을 받았다고 상상해 보자. 수술 후에 "성공적인 수술이었는가"라는 질문에 어떻게 답할 것인가? 이 세상에 성공적이라는 질문의 범위를 정확히 정의할 수 있는 사람이 있는가? 어디까지로 봐야 성공한 수술인가? 완벽하게 성공한 수술은 무엇을 의미하는 것인가? 누구나 이런 질문에 정답을 제시하기란 매우 어려울 것이다.

질문의 답을 찾기 전에 환자가 수술 전부터 앓고 있던 병의 진단명과 병의 진행 과정, 수술 전의 환자 상태 전반, 그리고 수술 후에도 남아 있는 질병 상황 등을 총체적으로 파악해야 할 것이다. 그리고 환자가 수술 후에 지속적으로 받고 있는 치료 내용이나 복용하고 있는 약, 시설에서 사용된 수술 기술들, 수술을 집도했던 담당 의사의 훈련 내용 및 교육 내용들도 알아야 "수술이 성공적이었는가?"라는 질문에 제대로 대답할 수 있을 것이다. 여전히 많은 사람들이 "전자감독이 효과적인가(what works)?"라는 질문을 하고 있지만, 제대로 답변하는 사람은 많지 않다.

많은 경우, "전자감독이 효과적인가?"라는 질문이 원하는 내용은 "전자감독이 범죄자의 재범률에 영향을 미쳤는가"일 것이다. 그러나 항상 그런 것은 아니다. 그 질문에는 사실 많은 의미가 내포되어 있고, 그 답을 찾기 위해서는 생각보다 더 많은 정보가 필요하다.

위에서 살펴본 다섯 가지 질문을 다시 상기해 보기 바란다. 전자감독을 사용하는 목적이 얼마나 상이한지 알 수 있을 것이다. 그러나 해당 목적을 달성하기 위한 수단들은 매우 다양하고, 전자감독이 달성할 수 있는 목적들 역시 수단에 따라 너무 다양하다. 목적이 정해져야 효과성 평가를 실시할 수 있기에, 먼저 질문에 답을 찾기 위해서는 전자감독의 목적이 무엇인지를 명확해해야 할 것이다.

예를 들면, 전자감독과 관련 목적은 다음과 같이 요약될 수 있다.

- 전자감독은 범죄자들에게 긍정적 강화기법을 통해 올바른 행동 형성을 만들어 내야 한다. 쉬비츠제벨 형제(Schwitzgebel brothers)가 바랐던 긍

정적 강화가 전자감독 내에서도 이루어질 수 있어야 한다.

- 전자감독은 범죄자의 책임감에 영향을 미쳐 재범을 줄이는 긍정적 효과를 얻어야 한다. 이것은 전자감독이 진행되는 특정 시간 내에서 발생해야 하는 것이다. 위에서 다룬 두 번째 질문, 즉 "감독 기간 중에 범죄자의 행동이 달라질 것인가?"라는 질문과 연관된 것이라고 하겠다.

- 전자감독은 독자적으로 특별한 영향력이 없을지 모른다. 단지, 전자감독이 이루어지는 특별한 "상황"이 범죄자로 하여금 책임감을 갖게 하여 그 책임감이 특정 치료 프로그램이나 수강명령, 혹은 교정프로그램 참여에까지 간접적으로 영향을 미쳤는지도 모르는 것이다. 이런 증가된 수준의 프로그램 참여 행동이 교정의 치료효과를 증대시켜 재범을 간접적으로 감소시키는지 세심하게 살펴야 한다.

- 전자감독은 직접적, 간접적으로 모든 차원에서 재범감소 효과가 없는 교정프로그램일지 모른다. 그러나 전자감독제도로 인해 시민들의 세금 부담은 줄어들어야 한다. 그리고 교도소 증설로 인한 국가교정 경비 지출이 감소되어야 한다.

- 전자감독은 공식적인 재범률 빈도를 증가시키는 제도일 수 있다. 재범자들이 야기하는 사회의 폐해를 감소시킨다는 측면이 있지만, 동시에 전자감독은 재범 행동을 더 쉽게 드러나게 만드는 기능이 있다. 따라서 공식적인 재범률은 상승하게 될 것이다.[5] 전자감독이 재범 초기에 효율적으로 범죄자들의 문제행동을 탐지해 냄으로써 심각한 수준의 범죄행동을 미연에 막고, 범죄자들을 지역사회에서 제거한다는 긍정적 기능을 갖추어야만 한다.

- 전자감독은 일반적 억제 기능을 강화하는 효과가 있어야 한다. 많은 사람들에게 전자감독 위반 조치가 어떻게 이루어지는지 알리는 기능을 담당해야 한다. 범죄를 저지르지 않은 일반인까지도 잠재적인 범죄억제 행동을 다짐하게 만들어야 한다. 그러나 이 효과는 동전의 양면과 같아서 정반대의 결과를 낳을 수도 있다. 만약 잠재적 범죄자가 처벌 양형 수준이 다소 관대한 전자감독인 것을 인식하고, 오히려 억제가 아닌 범죄행동 선택 및 행동이행 결단으로 가게 되면 거꾸로 범죄를 증가시키

는 효과가 발생할 수 있다. 교도소가 아닌, 전자감독 처분이라면 잠재적 범죄자가 범죄이행 결단을 하면서 범죄를 '한 번 해 볼 만한 것'으로 생각할 우려도 있는 것이다.

전자감독이 갖고 있는 실제 목적은 이처럼 다양하고, 달성 가능한 잠재적 목적도 전자감독 프로그램마다 매우 상이하다고 볼 수 있다. 또한, 전자감독의 성공과 실패를 결정짓는 지표들 내부 관계에서도 서로 모순적인 상황이 발생하기도 한다. 예를 들면, 특정 전자감독 프로그램 내에서 재범이라는 수치가 전자감독의 성공을 의미하는 지표이면서 동시에 또 다른 교정프로그램에서는 실패를 의미할 수도 있다.

전자감독 하에 있는 범죄자들의 특성도 매우 다양하다. 캠벨 프로젝트하에 있었던 마요 윌슨(Mayo Wilson)에 따르면, 전자감독하에 놓인 범죄자들의 주관적인 심리상태와 해당 교정프로그램에 대한 인식에 따라 전자감독 효과성이 다르다고 볼 수 있다. 예를 들면, 같은 전자감독을 경험한 경우에도 일부 범죄자는 전자감독을 일종의 "특혜"로 인식하기도 하고, 일부 범죄자들은 "강화된 처벌"로 인식하기도 한다. 이런 주관적인 인식 수준에 따라 전자감독의 효과성은 완전히 달라질 수 있다. 특혜로 보는 범죄자들은 전자감독을 가석방을 기회로 생각하고, 반대로 보는 범죄자들은 일반 보호관찰보다 더 가혹한 수준의 고통스러운 보호관찰 지도, 감독으로 인식하는 것이다.

▍다양한 전자장치 피부착 대상자들(Diverse populations)

전자감독의 효과성은 전자장치를 부착하는 범죄자들이 누구냐에 따라 완전히 달라질 수 있다. 비행청소년들 중 보호처분을 기다리고 있는 소년, 즉 재판 진행 중 보석 상태로 전자감독을 경험하는 청소년과 형이 확정된 후 보호관찰 지도, 감독 전략의 하나로 전자감독을 경험하는 청소년은 동일한 제도를 전혀 다르게 인식할 것이고, 해당 효과성 분석 결과도 이로 인해 완전히 달라질 것이다.

보석 상태에서 전자감독을 경험한 비행청소년은 구치소나 분류심사원에 구금되어야 할 상황임에도 불구하고, 전자감독제도로 인해 자신의 집에서 생활하게 될 것이다. 따라서 만족도가 클 수밖에 없다. 반면, 후자의 비행청소년은 일반 보호관찰보다 자신이 더 가혹한 처벌을 받게 되어 전자감독에 대한 만족도가 매우 낮을 가능성이 크다.

전자감독은 재판 전 단계에서 주로 사용되어 왔고, 피의자 및 피고인들의 죄명은 단순 절도에서부터 살인(non-capital murder)까지 그 범위가 매우 넓었다. 전자감독을 경험했던 범죄자들의 연령 역시 매우 다양했는데, 서구에서는 10살부터 80살까지 그 스펙트럼이 매우 넓었다. 전자감독 운영방향 및 부과기간 역시 범죄자 개인의 수명에 따라 만일의 사태에 맞게 개별적으로 다양하게 선고되었다.[6] 일부 기관에서는 전자감독을 운영하면서 알코올 중독 범죄자들은 철저하게 제외시키기는 전략을 사용했다. 일부 기관에서는 그와 반대로 약물사범이나 알코올 중독자를 제한 없이 모두 전자감독 교정프로그램에 포함시키기도 했다.

심지어 위성 탐지 방식의 전자감독을 활용해 발달장애가 있는 아동을 괴롭힌 아동성애자를 대상으로 한 EM 교정프로그램을 실시하기도 했다. 비록 상식적인 수준에서 전자감독 피부착 범죄자가 중독 상태에 있지 않아야 하고, 정신질환을 앓고 있지 않아야 한다는 적격성 기준을 만들 수 있지만, 일부 기관에서는 스토커나 가정폭력 범죄자에게도 일상생활 속에서 전자감독 교정프로그램을 적용해 왔다. 전과 차원으로 봤을 때도, 전자감독 프로그램 대상자의 특성은 매우 다양하고 광범위했다고 볼 수 있다.

경미한 범죄를 저지른 초범에서부터 중범죄를 저지른 고위험 전과 범죄자까지, 모든 위험급의 범죄자들이 전자감독 프로그램을 경험했다. 저자 역시 면담 연구를 통해, 일부 범죄자들이 전자감독 프로그램을 경험하는 것 자체에 대해 매우 큰 수치심을 느끼고 부끄러움을 갖고 있다는 것을 확인할 수 있었다. 반대로 일부 비행청소년들 중 자신이 "나쁜" 범죄자로 표식되는 것에 지위 상승과 같은, 소위 계급장을 다는 멋진 기회로 EM을 좋아하는 범죄자도 있었다. 즉, 일부 범죄자에게는 전자감독이 갱(gang)의 일원이 되는 문신 같은 표식에 지나지 않았고, 전자감독 경험이 남자다움과 강인함의 징표 정도로 인식되었다.

▌형사사법 시스템 내 다양한 단계에서의 전자감독 사용
(Application at diverse stages in the criminal justice process)

전자감독 효과성 문제를 논의하는 데 가장 큰 장애로 손꼽히는 것은 바로 다양한 형사사법 단계에서의 전자감독 활용 확장이다. 전자감독은 정문단계 (front end)에서도 사용될 수 있고, 동시에 후문단계(back end)에서도 적용될 수 있다. 하나의 교정전략으로 전자감독은 전 형사사법 시스템 내에서 탄력적으로 활용되어 온 제도라고 볼 수 있다.

정문단계에서의 전자감독은 재판형 확정 전의 전자감독으로써 주로 보석 대상자를 상대로 활용되는 경우이다. 그리고 추가로 정문단계 전자감독은 보호관찰 대안 및 중간제재 수단으로도 사용된다. 주로 수강명령 이행과 외부통근센터(work release center) 등에서 전자감독을 출석 확인 도구로 사용했었다. 이때의 전자감독 대상자는 교정시설 내의 수형자 신분으로 간주되었다. 즉, 일반 보호관찰 대상자 신분과는 다른 수형자 신분으로 전자감독 교정프로그램에 참여하게 되는 경우에 프로그램 출석 여부를 확인하기 위해 전자감독을 활용했다고 하겠다.

또 다른 전자감시 사용례는 보호관찰 준수사항 위반자들에 대한 구금 대안책이다. 준수사항 위반으로 보호관찰 처분이 취소되는 경우, 실형 처분을 받아 교도소에 구금되어야 하나, 구금 대신 전자감독 처분을 사용할 수 있었다. 이런 경우가 일종의 "정문단계" 전자감독 활용 사례가 적용되는 경우라고 볼 수 있다. 다시 말해 정문단계는 범죄자가 교도소에 구금되지 않고 사전에 형 집행 기간을 전자감독으로 마무리하게 해 주는 제도로 볼 수 있다.

반면, "후문단계"의 전자감독은 이미 실형 판결을 받아 범죄자가 형 집행의 일부 혹은 전부를 미친 경우에 전자감독을 추가로 활용하는 경우이다. 이 때에는 교도소나 구치소에서 형 집행이 시작된 후, 범죄자들이 구금을 경험하게 한 후 일정 시간이 지난 후에 전자감독을 경험하게 한다. 수형자로 하여금 지역사회에서 좀 더 빠르게 사회통합을 경험하도록 할 목적으로 전자감독을 활용하는 것이다. 이는 가석방 조건부 전자감독을 말한다고 하겠다. 일종의 '한 단계 내려오기(step down)' 전략이라고 볼 수 있다. 전자감독 교정프로그램을 수형자들의 외부통근센터에서 허락하고, 감시, 감독을 강화하기 위한 전략으로 사용할 수도 있다. 그리고 가석방된 수형자들의 준수사항 위반 제재조치의 하나로도 전자감독이 사용될 수 있다. 때로는 전자감시 그 자체가 하나의 "형벌"로 활용되기도 한다. 전자감시 부가 조치의 하나로 강력한 형벌 조치를 내리겠다는 의도를 보일 수 있고, 이 상징적 메시지를 범죄자와 지역사회 양쪽에 직접적으로 전달할 수 있다고 하겠다.

한 예로 미국에서 유명인사로 이름을 날렸던 마사 스튜어트(Martha Stewart) 여사는 회사 내부자 주식거래로 불법행위를 저질렀는데, 미국이 이를 단호히 처벌한다는 메시지를 보이기 위해 2004년에 단기 구금형을 내린 후 의도적으로 다섯 달 동안 추가적인 전자감독 처분을 내린 바 있다.

이와 유사한 판례로 생각해 볼 수 있는 것이 미국 캘리포니아 州에서 가석방 결정을 하면서 15세 소녀의 사체를 훼손한 범죄자에게 전자감독을 부가한 건이다. 과거 위험한 과거 전과 행적을 갖고 있는 범죄자에게 강력한 감독 의지를 보여주기 위해 두 가지 유형(RF방식과 GPS방식)이 모두 사용된 전자감독 프로그램 명령을 내린 바 있다. 이 경우의 전자감독 역시 대중에게 범죄자의 석방에 대해 두려움을 느낄 필요가 없고, 재범 위험을 지역사회에서 잘 통제하고 있는 중이라는 사실을 상징적으로 알리기 위한 의도로 사용되었다고 볼 수 있다.[7]

▌다양하게 변화하는 전자감독 기술
(Diverse and changing technology)

전자감독의 효과성 평가가 어려운 이유는 전자감독 프로그램에 적용되는 기술이 매우 다양하기 때문이다. 복잡한 기술이 적용되었음에도 불구하고 보통 '전자감독 장치'라는 말 속에 많은 세부 기술들을 하나로 묶어 버리는 경향이 있어서 하나의 기술에 대한 효과성을 정확하게 측정할 수 없다. 그러다 보니, 진정한 전자감독의 효과성 측정이 어려워질 수밖에 없다. 지금까지 출판된 대다수의 전자감독 효과성 연구들은 실시간으로 연속해서 시그널 탐지를 하는 전자장치에 초점을 두어 EM 제도를 평가했다.

파젯트 등(Padgett *et al.*, 2006)과 베이스 등(Bales *et al.*, 2010)이 실시한 일부 연구에서만 다양한 전자장치 기술을 고려한 총체적인 효과성 평가를 진행했다. 이들의 연구에서는 전자감독제도의 효과성 평가를 위해 위성탐지 시스템의 전자감독 프로그램과 '토큰 확인' 시스템을 이용한 전자감독 프로그램, 그리고 '토큰 확인'과 '실시간 위치 확인 시그널 탐지' 혼용 방식 전자감독 시스템을 모두 종합해서 체계적으로 전자감독 프로그램의 효과성을 평가했다.

초기 전자감독 평가에서는 오직 두 가지 전자 기술만 가능한 것으로 생각했었다. 첫 번째는 전자 장치가 전자감독 대상 범죄자의 주거지로 위치 확인을 위한 전화를 무작위로 거는 방식에 대한 기술이었다. 전화를 받게 되면, 범죄자는 재택에 설치된 전화기 키스톤 마그네트에 본인이 부착한 전자발찌를 가까이 가져가야 하고, 본인이 실제 집에 거주하고 있음을 장치에 확인시켜 주는 방식이다. 이는 일명 '토큰 확인 방식' 시스템이라고 불린다.

범죄자 본인 확인을 위한 다른 방식도 존재한다. 바로 '음성 패턴'을 자동으로 확인하는 기술이다. 전화기를 들었을 때 자동으로 무작위 질문이 범죄자에게 제공되고, 기계 장치에 해당 질문의 답을 말해야 한다. 오퍼레이터에 의해 녹음된 범죄자의 음성 패턴과 답변에 등록된 음성의 목소리가 서로 일치하는지 확인함으로써 재택 여부를 점검하게 된다.

두 번째 전자장치 기술은 일명 '실시간 시그널 탐지' 방식으로 불리는 기술이다. 범죄자의 발찌나 손목에 부착된 장치에 실시간으로 시그널을 보내 무선 주파수 방식 기술로 위치를 확인하는 것이다. 범죄자의 집에 부착된 재택 장치들이 실시간으로 범죄자의 이동 위치 정보를 받아들이게 된다. 범죄자가 보내는 실시간 무선 위치 정보를 재택장치가 받아들인 후, 자료를 저장한 후에 해당 범죄자가 허용 거리 내에 있는지 확인하여 보호관찰 센터로 정보를 보내게 된다.

실시간 무선 시그널 위치 탐지 방식의 전자장치와 과거 초기 전화 확인 방식의 전자장치를 액면 그대로 비교, 평가하는 것은 어려운 일이다. 왜냐하면 초기에 사용했던 전자장치들은 기계적으로 결함이 많았고, 신뢰성이 떨어지는 장치들이 많았기 때문이다. 수많은 오류 알람으로 인해 초기 전자장치 기계 자체의 문제점을 제대로 인식하지 못하고 사용하는 경우가 많았다. 전자장치를 활용했던 보호관찰관들이나 민간업자들 모두 기계적 결함이 어떤 문제를 낳는지 정확히 알지 못했다. 전자감독제도의 효과성 문제를 기계적 오류와 혼용해서 잘못 해석하는 경우도 많았다.

무작위 전화(Random Calling)와 지속적인 신호 보내기(Continuous Signalling) 방법은 오늘날에도 여전히 사용되고 있으나, 여러 기능들이 추가된 형태로 활용되고 있다. 전자감독 초기(1980년대 말)에 RC는 음주 측정기와 같이 제공되었다. 미국에서는 면허가 정지된 상태에서 운전을 한다고 대답한 사람의 비율이 52%(중장년층 남성)에서 94%(초범)에 이르는 것으로 나타났다(Scopatz *et al.*, 2003).

연방교통안전위원회(National Transportation Safety Board)의 간부 다니엘 로버(Danielle Roeber, 2005)는 면허가 정지된 전체 운전자의 65%, 그리고 면허가 취소된 운전자의 71%가 계속 운전을 하고 있다고 주장하며 캘리포니아 조사 자료를 인용해 해당 실태를 꼬집었다. 연구 결과, 알코올 감지 전화 연동장치가 재범 억제에 지대한 영향을 미치는 것으로 나타났다. 그럼에도 불구하고, 원격 음주 측정 프로그램을 EM에 포함시켜 효과성 분석 연구를 진행한 경우는 단 한 건밖에 없는 것으로 나타났다(Lapham *et al.*, 2007).[8]

CS 기술 또한 진화하였다. 초기에는 보호관찰관이나 가석방 담당관에게 몸에 부착된 수신기로부터 신호를 받을 수 있는, '주행 중 감시(drive-by)' 송신기라고도 불리는 휴대용 송신기를 배부했다. 이 장치들을 사용하면 자택 전화에서 멀리 떨어져 있는 범죄자가 일정 계획표에 따라 있어야 할 장소에 실제 있는지(예를 들면, 직장 또는 알코올 중독자 모임), 혹은 있지 말아야 할 곳에 있는지(예를 들면, 술집)를 범죄자 몰래 은밀하게 효율적으로 탐지할 수 있다.

2003년 이후부터는 피부를 통해 음주 측정이 가능한 발찌 형태의 수신기가 보급되었다. 일반적으로, 이 장치는 범죄자의 위치를 추적하고, 전화선에 부착된 기본 CS 감시용 수신기를 통해 보호관찰관에게 음주 측정 결과를 알려준다. 그러나 현재까지 적용된 이 수신기 사례에 대한 전자감독 평가 연구는 한 건도 수행된 바가 없다.

다른 CS 장치의 변형본은 가정폭력의 경우 사용되는 장비로서, 범죄자가 피해자에게 접근하는 것을 제한하는 데에 사용되었다. 이 경우 피해자에게 경보음이 울리는 송신기를 제공하고, 범죄자의 수신기가 피해자의 자택에 접근하면 피해자가 경찰에게 전화를 거는 방식으로 운영된다. 이 방식으로 작동하는 장비의 경우 위험 방지 실패로 인해 결국 소송으로 간 사건도 있었고, 작동 성공에 대한 입증되지 않은 보고서도 있었다. 여전히 이 사례에 대해서도 신뢰할 만한 평가는 아직 보고된 바가 없다.

GPS를 사용하여 실시간으로 범죄자를 추적하는 장치는 1997년 첫 시범을 보인 이후 처음 몇 년간은 완만한 성장세를 보였다. 하지만 10여 년 전의 CS 장비의 경우처럼, 초기에는 장비 문제와 장비에 대한 이해의 부족으로 많은 어려움을 겪었다.

최근에는 장비가 저렴해지고 장비에 대한 신뢰도가 높아지면서, 시장에서는 GPS 장비가 부분적으로 CS 장비를 대체하기 시작했다. 구체적으로 제한 구역을 포함한 근 실시간 추적(near-real-time tracking with exclusion zones), 제한 구역 제외 근 실시간 추적(near-real-time tracking without exclusion zones), 그리고 저빈도(예를 들면, 일별부터 주별까지) 데이터 업로드 추적 기록(tracking logging with infrequent data uploads) 등 기본적으로 세 가지 종류가 사용되고 있다. 제한 구역 포함 근 실시간 추적을 적용하는 경우, 범죄자에게 부착된(또는 범죄자가 휴대하는) 장치가 수 초 간격에서 수 시간 간격을 두고 범죄자의 위치를 무선으로 통보한다. 이때 배터리의 수명이 관건인데, 보고를 더 많이 받아야 하는 경우, 배터리도 그만큼 자주 충전시켜 줘야 한다는 단점이 있다고 하겠다.

또한 이 경우는 허용된 지역을 벗어나면 위반 경고가 관제센터에 알려지기 때문에 범죄자는 특정 장소로의 출입이 제한될 수 있다(예를 들면, 집, 직장 그리고 집과 직장 사이의 가장 가까운 길). 또한, 보다 넓은 지역(예를 들면, 자치구)으로 여행하는 것이 허용될 수도 있으나, 학교 운동장, '마약 거리' 또는 피해자나 증인의 자택 같은 특정 지역에 대한 접근이 제한되기도 한다.

다른 접근 방법도 있는데 아무런 제약 없이 그저 범죄자를 전자감독 장치가 추적하는 것이다. 이 경우는 범죄자가 충분히 믿을 만하고 그 믿음이 범죄자의 행동에 영향을 준다는 것이 전제되는 경우에 가능한 기술 활용이다. 최근 2년 사이 정부 당국과 전자감독 개발 회사는 항상 실시간으로 범죄자를 추적할 필요가 없다는 생각을 하게 되었다. 범죄자가 어디에 있었는지 기록하고 모뎀을 통해 주기적으로 정보를 업로드하면 소기의 목적을 달성하는 데 충분

하다는 생각을 하게 된 것이다.[9]

GPS 추적의 또 다른 변형본은 추적이 실시간이든 그렇지 않든 간에 상관없이 범죄자 추적 정보를 경찰 범죄 보고 데이터베이스와 통합시키는 것을 말한다. 이는 기술적으로 이미 충분히 실현 가능한 일이다. 예비 연구를 통해 범죄 사건을 해결한 경우도 이미 존재하는 것으로 나타났다. 전자적으로 용의자의 알리바이를 확인한 경우도 있으나, 이 기술이 범죄 방지나 경찰의 수사 효율에 미치는 영향에 대한 연구는 아직 진행된 바가 없다.

RC와 CS 기술이 발전하고 이로 인해 기술적 융통성을 지니게 된 만큼, GPS 기술도 계속해서 진화하고 있는 상황이다. 약 10년 전쯤 저자가 알던 한 심리학자가 GPS 제조사에게 음경혈량 측정기(penile plethysmograph)를 추적 장치에 통합시키는 것을 제안했으나 거절당했었다. 하지만 그 후 제시카 런스포드(Jessica Lunsford)의 비극적사건으로 말미암아, 미국 내에서 더욱 강력한 법을 제정해야 한다는 움직임이 일어났다. 그 중에는 일부 성범죄자에게는 평생 감시를 하도록 하는 법도 포함되게 되었다.[10]

GPS 감시는 일부 위치에서는 사용을 할 수 없기 때문에 범죄자가 어디에 있든지 그들의 위치를 파악하기 위해 개발 회사는 GPS 정보를 지속적으로 추적할 수 있도록 여러 무선 시스템을 복합적으로 함께 사용해야만 했다. 이 개발이 성공하면, 지오트래킹(geotracking)의 사용이 훨씬 더 큰 효과를 얻게 되고, 전자감독 프로그램에 관한 규정 역시 크게 바뀌게 될 것으로 보인다.

실제 위에 언급된 것보다 훨씬 더 많은 기술이 시장에 새롭게 등장하고 있으며, 다양한 시험 단계에 와 있다. 이미 상품화된 한 시스템은 팔목에 찬 장치를 통해 잠자는 동안 신체의 움직임을 기록하며, 이 움직임은 매일 아침 알코올(또는 기타 약물) 남용 관련 패턴을 분석하는 데 사용되기도 한다. 그리고 해당 분석 결과가 원격으로 메인 컴퓨터로 보내지기도 한다. 저자는 약물 남용과 관계가 있는 동공의 반응, 눈 근육 움직임, 말투, 필기 중 손 떨림을 측정하는 장치들에 대한 시연을 본 적도 있다.

약물 남용에 대한 땀 패치(Sweat-patch) 테스트는 거의 일반화되었으나, 초소형 전자 캡슐을 패치에 심어 원격측정을 통해 약물 남용 정도를 감지하는 기술은 아직 실험단계에 머무르고 있다.

▌다양한 프로그램 요소와 프로토콜
(Diverse programme components and protocols)

다양한 EM 참여 대상들, 형사사법 시스템 내에서 적용되는 EM 영역의 차이, 그리고 다양한 기술의 확산이 전자감독의 영향력을 평가하기 어렵게 만들고 있다. 전자감독 평가자는 비슷한 범죄자(예를 들면, 중독된 청소년 절도범)를 시스템 내의 비슷한 시점(예를 들면, 보호관찰)에서 비슷한 기술(예를 들면, CS 감시)에 적용시켜 프로그램을 평가할 필요가 있다. 그러나 그렇다고 하더라도 현실에서는 EM 대상 범죄자들로 하여금 매우 다른 경험을 하게끔 한다는 사실을 인정해야 한다. 어떤 프로그램은 범죄자로 하여금 매일같이 EM 프로그램에 참여하게 만들 수 있지만, 어떤 프로그램은 출석 요구 주기가 다를 수 있다. 즉, 전자감독의 유지적 측면, 장비 설치적 측면, 대상 감시적 측면을 모두 분리하여 프로그램을 평가해야 할 것이다.

일부 기관에서는 담당 직원 한 명이 범죄자를 감시함과 동시에 대상자에 대한 장비의 설치 및 유지 업무를 모두 맡기도 한다. 또 다른 기관에서는 감시적 측면 및 유지적 측면은 직접 운영하고 기술적인 측면을 다룰 때만 하청업체를 통해 일을 처리할 수도 있다.

전자감독 시행 초창기에 많은 이들이 전자감독이 사회복지사를 기술자로 만들 우려가 있다는 불만을 쏟아냈다. 즉, 전자감독이 요구하는 업무 이행 사항들이 범죄자들의 교화와 사회복귀를 유도하는 데 필요한 사회복지사의 역할은 쇠퇴시키고, 범죄자들과 보호관찰관과의 관계형성에 큰 지장을 초래한다는 비판을 받은 것이다. 저자는 다행히 아직 이러한 불만 사항을 직접 경험해 본 적은 없다.

또한, 전자감독 업무를 담당하는 사회복지사들과 그렇지 않은 사회복지사들이 범죄자들과 보내는 시간을 어떻게 활용하는지에 대한 비교 분석 연구는 아직 시행되지 않았다. 게다가 갈수록 전자감독이 지닌 교정의 효과를 발견하는 것이 어려워지고 있다. 전자감독이 시행된 지 얼마 안 된 시기에는 전자감독을 주된 요소로 여겼던 전자감독 프로그램에 대한 평가를 발견하는 것은 어렵지 않은 일이었다. 하지만 현시점에서는 미국의 경우 전자감독이 사전에 어떤 대상자 적격성을 기준으로 활용(혹은 어쩌면 불규칙적으로)하는지에 대한 사전 연구가 더 중요해 보인다. 특정 집단에 속한 사람들이 전자감독을 일반적인 감독 기간 동안 계속 받는 것이라기보다는 존(John)이라는 보호관찰 대상자가 '이러한 조치가 필요한 것으로 여겨지기 때문에' 전자감독을 받게 되기 때문이다. 불행하게도, 전자감독의 필요성을 유발하는 요소에 대한 일관된 설명은 아직 존재하지 않는다.

따라서 사람들은 존(John)과 해리(Harry)가 범죄 경력 및 인구통계학적으로 같은 조건을 가지고 있더라도 존은 전자감독 형을 받고 풀려나고, 해리는 노역장 유치 등의 노동 석방(외부 통근)형을 받는 데에 강한 의문을 제기한다. 저자는 지난 8년간 전자감독에 대한 평가 연구를 검토한 결과, 대등한 비교 집단 연구에 대해 강한 불신을 갖게 되었다. 이는 다른 형이 선고될 수 있음에도 불구하고 일부 의사 결정자들이 같은 조건의 범죄자들 중 한쪽 집단에게만 전자감독 형을 선고하는 경향이 있기 때문이다. 비록 "임상 대 통계"에 대한 문헌들은 통계적 예측을 선호하더라도, 모든 판사들과 분류 심사원들이 어리석다고 무조건 가정하는 것은 위험한 발상이라고 생각한다.

저자는 무작위로 할당한 연구를 겨우 7개밖에 찾지 못하였으며, 그 중 4개만이 성공적인 전자감독 평가 연구 사례에 속했다. 이에 속하지 않은 사례들 중 최고의 연구 사례는 역사적 비교 집단(historical comparison group) 연구를 포함했다. 대부분의 연구는 유사한 범죄자들에 대한 사건 파일(혹은 데이터베이스)을 다루고 있었다.

전자감독이 표준화될지라도 평가 프로그램에 참여하는 범죄자들은 종종 치료 효과가 불확실한 다양한 전자감독 병과 처우 활동을 중복해서 경험할 수 있다. 전자감독 대상자들이 경험하게 되는 교정 치료들은 시간도 일관적이지 않고, 치료 수준의 질도 모두 다르고 내용도 약간씩 상이할 수밖에 없어 전자감독의 표준화가 큰 의미가 없다. 그럼에도 불구하고 전자감독 평가 보고서들은 표면적으로 단순 빈도 결과 수치만을 보여줄 뿐이다. 마치 '전자감독 집단 중 37%에 속하는 범죄자들이 약물 상담을 받고 있었으며, 15%에 속하는 범죄자들이 알코올 중독자 모임(Alcoholics Anonymous: AA)과 같은 금주 프로그램에 참여'하고 있다는 나열식 통계만 보여주는 것이다. 해당 치료 프로그램이 얼마나 오래 지속되었고, 얼마나 강도 있게 진행되었는지에 대해서는 언급하지 않고, 전자감독 참여 빈도 수치만 이야기하고 있어 진정한 전자감독의 효과성을 보여주는 것은 아니라고 하겠다. 각 프로그램의 지속 기간 및 빈도, 참여를 유발한 계기, 그리고 약물 상담사가 상담가로서의 자격이 있는지 등에 대해서는 상세히 기술되지 않았기에 진정한 과정평가는 이루어지지 않았다고 볼 수 있다.

조지아의 州의 폭력 남성 가석방자에 대한 연구(Finn & Muirhead-Steves, 2002) 결과를 살펴보면, 재범에 대한 억제 효과는 크게 나타나지 않은 것으로 보인다. 그러나 본문에 기록되어 있듯 성범죄자에 한해서는 긍정적인 효과가 있는 것으로 드러났다. 조지아 교정국에 소속되어 있는 저자의 연락책에 의하면, 조지아 州에서는 이전에 석방된 비교 대상자 집단과는 대조적으로 전자감독 시험 기간 동안 범죄 방지 및 억제 모델을 시행했으나 거짓말 탐지기를 거치지 않았고, 성범죄자들을 위한 치료 프로그램에 참여하지 않은 것으로 드러났다.

또한, 일부 치료사들과 거짓말 탐지기 관리자들의 품질 관리 문제 또한 제기되었다. 그러므로 무언가 '효과가 있었을지' 모르지만, 州 교정국과 평가자들, 그리고 메타 분석가들 모두 '그 무언가'를 아직 알아내지 못한 상태다. 이전보다는 나아졌지만, 가장 긍정적인 최근의 연구들마저도(Padgett et al., 2006; Lapham et al., 2007; Marklund & Holmberg, 2009; Di Tella & Schargrodsky, 2009) 그 점에 대해서 충분한 설명을 해 주지 않고 있다. 어둠 속에서 분명 효과는 나타났으나, 이러한 시도가 다른 곳에서 진행되기 위해서는 전자감독에 대한 결과를 더욱 명확히 드러내 주는 보다 많은 후속 연구가 진행되어야 할 것이다.

비교 대상자 집단들에 속한 범죄자들의 주변 상황이나 개인 신상 차원에서 봤을 때 때로는 전자감독하에 놓인 범죄자들보다도 일반범죄자가 더 심각한 상황에 있을 수도 있다. 비록 전자감독 하에서 감시를 받지 않는다고 하더라도 이들의 삶은 지역사회에서 계속되는 고난의 연속이다. 비교 집단에 속한 범죄자들이 받는 감시와 감독, 그리고 치료에 대한 세부 사항은 대개 단편적으로 기술되어 있거나 아예 존재하지도 않는 경우가 많았다.

전자감독의 영향을 연구하는 모든 사람들이 어려움에 직면해 있고 대부분 실수를 저지른다. 캠벨 프로젝트에 서명했을 때 저자는 그래도 이와 관련한 연구를 찾는 것이 쉬울 것이라고 생각하였다. 이는 큰 오산이었다.

▌전자감독 관련 연구결과 찾아보기(Finding EM research)

메타 분석은 기존의 EM 평가연구들을 포괄적으로 수집하고자 노력한다. 캠벨 프로젝트(Campbell project)는 출판되지 않고 인용되지 않았던 '숨겨진 (fugitive)' 문헌에 대해서도 폭넓게 접근하여 전자감독 효과성 분석 연구를 총체적으로 파악하고자 하였다. 앞서 메타 분석 연구들이 가진 출판 편향 (publication bias)에 대해 기술한 바 있다. 예를 들면, '유의미한 차이가 없는' 연구 결과에 대한 논문보다는 긍정적인 연구 결과를 담은 논문이 더 출판되는 경향이 강한 것이다. 또한, 후미진 곳에 위치한 정부기관보다는 명문 대학 교수들에 의해 실시된 연구가 출판될 확률이 높다고 하겠다.

이러한 숨겨진 문헌들을 들춰내기 위해 전자감독 장비 제조사들(그 당시 24곳)에게 장치를 사용한 범죄자들에 대한 연구를 찾을 수 있도록 도움을 달라는 편지를 보냈다. 24곳 중 두 곳에서 이에 대한 연구 결과를 제공해 주었으나, 그 어느 것도 방법론적 기준을 충족하지 못하였다. 따라서 미국의 주정부 교정국 연구 국장과 관리자들에게 편지를 보내서 그들의 연구 결과를 받게 되었다. 아쉽게도 역시 정부의 어느 것도 연구에 사용할 수 없었다. ASP(Academic Search Premier), C2−SPECTR, Criminal Justice Abstracts, CJPI(Criminal Justice Periodical Index), ERIC, CINCH, Healthsource Nursing/Academic Edition, Ingenta, MEDLINE, NCJRS, PQDD(ProQuest Digital Dissertations), PsycINFO, SSCI(Social Science Citation Index), SWA(Social Work Abstracts)와 SA(Sociological Abstracts) 등 주요한 색인은 전부 조사했다.

인터넷 검색을 위해 웹 메타 검색 및 필터링 프로그램인 CAP(Copernic Agent Professional)를 사용했다. 최근에는 구글을 이용하기도 했다. 토론토 대학교(University of Toronto)는 수년간, 가끔 업데이트 되는 전자감독에 대한 참고문헌을 관리하고 토론토 대학교만이 가지고 있는 일부 연구 자료를 열람할 수 있는 기회를 제공해 주기도 했다. 저자는 범죄자 감독 저널(Journal of Offender Monitoring)의 전 편집장이었다는 이유로 많은 연구자들에게 도움을 받았다. 연구가 종료된 후 그에 대한 결과를 받아볼 수 있었고, 원고를 검토할 기회도 얻을 수 있었다.

대부분의 연구는 다수의 문헌고찰에 근거를 두었으나, 그 중 두 개의 출처가 눈에 띄었다. 전체 연구 결과 중 적어도 95% 정도가 NCJRS(National Criminal Justice Reference Service)와 CJA(Criminal Justice Abstracts)에서 발췌되었다. 유럽보호관찰학회(Conference Permanente Europeenne de la Probation)의 후원하에 네덜란드 에그몽앤지에서 2년에 한 번씩 열리는 전자감독 컨퍼런스에서 유럽과 호주 그리고 뉴질랜드 정부에 의해 실시된 연구를 살펴볼 수 있는 유익한 기회를 가졌다. 유럽에서 진행된 연구가 완전히 종료된 후에는 유럽 학자들과 관리자들이 해당 데이터를 제공하는 데 매우 협조적인 태도를 보였기에 방대한 양의 EM 자료를 얻을 수 있었다.

현재 저자는 전자감독에 대한 문헌을 900개 넘게 소유하고 있으며, 그 중 152개는 EM 평가에 포함되었던 문헌들이다. 20개 미만의 문헌들이 현재 준비 중인 캠벨 보고서에 실릴 수 있을 만큼 방법론적으로 철저한 논리를 가지고 있는 것으로 확인되었다. 아마 6개의 문헌만이 공식 메타 분석에 포함될 것이다. 저자는 적어도 2011년도까지는 웹 사이트(http://renzema.net)의 참고문헌을 1년에 2번씩 업데이트할 계획을 가지고 있다. 그래서 전자감독에 대한 연구를 20년 이상 실시한 결과, 우리가 최종적으로 내릴 수 있는 결론은 무엇일까?

▌전자감독 연구 경향에 대한 개요
(Overview of trends in EM research)

미국에서 진행된 초창기 전자감독 연구는 그 목적과 방법 면에 있어서 매우 다양한 양상을 보였다. 1987년에서 1995년 사이, 무작위 할당을 활용한 실험 연구가 다섯 차례 진행되었다. 그 중 단 두 개의 실험만이 해석 가능한 연구였으며, 두 연구 모두 유의미한 차이를 나타내지 못하였다. 커니스와 펜넬(Curtis and Pennel, 1987)은 샌디에이고 일시 출소 프로그램(San Diego work furlough program)에 대한 무작위 표본 데이터 평가를 진행했는데, 정부로부터 연구 자금을 지원받았으나 진행상 어려움이 있어 연구를 중간에 중단할 수밖에 없었다.

피터실리아와 터너(Petersilia and Turner, 1990)는 캘리포니아 보호관찰 대상자들에 관한 연구에서 무작위 할당을 활용한 실험을 진행하였으나, 전자감독 하에 감시를 받아야 했던 인원 중 소수만이 그 대상이 되었다. 바우머 등 (Baumer et al., 1990)은 인디애나폴리스 보호관찰 대상자들에 관해 연구 표본 규모는 작지만 정확한 연구를 실시하였다. 그러나 프로그램의 도덕성에 대한 논란이 일면서 명확하지 않은 결과를 보였다는 비판을 받았다.

오스틴과 하디맨(Austin and Hardyman, 1991)은 오클라호마 가석방 대상자들을 대상으로 진행한 EM 연구에서 무작위 할당을 활용한 실험을 시도하였으나, 실험 집단과 통제 집단 모두 전화기 사용에 대한 자격 적격성을 심사받지 않은 데다가(따라서 일부 피험자들은 전자감독에 대한 부적격 판정을 받았다) 두 집단의 후속 조치 기간 또한 달라서 실험은 결국 실패하고 말았다. 초창기에 진행된 무작위 할당을 활용한 다섯 개의 실험 연구 중 바우머 등(Baumer et al., 1990)이 실시한 연구와 조지아에서 어윈(Erwin, 1987)이 집중감독 프로그램에 대한 랜드 연구소의 연구의 일환으로서 진행한 연구만이 캠벨의 메타 분석에 실릴 가능성이 있는 것으로 나타났다.

2005년에 스위스에서 진행된 연구(Villetaz & Killias)가 발표된 후, 래팜 등 (Lapham et al.)이 실시한 무작위 연구가 2007년도에 발표되었다. 이는 전자감독을 포함한 다양한 형을 선고 받은 음주 운전자들의 재범에 대한 연구였다. 비록 연구자가 무작위 할당을 실시하지는 않았으나, 디텔라와 스카그로드스키 (Di Tella & Schargrodsky, 2009)가 진행한 연구를 살펴보면 아르헨티나 범죄자들이 무작위 표본 샘플로 추출된 것으로 볼 수 있다.

지금까지 진행된 대부분의 평가 연구를 살펴보면, 비교 집단을 포함하지 않은 채 전자감독 집단에 대한 효과성 분석 연구가 진행되었다는 것을 알 수 있다. 비교 집단을 포함한 연구의 경우에도 두 집단 간 동질성이 확보되지 않은 경우가 대부분이었다.

전자감독의 평가 분석 연구의 목표는 광범위할 수밖에 없다. 이에 미국에서 전자감독 초창기에 진행된 연구는 전자감독 경험에 대한 질적인 이해를 돕기 위해 전자감독 대상자들을 대상으로 인터뷰를 실시하는 방법을 취했다. 10년 뒤, 유럽, 호주, 그리고 뉴질랜드에서도 마찬가지로 이와 같은 인터뷰가 실시되었다. 비록 짧은 기간 동안 이루어진 것이기는 하지만, 대다수의 연구들이 전자감독이 종료된 이후 범죄자들의 재범 여부에 대해 다루었다. 몇몇 연구들은 전자감독 기간이 끝날 때까지 형이 취소되지 않고 살아남은 범죄자들을 대상으로 평가 연구를 진행했다. 소수의 연구들만이 이 두 가지 사항을 모두 조사했다. 그러나 전자감독의 영향에 대한 종합적인 이해를 돕기 위해서라면 이 두 가지를 모두 조사했어야 마땅했다. 전자감독 이후 후속 조치 기간은 보통 6개월에서 2년에 걸쳐 이루어졌다.

여기서 주목할 만한 예외적 연구는 핀과 뮤어헤드－스티브스(Finn and Muirhead－Steves, 2002)가 발표한 연구 중 4년에 걸친 것으로 후속 조치 기간을 선고받은 사례와 존스와 로스(Jones and Ross, 1997)가 발표한 3년의 후속 조치 기간을 선고받은 범죄자에 대한 연구 결과이다. 하지만 존스와 로스의 연구는 프로그램에 대한 개념 정의 문제와 집단 매칭 설정 미비 문제를 가지고 있었다.

게이니 등(Gainey et al., 2000)은 교통 위반, 경범죄, 중범죄자들이 모두 포함된 집단에 관한 EM 연구를 실시했다. 이때, 5년에서 12년의 전자감독과 교도소 형기를 선고받은 범죄자들을 포함하였지만, 비교 집단이 설정되지 않았다. 대다수의 연구는 EM 투여량에 대한 사안도 제대로 포함하고 있지 않다. 아스피린 한 알만을 투여받은 폐암 환자들의 5년간 생존율에 대한 자료를 유심히 들여다보는 사람은 아마도 없을 것이다. 짧은 기간에 걸쳐 전자감독을 받은 사례나, 지속 기간이 보고되지 않은 사례를 바탕으로 장기적인 성공률을 보이는 전자감독 대상자들의 사례로 보고하는 것은 그저 시간낭비일 뿐이다.

대부분의 전자감독 효과성 평가 연구는 전자감독의 평균 감시 기간에 대해 보고했으나, 자세히 살펴보면 평균 전자감독 기간의 배가 넘는 기간 동안 감시 상황하에 놓인 범죄자들이 있는 반면, 불과 얼마 안 된 짧은 기간에 전자감독에서 풀려난 일부 범죄자들도 데이터에 포함되어 있었다(이는 범죄자가 위반했기 때문이 아니다). 특히, 청소년 범죄자들은 전자감독 지속 기간의 변동성 측면에 있어서 신뢰할 수 없는 일관되지 않은 결과를 보인 것으로 나타났다.

최근 미국에서의 전자감독에 대한 평가가 양적으로 조금씩 줄어드는 경향을 보이고 있다. 연구의 질은 나아지는 추세이나, 양적으로는 연구 발표 수가 천천히 줄어들고 있다고 하겠다. 아래 〈표 13.1〉은 5년을 주기로 실시된 연구에 대한 양을 나타내는 표이다. 이는 1986년에 발표된 프로그램 평가를 기점으로 저자의 참고문헌에 포함된 문헌들을 바탕으로 표를 만들었다. 순전히 서술적인 목적으로 쓰인 문헌과 검토 논평들은 여기에 포함되지 않았다.

지난 10년간, 영국 내무성 연구팀(Home Office Research Unit)은 다수의 연구를 실시하였다. 그러나 모두 재범에 있어서 EM이 중요한 영향을 미치지 못하는 것으로 드러났다. 연구팀이 실시한 연구는 비교적 짧은 전자감독 기간, 그리고 대부분의 경우 부가 서비스(adjunctive services)의 부재를 포함하고 있어 평가 분석 연구로써 논란이 된다.

최근에 발표된 연구를 살펴보면, 집단 간 동질성을 확보하기 위해 다변량 기법 등을 사용하는 노력이 뒤따르고 있는 것으로 보인다. 그러나 이러한 사항이 항상 이점으로 작용하는 것은 아니다. 비록 재범에 대한 통계적인 위험이 동일하게 나타나더라도 대조집단과 비교했을 때 전자감독 집단을 전자감독에 대해 더(혹은 덜) 민감하게 하는 다른 외부의 질적인 차이가 존재할지도 모르기 때문이다. 전자감독 연구에 존재하는 어려움을 고려하여, 이 단락의 앞부분에 기술된 세 가지 문제를 다시 생각해 보자.

표 13.1 5년을 주기로 한 전자감독 평가 연구의 수

기간	연구 수
1986 – 1990	37
1991 – 1995	36
1996 – 2000	34
2001 – 2005	23
2006 – 2010(5월)	30

▌전자감독 실증의 문제에 있어서 우리는 어디쯤 와 있는가?
(Where we are now on the empirical questions?)

감시 기간 이후, 전자감독은 범죄자들의 재범에 영향을 미치는가?
(Does EM affect recidivism after it has concluded?)

만일 비교 집단을 포함한 정확한 연구, 즉 캠벨 협력 연구 표준(Campbell Collaboration Protocol Standard)의 핵심만을 살펴본다면, 위 질문에 대한 답을 다음과 같이 요약할 수 있을 것이다. '전작감독은 전혀 영향을 미치지 않거나 재범에 아주 조금 영향을 미칠 것이다.' 에반 마요윌슨(Evan Mayo-Wilson)은 이 글을 쓰고 있는 본 저자와 함께 저위험군 범죄자들과 청소년들을 제외하고, 캠벨의 전자감독 연구의 일부분을 분석한 적이 있다. 이는 전자감독이 '효과가 있다' 면 고위험군 범죄자들에게 가장 효과가 높게 나타날 것이라는 가정하에 이루어진 것이다(Renzema & Mayo-Wilson, 2005). 우리는 총 12개의 연구를 검토했으나, 그 중 가장 정확한 결과를 담고 있는 세 개의 연구만을(Bonta *et al.*, 2000; Finn & Muirhead-Steves, 2002; Sugg *et al.*, 2001) 포함하여 0.96($p= -0.82$)이라는 승산비를 산출했다. 이는 전자감독 집단을 지지하는 듯 보이나, 이에 해당하는 집단은 실제적 중요성이나 통계적 유의성과는 거리가 멀었다.

이 글에서는 다양한 전자감독 관련 분석 연구들을 포함시키지 않았다. 청소년에 대한 전자감독 분석 결과도 제외되었고, 깔끔한 분석이 진행되지 않은 선행연구들도 모두 제외되었으며, 통계 유의미성 준거 기준이 상이한 논문들도 모두 제외시켰다. 여기에서 제외시킨 논문들의 분석 결과도 소개에 포함된 논문들과 별반 다르지 않은 결과를 보였다. 따라서 이 연구를 통해 우리가 발견한 사실은 단순히 연구의 선택에 있어 지나치게 철저한 태도를 보이는 것이 항상 옳은 것은 아니라는 점이다.

1991년에서 2001년까지 10년 동안, 다른 기준을 적용하여 EM 연구를 선택한 체계적인 논문평가 전문가(systematic reviewer)들이나 메타 분석가들 중 그 누구도 색다른 결과를 도출해 내지 못하였다(Corbett & Marx, 1991; Mainprize,

1996; MacKenzie, 1997; Schmidt, 1998; Gendreau *et al.*, 2000; Whitfield, 2001). 전반적으로 전자감독이 미치는 영향은 미미하지만, 전자감독이 다른 요소와 결합하여 범죄자들에게 적용될 때는 어쩌면 긍정적 효과가 있을지도 모른다는 몇몇 연구가 발표되었다. 본타 등(Bonta *et al.*, 2000: 324)이 발표한 연구 결과에 따르면, 전자감독과 함께 인지 행동 치료를 받은 고위험군 범죄자들은 같은 위험군에 속한 수형자들에 비해 재범률이 낮은 것으로 드러났다. 저위험군에 속한 범죄자들의 경우에는 위 사례와는 반대되는 결과가 나타났다.

위에서 언급된 바와 같이, 핀과 뮤어헤드-스티브스(Finn & Muirhead-Steves, 2002)는 성범죄를 저지른 가석방자들에 한해 이보다 더 나은 결과를 도출해 냈다. 그들이 실험 대상으로 삼은 폭력적인 남성 가석방자들과 비교 집단에 속하는 범죄자들을 비교 검토했을 때, 전자감독 집단 남성 전체의 약 23.4%에 이르는 범죄자들이 모두 3년 이내로 재수감되었다는 사실이 드러났다. 통제 기간에 있었던 성범죄자들의 경우, 전체 44명 중 29.6%에 이르는 성범죄자들이 재수감되었다. 전자감독을 받는 기간 동안에는 35명 중 5.7%에 이르는 범죄자들만이 재수감된 것으로 나타났다.

그러나 두 사례 모두 전자감독이 대단히 중요한 차이를 만들어 냈다고 주장할 수는 없다. 연구 자체가 함축하고 있는 의미와 미래의 전자감독 평가에 더 많은 주의를 기울일 필요가 있다고 하겠다. 긍정적인 연구 결과가 발견된다면, 그 연구는 특정 위험 요소를 줄이기 위해 치료를 받는 동질적인 집단에 대한 연구를 통해 해당 사실을 더 깊이 있게 분석할 필요가 있다. 즉, 전자감독의 효과를 측정하기 위해 동시다발적 접근이 아닌 소총식 접근을 사용할 필요가 있다.

작년에는 장기적인 재범 감소 효과를 시사하는 두 개의 연구가 추가로 발표되었다. 디 텔라와(Di Tella)와 스카르그로드스키(Schargrodsky)의 2009년 연구는 아르헨티나 부에노스아이레스에서의 전자감독 영향력을 서술한 것이었다. 그들은 10년 동안 전자감독을 경험한 386명의 범죄자들과 같은 기간(±6개월)에 석방된 1,152명의 범죄자들의 재범을 비교하였다. 대다수의 전자감독 대상자들은 변론 준비 절차에 있었으나, 몇몇은 수감 중이었다. 단, 대부분의 전자감독 프로그램과 달리, 전자감독 대상자들이 공식적으로 기소된 범죄자에 한정되어야 한다는 EM 대상자 적격성 제약이 존재하지 않았다.

예를 들어, 전자감독과 그에 대응하는 교도소 표본 사례의 7%는 살인죄로 기소되었다. 아르헨티나의 형사사법제도는 판사에게 할당되는 사건부터 긴 시간의 변론 준비 절차, 그리고 교도소 경험의 특징과 같이 적어도 북미 독자에게는 특이한 상황이 많았다고 볼 수 있다. 결국, 교도소에 수감된 범죄자들은 22%의 재범률을 보였지만, 전자감독 대상자들은 13%의 재범률을 보이는 것으로 나타났다. 위험에 처한 기간은 가변적이었지만 적어도 전자감독 대상자들은 수감된 범죄자들이 석방될 때까지 같은 시간 동안 복역한 것으로 볼 수 있었다. 참고로 전자감독 집단의 1년차 재범률은 7.1%였고, 교도소 집단은 10.5%인 것으로 나타났다.

최근의 또 다른 연구는 '동시다발적 접근(shotgun approach)'의 비난에서 면죄부를 받은 것이다. 바로 마크런드와 홈버그(Marklund & Homeberg, 2009)는 스웨덴의 전자감독 조기 석방 범죄자들과 동일 기간 교정시설 형기를 마친 범죄자들을 대상으로 석방 후 3년간 재범을 추적하는 흥미로운 연구를 진행한 것이다. 전자감독 운영 기간 동안 몇몇의 전자감독을 경험하지 않은 범죄자들이 석방되었다는 점에서 근본적으로 '구조 평가(salvage evaluation)'가 진행된 것으로 볼 수 있다. 하지만 그들은 선발 효과가 타당성에 영향을 미치지 않도록 분석에 많은 노력을 들였다.

대부분의 연구와 달리, 마크런드와 홈버그 연구는 전자감독이 '효과가 있는지' 확인하고자 하였을 뿐만 아니라 누구에게 영향을 가장 크게 미쳤는지 알아보고자 하는 데 분석의 목적을 두었다. 연구의 결과는 〈표 13.2〉와 같다. 전자감독은 특정 기관에서의 위험성 점수이든 과거 범죄 전력이든 중간 수준의 위험을 지닌 범죄자들에게 가장 큰 영향을 미치는 것으로 나타났다. 이것은 매우 주목할 만한 사실이다. 또한, 나이가 많은 범죄자들이 젊은 범죄자들보다 더 좋은 긍정적 반응을 보였다.

비록 이러한 결과는 인상 깊지만, 전자감독 집단과 비교 집단 모두에게 스웨덴의 고용, 주택 공급, 사회적, 의료적 서비스의 제공이 이루어졌음을 고려해보면, 다른 나라 전자감독 범죄자에게 일반화하기에는 다소 한계가 있는 연구 결과라고 하겠다.

표 13.2 마크런드와 홈버그의 연구에서 위험 수준에 따른 3년간 재범 결과

위험 수준	전자감독(N=260)	통제(N=260)
낮은	10	24*
중간	27	42*
높은	44	49
전과		
0	12	21
1-2	24	43**
≥2	60	66
연령		
≤37	36	44
≥37	17	32**

출처: Renzema(2010)
참고: *p<0.05, **p<0.01

앞선 연구들의 한계점을 고려하면서, 이제는 전자감독의 기본 설계와 무결성에 대해 다시 한 번 살펴봐야 할 것이다. 전자감독을 사용하는 사람들은 적어도 20년 동안 전자감독 시행이 만병통치약이 아님을 알고 있지만, 연구는 여전히 동시다발적 접근(다양한 범죄자들과 불분명한 치료의 혼합)을 사용하고 있다. 이는 소총식 접근(단일 집단, 규정된 치료, 꼼꼼한 프로그램의 설계)과는 대비되는 접근이다.

전자감독은 전자감독 기간 동안 범죄자들의 행동에 영향을 미치는가?

(Does EM affect offender criminal behaviour during he monitored period?)

플로리다 교정국은 몇 년 동안 연례 보고서와 특별 보고서를 통해 전자감독 하에 있던 범죄자들이 지역사회 통제(Community Control)하에 있는 다른 범죄자들보다 더 낮은 비율로 교도소에 재수감되었음을 보고하였다. 집단 비교 가능성에 대한 불완전한 정보를 고려하면, 이것이 전자감독의 영향인지, 전자

감독과 다른 프로그램이 결합되어 나타난 결과인지, 혹은 단순히 전자감독 프로그램에 저위험 범죄자를 할당한 탓인지 확신할 수는 없다.

2006년 2월에 출판된 파젯 외(Padgett *et al.*)의 연구는 심각성이 낮은 범죄자들이 전자감독의 대상이 된다는 생각을 버려야 한다는 것을 잘 보여주었다. 전자감독의 대상이 되는 범죄자들은 훨씬 더 심각한 범죄를 저지른 경우가 많았다. 이 연구는 총 74,276명을 대상으로 하였으며, 대부분의 다른 전자감독 효과성 평가 연구들보다 훨씬 규모가 컸다.

전자감독 없이 가택구금 아래의 범죄자들과 CS 감시 대상의 범죄자들, 그리고 GPS 감시를 받았던 범죄자들의 기록을 바탕으로 통계적으로 정교한 분석을 실시하였다. 파젯 등(Padgett *et al.*, 2006: 79)은 전자감독 없는 가택구금명령 대상자들보다 CS 감시 대상자들과 GPS 감시 대상자들이 준수사항 위반으로 전자감독 취소 처분을 받은 확률이 유의미하게 더 낮다는 사실을 밝혀냈다. 구체적으로 전자감독이 없는 집단과 비교했을 때, CS 집단은 취소될 확률이 95.7% 낮고, GPS 감시 대상자들은 90.2% 정도 더 낮은 것으로 나타났다.

새로운 재범 발생으로 전자감독이 취소되는 경우에는 CS와 GPS 두 유형 모두 94.7%의 감소율을 보였다. 꽤 길고 복잡한 논문이었으나, 앞으로 전자감독 분야에서는 고전이 될 가치가 있는 글이었고, 전자감독 감시와 관련한 연구를 계획하는 모든 사람들에게 크게 도움을 줄 연구라고 하겠다. 두 기술이 다소 다른 종류의 범죄자들에게 적용되었기 때문에 CS가 GPS보다 우월하다고 볼 수는 없을 것이다. 해당 논문은 또한 마약 사범에 대해서는 형사사법 망의 확대가 일어났지만, 재산이나 폭력 사범의 경우에는 망의 확대가 일어나지 않았다는 점을 지적하고 있다. 해당 논문 역시 완벽한 것이 아닐 수 있다. 본질적으로 연구가 진행되는 과정에 대해 기술하지 않았기 때문에 '블랙박스(black box)'라는 평가를 받기도 한다. 전자감독을 경험하지 않은 집단이 더 많은 중간 이탈과 재범이라는 문제행동을 보인 것은 어쩌면 처음부터 전자감독에 할당되어야 할 사람들이 통제집단에 잘못 할당되었기 때문인지도 모른다. 즉, 집단 간 교차 문제가 발생한 것인지에 대해서는 명확히 알 수 없다고 하겠다.

2010년 보고서에서, 배일스 등(Bales *et al.*)은 미국 사법 연구소의 연구비 지원 사업(National Institute of Justice—funded study)으로 정교한 분석 기법을 활용

해 플로리다 자료를 다시 한번 살펴보았으며, 여기에서 다섯 가지 주요 결론을 발표하였다(전자감독의 양적 및 질적 평가, A Quantitative and Qualitative Assessment of Electronic Monitoring).

1. 전자감독은 지역사회 지도·감독 실패 가능성을 감소시킨다. 실패에 대한 위험의 감소는 다른 형태의 지역사회 감독과 비교하여 약 31%로 나타났다.

2. GPS는 일반적으로 RF(CS와 동일) 기술보다 실패를 줄이는 데 더 큰 영향을 미친다. RF 감독을 받는 범죄자들에 비해 GPS 감독을 받는 범죄자들의 지도·감독 실패율이 6%나 개선되었다.

3. 전자감독은 모든 유형의 범죄에 대한 위험률을 감소시키지만, 성범죄, 마약범죄, 재산범죄 그리고 다른 유형의 범죄자들보다 특히 폭력 범죄자들에게 미치는 영향이 덜(less) 하다고 하겠다.

4. 연령대별 전자감독의 효과성에는 큰 차이가 없다.

5. 상이한 유형의 EM 감독방식별 전자감독의 효과성에는 큰 차이가 없다 (Bales *et al.*, 2009: x)

이러한 결론이 이전의 보고서와 약간 다른 것은 아마도 플로리다의 전자감독 프로그램의 발전, GPS 기술의 향상, 사용된 표본의 차이를 반영했기 때문일 것이다. 두 번째 보고서에서는 대부분의 범죄자들이 지역사회 통제에 참여했는데, 이는 일반적으로 보호관찰을 통한 지도·관리가 불가능한 범죄자들에게 내려지는 교도소 전환 프로그램(diversion programme)의 하나로 볼 수 있다.

다른 비교 집단들은 중범죄를 저지른 보호관찰대상자들, 교도소로부터 조건부 석방을 받은 사람들, 성범죄 보호관찰대상자들이었다. 즉, 대부분의 미국 관할 지역에서 사용되는 전자감독 방식과 비교할 때 이들은 매우 위험하고 범죄의 심각도가 높은 범죄자들이라고 볼 수 있다.

동질적인 집단을 대상으로 한 연구는 라팜 등(Lapham *et al.*, 2007)에 의해 이루어졌다. 이 연구에서 미국 북서부(특히 오리건주)의 상습 음주 운전자들을 대상으로 한 전자감독의 효과성 분석을 시도했다. 연구자들은 무작위로 477명의 상습 음주 운전자들을 네 가지의 다른 치료 조건에 할당하는 조치를 취했다. 모든 집단은 알코올 중독 치료와 거짓말 탐지기 검사(이하 ISP)를 포함한 집중감독을 받았다. 비교 집단은 그 외에 다른 것은 받지 않았다. 전자감독 집단은 CS 외출제한명령 감독과 가정 내 원격 알코올 검사를 포함한 전자감독을 받은 집단이었다. 세 번째 집단은 음주사범의 차를 강제로 팔게 만든 집단이었다. 네 번째 집단은 전자감독과 강제 차량 판매를 모두 적용받은 그룹이었다. 그들이 처치 후 3개월, 1년, 3년이 지난 시점에서 체포될 가능성을 각각 표로 작성하였다.

분석 결과, 3개월 시점에서 집단 간 차이가 명확하게 나타났지만, 그 차이는 빠르게 소멸하였다. 3년 말에는 ISP를 받은 집단만이 다른 집단들보다 체포를 덜 당하는 경향이 있는 것으로 나타났다. 하지만 여기서 흥미로운 것은 3개월간의 집단 차이 결과이다. 네 번째 집단의 경우(가능한 모든 치료를 받은 집단) 위험이 가장 낮게 나타났다. 전자감독 집단의 경우 '모든 처치를 받은' 집단보다 위험이 두 배 높게 나타났다. 강제로 차량을 판 집단은 위험이 네 배 더 높게 나타났다. ISP만 받은 집단은 위험이 세 배 더 높게 나타났다. 다시 말해서, 3개월 시점에서 전자감독은 기본 ISP 프로토콜에 가장 강력한 반응을 불러오는 첨가제 역할을 하는 것으로 나타났다.

현재로서는 위 연구가 전자감독이 기술적 위반(준수사항 위반 및 도주)과 새로운 범행을 모두 억제한다는 것을 보여주는 가장 좋은 증거라고 말할 수 있다. 억제 효과에 대한 이전의 연구는 집단 동등성 문제 때문에 대체로 결과 해석이 모호하다는 비판을 받았다. 생존 분석이 자주 사용됨에 따라 앞으로 플로리다의 연구가 재현될 수 있을지, 혹은 이례적인 결과로 남을지 앞으로 계속해서 비교, 평가해 봐야 할 것이다.

전자감독은 범죄행위에 미치는 영향 이외에도 다른 추가적인 긍정적 또는 부정적 영향을 미치는가?(Does EM have positive or negative impacts other than those on offender criminal behaviour?)

전자감독은 범죄자와 그들 주변인의 고용, 심리적 건강 혹은 사회적 관계에 도움이 되는가? 해가 되는가? 이러한 문제에 대해 체계적인 연구가 수행된다면 더 나은 전자감독 운영이 가능할 것이다. 이에 이와 관련된 몇 가지 연구 결과를 제시하고자 한다.

이 문제와 관련해 가장 초창기에 발견된 것은 노스 텍사스 주립대(North Texas State University, 1987)의 논문이었다. 18명의 표본 집단은 전자감독 프로그램을 시작하기 전에, 우울증 척도(Beck Depression Inventory: BDI)와 가족 환경 척도(Family Environment Scale: FES) 조사를 받았다. 전자감독 프로그램으로부터 도주한 자들의 우울증 척도 점수가 그렇지 않은 이들보다 약간 더 높은 것으로 나타났지만, 통계적으로 유의미한 차이는 없었다. 가족 환경 척도에서 10개의 하위 척도 점수의 대부분은 전자감독 시작 전과 후 모두 정상에 가까웠다. 단 한 개의 척도가 프로그램을 끝마친 사람과 그렇지 않은 사람을 통계적으로 구분하였는데, 이는 결속력의 변화를 보기 위한 의도로 진행된 것이었다. 저자들은 가족 결속력을 측정하기 전에 대상자를 스크리닝하는 선별 작업이 필요하다는 의견을 개진했다.

> EM 대상자에게 낮은 수준의 도움과 지지를 주는 것으로 보이는 가정환경을 가진 잠정적 의뢰인은, 기준치나 그 이상의 점수를 가진 잠정적 의뢰인보다 전자감독 프로그램을 끝마치지 않고 도주할 위험성이 더 크다.

전자감독이 진행되는 기간 동안 가족 결속력 수준은 정상 수준 이상으로 높은 점수에 있는 것으로 나타났다. EM 종료 후에는 다소 감소하는 것으로 나타났는데, 다시 일반적인 가족 통제 수준으로 내려온 것으로 나타났다.

노스텍사스 연구 저자들은 1988년과 1989년에 보호관찰 대상자와 가석방된 사람들(총 261명)로부터 텍사스 州 세 곳에서 수집한 자료를 가지고 자신들의 연구를 확장하였다. 전자감독과 비 전자감독 집단을 포함하였으며, 모든 정보는 자원봉사자로부터 얻었다. 모든 집단은 우울증 척도와 가정환경척도에 대한 사전, 사후 검사를 시행했다.

간단히 말해서, 가석방된 사람들은 보호관찰 대상자들보다 불쾌감을 덜 느꼈고, 전자감독으로 석방된 사람들은 전체 표본 중 가장 적은 불쾌감을 보이는 것으로 나타났다(Enos *et al.*, 1999: 188-189). 모든 집단에서 가정불화와 불쾌함은 서로 연관이 있는 것으로 나타났다. 일반 보호관찰 대상자들은 가석방된 사람들보다 더 높은 수치의 갈등과 불쾌감을 보였다. 사전 검사와 사후 검사 결과를 비교하였을 때, 모든 집단에서 가정 통제 기능은 감소하였지만, 비 전자감독 집단보다 전자감독 집단에서의 가정 통제 감소 수치가 더 큰 것으로 나타났다. 저자들은 다음과 같이 설명한다:

> 이러한 결과는 전자감독이 가족들이 느끼는 감시의 의무를 경감시켰기 때문일 것이다. 즉, 전자감독이 가족들에게 도움이 되었다는 것을 암시한다. 이는 가족으로부터가 아닌, 더욱더 잘 정비된 전자감독 위주의 생활 방식 변경 전략이 범죄자에게 제시되기 시작하면서 가족 단위는 이러한 책임감에 대한 부담을 덜게 되었다고 볼 수 있다. 다시 말해 교정 당국(예를 들면, 전자감독)에 의해 범죄자 감시가 대체되기 때문에 불쾌감이 감소하는 이유 또한 쉽게 설명할 수 있다고 하겠다. 따라서 전자감독의 효과는 범죄자 자신뿐만 아니라 그들이 함께 살고 있는 가족들에게도 긍정적으로 미치는 것이다.

산두 등(Sandhu *et al.*, 1990)은 전자감독 가택구금 대상자인 미국 남서부의 156명의 대상자들에게 개방형 질문을 시행하였고, 그 결과를 지역사회 치료 센터(Community Treatment Center: CTC)에 있는 63명의 거주자들의 반응과 비교하였다. 그들은 전자감독 프로그램 아래에 있는 이들이 지역 치료 센터에 있는 이들보다 더 적은 수준의 적응 문제를 가지고 있다는 것을 확인했다. 또한, 더 빨리 문제를 해결하는 능력을 지니고 있다고 보고하였다.

하지만 인지된 지지의 원천은 두 집단이 다소 다르게 나타났다. 주목할 만한 점은 여가활동에 대해 물어보았을 때, 가택구금자들의 1/4이 '단지 시간을 때우고 있다(153쪽)'라고 답변했으며 이는 지루함과 분노를 내포하고 있었던 것으로 나타났다. 이러한 인식을 초래한 것이 특정 EM 프로그램 때문인지 아니면 일반적인 전자감독의 특성 때문인지 응답자들에게 추가로 묻는 연구방법을 취했다. 지역사회 치료 센터에 있는 사람들보다 전자감독 아래 있는 사람들이 2배 더 높은 비율로 가정에서 가족들과 '좋은 일들'을 많이 경험한다는 긍정적 답변을 한 것으로 나타났다.

메인프라이즈(Mainprize, 1995)는 특히 1988년에, 전자감독 시범 운영기간 동안 캐나다 서남부에서 60명에게 개방형 인터뷰를 실시하였다. 그는 전자감독이 아니었다면 교도소에 수감되었을 것이라고 생각하는 지원자들을 대상으로 인터뷰를 실시하였다. 전자감독을 받는 기간은 평균 22.7일로 짧은 편이었고, 대부분의 지원자들은 전자감독 프로그램 아래에 있는 상태였다. 메인프라이즈는 대답을 왜곡할 수 있는 상황적 요건에 대해 주의를 줬다. 대부분의 질문이 어쩌면 응답자들에게 전자감독을 더 쉽게 받기 위한 잠재적 인센티브로 여겨질 우려가 있다는 것을 저자는 인식하고 있었다. 범죄자들의 대답은 전자감독을 더 장려하기 위한 일환으로 범죄자가 정말로 느꼈던 것보다 연구자에게 잘 보이기 위한 의도로 나온 것일 수 있기에 이를 환기시킬 필요가 있었다.

전자감독이 범죄자와 범죄자의 주변 인간관계에 미치는 영향에 대해 포괄적으로 다룬 긴 글들을 간결하게 요약하는 것은 사실상 불가능하나, 몇 개의 긍정적 혹은 부정적인 결과에 대해 논의해 보고자 한다. 전자감독이 '같이 살고 있는 사람과의 관계에 조금이라도 영향을 줬거나, 주변인과의 관계를 바꾸었거나, 향상시켰거나 혹은 악화시켰는가'에 대한 질문에 동거인이 있는 전자감독 대상자의 약 52%는 아무런 영향을 받지 않았다고 응답했다. 반면, 20.8%는 향상되었으며, 6.2%는 악화되었다고 답변하였다.

연구 결과를 살펴보면, 전자감독은 가족과 함께 하는 활동을 어느 정도 방해한 것으로 보인다. 사회적 관계에 있어 35%는 아무런 차이가 없다고 했지만, 50%는 일반적으로 감소하였다고 답변했다. 16.6%는 사회적으로 동떨어진 기분이 든다고 말했다. 한편, 신체적 활동이 75%로 가장 많은 영향을 받았지만 '친구와 직장동료와의 사회적 활동'이 73.3%로 2위를 차지하였다.

여러 가지 대처 방식이 관찰되었는데, 몇몇은 별다른 활동 없이 시간을 보냈으며, 나머지는 남는 시간을 효율적으로 사용하였다. 범죄자들 중 1/6은 전자감독을 받고 있음을 숨기기 위해 사회적 고립을 택했는데, 이는 전자감독이 짧은 기간 이루어졌기 때문에 실행 가능한 전략이었다. 고용된 범죄자 중 49%가 직장에서 '사소한 영향'을 받았다고 답했으며, 9.8%는 중대한 영향을 받았다고 보고했다. 전자감독에 의해 규정된 일정이 가장 부정적인 것처럼 보였지만, 사회화의 제한이나 전자감독 상태를 숨길 필요가 있다는 느낌 역시 부정적 원인으로 보고되기도 하였다.

대부분의 범죄자들(80%)은 전자감독 상태를 숨기려고 하였으며, 그 중 직장동료들로부터 가장 숨기고 싶은 대상인 것으로 드러났다. 아마도 전자감독에 대한 가장 확실한 지지 여부는 만약 그것이 또 다른 범죄를 저지른 후 다시 선고된다면 다시 받아들일 것인지에 대한 의견일 것이다. 아무도 '아니오'라고 대답하지 않았으며, 극소수만이 잘 모르겠다고 대답하였다. 대부분이 선택을 해야 된다면, 해당 상황을 보고 '그때 가서 얻는 것과 잃는 것을 계산해 보고 전자감독을 택할 것'이라는 타협적 입장(bargain)을 보였다. 또한, 범죄자들 자신에 대해 어떻게 느끼는지에 대해서 60%는 '더 나아짐', 35%는 '변화 없음' 그리고 단지 5%만이 '악화됨'이라고 답변하였다.

메인프라이즈는 직장 내 타인에 대한 영향력을 다음과 같이 요약하였다. '간접적 증거는 전자감독 프로그램이 범죄자의 직업 환경에 미미한(대부분 감당할 만한) 영향만 미친다는 것이다(Mainprize, 1995: 171).' 배우자와 가족들의 역할에 있어 10%는 부정적으로 영향을 받았다고 답변했다. 이는 주로 가정 외의 장소에서의 사회적 활동에 배우자와 함께 할 수 없다는 점 혹은 필요 이상으로 아이들을 돌보는 것 때문이었다고 하겠다. 전체적으로, 아주 짧은 시간 동안 EM 감독을 받은 초창기 집단을 대상으로 한 것이었음에도 불구하고, 메인프라이즈의 연구는 매우 중요하다고 볼 수 있다. 그의 연구는 전자감독 경험에 대한 각기 다른 개별적 반응을 밝혀냈고, 이 중 누구도 범죄자나 범죄자 주변인의 관계에서 전자감독으로부터 부정적인 해를 입었다고 말하는 사람은 없었다는 것을 밝혀냈다. 어쩌면 전자감독으로 인해 발생한 부정적 감정들이 이후에 이루어진 더 나은 전자감독 프로그램 관리 방식으로 대부분 해소된 것인지도 모른다.

뉴사우스웨일스의 가택구금 제도(New South Wales Home Detention Scheme)를 평가하기 위해 헤기(Heggie, 1999)는 전자감독을 끝마친 140명에게 출구 조사를 실시했다. 범죄자에게 이메일을 보냈으며, 65명이 이에 답변하였다. 전자감독 기간 중 가장 성가신 일이 무엇이냐는 질문에 응답자들은 하루에 5번에서 18번까지 걸려오는 감시 전화라고 답변했다. 단지 8.1%만이 일상생활에 '방해가 되지 않음'이라고 답변했다. 그리고 22.6%가 '큰 방해가 됨'이라고 답했다(Heggie, 1999: 89). 한편, 전자감독 경험의 긍정적인 측면에 대해 90%는 '가족과의 상호교류'라고 답했다.

게이니와 페인(Gainey & Paine, 2000)은 버지니아에서 전자감독을 받고 있는 49명의 범죄자들에게 24항목에 대한 설문을 실시했다. 일부는 대면 인터뷰로, 일부는 전화, 현장 서면 혹은 우편으로 이루어졌다. 응답 선택 항목은 '1=문제 없음', '2=약간의 문제', '3=상당한 문제', '4=중대한 문제'로 이루어졌다(Gainey & Paine, 2000: 87). 질문은 문헌과 다른 범죄자들과의 질적 인터뷰 그리고 '행정 직원의 통찰력'에 기반하였다(87쪽). 응답은 사생활 문제, 수치심, 방해, 사회적 제약 그리고 약물 복용(에 대한 제약) 차원으로 나뉘어졌다(89쪽). 가장 힘든 면(M=2.51/4)으로 운동하고 장보고 친구들을 만나고 외식하는 것을 못하는 것과 같은 '사회적 제약'을 꼽았다. '수치심(M=2.12/4)' 또한 높은 것으로 나타났는데, 그 예로는 '친구들에게 밖에 나갈 수 없다고 말하기', '친구나 가족들에게 설명해야 하는 것', '눈에 잘 띄는 부착장치를 착용해야 하는 것' 등이 있었다. 직장 관련 문제(M=2.02/4)가 그 뒤를 이었는데, 일정 시간 이상 근무하지 못하고, 직장에서 감시 전화를 받아야만 하는 것이 그 이유였다.

저자들은 전자감독의 부정적 혹은 처벌적 양상을 찾으려 했음에도 불구하고 개방형 질문지를 통해 대다수가 전자감독에 대해 갖는 인식이 '최소한 교도소에 수감되는 것보단 더 긍정적'인 것으로 나타났다(Gainey & Paine, 2000: 8). 인구사회학적 특성과 요인별 측정 점수(dimension score)와의 연관성이 검증되기도 하였다. 오직 여성과 결혼한 기혼 남성들이 그들의 수치심을 다른 사람들보다 더 크게 문제삼는 경향이 있는 것으로 나타났다.

메이드먼트(Maidment, 2002)는 뉴펀들랜드 전자감독 프로그램을 완료한

16명의 여성을 인터뷰하였고, 그들의 응답을 전자감독을 받았던 16명의 남성들의 응답과 비교하였다. 이러한 질적 연구는 여성, 특히 어린 자녀를 데리고 있는 미혼모들이 남성들보다 전자감독의 준수사항에 대처하기 어려워 한다는 것을 보여주었다. 다른 사람에게 심부름을 시키고 쇼핑을 하게 하는 것은 혼자 있는 여성들보다 다른 사람들과 같이 살고 있는 남성들에게는 덜 복잡한 것으로 여겨졌다. 집에 남성이 있다고 해도 전자감독을 받고 있는 여성들은 집안일과 자녀 돌보기에 있어 혼자 부담을 지고 있는 것으로 드러났다. 메이드먼트는 다음과 같이 말했다.

> 전자감독을 받고 있는 여성들에게서 얻은 다소 놀라운 답변은, EM 프로그램을 마치고 뒤늦은 생각으로, 구금시설에 가는 것과 비교했을 때 '집에서 형을 사는 것'은 아주 적은 도움으로 더 많은 일을 해야 한다는 것이고, 이것은 여성의 책임감을 증가시키기 때문에 스트레스가 더 증가한다는 것이었다. 분명한 것은 이러한 여성들이 자녀들만 아니었다면, 가택 구금보다 차라리 교도소에서 복역하는 것을 선호했을 것이라는 점이다. 이는 크게 보았을 때, 여성이 남성보다 더 가정, 배우자, 사회복지 기관, 친구 그리고 교정 직원에 의존할 수밖에 없게 만드는 EM 운영 환경 때문이라고 볼 수 있다.   (Maidment, 2000: 6)

킹과 깁스(King & Gibbs, 2003)에 의해 진행된 소규모 뉴질랜드 연구는 이러한 메이드먼트의 결론을 지지하는 것이다. 이 연구에서는 전자감독을 받고 있는 14명의 남성과 7명의 여성 범죄자를 인터뷰했다. 또한, 전자감독 대상자 21명의 지지자(대부분 전자감독을 받고 있는 남성의 여성 배우자), 보호관찰관, 보안 담당자 그리고 교도소 간부들을 인터뷰하였다. 전자감독 프로그램 아래에 있는 여성들이든지, 전자감독을 받고 있는 남성 범죄자의 배우자이든지에 상관없이 여성들은 남성들보다 전자감독에 의해 더 큰 부담감을 느끼는 것으로 드러났다. 감시를 받고 있는 여성들은 전자발찌에 대해 더 큰 수치심을 느꼈으며 교정 기관에 더 많은 지원을 요청하는 경향이 있었다. 지지자의 역할을 맡고 있는 남성 범죄자의 동거 여성들은 아이들을 위해 지지자 역할 일을 하였다. 많은 이들이 전자감독을 받고 있거나 그런 사람이 집에 있는 상황에서 갈

등을 경험한다고 답변하였다. 또한, 남성들보다 여성들이 갈등과 언쟁이 더 빈번히 일어난다고 답변하였다.

최근 영국에서 진행된 2개의 연구(Hucklesby, 2008, 2009)는 위에서 언급한 내용과 대체로 일치한다.

2010년 배일즈 등(Bales et al.)의 연구는 GPS 추적과 관련된 일반인들의 비난과 고용 문제에 대한 새로운 근거를 제시하였다. 미국 일부 州에서 소아성애자 납치 및 살인 범죄자들에게 GPS 종신 추적을 허용하는 가혹한 새로운 법이 알려진 것을 볼 때, 'GPS 감독을 받는 것'은 대중의 인식 변화를 불러일으켰다고 하겠다(플로리다에서 실시된 인터뷰를 해석하자면). 'GPS 감독을 받는다는 것'은 예전에는 누군가가 약간의 문제를 일으켰음을 의미했으나, 이제는 흔히 대상 범죄자가 매우 위험하며 성범죄자임이 분명하다고 단정짓게 만드는 것으로 나타났다.

이 연구는 105명의 범죄자를 인터뷰했으며 인간관계와 직장을 찾고 유지하는 데에 있어 대상자들이 상당한 문제점들을 갖고 있음을 발견했다. 범죄자들 중 거의 절반이 배우자(혹은 연인), 자녀 그리고 친구라는 세 가지 영역에서 부정적인 경험을 한 것으로 보고하였다(Bales et al., 2010: 92). 인터뷰 대상자 중 61%는 '전자감독이 직업을 얻는 데 영향을 미쳤다'라고 말했다(94쪽). 22%는 전자감독 때문에 해고당하거나 사직하라는 권고를 받았다고 말했다(95쪽). 부분적인 문제로 현재 부착하고 있는 장치가 쉽게 잘 가려지지 않고 두 부품으로 이루어진 게 불편하다는 의견이 있었다. 전자감독 운영의 요구조건(예를 들면, 추적이 끊긴 경우 GPS 장치를 밖으로 가지고 나가 하늘을 향해 놓아야 하는 것) 또한 고용과 사회적 관계 유지를 방해하는 것으로 나타났다.

향후 기술적인 진보, GPS 장치의 축소, 그리고 GPS와 지하 기반 위치 기술과의 연동으로 많은 전자감독 관련 문제들은 해결될 것이 분명하다. 그러나 현재 이 시점에서는 위에서 언급된 문제들은 매우 심각한 것이고, 대상자들에 사회적 문제, 직장 문제 등을 야기할 수 있다. 범죄자들이 미래의 GPS 전자감독 장비를 착용하게 되면 전자감독 경험에 대한 다른 반응을 이끌어 낼 것임이 분명하다. 앞으로 이에 대한 지속적인 연구가 이루어지기를 바란다.

범죄자들과 그들의 주변인들에 대한 전자감독의 영향력은 한 마디로 어떻게 결론지을 수 있을까? 대부분의 범죄자들, 특히 전자감독을 교도소 구금의 대안이라 여기는 사람들은 전자감독이 효과적이거나 아무런 효과도 없는 것쯤으로 생각할 것이다.

범죄자들과 그들의 가정에 있는 동거인들이 접하는 문제들은 대체적으로 경미한 것으로 인식되었다. 또한, 대부분의 사소한 문제들은 적절한 기술과 융통성 있는 프로그램의 관리로 해소될 수 있는 것으로 보였다. 저자의 견해로는 사회가 범죄자들에게 스트레스가 없는 삶을 제공할 필요는 없지만, 어떠한 스트레스라도 그들이 관리할 수 있는 수준에 있어야 한다고 본다. 몇몇 이들, 특히 미혼모나 처음부터 우울증 증상이 있었던 이들에게 그들 본인과 그들 가족의 전반적 상황에 대한 평가 없이, 무조건 전자감독을 시행하는 것은 반드시 주의해야 할 일이다.

▌결론(Conclusion)

이번 장에서 저자는 전자감독이 가진 재정적, 경제적 영향력이나 형사사법망의 확대 문제, 그리고 비용−편익의 문제와 형사사법망의 확대가 상호작용을 하며 교정체계에 미치는 관계에 대해서 별로 언급하지 않았다. 아직까지 이 주제에 대해 어느 정도 연구는 되어 있으나 충분하지는 않다고 본다. 덧붙여 현재 몇몇 국가에서 공인된 성범죄자의 장기적인 전자감독 사용의 결과 또한 이 글에서 다루지 않았다. 수십 년 동안 이어질 감시에 대해 범죄자들이 어떤 반응을 보일지 모르기 때문에 전자감독 평생 부착의 효과성을 단정지어 논할 수는 없다고 하겠다.

전자감독의 설계자들이나 초기 사용자들이 가졌던 전자감독에 대한 선의에도 불구하고 현재 전자감독제도는 사회복귀보다 처벌이 주된 목적인 듯 보인다. 범죄자들의 반복되는 범죄행위를 억제하고 처벌하기 위해서 전자감독 사용자들은 사회복귀 논거조차도 사용하지 않고 있다. 오직 저렴하게 엄격한 방식으로 범죄자를 처벌할 수 있는 것이 전자감독의 목적이라고 주장하고 있는 것이다.

전자감독에 호의적인 신념을 가졌던 사람들은 범죄자 억제와 처벌을 강조하는 제도 운영에는 동의하지만, 사회복귀 수단으로 전자감독을 보는 것에는 반대한다. 전자감독에 호의적 신념을 가졌던 사람들은 전자감독이 최소한 범죄자를 인간적인 방법으로 다루면서, 경제적인 효용성을 가졌다는 장점을 부각시키는 것은 충분히 받아들일 수 있었으나, 사회복귀 수단으로 활용되는 것은 반대하는 것이다. 전자감독에 더욱 철저한 계획이나 기록 관리를 추가한다면 큰 비용이 들지 않으면서도 더 나은 성과를 얻게 될 것이다. 전자감독 사용자들은 아래에 나열된 목표를 잘 새겨 둘 필요가 있다.

- 전자감독의 적격성 판단 기준에 어떠한 범행 수준을 포함시키느냐를 고민하지 말고, 범죄자들의 특징을 우선적으로 고려하여야 한다. 범죄자의 정신적 특성과 환경적 특성은 모두 이와 연관된 것이다.
- 비교 집단 설정을 위해 전자감독의 선발 과정이 투명해야 한다.
- 전자감독에 대한 준수사항이 잘 지켜질 수 있도록 전자감독 대상자들을 위한 지원과 치료 서비스가 있어야 하다.
- 프로그램화된 감시가 필요하다. 예를 들면 EM 평가 전문가는 '약물 상담' 자체보다는 누구에 의해 그리고 어느 정도의 상담, 감시가 이루어졌는지 알 필요가 있다.
- 전자감독 기간의 재범률 산정이 필요하고, 적어도 종료 후 3년의 추적 조사를 통한 자료 수집이 필요하다. 해당 기간 동안의 준수사항 위반 및 새로운 범죄에 대한 기록이 필요하다고 하겠다.
- 범죄자가 받는 조치가 전자감독의 대안이더라도 동등한 기록 관리가 필요하다.[11]

우리는 현재 우리가 알고 있는 것보다 전자감독에 대한 영향력과 효과에 대해서 앞으로 더 많이 알아둘 필요가 있다. 책임감을 가지고 인도적인 접근을 시도하기 위해서는 앞에 나열된 사안들을 고려한 양질의 연구를 시행해야 하고, 해당 문제의 초점을 정확히 이해할 필요가 있다.

Notes

1 랄프 컬크랜드 슈비츠벨(Ralph Kirkland Schwitzgebel) 형제는 범죄자에게 처음으로 전자감독 장치 부착 실험을 한 것으로 유명하다. 슈비츠벨이라는 이름 대신 게이블(Gable)로 가족의 성을 바꾼 뒤에도 계속해서 전자감독 관련 연구 논문을 발표했다.

2 범죄자 녹지화(rustification)라는 표현은 시골의 단순한 삶을 뜻하는 "시골스러운(rustic)"이라는 단어에서 비롯된 어휘로 정신없이 바쁘게 돌아가는 범죄자의 일상을 느리고, 단순화시켜 마치 시골의 한적한 마을 속에 존재하듯이 만들겠다는 의도에서 비롯된 것이다. 1980년대 후반 보호 관찰 실무자들에게 이러한 생각은 매우 일반적인 것이었다.

3 억제이론 차원에서 봤을 때, 실제 전자감독이 범죄자에게 하나의 기분 좋은 혜택이나 선물(교정시 설 구금 대신의 새로운 대안)로 여겨질지, 혹은 과거보다 더 과한 제재수단(전자감독 없이 지역사 회에서 지내는 것과 비교했을 때)으로 여겨질지에 따라 그 의미가 완전히 달라진다고 하겠다.

4 예를 들면, 2010년 4월 21일 워싱턴 D.C.에서 열렸던 미국 국가사법회의 한 세미나 주제는 "교 도소를 줄이고, 더 많은 경찰이 생기면 범죄는 감소할 것인가: 범죄학이 어떻게 국가부도 위기 없이 미국을 구할 것인가?"였는데, 여기에서 로렌스 셔먼(Lawrence Sherman) 교수는 경찰의 새로운 활동들이 범죄 감소에 분명한 긍정적인 효과가 있다고 주장했다. 셔먼 교수는 교정 활동 의 범죄감소는 확인할 수 없지만, 반대로 경찰 활동의 범죄감소 효과는 분명하기에 향후 국가 범죄예방 비용을 교정 활동 대신, 경찰 조직에 투입하면 획기적인 범죄 감소 효과를 얻을 수 있 다고 주장했다.

5 전자감독 프로그램을 주장하는 행정가들 대다수가 교정프로그램의 궁극적인 목적이 급격한 교 도소로의 범죄자 재구금은 아니라고 말하지만, 비공식적인 자리에서 면담을 해 보면, 보호관찰 실무자들은 현장에서 전자감독을 통해 대상자의 재범 발생 증가나 전자감독 준수사항 위반 증 거 수집을 비교적 쉽게 하고 있음을 알 수 있다. 전자감독이 범죄자 재구금을 목적으로 하는 것 은 아니지만, 분명 실무에서는 전자감독이 재범 증거 수집을 통한 재구금 과정의 하나로 매우 유용하게 활용되고 있음을 짐작해 볼 수 있다. 다시 말해, 준수사항 위반이나 새로운 범죄발생 이 아닌 그 이전의 "위험한 길"에 접어드는 일탈의 순간 여부를 포착하는 증거수집용으로 전자 감독이 실무에서 적극적으로 활용되고 있다고 하겠다.

6 데니스 도핑(Demmis Doffing)과 개인적으로 이야기를 나눈 대상자는 10살 정도의 어린 아동인 것으로 나타났다. 캘리포니아 평가 보고서에 의하면, GPS 가석방 대상자로 있던 성범죄자는 당 시 81세였던 것으로 나타났다.

7 여기에서는 구체적으로 로렌스 싱글레톤(Lawrence Singleton)이라는 범죄자를 지칭한다. 피해 자의 팔뚝을 절단했던 범죄자로 피해 여성이 출혈로 사망할 때까지 보호조치를 하지 않았는데, 구사일생으로 피해자는 사건 후 살아났다. 이 사건 이후 가해자는 가석방 상태에 있었고, 10년 후 다시 다른 지역에서 한 여성을 살해하는 재범을 저질렀다.

8 캠벨 프로토콜(Cambell protocol)에서는 전자감독 프로토콜에서 자동차 점화 연동장치 부분을 삭제했다. 분명 점화 연동장치도 전자감독 장치에 해당한다. 그러나 점화 연동장치는 매일 일상 적으로 확인할 필요가 없고, 감독 담당자에게 상시 보고해야 할 정보가 아니기에 프로토콜에서 제외시킨 것으로 볼 수 있다. 저자는 이미 점화 연동장치와 관련된 수많은 연구 평가 보고서가 있다는 것을 알고 있고, 그와 관련된 효과성 논의도 알고 있다. 따라서 캠벨 프로토콜 속에서 추가로 점화 연동장치 부분까지 포함시킬 필요가 없는 것으로 본다.

9 "범죄자 모니터링(Journal of Offender Monitoring)"의 편집자인 페기 콘에이(Peggy Conway)에
   따르면, 능동적(상시 감독), 수동적(사후 자료 업로드 방식), 혼합적(하이브리드 GPS) 전자감독
   방식의 구분이 점자 모호해지고 있는 상황이다. 최근의 전자감독 추세는 장치 자체에 탑재된 처
   리능력 자체가 향상되면서 사용자가 원하는 방식대로 다양하게 자료에 접근하고 데이터를 활용
   할 수 있게 되었다. 필요한 경우에는 예외적으로 특정 출입금지 구역 설정 기능 등도 전자감독
   속에서 구현할 수 있게 되었다(2010년 5월 30일 기준 개인적 실무자 면담 근거). 향후 전자감
   독에 대한 평가 문헌들은 장치의 모니터링 유형뿐만 아니라 전자감독 자료 수집 프로토콜 세부
   기능에 대한 상세 정보를 바탕으로 해서 전자감독에 대한 평가를 진행해야 할 것이다.

10 제시카 런스포드(Jessica Lunsford)는 플로리다에 거주하던 9살 소녀로 2005년 2월에 성범죄
    자에게 살해되었다. 가해자는 당시 성범죄가 아닌 일반 범죄로 유죄 확정 판결을 받고 보호관찰
    기간 중에 있었다.

11 독자들은 캠벨 전자감독 코드(Campbell EM code) 설명서를 온라인에서 다운받아 확인해 볼 수
    있다(http://renzema.net). 추가적인 활용 안내서와 추가 정보 설명서는 유사한 전자감독 관련
    연구들을 비교하는 데 도움이 될 것이다.

참고문헌(References) ──────────────────── ○ ○ ●

Austin, J. and Hardyman, P. (1991) 'The use of early parole with electronic monitoring to control prison crowding: evaluation of the Oklahoma Department of Corrections pre parole supervised release with electronic monitoring', National Institute of Justice, unpublished report.

Bales, W., Mann, K., Blomberg, T., Gaes, G., Barrick, K., Dhungana, K. and McManus, B. (2010) *A Quantitative and Qualitative Assessment of Electronic Monitoring* (Talla hassee, FL: Florida State University, College of Criminology and Criminal Justice).

Baumer, T.L., Mendelsohn, R.I. and Rhine, C. (1990) *Executive Summary: The Electronic Monitoring of Non−Violent Convicted Felons − An Experiment in Home Detention* (Indianapolis, IN: School of Public and Environmental Affairs).

Bonta, J., Wallace−Capretta, S. and Rooney, J. (2000) 'A quasi−experimental evaluation of an intensive rehabilitation supervision program', *Criminal Justice and Behavior*, 27:3, pp. 312−329.

Corbett, R. and Marx, G.T. (1991) 'Critique: no soul in the new machine − technofalla cies in the electronic monitoring movement', *Justice Quarterly*, 8:3, pp. 399−414.

Curtis, C. and Pennell, S. (1987) *Research on Electronic Surveillance of Work Furlough Inmates: Methodological Considerations* (San Diego, CA: San Diego Association of Governments, Criminal Justice Research Unit).

Di Tella, R. and Schargrodsky, E. (2009) 'Criminal recidivism after prison and electronic monitoring', unpublished.

Enos, R., Homan, J.E. and Carroll, M. (1999) *Alternative Sentencing: Electronically Monitored Correctional Supervision*, 2nd edn (Bristol, IN: Wyndham Hall).

Erwin, B.S. (1987) *Evaluation of Intensive Probation Supervision in Georgia: Final*

Report (Atlanta, GA: Department of Corrections).

Finn, M.A. and Muirhead—Steves, S. (2002) 'The effectiveness of electronic monitoring with violent male parolees', *Justice Quarterly*, 19:2, pp. 293—312.

Gainey, R.R. and Payne, B.K. (2000) 'Understanding the experience of house arrest with electronic monitoring: an analysis of quantitative and qualitative data', *International Journal of Offender Therapy and Comparative Criminology*, 44:1, pp. 84—96.

Gainey, R.R., Payne, B.K. and O'Toole, M. (2000) 'The relationships between time in jail, time on electronic monitoring, and recidivism: an event history analysis of a jail based program', *Justice Quarterly*, 17:4, pp. 733—752.

Gendreau, P.L., Goggin, C., Cullen, F. and Andrews, D. (2000) 'The effects of community sanctions and incarceration on recidivism', *Forum on Corrections Research*, 12:2, pp. 10—13.

Heggie, K. (1999) *Review of the NSW Home Detention Scheme: Sydney NSW, Research and Statistics Unit* (NSW: Department of Corrective Services).

Hucklesby, A. (2008) 'Vehicles of desistance? The impact of electronically monitored curfew orders', *Criminology & Criminal Justice*, 8:1, pp. 51—71.

Hucklesby, A. (2009) 'Understanding offenders' compliance: a case study of electronically monitored curfew orders', *Journal of Law and Society*, 36:2, pp. 248—271.

Jones, M. and Ross, D.L. (1997) 'Electronic house arrest and boot camp in North Caro lina: comparing recidivism', *Criminal Justice Policy Review*, 8:4, pp. 383—404.

King, D. and Gibbs, A. (2003) 'Is home detention in New Zealand disadvantaging women and children?', *Probation Journal*, 50:2, pp. 115—126.

Lapham, S.C., de Baca, J.C., Lapidus, J., McMillan, G.P. (2007) 'Randomized sanctions to reduce re—offense among repeat impaired—driving offenders', *Addiction*, 102, pp. 1618—1625.

MacKenzie, D.L. (1997) 'Criminal justice and crime prevention', in L.W. Sherman, D. Gottfredson, D. MacKenzie, J. Eck, P. Reuter and S. Bushway (eds) *Preventing Crime: What Works, What Doesn't, What's Promising: A Report To The United States Congress* (Washington, DC: US Department of Justice,

National Institute of Justice), pp. 9−1−9−83.

Maidment, M.R. (2002) 'Toward a "woman−centered" approach to community−based cor rections: a gendered analysis of electronic monitoring (EM) in Eastern Canada', *Women & Criminal Justice*, 13:4, pp. 47−68.

Mainprize, S. (1995) 'Social, psychological, and familial impacts of home confinement and electronic monitoring: exploratory research findings from B.C.'s pilot project', in K. Schulz (ed.) *Electronic Monitoring and Corrections: The Policy, the Operation, the Research* (Burnaby, BC: Simon Fraser University), pp. 141−187.

Mainprize, S. (1996) 'Elective affinities in the engineering of social control: the evolution of electronic monitoring', *Electronic Journal of Sociology*. Online. Available at: www.sociology.org/content/vol.002.002/mainprize.html?PHPSE SSID=8e29eb0920aff4a54e82d134272830f3.

Marklund, F. and Holmberg, S. (2009) 'Effects of early release from prison using elec tronic tagging in Sweden', *Journal of Experimental Criminology*, 5:1, pp. 41−61.

Masters, B.A. (2004) 'Martha Stewart sentenced to prison: punishment postponed as she appeals', *Washington Post*.

North Texas State University Institute of Criminal Justice (1987) *Evaluation and Research Report on the National Center on Institutions and Alternatives Community Incapacitation (Electronic House Arrest) Program* (North Texas: North Texas State University).

Padgett, K.G., Bales, W.D. and Blomberg, T. (2006) 'Under surveillance: an empirical test of the effectiveness and consequences of electronic monitoring', *Criminology and Public Policy*, 5:1, pp. 201−232.

Petersilia, J. and Turner, S. (1990) *Intensive Supervision for High−risk Probationers: Findings from Three California Experiments* (Santa Monica, CA: Rand Corporation).

Renzema, M. (2010) 'Rationalizing the use of electronic monitoring', *Journal of Offender Monitoring*, 22:1, pp. 5−11.

Renzema, M. and Mayo−Wilson, E. (2005) 'Can electronic monitoring reduce crime for moderate to high−risk offenders?', *Journal of Experimental Criminology*, 1:2, pp. 215−237.

Roeber, D. (2005) 'Testimony before the Joint Committee on the Judiciary Massachusetts General Court, regarding impaired driving legislation', 13 September 2005.

Sandhu, H.S., Dodder, R.A. and Davis, S.P. (1990) 'Community adjustment of offenders supervised under residential vs. non−residential programs', *Journal of Offender RehabÂ ilitation*, 16:1−2, pp. 139−162.

Schmidt, A.K. (1998) 'Electronic monitoring: what does the literature tell us?', *Federal Probation*, 62:2, pp. 10−15.

Schwitzgebel, R.K. (1968) 'Electronic alternatives to imprisonment', *Lex & Scienta*, 5:3, pp. 99−104.

Scopatz, R.A., Hatch, C.E., Hilger DeLucia, B. and Tays, K.A. (2003) 'Unlicensed to kill: the sequel', AAA Foundation for Traffic Safety.

Sugg, D., Moore, L., and Howard, P. (2001) *Electronic Monitoring and Offending Behavior−Reconviction: Results for the Second Year of Trials of Curfew Orders*(London: Home Office Research, Development and Statistics Directorate).

Villettaz, P. and Killias, M. (2005) *Les arrêts domiciliaires sous surveillance électron ique: une sanction 'expérimentale'* (Lausanne: Université de Lausanne Institut de Criminologie et de Droit Pénal).

Whitfield, D. (2001) *The Magic Bracelet* (Winchester: Waterside Press).

[역자 약력]

조윤오

　現 동국대 경찰사법대학 교수
　CUNY 뉴욕시립대 범죄학 박사(Ph. d.)
　행정고등고시 44회
　前 법무부 보호관찰관 2000-2005